정암 박윤선의
요한계시록 강해

정암 박윤선의
요한계시록 강해
참 교회의 승리와 구원의 완성

초판 1쇄   2019년 5월 20일 발행

지은이	박윤선
펴낸이	김기영
발행처	도서출판 영음사
주소	경기도 수원시 권선구 경수대로369번길 20, 401호
전화	031) 233-1401, 1402
팩스	031) 233-1409
전자우편	biblecomen@daum.net
등록	2008. 4. 21 제251-2011-14호

이 도서의 국립중앙도서관 출판예정도서목록(CIP)은 서지정보유통지원시스템 홈페이지(http://seoji.nl.go.kr)와 국가자료공동목록시스템(http://www.nl.go.kr/kolisnet)에서 이용하실 수 있습니다.(CIP제어번호: CIP2)

ISBN 978-89-7304-145-9 03230
값은 뒤표지에 있습니다

ⓒ 영음사 2019

Revelation To John

참 교회의 승리와 구원의 완성

정암 박윤선의
요한계시록 강해

도서출판 영 음 사

추천사

김서택 목사 | 대구동부교회

요한계시록은 성경에서 가장 어렵고 난해한 말씀으로 알려져 있습니다. 그러나 사회가 혼란스럽고 사탄의 세력이 날뛰면 날뛸수록 성도들은 더욱더 요한계시록을 읽게 되고 사랑하는 것을 보게 됩니다.

박윤선 박사님은 우리나라 성경주석의 대가이셨고 하나님의 말씀에 대한 뜨거운 사랑과 열정을 가진 신학자이셨습니다. 박윤선 박사님이 육성으로 남긴 요한계시록 강해가 온전하게 남아 있고 또 이것이 책으로 출판된다고 하니, 우리가 없어진 줄 알았던 국보급 보물을 도로 찾은 느낌입니다. 그의 육성 강해를 읽으면서 벌써 가슴이 뜨거워지고 감동이 흐르는 것은 박 목사님이 하나님의 말씀에 대하여 가졌던 순수한 열정이 지금도 고스란히 전달되기 때문입니다.

최근에 요한계시록에 대한 많은 강해집이나 해설서가 나와서 요한계시록이 우리에게 더 가까워지게 되었습니다. 그러나 박윤선 목사님이 육성으로 가르치신 이 『요한계시록 강해』는 영원히 우리에게 요한계시록 해석의 기준이 되고 성경 사랑의 모델이 될 줄 믿습니다.

박영선 목사 | 남포교회

요한계시록의 가치는 하나님이 목적하신 종말을 분명하게 계시한다는 데 있습니다. 이 분명하다는 말은 반드시 하나님의 약속은 성취될 터인데 하나님의 신실하심이 그 목적을 이루신다는 뜻입니다. 대적과 재난이 우리에게 시험으로 닥쳐올 것이나 하나님의 뜻은 예수 그리스도의 십자가 사건에서처럼 마침내 이루어지고 말 것입니다.

박윤선 목사님은 한국 교회에 하나님의 계시가 인간의 경험이나 판단보다도 우선한다고 가르쳐 주셨습니다. 그렇게 가르치고 확신하셨듯이 이 계시록 강해에서도 하나님이 가져오실 종말의 승리를 확신하고 계십니다. 그러니 살아내야 할 신앙 현실 속에 있는 모든 성도는 자신의 삶과 인생을 하나님 앞에 그리고 세상 앞에 믿음으로 말미암는 승리와 증거를 분명히 보여야 합니다. 읽고 은혜 받고 담대해지십시오.

송영목 교수 | 고신대학교 신약학

박윤선 목사님의 『요한계시록 강해』가 출간됨을 축하합니다. 한국의 경건한 어른이자 신학자인 박 목사님의 강해를 기록된 형태로 접할 수 있는 것은 영광이요 큰 기쁨입니다. 이 강해는 아래와 같은 몇 가지 특징을 지닙니다. 첫째, 이 강해는 논리가 지나치게 치밀하거나 장황하지 않고, 이해하기 쉽고 간결합니다. 둘째, 이 강해는 칼빈처럼 성경 본문을 한 절 혹은 한 구씩 읽고 차례대로 강해하는 방식을 따릅니다. 셋째, 계시록에 자주 사용된 구약 암시를 존중하여, 관련 구약 본문의 빛에서 정확하게 이해하려고 시도합니다. 넷째, 계시록 19장 중반부에서 예수님의 재림을 찾고 20장에서 천 년 동안(여자적 천 년은 아닐지라도) 죄가 없는 천년왕국을 찾는 역사적 전천년설의 입장을 따릅니다. 다섯째, 강해의 적용에서 예화가 적절히 사용되어 청중의 이해를 돕습니다. 또한 교회를 미혹하는 이단과 신비주의에 대한 경계의 끈을 늦추지 않고, 말씀을 올바로 이해하는 것을 자주 강조하십니다. 박 목사님이 이상주의, 역사적 전천년설을 혼합한 방식으로 계시록을 주석한 것에 대해 동의하지 못하는 사람들이 있을 것입니다. 하지만 박 목사님의 『요한계시록 강해』는 하나님의 말씀과 교회를 사랑하고 경건에 힘썼던 한국 교회의 영적 거인의 향취를 감동으로 느끼기에 충분합니다.

송태근 목사 | 삼일교회

어떤 탁월한 목회자라 할지라도 이 시대 교회를 섬기면서 홀로 무거운 책임을 짊어질 수는 없습니다. 선배들이 거친 들을 개척하여 낸 반듯한 오솔길을 따라 조심스레 걸어가는 순례의 여정일 뿐입니다. 박윤선 목사님은 목사들의 신학자요, 목사들의 목사이셨습니다. 성경에 충실한 신학, 교회의 정결을 위한 단호함, 양 떼를 먹이셨던 목양일념과 같은 모범은 지금까지 저와 같은 후배들의 가슴속에 잊힐 수 없는 가르침으로 남아 있습니다.

금번 출간된 『요한계시록 강해』는 박윤선 목사님의 평생 노고와 열정이 농축된 저서입니다. 이 땅과 이별하기 전 박 목사님은 본인께서 사랑했던 요한계시록을 강해하셨습니다. 그가 한국 교회에 말씀하고 싶으셨던 최후의 외침을 생생하게 느낄 수 있습니다. 또한 말씀에 충실하고자 했던 선배의 간결한 강해는 후배 설교자들에게 따끔한 충고를 하는 듯 들립니다. 독자들은 숙련된 지휘자에 의해 가장 난해하다고 생각되는 요한계시록이라는 오페라의 풍성한 하모니를 경험하게 될 것입니다. 본서가 혼탁함으로 얼룩진 강단의 시대 속에 올곧은 기준으로 읽히기를 기대합니다.

이상웅 교수 | 총신대학교 신학대학원 조직신학

박윤선 박사님 생시에도 몇 권의 설교집이 간행된 바 있고, 그분의 설교를 직접 들은 이들이 감동받아 전하는 이야기들이 있습니다만, 일반 독자들이 박 박사님의 강해를 지면으로나마 제대로 읽을 수 있게 된 것은 비교적 최근의 일이라고 생각합니다. 그런 점에서 박 목사님의 설교들을 발굴해 내어 편집, 출간하고 있는 결단과 수고가 귀하다고 생각합니다. 이렇게 출간되는 본서는 지금까지 출간된 어떤 설교집보다 방대한 분량으로 되어 있어서 지대한 중요성을 가진 책입니다.

첫째, 이 강해서는 박 목사님 생애 마지막에 교회에서 가르친 성경공부를 바탕으로 만들어진 것이라는 점에서 큰 의의가 있습니다. 박 목사님이 신학도로서 요한계시록을 전문적으로 연구하는 일에 청년기의 열정을 쏟아 부으셨다면, 노년기에 이르러 평신도들에게 전하고자 했던 메시지 역시 계시록이 전하는 종말에 대한 메시지였음을 우리는 분명하게 알 수 있습니다. 따라서 본서는 평생을 성경주석가, 신학 교수, 설교자로 사셨던 박 목사님이 부르는 "백조의 노래"(The Swan Song)였다고 감히 말할 수 있을 것입니다. 계시록은 청년기뿐 아니라 인생 만년에도 박 목사님이 사랑하셨던 책이었다는 사실을 여실히 증명해 주는 것이 본서일 것입니다.

둘째, 본서는 박 목사님이 견지하셨던 종말론적 입장에 대한 오해를 불식시켜준다는 것을 말씀드리고 싶습니다. 우리는 요한계시록 주석을 통해 박 목사님이 취하신 입장이 "역사적 전천년설"(Historic Premillennialism)이었다는 것을 잘 알고 있습니다. 이런 입장은 평양신학교 은사였던 박형룡 박사님의 입장이었고, 한국장로교회의 표준적인 입장이기도 했습니다. 그런데 두 박 박사님에게 강의를 들은 후학들은 가끔 두 분의 종말론적 입장이 공식적으로는 그러했지만 개인적으로는 그렇지 않았다고 이야기하는 것을 듣곤 했습니다. 하지만 생애 만년에 전한 계시록 강해를 통해 박 목사님의 종말론적 입장은 주석에서 공표하신 그 입장과 동일하다는 것을 분명하게 확인할 수 있었습니다. 1930년대 이래 줄곧 바빙크, 리델보스 등과 같은 네덜란드 개혁주의 신학자들의 글을 애독하고 즐겨 소개하셨지만 박 목사님의 종말론적 입장은 무천년설을 따르지 않았던 것입니다.

셋째, 박 목사님의 주석과 강해에서 일관되게 견지하신 "역사적 전천년설"은 선교 초기부터 현재까지도 한국 교회를 지배하고 있는 세대주의를 바르게 잡아줄 건전한 교정제가 되어왔다는 점을 분명하게 인식해야 한다고 생각합니다. 초기의 선교사들이나 한국 목회자들 가운데는 세대주의적 종말론에 경도되어 임박한 미래주의를 널리 선포했던 경향이 있는데, 박 목사님은 주석과 강해를 통해 그런 문제점들을 교정하는 데 이바지해 온 점을 긍정적으로 평가해야 할 것입니다. 오늘날같이 시한부종말론을 비롯한 극단적 종말론이 기승을 부리고 있는 시점에서 본서는 한국 교회 성도들이 성경적 종말론을 배우고 익히며 그러한 비성경적 종말론을 물리치는 데 도움이 될 것이라고 생각합니다.

본서의 출간을 누구보다 환영하고 축하하면서 개인적인 고백으로 추천사를 마치고자 합니다. 기독교 가정에서 태어나 자란 제가 제일 처음 접했던 신학책은 박 박사님의 요한계시록 주석이었습니다. 그때 저의 나이 열다섯이었습니다. 어떤 계기로 계시록에 대한 관심이 눈 뜨였을 때 제가 먼저 읽어야겠다고 생각해서 구입하여 한 해 내내 읽었을 뿐 아니라 요약 노트까지 만들었던 것이 박 박사님의 주석이었습니다. 시간이 지나면서 지금은 무천년설의 견해를 취하고 있지만, 어린 시절 제 생각에 스며들었던 박 목사님 주석의 내용은 견고한 울타리와 같은 기능을 해왔습니다. 그 주석을 통하여 저는 생애 최초로 바빙크의 이름도 알게 되었습니다. 그리고 현재도 종말론을 가르치면서 두 박 박사님의 저술을 존중하며 소개하곤 합니다. 그런데 이제 생애 만년에 외치셨던 사자후를 담은 강해서가 출간되기에 이르렀으니 종말론과 요한계시록에 관심을 가진 모든 기독교 독자들에게 일독을 강력하게 추천하는 바입니다. 박 목사님의 강해를 읽을 수 있도록 심혈을 기울여 준 영음사 관계자 여러분들의 노고에도 감사를 드립니다. 하나님의 말씀을 사모하는 그 뜨거운 열정이 독자들의 가슴 속에도 활활 타오르게 되는 계기가 되기를 바랍니다.

머리말

정암 박윤선 박사는 한평생 주석 집필에 심혈을 기울이셨습니다. 그 결과로 신구약 66권의 주석을 집필하셨습니다. 정암은 한국이 낳은 유명한 주경 신학자요 설교자요 목회자입니다. 정암은 그의 주석 안에 천 편 이상의 설교를 포함시켰습니다. 성경의 말씀과 씨름한 결과 쏟아져 나온 주옥과 같은 설교들입니다. 이처럼 성경 주해와 설교를 통합시킨 그의 주석은 초기 한국교회 목회자들의 목회 사역을 돕고, 일반 신자들에게 올바른 신앙의 길을 밝혀준 값진 가이드북이라 할 수 있습니다.

정암의 주석 가운데 마지막 책은 요한계시록입니다. 신약의 마지막 책을 통해 성령님은 알파와 오메가이신 예수 그리스도와 그의 나라 그리고 예수 그리스도의 재림을 선포하십니다. 또한 하루 앞을 내다볼 수 없는 무지한 인류에게 영원한 내세와 하나님의 심판, 그리고 새 하늘과 새 땅의 영광스러움을 펼쳐 보여 주는 신비로운 책입니다. 이러한 계시록의 중요성을 잘 간파했던 정암이 특별한 애정과 수고를 쏟아 요한계시록을 주해하고 강해하셨습니다.

요한계시록에 대한 정암의 유별난 애정에 대해서는 적지 않은 사람들이 증언하고 있습니다. 한국교회 존경 받는 원로로 얼마 전 103세에 소천하신 방지일 목사님은 정암의 죽마고우요 평양신학 동기동창입니다. 그의 증언에 따르면, 일찍이 정암은 요한계시록 전체를 모국어인 한국어와 영어로 암송한 것은 물론 원어인 헬라어로도 술술 암송했다고 합니다. 심지어 계시록을 거꾸로도 암송할 정도로 이 책에 정통했다고 말씀합니다. 필자 역시 방지일 목사님으로부터 이러한 내용의 증언을 수차례 들었습니다.

정암이 이 강해 초두에서 언급했듯이, 요한계시록을 우리에게 주신 목적은 "반드시 속히 일어날 일들을 그 종들에게 보이시려"는 것이라고 했습니다. 여기 그 종들은 교역자들이요, 교회를 맡아 시무하는 종들입니다. 오늘날 적지 않은 수의 이단이 계시록의 말씀을 가지고 무지한 신자들을 그릇된 길로 유혹하는 현실을 볼 때, 계시록에 관한 목회자들의 책임 있는 가르침을 더욱 강조하지 않을 수 없습니다. 깊은 연구와 진액을 짜내는 수고와 은혜 체험의 결과로 출간되는 정암의 〈요한계시록 강해〉를 통해 한국의 많은 목회자들이 깊은 은혜를 체험할 것을 기대합니다. 또한 그들이 성경 주해를 통해 배우고 깨달은 은혜를 그들이 섬기는 교회의 신자들에게 책임감 있게 또한 효과적으로 전달할 것을 간절히 기대합니다.

정암의 통찰력과 균형 있는 시각은 그의 〈요한계시록 강해〉 곳곳에 듬뿍 담겨져 있습니다. 그의 성경 주해는 자신이 직접 체험한 하나님의 깊은 은혜의 결과물이요, 그의 통찰력 있는 가르침은 성령님께서 감동하신 열매라고 할 수 있습니다. 바라기는 정암의 〈요한계시록 강해〉를 통해 일찍이 그를 감동시키시고 사용하셨던 하나님의 은혜가 독자들의 마음과 한국교회의 목회 현장에서 새로운 영적 각성을 일으키는 것입니다. 또한 성령께서 바른 진리의 말씀에 기초한 참 회개와 부흥을 우리 가운데 허락하시길 간절히 기도합니다.

2019년 4월
펴낸이

차례

추천사 _4
머리말 _8

제1부 그리스도와 교회

1. 예수 그리스도의 계시(계 1:1-8) _14
2. 계시자의 나타나심(계 1:9-20) _29
3. 에베소 교회(계 2:1-7) _42
4. 서머나 교회(계 2:8-11) _55
5. 버가모 교회(계 2:12-17) _66
6. 두아디라 교회(계 2:18-20) _80
7. 두 가지 위험(계 2:20-23) _92
8. 의로 다스리시는 그리스도(계 2:24-29) _101
9. 살았으나 죽은 자(계 3:1-2) _115
10. 회개의 심리 작용(계 3:3) _125
11. 사데 교회(계 3:4-6) _136
12. 소수의 남은 백성(계 3:4) _144
13. 빌라델비아 교회(계 3:7-13) _152
14. 사탄의 본질로서의 거짓(계 3:8-10) _164
15. 이기는 자(계 3:12-13) _177
16. 뜨거운 회개(계 3:14-20) _187

제2부 참된 교회의 승리

17. 하나님의 영광(계 4:1-11) _200
18. 구주의 자격(계 5:1-7) _211
19. 역사의 주인공이신 그리스도(계 6:1-17) _225
20. 구원의 확실성(계 7:1-12) _239
21. 기도응답(계 8:1-13) _251
22. 세계대전(계 9:12-21) _262
23. 환난 받은 교회에 대한 그리스도의 위로(계 10:1-11) _275
24. 그리스도의 참된 교회(계 11:1-6) _287

25. 참된 교회의 승리(계 11:5-12) _299
26. 참된 교회의 특징(계 12:1-6) _316
27. 하늘의 전쟁(계 12:7-12) _331
28. 참 교회의 불멸성(계 12:10-17) _342
29. 마지막 적그리스도 운동(계 13:1-6) _357
30. 적그리스도의 앞잡이 거짓 선지자(계 13:7-18) _369
31. 십사만 사천으로 상징된 성도들의 총수(계 14:1-5) _387
32. 세 천사의 선포(계 14:6-12) _395
33. 위에 있는 천국(계 14:13) _411
34. 최후의 구원과 멸망(계 14:14-20) _422
35. 모세의 노래와 어린양의 노래(계 15:1-4) _432
36. 일곱 대접 재앙 I(계 16:1-9) _444
37. 일곱 대접 재앙 II(계 16:10-21) _453
38. 이 세상주의(계 17:1-8) _463
39. 어린양의 승리(계 17:8-18) _476
40. 이 세상의 멸망(계 18:1-24) _488
41. 이 세상 멸망 이후의 찬송(계 19:1-8) _503

제3부 구원이 완성된 세상

42. 예수님의 재림광경 I(계 19:11-13) _516
43. 예수님의 재림광경 II(계 19:13-16) _524
44. 천년 시대(계 20:1-6) _535
45. 그리스도와 더불어 왕 노릇(계 20:4-6) _546
46. 불 심판(계 20:7-10) _561
47. 마지막 심판(계 20:11-15) _570
48. 구원이 완성된 세상(계 21:1-8) _580
49. 새 예루살렘의 진상(계 21:1-14) _591
50. 구원 완성의 결론(계 22:1-7) _607
51. 영원한 생명 세계에 들어가는 자(계 22:14-15) _614
52. 예수님의 자증과 교회의 초청(계 22:16-17) _625

제1부

그리스도와 교회

1
예수 그리스도의 계시

계 1:1-8

요한계시록은 신약의 마지막 책입니다. 계시록이란 말은 열 계(啓) 보일 시(示) 기록할 록(錄), 즉 열어 보여 준다는 뜻이에요. 우리는 눈앞에 있는 현재나 좀 볼 줄 알지 몇 년 후의 일도 모릅니다. 더욱이 내세 즉 하나님께서 세상을 심판하고 세우시는 저 세상은 더욱 모릅니다. 그러므로 우리는 누군가가 열어 보여 주어야 알게 됩니다. 계시란 말은 그런 뜻입니다.

계시록은 계시를 기록했다는 말인데 옛날에는 묵시록이라고도 번역했습니다. 여기에서 '묵'이라는 글자는 잠잠할 묵(默)자를 쓰는데 '가만히 있다'는 말입니다. 가만히 있는데 보여 준다는 말입니다. 어떤 다른 방법으로 하는 것이 아니라 가만히 보여 준다는 말입니다. 하지만 묵시록은 좋은 번역이 아닙니다. 계시록이라고 해야 맞습니다.

성경을 힘써 깨달으라

요한계시록은 예수님의 제자 요한이 받은 계시입니다. 오늘날에는 사도 요한이 받은 그런 계시를 받지 않습니다. 이미 계시를 다 주셨으니까 또 주실 필요가 없지 않겠습니까. 창세기에서 계시록까지 하나님께서 우리 인류에게, 특별히 하나님의 백성에게 필요한 계시를 다 주셨기 때문에 더 이상 줄 이유가 없습니다. 오늘날 사람들은 성경을 깨닫는 것으로 만족해야 합니다. 깨달으려고 힘을 쓰면 깨달아집니다. 목사만 깨닫는 것이 아니라 우리 모든 믿는 사람이 다 깨달을 수가 있습니다.

그런데 우리 믿는 사람이 이 권리를 포기합니다. 성경을 깨닫고자 하는 소원이 그렇게 강하지도 않고, 깨달으려고 힘쓰지도 않아요. 참으로 유감입니다. 왜 이런 좋은 권리를 포기합니까? 늘 성경을 깨달으려고 힘쓰는 사람이 은혜를 받습니다. 늘 성경을 읽으면서 깨닫기를 원해야 해요. 낮에 일하면서도 깨닫기를 원하고 밤에 자다가 일어나서도 힘써 원해야 합니다. 말씀을 깨달으면 믿음이 좋아집니다. 말씀을 깨닫는 일에 늘 마음을 두어야 합니다. 하나님 말씀에 마음을 두지 않으니까 생각이 복잡해지고 결국 죄를 범하게 되는 것입니다. 이게 얼마나 손해입니까? 하나님 말씀에 마음을 두고 원하면 깨닫게 되고, 또 깨닫게 되면 거기에 기쁨이 있고 거기에 재미가 있습니다. 하나님의 성령이 늘 도와주니까 신앙생활이 잘되어 나갑니다.

우리는 항상 그렇게 정신을 집중해야지 정신을 흩어 버리면 안 됩니다. 늘 정신을 차리고 살아야 하는데 생각이 복잡해지면 정신 차리기 어렵습니다. 단순해야 합니다. 말씀을 깨닫고자 하는 마음으로 늘 살아야 합니다. 목사님들은 설교를 준비하면서 성경을 깨닫기 위해 매우 힘씁니다. 저도 성경을 깨닫기 위해 힘을 쓰다 보니까 이제는 재미를 좀 봅니다. 그래서 말할 수 있는 것이 누구나 힘쓰면 된다는 것입니다. 이것은 팔로 힘쓰는 것도 아니고 다리로 마루를 퉁퉁 구르면서 힘쓰는 것도 아니고 다른 사람과 씨름하는 것도 아닙니다. 마음으로 힘을 쓰면 되는 것입니다.

주님을 믿는 모든 신자가 말씀을 깨닫기 위해 힘을 써야 합니다. 이렇게 힘쓸 때 유익한 점은 정신을 통일시켜 성경 말씀에 집중하게 한다는 것입니다. 말씀을 생각하면 말씀이 내 마음에 깨달아집니다. 말씀이 깨달아지면 기쁨이 있고 평안이 있고 소망이 있습니다. 그것이 신앙생활에서 중요합니다. '내가 가르칠 것도 아닌데 깨달아서 뭘 해' 하는 식으로 생각하면 안 됩니다. 그러면 가르침을 받을 때 깨닫지도 못하고 설령 깨닫는다 하더라도 뿌리깊이 들어오지 않습니다. 말씀을 간절하게 사모해야 합니다.

말씀을 들을 때 그저 듣는지 마는지, 말씀에 무관심해서는 안 됩니다. 전에도 이야기했지만 말씀에 대해 무관심한 사람은 술 먹고 배를 묶어 둔 채로 노 젓는 사람과 같습니다. 배는 닻줄을 풀어서 닻을 감아올린 다음에 노를 저어야 앞으로 나아가는 것이지 배를 묶어 놓고 노를 저으면 무슨 소용이 있겠습니까? 그런 사람은 말씀을 듣는 순간뿐이지 말씀을 믿지도 않고 말씀을 깨닫기 위해 애쓰는 것이 없는 사람이란 말입니다. 무관심한 사람이요, 정신없이 술 취해서 사는 사람입니다.

우리는 그렇게 살면 안 됩니다. 세상을 떠나는 순간까지 참다운 생명을 유지하며 살아야 합니다. 시간이 가는 소리, 그 모양까지도 내게 자극을 주어야 합니다. 내 심령을 깨우쳐 주어야 합니다. 모든 것을 볼 때 그것들이 머릿속에 사진으로만 남아서는 안 됩니다. 무엇을 보든지 그것들이 내 심장에 자극을 주어야 합니다. 이 복잡한 시대를 살아가는 여러분과 저는 하나님께서 사도들에게 주시고 이제는 우리 손에 쥐어 주신 이 계시를 깨닫는 일에 힘써야 합니다. 깨달으려고 노력을 하셔야 합니다.

● 읽고 듣고 지키라

1-3절은 머리말로서 이 책의 유래(origin) 즉 책의 역사에 대해 말합니다.

> 예수 그리스도의 계시라 이는 하나님이 그에게 주사 반드시 속히 일어날 일들을 그 종들에게 보이시려고 그의 천사를 그 종 요한에게 보내어 알

게 하신 것이라(1:1).

"예수 그리스도의 계시라", 이것은 물론 머리말입니다. "이는 하나님이 그에게 주사", 계시가 어떻게 왔습니까? 계시는 하나님 아버지께서 예수에게 주신 것입니다. "반드시 속히 일어날 일들을 그 종들에게 보이시려고", 계시록의 목적을 말씀합니다. 계시록에 있는 말씀을 예수님에게 주신 목적은 "반드시 속히 일어날 일들을 그 종들에게 보이시려"는 것입니다. 여기 그 종들은 교역자들입니다. 교회를 맡아 시무하는 종들입니다.

"그의 천사를 그 종 요한에게 보내어." 예수님이 이 계시를 받았고 이 계시를 천사를 시켜서 사도 요한에게 보내 주었다는 말입니다. 계시는 하나님께서 예수님에게, 그 다음은 천사에게, 그 다음은 사도 요한에게 전달되었습니다. "알게 하신 것"이란 말은 헬라 원어의 의미로는 '상징으로 표시하였다'는 뜻입니다. 비유로 보여 주었습니다. 계시록은 비유로 기록된 책입니다. 그러므로 계시록은 비유로 풀어야지 문자적으로 풀면 안 됩니다.

요한은 하나님의 말씀과 예수 그리스도의 증거 곧 자기가 본 것을 다 증언하였느니라(1:2).

요한은 계시를 받아서 어떻게 했습니까? 2절을 보면 요한은 "다 증언하였"다고 말합니다. 여기 "하나님의 말씀", "예수 그리스도의 증거", "자기가 본 것"은 서로 다른 내용이 아니라 동일한 것을 세 가지 다른 형식으로 말한 것입니다. 다시 말하면 하나님의 말씀은 예수 그리스도의 증거를 말하는데, 예수님께서는 하나님의 말씀을 받아 증거하셨고 요한은 예수님께서 증거하시는 것, 즉 자기가 본 것을 다 증언했다는 말입니다. 결국 이 세 가지가 다 같은 내용이에요. 하나님의 말씀이요 예수님이 증거하시는 것이 계시의 내용인데, 요한이 그것을 보고 다 증언했습니다.

> "이 예언의 말씀을 읽는 자와 듣는 자와 그 가운데에 기록한 것을 지키는
> 자는 복이 있나니 때가 가까움이라"(1:3).

여기 "이 예언의 말씀"은 무엇을 말합니까? 구약에는 예언이 많습니다. 이사야의 예언이 있고 예레미야의 예언이 있고 에스겔의 예언이 있고 다니엘의 예언이 있고 12 소선지자의 예언이 있고 또 다른 예언도 많습니다. 신약에도 많습니다. 신약에서는 특별히 계시록이 예언입니다. 계시록은 내세 즉 오는 세상에 대한 예언입니다. 주님이 다시 오실 일에 대해 예언한 것입니다.

"이 예언의 말씀을 읽는 자"라 했는데, "읽는 자"(the one who reads)는 단수입니다. 읽는 자들이 아닙니다. 강단에서 읽는 사람을 말합니다. 강단에서 계시록을 읽어야 한다는 말입니다. 강단에서 계시록을 읽고 가르쳐야 합니다. 계시록은 어려우니까 강단에서 가르치지 말자 하는 것은 잘못입니다. 제대로 배워서 강단에서 계시록을 가르쳐야 합니다. 다음에 "듣는 자"(those who hear)는 복수입니다. 많은 사람이 들어야 합니다. 말씀을 듣는 회중을 말합니다. "지키는 자." 여기 말씀을 듣는 자와 지키는 자는 다른 사람이 아닙니다. 말씀을 지키는 자란 말씀을 듣고 가서 지키는 사람을 말합니다.

우리가 지킬 말씀이 많습니다. 1장 7절을 보면 주님이 오실 것을 예언했습니다. 우리가 주님 오실 것을 꼭 지켜봐야 합니다. 언젠가 오시긴 하겠지, 그 때 가서 보자, 그러면 안 됩니다. 조금 전에도 말했지만 신자는 술 취한 사람처럼 살면 안 됩니다. 늘 정신을 차리고 마음을 단순하게 가져야 합니다. 성경 하나에만 집중하고 오실 예수에게만 집중해야 합니다. 세계 도처에서 여러 가지 사건들이 일어날 때, 여기저기에서 전쟁이 일어날 것 같은 움직임들을 볼 때 늘 가슴이 울렁거려야 합니다. '세상 종말이 오려고 하는가' 하는 생각을 하면서 살아가야 합니다. 그렇다고 해서 아무 일도 하지 말라는 것이 아닙니다. 일은 하되 마음을 잃지 말아야 한다는 것입니다. 단순한 마음으로 시간을 정해서 기도하고, 말씀 보고, 성경을 보는 도중 모르는 것이 있으면 다른 사람에게 가르쳐 달라고 해서라도 깨달아야 합니다. 그렇게 살아야 합니다.

하나님의 시간관

3절 마지막에 "때가 가까움이라"고 했습니다. 여기 때가 가깝다는 것은 주님이 오실 때가 가깝다는 말입니다(롬 13:11, 빌 4:5, 약 5:8). 가깝다고 했는데 얼마나 가깝습니까? 하나님께서는 천 년이 하루와 같다고 했습니다. 하나님이 내려다보실 적에 이 지구는 뭐 콩알만도 못하지요. 지구에서 사는 사람들을 보면 계속 꾸벅꾸벅 졸고 앉았는데 그거 볼 때 한심할 거 아니겠습니까? 목사라고 성도들을 가르치긴 하는데도 변변치 않고, 듣는 모든 교인이 깨달았는지 못 깨달았는지, 설령 깨달았다 하더라도 나갈 때는 도로 다 팽개치고 가는 이런 판국입니다.

하나님이 이 땅을 내려다볼 적에 내가 이 땅을 보는 것과 다르게 볼 것입니다. 내가 나를 보는 것과 다르게 보실 것이고 또 여러분이 여러분 자신을 보는 것과 다르게 보실 것입니다. 무엇보다도 우리 인간들이 얼마나 꽉 막혀 있는가를 보실 것입니다. 정신없이 살면서 마땅히 지켜야 할 것은 안 지키는 것을 보실 것입니다. 이 땅에 있는 사람들이 큰 것을 작게 보거나 작은 것을 대단히 큰 것으로 봐서 그걸 위해 막 죽기도 하고 그런 것을 보시지 않겠습니까? 하나님이 보시는 방법은 우리와 다릅니다. 시간관이 다릅니다. 시간을 보시는 방법이 우리와 다르다는 말입니다. 베드로후서 3장에 있는 말씀을 보면, 우리에게는 천 년이 그렇게 긴 시간인데 하나님에게는 천 년이 하루와 같다고 했습니다(8절). 천 년을 하루와 같이 보는 것입니다. 그러니까 3절 말씀은 하나님 보시기에 예수 재림이 가까웠다는 것입니다.

성경은 왜 시간의 척도를 우리 기준이 아니라 하나님 기준으로 말합니까? 그것은 하나님 기준이 표준이기 때문입니다. 성경의 다른 말씀도 전부 하나님 표준으로 말씀했어요. 우리는 하나님의 표준을 삶의 표준으로 삼고 살아야 합니다. 하나님께서는 마음과 뜻과 영혼을 다하여 주너의 하나님을 사랑하라고 말씀하셨으나 우리는 그렇게 살지 못하고 오히려 반대로 삽니다. 먼저 하나님이 아닌 다른 것들을 사랑하고, 나중에 혹시 생각나면 하나님을 사랑하고, 그마저도 생각나지 않으면 그만두는 것이 우리의 표준입니다. 그러나 하나님의 표준은 우리의 전부를 다해서 하나님을 사랑하라는 것입니다. 하나님의 표준은 그렇습니다.

그러면 왜 하나님께서는 이렇게 자기 표준으로 우리를 가르치십니까? 그것은 바로 우리를 사랑하시기 때문입니다. 사랑하기 때문에 우리를 높은 단계로 끌어올리시는 것입니다. 예수께서 피 흘려주신 그 백성이니까 그렇게 사랑하십니다. 그러니까 그것을 하나님의 사랑으로 느낄 줄 알아야지 우리를 못살게 하려고 지키기 어려운 말씀을 주신다고 생각하면 안 됩니다. 우리가 아무리 고집을 부려도 결국 그렇게 됩니다. 그렇게 되도록 하나님께서 끌고 가십니다. 술 취한 사람처럼 살지 않고 정신만 차리고 살면 우리는 매일 전진합니다.

때가 가깝다는 것은 하나님의 표준 시간으로 하신 말씀입니다. 우리도 하나님의 표준 시간으로 살아야 합니다. 예수님 오실 때가 아직 멀었다고 생각하면 안 됩니다. 하나님의 표준을 삶의 표준으로 삼고 살아야 합니다. 언제나 때가 가깝다고 생각하면서 살아야 잘 삽니다. 그것이 마음이 정상적으로 되는 것입니다. 하나님이 사람을 지을 때 그렇게 지었습니다. 하나님을 닮아 가도록 지었습니다. 우리는 하나님의 시간관을 가져야 합니다. 그래야 우리가 정상화됩니다. 우리 구조가 그렇게 되어 있습니다. 시간관에 있어서 우리가 하나님의 표준으로 살지 못하면 우리는 동물과 같이 됩니다. 시간이 많으니까 먹고 놀자 하는 것은 짐승의 사상입니다.

지금 한 30세인 사람은 적어도 60년은 더 살 수 있다고 생각할 것입니다. 60세가 되었을 때는 30년은 더 살 수 있다고 생각하면서, '30년은 길다. 얼마든지 내 좋을 대로 살다가 죽을 때 가서 하나님께 회개하고 구원받겠다'고 생각하는 것은 아주 미련하고 위태한 것입니다. 그런 사람에게는 하나님께서 회개할 기회도 주지 않으십니다. 시간을 낭비해서는 안 됩니다. 시간이 아무리 많을지라도 시간이 짧다는 생각을 가져야 합니다. 비행기 타는 사람의 마음처럼 늘 그렇게 두려우면서도 기쁘게 살아야 합니다.

그렇다고 해서 조급증을 가져서 일을 그르치면 안 됩니다. 조심하면서도 여유 있는 마음을 가지라는 것입니다. 마음을 편히 가지되 시간이 별로 없으니 힘써 일하자는 것입니다. 신앙으로 사는 사람은 평안한 마음으로 시간을 귀하게 사용합니다. 시간이 많다고 생각하면서 그저 되는 대로 불규칙하게 살다 보면 긴장이 풀어져서 죄가 들어오기 쉽습니다. 죄가 들어오므로 평안도 없습니다. 우리는 하나님의 시간관을 가지고 마음을 잘 다스리면서 살아야 합니다.

일곱 교회는 모든 교회

1-3절에서는 계시록은 어떻게 생긴 책인가, 즉 책의 근원을 말합니다. 4-6절은 송영 즉 하나님을 찬송하는 부분입니다. 찬송이 있기 때문에 신앙생활은 기쁩니다. 교회는 찬송을 잘해야 합니다. 찬송을 잘 배워 두어야 합니다. 목을 잘 쓰도록 훈련을 받아야 합니다. 사람이 이해할 수 있는 찬송을 해야 합니다. 찬송은 기쁨을 용솟음치게 합니다. 그러나 잘못하면 도리어 기쁨이 없어집니다. 하나님께서 주신 음성을 잘 조절할 수 있어야 합니다. 잘 배워서 찬송을 잘하면 은혜를 많이 받습니다. 성경에는 찬송이 많습니다. 4절부터 무엇을 찬송하는지 보겠습니다.

요한은 아시아에 있는 일곱 교회에 편지하노니(1:4a).

여기 "아시아"는 소아시아를 말합니다. 소아시아에 있는 일곱 교회에 편지한다고 하지만 당시 소아시아 지역에는 일곱 교회만 있지 않았습니다. 예를 들어 골로새 교회도 있는데 일곱 교회에는 안 들어갔어요. 에베소 교회, 서머나 교회, 두아디라 교회, 버가모 교회, 사데 교회, 빌라델비아 교회, 라오디게아 교회만이 일곱 교회에 들어갔습니다. 왜 일곱 교회만을 선발했습니까? 골로새 교회는 왜 빠졌습니까?

   이것은 비유입니다. 일곱이란 수를 분명히 뜻있게 썼습니다. 일곱이란 수는 하나님의 완전을 말합니다. 교회를 하나님의 완전에 합당하도록 생각하는 것입니다. 교회는 하나님께 합당해야 한다는 뜻입니다. 또한 완전한 수의 교회를 말합니다. 일곱 교회는 당시 소아시아에 있던 일곱 교회만 말하는 것이 아니라 주님이 재림하실 때까지 세워질 모든 시대의 교회, 동양과 서양에 있는 모든 지역의 교회를 말합니다. 이 일곱 교회는 모든 시대 모든 교회를 대표하는 것입니다. 일곱 교회에 보낸 편지는 각 시대 모든 세계 교회에 적용되기 때문에, 이 일곱 교회를 향한 꾸지람과 칭찬을 모든 교회가 다 받아야 합니다. 참 오묘한 표현입니다.

삼위 하나님과 참된 평안

이제도 계시고 전에도 계셨고 장차 오실 이와(1:4b).

   이제 요한은 일곱 교회에 성부 성자 성령으로부터 은혜와 평강이 임하기를 기원하면서 성부가 어떤 분임을 설명합니다. 성부를 "이제도 계시고 전에도 계셨고 장차 오실 이"라고 말합니다. 언제나 계시며 죽지 아니하시는 분이 바로 하나님이십니다. 과거에도 계셨고 현재도 계시며 장차 오실 분이십니다. 장차 오셔서 영원히 계실 분입니다. 우리를 사랑하시기 때문에 우리를 구원하시려고 오시는 것입니다. 예수 그리스도께서 오시지만 아버지와 아들은 일체이기 때문에 하나님 아버지가 오시는 것과 마찬가지입니다. 그래서 하나님 아버지에 대해 "장차 오실 이"라는 말을 붙였습니다. 우리는 "장차 오실 이"라는 말을 읽을 때 하나님이 우리를 사랑하신다는 것을 느껴야 합니다.

그의 보좌 앞에 있는 일곱 영과(1:4c)

요한은 성부 하나님을 말한 다음에 "그의 보좌 앞에 있는 일곱 영"을 말합니다. 여기 "보좌"라는 말은 하나님이 계신 자리, 즉 왕좌를 말합니다. "일곱 영"은 성령을 말합니다. 성령께서 "보좌 앞에" 계시다는 것은 그가 성부의 왕적 권위와 능력과 기타 모든 속성을 그대로 나타내신다는 뜻입니다. 성령은 한 분이신데 일곱 영으로 표현했습니다. 이것은 비유입니다. 지금 여기서 역사하시는 성령께서 이 시간에 다른 데서 역사하실 수 있습니다. 이러한 하나님의 완전을 표시하기 위해 일곱이라고 했습니다. 보좌 앞에 일곱 영이란 말은 성령은 한 분이시지만 이루시는 역사는 많다는 것을 말합니다.

또 충성된 증인으로 죽은 자들 가운데에서 먼저 나시고 땅의 임금들의 머리가 되신 예수 그리스도로 말미암아 은혜와 평강이 너희에게 있기를 원하노라 우리를 사랑하사 그의 피로 우리 죄에서 우리를 해방하시고 (1:5)

요한은 5절에서 예수님에 대해 말합니다. "또 충성된 증인으로 죽은 자들 가운데에서 먼저 나셨다고" 했습니다. 예수님이 십자가에 죽으셨다가 다시 살아나셨다는 말입니다. "땅의 임금들의 머리가 되신" 분도 예수님입니다. 세상 끝 날에 누가 오십니까? 예수님이 오십니다. 세상 임금들의 머리라고 했습니다. 머리란 말은 다스린다는 말 아닙니까? 세상 임금들의 머리란 말은 세상 임금들을 전부 다스리는 통치자라는 말입니다. 그가 철장(철로 된 막대기)을 가지고 질그릇 깨뜨리는 것과 같이 다스린다고 했습니다(2:27). 철장을 질그릇에 가져다 대면 어떻게 됩니까? 대자마자 깨질 것입니다. 이처럼 예수님이 재림하시면 예수님을 반대하던 세상의 왕들이 다 깨진다는 말입니다. 땅의 임금들의 치리자이신 예수 그리스도가 세상 끝 날에 오셔서 하실 일을 이야기하는 것입니다.

사도 요한은 4-5절에서 세 분을 말씀했습니다. 첫째는 이제도 계시고 전에도 계셨고 장차 오실 하나님 아버지, 둘째는 그 보좌 앞에 계신 일곱 영으로 표현된 성령, 셋째는 충성된 증인으로 죽은 자들 가운데서 먼저 나시고 땅의 임금들의 치리자가 되신 예수 그리스도입니다. 사도 요한은 여기에서 하나님 아버지와 성령과 예수 그리스도의 이름으로 은혜와 평강을 기원합니다. 즉 삼위 하나님의 이름으로 기원하는 것입니다.

우리는 참 평안은 삼위 하나님께만 있다고 믿습니다. 반면에 사람들은 그들이 생각하는 좋은 일로 평안을 누려보고자 하지만 하나님은 이를 어리석게 여깁니다. 참된 평안은 하나님만이 주십니다. 우리가 누구에게 편지를 쓸 때 '평안하십시오'라고 기원은 하지만, 평안을 줄 수 있는 힘은 없습니다. 사람이 어떻게 다른 사람에게 평안을 줄 수 있고 또한 스스로 평안을 누릴 수 있습니까. 사람의 힘으로는 안 되는 것입니다.

사도 요한은 그것을 분명히 알기 때문에 문안할 때 조심스럽게 진리대로 말합니다. 하나님 아버지와 성령과 예수 그리스도로 말미암아 평강이 있기를 원하노라고 말합니다. 은혜와 평강이라는 것은 세상의 어떤 조건에 의지해서 생기는 평안이 아닙니다. 성경이 말하는 평안은 물질이 풍성해서 평안해지는 것도 아니고 권세나 이 세상의 안전보장 제도로 말미암아 누리는 평안도 아닙니다. 이 평안은 하늘의 평안입니다. 하나님이 주시는 평안입니다. 병이 났다 하더라도 계속 유지할 수 있는 평안입니다. 환난이 와도 유지할 수 있는 평안입니다. 가난해도 유지할 수 있는 평안입니다. 그런 평안이 있습니다. 그런데 그 평안을 우리가 믿지 아니하고 그 평안을 받으려고 힘도 쓰지 않아요. 그러니까 참 평안의 맛을 모릅니다. 그러한 평안이 있는데 그 평안을 받으라는 거예요. 환난 가운데 살더라도 그 평안을 누리라는 거예요. 예수님은 이 세상을 평안한 세상으로 보지 않았습니다. 그런데 환난 가운데 평안을 누리라는 말은 하나님이 주시는 하늘의 평안을 누리라는 것입니다. 이것이 축복입니다.

이어서 요한은 그리스도께 대한 송영을 합니다. "우리를 사랑하사 그의 피로 우리 죄에서 우리를 해방하시고." 이 얼마나 좋은 말씀입니까? 계시록이라고 해서 이상한 술어들이 나와야 하는 것은 아닙니다. 여기 나오는 표현들은 결국 신약의 서신서에 나오는 표현들입니다. 왜 그렇습니까? 내세의 구원이란 것이 바로 지금 우리가 말하는 신앙, 소망, 기쁨, 예수의 피, 이런 것들로 되어 있습니다. 내세에 이런 것들 외에 다른 무엇이 있는 줄로 알면 큰 잘못입니다. 이것들은 우리가 이미 다 받아가지고 있는 것들입니다. 아들을 믿는 자에게는 이미 영생이 있습니다. 성경이 그렇게 말하므로 우리는 그렇게 믿습니다. 바로 예수의 피로 말미암아 우리의 평안과 영생을 보장받습니다.

이미 서신서에 나와 있는데 계시록을 보면 그 술어들이 계속 나옵니다. 이 세상에서 우리가 먼저 맛보고 누려 봅니다. 그리고 천국에 가서는 더 풍성하게 받는 것입니다. 우리가 체험하지 못한 일들이 있을 수 있지만 예수와 상관없는 것은 없습니다. 계시록에서 예수의 이름이 어린양으로 나오는데, 그 어린양은 속죄 제물입니다. 피 흘려 제단에 바쳐지는 제물입니다. 계시록은 예수님께서 속죄 제물이 되셨다는 말씀을 늘 기억시킵니다. 천국에 가서도 예수의 속죄로 말미암아 보장받고 보호받는다는 것입니다. 예수의 피가 우리 죗값을 담당했으니까 그 피가 우리를 해방하신 것입니다.

하나님을 섬기는 즐거움

> 그의 아버지 하나님을 위하여 우리를 나라와 제사장으로 삼으신 그에게 영광과 능력이 세세토록 있기를 원하노라 아멘(1:6)

우리를 "나라와 제사장으로 삼았다"는 것은 제사장 나라로 삼았다는 말입니다. 지금도 그렇지만 내세에 들어가면 우리가 다 제사장입니다. 내세에서 제사장 나라는 영광의 제사장 나라입니다. 우리가 내세에 들어가서 하는 일은 하나님을 섬기는 일입니다. 제사장은 하나님을 섬기는 것이 그 직분의 역할입니다. 내세에 가서 가만히 쉬는 것이 아니라 하나님 섬기는 일을 계속합니다. 그것은 고된 일이 아니라 기쁜 일입니다.

우리가 이 세상에서 하나님 섬기는 일을 고되게 생각하고 힘들게 생각하는 것은 육적인 생각입니다. 하나님을 섬기는 일은 즐거운 일입니다. 성령으로 말미암아 받는 참 즐거움이고 하늘의 즐거움입니다. 주님의 교회를 위해 그렇게 수고하면서도 마음이 기쁜 것은 성령이 주시는 은혜요 참 즐거움입니다. 세상에서 주를 섬길 때는 혹시 불평이 있을 수 있지만 천국에서는 그런 불평이 없습니다. 쉬지 않고 기쁨으로 계속 섬길 수 있고 섬길수록 기쁨이 있습니다.

본래 하나님이 우리 인생을 지으실 때 하나님을 섬기라고 지었습니다. 마귀를 섬기라고 지은 것도 아니고, 나 자신을 섬기라고 지은 것도 아닙니다. 사람이 자기를 섬기면 평생 불안하고 욕심이 끝이 없습니다. 그런데 그 욕심을 채워 줄 재간이 있습니까? 따라서 늘 불평인 것입니다. 사람은 자기를 섬기도록 지음 받은 것이 아닙니다. 마귀를 섬기도록 지음 받은 것도 아닙니다. 사람이 마귀를 섬긴다면 그건 끔찍한 불행입니다. 결국 마귀와 같이 되고 마귀와 운명을 같이하게 됩니다. 마귀와 같이 살다가 종말을 맞이하게 되는 것입니다. 마귀는 기쁨이 없고 늘 불평뿐입니다. 마귀는 땅 위에서 주린 사자가 먹을 것을 찾으려고 두루 돌아다니는 것처럼 다닙니다. 누가 말하기를 마귀가 제일 분주하다고 합니다. 주린 사자처럼 그렇게 분주하게 돌아다니지만 마귀는 늘 불안합니다. 만족이 없고 늘 불평불만뿐입니다. 결국 망합니다. 마귀는 만족이 없기 때문에 마귀를 섬기면 결국 더 많은 마귀를 섬기게 됩니다.

전에 인도에서는 사람들이 섬기는 신의 숫자가 3억 얼마라는 얘기를 들었습니다. 지금은 4억 얼마가 되는지도 모르겠습니다. 어쨌든 그들은 한 신을 섬기면서도 만족은커녕 더욱 괴로우니까 다른 신들을 더욱 섬깁니다. 많은 신을 섬기지만 불안만 가득합니다. 마귀를 섬기는 것이 바로 그런 것입니다.

계속 불안합니다. 이것은 끔찍한 불행입니다. 하나님께서 사람을 지으실 때 하나님을 섬기도록 지은 것이 얼마나 감사한 일인지 모릅니다. 우리가 하나님을 섬기는 것은 본연입니다. 본래 그렇게 되어 있는 거예요. 하나님을 섬겨야 참 자유가 있고 참 기쁨이 있습니다. 구원받은 세상은 계속 하나님을 섬기는 세상입니다.

"그에게 영광과 능력이 세세토록 있기를 원하노라 아멘." 우리를 나라와 제사장으로 삼으신 분이 예수님이시므로 그에게 모든 영광과 모든 능력을 돌려야 한다는 말입니다. "아멘"이란 말은 히브리어로 '그렇습니다'라는 뜻입니다. '그렇게 되게 될지어다'라는 뜻도 있습니다. 아멘에는 여러 가지 뜻이 있습니다만 번역해 놓기에는 함축된 뜻이 너무 많고 깊기 때문에 그대로 옮겨 놓은 것입니다.

7절은 계시록의 요절입니다.

> **볼지어다 그가 구름을 타고 오시리라 각 사람의 눈이 그를 보겠고 그를 찌른 자들도 볼 것이요 땅에 있는 모든 족속이 그로 말미암아 애곡하리니 그러하리라 아멘**(1:7)

주님이 다시 오신다는 말씀입니다. "볼지어다"라는 말은 확신을 말합니다. "구름을 타고 오시리라"는 번역은 완전한 번역 같지는 않습니다. 성경을 흠잡자는 것이 아니라 번역이 완전하지 못하다는 것입니다. 성경이 완전하다는 것은 원본 즉 사도가 본래 헬라어로 쓴 성경이 완전하다는 말입니다. 15세기 독일의 구텐베르크(Johannes Gutenberg, 1397-1468)가 인쇄술을 발명하기 전까지는 사람들이 단지 원본을 베껴서 읽었는데 그 베낀 것을 사본이라고 합니다. 인쇄술이 발명되고 나서야 비로소 성경책도 인쇄하게 된 것입니다. 지금 우리가 읽고 있는 요한계시록도 본래 사도 요한이 쓴 원본이 아니라 사본입니다. 당연히 원본에는 아무런 흠이 없습니다만 사본에는 완전하게 번역되지 못한 것들이 있습니다. 그래서 늘 교회의 결정으로 성경번역위원들을 정하고 성경을 다시 번역해서 개역을 하는 것입니다.

"구름을 타고 오시리라"라는 번역은 좋은 번역이 아닙니다. '구름과 함께 오신다'라고 번역하는 것이 좋습니다. 구름과 함께 오신다는 말은 비유입니다. 영광과 권능으로 오신다는 뜻입니다. 사도행전 1장 11절에서는 너희가 본 그대로 오신다고 말씀하셨습니다. 그 모습 그대로 오신다고 약속하셨습니다. 바로 그 말씀을 상기하는 내용입니다. 구름과 함께 다시 오실 때 모든 사람이 볼 수 있습니다. 그를 찌른 자들도 볼 것이라고 했으니 그를 핍박하던 사람들도 볼 것입니다.

"땅에 있는 모든 족속이 그로 말미암아 애곡하리니." 여기 "땅에 있는 모든 족속"은 구원받지 못한 족속을 말합니다. 예수님이 심판하러 오실 때 구원받지 못한 그들은 희망이 없기 때문에 애곡합니다. 슬피 웁니다.

"그러하리라." 그러하리라는 말은 헬라 원어로 '나이'(ναί)라고 하는데 '확실하다'는 말입니다. 이것은 그다음에 있는 '아멘'(אמן)이라는 히브리어와 같은 뜻입니다. 즉 주님이 재림하시는 것은 확실한데 헬라어로도 히브리어로도 그렇다는 것입니다. 맞다고 이중으로 확언을 하는 것입니다.

2
계시자의 나타나심

계 1:9-20

9절부터 나오는 내용은 사도 요한이 본 것입니다. 성령의 감동으로 보았고 신령한 눈으로 보았습니다.

나 요한은 너희 형제요 예수의 환난과 나라와 참음에 동참하는 자라 하나님의 말씀과 예수를 증언하였음으로 말미암아 밧모라 하는 섬에 있었더니(1:9)

"너희 형제요 예수의 환난과 나라와 참음에 동참하는 자"로서 이제 본 것이 있다는 말입니다. "나 요한"이라 했는데 붓을 들고 글을 쓴 사람이 사도 요한입니다. "나 요한은 너희 형제요", 즉 모든 믿는 사람의 형제라는 말입니다. 형제는 운명을 같이합니다. 같이 고생하고 같이 영광을 받습니다. 높고 낮은 것이 없습니다. 우리 믿는 사람들은 다 형제이므로 높고 낮은 것이 없습니다. 누가 높고 누가 낮고 그렇지 않습니다. 계급이 없습니다. 받은 은사가 다르고 은혜가 다르니까 각각 그 은사와 은혜에 따라서 봉사하는 것뿐입니다. 어떤 분은 이런 봉사를 하고 어떤 분은 저런 봉사를 하는 것입니다. 서로 다른 봉사를 하는 것뿐입니다. 목사, 장로는 계급이 아닙니다. 일반 교우들보다 한 단계 더 높은 것이 아닙니다. 높고 낮은 것은 없습니다. 다만 은사가 다르고 은혜가 다릅니다.

어떤 이들은 돕는 은혜가 있습니다. 돕는 은혜란 말은 고린도전서 12장에 나옵니다.

> 하나님이 교회 중에 몇을 세우셨으니 첫째는 사도요 둘째는 선지자요 셋째는 교사요 그 다음은 능력을 행하는 자요 그 다음은 병 고치는 은사와 서로 돕는 것과 다스리는 것과 각종 방언을 말하는 것이라 (고전 12:28)

여기에 돕는 은혜가 있습니다. 하늘나라에서는 돕는 사람을 결코 등급이 낮게 보지 않습니다. 사실은 다 돕는 것인데 그 가운데 특별히 노력으로 돕고 물질로 돕고 하는 것입니다. 모든 것이 넓게 보면 다 돕는 일입니다. 하나하나 군이 명색을 따져서 말하자면 사도도 있고 선지자도 있습니다. 그러나 돕는 은혜가 있는 이들은 사도나 선지자가 아닐지라도 서로 다 형제입니다. 서로 높이고 도와주면서 예수의 환난과 나라와 참음에 동참하는 자들입니다.

혈통으로나 육신으로 형제 되는 것보다 영으로 형제 되는 것이 더욱 귀합니다. 즉 성령으로 거듭나서 예수의 피를 함께 믿는 형제가 더욱 귀합니다. 아무리 혈연으로 맺어진 형제라 하더라도 예수 안 믿으면, 겉으로만 친척이라 할 뿐이지 속까지도 친척이라 하기는 어렵습니다. 예수 잘 믿는 것이 제일 귀합니다. 여기에서 말하는 것은 믿음으로 형제가 되었다는 것입니다. 환난을 함께 당하니까 형제입니다. 교제권(fellowship)을 같이 가지니까 형제입니다. 여기에서 "나라"는 '영광의 나라', 즉 '하나님 나라'를 말합니다. 장차 오는 나라를 특별히 생각합니다. 함께 들어가니까 운명을 같이하는 것입니다. 그 나라에 함께 동참합니다. 이런 것이 형제입니다.

참음은 영광의 나라로 가는 발걸음

우리가 예수를 잘 믿는다고 하면 인내를 귀히 여깁니다. 참는 것을 귀히 여깁니다. 불신자들도 인내를 귀히 여깁니다. 잘 참는 자가 복이 있지 않습니까? 우리 믿는 사람들은 참는 것을 큰 복으로 여겨요. 누구를 위해 참습니까? 예수를 위해 참아요. 예수를 위해 하는 일은 정말 좋은 일입니다. 농사꾼은 가을에 곡식을 거두기 위해 힘든 노동을 하면서도 참아 냅니다. 희망을 품고서 무던히 참고 견뎌요. 그러니 우리 믿는 사람들은 예수님을 바라보면서, 예수님 오실 것을 생각하면서 얼마나 참아야 하겠습니까?

사람들은 자기 성질에 지배를 많이 받습니다. 급한 사람들은 급하게, 그저 쉽게 행동을 합니다. 반면에 느린 사람들은 느리고 게을러서 다른 사람들의 발걸음에 맞추지 못하고 뒤떨어집니다. 사람들은 성질에 지배를 많이 받고 성질에 영향을 많이 받습니다. 그렇지만 점점 더 은혜를 많이 받고 힘써 노력하면 나아집니다. 완전하다고는 할 수 없어도 점점 나아집니다. 그 수준이 높아집니다.

환난은 무엇을 이룬다고 그랬습니까? 로마서 5장 3절에 환난은 인내를 이룬다고 했습니다. 인내란 참는 것인데 환난이 있어야 인내가 생깁니다. 괴로움과 어려움이 없으면 인내를 배우지 못합니다. 참는다는 것이 무엇인지 알지 못합니다. 그러므로 환난이 귀합니다. 환난이 인내를 이루고 인내는 또 무엇을 이룹니까? 연단을 이룹니다. 연단은 참 좋은 것입니다. 왜 좋습니까? 연단을 많이 받으면서 신앙생활을 한 사람은 시험이 닥칠 때 어떻게 하면 이길 수 있더라, 어떻게 하면 피할 수 있더라, 그 시험을 이기면 마음이 참 좋더라, 하나님의 은혜가 오더라 말할 수 있습니다. 그러기 때문에 연단은 귀합니다. 연단은 무엇을 낳습니까? 소망을 낳습니다. 연단을 받아 보니까, 어려운 때 참아 보니까 하나님이 살아 계시더라, 하나님이 살아 계셔서 이렇게 은혜를 주시더라, 그러면서 소망을 내다보는 것입니다. 하늘나라의 소망을 내다봅니다. 심령도 밝아집니다. 성령의 감동도 깨닫고 분변하고 내세에 대해 확신을 가집니다. 그러니까 소망을 낳습니다.

환난은 인내를 낳습니다. 그러므로 인내는 환난의 아들입니다. 인내는 무엇을 낳습니까? 연단을 낳습니다. 그러므로 연단은 환난의 손자입니다. 또 연단은 무엇을 낳습니까? 소망입니다. 그러면 소망은 환난의 무엇이 됩니까? 소망은 환난의 증손자가 됩니다. 이렇게 대를 이어 갑니다. 이 대가 끊어지면 안 됩니다. 귀한 줄은 알지만 그렇게 살지 못하는 것이 우리의 문제인데, 정성을 바치고 간절히 힘을 쓰면 하나님이 은혜를 주셔서 그렇게 되게 하십니다. 돼지처럼 개처럼 살면 이 은혜를 받지 못합니다. 베드로후서 2장 22절에서 개는 어떻게 한다고 했습니까? 개는 토하였던 것에 도로 돌아간다고 했습니다. 무언가 잘못 먹어 토했는데 또 그걸 먹으러 간단 말입니다. 돼지는 어떻게 한다고 그랬습니까? 이놈이 잘 씻고는 또 더러운 시궁창에 다시 들어갑니다. 그러니까 우리는 개나 돼지같이 살아서는 안 된다는 말씀입니다.

성결을 사모하는 것은 성도의 특징입니다. 성결을 참으로 사모하여 힘써 구하면 하나님께서 은혜를 주셔서 차차 성결하게 되어 갑니다. 여기 "예수의 환난과 나라와 참음에"라는 말씀에서 "나라"는 영광의 나라이고, "참음"은 참는 것을 말합니다. 참는 것이 영광의 나라를 향해 가는 우리 성도의 발걸음이 되어야 하겠습니다. 참음에 동참하는 것이 형제란 말입니다.

"하나님의 말씀과 예수를 증언하였음으로 말미암아 밧모라는 섬에 있었더니"(1:9). 여기에는 어떤 다른 뜻이 있는 것이 아닙니다. 하나님의 말씀과 예수의 증거는 별개의 사실이 아닙니다. 예수님께서는 하나님의 말씀을 천사를 통하여 교회에 증언하셨습니다. 하나님의 말씀과 예수의 증거의 내용은 같습니다. 요한은 하나님의 말씀과 예수를 증거함으로 말미암아, 즉 이 말씀을 전하려다 핍박을 받아서 밧모라 하는 섬에 유배되어 갔습니다. 밧모 섬은 에게 해에 있는 섬으로 곡식을 못 심는 불모의 섬입니다. 돌이 많아 사람이 살 수 없는 곳입니다. 우리나라의 제주도도 옛날에는 귀양살이하던 곳이었습니다. 제주도도 돌이 많습니다. 로마 시대에는 죄인들을 밧모 섬으로 귀양 보냈습니다. 요한이 복음을 전하다가 밧모 섬으로 정배(定配)되어 갔다는 것입니다.

영혼을 깨우치는 음성

> 주의 날에 내가 성령에 감동되어 내 뒤에서 나는 나팔 소리 같은 큰 음성을 들으니(1:10)

"주의 날"은 오늘날 주일을 말합니다. 주일에 요한은 성령의 감동으로 나팔 소리와 같은 음성을 들었습니다. 나팔을 불었다는 것이 아니라 나팔 소리와 같은 큰 음성이라고 했습니다. 그렇다고 나팔 소리와 비슷한 그런 소리가 났다는 것도 아닙니다. 그렇게 이해하면 안 됩니다. 나팔 소리는 깨우치는 소리입니다. 군대에서 큰일이 나면 나팔을 붑니다. 적(敵)이 침입한 것을 알았을 때 나팔을 붑니다. 일어나라고 깨우는 것입니다. 그러니까 나팔은 큰일이 났다고 경고할 때 붑니다. 나팔 소리같이 깨우치는 음성이 큰 음성입니다. 이것은 우리 영혼을 깨우치는 음성입니다. 사도 요한이 잠자다 일어났다는 것이 아니라 그의 영혼이 정신을 차리게 되었다는 것입니다.

우리는 어떤 때 별안간 정신이 차려지곤 합니다. 정신이 번쩍 들어서는 이거 내가 잘못했구나, 하고 깨닫는 때가 있습니다. 성경을 읽을 때도 정신이 번쩍 들면서 하나님이 가까워지는 그런 느낌을 받을 때가 있습니다. 하나님이 가까이 계셔서 나를 사랑해 주시는구나, 하는 그런 느낌이 듭니다. 우리 믿는 사람들에게는 그러한 체험이 종종 있습니다. 술에 취한 사람도 그렇게 깨어나는 때가 있다고 합니다. 늘 술에 절어 살던 사람이 어떤 큰 분, 즉 하나님이 가까이 계시다는 느낌이 생겨서는 그 길로 회개하고 주님께로 돌아왔다는 글을 읽은 적이 있습니다. 술 취한 사람도 하나님께서 불쌍히 여기시는 일이 있습니다. 하나님께서는 사람을 깨우치도록 하기 위해 정신 차리게 하는 일이 있는데, 때로는 슬픈 생각이 들게 하는 때도 있습니다. 슬픈 생각은 잘못한 것이 생각나서 그런 것입니다. 그러한 생각 덕분에 하나님 앞에 상달되는 것같이 긴장감 있게 기도할 때가 있습니다. 이런 모든 것이 다 깨는 것입니다.

> 이르되 네가 보는 것을 두루마리에 써서 에베소, 서머나, 버가모, 두아디라, 사데, 빌라델비아, 라오디게아 등 일곱 교회에 보내라 하시기로(1:11)

하나님께서는 하나님 말씀을 책에 쓰라고 자주 말씀합니다. 모세에게도 책에 써라, 책에 기록해라 말씀했고, 다니엘에게 계시의 말씀을 들려주신 후에도 책에 기록하라고 말씀한 적이 있고, 선지자들에게도 종종 그렇게 말씀했습니다. 책에 기록하라는 말씀은 하나님께서 책을 귀하게 여긴다는 것입니다. 이 책이 귀합니다. 한 번 말하고 그만두는 것보다 책에 기록해 보관하는 것이 더 귀합니다. 한 번 말로 하면 들은 사람이나 알지 다른 사람이 경험해 볼 수 있겠습니까? 못 합니다. 다른 사람에게 하나님 말씀을 전하고 그 말씀을 깨닫도록 하기 위해서는 책에 기록하는 방법밖에 없습니다. 책에 기록함으로써 하나님 말씀이 훨씬 잘 전해집니다.

또한 말로만 전할 때는 과장되는 일이 많습니다. 다섯 가지라 그랬는데 여섯 가지라고 하면서 과장합니다. 정확하게 몇 가지라고 말했는데도 그저 많다 그러기도 합니다. 사람에게는 과장하는 거짓이 있는데 못된 사람들은 자기 마음대로 글을 써넣기도 합니다. 물론 이것은 책의 경우를 가지고 하는 말이지만, 말을 전할 때도 자기 마음대로 붙여 가지고서 전하기도 합니다. 하지만 전하고자 하는 내용을 책에 써서 여러 사람이 함께 보관해 내려올 것 같으면 그런 잘못이나 그럴 염려는 사라집니다.

어두움을 밝히는 교회

> 몸을 돌이켜 나에게 말한 음성을 알아보려고 돌이킬 때에 일곱 금 촛대를 보았는데(1:12)

사도 요한은 일곱 금 촛대를 보았다고 했는데 이 금 촛대는 무엇을 비유합니까? 교회를 비유합니다. 교회를 금 촛대라고 말했습니다. 그 해석을 우리가 어디서 볼 수 있습니까? 1장 20절입니다. "네가 본 것은 내 오른손의 일곱 별의 비밀과 또 일곱 금 촛대라 일곱 별은 일곱 교회의 사자요 일곱 촛대는 일곱 교회니라." 교회를 촛대에 비유했습니다. 촛대란 어두움을 밝혀 주는 것입니다. 교회는 어두움을 밝혀 주는 기관입니다. 어떤 어두움입니까? 하나님을 모르는 어두움입니다. 하나님을 모르는 어두움을 밝혀 주는 것이 교회입니다. 어떠한 방법으로 밝혀 줍니까? 성경을 가르침으로 하나님을 모르는 어두움을 밝혀 줍니다. 성경을 잘 가르쳐서 배우는 사람들이 하나님을 잘 알도록 해줍니다. 교회는 촛대요 촛불이요 등대입니다. 교회는 세력을 가지고 세상에서 무엇을 하는 단체가 아닙니다. 세력단체가 아닙니다. 세력을 위주로 하자면 교회는 사람을 많이 모아야 합니다. 사람이 많이 모이는 것이 나쁜 것은 아니지만 큰 세력을 이루는 목적으로 사람을 많이 모아서는 안 됩니다.

교회는 등불입니다. 하나님을 증거하고 하나님을 알게 하는 단체입니다. 적은 수가 모이더라도 신앙으로 분명하게 살고 하나님 말씀으로 바로 살면 하나님이 제일 기뻐하는 교회가 됩니다. 많은 사람이 모였다 하더라도 성경을 모르는 사람이 많고, 성경을 잘못 가르치고, 하나님을 알게 하는 빛의 운동이 약할 것 같으면 걱정스러운 교회가 됩니다. 교회가 어두우면 교회다운 교회가 되지 못합니다. 하나님께 영광 돌리기는커녕 하나님께 욕 돌리는 일을 많이 하게 됩니다. 하나님 말씀 운동에 도리어 해를 끼치는 일도 있습니다. 그러니까 잘 깨닫도록 하고 잘 살도록 해서 점점 퍼져 나가도록 하고 점점 커지도록 해야 합니다. 오합지중으로 모여서는 집이라도 같이 짓자, 여러 가지 세상에 속한 일도 우리 한번 힘 있게 해보자 하는 것은 교회 운동이 아니에요. 교회는 등대요 촛대입니다. 교회는 힘이나 세력으로 말하면 약합니다. 세력을 위주하지 않기 때문에 핍박을 받습니다. 핍박을 받더라도 남을 핍박하지 않는 것이 교회입니다.

- **귀신에 대한 잘못된 속설 교정**

> 곧 살아 있는 자라 내가 전에 죽었었노라 볼지어다 이제 세세토록 살아 있어 사망과 음부의 열쇠를 가졌노니(1:18)

"사망과 음부의 열쇠를 가졌노니", 여기 "열쇠"는 주권을 의미합니다. 사망과 음부의 주권을 "가졌"다는 것은 그가 친히 죽음을 이기시고 부활하셨으므로 이제부터는 사망의 지배 아래 있는 자들을 그의 권세로 석방하실 수 있다는 것입니다. "음부"는 무엇인지 살펴보겠습니다.

누가복음 16장을 보면 부자가 죽어서 어디에 갔다고 성경은 말합니까? 음부에 갔다 그러지 않습니까.

> 그가 음부에서 고통 중에 눈을 들어 멀리 아브라함과 그의 품에 있는 나사로를 보고 불러 이르되 아버지 아브라함이여 나를 긍휼히 여기사 나사로를 보내어 그 손가락 끝에 물을 찍어 내 혀를 서늘하게 하소서 내가 이 불꽃 가운데서 괴로워하나이다 아브라함이 이르되 얘 너는 살았을 때에 좋은 것을 받았고 나사로는 고난을 받았으니 이것을 기억하라 이제 그는 여기서 위로를 받고 너는 괴로움을 받느니라 그뿐 아니라 너희와 우리 사이에 큰 구렁텅이가 놓여 있어 여기서 너희에게 건너가고자 하되 갈 수 없고 거기서 우리에게 건너올 수도 없게 하였느니라(눅 16:23-26)

26절을 보면 "너희와 우리 사이에 큰 구렁텅이가 놓여 있"다고 했습니다. 큰 구렁텅이란 건너갈 수 없는 간격이 있다는 말입니다. 큰 구렁텅이가 있어서 건너갈 수가 없습니다. 너 있는 쪽으로 건너가고 싶으나 갈 수 없고 우리 있는 쪽으로 건너올 수도 없습니다. 부자가 죽어서 음부로 갔다고 했습니다. 음부에 가서 꼼짝 못합니다. 이 세상으로 올 수도 없습니다.

마가복음 5장 1절부터 읽어 보면 거라사 사람이 귀신 들려서 난폭한 행동을 하기 때문에 고랑을 차고 있는 장면이 나옵니다.

> 이는 여러 번 고랑과 쇠사슬에 매였어도 쇠사슬을 끊고 고랑을 깨뜨렸음이러라 그리하여 아무도 그를 제어할 힘이 없는지라 밤낮 무덤 사이에서나 산에서나 늘 소리 지르며 돌로 자기의 몸을 해치고 있었더라 그가 멀리서 예수를 보고 달려와 절하며 큰 소리로 부르짖어 이르되 지극히 높으신 하나님의 아들 예수여 나와 당신이 무슨 상관이 있나이까 원하건대 하나님 앞에 맹세하고 나를 괴롭히지 마옵소서 하니 이는 예수께서 이미 그에게 이르시기를 더러운 귀신아 그 사람에게서 나오라 하셨음이라 이에 물으시되 네 이름이 무엇이냐 이르되 내 이름은 군대니 우리가 많음이니이다 하고(막 5:4-9)

이 성경을 잘못 해석해서 죽은 사람들이 살아있는 사람에게 붙은 것이라고 말하기도 합니다. 네 이름이 무엇이냐 물으시니 내 이름은 군대니 우리가 많음이니이다 라고 했으니, 군대 귀신이 지금 여기 거라사 사람에게 붙은 것이라고 가르칩니다. 그러니까 군대 노릇을 하다가 죽은 귀신들, 전쟁하다 죽은 귀신들이 사방으로 다니면서 병을 주기도 하고 사람에게 붙어서 못살게 굴기도 한다고 가르치는 모양인데 이것은 큰 잘못입니다.

본문 말씀을 자세히 보세요. 사람이 죽어서 영혼이 떠나면 갈 곳으로 가는 것이지 여기저기 돌아다니는 것이 아니에요. 귀신은 마귀의 군사들로 하늘에서 떨어진 자들입니다. 계시록 12장을 보면 마귀가 떨어짐에 따라서 그 군사들도 많이 떨어졌습니다. 대마귀가 타락하면서 함께 거느리고 타락한 귀신들이 헤아릴 수 없이 많은데 그것들이 이 세상 여기저기 다니면서 역사합니다. 사람이 죽은 후 그 영혼이 돌아다니면서 병도 주고 다른 사람을 못살게 군다는 것은 지극히 비성경적이에요. 성경에 위배됩니다.

군대라는 말은 본문에서 분명히 그 뜻을 밝히고 있습니다. 수효가 많다는 의미입니다. "우리가 많음이니이다" 말했듯이 수효가 많기 때문에 군대라고 하는 것입니다. 군대처럼 많은 귀신들이 지금 역사한다는 것입니다. 어떤 사고로 죽은 영혼들이 귀신이 되어서 세상에 돌아다니면서 병을 주고 사람을 못살게 만든다는 것은 성경적이지 않아요. 성경 진리와 맞지 않습니다. 물에 빠져 죽은 사람들의 영혼은 다 돌아다니면서 사람들에게 병을 주고 못살게 합니까? 아닙니다.

사람들은 물에 빠져 죽은 자들을 제명에 죽지 못한 자들이라고 그럽니다. 하지만 성경대로 보자면 그것도 하나님의 작정인데 제명에 죽지 않은 사람이 어디 있습니까? 사람은 누구나 하나님의 작정대로 죽는 것입니다. 그렇다면 물에 빠져 죽은 사람들의 영혼은 어디로 갔습니까? 노아 홍수 때 물에 빠져 죽은 사람들은 다 어디로 갔습니까? 성경 어디에 있습니까? 베드로전서 3장 19절을 보겠습니다. "그가 또한 영으로 가서 옥에 있는 영들에게 선포하시니라." 여기 "옥에 있는 영들"이라고 했는데 물에 빠져 죽은 영혼들은 "옥"으로 갔습니다. 여기서 "옥"은 음부를 말합니다. 음부에 갇힌 것입니다. 음부에 갇혔기 때문에 세상에서 다시 돌아다니지 못합니다. "그가"에서 "그"는 예수님입니다. 다시 살아나신 예수님입니다. "그가 또한 영으로"에서 "영"은 성령입니다. 성령으로 말미암아 옥에 있는 영들에게 전파하셨다는 것입니다.

노아 홍수 때 수많은 사람이 물에 빠져 죽었는데 그 영혼들이 다 옥에 갔습니다. 갇혀 있습니다. 세상 사람들이 볼 때 물에 빠져 죽었다는 것은 제명에 죽지 못하고 그야말로 흉하게 죽은 것입니다. 그렇게 비명횡사(非命橫死)한 영혼들이니까 귀신이 되어 여기저기 돌아다니면서 병을 주고 그럽니까? 성경에 그렇게 나옵니까? 성경은 물에 빠져 죽은 사람들이 옥에 갇혔다고 합니다. 음부에 있는 것입니다. 거라사 귀신 들린 사람이 군대라고 말한 것을 가지고 그가 군대에서 죽은 사람이라고 하는 것은 성경을 자기 생각대로 푸는 것입니다. 군대에서 죽은 것이 아니라 군대처럼 많다는 말입니다. 수가 많기 때문에 군대라고 하는 거예요. 군대라는 말은 헬라 원어로 '레기온'($\lambda\epsilon\gamma\epsilon\acute{\omega}\nu$)으로 로마 군대의 단위 이름입니다. 그 수가 육천 명이 되는 군대 단위예요.

누가복음 16장으로 돌아와서, 부자가 세상을 뜬 다음에 어디로 갔습니까?

음부에 갔습니다. 세상을 뜨면 음부에 간다고 성경에 많이 말씀했어요. 음부는 들어갔다가 다시 나올 수 있는 곳이 아니라 한 번 들어가면 계속 갇혀 있어야 하는 곳입니다. 병자는 다 귀신 들렸다고 하면서, 귀신을 쫓아내야 한다고 하면서 여러 방법으로 사람을 미혹하는 것은 위태로운 일입니다. 그런 곳에 따라다니면서 시간을 낭비하고 생명을 낭비하는 일들은 고쳐야 합니다.

사람은 확신이 있어야 합니다. 좋아 보이고 그럴 듯해 보이는 말을 누군가 하면 그게 옳겠거니 하면서 시험에 들어가지고 바른 신앙에서 떨어져 나간다면 그거 되겠습니까? 신앙은 흔들리지 않는 것이 특징입니다. 주의 말씀을 전하는 자가 틀린 것을 틀렸다고 안 할 수 없어요. 누구를 비평하기 위해 틀렸다고 하는 것이 아닙니다. 공공연하게 드러내 놓고 퍼져 나가는 것이기 때문에 사실대로 정직하게 말해야 하는 것입니다.

직분은 섬기기 위한 것

> 그러므로 네가 본 것과 지금 있는 일과 장차 될 일을 기록하라(1:19)

여기 "네가 본 것"은 일곱 금 촛대와 그 사이에 계신 "인자 같은 이"입니다. 인자 같은 이의 모양이란 것은 특별히 예수님을 비유적으로 보여 주는 것입니다. "지금 있는 일"은 2, 3장에 기록된 일곱 교회에 대한 말씀입니다. "장차 될 일"은 심판 때 될 일을 말합니다.

> 네가 본 것은 내 오른손의 일곱 별의 비밀과 또 일곱 금 촛대라 일곱 별은 일곱 교회의 사자요 일곱 촛대는 일곱 교회니라(1:20)

여기 "비밀"은 오묘한 뜻을 말하고 "금 촛대"는 교회를 말합니다. 그 밑에 "일곱 별은 일곱 교회의 사자요 일곱 촛대는 일곱 교회니라"라고 해서 그 해석이 나옵니다. 하나님의 교회를 목양하는 종들을 별이라고 한 것은 중요한 말씀입니다. 빛을 발하기 때문에 별이라고 한 것입니다. 즉 하나님을 알게 하는 말씀의 역사, 사람들로 하여금 하나님을 알게 하는 단정하고 빛나는 생활, 교역자라면 이 같은 것들을 다 소유해야 합니다. 하나님의 사자 된 자들의 책임이 무겁습니다. 2장 1절에 보면 일곱 별을 오른손에 붙잡았다고 합니다. 예수님의 오른손에 붙잡혔다는 것은 두 가지 뜻이 있습니다. 하나님의 사자의 자격이 있으면 힘 있게 사용하신다는 것이고 잘못하면 엄하게 벌한다는 것입니다. 그러므로 두려운 분이신 것입니다.

우리가 직분을 받았다는 것은 어떤 계급장을 달았다는 것이 아니에요. 교회 안에서는 사람들 사이에 계급이 없습니다. 직분을 계급으로 생각하면 안 됩니다. 다 형제입니다. 다만 은사가 다를 뿐이에요. 각자가 돕는 은사, 가르치는 은사, 다스리는 은사 등 다양한 은사를 가지고 교회를 섬기는 것입니다. 계급이 절대 아닙니다. 은사대로 나타나는 것입니다.

가르치는 은사를 가진 사람은 남들이 진리를 깨달을 수 있도록 가르칠 줄 알아야 합니다. 다스리는 은사를 가진 사람은 평안하게 잘 다스려 나갈 능력이 있어야 합니다. 준비가 안된 사람은 교역자가 되기 어렵습니다. 지혜 없이 말을 아무렇게나 탁탁 하고, 지혜 없이 처신하고, 교제할 때 실수하면 교역자가 될 수 없어요. 그 방면에 은사가 없는 것입니다. 등급이 낮다는 것이 아닙니다. 은사가 없다면 그 방면으로는 하지 말아야 하는 것입니다. 말을 하는데 무슨 말인지 알아들을 수 없게 말한다면 가르치는 은사가 없는 것입니다. 그런 사람은 교역자가 되지 않는 것이 좋습니다.

지금 여기에서 강조하고자 하는 것은 모든 믿는 사람은 형제라는 것입니다. 다만 은사에 따라 어떤 사람은 이 지위에서 일하고 어떤 사람은 저 지위에서 일하고 또는 저 방면에서 일하는 것입니다. 일이 각각 다른 것뿐입니다. 직분을 받았다고 해서 높은 자리에 있는 것이 아닙니다. 그 직분으로 봉사하는 것입니다. 예수의 심부름꾼이고 또 예수님의 양 떼를 돕는 일을 하는 것입니다.

교역자는 모든 교인 중에 제일 겸손한 사람이어야 합니다. 제일 낮아질 줄 아는 사람이 해야 합니다. 천국에서는 낮아지는 것이 권세입니다. 하나님은 교만한 자를 배척하시고 낮아지는 사람을 쓰십니다. 다시 한 번 명심할 것은 우리는 다 형제라는 것입니다. 은사에 따라 직분이 다를 수 있고, 또 직분이 없을 수도 있지만 모두 다 하나님을 섬기는 제사장입니다. 베드로전서 2장 9절에 너희는 왕 같은 제사장이라고 했습니다. 교역자들에게 하는 말씀이 아닙니다. 모든 믿는 자에게 하는 말씀입니다. 그들은 다 섬길 특권을 받았습니다. 섬길 능력을 받았습니다. 천국에서는 섬기는 것이 일입니다. 제일 잘 섬기는 사람이 하나님의 사랑을 제일 많이 받고 상급도 제일 많이 받습니다.

3
에베소 교회

계 2:1-7

계시록 2장과 3장은 교회에 대해 말씀합니다. 교회가 어떻게 나아가야 하는지, 어떤 길로 가야 하는지를 가르쳐 줍니다. 이렇게 2장과 3장에서 신자가 이 세상에서 교회 생활하는 비결을 말씀하고, 4장에서부터는 종말에 대하여 즉 세상 종말이 가까울 때 될 일들과 모든 징조에 대해 말씀합니다.

교역자의 수고로움

오늘은 에베소 교회에 대한 말씀입니다. 에베소는 지금 소아시아 지방에 있는 도시로 거기에 교회가 있었습니다. 바울은 에베소에서 2년 남짓 머물면서 하나님 말씀을 전한 일이 있습니다.

> 에베소 교회의 사자에게 편지하라 오른손에 있는 일곱 별을 붙잡고 일곱 금 촛대 사이를 거니시는 이가 이르시되(2:1)

여기 "사자"는 교역자를 말합니다. 사자에게 누가 편지합니까? 그리스도께서 편지하십니다. 예수님께서 이렇게 사도 요한에게 편지를 보냈습니다. 언제 보냈습니까? 예수님이 다시 살아 승천하신 후 지금 밧모 섬에 있는 사도 요한을 영적으로 감화 감동시키시고 말씀해 주신 것이 편지를 대신하는 것입니다.

"오른손에 있는 일곱 별을 붙잡고" 했는데, 이것은 비유입니다. 오른손에 일곱 별을 붙잡았다는 것은 바로 힘 있는 손으로 일곱 별을 붙잡고 일하신다는 말이에요. 1장 20절에서 일곱 별은 일곱 교회의 사자라고 했습니다. 교역자들을 말하는 것입니다. 주님은 교역자들을 손에 붙잡고 일하십니다. 오른손에 붙잡았으니 힘 있게 붙잡은 것입니다. 그러니 교역자가 주님께 잘 순종하면 힘 있게 일할 수 있습니다. 대신에 불순종하면 엄하게 벌을 받습니다. 주님께 순종하지 아니하고 자기 욕심을 채우기 위해 다니는 교역자들은 벌을 받습니다. 교역자 일을 하기가 참으로 두렵습니다.

내가 네 행위와 수고와 네 인내를 알고 또 악한 자들을 용납하지 아니한 것과 자칭 사도라 하되 아닌 자들을 시험하여 그의 거짓된 것을 네가 드러낸 것과(2:2)

이 말씀은 에베소 교회가 잘한 것을 말합니다. 네가 이러이러하게 행한 것이 있는데 교회로서 잘했다는 말입니다. 어떻게 잘했다고 했습니까? "수고"를 많이 했다고 합니다. 교회는 평안해 보이는 것을 좋아해서는 안 됩니다. 우리가 하나님이 주시는 평안을 누리지만 평안하다 하여 일하지 않고 희생하지 않고 수고하지 않으면 그것은 또 다른 죄를 범하는 거예요. 이 수고하는 것이, 주님의 복음을 위해 수고하는 것이 진실하게 믿는 증거입니다. 진실하게 믿지 않으니 수고하지 않고 일을 피하기 일쑤입니다.

교회를 세워 놓으면 할 일이 대단히 많습니다. 그야말로 온 교우들이 다 합심협력해서 일해야 합니다. 전에도 종종 말씀드렸지만 교회 일은 몇몇 교역자만 맡아서 하는 것이 아닙니다. 교역자들은 가르치는 일을 하는 것입니다. 하나님 말씀을 잘 깨달아서 때를 따라 하나님 말씀을 잘 가르치는 것이 그들의 일입니다. 교역자들이 하나님 말씀을 잘 알아야지 잘 모르면 잘못 가르칩니다. 회중에게 유익을 못 줍니다. 하나님 말씀은 세상 말이 아니고 살리는 말씀인데 정말 잘 가르쳐야 합니다. 생명의 말씀을 잘못 가르치면 생명이 전달되지 않습니다.

교역자가 이 말씀을 잘 가르쳐 그대로 전하는 지혜가 있다면 이 말씀은 생명의 말씀이기 때문에 듣는 자들의 영혼이 살아납니다. 이것은 교역자가 잘해서 없던 생명이 생기는 것이 아니라 이 말씀이 생명의 말씀이기 때문에 그렇습니다. 그 영혼이 힘을 얻습니다. 세상을 이길 준비가 됩니다. 그러므로 교역자들은 수고하면서 말씀을 잘 준비해야 합니다. 혀로 밭을 간다는 말이 있습니다. 혀를 가지고 어떻게 밭을 갑니까? 비유로 하는 말인데 혀를 가지고 밭을 갈 정도로 힘을 써야 한다는 것입니다. 설교 한 편을 준비하기 위해 하루 종일 생각할 뿐만 아니라 일주일 내내 생각해야 합니다. 월요일부터 토요일까지 계속 생각해야 합니다. 설교를 다 준비해 놓고도 기도하면서 또 생각해야 합니다.

순교자 주기철 목사님은 설교를 일주일 내내 준비했다고 합니다. 평양신학교에 오셔서 부흥회를 인도하실 때 하신 말씀입니다. 또 늘 기도해야 한다고 주장하셨습니다. 또 늘 남들을 위해 기도해야 한다고 주장하셨습니다. 교인들이 종종 자신을 위해 기도해 달라고 부탁을 하면 할 수 없다고 대답하기가 어려우니까, 일단 그러마 하고 대답을 하면 반드시 그대로 실행해야 한다고 말씀하셨습니다. 그렇게 교역자 일은 수고스러운 것입니다. 교역자는 또한 자신의 얘기를 해서는 안 됩니다. 힘듭니다, 이런 소리 못합니다. 아무리 힘이 들고 아무리 수고스러워도 힘들다는 말 못 합니다. 교인들을 찾아다니면서 사정도 못 합니다. 이러이러한 어려운 일이 있으니 좀 도와주시오, 그렇게도 말 못 합니다. 그것은 지도자로서 교역자로서 못할 일입니다. 아무리 마음에 고통이 있어도 말하지 못합니다. 그만큼 말 못 할 고생도 많습니다.

● 거짓 스승 1: 말씀을 잘못 가르침

에베소 교회는 자칭 사도라 하지만 사도 아닌 자를 받아들이지 않았습니다. 그렇게 수고를 하면서, 뼈가 빠지도록 애를 쓰면서, 기도를 죽기내기로 하고 말씀 준비를 결사적으로 하면서 교우들에게 은혜를 끼치는 종이라면 얼마나 귀합니까? 하지만 그렇게 하지 않는 사람들이 있기 때문에 예수님께서는 교회에 주의를 줍니다. 그런 사람들을 조심하라는 것입니다. 성경에는 그런 말씀들이 많이 있는데 디모데전서 6장 3절을 보면 "누구든지 다른 교훈을 하며 바른 말 곧 우리 주 예수 그리스도의 말씀과 경건에 관한 교훈을 따르지 아니하면"이라는 말씀이 있습니다. 교훈을 틀리게 하는 사람이 있습니다. 교훈 즉 하나님 말씀을 있는 그대로 바로 믿지 않고 자기 나름대로 딴 소리하는 사람들이 교회 역사에는 있었습니다.

성경 말씀은 알기 쉬운 방면도 있지만 모르는 방면도 있습니다. 알기 쉬운 말씀이라 해도 잘 생각해 보면 사실 알기 쉬운 것이 아닙니다. 실천해 봐야 합니다. 말씀을 행하면 그때 깊은 뜻이 나옵니다. 쉬운 말씀이라고 해서 다 알았다고 생각하면 안 됩니다. 말씀대로 실천해 봤나 하는 생각을 해야 합니다. 무디 선생이 영국에 가서 부흥회를 인도할 때 있었던 일입니다. 그는 전에 왔을 때 전했던 본문을 가지고 똑같은 설교를 했습니다. 친구들이 지난 번에 했던 설교가 아닙니까, 물었습니다. 그러자 무디 선생은 그대로 다 실천했습니까, 하고 반문했다고 합니다. 하나님의 말씀을 전할 때는 그대로 실천하며 살라고 전했는데, 그대로 실천하며 살지 않았으면 다시 들어야 할 말씀이라는 것입니다.

어떤 말씀이 쉬워 보일 때도 스스로에게 물어봐야 합니다. 자기 자신에게 물어봐야 합니다. 내가 이 말씀대로 실천했나, 실천하지 못했다면 참 재미는 못 봤다, 이 말씀 가운데 꿀 같은 단것이 있는데 내가 아직 그 맛은 못 봤다, 그런 생각을 해야 합니다. 다윗은 말하기를 주의 율례가 꿀보다 송이 꿀보다 더 달다고 했습니다(시 19:10).

성경에는 모르는 말씀이 많이 있습니다. 많이 연구해야 하고 실천해야 합니다. 기독교 이천 년 역사를 보면 종종 하나님 말씀을 잘못 깨닫고 가르치던 교역자들이 결국 이단이 되고 교회에 해를 끼치는 사례가 적지 않습니다. 이로 말미암아 교회가 혼란해지기도 하고 기독교가 약해지기도 하며 상처를 많이 받았습니다. 디모데전서 6장 3절을 읽겠습니다. "누구든지 다른 교훈을 하며 바른 말 곧 우리 주 예수 그리스도의 말씀과 경건에 관한 교훈에 따르지 아니하면." 옳은 교훈을 따르지 않고 다른 교훈을 전하는 사람은 멀리해야 합니다.

이어서 4절에 "그는 교만하여 아무것도 알지 못"한다고 했습니다. 교역자가 하나님 말씀을 바르게 가르쳐야 회중이 그 진리를 바로 알게 되는데, 잘못 가르치니까 하나님 말씀을 모르는 사람이 됩니다. 세상 과학을 많이 알았다고 해서 반드시 성경을 잘 아는 것은 아닙니다. 성경을 잘 깨닫게 되는 것은 하나님의 성령으로 말미암아 되는 것이고 은혜로 되는 것이지 사람의 지혜로 되는 것은 아니에요. 그것은 선물입니다. 그런데 알지도 못하면서 아는 체하고, 가르치고, 자기를 주장하니까 그는 교만한 자인 것입니다. 아무것도 알지 못하고 변론과 언쟁을 좋아하는 자인 것입니다. 자기가 이기려고 하기 때문에 투기와 분쟁과 비방과 악한 생각이 일어납니다. 하나님의 은혜로 서야만 순조롭습니다. 자기를 내세우려 하면 하나님의 은혜에서 떠난 사람이 되고 하나님 말씀도 잘못 알게 됩니다.

이런 사람이 교회를 가르치기 원하고 교회를 주장하기 원하는 것은 순조로운 길이 아닙니다. 교역자 일을 제대로 하면 기쁘고 즐겁고 동시에 겸손하고 다투지 않게 되고, 이렇게 일이 되니까 자기 안에서도 순조롭습니다. 물론 옳게 하는 사람을 반대하는 세상 세력이 있을 수 있고, 교회 안에서도 순조롭지 않은 일이 있을 수 있으니까 고생은 할 수 있습니다. 하지만 자기 안에서는 순조롭습니다. 그러나 하나님의 말씀을 잘못 깨달은 사람이 그 일을 해 나가려니까 교만하고 남을 무시하고, 아무것도 알지 못하여 변론이나 하고 언쟁이나 하고, 또한 투기와 분쟁과 비방과 악한 생각이 일어나는 것입니다.

마음이 부패하고 진리를 잃어버리고 자기가 잘못 깨달았으면 이거 왜 이럴까, 생각하면서 회개해야 하는데, 또 회개만 하면 예수님께서 얼마든지 다시 써주시는데, 회개를 하지 않고 버티고 나가니까 결국 길을 잃어버립니다. 더 어두워집니다. 경건을 자기 이익의 재료로 생각합니다. 주님을 따르며 주님을 섬기며 교역하는 일을 자기 이익의 재료로 삼습니다. 그야말로 자기 이익을 보려고만 합니다. 주님을 사랑하는 마음으로 희생하고 그것을 표준해서 낮은 자세로 모든 것을 결정해야 합니다. 그런데 이것이 내게 유익하겠나를 생각해서 무언가를 결정하니까 교회가 안 됩니다. 하나님께 영광이 안 됩니다. 교역은 하지만 진짜 교역은 아닙니다.

거짓 스승 2: 예수님보다 자기 사랑

요한복음 21장 15절부터 보면 예수님께서 베드로에게 자신의 양을 맡길 때 무엇을 물어보셨습니까? "요한의 아들 시몬아 네가 나를 사랑하느냐." 예수님을 사랑하느냐, 그것을 물어보셨습니다. 예수님을 사랑하면 하나님의 양을 맡을 만하다는 것입니다. 예수님을 사랑하는 것이 교역자 출발의 동기요 진행의 동기요 결말의 동기입니다. 예수를 사랑하는 일이면 한다, 이렇게 돼야 하는데, 이것으로 내가 무슨 이익을 보나 할 것 같으면 이것은 주의 일을 하는 사람의 사고방식이 아니란 말입니다. 주의 일을 하는 사람에게 내 일이 되나, 내가 이익을 봤나 하는 생각은 금물입니다. 교역자는 범사에 주님을 사랑하는 것을 목적으로 해야 합니다. 어디서 무엇을 하든 주님을 사랑하는 것이 목적이므로 주님이 기뻐하시고 주님이 함께해 주시고 주님이 그 일을 이루어 주십니다. 주님을 사랑하므로 계속 형통합니다.

그런데 거짓 교역자는 모든 일에서 자신에게 돌아오는 이익만을 생각하고 처신하기 때문에 교역자라고 하면서도 발전이 없는 것입니다. 그런 사람들은 절대로 주의 일을 이루지 못합니다. 경건을 이익의 재료로 생각하면 안 됩니다. 그 교훈이 틀렸고 또 그 일하는 방법이 틀렸습니다. 자꾸 다투고 시기 질투하고 또 경건을 자기 중심으로 자기 이익의 재료로 생각한다는 말입니다.

거짓 스승을 멀리하라

> 누구든지 이 교훈을 가지지 않고 너희에게 나아가거든 그를 집에 들이지도 말고 인사도 하지 말라 그에게 인사하는 자는 그 악한 일에 참여하는 자임이라(요이 1:10-11)

거짓 스승이 얼마나 무섭습니까? 우리는 명심해야 될 것입니다. 요한이서 1장 11절을 보면 "그 악한 일에 참여하는 자임이라" 하면서 거짓 스승에 대한 교회의 태도를 가르칩니다. 10절에서는 거짓 스승을 "집에 들이지도 말"라고 했는데 여기 집은 교회를 말합니다. 그때는 개인 집에서 교회를 해나갔는데, 한 도시에 여러 교회가 있었을 수도 있습니다. 후대에 이렇게 교회당이라는 것을 크게 지어서 사람들을 모아들이게 되었는데 그렇게 되면 단점도 있습니다.

이렇게 자꾸 크게 하려고만 하면 그 안에서 잘하는 사람은 잘하는데 잘 못하는 사람은 완전히 꽝이 됩니다. 사람은 많이 모이는데, 진리를 모르는 사람이 많아져요. 착실히 붙잡고 가르치는 일에 소홀하게 됩니다. 교역자가 한 사람 한 사람 돌보는 것이 힘들기 때문에 소홀하기 쉽습니다. 큰 교회에 잘하는 사람들이 없다는 것은 아닙니다. 이렇게 폐단이 있을 수 있다는 것을 명심하란 말입니다. 좌우간 초대 교회 때는 집에 모였어요. 집에 모였으니까 교회의 규모, 모임의 규모가 그렇게 성대했다고 생각은 안 됩니다. 하지만 교인들끼리의 사랑과 교역자와 교인과의 관계가 매우 친밀하여 모든 일이 착실하게 진행되었습니다.

"그를 집에 들이지도 말고." 여기 들인다는 것은 가르쳐 달라고 들이는 것입니다. 집에 들이지도 말라는 것은 집에 들어와 앉는 것을 막으라는 말이 아니고 교역자로 세우지 말라는 것입니다. 교역자는 가르치는 사람인데 가르치는 사람을 들이는 것은 가르쳐 달라는 것이 아닙니까? 그런 사람은 교회에 들이지도 말고 인사도 하지 말라는 것입니다. 인사도 하지 말라는 것은 멀리하라는 말입니다.

도대체 이들은 어떤 정도의 거짓 스승입니까? 요한이서 1장 7절에 보면 "미혹하는 자가 세상에 많이 나왔나니 이는 예수 그리스도께서 육체로 오심을 부인하는 자라"고 했습니다. 예수님께서 사람의 영혼과 몸을 가지고 오신 것이 아니라는 주장을 하는 사람이에요. 예수님이 이 세상에 사람의 성품을 가지고 오신 것이 아니라고 가르치는 사람입니다. 구원을 반대하는 사람입니다.

예수님께서 우리를 구원하기 위하여 몸과 영혼을 취하셨습니다. 몸만 아니고 영혼까지 취하셨습니다. 예수님은 완전한 하나님인 동시에 사람의 몸과 영혼을 취하신 완전한 사람이십니다. 그분은 죄가 없으신데 이 세상에 오셔서 우리와 직접 접촉하십니다. 우리와 똑같으신 주님이 우리를 완전히 구원하십니다. 그런데도 이때 예수 그리스도께서 육체로 임하심을 부인하는 자가 있었습니다. 그런 거짓 스승이 있기 때문에 그런 사람을 집에 들이지도 말고 가르쳐 달라고 데려오지도 말라고 하는 것입니다. 인사도 하지 말고 멀리하라고 해요. 그에게 인사하는 자는 악한 일에 참여하는 자라고 했습니다. 에베소 교회는 이런 거짓 스승을 용납하지 않았기 때문에 칭찬받았습니다.

본문으로 돌아와서 2장 2절부터 다시 봅니다.

> 내가 네 행위와 수고와 네 인내를 알고 또 악한 자들을 용납하지 아니한 것과 자칭 사도라 하되 아닌 자들을 시험하여 그의 거짓된 것을 네가 드러낸 것과 또 네가 참고 내 이름을 위하여 견디고 게으르지 아니한 것을 아노라(2:2-3)

여기 "네 행위"란 어떤 행위입니까? 수고하고 참아 견디면서 악한 자를 용납하지 않은 행위입니다. 악한 자를 용납하지 않느라 수고했다는 말입니다. 좀 더 설명하자면, 스스로는 사도라 하지만 사도가 아닌 자를 시험하여 그 거짓된 것을 드러냈다는 말입니다. 거짓 교역자를 들이지 않는 데 만전을 기할 것을 가르쳤습니다. 그러한 것을 잘한 것으로 칭찬했습니다. 3절까지 칭찬이 이어집니다.

유종의 미를 거두라

> 그러나 너를 책망할 것이 있나니 너의 처음 사랑을 버렸느니라 (2:4)

4절에 와서 에베소 교회의 현재 잘못을 지적합니다. 에베소 교회가 처음 세워졌을 때는 사랑이 굉장히 많았습니다. 신자들끼리도 사랑이 많았고 교역자와 신자들 간에도 사랑이 많았습니다. 그렇지만 지금 그 사랑을 찾아볼 수가 없습니다. "너의 처음 사랑을 버렸느니라." 사람은 무슨 일을 하든 처음에는 다 열심히 합니다. 하지만 사람에게는 중대한 결점이 있는데 유종의 미가 없다는 거예요. 끝을, 마지막을, 결말을 잘 맺는 아름다움이 없어요. 그것은 반드시 고쳐야 합니다.

왜 그렇습니까? 좋은 일인 줄 알고 시작하여 합심하여 열심히 목표를 이루어 가고 있었는데 도중에 낙심한다든지, 열심이 식는다든지, 원망이나 불평으로 넘어진다고 할 것 같으면 차라리 시작하지 않은 것만도 못한 것이 되기 때문입니다. 왜 그렇습니까? 부패가 생기기 때문입니다. 끝까지 잘해야 하는데 도중에 잘못되면 해 놓은 것조차 썩어 버리기 때문입니다. 아예 처음부터 하지 않았더라면 그런 일은 없을 것입니다. 시작은 했는데 끝을 맺지 못하니까 그러한 부패가 생긴 것입니다. 토마토를 심어 보면 그놈이 끝까지 잘 이겨내서 성숙하고 결실하면 좋은데 중도에 병이 들어서 썩어 버리면 처리하기가 매우 어렵습니다. 그래도 토마토 처리는 쉽습니다. 사람이 썩은 것은 처리하기가 정말 어렵습니다. 사람이 부패한 다음에는 처리하기가 곤란하다는 말입니다. 못 살 지경이 되고 맙니다.

일단 단체가 된 다음에는 그 단체가 늘 조심하고 각 개인이 늘 조심해서 내가 이 단체를 해치는 자가 되어서는 안 된다, 내가 현재 단체를 유익하게 하는 사람인가 해롭게 하는 사람인가 늘 살피면서 자신의 일을 똑바로 해 나가야 합니다. 그렇지 않고 무책임하게 이 단체에 나 한 사람이 해를 끼친다고 무슨 큰 영향이 있겠냐, 내가 그거 알 바 아니다 하는 식의 무관심주의로 나가거나 공의에 대하여 전혀 신경 쓰지 않는 사람이 된다면 큰일입니다. 그렇게 되면 그 한 사람을 누가 어떻게 하겠습니까? 언제든지 유종의 미를 거두어야 합니다.

> **그러므로 어디서 떨어졌는지를 생각하고 회개하여 처음 행위를 가지라 만일 그리하지 아니하고 회개하지 아니하면 내가 네게 가서 네 촛대를 그 자리에서 옮기리라**(2:5)

교회가 처음 사랑을 버리고 부패하고 타락하면 빨리 회개하고 곧장 제자리로 돌아와야 합니다. 그렇지 않으면 계속 썩어져서 결국 그 교회가 없어집니다. 하나님께서 촛대를 그 자리에서 옮기겠다고 했습니다. 촛대는 빛을 비추는 것입니다. 교회는 이런 촛대와 같이 사람들로 하여금 하나님을 알도록 깨닫게 해줍니다. 이 교회가 바로 가야만 개인적으로는 모든 교인이 바로 살고 하나님께 영광 돌리며, 단체적으로는 하나님을 알려 주는 빛이 됩니다.

그런데 회개하지 않으면 촛대를 옮기겠다고 말씀하셨습니다. 역사적으로 촛대를 옮기는 일이 많이 있습니다. 아프리카는 옛날에 교회가 많았습니다. 아프리카 말로 번역된 콥트어 성경이 지금까지도 있습니다. 콥트 방언은 헬라어 알파벳으로 표현된 고대 이집트 말인데 콥트어로 번역된 성경이 있을 만큼 옛날에는 그 지방에 교회가 많았습니다. 사도행전 8장에 보면 에디오피아 왕의 내시가 예루살렘에 예배하러 왔다가 돌아가는 도중에 빌립의 전도를 받고 아프리카로 돌아가지 않았습니까? 그 사람이 아프리카에서 처음 믿은 사람인지는 잘 모르겠습니다. 하지만 아프리카에 일찍이 복음이 전해져, 옛날에 교회가 많았던 것이 사실입니다. 그런데 근대에는 아프리카에 교회가 별로 없습니다. 거의 없습니다. 이렇게 교회가 있다가 없어지는 일이 있다는 말입니다. 교회가 부패하면 하나님께서 교회를 없애 버립니다.

모르기 때문에 더 믿는다

> 오직 네게 이것이 있으니 네가 니골라 당의 행위를 미워하는도다 나도 이것을 미워하노라(2:6)

여기 "니골라"는 당시 있었던 이단의 이름이고 "니골라 당"은 "니골라"라는 이단자가 중심 인물이 되어서 만든 무리입니다.

> 귀 있는 자는 성령이 교회들에게 하시는 말씀을 들을지어다 이기는 그에게는 내가 하나님의 낙원에 있는 생명나무의 열매를 주어 먹게 하리라 (2:7)

여기서 "이기는 그"는 회개한 자입니다. 죄 문제를 말하자면 죄 없는 자가 누가 있겠습니까? 회개하고 예수 믿어서 구원받는 것이지 나는 회개할 것이 없다, 나는 예수 안 믿고도 구원받는다, 그렇게 말할 사람이 누가 있겠습니까? 없습니다. 믿지 않는 사람들에게 전도하다 보면 그렇게 말하는 사람이 있기는 있습니다만 그것은 몰라서 그렇게 말하는 것입니다. 여기 보세요. 겉으로 보기에는 먼지가 하나도 없는 것처럼 보입니다. 하지만 태양빛에 비추어 보면 실제로는 먼지가 많습니다. 성경 말씀으로 우리 마음을 비추어 보면 잘못이 너무나 많습니다. 죄는 큰 죄도 죄요 작은 죄도 죄입니다. 다 멸망 받을 죄입니다. 그러기 때문에 회개를 진실하게 해야 합니다.

"하나님의 낙원"이 어디입니까? 낙원이란 믿는 사람이 그리스도의 공로와 그리스도의 의를 힘입고 장차 들어갈 내세 즉 오는 세상을 말합니다. 우리가 죽은 후에 들어가는 복된 곳입니다. 그래서 낙원입니다. "생명나무의 열매"는 무슨 열매입니까? 우리는 그 열매의 이름을 모릅니다. 어떻게 먹습니까? 지금은 알 수 없습니다. 태중에 있는 아기가 바깥세상 일을 알 수가 있습니까? 태아는 어머니의 피를 통해 자동적으로 영양을 공급받는 것이지 태아가 입으로 씹어서 무엇을 먹습니까? 태아는 그럴 수 없습니다. 마찬가지로 우리가 내세에 들어가 영원히 사는 것은 분명합니다. 신구약 모든 성경 말씀이 이것을 증거하고 이것을 초점으로 가르칩니다. 모든 말씀이 구원을 초점으로 해서 가르칩니다. 어떤 말씀은 그렇게 보이지 않는 것 같아도 자세히 분석해 보면 궁극적으로 구원과 다 연결되어 있습니다. 구원을 가르쳐 주는 성경 말씀은 예수 그리스도로 말미암아 구원받은 성도들이 장차 들어갈 낙원을 보여 줍니다. 장차 들어갈 무궁한 안식 세계를 보여 줍니다.

우리가 낙원에 들어가서 살 것은 성경을 통해서 알고 있지만 거기에서 경험할 여러 가지 일들에 대해서는 잘 몰라요. 무엇을 하는지 무엇을 먹는지 잘 몰라요. 그러면 모르는 것을 우리가 어떻게 믿습니까? 모르기 때문에 믿는 겁니다. 안다고 하면 아는 거지 믿을 필요가 있겠습니까? 우리가 누군가를 신용한다 할 적에 그 사람 속까지 다 들여다보고 신용합니까? 아닙니다. 얼마 함께 지내보고 사람이 진실하다 싶으면 앞으로의 일도 믿고 맡깁니다. 다른 사람과 교제할 때도 이렇게 합니다. 하물며 하나님 말씀은 어떻겠습니까?

신구약성경을 볼 때 참으로 놀랄 만한 사실은 우리가 당시 이해하지 못한 것도 나중에 이해하고 보면 오묘하게도 진실한 말씀뿐이라는 것입니다. 우리가 성경 말씀을 이만큼 알았으니 성경 말씀이 초점으로 가르치는 것을 믿어야 합니다. 지금 당장 모른다고 해도 믿어야 합니다. 모르면서도 믿는 것을 하나님이 특별히 기뻐하십니다. 하나님의 뜻이라면 잘 모르고도 믿는구나,

하나님이 그런 신앙을 기뻐하십니다.

   아주 자세하게 물어 볼 필요가 없는 것들이 있습니다. 생명나무의 열매는 어떤 종류의 열매입니까, 물어보면 대답하지 못합니다. 먹는다고 했으니 어떤 방법으로 먹습니까, 물어보면 그것도 대답하지 못합니다. 그러나 예수 그리스도를 믿고 예수 그리스도의 의를 힘입으면 성경 말씀이 종합적으로 가르치는 내세를 믿고도 남습니다. 다 같이 한 번 외쳐 봅시다. "믿고 남는다!" "모르기 때문에 더 믿는다!"

4
서머나 교회

계 2:8-11

• 생명의 공급자 예수님

서머나 교회는 핍박받는 교회입니다. 땅 위의 교회는 언제든지 핍박받는 일이 있습니다. 신자들이 늙어 죽을 때까지 핍박을 받지 않는 시대도 있으나 교회가 핍박받아 순교하고 투옥되고 괴로움을 많이 당하는 시대도 있습니다. 그런데 이제 올바로 핍박받은 사람들의 신앙생활이나 성경에 기록된 핍박받은 경험에 비추어 볼 때, 평안한 시대에 신자들이 믿음에서 멀어지는 경향이 많습니다. 그 시대에는 산다는 것이 무엇인지 잘 모르고 사는 일이 많아요.

성경을 보면 육신이 사는 것이 그리 중요하지 않습니다. 육으로 사는 것이 중요한 것이 아니고 영으로 사는 것이 중요한데 우리 눈에 보이지 않는 영적 세계에서 하나님의 영적 생명을 받아 사는 것이 제대로 사는 것입니다. 어느 집사님이 기도하시면서 자기 체험을 고백한 적이 있습니다. 정말 죽을 고비에서 보이지 않는 하나님의 힘으로 지금까지 살게 되었다는 고백이었습니다. 죽도록 충성하는 사람들은 하나님이 영적으로 간섭해주시는 것을 눈으로 볼 수는 없어도 심령으로 느낄 수 있습니다. 이처럼 신기한 생명 운동이 있어요.

주님이 서머나 교회에 편지한 내용은 죽도록 충성하라는 것입니다. 주님을 위해 충성하다가 죽는 것이 좋다는 이야기가 아니겠습니까. 주님을 위해 죽도록 충성하는 것이 믿는 사람이 할 만한 일이고, 취할 만한 보람 있는 일이라는 말씀입니다. 죽도록 충성할 때 생명이 공급됩니다. 8절부터의 말씀은 생명의 공급을 알고 있으라는 내용입니다. 분명 하나님께서 생명을 공급해 주시니까 주님을 위하여 충성할 때 죽는 것을 두려워하지 말고 충성하라는 것입니다.

서머나 교회의 사자에게 편지하라 처음이며 마지막이요 죽었다가 살아나신 이가 이르시되(2:8)

참 생명을 공급하는 분이 계시다는 말입니다. 예수님은 사도 요한에게 "서머나 교회의 사자에게 편지하라"고 하십니다. 예수님은 요한에게 천사를 보냈고 천사를 통하여 이 편지들을 전달합니다. "처음이며 마지막이요." 예수님은 창조하시고 심판하시는 분입니다. 예수님은 이 세상에 사람으로 오셨지만 그 근본이 처음도 되시고 마지막도 되시는 하나님이십니다. 천지만물을 창조하신 이도 하나님이십니다. 나중에 세상을 심판하시는 이도, 이 세상 모든 일에 대해 결말을 맺는 이도 하나님이십니다. "처음"은 무엇을 말합니까? 창조하신 분이라는 것입니다. "마지막"은 무엇을 말합니까? 심판자라는 뜻입니다. 사람은 둘 다 못 합니다. 창조는 없던 것을 있게 하는 능력입니다. 생명을 창조하실 수 있는 능력입니다. 천지만물을 심판하는 권세는 하나님께만 있는데, 예수님이 바로 이런 하나님이십니다. 그의 권세는 생명을 주장하는 권세입니다.

우리 믿는 사람들은 성경을 알면 알수록 마음이 기쁩니다. 성경을 자세히 알고자 하는 마음이 있어야만 믿는 사람으로서 정신을 제대로 차린 사람입니다. 믿는 우리가 하나님의 말씀에 대해 아는지 모르는지 희미하게 그냥 지나친다면, 이것은 하나님을 잘 믿겠다는 마음이 없는 거예요. 하나님의 역사는 말씀을 깨달을 때 나타나기 때문에, 말씀을 깨닫는 데 주력하지 않는 것은 문제입니다. 처음이며 마지막이요 죽었다가 살아나신 이가 예수님이십니다. 예수님께서 서머나 교회에 편지하시면서 생명을 공급해 줄 생각으로 지금 이렇게 말씀합니다. 생명은 내가 공급해 줄 테니까 염려하지 말고 죽도록 충성하라.

네 환난과 궁핍을 아노니

> 내가 네 환난과 궁핍을 알거니와 실상은 네가 부요한 자니라 자칭 유대인이라 하는 자들의 비방도 알거니와 실상은 유대인이 아니요 사탄의 회당이라(2:9)

"환난"은 핍박을 말하는 것이고, "궁핍"은 핍박 때문에 모든 것을 다 빼앗긴 것을 말합니다. 로마 시대에는 예수 믿는 사람들을 300년 동안이나 심하게 핍박했습니다. 그 결과 진실하게 믿는 사람들은 다 궁핍해졌습니다. 생명과 재산을 다 빼앗겼습니다. 너희는 우리나라에 살 권리가 없다고 하면서 생명과 재산을 다 빼앗아가니까 아무것도 가진 것이 없는 사람이 되었습니다. 한지에 떨어지는 사람이요 적빈자예요. 아주 적지에 떨어졌습니다. 감옥에 들어간 사람들은 권리가 없습니다. 죄인이기 때문에 인권 행사를 못 합니다. 그만큼 로마 시대 신자들은 핍박의 결과로 궁핍해졌습니다.

우리 한번 생각해 봅시다. 우리가 예수 믿다가 핍박을 받아 궁핍해지면 마음이 어떻게 되겠습니까? 내가 그런 자리에 있다고 생각하고 남이 나라고 생각해 보자는 겁니다. 내 사정만 사정이라고 생각하면 안 됩니다. 다른 사람의 사정도 생각할 줄 아는 사람이 넓은 사람이고 형통하는 사람이고 커지는 사람입니다. 핍박받는 내용을 읽을 때마다 내가 이런 어려움에 빠지면 내 마음은 어떻게 될 것인지, 또한 그때 나는 어떻게 해야 되는지를 생각해 봐야 합니다.

　예수님께서 지금 핍박을 잘 견딜 수 있는 비결을 말씀하십니다. 내가 뒤에서 생명을 책임져 주겠다는 말씀입니다. 나는 죽었다가 다시 살아났을 뿐만 아니라 네 환난과 궁핍을 안다고 말씀하셨습니다. 무슨 말씀입니까? 지금, 서머나 교회가 핍박받는 지금 예수님이 보고 계신다는 말씀이에요. 무슨 일을 당하든 나를 도와줄 힘 있고 능력 있는 분이 지금 보고 계신다고 할 때 우리가 얼마나 힘이 납니까? 얼마나 위로를 받습니까? 하나님이 진정으로 우리에게 주시는 말씀입니다. "네 환난과 궁핍을 아노니", 즉 예수님이 우리의 환난과 궁핍을 아신다는 말씀입니다. 보고 계신다는 것입니다.

　"실상은 네가 부요한 자"라 그랬습니다. 빼앗기고, 생명과 재산을 보호받지 못하고, 옥에 끌려가 죽을 지경에 빠졌지만 실상은 네가 부요하다는 것입니다. 세상 누구보다도 네가 지금 잘사는 사람이라는 뜻이에요. 사람들은 부자라고 하면 돈이 많아서 부자인 것을 생각하지 영적으로 부자인 것은 생각하지 못합니다. 그만큼 사람들이 어두워요. 산다고 할 때 육신이 사는 것만 생각하지 영이 사는 것은 생각하지 못합니다.

　"자칭 유대인이라 하는 자들의 비방도 알거니와." 여기 "자칭 유대인"은 누구입니까? 로마가 다스리던 때의 일입니다. 지금으로부터 약 이천 년 전의 일입니다. 로마 통치 시대의 유대인들은 지금의 팔레스타인 땅에 다 살지 못하고 각국에 흩어져 살았습니다. 다른 나라에도 유대인들이 있었기 때문에 당시 사도들이 그곳에 가서 복음을 전하고 교회를 세웠는데 거기에 있던 유대인들이 예수 믿는 사람들을 못살게 굴었습니다. 핍박이 심했습니다. 당시 서머나 교회는 소아시아에 있었는데, 지금의 터키가 있는 곳입니다. 사도들이 복음을 전하면 거기 있던 "자칭 유대인"이란 사람들이 우리가 알지 너희가 뭘 알아, 우리가 구약성경을 가지고 있지 너희 이방 사람들이 언제부터 구약을 알았느냐 하며 비방했습니다.

신사참배 반대 운동

"실상은 유대인이 아니요." 유대인은 하나님을 공경하는 백성으로서 특별한 민족입니다. 그런데도 나중에 외식으로 타락했어요. 랍비들이나 바리새인들의 외식이 만연했는데 구약성경을 수박 겉핥기로 대충 알고서는 마치 다 아는 듯이 자처하며 예수를 잡아 죽이기까지 했습니다. "사탄의 회당이라." 지금 그들은 사탄이요 마귀라는 것입니다. 귀신들의 우두머리라는 거예요. 사탄은 귀신들의 우두머리를 말하는데 마귀나 사탄이나 같은 말입니다. 마귀라고 해도 되고 사탄이라고 해도 됩니다. 유대인들의 회당을 사탄의 회당이라고까지 했습니다. 이 사탄의 회당이 너희를 핍박하고 잡아 죽이기까지 할 텐데 네가 장차 받을 고난을 두려워하지 말라, 예수님께서 다 알고 계신다 그 말입니다.

교회도 마찬가집니다. 교회가 땅 위에 세워져가는 중에는 교회의 일부가 타락합니다. 한 개교회로 봐도 그렇고 전체 교회로도 그렇습니다. 개 교회에도 진리대로 바로 나가려는 신자들이 있는가 하면 진리는 생각하지도 않고 분별하지도 않고 교회만 왔다 갔다 하는 신자들이 있습니다. 그래서 일단 한 번 핍박의 바람이 일어나면 진리를 모르는 사람들은 사탄 편이 됩니다. 진리를 모르는 사람들은 사탄 편이 되어 참으로 믿는 자들을 괴롭히고 잡아 가두고 죽이기까지 합니다.

일제 말기 신사참배 운동이 일어났을 때입니다. 일본은 중국 대륙을 삼키려고 만주를 먼저 점령하고 태평양전쟁(대동아전쟁)이 발발하기 전에 중국을 침략했습니다. 남경(Nanjing, 南京)까지도 다 점령하고 중경(Chongqing, 重慶) 하나만 남겨 놓았습니다. 그야말로 중국을 거의 다 점령다시피 한 때입니다. 이때가 일본이 크게 세력을 확장했던 시기였는데, 당시 일본은 종교 정책도 썼습니다. 자신들이 정복한 민족에게 그들의 종교를 받아들이게 하고는 일본의 국신인 '아마테라스 오미카미'(天照大御神, あまでらすおおみかみ)라는 일본 귀신에게 절하도록 한 겁니다. 우리나라에서도 역시 예수 믿는 사람들을 다 신사(神社)

에 가서 절하도록 하는 악랄한 정책을 썼습니다. 교회를 무너뜨리기 위한 것이지요. 신사라는 것을 도시마다 세워서 기독교 신자들을 일본 국신에게 참배시키는 운동을 일으켰습니다.

이가 갈릴 정도로 악한 일들도 있었습니다. 김린서 목사가 엮은『주기철 목사의 순교사와 설교집』(부산: 신앙생활사, 1958)이라는 책을 읽어 보면, 평양에 '기독교화목회'라는 단체가 있었다고 합니다. 그 단체의 한 사람이 일본 기관에 왔다 갔다 하면서 신사참배에 반대하는 사람들을 알려 주고 잡아 가도록 하는 못된 짓을 했다고 합니다. 기독교화목회라고 이름은 지었지만 신사참배에 반대하는 사람을 잡아주는 매국 단체였습니다. 거기에 왔다 갔다 하는 사람이 목사였다고 합니다. 얼마나 무서운 일입니까? 성경 말씀을 바로 깨닫고 살 깊이 느끼며 사는 사람들은 주님의 말씀대로 살려고 죽기내기로 애를 쓰는데, 그저 기독교인이라는 이름만으로 그럭저럭 믿는 사람들은 한번 핍박의 바람이 불기만 하면 바로 딴짓거리를 합니다.

그 책에 보면 평양에는 기독교화목회와 같은 단체가 있었고 서울에는 '혁신회'가 있었다고 합니다. 혁신회는 사람을 잡아다 주지는 않았지만 무서운 배신의 교리를 주장했다고 합니다. 구약은 하나님 말씀이 아니라는 것이었습니다. '혁신회'는 그와 같은 주장을 하며 신학적으로 딴짓을 하는 단체였다고 합니다. 한국의 대표적인 기독교 중심지인 평양과 서울이 무서운 독사의 소굴과 같이 된 것입니다. 결국 여기 계시록에 있는 말씀과 같이 된 것 아닙니까? 유대인이라는 것을 스스로 자랑하면서 예수 믿는 사람들을 잡아주는 일을 했다는 것이 여기 있는 말씀입니다. 소위 하나님을 공경한다는 유대인들이 말입니다.

믿음을 흔들어 보는 핍박

너는 장차 받을 고난을 두려워하지 말라 볼지어다 마귀가 장차 너희 가

운데에서 몇 사람을 옥에 던져 시험을 받게 하리니 너희가 십 일 동안 환난을 받으리라 네가 죽도록 충성하라 그리하면 내가 생명의 관을 네게 주리라(2:10)

여기 "시험"이란 무엇입니까? 믿음을 흔들어 보는 핍박입니다. 이렇게 핍박받으면서도 예수를 믿나 어디 한번 보자 하는 것입니다. 마귀가 그런 짓을 해요. 핍박합니다. "너희가 십 일 동안 환난을 받으리라." "십 일 동안" 환난을 받는다고 하는데 "십 일 동안"은 어디에서 나온 것입니까? 다니엘서 1장입니다. 다니엘은 유대 사람이지만 바벨론이 유대를 공격할 때 포로로 잡혀서 바벨론으로 끌려간 사람입니다. 그의 친구들도 역시 같이 잡혀갔는데 사드락, 메삭, 아벳느고 세 사람입니다. 다니엘까지 네 사람이 바벨론에 포로로 잡혀가서 바벨론 왕의 심부름을 하게 되었습니다. 왕의 심부름을 하려면 그 나라 말도 알아야 하고 그곳 음식에도 적응해야 하므로 왕은 자기가 먹는 맛있는 음식과 포도주를 같이 먹게 했습니다.

그런데 다니엘과 그의 세 친구는 왕의 진미와 포도주를 먹지 않기로 결심했습니다. 왜 안 먹습니까? 레위기 11장을 보면 하나님께서 먹어서는 안 되는 음식들을 정해 놓으셨기 때문이었습니다. 예를 들면 족제비나 쥐 같은 것, 새김질 안 하는 것은 먹지 말라 하셨습니다. 새김질을 하면서 굽이 갈라진 것은 먹을 만한 짐승이고 굽은 갈라지지 않고 새김질만 하는 짐승은 먹지 말라는 규례가 있습니다. 경건한 유대인들은 레위기 11장 말씀에 있는 대로 음식을 먹었습니다. 먹지 말라는 것은 안 먹고 먹을 것은 먹으며 그렇게 생활했어요. 그런데 바벨론은 이방 나라이다 보니 그런 것을 분별하지 않고 먹습니다. 그러니까 바벨론 왕이 제공하는 음식을 먹으면 레위기 11장의 음식 규례를 범하게 되는 겁니다.

다니엘과 세 친구는 왕이 주는 음식을 먹지 않기로 마음을 정하고 그들을 감독하는 사람에게 시험해 볼 것을 부탁합니다. 내용인즉 열흘 동안 채소와 물만 먹게 해달라, 열흘 후 우리의 얼굴빛이 파리하고 수척하면 그때는 왕의 진미와 포도주를 먹겠다, 우리의 얼굴빛이 다른 젊은이들보다 더 좋으면 채소를 먹게 해달라는 것이었습니다. 그렇게 열흘 동안 시험한 결과 왕의 진미와 포도주를 먹는 사람들보다 그들의 얼굴빛이 더욱 좋았습니다. 그 후 그들은 왕의 음식을 먹지 않아도 되게 되었습니다. 이것이 열흘 동안의 시험입니다.

10절 하반절에 "십 일 동안 환난을 받으리라"는 말씀도 바로 그런 의미 있는 핍박을 말합니다. 옥에 갇혀있지만 결코 약해지지 않고 도리어 마음이 더 편안합니다. 여기에서 우리는 사람이 누릴 만한 생명이라는 것이 따로 있다는 것을 명심해야 합니다. 먹는 것을 잘 먹어 살찌게, 건강하게 사는 것도 있지만 반면에 마음이 밝고 기쁘고 평안하여 더욱 힘 있게 살아가는 방면도 있다는 것입니다. 그것을 잊어서는 안 됩니다. 본문의 말씀은 핍박을 받았다 해도 나중에는 더 좋아지게 되니까 두려워하지 말라는 것입니다.

마지막으로 "네가 죽도록 충성하라 그리하면 내가 생명의 면류관을 네게 주리라" 그랬습니다. "죽도록 충성하라"는 말에는 세상을 마치는 날까지, 이 생명이 다하는 날까지 충성하라는 의미도 있습니다. 만약 80세까지 살면 80세까지 충성하라, 즉 죽는 날까지 충성하라는 의미도 포함한다는 것입니다. 그러나 여기에서 가장 우선적으로 가르치고자 하는 뜻은 지금 충성하다가 죽는다고 해도 개의치 말라는 것입니다. 충성하느라고 지금 죽어도 개의치 말라, 죽도록 충성하라, 도리어 주를 위하여 죽는 것을 택하라는 의미가 있습니다. 예수님은 이 말씀을 주실 때 생명 공급의 보장을 미리 말씀했습니다. 나는 알파와 오메가요 처음과 마지막이라 했습니다. 알파와 오메가, 처음과 마지막은 결국 같은 뜻입니다. 죽었다가 다시 살아났다고 말씀하시면서 죽어도 주를 위하여 죽으면 특별한 생명의 보장이 있으니까 염려하지 말라는 말씀입니다.

주기철 목사와 그의 부인 오정모

　우리는 순교하는 사람들과 핍박을 달게 받는 사람들의 심리를 경험해보기 전에는 그 진상을 맛볼 수 없습니다만 그들의 입에서 나온 말들을 보면 매우 신기하게 여겨집니다. 대표적인 분이 주기철 목사님인데 그분은 죽도록 충성하신 분이에요. 신사참배를 반대하고 일본 귀신에게 절하는 것을 거부했습니다. 그뿐 아니라 계속적으로 모든 교회가 그렇게 해서는 안 된다고 가르쳤습니다. 그때 그는 죽는 것을 각오했고 늙어 죽는 것보다 젊어서 죽는 것을 오히려 보람되게 생각했습니다. 그는 기도 가운데 백합화는 시들기 전에 떨어져야 향기가 있다는 말을 했습니다. 주기철 목사님(1897-1944)이 순교했을 당시가 49세인데 42세나 43세 때 한 말입니다. 백합화가 시들어서 떨어지는 것은 향기가 다 없어진 다음에 떨어지는 것이니까 아직 향기나 날 때, 젊은 시절에 주를 위하여 죽으면 그 향기가 더하다는 말입니다. 주를 위하여 죽는 것이 얼마나 보람된 일인지를 깨달은 말입니다.

　그의 부인 오정모 집사님(1903-1947)도 역시 같은 생각이었기 때문에 생명을 내걸고 주기철 목사님을 도왔습니다. 주기철 목사님이 끝까지 절개를 지키고 신사참배를 끝까지 반대하고, 또 한국 교회가 신사참배를 하지 않도록 생명을 내걸고 투쟁하는 것을 밀어 주었습니다. 주기철 목사님이 옥에 들어갔다 나왔다를 여러 차례 했는데, 오 부인께서는 딱 한 번만 울었다고 합니다. 육신의 생명이 아니라 하나님의 힘으로 말미암는 생명이 있다는 것을 끝까지 믿었기 때문에, 오 부인은 주님의 소원을 이루어드리기 위해 주님께만 충성하는 것을 유일한 생명으로 알고 일편단심 끝까지 주님을 위해 충성했습니다.

　제가 해방 직후에 평양에서 오 부인을 한 번 만났습니다. 기독병원에 입원하고 계셨는데, 온 몸에 생긴 종처 때문에 고생하고 있었어요. 굉장히 아플 텐데 그 아픈 것이 도리어 좋다고 하셨습니다. 쏘는 듯한 것이 더 좋다고 말이에요. 왜냐하면 그 통증으로 인해 밤에 잠을 못자니까 기도하게 되어 좋다는 것입니다. 이런 분들은 분명히 성경의 그 속을 아는 사람들입니다. 해방되고 난 다음에 권력층에서 순교자 주기철 목사님을 반일투사로 여겨 상장을 가져왔는데, 오 부인께서 거절하셨습니다. 그러면서 주기철 목사님은 정치적인 선상에서 반일투쟁한 분이 아니라 주를 위해 죽은 순교자라는 것을 분명히 밝혔습니다. 그것이 아무리 귀한 것이라고 해도 다 거절했습니다.

진리를 분변하고 진리를 파수하는 그 생활이 얼마나 놀랍습니까? 많은 사람이 칭찬받기를 좋아합니다. 반일 투사건 아니건 누구라도 상 받는 것은 좋은 일이라 생각하고 받을 수도 있는데, 오 부인은 깨끗이 거절했습니다. 주기철 목사님이 투옥되었을 때, 그를 돕기는커녕 도리어 가슴 아프게 한 교계가 지금 와서 순교기념비를 산정재(산정현)교회 안에 세우려고 하는 것을 거절했습니다. 영광을 받으려고 한 일이 아니라는 것이었습니다. 평양노회에서 주기철 목사 순교기념 예배를 드리겠다는 것도 거절했습니다. 또 산정재교회가 돈을 모아 주 목사님 유족을 위해 땅을 사드리겠다는 것도 거절했습니다. 주기철 목사님은 평소에 청렴하고 가난하게 살 것을 주장했는데, 순교한 마당에 무슨 땅이 필요하느냐고 분명히 밝혔습니다. 그처럼 진리를 파수하고, 오히려 죽는 것을 보람되게 생각하는 정신으로 참 하나님이 도우시는 귀한 삶을 살면서 끝까지 강력하게 진리를 지켰습니다.

주기철 목사님은 땅에 묻혔지만 그의 영혼은 하나님 앞에서, 하나님의 사랑을 받으며, 하나님을 영원히 그리고 계속 찬송하게 되었습니다. 순교한 분들의 정신은 죽도록 충성하는 것입니다. 죽는다는 것이 무서운 것이고 죽는다는 것이 불행한 것이고 죽는다는 것이 더러운 것이라면 죽도록 충성하라고 말씀하셨겠습니까? 주기철 목사님은 사람이 폐병에 걸려 살겠다고 아등바등 애쓰는 것보다 핍박받는 것이 좋은 기회라 생각해 병에 걸린 채로 옥에 갇히는 것이 복된 일이라고 말씀하셨습니다. 폐병으로 죽되 옥에 갇혀 주님을 위해 죽는다고 하면 비록 병자일지라도 주님을 위해 충성하는 것인데 그렇게 죽게 되었으니 얼마나 다행한 일인가 하는 말을 하셨습니다.

● 생명의 맛

죽도록 충성하는 것이 모든 신자에게 사는 길입니다. 이 생명의 세계는, 죽었다가 살아나신 예수님이 주시는 생명의 힘은 죽도록 충성하는 자가 실감할 수 있습니다. 죽도록 충성하는 자가 그 생명을 받습니다. 주님을 위하는 일이라면 무슨 일을 하든지 날마다 죽기내기로 힘을 쓰고 생명을 거기다 불어넣는 생활을 하자는 말입니다. 그렇게 사는 사람들은 죽었다가 다시 살아나신 주님의 생명을 맛보게 됩니다. 죽었다가 다시 살아나신 주님의 생명이 공급되어서 새로운 삶의 세계를 경험하게 됩니다. 그것이야말로 참으로 영원히 사는 세계입니다.

그저 뭐 평안히 믿자, 그럭저럭 세월이나 보내자, 조금만 덥고 조금만 추워도 못 견디겠다고 하면서 예배 중에 나가기까지 하면 어떻게 생명세계와 접촉을 합니까? 참 이상한 일입니다. 다시 살아서 공급하시는 그 생명의 접촉이라는 것은 그때그때 죽는 그 사람만이 체험을 하더라는 것입니다. 주를 위하여 어려움을 겪는 사람, 그 가운데에서도 주를 충실하고 참되게 믿는 사람, 그런 사람들만이 그 맛을 봅니다. 다시 말해서 참된 삶의 맛은 주를 위하여 죽도록 충성하는 자만이 독점하게 됩니다. 죽도록 충성하라. 피곤하도록 충성할 뿐만 아니라 죽을 지경까지 주님이 시키시는 일은 올바로 끝까지 하라는 말입니다. 주님이 살려주시니까 주를 위하여 일하다 죽어도 좋다는 인생관으로 살아야 합니다. 다 같이 한번 이 말씀을 받아 읽읍시다. "네가 죽도록 충성하라 그리하면 내가 생명의 관을 네게 주리라."

5
버가모 교회

계 2:12-17

예수님께서 하늘에 올라가 계시면서 천사를 보내어 땅 위의 대표적 교회라 할 수 있는 일곱 교회에 편지를 보내신 내용입니다. 에베소 교회에 대해 우리가 들었고 서머나 교회에 대해서도 우리가 들었습니다. 특별히 서머나 교회는 순교 정신으로 신앙을 지킨 교회였습니다. 버가모 교회 역시 소아시아에 있는 일곱 교회 중 하나입니다. 옛날에 있었던 교회이지만 오늘날의 교회에도 동일한 교훈을 줍니다. 이 버가모 교회에 있었던 일들이 오늘날 교회에도 있을 수 있고 버가모 교회가 경성해야 될 것이 오늘날 우리에게도 필요합니다.

● 신자는 가시밭길 각오해야

> 버가모 교회의 사자에게 편지하라 좌우에 날선 검을 가지신 이가 이르시되(2:12)

여기 "좌우에 날선 검을 가지신 이"는 예수님을 말합니다. 예수님께서 좌우에 날선 검을 가지셨다고 하였는데 그 검은 실제 쇠로 만든 검이 아니라 영적 말씀을 말합니다. 주님의 입에서 나오는 말씀을 검이라고 했어요. 이것이 좌우에 날선 검과 같아서 우리의 심혼골수를 쪼갭니다. 그야말로 아주 귀한 검입니다.

우리의 심혼골수, 즉 마음과 혼과 골수를 쪼개서 우리가 우리의 속을 실감 있게 깨닫는 것이 귀합니다. 우리는 우리 속은 어떻게 되었든지 상관없고 그저 겉껍데기로만 한 세상을 살기 쉽습니다. 그러나 겉껍데기로만 살면 망합니다. 우리의 속이 어떻게 되었는지를 알아야 해요. 우리의 겉과 속은 다를 수 있습니다. 그런데 사람들은 겉껍데기만 볼 줄 알고 속은 못 봅니다. 그러기 때문에 자기 속을 고칠 줄 모릅니다. 한평생 살면서도 자기 속이 생명인 줄을 모릅니다. 그러다보면 생명은 망합니다. 예수님께서 좌우에 날 선 검을 가지셨다는 것이 얼마나 귀합니까? 이 세상 어떤 사람도 우리의 심혼골수를 쪼개는 말을 하지 못합니다. 진실한 마음으로 양심적으로 말씀을 대하면 주님의 말씀 즉 성경은 우리의 속을 쪼개는 귀한 일을 합니다.

네가 어디에 사는지를 내가 아노니 거기는 사탄의 권좌가 있는 데라 네가 내 이름을 굳게 잡아서 내 충성된 증인 안디바가 너희 가운데 곧 사탄이 사는 곳에서 죽임을 당할 때에도 나를 믿는 믿음을 저버리지 아니하였도다(2:13)

"네가 어디에 사는지를 내가 아노니." 주님께서는 지금도 살아 계셔서 교회가 어떻게 되는지 잘 알고 계십니다. 오래 참으시며 은혜를 베풀 때는 은혜를 베푸시고 벌을 내릴 때는 벌을 내립니다. "거기는 사탄의 권좌가 있는 데라." 이 버가모 지방은 우상숭배의 중심지였다고 합니다. 1계명과 2계명에서 하나님 외에 다른 신들을 섬기지 말라 가르쳤는데도 불구하고 세상 사람들은 너무 쉽게 우상을 섬깁니다. 버가모 지방은 그렇게 우상의 본부가 될 만한 곳이었습니다. 여러분이 아시다시피 사탄은 하나님의 원수입니다. 천사들 중의 우두머리가 타락해서 다른 천사들을 유인하여 하나님을 대적하다가 하늘에서 떨어졌는데 그것들이 사탄과 그의 부하들인 귀신들입니다. 사탄의 권좌가 있다는 말은 하나님을 대적하여 이 세상에서 사람들을 미혹하고 어둡게 만들고 망하게 하는 사탄의 본부가 있다는 뜻입니다. "네가 내 이름을 굳게 잡아서." 여기 너라는 것은 바로 교회를 말하는 것으로 마치 하나의 사람처럼 취급하는 말입니다. 너라는 단체, 즉 교회가 내 이름 즉 예수님의 이름을 굳게 잡은 것입니다.

"내 충성된 증인 안디바가 너희 가운데 곧 사탄이 사는 곳에서 죽임을 당할 때에도 나를 믿는 믿음을 저버리지 아니하였도다." 말씀을 보면 버가모 지방에 우상을 섬기는 본부가 있었고, 버가모 교회 신자들이 우상숭배하는 무리들의 유혹을 받았으며 이 무리들과 타협해서 타락하기도 했습니다. 또한 우상을 섬기는 무리가 믿는 사람을 대적해서 죽이는 일까지 있었습니다. "내 충성된 증인 안디바"가 사탄이 사는 곳에서 죽임을 당할 때 믿음을 저버리지 않았다는 것입니다. 버가모 교회의 신실한 신자였던 안디바가 우상을 섬기는 문제로 인해 죽임을 당하기까지 했습니다. 순교한 것입니다. 우리는 이 순교에 대한 말씀을 읽을 때마다 마음속 깊이 읽어야 될 줄 압니다. 이러한 순교 정신으로 날마다 살아야 죄를 피할 수 있고 죄를 이길 수도 있습니다.

오늘날 교회는 또 교인들은 편하게 예수 믿기를 원합니다. 그 정신이, 그 신앙 자세가 잘못되었습니다. 편하게 예수 믿자고 하는데, 예수 믿는 것은 편하게 하는 것이 아니라 그야말로 가시밭과 같은 데서 믿는 겁니다. 죄의 유혹을 받아 어느 정도 타협하고 양보하고 죄를 짓게 되면, 그것은 제대로 된 신앙생활이 아닙니다. 소금이 맛을 잃은 것과 마찬가지예요. 하나님의 역사를 보기 어렵습니다. 신앙생활에는 정말 많은 유혹이 있습니다. 우리는 가시밭을 각오해야 합니다. 성경은 분명히 "환난과 나라와 참음에 동참하는 자"(1:9)라고 했습니다. 사도 요한은 믿는 사람들의 입장을 그렇게 말했어요. 가시밭을 걸어간다는 각오를 해야 원망하지 않습니다. 평안하게 가려고 하면 평안하지 않을 때 짜증내고 원망하고, 여러 가지로 탈선하기 쉽습니다. 우리는 가시밭을 각오해야 합니다. 그것이 신자의 본연입니다.

평안함이 올 때 오히려 이상하다, 그래야 합니다. 평안할 때 죄 짓기 쉬운데 이거 어떻게 되려고 그러나, 그런 생각을 가지고 살아야 해요. 순교 정신을 가지고 살아가야 날마다 밝음이 있습니다. 주님과 나 사이에 통함이 있고 주님의 역사가 우리 모든 신자에게 있습니다. 평안을 추구하고 평안해야 하겠다는 일념으로 걸어가면 성령님과 우리가 접촉이 되질 않아요. 가시밭을 각오하고 나는 이제 죽어도 원망하지 않겠다, 주를 믿다가 죽겠다, 주의 나라가 나의 목적이다, 이렇게 생각하고 걸어갈 것 같으면 주님이 가까이 해주십니다. 그래서 우리가 주님을 느낄 수 있고 주님의 생명 운동이 우리에게 접촉됩니다. 하지만 우리 자신이 평안함 위주로 갈 때는 주님과 나 사이가 멀어져요. 그것은 우리가 육을 따라가는 것인데 그러면 육에 대한 생각이 지배적이어서 성령님이 역사하시는 일에 너무 둔감하고 무감각하고 어두워집니다. 결코 과장하는 말이 아닙니다.

충성된 증인은 진실한 증인

13절에서 "내 충성된 증인 안디바가 너희 가운데 곧 사탄이 사는 곳에서 죽임을 당"했다고 했는데 여기 "충성된 증인"에서 충성은 '진실'을 말합니다. 진실을 충성으로 번역했어요. 충성된 증인이란 진실된 증인입니다. 증인의 생명은 진실이에요. 증인이 거짓말하면 증인 자격이 없습니다. 법정에서도 진실을 말할 수 있는 사람을 증인으로 세웁니다. 문제가 있어서 잡혀온 사람을 재판하는 일이기 때문에, 진실하게 말할 수 있는 사람을 골라서 세웁니다. 친척을 세우지 않습니다. 세우면 안 됩니다. 또한 피고와 원한 관계인 사람을 세우면 안 됩니다. 증인이 편견을 가질 수 있기 때문입니다. 그의 증언이 조금이라도 왜곡되면 진실을 규명하는 데에 문제가 생깁니다. 그래서 법정에서도 증인을 세울 때는 진실을 생명처럼 중요하게 생각해야 합니다. 증인이란 그런 것입니다.

우리 믿는 사람들은 충성된 증인이어야 합니다. 즉 진실한 증인이어야 해요. 진실하게 살아가니까 수단과 방법을 가리지 않고 때리고 죽이는 우상의 무리들에게 잡혀 죽습니다. 세상과 죄와 타협하지 않고, 주님을 모르는 사람들의 악한 행동에 끌리지 않고 우상주의에 따라가지 않으니까 그렇습니다. 안디바는 충성된 증인이요 순교자입니다. 우리는 안디바에 대해 생각해 봐야 합니다. 순교자가 순교할 때 그 마음 자세가 어떠하였는가를 생각해 봐야 해요. 우리도 장차 무슨 일을 당할지 모릅니다. 핍박받아 순교하는 일은 없다 하더라도 아무래도 늙고 병 들어서 죽게 되는데, 그때 우리가 어려운 일을 당합니다. 시간이 문제이지 결국 우리가 다 그 일을 당합니다. 지금 죽음을 향해서 줄 서 있습니다. 하나하나 불려가요. 어쨌든 죽는다는 것은 너무나 확실합니다.

우리는 어떻게 하든지 죽습니다. 그런데 이왕 죽을 바에는 바로 죽자는 것이 우리 인생의 목적이어야 합니다. 사는 것만 바로 살 것이 아니라 죽는 것도 바로 죽자는 거예요. 우리가 죽는 것을 바로 죽으려면 바로 알고 미리 준비해야 합니다. 병이 들어 죽을 때도 바로 죽으려면 미리 준비를 해야 합니다. 이제 겨우 스무 살인데, 앞으로 몇 십 년은 더 살 것이 확실한데 벌써부터 무슨 죽을 준비를 하나, 뭐 이렇게 생각한다면 미련한 청년입니다. 죽을 준비는 하루 이틀에 되는 것이 아닙니다. 시간이 많을수록 잘 준비할 수 있습니다. 그러므로 젊은 사람일수록 죽을 준비를 잘해야 합니다.

순교 정신

몇 가지를 준비해야 하는데, 그것이 순교 정신입니다. 순교하는 사람의 정신을 한 번 분석해 보자는 말입니다. 순교자는 순교할 때 무슨 생각을 할까 그것을 생각해 보십시다.

  첫째는 주를 위하여 죽는 것 이상 좋은 죽음이 없다는 것을 생각합니다. 죽을 바에는 바로 죽어야 한다, 사는 것도 귀하지만 죽는 것은 더 귀하다 이렇게 생각해야 합니다. 올바로 죽지 못하면 개죽음입니다. 올바로 죽으면 하나님의 아들 예수 그리스도를 본받는 그런 향기로운 죽음이 됩니다. 하나님의 아들 예수 그리스도처럼 억만 성도를 위하여 죽는 것은 아니지만 나 한 사람이라도 똑바로 죽어야 하겠다, 생각하고 젊을 때부터 죽음을 잘 준비해야 해요. 늙으면 늦습니다. 첫째는 젊을 때부터 죽을 바에는 바로 죽어야 한다는 것을 기억해야 한다는 것입니다.

  둘째, 바르게 죽으면 말로 다 할 수 없는 영광스러운 상급과 영광스러운 생명이 있다는 것을 기억해야 합니다. 어느 순교자는 칼을 들이대면서 죽이겠다고 할 때 이렇게 말했다고 합니다. "아 좋구나! 내가 건사하기 어려운 생명을 앗아가니 좋구나! 밥 벌어 먹여야 되고 옷 입혀야 되고 죽도록 책임질 일들이 여기저기 많은데 아 좋구나! 이 세상에서 건사하기 어려운 생명은 빼앗고 영원히 죽지 않는 생명으로 인도해 주니 좋구나!" 이런 생각을 하는 사람들은 날마다 가시밭에서 살고자 각오하는 사람들입니다. 그 심령이 아주 밝고 민첩해서 내세에 대한 접촉이 있으며 성령님과 교제가 있기 때문에 할 수 있는 말들입니다. 그런 말을 할 수 있는 마음의 준비가 되어 있기 때문에 그런 말을 하는 것입니다.

  사람이 평안하면 영적으로 둔해집니다. 마음이 늘 가시밭을 각오하고 눈물겹게 살아가고자 하면 영적으로 밝음이 있고, 성령과 접촉이 있고, 진리를 분별하고, 삶의 목적이 내세에 있는 것을 실감있게 경험하게 됩니다. 이 세상 생명을 가치 없는 것으로 알고 저 세상 생명을 더 귀한 것으로 느끼는 사람이 바로 젊었을 때부터 날마다 가시밭을 걸어갈 각오를 하는 사람입니다. 이것이 순교자의 정신입니다. 핍박의 칼날 앞에서도 그렇게 생각을 합니다. 사람이 잘나서가 아닙니다. 첫째는 생활 철학이 성경적이기 때문에 진리를 알며, 성령과 접촉을 하는 사람이기 때문에 내세에 대해 민감하기 때문입니다. 둘째는 늘 성령의 감동을 받는 생활을 하기 때문입니다. 셋째는 주님을 위한 어려움을 당할 때마다 그것이 주님께 기쁨이 된다고 생각하기 때문입니다.

저는 순교 정신을 철저하게 가지고 살아가는데 부족한 사람입니다. 어제도 어디선가 전화가 왔습니다. 누구십니까, 하니까 자기는 목사님이 모르는 사람인데 계시록 11장에 있는 말씀을 물어보려고 전화했다고 합니다. 그래서 어떤 말씀 말입니까, 하니까 계시록 11장의 두 증인이 누구인지를 물어보는 것이었습니다. 그 영혼을 위하여 없는 시간을 내서 이야기 해주었습니다. 예, 알겠습니다, 하기에 성함이 어떻게 되시고 어느 교파에 속하느냐고 물어보니까 대답하기를 자기는 합동보수 장로교회에 속한 집사라고 하는 것이었습니다. 그래서 제가 합동보수가 어느 교단이냐고 물으니까 여러 가지 이상한 말을 해요. 과천을 언급하기도 해서 짐작하여 '어린 종' 단체입니까, 하니까 그렇다고 해요. 한 영혼을 위한다는 생각으로 솔직하게 그곳은 이단입니다, 그랬습니다.

전화를 끊었는데, 내가 인심을 잃어가면서까지 그런 말 할 필요가 있나 하는 생각이 들었습니다. 그러나 다른 한편으로는 아니야, 바른 말 하길 잘했어, 하는 생각이 들었습니다. 그곳은 예수 이름 가지고 못된 일 하고 예수 이름 가지고 터무니없이 남을 속이는 곳인데 한 영혼을 위해 분명하게 말해주는 것이 주님이 기뻐하시고 만족하시는 것이라 생각했습니다. 주님이 만족하는 것이 첫 번째 목적이지 사람들이 나를 대적한다든지 나를 비난한다든지 그러한 것은 전혀 문제가 아니라는 깨달음이 마음에 크게 있었습니다. 이단이라고 분명하게 말할 때 주님이 얼마나 만족하셨을까, 주님이 기뻐하시고 주님이 만족했으면 됐지 다른 게 뭐가 중요한가 하는 생각이 들면서 마음이 평안해지고 기뻤습니다. 어떤 일을 하든지 주님이 기뻐하고 주님에게 만족이 되면 그만입니다. 비록 자신은 그 일 때문에 어려움을 당할지라도 문제시하면 안 됩니다. 그러한 것은 정말 작은 일입니다.

순교자들이 엄청나게 크고 중대한 문제들에 대해 두려움 없이 바르게 말할 수 있는 것은 왜일까요? 틀린 것을 틀렸다고 이렇게 담대하게 말할 수 있는 동기가 과연 무엇입니까? 그것은 명쾌하게 말할 때 주님이 유쾌함을 느끼시기 때문입니다. 내 평안, 내 입장을 생각해 어물어물 해버리면 주님이 얼마나 답답하시겠습니까? 자신의 사소한 잇속 때문에 주님의 진실한 증인 노릇을 제대로 못한다면 주님이 얼마나 답답하시겠습니까? 순교자의 사고방식에는 그러한 확실한 생각이 있습니다. 당장 목을 베겠다고 하는데 어떻게 그 앞에서 할 말을 합니까? 그것은 사람이 잘나서가 아닙니다. 평소에 신앙생활에 연단이 있어서 주님의 뜻을 잘 분별하기도 하지만 그에게는 주님 나라가 늘 가까이 접촉하고 있고 또 자신이 그것을 명민하게 느끼며 살아가기 때문입니다. 그런 사람이기 때문에 고난 받아 죽는 순간에도 영광의 나라가 있다는 것을 확실하게 믿는 것입니다.

스펄전은 마귀의 사랑을 받는 마귀의 아들이 되는 것보다 하나님의 개가 되는 것이 좋다고 했습니다. 우리가 하나님을 위해 이 세상을 살다가 개 취급을 받는다고 해도 하나님은 우리를 개로 여기시지 않습니다. 하지만 우리가 이 세상에서 주님 말씀대로 진실하게 행해 나가려고 할 때는 애로와 가시밭이 있다는 말입니다. 이해 못하는 사람들은 개 같은 놈이라고도 하고 죽이려고도 합니다. 지금까지 순교자의 사고방식 즉 순교자가 죽음의 위협 앞에서 어떻게 생각하는가에 대해 생각해 봤습니다.

예수 편에 끝까지 서는 승리

순교자와 관련해서 또 한 가지 생각하고자 하는 것이 있습니다. 13절에서 이 "사탄이 사는 곳에서 죽임을 당할 때도 나를 믿는 믿음을 저버리지 아니하였도다"라고 하였는데, 사탄이 사는 곳에서 죽임을 당했다는 것은 사탄이 죽였다는 말입니다. 주의 말씀을 증거하다가, 끝까지 진리를 파수하다가 사탄에게 죽임을 당했다는 것입니다. 그렇다면 사탄이 이긴 것이고 주님께 끝까지 충성한 사람은 진 것입니까? 사탄이 사람들을 악하게 만들어서 진실한 기독자를 죽이게 했으니까 결국 사탄이 죽인 것인데 그렇다면 사탄이 이겼고 진실한 신자는 졌습니까? 그렇지 않습니다.

만일 사탄이 자신의 부하들, 즉 악한 사탄의 말을 듣는 악한 사람들을 동원해서 안디바를 죽이려고 할 때 안디바가 항복했다면, 그것은 어떻습니까? 안디바가 주장하던 대로 끝까지 굴복하지 않아야 하는데, 죽이겠다는 위협 앞에서, 나 안 그러겠습니다, 그랬다면 죽지 않았을 것 아닙니까. 그럴 때는 사탄이 이긴 것입니까, 안디바가 이긴 것입니까? 그런 경우에는 사탄이 이긴 거예요. 예수 믿는 사람 한 사람쯤 시험해서 위협했더니 결국 굴복했더라, 그렇게 되는 것입니다. 그러면 사탄이 이긴 것입니다.

그러나 끝까지 주님을 증거하면서 진리를 버리지 아니하고 신실하게 서 있을 때 사탄의 무리가 그를 잡아 죽였습니다. 그런 경우는 사탄이 이긴 것이 아니에요. 사탄이 졌습니다. 안디바가 사탄의 편에 들지 않았습니다. 들지 않았을 뿐만 아니라 끝까지 대항해서 사탄과 영적으로 싸웠습니다. 혈기나 폭력으로 싸운 것이 아니라 진리를 가지고 예수 편에서 끝까지 굴복하지 아니하고 싸웠습니다.

예수 편에 끝까지 서 있는 것이 승리입니다. 사탄의 편에 서서 육신의 생명의 보호를 조금 더 받아 조금 더 살게 되고 조금 더 편하게 되는 것은 승리가 아닙니다. 예수 믿는 사람에게 주님을 위해 죽는 것은 실패도 패배도 아닙니다. 진정 승리입니다. 그가 주님 편에 끝까지 서 있다는 말입니다. 우리는 주님 한 분만으로 충분합니다. 주님이면 그만입니다. 천지를 창조하신 하나님께서 내 편이신데 무엇이 부족하겠습니까? 여호와는 나의 목자시니 내게 부족함이 없으리로다 말씀하신 것처럼 예수 편에 끝까지 서 있는 것이 승리라는 말입니다.

• 발람의 교훈

> 그러나 네게 두어 가지 책망할 것이 있나니 거기 네게 발람의 교훈을 지키는 자들이 있도다 발람이 발락을 가르쳐 이스라엘 자손 앞에 걸림돌을 놓아 우상의 제물을 먹게 하였고 또 행음하게 하였느니라(2:14)

여기 "발람의 교훈을 지키는 자들이 있"다고 했습니다. 버가모 교회는 대부분 승리하는 교회요 사탄을 이기는 교회인데 그중에 발람의 교훈을 지키는 신실하지 않은 사람들이 섞여 있다는 말입니다. 발람의 교훈이 무엇입니까? 발람은 모압 왕 발락이 초청한 술사입니다. 술사는 거짓 선지자를 말합니다. 여호와를 증거하는 사람이 아니에요. 모압 왕 발락이 발람을 청해서 이스라엘이 광야를 통과할 때 저주할 것을 부탁했습니다. 술사가 저주하면 이스라엘이 화를 당한다고 생각한 것입니다. 그러나 하나님 편에 서 있는 이스라엘이 화를 당할 리 없습니다. 모압 왕 발락은 잘못 생각해서 발람을 초청한 것입니다. 발락은 발람이 한번 술수를 부려 저주하면 자신이 생각한 일이 다 될 줄 알았던 것입니다.

발람은 발락의 초청을 받고 처음에는 가지 않으려고 했어요. 여호와께서 허락하지 않으면 갈 수 없다고 말했습니다. 하지만 두 번째 초청했을 때 갈 마음이 생겼습니다. 그래서 하나님께서 발람을 내팽개쳤습니다. 너 같은 자는 소용이 없다, 팽개쳤습니다. 그가 하고자 하는 대로 내버려두었습니다. 그럼 가라, 가고 싶으면 가라 그랬습니다. 그러자 발람이 갔어요. 발락이 있는 데로 가는 도중에 천사가 칼을 빼서 나귀를 타고 가는 발람을 막았습니다. 그때 나귀가 입을 열어서 말한 것도 있고 천사가 발람에게 가르친 것도 있습니다. 네가 가는 이 길은 하나님을 거역하는 길이라고 했습니다. 그러나 발람은 끝까지 갔습니다. 가기는 갔으나 하나님께서 이스라엘을 저주하라고 허락하지 않았기 때문에 그때 그는 저주하지 못하고 도리어 축복했습니다. 그렇지만 언제든지 거짓 선지자의 근성이 나타났습니다.

민수기 31장 16절을 보면 발람이 이스라엘 백성을 꾀어 범죄하게 했다고 합니다. 또한 민수기 25장을 보면 발람이 꾀었기 때문에 이스라엘 백성이 미디안 여인들과 음행하고 또한 모압이 섬기는 우상을 경배하고 섬긴 사건이 나옵니다. 하나님께서 발람으로 하여금 이스라엘을 저주하지 못하도록 하시고 오히려 축복하도록 하셨으므로 그 말씀대로 축복은 했지만 그의 마지막은 좋지 않았습니다. 이스라엘을 꾀고 속여서 딴 짓을 하도록 한 것입니다. 이스라엘로 하여금 저렇게 하나님께 잘못하도록 했습니다. 그 때문에 이스라엘 사람들이 벌을 많이 받았습니다.

본문에서 "발람의 교훈"이라고 한 것은 음행과 우상 섬기는 것 두 가지에 대한 교훈을 말합니다. 발람의 교훈과 같은 교훈이라는 뜻입니다. 당시에 버가모 교회에 그런 유혹이 있었다는 말입니다. 그런데 그 유혹을 따르는 자들이 얼마간 있었습니다. 그것에 대해 16절이 경고합니다.

> 그러므로 회개하라 그리하지 아니하면 내가 네게 속히 가서 내 입의 검으로 그들과 싸우리라 (2:16)

감추었던 만나와 흰 돌

> 귀 있는 자는 성령이 교회들에게 하시는 말씀을 들을지어다 이기는 그에게는 내가 감추었던 만나를 주고 또 흰 돌을 줄 터인데 그 돌 위에 새 이름을 기록한 것이 있나니 받는 자 밖에는 그 이름을 알 사람이 없느니라 (2:17)

여기 "이기는 그"란 발람의 교훈을 이기는 자들을 말합니다. 니골라 당이라고도 하는데 니골라 당의 교훈을 이기는 자들을 말합니다. 거기에 빠져 들어가지 않는 자들, 또는 빠져 들어갔다고 하더라도 회개하는 자들을 말합니다. 회개하는 것이 이기는 것입니다. 16절에 "회개하라" 했고 또한 여기 17절에서는 "이기는 그에게는" 그랬으니까 회개하는 것이 이기는 반열에 든다는 말입니다.

"이기는 그에게는 내가 감추었던 만나를" 준다고 했는데 "만나"는 요한복음 6장에 있는 대로 하늘에서 내리는 떡입니다. 하늘에서 내리는 떡. 예수님은 자신을 가리켜 하늘에서 내리는 떡이라고 했습니다. 구약 시대에 광야에서 먹은 만나도 하늘에서 내리는 떡이었지만 이제 신약 시대에는 예수님 자신이 하늘에서 내려오는 떡이라는 것입니다. 즉 "감추었던 만나"는 예수님을 말합니다. 골로새서 3장 3절에 보면 우리들의 생명은 예수님과 함께 하늘에 감추어져 있다고 했습니다. 예수님이 지금은 감추어져 있습니다. 하늘에 계셔서 우리 눈에 보이지도 않고 손으로 만질 수도 없습니다. 예수님이 지금은 하늘에 감추어져 있습니다.

감추었던 만나는 예수님 자신을 말해주는 성경 말씀입니다. 왜 그렇게 해석합니까? 요한복음 6장 51절 이하를 보면 예수님께서 나는 하늘에서 내려온 살아있는 떡이니 내 살과 피를 먹지 않으면 영생할 수 없다고 말씀하셨습니다. 6장 하반부에 가서는 내 말은 영이라고 그랬습니다. 신령한 뜻이 있다는 것입니다. 실제로 예수의 피를 마시고 예수의 살을 먹는 것을 말하는 것이 아니라 예수의 살과 피를 설명해 주는 영적인 하나님의 말씀을 말하는 것입니다.

요한복음 6장의 몇 구절만 읽어 보겠습니다. 6장 33절입니다. "하나님의 떡은 하늘에서 내려 세상에 생명을 주는 것이니라." 51절입니다. "나는 하늘에서 내려온 살아 있는 떡이니 사람이 이 떡을 먹으면 영생하리라 내가 줄 떡은 곧 세상의 생명을 위한 내 살이니라 하시니라." 53절입니다. "예수께서 이르시되 내가 진실로 진실로 너희에게 이르노니 인자의 살을 먹지 아니하고 인자의 피를 마시지 아니하면 너희 속에 생명이 없느니라." 그러면 예수의 살과 피를 먹고 마셔야 된다는 말인데 어떻게 그렇게 할 수 있습니까? 유대인들이 어쩔 줄 몰라하니까, 예수님께서 63절에서 설명합니다. "살리는 것은 영이니 육은 무익하니라 내가 너희에게 이른 말은 영이요 생명이라." 여기 "내가 너희에게 이른 말은 영이요"라는 것은 내 살을 먹고 내 피를 마셔야 된다는 말을 영적으로 이해하고 영적으로 접촉해야 된다는 말입니다.

우리가 영적으로 예수의 살과 피에 접촉하는 방법은 무엇입니까? 성경 말씀을 읽을 때 접촉됩니다. 진심으로 성경 말씀을 읽을 때, 마치 목마른 사람이 물을 사모하는 것처럼 간절하게 성경을 연구하며 찾을 때 예수의 살과 피, 즉 우리 죄를 대속하여 주신 그 영적인 선물에 접촉하게 됩니다. 예수의 살과 피가 우리를 살리는 것입니다. 우리 죄를 대속하기 위하여 몸을 찢고 피 흘려 대속하신 공로가 우리에게 미침으로 우리가 영적 생명을 얻고 영생을 얻습니다. 거기에 우리가 영적으로 접촉하는 것입니다. 실제로 여기 예수님의 살이 나타나고 예수님의 피가 나타나는 것이 아닙니다. 우리가 예수의 살과 피를 설명해주는 성경 말씀, 즉 그 피는 우리 죄를 위하여 흘려졌고 그 살은 우리 죄를 용서하기 위하여 파상됐다는 이 성경 말씀을 받을 때 그 피와 그 살을 받는 것입니다. 우리가 성경을 분명히 알아야 합니다. 감추었던 만나는 하늘의 떡이고 예수님 자신이고 한 걸음 더 나아가면 예수님의 살과 피를 말합니다. 영적으로 예수님의 살과 피를 받아들여야 하는데 그것은 성경 말씀으로 되는 것입니다.

이기는 자에게 만나를 주고 또 흰 돌을 주신다고 했습니다. 여러분, 생각해 보세요. 흰빛은 무엇을 표시합니까? 흰빛은 성결입니다. 거룩한 거예요. 깨끗하고 흠도 티도 없는 빛입니다. 흰빛은 성결하고 죄가 없는 것을 비유합니다. 그리고 돌은 튼튼한 것 굳은 것을 의미합니다. 거룩한 생활을 소유한다는 것은 일시적 기분이 아니고 영구적으로 튼튼하게 가진다는 말입니다. 영원토록 죄와 상관없는 그런 놀라운 생활을 한다는 말입니다. 그렇다면 '여러분은 흰 돌입니다' 할 때 흰 돌이라는 말만 들어도 좋지 않겠습니까? 주님께서 여러분을 그렇게 만드셨습니다.

그러면 어떻게 그렇게 만드십니까? 우리가 예수님을 믿으면 그분의 성결이 우리 것이 됩니다. 우리에게 공로가 있어서가 아니라 그분이 자기 자신을 우리에게 제공하셨기 때문입니다. 우리가 받지 못했다면 양심적으로 믿지 않기 때문입니다. 양심적으로 일관성 있게 믿으면 예수님이 바로 우리의 의가 되어 주십니다. 너무나도 큰 것이기 때문에 깨닫지 못합니다. 우리가 공이 굴러가는 것은 느낄 수 있지만 지구가 굴러가는 것은 느끼지 못하는 것과 같습니다. 주님이 주신 것이 너무 크니까 우리가 도무지 느끼지를 못합니다. 느끼지 못하는 것은 우리의 잘못 때문이라고 생각해야 합니다. 내가 느끼지 못한다고 어디 그런 것이 있겠나, 그렇게 생각하면 안 됩니다.

"그 돌 위에 새 이름을 기록한 것이 있나니" 했는데 새 이름은 바로 주님의 의를 받아서 된 새 사람을 의미합니다. 우리가 다 주님의 의를 느낄 때, 주님이 의를 주셨다는 사실을 느낄 때 비로소 나는 새사람이라, 이렇게 알게 됩니다. 새 사람이 되는 것입니다. 이것은 받는 자만 압니다. 받는 자만이 체험을 합니다. 새 이름의 인격의 내용을 다른 사람들은 모릅니다.

6
두아디라 교회

계 2:18-20

- **거짓된 교역자**

> 그러나 네게 책망할 일이 있노라 자칭 선지자라 하는 여자 이세벨을 네가 용납함이니 그가 내 종들을 가르쳐 꾀어 행음하게 하고 우상의 제물을 먹게 하는도다(2:20)

두아디라 교회에 대해 말해보겠습니다. 20절을 보면 "꾀어 행음하게 하고" 그랬습니다. 누가 이렇게 한 것입니까? "자칭 선지자라 하는 여자 이세벨"이 그랬다고 합니다. 이 이세벨은 꾀는 선지자라는 말입니다. 그러니까 거짓 선지자입니다. 이세벨과 같은 선지자는 거짓 교역자예요. 지금 우리나라뿐 아니라 세계적으로 거짓된 교역자들이 수없이 많습니다. 그것을 알아야 합니다.

두아디라 교회의 실정도 다르지 않았습니다. 두아디라 교회 역시 소아시아에 있는 교회입니다. 소아시아는 유럽에 가깝습니다. 해협을 하나 건너기만 하면 유럽입니다. 두아디라에는 특별히 우상이 많았습니다. 그 지방은 우상주의가 우월한 지방이니만큼 복음을 믿는 사람들이 살아가기가 아주 힘들었습니다. 이까짓 것이 무슨 죄야, 하면서 타협하고 넘어가게 만듭니다.

두아디라는 특별히 자주(紫紬) 물감을 만드는 지방입니다. 그런데 물감 업자들이 조합을 만들었기 때문에 물감업을 하는 사람은 조합에 들어야만 합니다. 조합에 들어갈 수밖에 없습니다. 조합에 들지 않고는 그 사업을 못 합니다. 그래서 특별히 조합에 든 물감업을 하는 신자들이 유혹에 넘어갑니다. "당신 예수 믿는 것은 좋아. 그렇지만 사업은 해야 하지 않아? 사업하는 사람이 이 지방에서 우상을 어떻게 완전히 무시할 수 있어? 이 지방 신을 섬기는 일인데, 절할 것까지는 없지만 가서 음식만 같이 먹어도 인심은 잃지 않아. 그 정도는 해도 되지 않겠어?" 이렇듯 그럴듯하게 설명하면서 죄를 범하게 유혹하는 겁니다. 꾀는 거예요.

"우상 섬기라는 것 아니야. 이 지방에서 같이 물감업을 하는 사람끼리 사이좋게 지내자는 거야. 모나게 굴 필요 없어. 음식 같이 먹는 정도면 우상 섬기는 저들의 인심을 잃지 않고 사업도 잘되는 거야. 그 정도만 하라는 거야." 이렇게 가르치는 선생이 있었습니다. 이세벨입니다. 이세벨, 진짜 이름이 이세벨이 아니고 비유입니다. 이세벨은 옛날 이스라엘 왕 아합의 아내 이름입니다. 이 이세벨이 이스라엘에 우상을 수입하는 일을 했습니다. 이방나라 신을 섬기자고 꾀는 사람이었습니다. 그러니까 이때 두아디라 교회 교역자는 이세벨 같은 사람이란 말입니다. 두아디라에는 좋은 신자들이 있는 반면에 이세벨 같은 교역자가 들어와 사람들을 유혹했습니다. 꾀어서 잘못 가게 했습니다. 교역자가 사람을 꾀어서야 되겠습니까? 오늘날 이 시대에도 거짓말하는 사람, 꾀는 교역자가 너무 많습니다. 그런데 일반 교인들은 어수룩해서 누가 옳은지 그른지 분별을 못 합니다. 꾀기만 하면 얼마든지 끌고 갈 수 있다는 말이에요.

한국 교회가 근 백년 역사를 가졌는데도 불구하고 목사들이 교우들을 인도하는 방법을 자기중심으로 합니다. 자기중심으로 인도한다는 것이 무엇입니까? 한 마디로 내 말만 잘 순종하면 된다, 이겁니다. 교역자가 사람을 속이지 않고 진실하게 하나님 말씀을 바로 알고 바로 전파하면 순종해야 하지 않겠습니까? 내가 그 말씀을 그대로 받으면 되니까 유익합니다. 그런데 한국 교회 목사들은 대부분이 권위주의자입니다. 권위주의란 무엇인고 하니, 자기는 아예 높은 계급으로 난 것처럼 일하는 것입니다. 자기가 아는 만큼 교우들을 가르쳐야 되는데, 아는 게 뭐 있어야 가르치지 않겠습니까? 아는 것이 없어요.

요즘 목사들이 하는 것을 보면 참 안타깝습니다. 숱한 신학교들이 난립해 있습니다. 어떤 신학교는 학생 수가 수천 명이라고 합니다. 그런데 학생들이 사명감이 있느냐 없느냐는 확인하지도 않고 등록금만 내면 붙여줍니다. 사명감, 다시 말하면 너는 복음을 전하며 교훈을 전하는 것이 네가 살아있는 목적이고 죽는 목적이라고 아느냐 하는 것을 확실하게 다짐하지도 않고 붙여준다는 말입니다. 신학교에서 가르치는 것도 피나는 노력으로 가르치지도 않습니다. 뭐 많이 아는 사람이 별로 많지도 않습니다. 이렇게 해서 교역자라고 내놓으니까 그 사람들이 나가서 뭘 합니까? 안수나 속히 받으려고 하고, 빨리 안수 받고 나가서 교회일 한다고 하지만 실력이 없으니까 외식하게 됩니다. 실력은 없는데, 그러면서도 인정은 받고 싶으니까 외식하는 것 아닙니까? 거짓됩니다.

그러다 보니 오늘날 교계 목사들이, 물론 다 그렇다는 것은 아니지만, 교역을 사업으로, 자기 사업으로 합니다. 오늘날 우리나라는 취직하기가 매우 어렵습니다. 대학을 졸업해도 빽 있는 사람이나 정말 실력 있는 사람이 아니면 취직하기가 정말 힘듭니다. 그러니까 청년들이 생각하기를 교회가 제일 밥벌이하기 좋다고 합니다. 그렇게 소문이 났습니다. 까다롭지도 않고 대접만 받는다고, 신학교에 붙어서 한 3년 그럭저럭 하면 된다고 말입니다. 이래 가지고 얼른 목사가 되어서 교역을 자기 영업으로 합니다. 한마디로 제일 취직하기 쉬운 곳이 교회라고 하는 소문이 났습니다.

말씀 연구 등한히 하는 교계

오늘날 우리의 개혁운동이 무엇인고 하니 사역자의 교육 문제입니다. 목사의 사역이 성경적으로 바로 되어야 하겠다는 것입니다. 이 운동은 사실 16세기에 루터, 칼빈의 종교개혁 운동에서부터 문제시해서 벌써 다 뜯어고친 일이긴 한데, 다 뜯어고치기는 어려웠습니다. 중세에는 무엇이 잘못되었는고 하니, 목사, 그때는 감독이라고 그랬는데, 이 감독이 죄를 범해도 법에 걸리지 않았습니다. 그들은 그런 특권을 가졌습니다. 모든 생활 모습도 특수층이었습니다.

요즘 이렇게 목사들이 가운을 입지 않습니까? 시커먼 거 뒤집어쓰고 나옵니다. 목사들이 뭐하려고 그것을 뒤집어쓸까요? 4세기에 콘스탄틴 대제가 예수 믿는다고 하고는 기독교를 국교로 만들었습니다. 이 콘스탄틴 대제라는 로마 황제가 예루살렘 감독에게 금실로 짠 가운을 선물했습니다. 부패한 시대니만큼 그때 목사들은 자기들이 무슨 딴 계급의 사람인 듯 생각했어요. 무식하면서도 아는 척하고, 교인들을 막 내리누르고, 너는 그저 와서 구경꾼같이 지내고 나에게 순종만 해라 그랬습니다. 이런 식으로 교역을 하던 시대였습니다. 거기다 의복까지 이상하게 입었습니다. 금실로 짠 가운이니 얼마나 위엄이 느껴지겠습니까?

오늘날 우리 한국 교회에 가운이 대 유행입니다. 학교에서 졸업식 할 때 가운 입는 것은 아카데믹한 것이고 하나의 학풍이니까 그것 가지고 뭐라 말할 것은 없습니다. 하지만 교회는 솔직해야 되고, 깨끗해야 되고, 순진해야 되고, 있는 대로 살아야 되고, 그 모양 그대로 하나님 앞에 나와야 되는 곳입니다. 또 사람은 사람대로 이렇게 나와야 하는데, 무엇을 뒤집어쓰고 나와서, 금실로 짠 옷 가지고 한몫 보려는 겁니까? 참으로 안타깝습니다. 그런 것 가지고 싸우지는 않겠지만, 탄식이 나옵니다. 무엇 때문에 이러나 싶습니다. 예수님이 가운 입고 다녔습니까?

이 이야기를 왜 하겠습니까? 대제국의 황제가 예루살렘 감독에게 금실로 짠 가운을 선물하니까, 그가 얼마나 교만해졌겠습니까? 이 중세에는 감독들이 국권을 배경으로 세도를 부린 때입니다. 교인들이 무식쟁이니 별짓을 다 합니다. 심지어 속죄권까지도 팔지 않았습니까? 베드로 성당을 지으면서 돈을 모으기 위해 속죄표를 팔았는데, 이 표를 사면 죽은 사람이 연옥이란 곳에서 놓인다고 그랬습니다. 연옥은 성경에 안 나옵니다. 그런데 이 표를 사면 성경에도 없는 연옥이란 데서 놓인다는 겁니다. 얼토당토 않은 거짓말입니다. 이렇게 사람들을 속였습니다. 무식쟁이들은 속을 수밖에 없습니다. 성경공부를 안 시켰습니다. 그 영혼들이 얼마나 불쌍합니까?

근 백년 된 기독교 역사를 갖고 있는 우리나라도 엉터리 목사들 천지예요. 대부분의 목사들이 설교를 잘 못합니다. 성경 몇 구절 읽고는 말은 딴 소리를 합니다. 그러니 그 따위 소리 하고 돌아다니는 목사들은 평생 거짓말하고 다니는 거 아닙니까? 그런 목사들이 어떤 재미있는 이야기를 해주면 은혜 받았다고 합니다. 평교인들이 이렇게 무식해요. 한 주일에 한 번 교회에 왔다 가면 되는 줄 압니다. 그러니 성경지식이 도무지 늘지 않습니다. 우리는 똑같이 주님의 보혈을 믿고 구원받는 자들이고 신구약성경은 주님의 보혈을 믿게 하는데 어느 한 구절이라도 허점이 없는데, 예수의 피를 받아서 구원받는다고 하는 사람이 어떻게 성경공부에 등한할 수 있습니까. 성경에 없는 딴 소리를 하는데도, 무슨 술책으로 좀 특별하다 싶은 일이 벌어지면 이것은 성신의 역사로구나 해서 거기에 다 녹아버립니다. 큰 문제입니다. 오늘날 우리 한국 교계는 큰 문제가 있는 것을 알아야 해요.

개혁을 부르짖는 단체가 우리 단체라고 합니다. 우리가 다 부족하지만 나섰습니다. 남을 뜯어고치는 것보다 나를 뜯어고치자, 우리 자신을 뜯어고치자, 이런 주장으로 나섰습니다. 우리가 안 하면 다른 데서라도 해야 합니다. 하나님이 제일 기뻐하는 것은 잘못된 것을 고치는 것입니다. 고치는 것이 힘듭니다. 여러분, 바른 소리 하면 욕먹습니다, 다칩니다, 죽을 수도 있습니다. 그러기 때문에 다들 바른 소리 안 하려고 하는 겁니다. 고치긴 고쳐야 되는데, 말이라도 하면 하나님이 기뻐하십니다. 목사가 개혁되어야 교계가 개혁

되지 않겠습니까? 목사가 개혁되기를 싫어하면 결국 교인들이 개혁되어야 하지 않겠습니까? 교인들이 개혁되는 길은 성경 말씀 배우는 겁니다. 성경 말씀을 알아야 합니다.

우리 교회는 개혁의 선두에 섰다고 합니다. 남들이 그렇게 말합니다. 합동신학교 세울 적에 운명을 같이했습니다. 힘들여 지어놓은 예배당이 초토같이 사라졌습니다. 종잇장 하나처럼 양보했습니다. 싸움하지 않았습니다. 이것은 복음을 증거하는 일이지 싸움이 아니었습니다. 이제 우리가 성경을 사랑할 줄 알아야 되고 성경 말씀을 좋아할 줄 알아야 되고 성경 말씀을 배우기 위하여 땀내고 노력하고 시간 내고 힘써야 합니다.

저는 하나님이 인도해서 지금 이렇게 일하는 줄 압니다. 미국에 다녀올 적에도 내내 무슨 글을 써야겠다 생각하면서 글을 쓰다가 왔고, 또 지금도 글을 씁니다. 저는 제가 탄 비행기가 떨어져 태평양 가운데 빠져 죽어도 괜찮다고 생각합니다. 주의 말씀을 하나라도 더 깨닫기 위해 이렇게 여행하는 거니까 만족한다는 그 심리올시다. 하나님 말씀의 맛을 못 봤다면 제가 그러겠습니까? 저는 제 마음을 열어 보여드리는 겁니다. 과장하는 것 아닙니다. 말을 과장해서는 안 됩니다. 내 심리가 그렇다는 겁니다.

하나님 말씀만이 하늘의 생명의 양식입니다. 이 말씀을 알고 보면 그렇게 좋은 게 또 없습니다. 그래서 지금 우리가 이 계시록 공부를 하는 겁니다. 주님이 오실 때가 가까웠다고 하지 않습니까? 그래서 지금 우리가 세계의 종말에 대해 연구하자고 하는 겁니다. 이 세상이 지나가면 무엇이 오느냐, 이것을 지금 연구하자는 겁니다. 그러니만큼 이 말씀 연구에 여러분이 다 치중하세요. 앞으로 새 예배당에 꽉 차도록 힘써 보세요. 배우는 사람들이 열심히 있어야 합니다. 여러분이 열심이 없다는 말이 아닙니다. 여기 와있는 분들이 왜 열심이 없겠습니까? 그저 일반적으로 어느 교회에나 있을 수 있는 일을 말하는 겁니다. 배우는 데 열심을 내야 가르치는 사람도, 잘 가르치던 못 가르치던 열심을 내는데, 배우는데 열심이 없으면 어찌되겠습니까? 우리가 그것을 생각해야 합니다. 성경을 모르는 교인들이 무슨 개혁교인인가, 하나님이 그렇게 말씀하시지 않겠습니까? 여러분이 가진 하나님 말씀에 대한 지식에 대해 판정하는 것이 아닙니다. 여러분이 얼마큼 아는지 난 모릅니다.

　이 '말씀'은 문자 그대로 영원한 생명의 양식입니다. 이 말씀에 대해 등한히 하고 사랑할 줄 모르고 깨닫기를 좋아하지 않으면 일이 어떻게 되겠습니까? 우리가 앞으로 성경 말씀을 죽기내기로 배워서 숫자가 적든지 많든지 간에 과연 이 교회 교인들은 질적으로 다르구나, 이 교회 교인들은 이세벨에게 넘어가지 않을 교인들이로구나, 이분들이야말로 개혁교단의 일꾼들이고 이 개혁교단의 빛을 비추는 사람들이로구나, 이렇게 되어야 하지 않겠습니까? 사람들에게 칭찬받기보다 하나님이 그렇게 인정할 수 있는 위치로 나아가야 합니다.

승리의 예수님

> 두아디라 교회의 사자에게 편지하라 그 눈이 불꽃같고 그 발이 빛난 주석과 같은 하나님의 아들이 이르시되(2:18)

"그 눈이 불꽃 같"다는 것은 보지 못하시는 것이 없다는 말입니다. 어두운 곳에 불을 비추면 다 드러나지 않습니까? 예수님의 눈앞에 숨을 자가 없습니다. 우리가 이 말씀을 볼 때 어떤 인물이 불같은 눈으로 서 있다, 그런 식으로 상상하지 마십시오. 이것은 비유인데, 비유를 실물로 못 박아 놓으면 성경이 원하지 않는 일을 하는 겁니다. 이 비유는 어두운 것도 다 보시는 주님을 보여 주는 거라고 알면 됩니다.

"그 발이 빛난 주석과 같은." 빛난 주석이라는 것은 번쩍번쩍하는데, 그 발이 살이 아니고 주석이라는 것입니다. 다시 말해 쇠발이라는 말입니다. 살로 된 발, 혈육으로 된 발이 아니고 주석으로 된 발이라는 겁니다. 이것도 역시 비유로 읽을 줄 알아야 합니다. 어떤 인물이 눈에는 불을 단 것같이 번쩍번쩍

하고 또 발은 주석으로 되어 있어서 번쩍번쩍하다는 상상은 하지 마십시오. 그런 것이 아니고 주석 발이라고 했으니 아주 강한 발을 말하는 겁니다. 쇠처럼 강해서 어디 가서 무엇을 밟아도 그 발은 상하질 않는다는 말입니다. 예수님이 이 땅에 처음 오실 때 가지셨던 발은 살과 피로 된 발이었습니다. 그래서 십자가에 못 박으니까 피가 났습니다. 그렇지만 지금 계신 예수님의 발은 그런 발이 아닙니다. 주석같이 강한 발입니다. 쇠발이라고 할 만큼 도무지 상처가 나지 않는 발입니다.

이 발로 무엇을 합니까? 시편을 읽어 보면 원수를 짓밟는 데 쓴다고 합니다. 성경 말씀은 성경대로 해석해야 합니다. 여기서는 원수를 짓밟아 파괴시킨다는 내용입니다. 원수를 짓밟습니다. 그러면 예수님의 발은 예수님이 심판하는 행위를 말합니다. 예수님의 발은 마귀를 짓밟아서 부스러기로 만드는 발입니다. 이것도 비유입니다. 마귀를 짓밟고 마귀를 끝까지 따라가는 무리를 정복하는 강한 발입니다. 지금의 예수님은 십자가에 못 박아 죽일 수 있는 그런 예수님이 아닙니다. 그분의 발에 못 박을 수가 없습니다. 승리의 예수님이에요.

• 칭찬: 바른 행실과 근실함

> 내가 네 사업과 사랑과 믿음과 섬김과 인내를 아노니 네 나중 행위가 처음 것보다 많도다(2:19)

여기 "네 사업"은 두아디라 교회의 사업을 말합니다. 두아디라 교회를 너라고 하면서 "너 두아디라 교회야!" 하신 것입니다. 하나님은 단체도 역시 개인과 같이 취급하십니다. "너 두아디라 교회야, 내가 네 사업을 안다. 네가 무엇을 하는지 안다" 그 말입니다.

여기에서 "사업"이란 말을 바로 알아야 합니다. 사업이 뭡니까? 교회가 사업하는 것으로 칭찬받습니까? 여기 사업이라는 말은 '일'이란 말로 번역해야 합니다. 하나님은 우리의 행실에 대해 관심이 많습니다. 네 행실을 내가 안다 그 말입니다. 그런데 그 행실이 좋다 그 말입니다. 행실이라 그러고 그 아래에 설명을 합니다. 무슨 행실입니까? 사랑하는 행실, 믿는 행실, 섬기는 행실, 인내하는 행실, 이 네 가지를 설명합니다. 네 행실이 좋다, 그러고 그 내용을 설명해주는 겁니다. 사랑하는 행실, 믿는 행실, 섬기는 행실, 인내하는 행실.

여기 대접받는 행실은 없습니까? 교회는 대접받는 단체가 아니에요. 섬기는 단체입니다. 개인들도 그렇습니다. 장로님들도 그렇고, 목사님들도 그렇고, 전도사님들도 그렇습니다. 일반 교인들도 다 그렇습니다. 모두 한 가지 일, 섬기는 일을 하는 겁니다. 모습과 방법은 다르겠지만 결국 다 그 한 가지 일을 하는 겁니다. 섬기려니까 참아야 하고, 고생만 하는 겁니다. 여러분은 이런 말을 듣는 것이 그렇게 반갑지 않을 겁니다. 하지만 알고 보면 이 말처럼 반가운 말이 없습니다. 아주 분명한 말입니다. 교회는 수고하는 일만 합니다. 수고만 하고 희생만 하고 그러는 겁니다. 겉으로 보기에는 비참한 것 같지요? 하지만 그 속에는 세상 사람들이 모르는 기쁨이 있습니다. 봉사할수록 기쁩니다. 하늘나라에서 기쁨의 호수를 가져다 놓았거든요. 진짜 봉사만 하고 수고만 하고, 주님만 받들 때 하나님과 나 사이에 교통이 열려서 기쁨을 주는 겁니다. 다른 데서는 이런 걸 볼 수 없어요. "사랑과 믿음과 섬김과 인내를 아노니."

그런데 이 두아디라 교회에 잘하는 것이 또 하나 있습니다. 그 밑에 있는 말씀을 봅시다. "네 나중 행위가 처음 것보다 많도다." 잘 한다는 칭찬입니다. 사람들은 처음에는 좋은 일을 열심히 하지만 차츰차츰 그 열정이 식어집니다. 그것이 인간의 타성입니다. 사람의 게을러빠진 성질입니다. 누구나 다 그런 시험을 받아요. 처음에는 사랑과 믿음과 섬김과 인내에 그렇게 열심이었지만 세월이 흐름에 따라서 차츰 식어집니다. 이것은 그야말로 처음이 크고 나중이 작아지는 악입니다. 죄악입니다. 하나의 배신이고 태만입니다. 처음에는 열심히 했지만 차츰 하기 싫어진다는 말입니다.

어떤 시험을 받아서 하고 싶지 않기도 합니다. 또한 고생스러워서 하고 싶지 않기도 합니다. 하지만 제가 말한 것과 같이 우리가 땅에서 교회를 이루어 나가는 가운데 할 일은 대접받는 일이 아닙니다. 수고하고 봉사하고 희생해야 진짜 땅 위에 사는 동안 손해를 안 보는 사람입니다. 그런데 우리의 옛 성질이 발동해서 차차 하기 싫어지고 고생스러운 생각이 들고 희생하고 싶지 않은 생각이 자꾸 일어납니다. 그래서 점점 그 열심이 약해지고 끝이 흐지부지하다는 말입니다. 그것은 어디까지나 배신입니다.

왜 배신이라고 합니까? 처음에 크게 열심을 낼 때 남들이 크게 봤단 말입니다. 어떻게 이럴 수가, 정말 대단하다, 이렇게 봤단 말입니다. 그렇지만 차음 그 열심이 약해지니 실망하게 됩니다. 그러니 일종의 배신이란 말입니다. 또 남에게 보다도 자기 자신이 손해를 봅니다. 시종일관 정성을 바치고 힘을 다하여 주님을 받들어 섬기는 그런 경건이 얼마나 보배롭습니까. 두아디라 교회가 그랬습니다. "네 나중 행위가 처음 것보다 많도다" 하는 이것은 우리말로 표현하자면 꾸준하다는 겁니다. 사람이 이랬다저랬다 하지 않습니다. 믿을 만합니다. 이런 것을 또 근실하다고 합니다. 부지런할 근(勤), 열매 실(實) 사람이 부지런하고 단단하다 그 말입니다. 그 열매를 맺더라는 말입니다.

근실, 성경에서는 이 근실이 그렇게 칭찬을 받습니다. 잠언 22장 29절입니다. "네가 자기 사업에 근실한 사람을 보았느냐 이러한 사람은 왕 앞에 설 것이요 천한 자 앞에 서지 아니하리라"(개역한글판). 옳습니다. 본문에는 "자기 사업에 근실"하다 했지만 행실을 주로 생각하는 것입니다. 사람이 그렇게 근실하다 그 말이에요. "근실한 사람을 보았느냐 이러한 사람은 왕 앞에 설 것이요 천한 자 앞에 서지 아니하리라" 그랬습니다. 왕이 신용할 만한 사람은 재주가 있고 지식이 많고 하는 것보다 부지런하고 근실한 것, 다시 말하면 태만해지지 않는 사람이라는 말입니다. 첫 열심 그대로 끝까지 재미를 본다는 말입니다. 근실, 부지런할 근(勤)자에 열매 실(實)자, 참 잘 번역된 말입니다. 신임하고 나라 일을 맡길만한 사람이라는 말이에요. 두아디라 교회는 근실한 교회였습니다. 처음에도 잘했지만 나중에는 더 잘했다 그 말입니다.

책망: 이세벨 용납

> 그러나 네게 책망할 일이 있노라 자칭 선지자라 하는 여자 이세벨을 네가 용납함이니 그가 내 종들을 가르쳐 꾀어 행음하게 하고 우상의 제물을 먹게 하는도다(2:20)

잘하는 가운데도 잘못하는 것이 인생입니다. 늘 조심하고 살펴야 합니다. 두아디라 교회가 이렇게 잘했는데도 불구하고 살피지 못한 것이 있었습니다. 20절 중반절을 보세요. "이세벨을 네가 용납함이니 그가 내 종들을 가르쳐 꾀어 행음하게 하고"라고 했습니다. "이세벨을 네가 용납함이니." 조금 전에 말했듯이 이세벨은 속이는 교역자입니다. 여기 "용납"이라는 말은 그대로 놔두는 것, 즉 방치를 말합니다. 영어로 말하면 let it go, 그대로 가게 둔다는 겁니다. 팽개쳐 두는 겁니다. 적극적으로 거짓 스승을 끌어오지는 않는데, 그 교회의 일부 신자들이 이세벨 같은 자를 좋아해서 그대로 놔두는 겁니다.

남을 속이는 사람들은 다른 면에 장점들이 있습니다. 재주도 있고 꾀를 부리는 게 있습니다. 자기들의 단점이 싹 드러나지 않게 하고 매력적인 활동을 합니다. 그러니까 이 두아디라 교회의 일부 교인들이 그분을 교역자로 모시자 그랬단 말이에요. 그런데 이 진실하게 사는 사람들, 근실한 사람들, 처음에 한 것보다 나중에 더 잘 한 사람들, 이 보배로운 사람들이 그를 용납했습니다. 그대로 놔뒀습니다. "그대로 둬. 사랑을 행하고 긍휼을 행해야지. 불쌍하지도 않아? 두드러지게 무슨 결점이 있는지는 잘 모르겠는데, 일부 교우들이 좋아하니까 그냥 그대로 둬." 이렇게 이세벨을 끌어오는 것을 가만 놔두었다는 말입니다. "사람이 뭐 별거 있나? 다 좋아하는데, 이유를 붙여서 반대하면 되겠나? 사랑으로 행해야지." 이렇게 생각했다는 말입니다. 하지만 그것은 사랑이 무엇인지 모르고 하는 말입니다. 사랑이 뭡니까.

칼빈이 말하기를 교회를 불의한 사람에게 맡기는 것은 잔인한 행동이라 그랬습니다. 숱한 생명을 불의한 사람의 손아귀에 맡기는 것이 되거든요. 숱한 영혼을 못살게 만들 사람인데 그 사람에게 교회를, 그 숱한 영혼들을 다 맡기니 이것처럼 잔인한 일이 어디 있습니까? 이세벨 같은 그 한 사람 좋게 하려고 귀한 영혼들을 불의한 자에게 맡기는데도 아무 말 아니하고 가만히 있다는 겁니다. 바른 말을 하려다가도 그만두자고 생각합니다. 내가 여기서 이런 말을 해서 공연히 이런 손해를 볼 텐데, 하는 계산을 합니다. 그러나 그 계산이 틀렸다는 것을 알아야 합니다.

하나님은 주님의 교회를 위해 옳은 말 하는 사람을 귀하게 봅니다. 그가 옳은 말 하는 것이 자기 자신을 위해 하는 것이 아닙니다. 자기는 욕먹을 셈치고 주님을 위해, 하나님의 양 떼를 위해 어떻게 하든지 그 영혼들이 잘되게 하려고 그 말을 하는 것이기 때문에 그렇습니다. 이것이야말로 사막에서 진주 줍는 것처럼 정말 귀한 보배란 말입니다. 분명하게 틀린 일일 때는 이것은 안 됩니다라고 해야 합니다.

그러니까 용납이라는 것은 무서운 일입니다. '용납', 'let it go', '팽개쳐 둬', '옳은 말하고 욕먹을 일 있나', 이런 것은 마귀의 장난입니다. 팽개쳐둘 수가 없습니다.

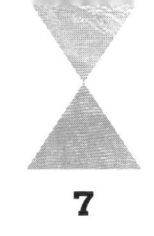

7
두 가지 위험

계 2:20-23

두아디라 교회는 잘한 것도 있지만 잘못한 것도 있었기 때문에 주님으로부터 책망을 받습니다. 두아디라 교회의 문제는 우상의 제물을 먹는 것이었습니다. 교인들 전부가 그렇게 한 것은 아니고 아마도 대다수가 그렇게 한 것으로 생각됩니다. 당시는 우상의 제물을 먹던 시대입니다. 그런데 그것이 왜 죄가 되는지 생각해 보겠습니다.

우상에게 드려진 제물

우상에게 드렸던 음식물을 먹는 것은 죄가 될 수도 있고 안 될 수도 있습니다. 죄가 안 되는 경우는 그 음식물의 출처를 전혀 모르고 먹는 경우입니다. 시장에서 사거나 어찌하다가 생긴 음식물을 먹는 것은 죄가 아니라고 고린도전서 8장에서 말씀했습니다. 바울의 주장은 이래요. 주님은 오직 한 분밖에 안 계신다. 모든 것은 만물을 창조하신 주님의 것이다. 그러므로 우상의 제물이라도 그 출처가 설명되지 않은 것이라면 먹는 데에 문제가 없다. 아무리 우상에게 주었던 물건이라도 더러워지거나 변질되지는 않는다는 것입니다. 하나님이 만드신 그대로라는 거예요. 디모데전서 4장 4-5절입니다. "하나님이 지으신 모든 것이 선하매 감사함으로 받으면 버릴 것이 없나니 하나님의 말씀과 기도로 거룩하여짐이라." 그것은 하나님께서 선하게 지으신 것이므로 먹어서 잘못될 것이 없다는 말입니다.

그러나 우상 신전에서 먹을 경우에는 다릅니다. 왜냐하면 관계에서 문제가 발생하기 때문입니다. 우상 신전에서 우상 교도들이 제상(祭床)에 바쳤던 제물을 나눠 먹으며 회식할 때 함께 자리해 제물을 먹었다면 그것은 문제라는 거예요. 왜 그런가 하면 그것은 하나님이 제일 미워하는 우상숭배에 동참하는 것이기 때문입니다. 모여서 그 제물을 먹는 의식이라는 것이 일종의 제사 의식이기 때문이에요. 그것은 크게 문제가 됩니다. 물질 자체는 하나님이 지으신 것이니까 문제가 없어요. 다시 말해 사신과 우상이 손을 댔다고 해서 물질 자체가 변질되었다는 의미는 아니란 말입니다. 문제는 하나님이 지으신 좋은 것을 가지고 하나님이 미워하는 짓을 했다는 데에 있어요. 하나님이 미워하는 짓을 한 그 자리에서 먹고 앉았다는 것은 주님을 섬기는 자로서 너무도 철면피한 행동 아닙니까? 자식을 죽인 몽둥이에 입을 맞출 수 있습니까? 우상 신전에서 그 제물을 먹고 앉아있는 사람들에게 마땅히 분노를 표시했어야 합니다. "천지만물을 지으신 이는 하나님뿐인데 당신들 도대체 무슨 짓 하는 거요?" 그래야지요.

당시의 두아디라 지방은 기업체들이 조합을 만들어 활동했습니다. 그 중의 한 가지 사업이 물감업입니다. 빌립보 땅의 루디아라고 하는 여성도가 바로 두아디라 사람이고 자색 옷감 장사라 했습니다. 성경에 분명하게 유래가 나와 있어요. 자색 옷감 장사 하는 사람이라면 옷을 염색하는 데 쓰는 물감 제조업자들의 조합과 물론 관련이 있을 것입니다. 조합원 중에 예수 믿는 사람들이 얼마나 있었는지 모르겠지만 조합원 대부분이 우상 섬기는 사람들이었을 것입니다. 왜냐하면 당시 두아디라에서는 우상을 굉장히 많이 섬겼기 때문이에요.

좌우간 조합에 잘못 보이면 사업을 하기 어려웠습니다. 자연히 두아디라에 있는 교회가 어려운 실정에 놓이게 되지 않겠습니까. 교인들도 사업을 해야 되니 조합에 들지 않을 수 없었을 것입니다. 이 조합은 불신자들이 주동적으로 설립한 것입니다. 그런데 어느 날 조합원들이 제사를 드리고 나서는 제사의식에 함께 참여하자고 하니까, 이 예수 믿는 사람들이 그것을 좋지 않게 생각했을 것입니다. 거기에서 문제가 생겼는데, 이 문제를 잘 해결해 보겠다고 하는 사람이 예수 믿는다면서 교회에 와서는 살살 꼬이고 타협할 것을 주장하는 것입니다. 한번 제사의식에 참가한다고 무슨 문제가 있겠느냐 그러는 겁니다. 신자들이 점점 시험에 빠지고 타협주의로 흘러가자 교회는 점점 타락하게 되었습니다.

이와 같은 당시의 시대적인 배경을 가지고 말씀드리고자 하는 것은 두아디라 교회의 두 가지 위험입니다. 첫째는 타협주의의 위험이고, 둘째는 회개치 않는 위험입니다.

타협주의의 위험

> 그러나 네게 책망할 일이 있노라 자칭 선지자라 하는 여자 이세벨을 네가 용납함이니 그가 내 종들을 가르쳐 꾀어 행음하게 하고 우상의 제물을 먹게 하는도다 (2:20)

20절 중간쯤에 "용납함이니" 했는데 이것이 타협주의입니다. 십여 년 전 일입니다. 우리 교회가 상도동에 있을 때입니다. 한 자매님이 찾아와서는 자신의 시댁에서는 제사를 지내는데 그 제사에 꼭 참가하라고 강요하고 위협한다는 거예요. 도저히 견디기 어렵게 하는데 이것을 어떻게 해야 할지 모르겠다는 겁니다. 그래서 내가 이렇게 말했습니다. "절대 타협하면 안 됩니다. 그것은 우상숭배입니다. 아무리 조상이라도 바르게 섬기는 것이 잘 섬기는 것이지 제사하여 섬기는 것은 조상을 우롱하는 것입니다. 조상을 장난감처럼 가지고 노는 것이니 절대로 제사 지내면 안 됩니다. 그건 조상을 존경하는 의미가 아니고 오히려 짓밟고 가지고 노는 겁니다. 어떡하든지 복음을 증거해서 그렇게 되지 않도록 해야 합니다."

그랬더니 다른 날 또 찾아와서 말하기를, 아무래도 안 되겠습니다, 너무 못 견디겠습니다, 막 위협하고 난리가 났습니다, 그럽니다. 그래도 절대로 타협하면 안 된다고 그랬더니, 다른 교회에서는 제사 지내도 괜찮다고 하는데요, 그러는 겁니다. 그래도 절대로 안 된다고 했습니다. 그 후에는 찾아오지도 않고 교회에서 얼굴도 볼 수 없었습니다. 우상주의에 미혹된다는 것이 참으로 위험한 것이로구나, 다시 한 번 깨달았습니다.

우상주의는 하나님이 극히 미워하시는 것입니다. 구약 시대에 사람들이 이 우상주의에 빠질 때, 하나님이 마구 벌하시기도 하고 외국 군대를 보내서 진멸하기도 하고 그랬습니다. 우상주의란 것이 이렇게 무서운 죄인데 어떻게 타협이란 것이 있을 수 있겠습니까? 타협한다는 것은 사실상 그 영혼이 죽는 거예요. 몸이 죽는 것이 아니라 영혼이 죽는 것이니 영혼이 영원토록 망하는 것이란 말입니다.

예수님께서는 마태복음 10장 28절에서 말하기를 "몸은 죽여도 영혼은 능히 죽이지 못하는 자들을 두려워하지 말고 오직 몸과 영혼을 능히 지옥에 멸하실 수 있는 이를 두려워하라"고 했습니다. 하나님을 두려워해야지 그 외에 다른 것을 두려워해서는 안 된다는 말씀입니다. 우상을 섬기지 않는 것이 좋기는 한데 그러려니 어렵고 불편하고 위험한 일이 생기게 됩니다. 그렇다고 타협해 버리면 안 됩니다. 그것은 정말 자살행위예요. 몸은 죽여도 영혼을 죽이지 못하는 자를 두려워하지 말고 몸과 영혼을 아울러 지옥에 멸하는 자를 두려워하라고 주님이 말씀하셨는데, 어찌 다른 무엇을 두려워해서 죄를 범할 수 있겠습니까? 천부당만부당한 일입니다.

우리는 주님을 사랑하는 사람이라는 것을 늘 기억해야 합니다. 사람이란 사랑하는 즐거움으로 삽니다. 사랑받고 살고 사랑주고 삽니다. 못된 것 사랑하면 망하고 좋은 것 사랑하면 흥합니다. 사랑이란 것이 우리 인격의 전부라고 할 만큼 중요한데 주님을 사랑한다는 것이 얼마나 다행한 일입니까? 우리가 시험을 당할 때도 생각해야 할 것은 내가 누구를 사랑하는 것입니다. 난 주님을 사랑해, 난 천하에 오로지 한 분밖에 없는 그분을 사랑하지, 그 외에는 다 부차적인 사랑이야, 주님 사랑하는 이것 없이 나는 못 살아, 이렇게 살아가는 사람이 바로 우리 기독교인들이에요.

신자가 시험에 빠져서 이번 한 번만 하고 다음에는 안 하면 되지 하고 생각하기 쉬운데 그것이 미끄러지는 생각입니다. 죄라는 것은 경사진 얼음판과 같습니다. 평평한 얼음판이 아니라 이렇게 경사가 졌어요. 그러니까 경사진 얼음판 꼭대기에서 한번 미끄러지면 저 밑에까지 그대로 미끄러져 내려갑니다. 미끄러지는 도중에 세우지 못하고 끝까지 내려가 버리고 맙니다. 그러기 때문에 지혜로운 사람은 절대 타협하지 않아요. 신앙을 파괴할 수 있는 위험성을 지닌 죄와 타협하지 않습니다.

황해도의 어떤 여신도는 자기 남편이 예수 믿지 말라고 꼬이기도 하고 위협하기도 했는데 끝까지 타협하지 않았습니다. 예수를 믿지 않아 진리를 모르는 남편은 어떤 방법으로든지 자기 부인을 신앙으로부터 떼어놓으려고 안간힘을 썼습니다. 하루는 인두를 화로에 달궈 가지고 아내를 위협하며 예수 믿지 말 것을 강요했답니다. 남편이 겁박하며 이래도 예수 믿겠느냐 물으니까 부인이 그래도 믿어요, 그랬답니다. 그러자 남편이 아내의 넓적다리를 지지고는 또 물었습니다. 그래도 부인이 안 믿고는 못 살겠다고 대답했답니다. 이번에는 부인의 몸을 지졌습니다. 이렇게 묻고 답하고 지지기를 열 일곱 번이나 해도 부인이 신앙을 포기하지 않자 그 남편은 그만 손을 떼었습니다. 그날 밤에 남편이 통곡하고 회개했다고 합니다. 그런 성도가 있었습니다. 타협이라는 것은 자살 행위입니다.

회개치 않는 위험

둘째는 회개치 않는 위험입니다. 여기 21절에 이런 말씀이 있습니다. "또 내가 그에게 회개할 기회를 주었으되 자기의 음행을 회개하고자 하지 아니하는도다." 우상을 섬긴 것은 하나님 앞에서 절개를 꺾은 것이니까 그것을 비유적으로 음행이라고 했습니다.

> 또 내가 그에게 회개할 기회를 주었으되 자기의 음행을 회개하고자 하지 아니하는도다 볼지어다 내가 그를 침상에 던질 터이요 또 그와 더불어 간음하는 자들도 만일 그의 행위를 회개하지 아니하면 큰 환난 가운데에 던지고 또 내가 사망으로 그의 자녀를 죽이리니 모든 교회가 나는 사람의 뜻과 마음을 살피는 자인 줄을 알지라(2:21-23)

회개치 않는 것이 위험입니다. 잘못하고도 고치지 않는 것이 위험이에요. 두아디라 교회에서 우상의 제물을 먹고 우상교도들과 타협한 그 사람들이 얼마나 위험하게 되었는가를 말씀합니다. 왜 위험합니까? 백 번 잘못했어도 회개하고 딱 끊어버리면 하나님은 사랑하시는데, 회개할 기회를 주어도 안 하기 때문입니다. 그러니 일은 틀려먹은 것 아닙니까?

이것이 어떻게 위험한 것인지를 예수님이 말씀합니다. 계속 옳은 말을 해줘도 고치지 않고, 한 귀로 듣고 한 귀로 흘려보냅니다. 사람이 강퍅해집니다. 듣기 싫어하고 역정을 냅니다. 이것은 자기에게 유익한 어떤 정의감이거나 의분이 아니라, 자신을 망치는 마귀의 역정이에요. 옳은 말을 싫어해요. 옳은 말을 들을 때는 내가 이것을 고치지 않으면 어찌되는 것인가 생각해 봐야 합니다. 시간을 들여서 깊이 생각해 보고 알아보고 연구해 보고 이성적으로 검토해야 되는데 도저히 그렇게 안 한다는 말입니다. 즉흥적으로 반항하고, 또 싫어합니다. 듣기 싫어합니다. 이렇게 되면 결국 지옥으로 방향을 정하고 나아가는 셈이라고 봐야 하지 않겠습니까?

사람이 옳은 말에 대해 바른 태도를 갖지 않고 이렇게 반항하게 되면 그 심령이 점차 병적으로 굳어집니다. 차츰 굳어져서 사람이 아주 변하고 말아요. 처음에는 부드러운 성질이 있었지만 차차 굳어져서 다음에는 의에 대해 느낌조차 없어집니다. 우리 발뒤꿈치를 보세요. 갓난아기 때에는 얼마나 부드럽습니까? 만지면 재미가 있습니다. 그렇게 부드러운 발뒤꿈치지만 평생 끌고 다니고 굳은 땅을 계속 밟으니까 딱딱해져서 벼룩이 물어도 모릅니다. 벼룩이 물지도 못 해요. 발뒤꿈치가 그렇게 변질이 됩니다. 강퍅하면 망해요. 이것을 기억해야 합니다. 옳은 말을 받아들이지 않고 계속 반항하면 강퍅한 자가 됩니다. 그래서 나중에는 옳은 일에 대한 느낌이 없어지고 느낌이 없어지고 사람이 변질됩니다.

출애굽기 7장부터 나오기 시작하는 바로의 행동이 바로 그것입니다. '강퍅해지면 망한다'라는 말은 '강퍅 = 멸망'이란 말입니다. 우리는 사실 이 멸망이라는 말을 다른 사람에게 하기 어려워요. 너무나 두려운 단어입니다. 멸망이 무엇입니까? 가령 사랑하는 가족이나 친구 혹은 사랑하는 사람이 강퍅해 있다 합시다. 그러면 그다음 결론은 멸망이라는 겁니다. 멸망이라고 구체적으로 생각해야 합니다. 관념적으로만 개념으로만 생각해서는 안 돼요.

그러면 멸망을 무엇으로 표현할 수 있겠습니까? 티끌로 표현할 수 있다고 생각합니다. 티끌. 집이 무너지면 티끌로 남지 않습니까? 아무리 웅장한 시설이라 하더라도 하나님이 파괴하면 티끌로 남습니다. 그것이 멸망입니다. 생각해 보세요. 나의 사랑하는 친구가 티끌이 된다, 사람이 티끌이 된다고 말입니다. 그래서는 안되겠지만 강퍅한 자식이 있다고 합시다. 결론이 무엇이겠습니까? 사랑하는 자식이 티끌이 되는 것 아닙니까? 그것을 생각해 봐야 되지 않겠습니까?

또 멸망을 다른 어떤 말로 표현할 수 있습니까? 그것은 마귀입니다. 마귀와 함께 영원토록 함께 사는 존재가 되는 겁니다. 멸망했다는 것은 그것입니다. 마귀는 어떻게 생겼습니까? 마귀는 이 세상 무엇으로도 나타낼 수 없을 만큼 못된 것입니다. 이 세상 무엇으로도 비교할 수 없는 악입니다. 그야말로 악한 거예요. 그러니까 여러분, 우리 한번 조용히 생각해 봅시다. 내 친구가 사람이 아닌 마귀가 되었다, 내 사랑하는 누구가 마귀가 되었다, 그러한 생각을 우리가 구체적으로 해봐야 되지 않겠습니까? 그저 관념적으로만 망한다, 망한다 이렇게 말할 것이 아니란 말입니다. 정말 구체적으로 생각해봐야 합니다.

고치고 되풀이하지 않아야

그뿐 아니라 올바른 경고를 받고 그것이 죄인 줄 알면서도 회개를 안 합니다. 죄인 줄 알기는 아는데 회개를 안 한단 말입니다. 고치지를 않아요. 회개라는 것이 눈물이나 한 번 흘리고 마는 것은 아니지 않습니까, 물론 그것도 없는 것보다는 낫겠지만. 또 말로 한번 자복하는 것도 아닙니다. 말로 한번 자복하고는 계속하여 나쁜 짓을 하면 그것은 회개가 아니에요. 회개라는 것은 고치는 것입니다. 고치는 거예요. 다시는 되풀이하지 않는 것입니다. 끊어버리는 거예요. 죄를 끊어버리고 하나님의 사랑을 받게 되는 것입니다.

우리가 옳은 말을 들으면 옳은 줄을 알기는 아는데, 고치지를 않아요. 이러다가는 위험합니다. 그것은 성령훼방죄에 가까워지는 것입니다. 성령훼방죄. 히브리서 10장 26절 보면 "우리가 진리를 아는 지식을 받은 후 짐짓 죄를 범한즉 다시 속죄하는 제사가 없다"고 했습니다. "다시 속죄하는 제사가 없고 오직 무서운 마음으로 심판을 기다리는 것과 대적하는 자를 태울 맹렬한 불만 있느니라." 얼마나 무서운 경고입니까? 일러주는 말이 옳긴 옳은데 하면서, 계속 그대로 하고 계속 잘못을 저지르는 것은 어떤 것인가 하는 그 말씀입니다. 이것은 성령훼방죄에 가까운 '짐짓 짓는 죄'란 말입니다. 어느 정도 가서는 아주 소망이 없어집니다. 계속 끌고 끌고 가면서 그대로 죄를 범하면서 고치지를 않습니다.

변화를 받아야 되겠습니다. 우리의 심령이 부드러워져야 합니다. 그래서 눈물이 날 것같이 되기도 하고 눈물을 흘리기도 해야 합니다. 정말 생각해봐야 되겠습니다. 말로만 개혁, 개혁 할 것이 아니라, 진짜 고칠 것을 고쳐야 합니다. 자신의 잘못을 자신이 알지 또 누가 압니까? 듣기 싫은 소리 좋아하는 사람이 어디 있습니까? 한 사람도 없습니다. 결국 자신이 고쳐야지 다른 길이 없습니다. 저는 우리 모임의 분위기가 고치자는 말을 할 수 있는 분위기가 된 것이 감사합니다. 입으로만이 아니라 심령 깊은 곳에서 각자 자기의 잘못을 발견한 대로 고치는 기회가 돼야 합니다. 자신이 고쳐야 돼요. 자신이 먼저 고치고 다른 사람들도 고칠 수 있도록 감동적으로 영향을 주는 사람들이 되어야 하겠습니다. 그래야 이 시대에 살고 있는 보람을 느낍니다.

  두아디라 교회에 대해 여러분에게 두 가지를 말했습니다. 첫째는 타협의 위험성입니다. 타협의 위험성. 주님과 나와의 관계에서는 결단코 손해를 안 보려고 기회를 보면서, 주님과 나 사이에 흐려진 것이 없도록 늘 조심하고 진실하게 힘써야 될 것입니다. 둘째는 회개치 않음의 위험성입니다. 회개치 않으면 아주 위험하다는 것을 늘 명심해야 되겠습니다.

8
의로 다스리시는 그리스도

계 2:24-29

두아디라라고 하는 지방은 소아시아에 있는 곳입니다. 거기에 교회들이 많이 있는데 특별히 일곱 교회를 들어 오늘날의 우리에게도 가르칩니다. 교회라는 것은 이래야 되겠다, 저렇게 가서는 안 되겠다, 그렇게 주님께서 가르치십니다. 그래서 이 말씀을 오늘날 어느 교회든지 읽어야 되고, 또 이 말씀대로 지켜야 되겠습니다.

● 사탄의 깊은 것

> 두아디라에 남아 있어 이 교훈을 받지 아니하고 소위 사탄의 깊은 것을 알지 못하는 너희에게 말하노니 다른 짐으로 너희에게 지울 것은 없노라 (2:24)

이 두아디라 교회에 이세벨이라는 이름으로 상징해서 말한 어떤 인도자 격의 사람이 있었어요. 당시 두아디라 지방에는 많은 조합이 있었고 사업하는 사람들은 다 그 조합에 가입했습니다. 그들 중에 예수 믿는 사람들이 있었는데, 그들에게 곤란한 일은 우상을 섬기면서 모여서 제물을 먹는 문제였습니다. 조합에서 나가면 사업하기가 곤란하고, 또 조합에 가입한 이상 우상에게 드린 제물을 같이 먹어야 하는, 이런 어려움이 있었어요. 같이 먹지 않으면 외톨이가 되어 사업하기가 곤란해지지 않겠습니까.

이런 문제를 타결하기 위해, 이세벨이라는 상징적인 이름으로 말했는데, 이세벨처럼 일한 교인이 있어서 상당수의 교우들이 그에게로 쏠렸습니다. 그는 육체는 영혼과 상관이 없으니 영혼으로만 예수를 잘 믿으면 된다고 가르쳤어요. 육신은 그런 곳에 가서 우상 제물을 먹어도 구원에 아무런 영향이 없다고 가르쳤어요. 육신으로 사탄 즉 마귀가 하는 일에 참가해도 영혼은 거기에 물들지 않는다고 했어요. 그저 겉껍데기에 불과한 육신은 그 사람들과 섞여서 사귀고 그 사람들이 하자는 대로 해주어도 무방하다는 것이었습니다. 그 교인의 이름을 "사탄의 깊은 것"이라고 했습니다. 사탄의 깊은 것이라.

그런데 거기에서 절개를 지킨 충성스런 사람들이 얼마간 있었습니다. 대부분의 교인들이 다 거기에 쏠려 넘어갔는데, 넘어가지 아니한 사람들이 있었습니다. 그들을 여기에서 남아있는 자라고 했습니다. 남은 백성입니다. 남은 백성이 이렇게 진리를 지켰습니다. 여기 24절 말씀을 보세요. "두아디라에 남아 있어 이 교훈을 받지 아니하고" 그랬습니다. 교훈을 받지 '못하고'가 아니라 '아니하고'라 했습니다. '안 한다'는 것과 '못 한다'는 것은 다르지요. '안 한다'는 것은 자기 의지로 거부하는 것입니다. 다시 말하면 물리치는 것입니다. 그러나 '못 한다'는 것은 거기에 좀 타협성이 들어있습니다. 하려고 했으나 못 했다는 인상을 줍니다. 그런데 여기 남은 백성이 그 교훈을 받지 아니하였다고 그랬습니다. 얼마나 좋습니까.

그런데 소위 "사탄의 깊은 것"은 조금 전에 설명했듯이 몸으로는 무슨 짓을 하든지 영혼은 물들지 않는다는 사상입니다. 영혼만 깨끗이 행하면 되지 몸은 어디 가서 어떻게 굴든지 상관이 없다는 주장이에요. 육신이 무슨 짓을 하더라도 영혼은 물들지 않는다는 사상이에요. 마음으로만 그저 절개를 지키면 된다는 거예요.

"사탄의 깊은 것을 알지 못하는 너희에게 말하노니"(2:24). 이 번역이 잘못된 번역입니다. "알지 못하는"이라는 말은 알아보려고 힘을 쓰기도 했는데 알 수 없었다는 인상을 줍니다. "알지 못하는 너희에게"라는 표현보다는 '알지 아니하는 너희에게'가 더 잘된 번역입니다. 이해를 안 한다 그 말이에요. 우리는 간혹 어떤 친구가 잘못된 길을 갈 때 이해는 한다, 같이 가지는 않아도 이해는 하겠다 하는 식의 어법으로 말하는 경우가 있습니다. '이해는 하겠다', '알아줄 수는 있다'는 그것은 타협적인 것 아닙니까?

여기에서 "알지 못하는"이라고 말할 때에는 이해를 하려고 했는데 못 하는 것이 아니라 처음부터 이해를 하지 않는다는 것입니다. 못 하는 것이 아니라 안 하는 것입니다. 그래서 이 말은 '알지 아니하는, 이해하지 아니하는 너희에게 말하노니'란 뜻입니다. 그렇다면 여기에 남은 백성은 굉장히 신앙 지조가 있는 사람들입니다. 마음을 정한 후 끌려가지 않으며 타협하지 않아요. 한 걸음도 타협하지 않습니다. 이것이 귀한 것이지요. 못하는 것이 아니라 안 하는 겁니다.

마음과 몸을 아울러 바쳐야

그러면 오늘날 사람들은 사탄의 깊은 잘못된 교훈과 관계가 없습니까? 오늘날 사람들은 사탄의 깊은 데에 잠기지 않습니까? 오늘날 사람들도 사탄의 깊은 데에 잠기는 일이 많다고 생각합니다. 몸으로야 어떠하든 영혼만 그렇지 않으면 된다고 하는 사고방식 말입니다. 예를 들면 기도를 하되 꼭 몸으로 기도해야 되나, 어디를 가야만 되고 목소리를 내야만 되나, 침상에 누워 있어도 마음으로 기도하면 되는 것이지, 그렇게 생각하는 사람들이 많다고 생각을 합니다. 그것은 스스로 속이는 것이고 잘못 아는 것입니다.

사람에게서 몸과 영혼을 쪼개지 못합니다. 하나님 속에는 우리의 몸과 마음이 늘 하나가 되어 있습니다. 이거 갈라지지 않아요. 하나님이 일시적으로는 갈라놓습니다. 그것은 하나님만 하실 수 있는 일입니다. 우리가 죽을 때 우리 영혼은 몸과 갈립니다. 갈려서 하나님의 손 가운데로 가요. 어떡하든지 하나님이 처리를 하십니다. 그러나 우리 마음대로 우리 몸과 영혼을 쪼갤 수는 없습니다. 몸 가는 데 마음 가고 마음 가는 데 몸이 가야 사람이 제대로 가는 거예요. 마음만 간다는 것은 말도 안 되는 소리입니다. 몸만 간다면 그건 외식이 되는 겁니다.

우리가 이 세상에서 몸과 마음을 나눠가지고 살아가지 않습니다. 그러기 때문에 로마서 12장 1절에 무슨 말을 했습니까? 몸으로 산 제물이 되라고 했습니다. 마음으로 했으면 됐지 몸으로도 제물이 되어야 하나, 그렇게 잘못 생각하기 쉽습니다. 그런데 왜 성경 말씀은 영혼이 아니라 몸으로 산 제물이 되라 했을까요? 그것은 몸으로 산 제물이 되면 자동적으로 영혼도 산 제물이 되기 때문입니다. 우리가 이 세상에 사는 동안에는 몸 있는 곳에 마음이 있습니다. 영혼이 거기 함께 있습니다. 또 영혼 있는 곳에 몸이 있습니다. 꼭 하나로 살고 있는 겁니다. 우리가 기도할 때 그저 영혼으로 기도하면 된다, 이 몸을 움직이지 않아도 된다, 생각하면 잘못입니다. 이 몸을 사용하지도 움직이지도 않고 어디로 걸어가지도 않고 가만히 영혼으로 혹은 생각으로 기도한다고 하면 기도가 안 됩니다. 그런 방법으로 기도했다는 사람에게는 믿음이 안 가요.

저도 이 기도 생활에 부족한 사람입니다. 그런데 지내보면 마음으로만 하는 기도는 기도가 안 됩니다. 한번은 어느 곳을 갔는데 마음이 심히 괴로웠습니다. 침대에 누웠지만 잠이 안 오고 계속 마음이 괴로운 겁니다. 내일 또 어디를 가야 되겠는데, 갈 때 기쁜 마음으로 가야 되겠는데, 잠을 자려고 해도 잠을 못 이루니 내일 어떻게 기쁜 마음으로 갈 수 있나 싶었습니다. 그래서 고심 끝에 누워서 기도를 좀 해볼까 생각했어요. 그런데 잠도 안 오고 기도도 안 되는 겁니다. 누워서는 기도가 안 되더란 말입니다. 이번에는 일어나 꿇어앉아서 기도하려 하는데, 기도가 안 나왔습니다. 말이 잘 안 나와요.

그런데 기도라는 것이 무슨 웅변인가, 기도라는 것이 수도꼭지에서 물 나오듯이 좔좔좔 나와야만 되는 것인가, 하나님 앞에 옳은 말 해 바치면 되지, 하는 그런 생각이 났습니다. 그래서 구부리고 앉아서 기도를 한 마디 했습니다. 하나님, 내일 제가 갈 때 마음이 기쁘게 해 주시옵소서. 기도할 다른 말이 없으니 그저 이 기도나 하면서 길게 기도해야겠다고 생각하고 했습니다. 그저 그 한 마디, 하나님 내일 제가 갈 때 기쁘게 가게 해주옵시고 만족한 마음으로 가게 해주옵소서하고 계속 기도했습니다. 그러고는 잠이 올 것 같아 누워서 잤습니다.

그런데 하나님께서 이상하게 은혜를 주셨습니다. 어디를 가든지 이상하게 자꾸 눈물이 났습니다. 그러면서 마음이 평안해지는데 어떤 다른 것을 하나님 앞에 구할 필요조차 없다 싶을 정도였습니다. 마음이 평안해지고 눈물이 자꾸 나면서 생각한 것은 하나님은 우리가 기도할 때 몸을 움직여서 기도하는 것을 기뻐하신다는 것이었습니다. 마음만으로는 안 된다는 것이었어요. 침대에 누워서 주여, 주여, 한다면 절반의 기도도 안 된 겁니다. 물론 병이 나서 일어날 도리가 없을 때는 그저 누워서 기도할 수밖에 없는 것이겠지요. 그 기도야 하나님께서 그렇게 들어주시지 않겠습니까? 그러나 게을러서, 일어나기 싫어서, 몸을 움직이기 싫어서 누워서 기도해도 된다는 것은 우선 자기 스스로를 속이는 일입니다. 사람이 이렇게 게을러빠져서 썩어지면서 기도하는 꼴이니 하나님께서 그런 기도를 안 들어주십니다. 그저 마음만 바로 가지면 된다고 하는 것은 잘못된 생각입니다. 몸과 마음이 함께 움직일 때 이것이 하나님의 진심 그대로 사람이 움직이는 거예요. 반쪽만 움직일 때는 움직이는 것이 아닙니다. 이것을 명심해야 되겠습니다. 기도할 때 자기 몸을 가지고 힘들게 애쓰면서 기도해야 합니다.

우리는 이 말씀을 통해 두아디라 교회의 남은 무리가 어떻게 그렇게 영육을 아울러 하나님 앞에 바쳐나갔는지를 봅니다. 하나님을 영화롭게 하려고 신앙 지조를 지키고 옳지 않은 교훈에 타협하거나 끌려가지 않는 것을 봅니다.

부끄러운 구원은 없다

> 다만 너희에게 있는 것을 내가 올 때까지 굳게 잡으라 이기는 자와 끝까지 내 일을 지키는 그에게 만국을 다스리는 권세를 주리니 그가 철장을 가지고 그들을 다스려 질그릇 깨뜨리는 것과 같이 하리라 나도 내 아버지께 받은 것이 그러하니라(2:25-27)

다음으로 주님께서 이 남은 백성에게 주시는 선물이 있습니다. 여기 25절에 "다만 너희에게 있는 것을 내가 올 때까지 굳게 잡으라" 그랬어요. 너희가 지금까지 신앙을 잘 지켜왔으니까 그대로 하라는 말씀입니다. 26절에 보면 이들에게 주시는 선물이 있습니다. "이기는 자와 끝까지 내 일을 지키는 그에게 만국을 다스리는 권세를 주리니." 만국을 다스리는 권세는 왕의 권세입니다. 27절을 보세요. "그가 철장을 가지고 그들을 다스려 질그릇 깨뜨리는 것과 같이 하리라." 철장으로 질그릇을 깨뜨릴 때 얼마나 쉽겠습니까. 철장이 질그릇에 닿기만 해도 깨지지 않겠습니까? 그만큼 주님이 힘 있는 정복자요 왕이란 말입니다.

이것은 진실하게 믿는 자들, 즉 이기는 자들에게 주시는 선물입니다. 예수를 진실하게 믿는 자는 다 이기는 자입니다. 잠시 잘못했다가도 회개하고 고쳐 나갑니다. 고쳐 나갈 때는 주님께서 그의 잘못된 과거를 다 잊어버려 주십니다. 주님께서는 옳게 봐 주시며 믿는 자로 봐 주셔서 구원을 여전히 주신단 말이에요. 그러니까 이기는 자라 할 때에 죄를 이기는 자라는 말이지요. 회개하고 이기는 것입니다. 이기는 자에게 이 왕권을 주신다는 말이에요.

여기서 우리가 생각할 것은 이 왕권이 그리스도 안에 있는 자가 받는 왕권이란 것입니다. 바울서신을 읽어 보거나 다른 사도들의 서신을 읽어 보면 '그리스도 안에'란 말이 나옵니다. 이 표현이 매우 자주 나온다는 것은 우리가 압니다. 그러니 이 말씀이 대단히 크고 중요한 말씀인 것 아니겠습니까.

그리스도 안에 있다는 말은 무슨 뜻입니까? 이것은 나 홀로 있으면 위험하고, 나 홀로 있으면 높은 낭떠러지 꼭대기에 서있는 것 같아 조금만 잘못하면 떨어져 사망하는 위험한 처지에 있는 존재가 우리 인간인데, 우리가 예수를 믿으면 예수 안에 들어가 사는 사람들이 된다는 것입니다. 로마서 13장 14절에 보면 "오직 주 예수 그리스도로 옷 입으라"는 말씀이 있습니다. 예수 그리스도로 옷 입으라는 말씀은 우리대로 살면 안 된다는 것입니다. 못 살아요, 망합니다. 그리스도로 옷 입듯이 힘입어야 되고, 그를 의지해야 되고, 우리가 집 안에서 사는 것처럼 그리스도 안에서 살아야 된다는 말이에요. 그리스도 밖으로 나가면 떨어지는 겁니다. 길던 짧던 한 세상인데, 이 한 세상 우리가 안전하게 구원받으며 살 길은 이거 하나밖에 없습니다. '그리스도 안에'라는 말이 그렇게 중요합니다.

왕 노릇 한다는 말을 쓸 때 그리스도로 더불어 왕 노릇 한다는 말씀이 많이 나옵니다. 그 말이 바로 그리스도 안에서 왕 노릇 한다는 말입니다. 그 뜻은 그리스도의 덕으로, 그리스도의 공로로, 그리스도께서 왕이시기 때문에 그리스도와 연합한 자, 즉 그리스도 안에서 사는 자는 그리스도와 함께 왕이 된다는 것입니다. 우리가 왕이 될 만해서 왕이 된다고 생각하는 것은 잘못이에요. 우리들은 멸망할 수밖에 없는 존재요, 영원히 마귀의 포로가 될 수밖에 없는 자들인데 어떻게 그 꼴로 왕이 됩니까? 이 왕은 보통 왕이 아니라 그리스도께서 왕이신 왕권에 동참하는 왕입니다. 우리에게는 아무런 힘이 없습니다. 그러기 때문에 우리가 예수를 믿을 때에 잘 믿어야 되겠지만 잘 못 믿는 사람도 믿기는 믿는 사람이라면 왕이 됩니다. 하나님 보시기에 참으로 믿는 사람이라면 왕이 되는 거예요. 그리스도 안에, 그 왕권에 참여하는 것입니다. 거기에는 등급이 없어요.

잘 믿지는 못해도 진짜 믿는 사람이 있어요. 잘 못 믿는 사람 가운데는 또 안 믿으면서 믿는 척하는 사람들이 섞여 있어서 사람들이 분변하지 못해서 믿는 사람이라고 착각하기도 해요. 그러나 그런 사람은 믿지 않는 사람이지요. 잘 못 믿는 사람 중에 이렇게 믿지 않는 사람도 섞였지만은 하나님 보시기에는 참으로 믿는 사람이 있어요. 이런 사람들은 잘 못 믿으니까 하나님께 영광 돌리는 데도 너무 부족하고 자기로서도 잘 못 믿으니 믿음의 재미를 못 보고, 잘 못 믿으면서 믿으니까 하나님께서 주시마 하신 은혜를 못 받아요. 그래도 믿기는 믿는 사람이 있습니다.

고린도전서 3장 15절을 보면 "구원을 받되 불 가운데서 받은 것 같으리라" 하는 말씀이 있습니다. 어떤 사람들은 이것을 부끄러운 구원이라고 잘못 해석하기도 합니다. 그러나 부끄러운 구원은 없습니다. 구원받았다면 다 영광스러운 구원입니다. 구원받았다면 다 그리스도 안에 있는 사람 아닙니까. 그리스도 밖에 있으면서 구원받는 사람은 아무도 없습니다.

신구약성경을 훑어볼 때 구원받는 사람은 다 예수와 연합이 되어서 구원받는 것입니다. 예수님의 죽으심이 나의 죽음이 되고 예수님의 다시 사심이 곧 나의 다시 삶이 된다 그 말입니다. 이렇게 예수님과 연합할 때 구원받는 믿음이 됩니다. 예수님과 연합한다는 것은 그리스도 안에서 사는 것입니다. 그리스도 안에서 살면서도, 크리스천도 종종 속는 일이 있으니까 지푸라기를 가지고 집을 짓는 것처럼 야물지 못하게 일을 할 수 있어요. 그렇지만 그 믿음에 대한 진실성은 하나님도 인정한 것입니다. 지푸라기는 불이 붙어도 그 믿음은 불이 안 붙습니다. 그리스도와 함께 연합한 그 사실은 영원토록 파괴되지 않습니다. 그런 만큼 그 사람도 왕이 됩니다.

그리스도와 함께 왕 노릇

그러면 이 왕은 어떻게 보입니까? 왕이 된다는 것은 바로 의의 빛을 드러낸다는 것입니다. 우리가 세상에서 예수를 분명히 믿으며 살다가 세상 뜨면 천국으로 들어갑니다. 예수님 재림 시에 우리의 몸까지 다 살아나는데, 그때 왕이 되는 것입니다. 무슨 말인가 하면 몸과 영혼이 아울러서 다시 합쳐지고 다시 새롭게 태어난 인간 존재가 의의 빛을 나타낸다는 말입니다. 마태복음 13장 43절에 "의인들은 자기 아버지 나라에서 해와 같이 빛나리라" 했습니다. 의가 빛난다는 말씀 아닙니까? 그 의가 어떠한 종류의 의입니까? 그리스도와 연합한 인격으로서 저 세상에 들어가서 죄가 전혀 없으니까, 예수의 의를 힘입은 데다가 자기들 자신도 죄가 없으니까 그들이 의인입니다. 그런 의인들이 빛나는데 광선처럼 빛난다 그 말입니다. 그런데 우리가 이런 설명을 들으면 오리무중입니다. 그것이 어떠한 것인지 아직도 실감 있게 느끼지 못해요. 그러나 성경이 이와 같이 말씀했으니 그대로 될 것은 분명합니다.

왕이라는 말은 다스린다는 뜻입니다. 우리가 이 세상에 사는 가운데, 특별히 우리 주님의 생각에, 다스린다는 것은 의가 하는 것입니다. 의가 다스려요. 한 가지 비유를 들겠습니다. A, B, C, D, E 다섯 사람이 함께 길을 가고 있었습니다. 어떤 논쟁이 벌어지고 A, B, C, D 네 사람이 서로 싸우는데 주먹질하면서 싸우고 돌로 때리면서 싸우고 피 흘리면서 싸웁니다. 다섯 째 사람 E는 싸우지 않았습니다. 그러면 이중에 싸움을 말릴 사람은 누구겠습니까? 싸움을 말릴 사람은 E라는 사람밖에 없어요. 모두들 서로 때리고 서로 할퀴었는데, 서로 죽이지 못해 안달하고 혈기 충만해서 싸우는 마당인데, 네 사람 중에 누가 그 싸움을 말릴 수 있습니까? 네 사람은 싸움에 참여했으니 싸움에 참여하지 않은 E가 말릴 수 있습니다. "아, 모두들 왜 그래요? 그러지 말아요" 하면서 말릴 수가 있습니다.

그러면 결국 이 E라는 사람이 다스리는 겁니다. 지금 네 사람은, 코피 흘리고 얼굴은 두들겨 맞아서 뚱뚱 붓게 되고 다리는 시큰해져서 절룩절룩하고 손이 상하고 온 몸뚱이가 이렇게 구타를 당해서 아이구아이구 하면서 싸우고 있는데, 이 사람들 가운데 누가 말릴 수 있겠습니까? 말릴 수 있는 사람은 싸움에 동조하지 않았고 휩쓸리지 않은 사람뿐입니다. "아, 왜 이러나? 이거 이러지 말라구" 하며 뜯어말릴 수 있습니다. "도대체 싸워서 소득이 무엇입니까? 여러분, 겨우 이것 때문에 싸웠어요? 그렇다면 혈기가 올라 일을 망쳤군요. 아무것도 아닌 일로 일을 망쳤군요"라고 하면서 E라는 사람이 그렇게 논리를 전개할 때, 나머지 네 사람들이 부끄러움을 느끼지 않겠습니까? 혈기가 조금 가라앉은 다음에는 부끄러움을 느낄 것입니다. "아, 참 그렇구나. 아

무엇도 아닌 것을 가지고 우리가 이런 지경이 되었구나" 그럴 겁니다. 양심이 있는 사람들이라면 그럴 것입니다.

  이 세상이 어두워져서, 죄로 말미암아 깨지고 부서져서 의가 가려졌습니다. 의를 가지고 나오면 세상에서는 핍박합니다. 그렇지만 하나님이 그대로 놔두질 않습니다. 한날 한때에 의를 높이는 때가 옵니다. 의는 예수 그리스도이신데 예수 그리스도 안에 있는 자들도 예수님 붙잡고 삽니다. 예수님을 붙잡고 왕 노릇합니다. 다스립니다. 이 예수님이 바로 나의 예수요, 이 예수님이 바로 허물과 죄로 죽었던 나를 그분에게 온전히 맡김으로 이 자격을 얻게 하신 분이란 말입니다. 나는 그분에게 온통 맡기고 그분 속에 들어가서 산다, 나는 영원토록 여기서 안전하다, 나는 여기서 끝장을 본다하는 믿음 때문에 일이 되는 거라 그 말입니다. 그 믿음 때문에 예수의 사람이 되는 겁니다.

  다른 사람보다 허물이 적어서가 아닙니다. 다만 한 가지 그 사람이 가진 것은 그 믿음이 진짜라는 것입니다. 그 사람이 진심으로 하는 거라는 말입니다. 난 예수밖에 없어, 예수님의 죽으심이 내 죽음이 된다고 했는데 나 그거 믿어, 죽인다고 해도 난 믿겠어, 예수님의 다시 사심이 나의 부활이라고 했는데 이 성경 믿어, 나 이거 믿고 영원한 내 존재를 여기서 해결할거야, 난 이것밖에 없다, 하면서 전적으로 예수 그리스도를 믿어드릴 때에 오는 세상에서 의를 발휘하게 하고 의의 빛을 나타나게 한다 그 말입니다.

왕은 의로 다스린다

  의가 무엇입니까? 의에 대해 말을 하자면 끝이 없습니다. 다만 몇 가지 중요한 것만 보면 의는 겸손하고 봉사하고 희생하고 낮아지고 사랑하고 진실한 것 등등입니다. 계속 말해도 실제 문제에 관련시켜서 말하자면 끝이 안 납니다. 다스리는 것은 의가 하는 것입니다. 예수 그리스도께서 바로 의이십니다. 그 안에서 사는 사람들은 다 예수의 다스림에 동참합니다. 믿는 사람들이 장차 내세의 복된 세계에 들어가서 왕 노릇 한다 할 때 세속적인 왕을 생각해서는 안 됩니다. 거기 가서 다른 사람보다 높아지고, 거기 가서 다른 사람보다 잘 살고, 거기 가서 육신의 영광을 누린다는 생각을 한다면, 그것은 내세의 왕에게는 맞지 않는 생각입니다. 그런 생각과는 정반대입니다. 너희 중에 우두머리는 섬기는 자가 되라 하는 말씀은 내세에서 영원히 그러할 것을 말씀하는 것입니다. 이 세상 왕은 진정한 왕과는 정반대되는 것입니다.

그런데 이 세상에서도 의가 왕 노릇 한다는 말을 할 수 있습니다. 이 세상 이치 가지고 한 가지 얘기를 해봅시다. 이거 무슨 애국사상을 가지고 설명하자니 영원한 생명의 귀한 문제에 대해 흐려 놓을 우려도 있다는 생각이 듭니다. 하지만 원리적으로는 비유로 삼을 수 있습니다. 이 세상에서 나라를 사랑하는 사람들도 그 방면으로 의가 있을 때는 사람들이 엎드려서 존경합니다.

안창호 선생님은 애국자이면서 매우 겸손한 분이었습니다. 그가 조국을 위해 하와이로 망명했을 때 어느 호텔의 벨 보이가 되었다고 합니다. 교포들이 직장을 얻었다가는 쫓겨나고 얻었다가는 쫓겨나서 우리 민족의 이미지가 나빠지는 것 때문에 한동안 그 일을 했습니다. 얼마 동안 일했는지 모르겠으나 그렇게 수고를 했답니다. 어느 날 호텔 일을 그만두겠다고 했더니 주인이 만류했답니다. 그러나 이제 그만두어야 할 사정이 생겼다고 하니까 호텔 주인이 묻기를 선생님이 원하는 것이 무엇이냐고 했답니다. 그러자 이 호텔에서 우리 한국 사람들이 늘 일하게 해주시오, 그런 부탁을 했답니다. 호텔 주인이 그 부탁을 들어주었답니다. 그분이 상해에 피신해 있을 적에 김유택이란 사람의 집에 갔다가 그 집 아이와 무슨 약속을 했답니다. 어린아이와 약속을 한 것입니다. 그 후 그 아이와의 약속을 지키기 위해 그 집을 찾아가다가 체포되었습니다. 체포되는 일이 있더라도 그 아이와 한 약속을 지킨 거예요.

그가 서대문 감옥에 갇혔다가 후에 잠깐 석방된 일이 있습니다. 평안남도 강서 기양에 있는 자기 집에 있는데 사람들이 너무 많이 찾아왔답니다. 일본 경찰이 계속 감시하여 사람들이 찾아오는 것을 막느라고 막는데도 계속 찾아왔답니다. 그래서 근방 깊은 산에 숙소를 정하고 거기 있었답니다. 그 후에도 사람들이 거길 찾아가는데 지게꾼 모양을 하고 찾아가고 나무 한다고 하면서 찾아갑니다. 그렇게 안창호 선생님을 찾아가는 겁니다.

왜 이렇습니까? 그분에게는 나라를 사랑하는 의가 있었습니다. 나라를 사랑하는 일이라면 호텔 벨 보이를 하는 것도 서슴지 않았습니다. 코흘리개 아이와의 약속도 생명을 버리면서 지켰습니다. 그 정도 의에 대해서도 사람들이 죽자 살자 따르더라는 말입니다. 나를 그저 지도해 주십시오, 그저 살려주십시오, 했답니다. 그렇게 겸손하고 그렇게 낮아지고 그렇게 희생하고 자기 자신을 도무지 생각하지 않으니까, 나라를 위하는 방면의 차원에서도 많은 의가 있어서 그렇게 다스리더라, 그 말입니다.

우리 주님의 의는 우주보다 크신 의입니다. 하나님이 무궁하신 것처럼 우리 주님의 의도 무궁합니다. 그분의 겸손을 측량하려면 한도가 없습니다. 그분의 겸손을 측량할만한 자가 없습니다. 그분의 희생, 그분의 진실함, 이런 것을 우리가 측량 못합니다. 저 세상은 이 세상과 다릅니다. 이 세상은 속여 먹기도 하고, 겸손하지 못하면서도 겸손한 척하고, 억지로 주장하고 뭐 이러지만 저 세상은 의를 세워주는 세상인 만큼 예수 그리스도가 다스린다는 말입니다. 그 다스림에는 억압하는 것이 있는 것도 아니고 제재하는 것이 있는 것도 아닙니다. 어두움에 빛이 오면 어두움은 아무 소리도 없이 물러가는 것처럼 우리 주님이 이 세상에 오실 때에는 빛으로 오셔서, 비유컨대 빛과 같은 그러한 의로 오셔서 모든 어두움을 사라지게 하십니다. 거기서 나타나는 것은 겸손 봉사 희생 밝음 진리 사랑 이러한 것인데, 이것이 바로 다스림이올시다. 이것이 바로 왕이 하는 일입니다.

• 왕의 위신을 가지라

이 세상과 죄와 마귀와 지옥은 죄를 가지고 존재하는 것들입니다. 이 세상이라는 것도 사람들로 하여금 죄 짓도록 만들어서 유지하는 것이고 죽음이라는 것도 역시 죄가 작용해서 죽도록 하는 것입니다. 마귀 역시 죄를 빙자해서, 죄를 무기로 해서 자신을 유지해 나가는 것입니다. 지옥도 역시 그런데, 지옥의 존재는 죄로 성립되는 것입니다. 그러면 여러분, 오는 세상 즉 내세에 들어가서 그리스도 안에서 왕 노릇 하는 우리들은 승리자입니다.

우리 본문에 "이기는 자와 끝까지 내 일을 지키는 그에게"라고 했습니다. "이기는 자"는 죄를 이기는 자라는 말이에요. 그리스도를 의지하고 그리스도 안에서 죄를 이기는 자입니다. 다시 말하면 의를 소유한 자입니다. 그에게는 만국을 다스리는 권세를 준다고 하셨습니다. 이것은 모든 적(敵) 기독을 쳐부수는 그러한 권세입니다. 주님이 그렇게 하십니다. 그것은 그의 임재로, 그의 다시 오심으로 그렇게 되는 것입니다. 아무 소리도 없이 빛이 오는데 그림자가 가고 마는 것처럼 죄악의 사람 즉 적 기독이 온 천하를 못 살게 만들지만 주님이 오심으로 패한다는 것입니다. 주님이 오심으로 적 기독은 패배하고 맙니다.

데살로니가후서 2장 8절을 보면 "그 입의 기운으로 그를 죽이시고"라고 그랬습니다. 여기에서 "입의 기운"은 무엇인고 하니 바로 말씀입니다. 그때는 말 한마디 하면 다 없어집니다. 그때는 의가 이렇게 나타나서 다스립니다. 그리스도 안에서 왕이 된 자는 죄로 성립된 이 세상을 이기는 자요, 죄로 이루어지는 죽음을 이기는 자요, 죄로 이루어진 마귀를 이기는 자요, 죄로 이루어진 지옥을 이기는 자입니다. 이기는 자 곧 승리자입니다. 그가 왕입니다. 이것은 사람 스스로 할 수 있는 것이 아닙니다. 그리스도 안에 있는 그 덕으로, 그리스도 안에 있는 오묘한 하나님의 법에 의하여, 이런 것들을 다 이기는 승리자가 되는 것입니다. 즉 왕이 되는 것입니다.

오늘 우리가 이 말씀을 명심해야 되겠습니다. 왕이 될 자들은 이 세상에서도 왕의 위신을 지켜야 합니다. 이 세상에 살면서 마귀 놀음 하지 말고 왕의 위신을 지켜야 합니다. 장차 될 그 왕격을 향하여 이루어져 가는 것이 있어야 합니다. 왕이 될 사람들이 마귀 노릇이나 하고, 자기도 죽이고 남도 죽이고, 세상에 속하여 부패해가는 것은 우리 믿는 사람들에게서 천리만리 멀어져야 합니다. 날마다 왕 될 자의 위신을 드러내며 그 빛을 드러내며 하나님을 기쁘시게 하며 왕으로서의 소망을 내다보면서 태산과 같은 의의 무거움으로 살아야 마땅합니다.

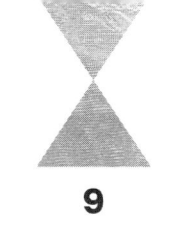

9
살았으나 죽은 자

계 3:1-2

우리는 지금 계시록을 읽어가는 중에 있는데 2장까지 마쳤습니다. 2장 1절부터 에베소 교회, 서머나 교회, 버가모 교회, 두아디라 교회를 살펴보면서 오늘날 우리는 어떻게 살아야 되는지, 참된 교회라면 어떻게 되어야 하는지를 보았습니다. 이제 3장에 와서 우리 주님께서 사데 교회에 보낸 편지를 읽습니다.

● **향락을 좋아함**

> 사데 교회의 사자에게 편지하라 하나님의 일곱 영과 일곱 별을 가지신 이가 이르시되 내가 네 행위를 아노니 네가 살았다 하는 이름은 가졌으나 죽은 자로다(3:1)

1절에 보면 "하나님의 일곱 영과 일곱 별을 가지신 이가 이르시되"라고 했습니다. 이것은 비유입니다. "하나님의 일곱 영"은 성령입니다. 성령을 일곱 영이라고 한 것은 성령께서는 완전하시기 때문입니다. 시간이나 장소에 제한 받지 않습니다. 같은 시간에 동양에서도 일할 수 있고 서양에서도 일할 수 있습니다. 이 개인에게서도 일할 수 있고 저 개인에게서도 일할 수 있습니다. 한 분이신데 완전한 숫자 '7' 또는 '일곱'으로 표현합니다. 하시는 일이 완전한 수효로 셈할 수 있는 그런 일을 하신다는 말입니다. 일곱 별은 천사들, 그러니까 일곱 천사들을 의미하는 것입니다. 혹 교역자를 의미한다고 하는 분도 있지만, 성경의 다른 곳을 보면 별을 교역자로 비유한 적이 별로 없습니다. 예수님께서 천사들을 부리십니다.

"내가 네 행위를 아노니 네가 살았다 하는 이름은 가졌으나 죽은 자로다." 육신 생활은 살아있지만 영으로는 죽었다는 말입니다. 영이라는 것이 다만 우리의 정신이나 두뇌, 혹은 지식의 작용을 의미하는 것이 아닙니다. 우리 인간 존재의 중요한 내적 부분을 말합니다. 영혼이 없는 사람은 사람이라고 할 수 없지요. 몸만 있어서는 사람이라고 할 수 없습니다. 몸보다 중요한 것이 영혼입니다. 그러기 때문에 주님께서 말씀하시기를 몸은 죽여도 영혼을 죽이지 못하는 자를 두려워하지 말라 그랬습니다.

세상에 많은 사람이 영혼을 위해 살지 않고 육신을 위해 삽니다. 얼마나 잘못 사는 것입니까? 육신은 살았지만 영은 죽은 자, 참 불행한 사람입니다. 그런데 영적으로 죽은 것은 그 원인이 어디에 있겠습니까? 첫째는 세상에서 향락을 좋아하는 것입니다. 평안함과 쾌락을 좋아하는 것입니다. 평안함과 쾌락은 다른 말로 '이 세상'이라고 할 수 있어요. 이 세상을 사랑하는 자는 평안함과 쾌락을 사랑하는 생활을 합니다. 이 세상을 좋아하므로 영적으로는 죽어요. 디모데전서 5장 6절을 보면 "향락을 좋아하는 자는 살았으나 죽었느니라" 했습니다. 누릴 향(享), 즐길 락(樂) 향락입니다. 향락을 좋아하는 자는 살았으나 죽었다고 했어요. 육신은 살았지만 영적으로는 죽었으니 인간의 가치가 없어진 것입니다. 그 생명은 망한 것입니다.

우리가 다 평안을 좋아합니다. 평안을 좋아하지 않을 사람이 없습니다. 그러나 주의해야 합니다. 우리가 다 낙(樂)을 좋아합니다. 즐거움을 좋아해요.

가정에도 낙이 있어야 되겠고 사회에도 낙이 있어야 되겠습니다. 낙을 다 원합니다. 하지만 조심해야 합니다. 평안을 원하지만 죄가 되도록 평안을 원하면 안 되겠습니다. 죄가 되도록 평안을 원하면 도리어 멸망합니다. 낙을 원하는 것도 죄가 되도록 원하면 망합니다. 조심하지 않으면 평안이 위태하단 말입니다. 조심하지 않으면 평안을 원하다가 망합니다. 영이 망합니다. 조심해야 합니다. 또 낙이라는 것을 우리가 위험하게 생각해야 돼요. 잘못하다가는 쾌락 사랑하기를 하나님보다 더 사랑하게 됩니다. 얼마나 위험합니까? 이 세상사람 중에 그 누가 유쾌한 것을 원하지 않겠습니까? 그렇지만 거기에 빠지면 망합니다. 그 영혼이 망해요. 사람이 이렇게 생각하는 것이 아니라 하나님이 그렇게 말씀합니다.

야고보서 4장 4절을 보면 세상과 벗 되는 것은 하나님과 원수 되는 거라고 했습니다. 세상과 벗 되는 것은 하나님과 원수 되는 거예요. 세상과 벗 되는 것은 세상을 사랑한다는 말입니다. 세상과 짝한다는 말입니다. 여기서 세상이라는 것은 우리가 발을 딛고 사는 이 땅을 의미하는 것이 아닙니다. 또한 우리가 살고 있는 이 환경을 의미하는 것도 아닙니다. 여기서 세상이라는 것은 바로 우리가 살고 있는 환경에 이 환경이 가지고 있는 유혹거리를 의미하는 것입니다. 유혹거리. 음식을 안 먹을 수는 없잖습니까. 그래서 우리가 음식을 먹는데, 이 음식 때문에 죄를 짓게 됩니다. 그러니까 죄를 지을 만큼 음식을 좋아해서는 안 됩니다. "먹든지 마시든지 무엇을 하든지 다 하나님의 영광을 위하여"(고전 10:31) 하라고 하였지만 먹기 위해 먹고 마시기 위해 마시고 주님을 잊어버리고 주님을 배반하니, 이것은 먹고 마시는 것 가지고 하나님을 배반하는 것이고 하나님과 원수 되는 거란 말입니다.

하나님을 떠나는 위험

사람이 참으로 '산다' 하는 것은 하나님을 모셨다는 말입니다. 디모데전서

6장 16절을 보면 "오직 그에게만 죽지 아니함이 있고"라고 했습니다. 죽지 아니함이 오직 하나님께만 있다고 말씀했어요. 거기 말한 죽지 않는다는 것은 영생을 의미하는 것이고 영원히 참된 기쁨을 누리는 삶을 의미하는 것입니다. 예수님은 나를 믿는 자는 죽어도 살고 살아서 믿는 자는 영원히 죽지 아니하리라 말씀하셨습니다. 이 말씀 뜻을 분명히 알아야 해요. 죽지 않는다는 것은 무슨 뜻인가? 영생이 무슨 뜻인가? 영생은 하나님을 모시는 것입니다. 하나님과 연합한 삶이 바로 영생이란 말입니다.

얼마나 많은 사람이 영생을 잘못 알고 있습니까? 영생이라고 하면 사람이 자기 혼자서도 영원히 죽지 않는 것을 말하는 것처럼 생각합니다. 불행하게 영원히 사는 것이 있는가 하면 복되게 영원히 사는 것이 있습니다. 불행하게 영원히 사는 것은 지옥에 가서 죽지도 못하고 마귀처럼 사는 것입니다. 마귀와 함께 사는 것입니다. 참된 삶의 의미가 없고 참된 삶의 복이 없습니다. 도리어 죽어 없어지는 것만 못합니다. 그것을 멸망이라고 합니다.

그러면 참으로 복된 삶이란 무엇입니까? 죽지 아니함이 하나님께만 있다고 성경은 말씀했습니다. 그러므로 참으로 복된 삶은 그분을 우리가 영원히 모시는 거예요. 이것이 참된 영생이요, 이것이 복된 영생입니다. 하나님을 떠나서는 영생이 없습니다. 하나님 따로 계시고 내가 따로 있을 때 나는 영생 못 합니다. 영생을 누리는 생활이라면 그 어느 한 부분도 하나님을 떠난 것이 없습니다. 하나님을 떠난 것은 영생에서 떨어지는 것입니다. 영생이란 곧 하나님이라고 말할 수 있습니다. 죽지 아니함이 하나님께만 있다고 했기 때문에 언제든지 우리는 하나님을 떠나지 않아야 돼요. 하나님을 떠났다고 하면 우리는 죽는 겁니다. 육신이 거꾸러져서 그 순간에 당장 죽는다는 것이 아니라 육신이나 영혼이나 할 것 없이 죽음의 성분을 가지게 되는 것이고 바로 죽음이 작용하는 겁니다. 영생을 생각할 때 하나님을 떠나 별도로 오래 사는 것이라고 생각하면 절대 안 됩니다. 그것은 잘못된 생각이에요.

야고보서 4장 4절이 말씀한 것처럼 세상과 벗이 되는 것은 하나님과 원수가 되는 것입니다. 사람이 하나님과 원수 되면 어떻게 됩니까? 그것은 멸망입니다. 그러기 때문에 우리가 언제 어느 경우에서든지 평안을 배척한다는 것은 아니지만 이 평안이 위험하다는 생각을 해야 합니다. 평안이 위태하다는 생각을 해야 합니다. 그때에 하나님을 떠나기 쉽기 때문입니다. 또한 쾌락이라는 것을 위험하게 생각해야 합니다. 쾌락 사랑하기를 하나님보다 더 사랑하게 되는 자리에 들어가기 쉽기 때문에 그래요. 쾌락이라는 것은 경사진 얼음판과 같습니다. 사람이 쾌락에 주저앉으면 미끄러져 내려가서 밑에 가서 다 파괴됩니다. 그 사람이 파괴돼요. 쾌락은 위태한 것입니다.

그러기 때문에 우리가 살아갈 때에 평안보다 고난을 더 좋아하는 마음을 가져야 합니다. 쾌락을 좋아할 것이 아니라 쾌락을 무서워하는 마음을 가져야 합니다. 이 세상이 바로 그런 곳입니다. 평안한 것을 가지고, 쾌락을 가지고 사람을 유인하고 유혹하는 곳입니다. 그러기 때문에 요한일서 2장 15절을 보면 누구든지 이 세상을 사랑하면 하나님의 사랑이 그 속에 있지 아니한다고 했습니다. 이 세상을 사랑하면 하나님의 사랑이 그 사람 속에 머물러 있지 않는다 그 말이에요. 야고보서 4장 4절 말씀과 같은 뜻입니다. 즉 세상과 벗이 되면, 세상을 사랑하면 하나님과 원수 된다는 말입니다.

그러므로 요한 번연은 이 세상을 '마취국'이라고 했어요. 마취시키는 나라. 이 세상을 사랑하게 되면 계속 그 사랑을 가지고 그저 이 세상에서 평안히 사는 것과 이 세상에서 쾌락을 누리는 데에 몰두하게 되고 거기에 빠져버리고 만다는 말입니다. 이 세상은 마취시키는 나라입니다. 또 번연은 이 세상을 마담 버블(Madam Bubble)이라고 했습니다. 즉 물거품과 같은 여자라는 말입니다. 다시 말하면 이 세상은 물거품과 같아서 의지할 수 없는 곳이요, 의지할 수 없는 제도요, 의지할 수 없는 모든 것이라 그 말입니다.

말씀을 알되 행하지 않음

왜 사데 교회는 살았으나 죽었다고 했습니까? 세상을 사랑하는 교회였기 때문입니다. 또한 하나님의 말씀대로 행하지 않았기 때문입니다. 하나님의 말씀을 많이 들었지만 말씀대로 순종하지 아니하고 행하지 않는단 말입니다. 그것은 하나님 말씀을 믿지 않는 행동이에요. 그 말씀이 좋다고 하면서도 순종은 안 합니다. 저는 하나님 말씀대로 행하지 않는 마음은 마귀의 마음이라고 생각합니다. 행하면 유익할 것이 분명하고 행하면 은혜 받을 것이 분명한데 끝까지 안 합니다. 이러이러한 죄를 끊으면 하나님이 기뻐하시고 끊는 그 시간부터 하나님께서 은혜를 베푸실 터인데 그저 하나님 말씀을 듣는 데 멈춥니다. 분명 이런저런 죄가 있는데도 불구하고 그 죄를 끊어버리지 않으니 정상적이지 않습니다. 이것은 마귀에게 사로잡힌 마음입니다.

왜 그렇게 좋은 것을 받지 않습니까? 야고보서 2장 17절이 말하는 대로 행함이 없는 믿음은 그 자체가 죽은 것입니다. 하나님 말씀을 행하지 않는 믿음은 그 믿음 자체가 죽은 것이니 그 사람도 죽은 것입니다. 왜 그렇습니까? 그 밑에 보니 그런 믿음이 구원하지 못한다, 구원을 주지 못한다고 말씀하였습니다. 죽은 믿음이 구원을 주지 못한다, 구원을 받도록 해주지 못한다는 말입니다. 그러니까 죽은 믿음의 소유자는 죽는 거 아닙니까? 육신은 살았지만 영이 죽는 원인이 여기에 있습니다. 바로 주님의 말씀대로 행하지 않기 때문입니다.

> **네가 하나님은 한 분이신 줄을 믿느냐 잘하는도다 귀신들도 믿고 떠느니라**(약 2:19)

귀신들도 믿고 떤다고 했습니다. 하나님이 계신 줄 믿기는 믿으면서도 하나님 말씀대로 순종하지 않으면 그것은 귀신들의 믿음이라는 말입니다. 믿음 수준이 귀신들의 믿음 수준입니다. 귀신들은 구원 못 받습니다. 귀신들은 죽은 자들입니다. 죽은 자들이란 말이 무슨 말입니까? 그들에게는 하나님이 계시질 않는다는 말입니다. 하나님이 그들 속에 계시지 않습니다. 하나님의 사랑이 귀신들 속에 있지 않다는 말입니다. 하나님이 함께 계시고 하나님의 사랑이 통하는 곳에 영생이 있고 하나님이 계신 거기에 참된 생명이 있는데, 하나님의 사랑이 통하지 않고 하나님의 사랑이 머물지 않는 그런 존재들, 마귀와 귀신들, 그것들은 죽은 자들입니다. 그것들이 역시 살긴 살았지만, 생존해 있긴 하지만 망한 자들, 죽은 자들입니다.

망했다, 죽었다 하는 것은 없어졌다는 말과는 다릅니다. 성경에 나타난 대로 최종적으로 불행의 극단에 떨어진 것, 그것이 죽은 것이고 망한 것입니다. 망가진 것입니다. 배가 태평양을 건너다가 파선하여 물 가운데 빠져 있다면, 그것은 망가진 배입니다. 망가진 배, 고장 나고 못쓰게 된 배입니다. 그 사람이 망했다는 말이 무슨 뜻인고 하니 사람으로서 고장났다는 말입니다. 하나님을 모르는 자요 극단적인 불행에 떨어진 자입니다. 그 존재가 없어졌다는 말은 아니지만 극단적인 불행으로 떨어진 자라는 말입니다. 행함이 없는 믿음은 죽은 믿음이라고 했으니 죽은 믿음의 소유자는 구원을 못 받습니다. 그런고로 죽은 믿음의 소유자는 망한 것이고 죽은 것입니다.

우리는 마귀의 수준에서 한 평생을 지내기를 원치 않습니다. 하나님이 계신 것을 아는 정도로는 구원을 못 받습니다. 하나님을 사랑할 줄 알아야 합니다. 하나님을 사랑할 수 있는 존재가 구원받은 존재입니다. 마귀는 하나님을 사랑하지 못합니다. 사랑할 마음이 없는 자들입니다. 하나님이 계신 줄 알긴 알지만 하나님의 사랑을 모릅니다. 하나님을 사랑하지 못합니다. 그들이 하나님이 계신 줄을 안다는 것은 분명합니다. 오래 전에 이 귀신들이 하나님을 거역하여 범죄하고 쫓겨나지 않았습니까. 이때까지 귀신들은 하나님을 피해 다녔으니, 하나님이 계신 것을 너무나도 분명히 압니다. 그렇지만 이 귀신들은 하나님을 사랑할 가능성이 전혀 없는 자들입니다. 그것이 극단의 불행입니다. 그런 정도에서는 하나님이 없었으면 좋겠다는 마음을 가집니다.

사람들이 하나님이 계신 것을 알면서도, 귀신만큼 분명히는 아니지만 그래도 어렴풋하게나마 알면서도 하나님을 사랑하는 데에 마음을 바치지 않고 하나님을 사랑하는 것을 원치 않는다면 그 마음이 어떻게 움직이겠습니까? 심판이 무서워 하나님이 없었으면 좋겠다는 마음이 있습니다. 얼마나 위태롭습니까? 하나님이 계신 줄 알기만 하고 하나님을 사랑할 줄 모르는 마음, 정말 위태로운 마음입니다. 그러므로 우리는 주님을 믿을 뿐만 아니라 사랑해야 합니다. 그 사랑이란 것이 무엇으로 나타나느냐? 행함으로 나타나는 것입니다. 열 가지 계명을 지켜야 되겠습니다. 또한 성경에 있는 모든 말씀이 하나님을 사랑하는 방면으로 가르친 것인데, 모든 말씀을 기쁨으로 지키고 모든 말씀을 사랑하는 마음이 되어야 하겠습니다. 그래야 믿음이 옳은 방향으로 움직여서 제대로 힘을 내게 됩니다.

믿음이 표출된 것이 행위임

한 가지 비유를 말하겠습니다. 믿음은 나무뿌리와 같습니다. 나무는 뿌리를 통해 여러 가지 영양분과 수분을 섭취합니다. 결국 줄기는 뿌리의 표현입니다. 이 뿌리가 밖으로 표현된 것입니다. 우리의 믿음은 뿌리와 같고 우리의 행실은 줄기와 같습니다. 그런데 뿌리나 줄기나 결국 같은 질입니다. 뿌리의 모양과 나무의 모양이 같지는 않지만 그 질은 같습니다. 이 나무가 이 뿌리에서 나왔습니다.

우리의 행실도 믿음이 있을 때는 이 믿음에서 나옵니다. 우리의 믿음도 뿌리와 같아서 모든 것을 섭취하는 작용을 합니다. 뿌리가 모든 것을 빨아먹는 것처럼 하나님의 진리를 섭취합니다. 또 하나님의 사랑을 받습니다. 우리에게 하늘나라의 모든 좋은 것이 성경으로 주어졌는데, 성경이 담고 있는 모든 좋은 것을 우리 믿음이 섭취합니다. 빨아들여요. 그렇게 해서 이 믿음이 행실로 나타납니다. 기쁘고 고마워서 또 힘이 생겨서 이제 행실을 내놓는다는 말입니다. 믿음과 행실은 나무뿌리와 나무의 관계와 같다는 말입니다. 뿌리와 나무가 일체인 것같이 우리의 믿음과 행실도 일체입니다. 행실이 잘못되면 믿음도 손해를 봅니다. 믿음이 잘못되면 행실도 나빠집니다. 이렇게 행실과 믿음이 일체다 그 말입니다. 우리가 이것을 명심해야 되겠습니다.

내가 왜 행하지 못하는가를 생각해 봐야 합니다. 내 믿음이 병들었구나, 내 믿음이 너무 약하고 이 믿음이 제대로 작용을 못하고 이 믿음이 제대로 살지를 못 하는구나, 그래서 내가 행실이 부족하구나 판정을 해야지요. 행하지 않음으로 믿음이 병 들었다는 것을 알아야 합니다. 그렇게 진단이 내려지면 고쳐야 합니다.

나무뿌리에 병이 생길 때가 있습니다. 나무가 자라지 못할 때에 자세히 보면 뿌리에도 병이 들어 있습니다. 그래서 가령 뿌리는 두고 나무만 잘라버린다고 합시다. 나무를 잘라버리면 뿌리는 큰 타격을 받습니다. 그래도 좀 시간이 지나면 회초리처럼 생긴 이런 것들이 또 돋아나지요? 그런데 또 잘라버려요. 그러면 뿌리는 죽을 지경입니다. 내놓을 것을 제대로 내놓지 못하니 죽을 지경입니다. 그래도 회초리처럼 생긴 놈들이 또 돋아나는데 또 잘라버려요. 그럴수록 뿌리는 더 갑갑하고 답답하고 못 견딜 지경이 됩니다. 이걸 아예 나오지 못하게 여기에다 콜타르를 바르거나 약을 발라 놓으면 이 뿌리가 죽어요. 뿌리가 죽고 맙니다.

그런 만큼 우리가 믿음과 행실을 갈라놓으면 안 됩니다. 물론 우리가 구원받는 것은 행실의 공로로 구원받는 것은 아닙니다. 믿음으로 구원받습니다. 그러나 믿음은 산 믿음이어야 합니다. 죽은 믿음은 안 됩니다. 살아있는 이 믿음을 잘 살려 가려면 행해야 합니다. 이 믿음을 잘 살려가지 아니하고 그저 눌러 놓고 막아 버리면 안 됩니다. 좋은 행실을 해야 이 믿음도 활개를 펴고 제대로 작용합니다. 믿음에 피가 도는 것같이 생기가 돌아요. 이 행실을 바로 하지 아니하고 도리어 나쁜 행실을 하고 옳지 않은 길을 가는 것은 참된 행실을 죽이고 참된 행실을 막는 것입니다. 그럴 때 우리의 믿음은 불안해지고, 자라지 않게 되고, 제대로 살지 못하게 되고, 제대로 작용하지 못하게 됩니다. 죽어가는 믿음을 살리는 방법은 이때까지 바르게 행하지 못한 것을 원통히 여기고 용단을 내려야 합니다. 처음엔 좀 어렵겠지만 내가 살려면 결단을 내려야 합니다.

주님은 말씀하시기를 "네 눈이 너를 범죄하게 하거든 빼버리라"(막 9:47) 그랬습니다. "네 손이 너를 범죄하게 하거든 찍어버리라"(막 9:43) 그랬습니다. 눈을 뽑고 손을 찍는다는 것은 결단을 말합니다. 사람이라면 결단할 때 결단할 수 있어야 합니다. 집에 불이 활활 붙고 있는데 사람이 결단을 안 하면 되겠습니까? 위험을 무릅쓰고서라도 불 끄는 작업을 해야 합니다. 살림살이를 건져내기 위해 불구덩이에 뛰어들기도 해야 합니다. 그때는 결단을 한 것입니다. 그런 때에는 평소에 들지 못하던 무거운 것도 한 손으로 척척 들 수가 있어요. 사람이라면 중요한 시기에 결단을 내릴 줄 알아야 합니다.

지금 온 인격이 다 불타 없어져가는 판이고 망해가는 판인데도 결단하지 않고 그저 앉아서 망하겠습니까? 믿음이 약해져서 그 믿음이 도무지 기쁨이 없고 활기가 없고 믿는 보람조차도 느끼지 못하는데, 그런 약한 믿음이 되었는데, 결단할 줄 모르면 되겠습니까? 이거 왜 이렇게 됐나 생각도 안하고 그저 그대로 앉아서 망하겠습니까? 그런 때는 내가 이러이러해서 이렇게 되었구나 진단하고 판정을 내리고 여기에서 살 길을 내가 반드시 찾아야겠다 작정하고 그 어떠한 난관이라도 헤치고 나갈 수 있는 그런 용기와 결단이 있어야만 됩니다.

믿는 사람들이라고 해도 믿음으로 구원받지 행실로 구원받나 이런 생각을 하며 스스로를 속이는 사람들이 있습니다. 대단히 잘못된 생각입니다. 이제껏 말한 것과 같이 믿음과 행실은 일체이고 행실이 죽으면 믿음도 죽게 된다는 것을 반드시 명심해야 합니다. 구원은 물론 예수의 공로로 받습니다. 예수의 공로를 우리가 받는 방법은 믿음밖에 없습니다. 믿음밖에 없다는 것을 우리가 아는데 이 믿음을 잘 살려가기 위해서는 우리의 행실을 잘 가꾸어 나가야 합니다. 가슴을 치면서 이때까지 못 행한 것을 이제 행하려고 한번 떨쳐 일어나야 합니다. 결단을 내리세요.

지금까지 우리는 사데 교회의 실정을 생각해 봤습니다. 오늘 이 말씀을 명심합시다. 사데 교회가 살았으나 죽었다고 하였는데 우리도 자신들의 믿음이 어느 정도의 믿음인지 자세히 살펴 반성해야겠습니다. 계속 반성하고 계속 고치면서 행하기를 더욱 힘써야 되겠습니다.

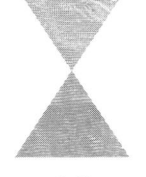

10
회개의 심리 작용

계 3:3

사데 교회에 대한 말씀을 살펴보고 있습니다. 주님께서 하늘에 올라 가셔서 사도 요한에게 보내준 편지가 여기 계시록에 일곱 통 있습니다. 에베소, 서머나, 버가모, 두아디라, 사데, 빌라델비아, 라오디게아의 일곱 교회에 편지한 것입니다. 이 편지를 하나하나 읽어 보면 현대 교회가 어떻게 해야 할 것인가를 알 수 있습니다. 그때 일곱 교회에 편지를 보내신 의미는 모든 시대, 모든 나라, 모든 지방의 교회를 대상으로 보낸다는 것입니다. 일곱이라는 숫자의 영적 의미가 그런 보편성을 가집니다. 일곱 교회의 편지를 살펴보는 중 이제 사데 교회의 편지에 이르렀습니다.

● 과거를 돌아보라

사데 교회의 사자에게 편지하라 하나님의 일곱 영과 일곱 별을 가지신 이가 이르시되 내가 네 행위를 아노니 네가 살았다 하는 이름은 가졌으나 죽은 자로다 너는 일깨어 그 남은 바 죽게 된 것을 굳건하게 하라 내

하나님 앞에 네 행위의 온전한 것을 찾지 못하였노니 (계 3:1-2)

사데 교회가 어떠한 교회인가에 대해서는 지난 시간에 한 부분을 읽고 살펴봤습니다. 그것은 살았으나 죽은 교회라고 한 것입니다. "살았다 하는 이름은 가졌으나 죽은 자로다." 그렇게 판정이 내려졌습니다. 살았다는 이름을 가졌으나 죽은 자라 한 이유를 2절 하반절에 근거해서 깨달을 수 있습니다. 2절 하반절에 "내 하나님 앞에 네 행위의 온전한 것을 찾지 못하였노니"라고 했습니다. 그러면 하나님 앞에서 사데 교회의 행위가 온전치 못했다는 것입니다. 행위 문제입니다. 믿는다는 이름은 있으나 행위가 잘못되었다는 것입니다.

지난번에도 말씀드렸습니다만 두 가지 방면에서 잘못되었는데 그 하나는 세상을 사랑하는 행위였습니다. 디모데전서 5장 6절에 "향락을 좋아하는 자는 살았으나 죽었느니라" 했습니다. 향락을 좋아한다는 것은 평안과 쾌락을 좋아한다는 말입니다. 그것은 바로 이 세상을 좋아한다는 말과 같습니다. 우리는 이 세상을 경유하는 입장입니다. 이 세상에 머물러서 천년만년 살 생각을 하면 안 됩니다. 그렇게 되지도 않고 그 생각 자체도 잘못되었습니다. 우리는 이 세상에 나그네로 왔다 갑니다. 그저 지나가는 것입니다. 우리 마음껏 즐길 세상은 아니란 말입니다. 사데 교회의 행위가 잘못되었는데 그 중 하나가 향락을 좋아하는 행위였습니다.

또 하나 잘못된 행위는 믿는다고는 하지만 적극적으로 의를 행하지 않는 것입니다. 야고보서 2장에 보면 행함이 없는 믿음은 죽은 믿음이라고 했습니다. 그 죽은 믿음은 그런 믿음의 소유자를 구원하지 못합니다. 그러니까 그런 믿음의 소유자는 죽은 것입니다. 믿음이 죽었으니 죽은 믿음의 소유자는 망합니다. 구원을 못 받습니다. 세상을 사랑하는 행동은 있는데, 하나님이 기뻐하시는 의와 사랑을 행하는 것은 없습니다. 그런 믿음의 소유자는 구원 못 받는다는 말입니다. 다시 말해 사데 교회는 행위에 문제가 있는 교회라는 말입니다. 그래서 살았으나 죽은 자라고 한 것입니다. 예수 믿는다는 이름은 있는데 구원 못 받는 자라는 것입니다.

그런데 이와 관련해서 새롭게 공부하고자 하는 부분은 회개입니다. 회개하라는 얘깁니다. 그런데 혹시 우리가 죽었다고 했는데 어떻게 회개하나 그런 생각이 들지 않습니까. 여기 죽었다는 말은 영적으로 죽은 것을 의미하는데, 그 표현에 비유적인 내용이 있어요. 즉 여기에서 죽었다는 것은 잠자는 것을 의미합니다. 신앙이 잠자고 있어요, 잠자고 있기 때문에 그 잠을 계속 자면 아주 망합니다. 그래서 잠자는 신앙을 죽은 신앙이라고 할 수 있어요. 아직은 그 사람이 세상에 있으니 기회는 있습니다. 잠을 깰 수 있는 기회는 있어요. 그러니만큼 오늘 우리가 들여다보고자 하는 것은 이런 사람이 할 일이 무엇인가 하는 것입니다.

그러므로 네가 어떻게 받았으며 어떻게 들었는지 생각하고 지켜 회개하라 만일 일깨지 아니하면 내가 도둑같이 이르리니 어느 때에 네게 이를는지 네가 알지 못하리라(3:3)

이런 사람이 할 것이 무엇입니까? 깨는 것 즉 회개입니다. 여기 3절에 보면 "그러므로 네가 어떻게 받았으며 어떻게 들었는지 생각하고 지켜 회개하라" 그랬습니다. 회개의 심리가 여기 나타났습니다. 회개하는 사람은 어떠한 생각을 합니까? 여기 첫째로 말해주는 것은 "네가 어떻게 받았으며 어떻게 들었는지 생각하고 지켜 회개하라"는 것입니다. 과거를 생각해 봐라, 지나간 때를 생각해 보라는 것입니다. 복음을 처음에 받았을 때 어떻게 받았는가, 어떤 놀라운 일이 있었는가를 생각해 보라는 말입니다.

"어떻게 받았으며." 여기 '받았다'는 말은 헬라 원문에서 과거에 행한 결과가 지금까지 남아있는 것을 의미합니다. 과거에 행했고 그것이 현재까지 남아있다는 것을 의미하는 동사로 되어 있습니다. 그러니까 과거에 복음을 들었는데, 그 결과가 지금까지도 남아있다는 말입니다. "어떻게 받았으며." 그 때 복음을 받았기 때문에 지금까지 남아있다는 말입니다. "어떻게 들었는지." 이것은 단순한 과거 동사입니다. 다시 말하면 이것은 무엇을 했다 하는 그러한 사건을 보여 주는 동사입니다. "어떻게 들었는지", 즉 하나님 말씀을 들을 때 기쁨이 있었는가, 또 어떻게 놀라운 마음의 움직임이 있었는가 하는 것이 여기에 다 포함됩니다.

개종한 후에, 예수 믿어 오는 중에, 말씀을 들을 때에 내 마음이 어떠했던가? 이렇게 우리는 과거를 생각함으로써 회개하게 됩니다. 현재라는 것은 괴롭습니다. 현재라는 것은 늘 괴롭습니다. 무엇인가 복잡해요. 조절하기 어렵고 무엇인가 만족스럽지 못한 것투성입니다. 현재라는 것은 다 그렇습니다. 또 미래라는 것은 캄캄합니다. 미래라는 것은 어떻게 될지 몰라요. 그러나 한 가지 확실한 것은 과거라는 것입니다. 과거라는 것은 확실합니다. 과거라는 것은 잘 됐든 못 됐든 이미 판정이 내려진 일입니다. 잘 됐다, 못 됐다, 기뻤다, 슬펐다, 이런 것들이 다 확실합니다. 그러므로 우리가 과거를 생각함으로써 얻을 것들이 있습니다. "네가 어떻게 받았으며", 과거의 일입니다. "어떻게 들었는지 생각하고 지켜 회개하라."

사도 바울의 고백

우리는 신앙생활에서 놀랄 만한 과거를 가진 사람들을 압니다. 예를 들면 사도 바울의 과거가 어떠했습니까? 그가 복음을 어떻게 받았습니까? 아주 놀랍게 받았습니다. 예수님이 그에게 나타나서, 사울아, 사울아, 불렀습니다. 그 사울이 예수의 음성을 들었습니다. 아주 놀랄만한 경험입니다. 사도행전 22장 4절 이하를 보면 사울이 유대인의 큰 무리에게 내가 복음을 이렇게 받았노라고 말했습니다. 또 26장 9절에서도 내가 복음을 이렇게 받았노라고 아그립바 왕에게 증거했습니다. 바울은 자기의 과거를 너무나도 확실하게 알기 때문에 어려운 문제가 생길 때 그 말을 하고 싶었습니다. 자기를 핍박하고 못살게 구는 사람들 앞에서도 이 말을 하고 싶었습니다. 왜냐하면 그것은 너무나도 확실하기 때문입니다.

예수를 핍박하던 사람으로서, 예수 믿는 사람들을 잡아 죽이던 사람으로서 도무지 상상도 할 수 없는 그런 일을 당했기 때문입니다. 그의 심령이 얼마나 놀랬겠습니까? 그 일로 그의 인생관이 180도 달라졌으니 그 일은 얼마나 놀랄 일이었습니까. 생각건대 사도 바울은 저렇게 핍박하는 사람들 앞에 서만 그 일을 말한 것이 아니라, 드러나지는 않았지만 종종 그때 그 일을 생각했을 줄로 압니다. 암만 생각해도 그때 그 일은 은혜가 되더라, 그 말입니다. 현재 난관에 봉착해서 이러지도 저러지도 못할 때도 그때 일을 생각하면 판단이 서고 길과 방향이 잡히는 그러한 정도의 사건이었습니다. 지금 내가 이럴 수가 있나 할 정도의 너무도 확실한 것이 그 마음속에 늘 역사했습니다.

저는 예수 믿을 때 그런 경험이 없었습니다. 우리 동네에 예수 믿는 사람, 예수 믿는 집이 꼭 한 집 있었어요. 정인서라는 사람이 그분인데, 예배당을 다닐 때 한 시오리를 걸어가서 예배에 참석하곤 했습니다. 그런데 그분이 풍이 들기도 하고 영 부실했습니다. 딱 마귀 들린 사람같이 보였습니다. 하나님께 영광이 안 되는 것으로 보였습니다. 예수 믿는 사람이 어떻게 저렇게 되었나 하는 생각이 들었습니다. 참 불행한 일입니다. 그랬지만 그분이 시오리 밖 동문동 예배당에 늘 갔다 오곤 했습니다. 그런 병에 걸렸지만 끝까지 예배당에 다닙디다. 그때 나는 한학을 읽던 사람이었고 예수교를 반대하던 사람이었습니다.

하루는 나도 예배당에 다녀 보겠다는 생각이 들었습니다. 정인서 그 사람이 내게 전도한 일은 전혀 없었습니다. 그런데 난 그저 스스로 예배당에 가고 싶은 생각이 들어서 동문동 예배당에 다닌 겁니다. 그랬으니 내가 무슨 뜻을 알고 다녔겠습니까? 뜻을 알지 못했습니다. 가서 앉았다 오고, 가서 앉았다 오곤 했습니다. 그렇게 예수를 믿었습니다. 제가 18세 때인가 19세 때인가 그때 예배당에 다니기 시작했는데, 그저 다니는 거였습니다. 뭐 체험도 별로 없었습니다.

그러나 지금 그때 일을 생각하면 은혜가 됩니다. 사도 바울처럼 예수님의 음성을 들은 일도 없고 그야말로 아무 일도 일도 없었는데, 단지 내가 갈 마음이 생겨서 왔다 갔다 한 것뿐인데 무슨 은혜가 되느냐고 하겠지만, 저는 이 일을 생각할 때마다 하나님이 굉장히 저를 사랑했다고 느낍니다.

그때부터 오늘까지 예수를 믿으면서, 첫째로는 내가 예수를 안 믿었다면 어떻게 될 뻔했나 하는 것을 생각합니다. 내가 그때 예배당에 다니는 것을 마다하고 오늘까지 불신자로 살았다면 어떻게 됐을까 하고 생각하니까 참 무섭습니다. 소름이 끼칩니다. 이건 뭐 풀려난 호랑이 같아서 이 험한 세상에서 무슨 짓을 하다가 무엇이 되었을까 하는 그 생각이 난난 말입니다. 특별히 나 자신을 나쁘게 평가해서 하는 말이 아닙니다. 아무리 괜찮은 청년이었다 하더라도 별수 없이 세상 물결에 휩쓸리기 쉬운 존재라는 것을 너무도 명확히 깨닫기 때문에 그렇습니다. 예배당에 나오지 않았다면 결국은 별수 없어요. 이걸 생각하니까 내가 예배당에 나가지 않았다면 청년 시절에 벌써 죽었을 지도 모르겠다, 예수 믿고 죽었으면 불행하다 할 것 아니냐 예수도 안 믿고 산다고 할 때에 그것이 얼마나 위험한가 하는 것을 분명히 느낍니다.

은밀한 자비

사도 바울처럼 놀랄 만한 일 때문에 예수 믿은 것도 아니고 그저 내 마음이 우러나서 예배당에 다닌 정도였지만 이렇게 꾸준히 다니니까, 무슨 일이 있어도 나는 예수 믿으며 살겠다고 마음을 굳히고 지키니까 하나님이 꼭 돌아보십니다. 하나님께서는 사람을 지내봅니다. 사람이 뭐 결심도 하고, 사람이 뭐 좋은 일 하겠다고 말은 잘하지만 시간이 지나가면 다 판정이 내려집니다. 시간이 결국 시험하는 방법입니다. 예수 안 믿고는 못 살겠다, 하는 태도로 여러 해 동안 꾸준히 다니는 가운데 하나님이 신용을 하게 됩니다. 사람이 변치 않으면 하나님이 신용을 합니다. 신용을 해서 그 말씀을 깨닫도록 은혜를 주셔요. 그 말씀을 깨달을 때에는 천하에 도무지 부러운 것이 없습니다. 아, 이것이 사람 사는 거로구나, 하게 됩니다. 말씀을 깨닫게 돼요.

10. 회개의 심리 작용 _계 3:3

여러분에게 말했는지 모르겠지만 내가 두통으로 자주 앓았습니다. 두통 때문에 종종 앓아누웠어요. 그런데 놀랍게도 주석 집필한 이후부터 두통이 없어졌습니다. 주석 집필 후 오늘날까지 두통으로 앓아 누운 적이 없습니다. 하나님께서 나로 하여금 성경을 조금 깨닫게 하시고는 이 일을 시키시려고 두통을 거두셨구나, 저는 이렇게 확신합니다.

지금 단계에서는 처음에 내 마음이 우러나서 예배당에 다녔다고 생각한 것조차도 사실은 하나님이 이끄신 것이로구나, 하는 것을 깨닫습니다. 나는 이것을 '은밀한 자비'이라고 말합니다. 아이가 벌거벗은 채로 누워 잠이 들면 어머니가 이불을 가져다가 가만히 덮어줍니다. 아이가 깨보니까 이불을 덮고 있습니다. 그때 이거 엄마가 이렇게 했구나, 깨닫게 됩니다. 그것이 은밀한 자비입니다

사도 바울 같은 분은 고금을 막론하고 온 교회에 크게 사용된 사도니까 출발부터 요란스럽고 놀랄 만한 일이 일어났습니다. 하지만 저나 여러분은 그런 것이 없지 않았나 생각됩니다. 그렇지만 여러분도 저와 마찬가지로 은밀한 자비를 입었다고 믿습니다. 오늘날까지 여러분과 제가 예수 믿고 살아오는 가운데 일어난 일들을 돌아보면 이런 일도 있고 저런 일도 있고 이러저러한 형편들이 있었는데, 그것이 내게 무엇을 의미했는지 한번 생각해봐야 합니다. 그런 생각을 할 때에 그것이 크게 은혜가 되고 힘이 됩니다. 처음에 예수 믿을 때 누구 권면을 받고 믿었지? 하늘에서 음성이 나서 믿었나? 그런 거 없다, 그래도 아무튼 오늘날까지 예수 믿으면서 여기까지 나오게 되었다, 그런 것 말입니다. 여러 가지 방해도 어려움도 있었으나 다 헤치고 나와서 예수 믿는 이 믿음을 유지했다 그 말입니다.

그런 가운데 우리 각각 가슴에다 손을 얹고 생각해 볼 필요가 있습니다. 내가 예수를 안 믿었다면 어떻게 되었겠는가를 생각해 봐야 합니다. 그것을 생각해 볼 때에 하나님의 은혜를 느끼지 않을 수가 없습니다. 내가 잘나서 예수 믿은 것 아니로구나, 하나님께서 나도 모르게 이끌고 오신 것이로구나, 깨닫게 됩니다. 그러기 때문에 여기 3절에 "네가 어떻게 받았으며 어떻게 들었는

지 생각하고 지켜 회개하라" 한 것입니다.

예수 믿기 시작한 때부터 오늘까지 모든 일을 생각해 보면 참으로 울 수 밖에 없는 일들이 많이 있었습니다. 여러분이나 저는 지금까지도 안고 있는 문제들이 있습니다. 기도는 하는데 그 기도가 아직 응답되지 않는 것이 있습니다. 그렇지만 그것이 다 문제가 되는 것은 아닙니다. 하나님께 기도했으면 되었지, 그 기도 응답을 내 마음에 흡족하게 이루어 놓게 해 달라는 요구를 우리가 할 수는 없지 않겠어요? 하나님은 만왕의 왕이시오 우리는 벌레 같은 인생인데, 하나님의 특별한 은혜를 힘입어서 하나님을 아버지라고 찾을 수 있게 된 것만도 말할 수 없는 감격이고 이것만으로도 영혼이 만족한데, 몇 가지 기도 응답이 안 되었다고 해서 그걸 내 맘대로 되게 해야 만족한다고 생각하는 것은 안 되는 것입니다.

"네가 어떻게 받았으며." 복음을 받을 때를 말하는 것입니다. "어떻게 들었는지 생각하고 지켜 회개하라 만일 일깨지 아니하면 내가 도둑같이 이르리니 어느 때에 네게 이를는지 네가 알지 못하리라." 여기 '일깬다'는 말은 일어나 깬다는 것을 의미한 줄로 생각합니다. 여기의 번역이 그렇게 잘 된 것이 아니라고 생각합니다. '일깬다'보다는 '깨어 있다'라고 번역하는 것이 정상적인 번역입니다. '깨어 있다'는 것은 깨어서 계속 있는 것, 계속 깨는 것입니다. 한 번 깼다가 잠든 것이 아닙니다.

예수를 맞이할 준비

"깨어 있지 아니하면 내가 도둑같이 이르리니 어느 때에 네게 이를는지 네가 알지 못하리라." 이건 둘째입니다. 회개자의 심리 작용이 늘 앞을 내다봐야 합니다. 첫째는 과거를 돌아보고 즉 어떻게 복음을 받았으며 어떻게 살아왔느냐 그것을 생각해야 되는 것이고, 둘째는 미래를 생각해야 합니다. 늘 그 생각이 있어야 합니다. 내가 장차 어떻게 될 것인가를 생각해야 합니다. 어떻게 되긴 어떻게 됩니까? 예수밖에 없지요. 예수님이 장차 오신다고 성경에 약속했으니까 그대로 오실 것이 분명한 사실 아닙니까? 분명히 그것을 생각해야 합니다. 예수를 맞이할 것을 생각하라, 그것이 회개의 심리 작용입니다.

"만일 깨어 있지 아니하면 내가 도둑같이 이르리니 어느 때에 네게 이르는지 네가 알지 못하리라." 깨어 있지 않다가는 예수님이 내게 오실 때 도적이 오는 것과 같이 오시겠구나 생각해야 합니다. 깨어 있지 않은 사람은 예수님이 오지 않았으면 좋겠다, 하는 마음이 따릅니다. 깨어 있는 사람은 예수님이 오시면 좋겠다고 늘 생각합니다. 그런데 깨어 있지 아니하면 도둑같이 임한다고 하셨습니다. 무섭지요? 도둑같이 임한다는 것은 멸망이 홀연히 갑자기 온다는 말이에요. 도둑같이 임한다는 말뜻이 그것입니다. 데살로니가전서 5장 3절을 보면 "멸망이 갑자기 그들에게 이르리니" 그랬습니다. 갑자기 생각지도 않은 일이 무섭게 터져 나와요. 멸망하는 일이 말입니다. 신자들에게 이렇게 임할 때 택한 백성의 영혼은 구원받겠지만 육체는 멸망입니다. 여기 도둑같이 임한다는 것은 암만 신자라 하더라도 깨어 있지 아니하며 졸며 자다가는 멸망이 그에게 홀연히 임한다 그 말입니다. 여러분이 익히 아는 일이라고 생각합니다.

이탈리아 남방에 있는 나폴리 근처에 베수비오(Vesvius)라는 화산이 있었습니다. 주후 79년에 그 베수비오 화산이 폭발하면서 거기서 녹아내린 엄청난 양의 화산재와 화산암이 고대 도시 폼페이를 온통 뒤덮었습니다. 아무도 예상하지 못했던 일입니다. 후세 사람들이 그 폼페이에서 여러 가지 화석을 찾아냈습니다. 화석이라는 것은 이 땅 위에 살던 동물이 돌과 합해져서 어떤 모습을 이룬 겁니다. 특별히 화산에 의해 생성된 화석의 경우, 사람이 불에 녹은 돌에 박혀 생성된 것들이 있습니다.

이런 화석들 가운데 어떤 화석이 있었는가 하니, 숟가락을 입에 물고 있는 사람의 화석이 있어요. 숟가락을 입에 물고 화석이 되었으니 밥 먹다가 그렇게 된 것이지 않습니까? 밥 먹다가 그렇게 죽을 줄 누가 알았겠습니까? 이런 것이 도둑같이 오는 겁니다. 멸망이 갑자기 임하는 겁니다. 이러한 것들을 역사에서 하나하나 찾아내자 할 것 같으면 부지기수입니다. 돌연히 사람이 멸망 받는 것, 우리 믿는 사람들이 졸고 자고, 그저 신앙에 경성하지 아니하고, 성경 말씀을 들을 때도 거기에 대해 반응하지 않고 한 귀로 듣고 한 귀로 흘려버리는 식으로 지내다가는 어느 땐가는 문제가 생긴다 그 말입니다. 깨어 일어나야 된다는 말씀입니다.

깨어 일어나라

이제 깬다는 것이 무엇인지 세 가지만 말하겠습니다. 첫째는 "시험에 들지 않게 깨어 기도하는" 것입니다. 마태복음 26장 41절입니다. 기도는 깨는 것입니다. 둘째는 인자 앞에 서도록 즉 재림하시는 주님 앞에 설 수 있도록 항상 기도하여 깨는 것입니다. 주님이 오실 때 슬피 울며 이를 가는 그러한 입장이 아니고 기쁘게 영접하는 사람이 되라는 말입니다. 인자 앞에 서게 됩니다. "인자 앞에 서도록 항상 기도하며 깨어 있으라." 누가복음 21장 36절에 말씀합니다. 셋째는 역시 주님 오실 때 부끄러움을 당하지 않도록 옷을 잘 건사하는 것입니다. 계시록 16장 15절에 이런 말이 있습니다. "보라 내가 도둑같이 오리니 누구든지 깨어 자기 옷을 지켜 벌거벗고 다니지 아니하며 자기의 부끄러움을 보이지 아니하는 자가 복이 있도다." 여기에서 "누구든지 자기 옷을 지켜", 옷을 지킨다는 말이 무슨 뜻입니까? 이것은 예수 잘 믿으라는 뜻입니다. 예수 잘 믿어야 합니다. 로마서 13장 14절에 "주 예수 그리스도로 옷 입고"라는 말씀이 있습니다. "주 예수 그리스도로 옷 입고" 그랬는데, 예수를 믿을 때 옷을 입는 것같이 믿는 한 측면이 있습니다.

사람은 누구나 벌거벗고 밖으로 나가지 않습니다. 밖에 나가려고 할 때 옷이 얼마나 필요합니까. 이 옷이 없으면 밖에 나가 다닐 수가 없어요. 말하자면 출세를 할 수 없고, 생활을 할 수 없습니다. 이 옷이라는 것이 이렇게 중요한 측면이 있습니다. 옷을 입어야 몸이 따뜻하다, 옷을 입어야 벌레가 와서 물지 않는다, 옷을 입어야 어디 다닐 때 긁힐 염려가 없다, 뭐 그런 생각할 는지는 몰라도 성경이 말하는 중요한 측면은 옷을 입어야 밖에 나갈 수 있고 활동할 수 있다는 것입니다. 나가서 활동하지 못하면 살지 못하는 것 아닙니까? 그만큼 옷이 중요하다는 것을 우리가 압니다.

그러면 예수님으로 옷 입는다는 것이 무슨 뜻입니까? 예수님 없이는 살 수 없다는 것을 안다는 말씀입니다. 늘 생각이 그렇게 되어 있어야 합니다. 의식 구조가 늘 그렇게 되어 있어야 합니다. 예수님 없이는 난 못 살아, 예수님 없이는 나의 존재가 성립될 수가 없어, 나는 예수 안에서만 살 수 있고 예수 안에서만 구원받을 수 있어, 언제나 하나님이 지어내신 그 원칙에서 날 관철해야 형통해, 이렇게 믿어야 합니다. 예수님으로 옷 입으라는 것은 그만큼 중요하게 믿으라는 말입니다. 신앙의 의식구조가 그렇게 되어 있어야 한다는 말입니다. 얼마나 자주 우리가 예수를 잊어버립니까?

정리해 보겠습니다. 깨어 있으라는 뜻은 기도하라는 것입니다. 주님 오실 때 숨지 않고 영접할 수 있는 사람이 되기 위해 기도하며 깨어 있으라는 것입니다. 인자 앞에 설 수 있도록 기도하며 깨어 있으라는 것입니다. 다른 한 가지 측면은 예수로 옷 입듯이 믿으라는 것입니다.

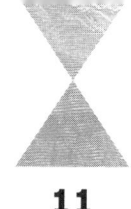

11
사데 교회

계 3:4-6

> 그러나 사데에 그 옷을 더럽히지 아니한 자 몇 명이 네게 있어 흰 옷을 입고 나와 함께 다니리니 그들은 합당한 자인 연고라(3:4)

우리는 지금 사데 교회에 대한 말씀을 살펴보는 중입니다. 1-3절은 사데 교회의 부패상을 지적하고 회개하라고 말씀하고 있습니다. 그런데 4절에서는 그들 중에 올바르게 살고 있는 무리가 있다고 말합니다. 올바르게 사는 자들이 남아 있다는 얘깁니다. 본문에서는 '남아 있다'는 말이 직접적으로 표현되지는 않았습니다. 그러나 본문 내용의 의미를 보면 '남아 있다'는 뜻이라는 것을 알 수 있습니다. 대다수가 타락하였지만 그 길을 따라가지 않고 남아 있는 소수가 있다는 말이니까 남아 있는 백성이라고 말할 수 있습니다.

● 스스로 옷을 지어 숨는 인간

첫째로 생각할 것은 오염권에 들지 않고 남은 자입니다. 다시 말하면 옷을 더럽히지 아니하고 남아 있는 자에 대해 말씀합니다. 오염에 물들지 않고 남은 사람이 어떠한 특징을 가졌습니까? 본문에는 "그 옷을 더럽히지 아니한 자"라고 했습니다. 우리가 이미 알거니와 계시록은 많은 것을 비유로 말씀합니다. 이번에는 옷을 가지고 그 인격을 비유합니다. 그들은 옷을 더럽히지 않고 끝까지 신앙을 지키며 남았다고 합니다.

옷에 대해 생각을 좀 해봐야겠습니다. 어째서 이 옷이라는 것을 가지고 말씀하시는지 생각해 보겠습니다. 창세기 2장 25절을 보면 아담과 하와가 범죄하기 전에는 벌거벗고도 부끄러움을 몰랐습니다. 그 심리는 어떠한 심리일까요? 그런데 범죄한 후에는 벌거벗고 지낼 수가 없었습니다. 창세기 3장 7절에 보면 부끄러움을 느끼고 무화과나무 잎을 가져다가 치마를 만들어 입었다고 했습니다. 옷을 만들어 입는 역사가 이렇게 시작되었습니다. 즉 범죄에 따라서 일어난 풍습입니다. 아담과 하와는 무화과 잎으로 치마를 만들어 입었지만 그 마음이 완전히 개운하질 않아서 숲속에 숨게 되었습니다. 동산 나무 사이에 숨었다고 그랬습니다.

우리 조상들이 범죄하기 전에는 벌거벗었어도 부끄럽지 않았어요. 그러나 범죄함으로 벌거벗고 살지 못하는 실정이 된 겁니다. 범죄하기 전과 범죄한 후가 어떻게 달라졌습니까? 범죄하기 전 부부간에는 옷을 입지 않아도 부끄러움을 느끼지 않았습니다. 더욱이 하나님 앞에서 부끄러움을 느끼지 않았던 것입니다. 범죄 후에 부끄러움이 시작되었는데, 이것은 사람이 죄를 범한 후 하나님과의 관계가 비뚤어졌기 때문입니다. 하나님은 선악과를 먹지 말라고 명령하셨는데 아담과 하와는 선악과를 먹었기 때문에 하나님과 그들 사이에 올바른 관계가 계속되지 못한 것입니다. 하나님과 그들 사이의 관계가 깨졌단 말입니다. 이것은 심령의 고장입니다. 그 심령의 속사람에 고장이 생긴 거예요.

오늘날 사람들끼리의 관계에서도 마찬가지입니다. 사람과 사람의 관계가 정상적이고 피차 사랑하는 관계일 동안에는 태도가 이상하질 않아요. 그렇지만 잘 지냈던 관계일지라도 보지 않는 곳에서 상대를 비판한다든지 어떤 이유로든 사랑이 식어졌다고 하면, 만날 때 서로를 제대로 쳐다보지 못하게 돼요. 시선을 피하게 됩니다. 그것은 극히 구체적인 실례지요. 하나님과 사람의 관계가 깨졌습니다. 하나님께 대해 하지 못할 짓을 했습니다. 그러므로 그 심령이 하나님을 정면으로 교제할 수가 없게 되었습니다. 하나님 앞에서 부끄러움이 생기면서 좀 피해야 될 입장이 되었단 말입니다. 심령뿐 아니라 우리의 몸도 역시 영향을 받은 줄로 생각합니다. 아담이 범죄하기 전에는 부끄러워할 이유가 없도록 그 몸의 형편도 특별하였다고 생각합니다. 그렇지만 범죄한 다음에는 그 몸에도 커다란 변화가 옵니다.

오늘날 우리가 그러한 예들을 얼마든지 볼 수 있지 않습니까? 사람이 악한 죄를 짓는 동안에는 얼굴이 이상해져요. 환하던 얼굴이었는데 흉악한 죄를 짓기 시작한 다음부터는 그 얼굴이 까매지고 보기 싫어집니다. 눈이 사납게 보이고 살기가 있어 보이고 무엇인가 사람을 속이려는 듯한 낌새가 보입니다. 사람이 무슨 짓을 하든지 눈에 다 드러나는 줄로 압니다. 아담과 하와가 처음 범죄한 다음에 느낀 것은 심령의 불쾌함, 심령의 부끄러움, 심령의 공포 등입니다. 그러나 이러한 심령 부분만이 아니라 자신들의 겉모습에서도 큰 변화가 생겼다고 말할 수 있습니다. 그러므로 떳떳하지 못했고 숨을 생각이 났고 가릴 생각이 난 것 아니겠습니까. 물론 속사람의 문제, 다시 말하면 심령의 문제가 전체적인 비중을 차지하고 있지만 몸 역시 그 영향을 받아서 부끄러움과 두려움과 불쾌함을 반영시킨다 그 말입니다.

그때에 아담과 하와의 심리는 숨을 생각을 하였습니다. 일차적으로 자기를 가리는 방법은 옷이지만 그것으로 만족스럽지 못해서 결국 숲 사이에 숨었습니다. 인류 역사상 옷이 사람들에게 중요한 역할을 하고 있습니다. 옷이 없으면 못 살겠다고 합니다. 옷으로 자기를 가려서 남들이 좋게 봐주기를 바라는 심리입니다. 숨어서 자기를 좋게 봐달라는 겁니다. 이러한 풍습이 점점 발달하면서 옷을 아주 아름답게 만들어 입는 단계에까지 이른 것입니다.

그리스도로 옷 입히시는 하나님

그런데 문제는 그 속에 있습니다. 어떻게든 문제를 해결하려 하지 않고 자신들도 모르게 자꾸 숨으려고만 한다는 거예요. 이렇게 해서야 문제 해결이 되겠습니까? 수 천 년 내려오면서 살펴봐도 문제 해결이 안 됩니다. 이 문제를 해결하는 방법은 오직 하나님께만 있어요. 오직 하나님이 옷을 지어 입혀주는 방법밖에 없습니다. 그것이 로마서 13장 14절의 말씀처럼 예수 그리스도로 옷 입는 것입니다. 다시 말하면 우리가 예수 그리스도 안에 뛰어 들어가기 전에는 해결할 방법이 없어요. 아무리 옷을 아름답게 지어 입어 봤자 문제는 계속 남습니다. 문제 해결은 예수 그리스도로 옷 입는 거예요.

이 말씀이 비유라는 걸 알아야 해요. "그 옷을 더럽히지 아니한 자 몇 명"이라고 했으니 비유 아닙니까. 우리가 문자적으로 해석해서는 안 됩니다. 옷을 더럽히지 않았다고 해서 하나님이 기뻐하신다고 했는데, 그러면 옷을 계속 세탁하면 괜찮은 것입니까? 그것을 가르치려는 것이 아니에요. 새 옷으로 갈아입었으니 파리 똥 하나 묻지 않도록 조심하라, 그런 뜻이 아니란 말입니다. 더러워지면 즉시 세탁해라, 그래서 더럽히지 않은, 깨끗한 것처럼 살아라, 그것도 아닙니다. 이것은 비유입니다. 역사적으로 생각해봐야 합니다. 아담과 하와의 사건에서부터 이것을 생각해 봐야 한다는 말입니다.

우리가 정말 예수로 옷 입은 다음에는 부끄러움도 없고 놀랄 일도 없고 불쾌함도 없습니다. 예수님이 우리 심령에 아주 밀착되고 우리가 예수님 안에 들어가 산다는 느낌을 가질 수 있게 된다면 누더기를 입는다 해도 부끄럽지 않습니다. 내 집 한 칸 없이 변변히 먹을 것조차 없다 하더라도 부끄럽지 않아요. 고생을 한다 해도 불쾌함이 없고 죽는다 해도 두려울 것이 없습니다. 속사람은 언제나 기쁘고 속사람은 언제나 당당하고 속사람은 언제나 유쾌합니다. 더 이상 무엇이 필요하지 않을 만큼 하나님과 나 사이가 조화롭습니다. 진짜로 인생 문제가 해결되는 것입니다.

뛰어나가야 산다

예수 그리스도 안에 들어가 살아야 합니다. 예수 그리스도 안에 들어가는 방법이 구체적으로 무엇입니까? 어떠한 절차와 어떠한 수속을 밟아야 예수 그리스도 안에 들어갑니까? 그것은 불붙는 집에 있는 사람들의 심리를 생각해 보면 됩니다. 예수 그리스도 밖에 있다는 것이 불붙는 집에 있는 것과 같다는 생각을 해보았습니까? 그런 생각을 정말 한번 해보세요. 실상 그리스도 밖에 있는 우리 삶의 모습이라는 것은 불붙는 집에 앉아 있는 사람과 같아요. 불붙는 집에 앉아 있는 사람은 과연 무엇을 해야 합니까? 뛰어나가야 합니다. 그것을 결단이라고 합니다. 사람은 결단을 할 줄 알아야 합니다. 이렇게 위태하고 유혹 많고 속이는 일이 많은 세상에 살면서 결단의 심리가 없고 결단의 행동을 못 하는 사람은 불붙는 집과 같은 세상에서 타버려 죽고 망합니다.

이것은 여전한 심리로는 되지 않아요. 뛰어나가는 심리여야 합니다. 여전한 심리란 '그저 뭐 괜찮다' 하는 심리를 말합니다. 실상은 불붙는 집인데도 그 심각성을 깨닫지 못하고 그저 뭐 괜찮다는 생각을 가진다면 그것은 뛰어나가는 것이 아니란 말입니다. 뛰어나간다는 것은 우리 자신에게 있어서 자아의 연장이 아닙니다. 자아의 연장(extention of self)이라는 것은 못 돼먹은 것의 연장, 즉 그대로 가는 것입니다. 계속적으로 '나'라는 존재 그대로 나아가는 것은 뛰어나가는 것이 아니에요. 불붙는 집에 계속 있는 겁니다. 불붙는 집이라 할 때 환경적으로만 위태한 것이 아닙니다. 나 자신이란 것이 위태합니다. 나 자신이란 것은 바로 이 위태로운 집, 불붙는 집의 한 요소입니다. 우리 마음에 이런 위험한 불이 붙고 우리 몸에 이런 위험한 불이 붙는단 말입니다.

그래서 뛰어나가야 되는데, 뛰어나가기를 싫어합니다. 싫어해서 그저 그대로 '나'라는 것의 방법으로만 가려고 해요. 잘못한 것을 지적하는 것을 들었을 때에 그 잘못을 시인하면서도 자신의 잘못을 끊지 못합니다. 정말 잘못이라고 생각할 때는 그 잘못을 끊어버려야 되는데 그렇지 않더라는 것입니다.

그러니까 이것은 자아의 연장이에요. 자아 즉 '나'라는 것의 연장입니다. 예수님이 가르친 말씀대로가 아니에요. 예수님이 가르친 말씀대로라면 자아를 거부해야 합니다. 자아를 거부하고 하늘에서 들려온 그 소리에 놀라서 뛰어나가야 합니다.

"불이야!" 그러는 것은 바로 내가 앉아 있는 곳이 멸망의 곳이란 말입니다. 바로 네 마음이 그렇고 네 몸이 그래서 지금 너는 불붙는 집에 앉아 있는 사람과 같다는 말입니다. "뛰어나가라", 자아(自我)라는 것을 거부하라, 부인하라, 자아의 연장으로 살지 말라, 이것이 우리 주님이 원하는 것입니다. 뛰어나간다는 것은 내가 지금 딛고 있는 자리가 위태하고, 내가 지금 품고 있는 마음이 위태하고, 나를 둘러싸고 있는 이 몸이 위태하다는 것을 느끼는 것입니다. 그런데 이제 하늘에서 오는 소리 즉 성경 말씀을 듣고 뛰어나갑니다.

불붙는 집에서 뛰어나가는 사람은 특별한 힘이 있습니다. 아무리 무거운 살림살이라도 들고 나갈 수도 있습니다. 그러면 예수 믿는다는 것이 그렇게 힘든 것입니까? 힘들지요. 그러나 그렇게 힘든 것만도 아니에요. 결단을 하고 뛰어나가면 붙잡아주는 분이 계십니다. 그뿐이 아니라 뛰어나갈 수 있도록 해주는 힘이 하나님께로부터 옵니다. 보기에는 어렵고 못할 것 같지만, 우리가 하기만 하면 하나님이 도와주십니다. 하기만 하면 하나님이 돕습니다. 그런데 하려고 하지도 않고, 해보지도 아니하고 마음도 안 먹는 거 아닙니까? 못 하겠다, 못 하겠다, 하고 앉아 있기만 합니다.

"게으른 자는 길에 사자가 있다 거리에 사자가 있다"(잠 26:13)고 말하는 바로 그 심리예요. 괜한 공포심을 가지고 난 못 한다, 못 한다 하고 앉아서 불에 타 죽는 꼴이지요. 우리 예수 믿는 사람은 뛰어나가야 삽니다. 허물을 고치고 죄를 고칠 때에 뛰어나가는 심리로 고쳐야 합니다. 결단을 해야 합니다. 주님께서 네 눈이 만일 범죄하거든 뽑아 버리라고 말씀하지 않았습니까? 뽑아 버리는 그 심리가 어떠한 심리입니까? 눈을 뽑아 버릴 때 얼마나 아프겠습니까? 또 눈을 뽑아 버리면 얼마나 많은 희생이 따릅니까? 눈 없이 살 수 있습니까? 굉장한 희생이지요. 하지만 미련한 사람이 보기에 어렵다고 생각되는 것이지 마음만 먹고 보면 하나님이 도와주십니다. 모든 참된 신앙적 체험이란 것은 마음을 딱 먹는 겁니다. 믿는 거예요. 예수님이 된다고 하셨다, 안 될 것을 된다고 하실 리가 없다, 반드시 된다, 이렇게 마음을 먹고 움직일 때 하나님이 도와주십니다.

방안에 가만히 앉아서 거리에 사자가 있다, 길에 사자가 있다, 하는 그것은 불신앙이에요. 작은 허물이든 큰 허물이든, 작은 죄든 큰 죄든, 다 사람을 죽이고 다 사람을 멸망케 하는 것이 사실 아닙니까? 큰 죄는 호랑이 같고 작은 죄는 눈에 안 보이는 세균 같습니다. 호랑이는 한 마리로써 사람을 죽일 수 있지만 세균은 몇 만 마리로 사람을 죽입니다. 둘 다 사람을 죽이는 것은 마찬가집니다. 미련한 사람들은 세균같이 작은 죄는 별 문제가 없다고 생각하고 그러한 죄는 얼마든지 들어오도록 길을 열어 줍니다. 결국 수많은 죄가 들어오게 되고 이 죄가 우리 인격을 좀먹듯이 먹어버려 삶의 맛도 없게 하고 삶의 보람도 없게 합니다. 좋은 것이 무엇인지 느끼지 못하는 마비상태에 빠지게 만듭니다. 의를 위해 아무런 힘도 못 쓰는 사람같이 만들어 놓습니다. 이러한 것들이 눈에 보이지 않는 죄들의 결과입니다.

● 예수님이 우리의 성결

눈을 뽑는 것과 같은 결단의 준비를 해야 합니다. 그렇게 해야 하나님의 역사를 체험할 수가 있습니다. 그럴 때 예수님이 나의 옷과 같이 되는 것입니다. 성경이 말하는 성결이라는 것이 우리의 행실을 고치는 선에서 이루어지는 것은 아닙니다. 그런 뜻이 아니에요. 크나 작으나 우리의 죄를 용감하게 끊어 버릴 때 주님이 나의 옷과 같이 되므로 주님이 나의 성결인 것입니다. 고린도전서 1장 30절 말씀이 그렇게 말씀하지 않습니까? "예수는 하나님으로부터 나와서 우리에게 지혜와 의로움과 거룩함과 구원함이 되셨으니." 예수님이 바로 우리의 성결입니다. 우리의 몇 가지 행실 따위로 하나님 앞에 설

수 있는 성결을 이루는 것은 아닙니다. 절대 그것이 아닙니다.

　우리는 예수 그리스도로 옷 입기 위해 신앙적으로 결단해야 합니다. 눈에 보이지 않는 죄를 끊기 위해 애통해 하고 죄를 끊기 위해 최선의 노력을 해야 합니다. 자신의 연장으로 낙관할 것이 아니라 뛰어나가는 결단을 해야 합니다. '나'라는 것을 믿지 않고 뛰어나가는 결단을 통해서 예수님 속으로 들어가는 거예요. 거기에 과연 평안이 있는 법이고 거기에 과연 유쾌함이 있는 법입니다. 장담컨대 하나님 앞에 서도 당당함이 있는 법입니다. 그야말로 거기에 참다운 체험도 있고 주님이 살아 계심을 맛보게 됩니다. 오늘날에는 풍습이 옷을 입는 것이고 이것이 하나님의 경륜으로 이루어진 것이니까 꼭 그렇게 하자는 것은 아니지만, 옷을 안 입고도 불쾌감을 느끼지 않을 정도로 삶에 대한 만반의 준비를 하는 거예요.

　"옷을 더럽히지 아니한 자"라고 했습니다. 옷을 더럽힌다는 것은 예수를 믿으면서 살다가 자기 힘으로 살아가려는 것을 말합니다. 자신의 연장, 자기 자신의 연장으로 해보려고 하고 살아보려고 하는 이것이 옷을 더럽히는 거예요. 그러나 계속 깨어 신앙 용단하면서 죄를 끊어 버리는 작업을 계속 하는 동안에는 옷을 더럽히지 아니하고 예수 그리스도 안에서 사는 이러한 기쁨의 생활을 유지해갑니다.

12
소수의 남은 백성

계 3:4

● **몇 사람의 신앙 투쟁**

그러나 사데에 그 옷을 더럽히지 아니한 자 몇 명이 네게 있어 흰 옷을 입고 나와 함께 다니리니 그들은 합당한 자인 연고라(3:4)

"사데에 그 옷을 더럽히지 아니한 자 몇 명이 네게 있어." 여기에서 "몇 명"이라는 말은 소수를 의미합니다. 대다수가 타락하고 그 중에 몇 명이 신앙을 지킨 것입니다. 우리는 그 "몇 명"이란 말을 읽을 때 두 가지를 생각해야 합니다. 첫째, 그들은 신앙을 위해 투쟁한 자들이라는 것입니다. 몇 명이 남았다고 한 것으로 보아 대다수는 그들과 반대로 갔던 것이 틀림없고, 그와 같은 경우 영적인 싸움이 있었을 것은 분명합니다. 여기 몇 명의 남은 자들이 대다수의 타락한 신자들과 같이 지낼 때는 껄끄럽지 않았겠습니까. 하지만 그들이 했던 투쟁은 혈기나 폭력으로 하는 것이 아닙니다. 기도와 간구와 오래 참음과 끝까지 진리를 파수하는 끈기 있는 신앙 지조가 투쟁의 방법입니다. 우리는 여기 "몇 명"이라는 말에서 이러한 뜻을 봅니다.

교회의 타락은 전염병이 돌 때 사람들이 그 전염병에 감염되는 것과 마찬가지가 아닌가 생각합니다. 사람의 성품은 본래 나약하기 때문에 편리한 걸 좋아하고 평안한 것을 좋아합니다. 이 평안이라는 것은 영적 평안이 아니라 육적 평안을 의미하는데, 기독 신자들도 별수 없이 육적으로 평안한 것을 좋아해서 그쪽으로 기울게 됩니다. 그렇게 쉽게 가기를 원하는 경향이 있어요. 모두들 다 쉽게 가기를 원해요. 이렇게 편리주의와 일락주의에 물 들면 전염병에 걸린 것같이 영적으로 다 죽은 사람들이 되는 거예요.

옛날 우리가 어렸을 때 콜레라 병이 돈 적이 있습니다. 그때에 그 병과 싸우는 방법은 그 병을 피해 외딴 산골짜기 같은 곳에 움막을 치고 콜레라가 기승을 부리는 기간을 넘기는 것입니다. 그것이 콜레라를 예방하고 막는 방법이 된다고 할 수 있습니다. 이런 콜레라와 같이 우리 신앙에 해로운 풍토가 확산되고 만연할 때, 즉 쉽게 가기 원하는 대다수를 따라 세속화되는 방향으로 기울어질 때 신앙의 지조를 지키는 사람들은 이래서 안 되겠다 하는 생각을 가집니다. 그들은 그 풍토에 감염되지 않기 위해 최대한 조심하고 경성하고 또 노력합니다. 그 풍토에 동화되지 않으려고 심각한 노력을 기울인다는 말입니다.

그런 그들이 그 못된 풍토를 피하는 방법은 결국 성경 연구와 기도를 많이 하는 데 있다고 생각합니다. 성경을 모르면 진리를 분변하지 못합니다. 진리를 분변하지 못하면 성경에 위배되는 길을 가게 되는 것입니다. 그러므로 그런 위험한 때 성경을 깊이 읽으며 뜻을 바로 알기 위해 노력하는 것이 전염병과 같은 타락의 풍조를 이기는 방법이라고 생각합니다. 우리 믿는 사람들은 어떤 문제에 대해 성경 말씀을 명확히 깨닫고 그 말씀에 입각한 정확한 해답을 가질 때 힘이 납니다. 명확한 깨달음을 가질 때 하나님이 주시는 기쁨을 얻게 됩니다. 의견을 달리하는 사람들의 숫자가 위력을 발휘해도 무섭지 않아요. 천지의 주재이신 하나님과 은밀하게 연결되어 있다는 확신과 기쁨과 위로와 힘을 맛보게 됩니다. 그러므로 비록 소수이거나, 심지어 혼자라고 해도 동요하지 않습니다.

오늘 본문 말씀 가운데 그때 그 환경 속에서 신앙 투쟁이 있었다는 것을 들여다볼 수 있는 근거가 나와 있습니다. 4절 하반절에 "흰 옷을 입고 나와 함께 다니리니"라는 말씀은 그 소수의 몇 명이 장차 저 세상에서 예수님과 함께 다닌다는 얘깁니다. 이 약속은 그때 사데 교회의 남은 자 몇 명이 옷을 더럽힌 사람들과 같은 길을 가지 않고 타협하지 않고 그야말로 굳게 서서 이겨 내니까, 거기에 대한 위로의 말씀으로 주시는 거예요. 예수님께서 내가 너와 함께 다닐 거라고 위로를 했어요. 이 말씀은 남은 몇 사람이 타락의 물결을 막아내면서 투쟁하는 그 심리를 알아주는 말씀입니다.

그 밑에 "그들은 합당한 자인 연고라" 하는 말씀 역시 그 근거를 나타냅니다. 여기 합당하다는 말도 2절 하반절에 "내 하나님 앞에 네 행위의 온전한 것을 찾지 못하였노니"란 말씀과 암암리에 서로 통하는 바가 있습니다. 대다수는 그 행위가 하나님 앞에 합당하지 못했다, 즉 온전하지 못했지만 너희는 합당한 자라고 하시면서, 그때 사데 교회의 분위기를 반영시켰습니다. 또 그 밑에 5절에서 "내가 그 이름을 생명책에서 결코 지우지 아니한다"고 했는데, 생명책에 이름을 적었다는 것은 선택되었다는 말입니다. 이 몇 사람의 구원이 예정되었고 이 몇 사람은 택한 백성이라는 의미예요. 이것도 역시 이 몇 사람의 신앙 투쟁의 내용을 반영시킵니다.

성경에 위배되는 풍조와 투쟁하는 사람들은 자기들의 이름이 생명책에 있다는 것을 확신하고 굳세게 나갑니다. 선택되었다는 사실은 선택된 자를 강하게 만듭니다. 그가 구원받은 것은 흔들리는 것이 아니라 영원 전에 예정되었고, 자신이 선택된 백성이라고 하는 그 신념에 의해 지조가 있게 되는 거예요. 그것이 무쇠라고 해도, 몇 백 년을 갈아서라도 구멍을 뚫고자 하는 지조가 있는 것입니다. 하나님의 선택은 변하지 않고 하나님의 예정은 변하지 않는다는 말씀입니다. 이 역경과 난관을 돌파해 나가는 데 동요하지 않는다는 말씀입니다. 이 역경과 난관을 뚫고 나가는 일에 있어서 자신이 죽는다 하더라도 문제가 되지 않는다는 말씀입니다.

믿음은 예정의 거울

　예정된 백성, 선택된 백성만이 자기 이름이 생명책에 있는 줄을 확신합니다. 이름이 생명책에 있는 것을 어떻게 확신하게 되는가? 사도행전 13장 48절을 보면 "영생을 주시기로 작정된 자는 다 믿더라"고 했습니다. 예수를 진실하게 믿는 사람이라면 한 가지 분명하게 알아둘 것이 있습니다. 자기가 자기의 신앙을 생각할 때 아무래도 난 모르겠어, 믿는다고 하지만 그저 이렇게 따라다니는 거야, 하는 식의 신앙이라면 모르지만, 꿈에라도 긴가민가 하지 않고 나는 예정된 사람이야, 하며 진실하게 예수를 믿는다는 것을 자기의 양심으로 판정내릴 때 사도행전 13장 48절 말씀이 해당된다는 것을 알게 되는 것입니다.
　"영생을 주시기로 작정된 자는 다 믿더라." 이 문구를 거꾸로 읽을 때에 우리가 알고자 하는 뜻이 더 밝히 나옵니다. '믿는 자는 영생 받기로 작정되었더라.' 그래서 신학자들 중에 성경을 분명히 아는 자들은, 택함 받은 증거, 예정 받은 증거는 예수를 믿는 것이라고 그렇게 말해요. 칼빈은 말하기를 믿음은 예정의 거울이라 했습니다. 예수를 진실히 믿는 것을 보니 예정된 것이 거울에 나타나듯이 알려진다는 겁니다. 그것은 사람의 추측이 아니라 사도행전 13장 48절의 내용입니다. 천지는 폐할지언정 내 말씀은 폐하지 않는다는 의미의 말씀이 여기에서도 그대로 진리입니다.
　예수를 진실히 믿는 자의 심령에 나타나는 모든 일, 성령으로 말미암는 모든 역사에 대한 느낌, 주위의 모든 일에 대한 내 마음 속의 반응 등이 자신이 선택된 것임을 알게 합니다. 예수를 진실히 믿으니까 이렇게 특별하게 취급을 받는구나, 하나님의 기이한 역사가 특별히 영적으로 임해서 세상이 알려주지 못하는 힘을 알려 주고, 지혜를 알려 주고, 신기한 사랑을 알게 해주어서 죄인 중의 죄인이지만 하나님이 나를 택해 주셨구나, 이렇게 실감나게 확신하게 되는 겁니다.
　이 예정과 선택도 예수를 믿을 때 알려집니다. 예수를 믿는 그 믿음이 확고 하고 명확할 때, 하나님이 역사하시는 그 놀라운 일들은 외부적이기보다 내부적입니다. 육적이기보다 영적이어서 믿는 자의 마음이 그 믿음 세계에 확실히 뿌리박도록 만듭니다. 하나님께서 지금 처음으로 나에게 역사하시는 것이 아니라 영원 전부터 그분의 경륜이 있었다는 것을 알게 하시고 그 사랑을 느끼게 합니다. 그래서 끈질기게 퍼져나가는 불신앙의 세력과 영적 투쟁을 할 때, 신앙의 지조를 가지고 투쟁할 때에는 더욱 명확하고 깊이 하나님의 은혜를 받습니다. 자기가 선택된 것을 알고 자기 이름이 생명책에 있는 것을 알기에 어떠한 역경이라도 개의치 않고 뚫고 나갑니다. 지조를 가지고 싸워 나가기를 하나님께서 원하신다는 것을 압니다. 생명책에 자기의 이름이 있다는 것을 알기 때문에 보이는 것이 다 없어지는 한이 있더라도 끝까지 뚫고 나간다고 하는 그런 지조가 있습니다.

여기에서 예수님은 무슨 목적으로 예정에 대한 말씀을 하셨을까요? 그 이름이 생명책에 있다는 말씀을 왜 하셨을까요? 왜냐하면 지금이 남아 있는 그 몇 명을 위로하는 장면이기 때문입니다. 너희 몇 사람이 진리를 위해 이렇게 싸운 줄을 내가 안다는 그런 말씀입니다. 너희가 너희 이름이 생명책에 있는 것을 알고 견고하게 굳게 서서 나간 것을 내가 안다고 하시는 말씀입니다. 그런 의미에서 이 말씀을 여기 반영시킨 것으로 확신이 됩니다.

그뿐 아니라 그 밑에 있는 5절 하반절에 "그 이름을 내 아버지 앞과 그의 천사들 앞에서 시인하리라" 했습니다. 이 말씀 역시 남은 자 몇 명이 투쟁할 때 가졌던 동기를 암시해 주는 것입니다. 그들이 대다수의 불법한 세력에 대항하여 영적 전쟁을 해나갈 때, 너희들은 알아주지 않지만 우리를 알아주는 분이 계시다는 것이 그 마음속에 있는 것 아닙니까.

"그 이름을 내 아버지 앞과 그의 천사들 앞에서 시인하리라." 이것은 마태복음 10장에서 예수님이 제자들을 내보내면서 부탁하신 말씀입니다. "누구든지 사람 앞에서 나를 시인하면 나도 하늘에 계신 내 아버지 앞에서 그를 시인할 것이요 누구든지 사람 앞에서 나를 부인하면 나도 하늘에 계신 내 아버지 앞에서 그를 부인하리라"(32-33절). 너희가 핍박을 받고 너희가 복음을 전하기 위해 영적 전쟁을 할 것인데, 너희를 잡아서 죽이려는 사람들도 일어날 것인데, 너희가 그것을 두려워하지 말라는 것입니다. 이 말씀이 여기에 반영되었습니다. 사데 교회의 대다수 타락자들과의 마찰과 그들로부터 당하는 어려움 그리고 여러 가지 박해받는 그러한 일들을 볼 때, 남은 자들의 마음에는 이 말씀이 있었다는 말입니다. 세상은 알아주지 않지만 우리를 알아주실 분이 주님이기 때문에 이렇게 굳게 믿고 전진한다는 마음입니다. 그러므로 이 말씀들을 보면 그때 사데 교회에 영적 투쟁이 있었다는 것을 확실히 알게 됩니다.

적은 어린양의 무리여

둘째로 생각할 것은 여기 몇 사람이란 말에 내포되어 있는 연약성입니다. 사데 교회의 많은 사람이 속화되고 타락하고 하나님 앞에 바르게 행동한 것이 하나도 발견되지 않는 그러한 장면에서 여기 몇 사람만이 신앙을 지키고 신앙 투쟁을 하고 있습니다. 따라서 여기 "몇 명"이란 말은 그 세력이 얼마나 약한가를 보여 줍니다. 누가복음 12장 32절을 보면 "적은 무리여 무서워 말라 너희 아버지께서 그 나라를 너희에게 주시기를 기뻐하시느니라" 했습니다. 예수님은 자기를 따르는 몇몇 제자들에게 위로의 말씀으로 이 말씀을 주셨습니다. "적은 무리여 무서워 말라", 여기 "적은 무리"란 말은 '적은 어린양들이여'란 뜻입니다. 적은 어린양들이여, 어린양의 무리란 말입니다. 양은 목자 없이 못 삽니다. 먹이도 목자가 마련해 주어야 합니다. 그래야 먹을 수 있고 살 수 있어요. 양들의 생명도 목자가 보호해야 합니다. 이 양들은 자기의 생명을 보호할 줄 몰라요. 잘못된 길을 가고 위험한 데 가기 일쑤입니다. 목자를 잠시라도 떠날 수 없고 먹을 것과 안전을 목자에게 완전히 의뢰해야 하는 처지입니다.

예수님께서 소수의 제자들을 향하여 '적은 무리여'라고 할 때에 거기에는 중요한 뜻이 담겨있습니다. 보통 사람들은 많은 수효를 의지합니다. 또 세력을 의지해요. 교회도 역시 많은 수효가 있는 단체에서는 힘을 얻습니다. 우리 수효가 많다, 하는 생각을 은근히 가집니다. 그래서 교회를 잘못 지도하고 교회를 잘못 먹이는 단체라도 수효가 많은 것에서 든든함을 느낍니다. 이것이 인간이 가진 또 하나의 허점입니다. 참된 것이 힘을 주는 것이지 많은 숫자가 힘을 주는 것은 아닙니다. 이 세상 단체와는 다릅니다. 참된 것을 붙잡았을 때에는 온 천하 사람들이 배교하고 온 천하 사람들이 뭐라고 해도 문제가 되지 않습니다. 그 사실을 분명하게 깨닫습니다. 성경은 분명히 말합니다. 성경은 영원토록 그 참된 것을 그대로 보존해 나가는 책입니다. 여러분이나 내가 성경의 그 참된 말씀을 정말 깨닫는 경우에는 많은 사람이 뭐라 해도 동요할 필요가 없는 것입니다.

얼마나 많은 사람이 많은 수효를 따라갑니까? 많은 수효를 따라가다가 결국은 좋지 못한 것을 거둡니다. 여러분도 아시겠지만 날벌레들은 앞에 가는 놈들을 그저 따라갑니다. 앞에 가는 놈들을 따라가다가 위험한 데 들어가게 돼도 그저 따라 들어가서 함께 죽는다고 합니다. 성경은 사람을 믿지 말 것을 강력히 말씀하고 있습니다. 여러 차례 강조하고 있어요. 시편 62편 9절부터 읽습니다.

> 아, 슬프도다 사람은 입김이며 인생도 속임수이니 저울에 달면 그들은 입김보다 가벼우리로다 포악을 의지하지 말며 탈취한 것으로 허망하여지지 말며 재물이 늘어도 거기에 마음을 두지 말지어다 하나님이 한두 번 하신 말씀을 내가 들었나니 권능은 하나님께 속하였다 하셨도다 주여 인자함은 주께 속하오니 주께서 각 사람이 행한 대로 갚으심이니이다(시 62:9-12)

또 146편을 펴십시오.

할렐루야 내 영혼아 여호와를 찬양하라 나의 생전에 여호와를 찬양하며 나의 평생에 내 하나님을 찬송하리로다 귀인들을 의지하지 말며 도울 힘이 없는 인생도 의지하지 말지니 그의 호흡이 끊어지면 흙으로 돌아가서 그날에 그의 생각이 소멸하리로다(시 146:1-4)

그리고 오직 하나님만 믿으라고 5절부터 말씀합니다.

야곱의 하나님을 자기의 도움으로 삼으며 여호와 자기 하나님에게 자기의 소망을 두는 자는 복이 있도다 여호와는 천지와 바다와 그 중의 만물을 지으시며 영원히 진실함을 지키시며 억눌린 사람들을 위해 정의로 심판하시며 주린 자들에게 먹을 것을 주시는 이시로다 여호와께서는 갇힌 자들에게 자유를 주시는도다 여호와께서 맹인들의 눈을 여시며 여호와께서 비굴한 자들을 일으키시며 여호와께서 의인들을 사랑하시며 여호와께서 나그네들을 보호하시며 고아와 과부를 붙드시고 악인들의 길은 굽게 하시는도다 시온아 여호와는 영원히 다스리시고 네 하나님은 대대로 통치하시리로다 할렐루야(시 146:5-10)

13
빌라델비아 교회

계 3:7-13

우리는 계시록에 있는 일곱 서신을 읽어 보는 중에 있습니다. 지금까지 에베소 교회, 서머나 교회, 버가모 교회, 두아디라 교회, 사데 교회에 보낸 편지를 보았습니다. 오늘은 빌라델비아 교회에 보낸 편지를 보겠습니다. 이 일곱 교회들은 모두 소아시아에 있습니다. 소아시아는 아시아의 일부분으로 지중해 연안에 있는 지역입니다. 거기에는 일곱 교회 외에도 드로아 교회, 골로새 교회 등 다른 교회가 또 있었습니다. 그렇지만 여기에서는 그 교회들 중 일곱 교회만 선택해서 말씀합니다. 이것은 비유입니다. 그러니까 일곱 교회를 상대로 말하지만, 세계의 모든 교회를 상대로 말한다는 목적을 가지고 일곱 수효를 택하여 말씀한 것입니다. 따라서 우리가 이 빌라델비아 교회에 보내는 편지를 읽을 때에 이 편지는 우리 교회를 상대로 말씀한 것이라, 우리 교회와도 관계가 있다 하는 생각을 가지고 읽어야 되겠습니다.

불안과 두려움

　빌라델비아 교회는 하나님의 뜻에 합당하게 잘 믿어가는 교회였습니다. 그런데 이 빌라델비아 교회 주변에서 유대인들의 반 기독 운동이 있었던 것이 분명합니다. 9절에 보면 "보라 사탄의 회당 곧 자칭 유대인이라 하나 그렇지 아니하고 거짓말하는 자들 중에서 몇을 네게 주어 그들로 와서 네 발 앞에 절하게 하고" 그랬습니다. 여기 "사탄의 회당"이라고 한 것은 유대인들을 의미하신 겁니다. 이 말씀을 보면 당시 유대인들이 사탄 즉 마귀의 행동을 한 것이 분명합니다.

　마귀의 행동이 무엇입니까? 마귀의 행동이란 예수는 그리스도가 아니라, 예수는 메시아가 아니라 하면서 거짓 선전을 일삼는 것이었습니다. 바로 뒤에서 "거짓말하는 자들"이라고 말씀했습니다. 이것은 주님께서 유대인들을 거짓말하는 자들이라고 지적하신 것입니다. 이것을 보면 주후 100년이 되기 전까지 유대인들은 예수를 믿지 않았던 것을 알 수 있습니다. 또한 예수가 메시아라고 전하는 사도들의 사역을 방해하고 그 활동을 반대하는 일들이 지중해 연안 어디에서든지 있었던 것을 알 수 있습니다.

　그때 유대인들은 자기 나라를 떠나 각 나라 각 지방에 흩어져 살면서도 생활 기반을 튼튼하게 이루었고 사회에 영향력을 갖고 있었습니다. 물론 자기 나라가 아니므로 정치적 세력을 가졌다고 하기는 어렵지만 돈이나 물질로 상당한 세력을 가지고 있었던 부유층이었습니다. 그런 유대인들이 반 기독 운동을 열렬하게 한 것입니다. 빌라델비아는 지진이 많은 지방이었고 지진 때문에 여러 도시가 많이 망가진 적도 있었습니다. 그 지방 사람들은 자연히 지진에 대한 불안감을 가지고 늘 두려워 떨면서 살아갔는데, 그것이 그 지방 사람들의 특징이라고 합니다.

다윗의 열쇠를 가지신 이

> 빌라델비아 교회의 사자에게 편지하라 거룩하고 진실하사 다윗의 열쇠를 가지신 이 곧 열면 닫을 사람이 없고 닫으면 열 사람이 없는 그가 이르시되(3:7)

여기 "그"는 예수입니다. 예수님께서 편지에서 이렇게 말씀하신 것입니다. '나는 다른 이가 아니고 거룩하고 진실하여 다윗의 열쇠를 가진 자' 하시면서 늘 이렇게 불안스럽게 사는 빌라델비아 교인들을 찾은 것입니다. 상대하는 사람들의 상황과 처지에 맞추어 말씀하시고 나타나십니다. 늘 불안 가운데 지내며 의지할 곳을 찾는 사람들에게는 다윗의 열쇠를 가진 이, 열면 닫을 사람이 없고 닫으면 열 사람이 없는 이, 천하에 가장 튼튼한 이로 나타나신다 그 말입니다. 그분은 하늘의 권세를 가지고 하늘에서 오시는 메시아로 지금 여기 찾아오신 것입니다.

> 내가 한 목자를 그들 위에 세워 먹이게 하리니 그는 내 종 다윗이라 그가 그들을 먹이고 그들의 목자가 될지라(겔 34:23)

그러면 여기 "다윗의 열쇠를 가지신 이"란 무슨 뜻입니까? 여기 "다윗"이란 말은 에스겔 34장 23절 예언에 나옵니다. 물론 이사야, 예레미야, 미가, 스가랴 등 그 밖의 모든 예언서에서도 나오는 말씀이지요. 장차 메시아께서 오실 터인데 그분은 다윗의 자손으로 오신다는 것입니다. 여러분이 잘 아시다시피 다윗은 유대 나라의 둘째 왕입니다. 첫째는 사울이었고 그다음이 다윗이었습니다. 이 다윗은 유대의 많은 왕 중에 제일 모본된 왕이었고 무엇보다도 신앙생활에서는 오늘날까지도 모본할 만한 분입니다. 다윗이 시편에 이렇게 많은 시를 써 놓은 것을 보면 하나님께서 다윗을 얼마나 귀하게 사용했는지를 알 수가 있습니다.

하나님께서 이런 다윗에게 약속한 것은 장차 네 자손 가운데 메시아가 난다는 것이었습니다. 그것은 사무엘하 7장 13절 이하에 나옵니다. 그러니까 다윗의 시대로부터 천 년 후에나 될 일인데 하나님께서 미리 말씀해 놓으신 거예요. 네 자손 가운데 그리스도가 난다는 내용인데, 표현은 물론 다릅니다. 그러나 그 구절이 메시아 예언이라는 것은 성경 어디서든지 증거하는 아주 명백한 말씀입니다. 다윗의 자손 가운데 메시아가 난다고 했습니다. 메시아라고 하는 말이 헬라어로 그리스도란 말로 바뀌었는데, 똑같이 기름부음 받은 자라는 뜻입니다. 예수께서 바로 그 메시아요 그리스도이십니다.

다윗의 자손 가운데 예수님이 출생하신 것은 우리가 잘 알고 있습니다. 특별히 에스겔 34장 23절에서 하나님께서는 내가 장차 이 이스라엘 위에 목자를 세우는데 이 목자는 다윗이라는 말씀으로 가르쳤습니다. 다윗이라 그랬습니다. 다윗은 예수님 나시기 천 년쯤 전에 세상 떴는데, 다윗이라고 그랬습니다. 예수님을 다윗이라고 한 것은 우리로서는 좀 이상스러운 느낌이 듭니다. 그렇지만 이렇게 표현하는 것은 그 자손이 바로 다윗이라는 그러한 뜻입니다. 서양에서는 조상의 이름이 그 자손에게 내려가는 일이 있습니다. 아버지가 찰스라고 하면 그 아들은 찰스 2세, 그 손자는 찰스 3세 하는 식으로 그 이름을 가지고 계속 내려가기도 합니다.

아무튼 다윗이라는 이름은 그 유명한 다윗 왕의 자손으로서 이 세상에 오실 그분을 말합니다. 그분은 땅에서 난 분이 아니라 하늘에서 오시는 분입니다. 하늘에서 오시지만 인성을 입으시고 오십니다. 즉 사람의 몸과 영혼을 받으시고 사람들과 접촉하고 사람들에게 말씀하고 사람들을 인도하십니다. 그 사람들을 중보적으로 도와주어서 그들이 하나님 앞에 갈 수 있도록 해줍니다. 이렇게 자비로우신 중보자시며 지금도 하늘에 살아 계셔서 중보자의 일을 하십니다. 이분이 바로 메시아입니다. 이 메시아께서 오신다는 말씀이 예수 탄생 천여 년 전에 예언되었는데, 그 말씀대로 된 것이라는 말입니다.

기독교의 골자는 예언 성취

우리 믿는 사람들은 이 사실을 기억하고 날마다 때마다 말해 볼 필요가 있습니다. 인간은 둔해서 귀한 것을 잊어버립니다. 수백 혹은 수천 년 전에 말했던 일이 예언 성취로 되었다, 예수님 나시기 천여 년 전에 예언한 것이 그대로 이루어졌다, 그 예언대로 예수가 나셨는데 그분이 바로 메시아다 하는 것을 말해 볼 필요가 있어요. 사도들의 신앙이 그러한 신앙입니다. 신약성경에 나오는 중요한 말씀들을 보면 구약의 예언이 성취되었다고 하는 말로 뒷받침합니다. 거의 매 페이지에 있는 것처럼 느낄 만큼 자주 그런 말씀이 나와요. 중요한 사건이나 중요한 말씀 다음에는, "이사야가 말하기를" 혹은 "예레미야가 말하기를" 이렇게 해서, 이것이 바로 선지자의 예언대로 이루어진 것이라고 못 박습니다. 사도들의 신앙이 그런 신앙이란 말입니다.

프랑스의 유명한 학자였던 파스칼(Blaise Pascal, 1623-1662)은 병약하여 고생하다 39세의 나이로 단명한 사람입니다. 그는 과학 분야에서 오늘날까지도 매우 유명한데 기독교 분야에서도 매우 희귀한 깨달음으로 한 소리를 낸 사람입니다. 그는 하나님을 변증하는 데 있어서 역대 모든 변증가들이 하지 못했던 말을 했습니다. 그 정도로 특별하게 성경을 바로 알고 바로 말한 사람이 파스칼입니다.

그는 『팡세』(Pensées, 1670)라는 책을 썼는데, 팡세는 생각함이라는 뜻입니다. 그 책에서, 단 한 사람이 예수 그리스도의 오심에 대하여 글을 썼고 예수 그리스도가 그 예언대로 오셨다 해도 거기에는 무한한 힘이 있다고 했습니다. 단 한 사람이 예수님이 장차 오신다고 천여 년 전에 말씀을 했는데 그대로 되었다고 해도, 이 일은 무한한 힘이 있다는 것입니다. 예언 성취가 그만큼 중요하다는 말입니다. 기독교는 세상 다른 종교와 다릅니다. 특별히 이 점에서 그렇습니다. 다른 종교에는 그런 것이 없습니다. 기독교에서는 예언 성취라는 것이 골자가 됩니다. 그야말로 알맹이 진리란 말입니다. 파스칼이 말한 대로, 천여 년 전에 혹은 수천 년 전에 혹은 몇 백 년 전에 장차 이렇게 될 것이라고 말한 대로 반드시 되더라는 것입니다. 즉 예수 그리스도께서 이 세상에 예언대로 성취되어 오셨다는 말입니다. 그러니 이 사건을 볼 때 그 영적 능력이 우리의 영혼을 깨우쳐 주는 그 힘이 그야말로 무한하다고 했습니다. 파스칼은 수 세기에 걸쳐 내려오는 유명한 과학자입니다. 그런 탁월한 과학자가 특별한 총명함으로 성경을 바로 보고 이렇게 놀랄 만한 말을 한 것입니다.

그는 계속하여 말하기를, 그러나 거기에는 훨씬 더 힘 있는 것이 있으니 그것은 구약 사천 년 동안에 많은 사람이 끊임없이, 변함없이, 차례차례로 똑같은 메시아의 오심을 예언했다는 점이라고 했습니다. 한 사람이 예언해서 그대로 이루어져도 무한한 힘이 있습니다. 그런데 많은 사람이 계속적으로 성령의 감동을 받아서 예수님이 오신다고 예언했고 그대로 이루어졌으니 이것이 얼마나 힘 있는 일인가 하고 말했습니다. 우리가 성경을 읽을 때 그것을 붙잡을 수 있어야 하지 않겠습니까?

7절을 보면 "빌라델비아 사자에게 편지하라 거룩하고 진실하사 다윗의 열쇠를 가지신 이"라고 했습니다. 다윗의 열쇠를 가지신, 즉 다윗의 자손으로서 오신 메시아라는 것입니다. 열쇠를 가졌다 했는데, 집 열쇠로 예를 들자면 열쇠를 가진 사람이 그 집을 주장하게 되는 것입니다. 열쇠를 가졌다 할 때에 여기서는 천국을 주장하는 것입니다. 소아시아에 있는 빌라델비아처럼 계속 흔들흔들하는 위험스러운 도시가 아니고 영원토록 흔들림이 없는 천국의 열쇠란 말입니다. 이 천국의 열쇠를 가지신 분, 곧 열면 닫을 사람이 없고 닫으면 열 사람이 없는 그분, 천국의 대군을 가지신 그분이 너희에게 지금 말을 한다 그것입니다.

볼지어다 내가 네 앞에 열린 문을 두었으되 능히 닫을 사람이 없으리라 내가 네 행위를 아노니 네가 작은 능력을 가지고서도 내 말을 지키며 내 이름을 배반하지 아니하였도다(3:8)

지금까지 말씀드린 것은 예수님은 자기를 메시아라고 하면서 말씀했다는 것입니다.

생각하는 갈대

둘째는 작은 힘을 소유했더라도 참된 교회가 승리한다는 것입니다. 힘은 적지만 진실한 교회가 승리합니다. 특별히 8절 하반절에 "내가 네 행위를 아노니 네가 작은 능력을 가지고서도 내 말을 지키며 내 이름을 배반하지 아니하였도다" 했습니다. 네가 작은 능력을 가지고도 큰일을 했다 그 말입니다. "작은 능력을 가지고서도 내 말을 지키며 내 이름을 배반하지 아니하였도다" 했는데, 이것이 승리를 말하는 것입니다. 유대인들이 적 기독 운동을 하면서 그렇게 못살게 구는데도 빌라델비아 교회는 모든 핍박을 이겨 내고 주님의 말씀을 지키면서 주님의 이름을 배반치 않았습니다. 약한 교회이고 작은 힘이지만 승리했다는 말입니다.

파스칼의 책을 애독하는 사람으로서 파스칼 얘기를 한마디 더 하겠습니다. 파스칼은 사람을 가리켜 생각하는 갈대라고 했습니다. 생각하는 갈대. 그는 평생 병약하게 살다 39세에 세상 떴으니 인생은 약하다, 인생은 언제나 꺾어질 수 있다, 언제나 파상될 수 있다 하는 것을 뼈저리게 느끼면서 한 말 아니겠습니까? 생각하는 갈대라 했는데, 갈대 같은 인생이지만 하나님이 돌봐줄 중요한 자격이 있다 그 말입니다. 생각을 할 줄 안다, 그렇게 약한 존재지만 생각은 하더라 하는 말입니다. 그러니까 인간이 생각을 하지 않는다면 그에게는 소망이 없는 것입니다.

여러분은 사도 바울의 모습을 어떻게 상상하십니까? 사도 바울이 항우 장사같이 보였을까요? 사도 바울은 권능이 있는 분이니까 다른 사람들이 볼 때에도 위엄이 있었을 거고, 웬만한 사람은 감히 그 얼굴을 쳐다볼 수도 없을 만큼 거룩하게 보였을 거라고 생각합니까? 약점이 있는 사람으로서는 감히 그 앞에 나서지도 못할 그런 모습이라고 생각하십니까? 베드로는 또 어땠을 것으로 생각하십니까? 베드로가 오늘날 우리 가운데 있었다면 엄하고 무서울 거라 생각하십니까? 그는 능력을 행하시는 분인데 혹 그 앞에서 잘못이라도 하면 큰일 난다고 생각하십니까? 저는 그렇게 생각하지 않습니다. 만일 오늘 사도 바울이 우리에게 그 모습을 나타낸다면 그를 계속 보고 싶은 마음이 들 것 같습니다. 그 역시 생각하는 갈대일 것으로 여겨집니다. 상상이지만 생각하는 갈대같이 보이지 않을까 그렇게 생각합니다. 그분은 생각이 있는 사람이라 그 말입니다.

그분이 생각이 있다는 것을 어떻게 압니까? 자기는 만삭되지 못하여 난 자라고 그렇게 믿는 사람이라는 데서 알 수 있습니다. 자기는 죄인 중의 괴수라고 믿는 사람이라는 데서 알 수 있습니다. 그러니 그분이 얼마나 아이 같은 모습과 아이 같은 태도로 보이겠는가 하는 생각이 듭니다. 그분을 대할 때 어려워만 하고 무서워만 하고 조심스러워만 할 것이 아니란 말입니다. 그는 누구보다 겸손하신 분이에요. 자기가 죄인 중의 괴수라는 것을 늘 기억하며 사는 사람입니다. 오로지 한 평생을 주님만 믿는 심리로 산 사람이란 말입니다. 갓난아이는 그저 먹여 주면 먹고 먹여 주지 않으면 못 먹게 되면서, 먹고 싶으면 울 줄이나 알고 또 자기를 사랑하는 어머니의 얼굴이나 쳐다볼 줄이나 압니다. 마치 갓난아이처럼 그런 식으로 산 사람이라고 생각된다는 말입니다. 그분을 보면 하나님을 쳐다보는 모습이 생각나고, 하나님만 의지하는 모습이 생각나고, 이 세상을 분토와 같이 여기는 모습이 생각날 정도가 된다 그 말입니다.

작은 능력을 가지고도

그분은 계속 하나님 앞에서 배우기를 원하고 날마다 자라나기를 원하는 그러한 입장이었겠구나 생각이 듭니다. 난 이미 되었어, 난 벌써 잡을 것을 잡앉고 얻을 것을 얻었어 하는 식의 사고방식이 아니라 계속 달음질하는 사람으로서의 모습이 생각난다 그 말입니다. 우리 기독자들은 이 세상을 살아가는 동안에 늘 자기 자신을 반성해야 합니다. 지금 내 모습이 어떤 모습인가, 스스로 다 되었다고 생각하는 그러한 모습은 아닌가 살펴야 합니다.

시베리아의 차디찬 얼음 땅으로 쫓겨난 신자들은 세례를 받을 때에 경찰의 눈을 피해 얼음을 깨고 세례를 받는다고 합니다. 예수 믿기 참 힘든 형편에 있는 이들을 생각해 봐야 합니다. 그저 계속 주님만 바라보고 살아가야 하는 입장에 있는 사람들 말입니다. 북한 역시 그렇습니다. 북한 말고도 그런 나라들이 많지 않습니까? 쿠바도 그와 같은 나라 아닙니까? 무슬림 국가들 역시 예수 믿는 사람을 억압하고 예수 믿는 사람의 선교를 허락하지 않는 그런 나라 아닙니까? 세계가 다 그렇다고 할 수는 없지만 상당수 나라와 지역이 그러한 형편입니다.

우리 기독자들이 한번 깊이 생각해 봐야 합니다. 우리가 어떤 이유로든 거저 예배당을 다니게 된 것은 다행한 일이지만, 기독인으로서 이 정도면 되었다고 자부해서는 안 됩니다. 우리는 아무래도 언젠가는 죽음을 맞게 됩니다. 이 세상을 뜨게 되고 우리의 육신은 썩어져 진토가 될 사람들입니다. 따라서 살아 있는 동안에 정신 바짝 차리고 할 일이 무엇인가를 생각해야 하지 않겠습니까?

또한 무엇을 가지고 그 일을 할 것인가도 생각해야 하지 않겠습니까? 우리는 성경의 이런 말씀을 볼 때 용기를 얻습니다. "작은 능력을 가지고서도 내 말을 지키며 내 이름을 배반하지 아니하였도다." 작은 능력의 소유자들은 다른 말로 비유하자면 갈대와 같은 자들이라고 하겠습니다. 우리는 갈대와 같이 약합니다. 쉽게 피곤해합니다. 근근이 예배당에 갔다가, 집으로 돌아가면 누울 생각이나 하는, 참으로 한심한 존재입니다. 그렇지만 우리가 생각을 해야 되겠습니다. 작은 능력을 가지고 무엇을 할까 하는 생각을 해야 되겠습니다. 작은 능력을 가지고 무엇을 할까? 작은 능력을 가지고 주어진 능력만큼 주님을 섬기겠다 생각해야 합니다. 비록 우리 인간이 갈대와 같이 약한 존재라서 걸핏하면 낙심하고 걸핏하면 근심하지만 작은 능력을 가지고 무엇을 할까 생각해야 되겠습니다.

● 주님 사랑

무엇을 해야 하겠습니까? 우리가 할 일은 오직 하나뿐입니다. 주님을 사랑하는 일입니다. 사람은 이 세상에 살면서 사랑하는 대상이 있어야 살 용기가 있고 살 기쁨이 있고 살 소망을 가지게 됩니다. 사랑하는 대상이 없는 사람은 불쌍한 사람입니다. 천하를 소유한다고 해도 사랑하는 대상이 없으면 불쌍한 사람입니다. 우리는 상한 갈대 같은 존재로서 사랑이 있다 해도 크지도 못하고 강하지도 못 합니다. 하지만 있는 만큼만이라도 이 사랑을 누구에게 쏟아야 합니다. 누구에게 쏟을 것인가? 주님에게 전적으로 기울이겠다는 그런 생각이 있어야 합니다. 내 소망은 주님께만 있고 본래 나를 지으신 분이 그분이므로 그분을 위하여 살다가 그분을 위하여 죽겠다 하는 생각을 가져야 합니다. 신앙생활을 해 나가는 중에 기도 한마디를 하더라도 그분이 기뻐하시게 기도해야겠다는 생각을 가져야 하지 않겠습니까?

기도는 정말로 중요합니다. 우리는 그저 아무 생각 없이 그날그날 지내기 일쑤입니다. 그러다 보니 신앙이 자라지 않고 머물러 있어요. 오히려 퇴보합니다. 그렇게 신앙이 자라지 않고 있다가 언젠가 기한이 되어 하나님이 부르면 그저 갈 수 밖에 없는 입장입니다. 우리는 지금 죽는 순서를 지키기 위하여 줄을 서서 장사진을 이루고 있는 실정이란 말입니다. 그런 우리가 오늘날 정말로 해야 할 일은 주님을 사랑하고 주님을 영화롭게 하기 위한 모든 일을 하는 것입니다. 이러한 상황에서 제일 중요한 것이 기도가 아닌가 생각합니다.

우리는 우리의 기도가 주님께 상달되는 기도인지 알아야 되겠습니다. 그 기도가 참으로 하늘나라 법에 합당한 것인지 알아야 되겠습니다. 기도를 하기는 하지만 이것이 어떻게 상달되는지 모르겠다는 입장이 되어서는 안 되겠습니다. 우리는 기도를 계속 배워야 합니다. 고칠 것은 고쳐가야 되겠습니다. 공석(公席) 기도가 너무 길면 안 됩니다. 혼자 기도할 때는 하루 종일 해도 좋고 며칠 동안 해도 좋습니다. 그러나 공석 기도는 시간제한이 있는 것입니다. 피차 무언중에 약속하는 것입니다. 몇 분 동안 기도하겠다는 것을 명심하고 있어야 합니다. 무디 선생은 말하기를 공석에서 길게 기도하는 것은 은혜를 손상시키는 일이라고 했습니다. 우리 모든 신자는 기도하는 것에서도 계속 배워 나가야 합니다. 내가 기도를 바르게 하는가를 늘 생각해 봐야 합니다.

또 교회 봉사에 대해서도 다시 한 번 생각해 봐야 합니다. 오늘날까지 이런 식으로 봉사해 왔는데 이것이 과연 만족할 만한 것인가 생각해야 합니다. 이 봉사는 주를 위함이고 주님을 사랑함인데 주님을 사랑함에 있어서 지금까지 해 온 것이 제대로 된 것인가 생각할 줄 알아야 합니다.

성경 지식 또한 그렇습니다. 우리 각자는 성경을 나름대로 다 자기 책이라 생각해야 합니다. 성경은 내가 한평생 걸어가는데 생명을 주는 책이고 내가 세상 뜰 때에 영생을 주는 책인데 내가 이 책을 잘 모른다면야 말이 되겠나 하는 생각이 있어야 합니다. 그래서 날마다 성경을 조금씩이라도 보고 모르는 것은 어떠한 방법으로든지 알려고 해서 성경에 무지한 사람이 되지 말아야겠다는 생각을 해야 합니다.

그분의 말씀을 지키라

"작은 능력을 가지고서도 내 말을 지키며 내 이름을 배반하지 아니하였도다." 작은 능력을 가졌다고 했습니다. 물론 큰 능력 가진 사람의 장점이 있습니다. 하지만 하나님은 작은 능력 가진 사람들에게도 살 길을 주셨습니다. 작은 능력이지만 겸손할 줄 알면 작은 능력 가지고도 주를 사랑할 수 있고 주를 영화롭게 할 수 있습니다. 나는 뭐니 뭐니 해도 작은 능력의 소유자다, 나는 어느 면으로나 갈대와 같이 연약한 자이니 하나님을 생각하며 겸손을 배우고 살아갈 때에 하나님이 그것을 기뻐하신다. 나는 작은 능력을 가졌으니 이 능력을 모두 주님을 위해 쏟아야겠다고 생각하고 실천해 나가야 되겠습니다.

또한 하나님께서는 약한 자의 편이 되십니다. 약한 자를 들어서 강한 자를 부끄럽게 하시는 하나님이십니다. 겸손하고, 주님을 사랑하는 그 마음이 간절하고, 주님을 향하여 늘 불타듯이 살아가며, 자기 자신을 위하여 살려 하지 않고 주님을 위하여 살아 바치는 것이 되겠다 생각하고 행할 때 하나님이 그것을 기뻐하십니다. 작은 능력을 가지고 할 일의 첫 번째가 그분의 말씀을 지키는 것이란 말입니다. 정말 주님 한 분을 기쁘게 해야겠다는 그 마음이 간절하고 불타서 그 말씀을 지키는 것입니다. 사랑하는 분의 말씀을 지키는 것이 그분을 사랑하는 첫 번째 중요한 것입니다. 작은 능력을 가진 자이지만 죽을 판 살 판 주님 한 분만 사랑하겠다는 뜨거운 결심으로 움직이고, 밤낮 생각하는 것이 주님 한 분에 대한 사랑이라면 어떻게 사랑하는 분의 글을, 사랑하는 분의 그 말씀을 사랑하지 않을 수 있습니까?

우리가 말씀을 생각할 때에 이 말씀이 이것인가 생각해 봐야 합니다. 또 계명을 생각할 때에도 이 계명이 하나님의 말씀인가 생각해 봐야 합니다. 우리는 예수 그리스도를 사랑하는 데 있어서 그의 말씀을 지키는 데 총 집중을 해야 되겠습니다. 요한복음 14장 21절에 이런 말씀이 있습니다. "나의 계명을 지키는 자라야 나를 사랑하는 자니 나를 사랑하는 자는 내 아버지께 사랑을 받을 것이요 나도 그를 사랑하여 그에게 나를 나타내리라." 주님은 자기를 사랑하는 자에게 자기를 나타내시고 참으로 놀랄만한 신앙 체험을 갖도록 해주십니다. "작은 능력을 가지고서도 내 말을 지키며 내 이름을 배반하지 아니하였도다."

14
사탄의 본질로서의 거짓

계 3:8-10

● **핍박받는 교회**

볼지어다 내가 네 앞에 열린 문을 두었으되 능히 닫을 사람이 없으리라 내가 네 행위를 아노니 네가 작은 능력을 가지고서도 내 말을 지키며 내 이름을 배반하지 아니하였도다(3:8)

여기 "내 말을 지키며 내 이름을 배반하지 아니하였도다" 하는 말씀을 볼 때에 빌라델비아 교회 주변에서 핍박이 있었던 것을 알 수 있습니다. 주님의 이름을 배반하도록 박해하고 포위하고 못살게 구는 그런 일이 있었다는 것을 확실히 알 수 있어요. 9절을 보면 더욱 분명해집니다.

보라 사탄의 회당 곧 자칭 유대인이라 하나 그렇지 아니하고 거짓말하는 자들 중에서 몇을 네게 주어 그들로 와서 네 발 앞에 절하게 하고 내가 너를 사랑하는 줄을 알게 하리라(3:9)

그 많은 유대인이 예수를 믿지 않고 예수를 그리스도가 아니라고 합니다. 예수님은 구약의 약속된 메시아로서 즉 그리스도로서 세상에 온 것이 분명한데, 이 유대인들 대다수가 패역무도하여 바리새인 같이 생각하면서 예수는 그리스도가 아니라고 합니다. 외국에 살면서 예수 믿는 이방 사람들을 핍박합니다. 자기들 나름대로는 회당을 세우고 거기서 하나님을 공경한다고 하면서 자기들만이 하나님의 백성이라고 합니다. 우리가 바로 옛날 아브라함 때부터 하나님의 사랑을 받은 민족인데 너희 이방 사람들이 무엇이라고 나사렛 사람 예수를 중심으로 모이고 구약에 예언되었던 메시아가 바로 예수라고 하는 것이냐, 하면서 훼방하고 능욕합니다. 당시의 정권과 결탁해서 예수 믿는 사람들을 잡아 가두는 일을 하는 사람들이었습니다.

다음에 "거짓말하는 자들"이라고 한 것을 보니 그 유대인들이 거짓말한다는 얘깁니다. 예수는 메시아인데 메시아가 아니라고 하니 이것은 엄청난 거짓말입니다. 그런데 "거짓말하는 자들 중에서 몇을 네게 주어 그들로 와서 네 발 앞에 절하게 하고"라는 말씀을 보니까 앞으로 어느 시점이 되면 이 핍박하는 유대인들이 와서 개종하게 될 것입니다. 즉 예수를 믿게 될 것이라는 예언입니다.

다음 말씀은 "내가 너를 사랑하는 줄을 알게 하리라" 했습니다. 그런 사건을 통해서 너희가 깨닫는 것은 예수님이 우리를 사랑한다, 예수님이 참으로 우리의 신앙을 옳게 본다 할 때가 있으리라는 것입니다. 10절을 보니까 "네가 나의 인내의 말씀을 지켰은즉 내가 또한 너를 지켜 시험의 때를 면하게 하리니" 했습니다. 네가 나의 인내의 말씀을 지킨다고 하였는데 여기 "지켰으니" 하는 말씀을 보면 이 신자 주변에는 말씀을 지키지 못하게 만드는 요소들이 분명히 있었다는 것을 알 수 있습니다.

모든 거짓은 마귀로부터

인류 시대에 거짓이라는 것은 늘 큰 문제가 됩니다. 거짓이 있기 때문에 서로 신뢰하지 않고 서로 화합하기 어렵습니다. 결국 그 사회는 망합니다. 더군다나 우리 영혼은 하나님의 진리로만 살게 되어 있습니다. 하나님의 진리로만 거듭나서 하나님을 알게 되고 영원한 생명을 얻게 되어 있습니다. 하나님의 진리는 성경 말씀입니다. 그런데 성경 말씀과 위배되는 말이나 운동 때문에 인류의 영혼들이 망합니다. 성경과 위배되는 사상과 위배되는 운동을 일으키니까 이 영혼들이 속아 넘어가고 이 영혼들이 하나님을 모르게 됩니다. 하나님에게서 또 멀어지고 더 멀어져서 마침내 멸망한다 그 말입니다.

요한복음 8장 44절을 보면 마귀가 거짓말을 할 때마다 제 것으로 한다고 했으니 모든 거짓과 거짓말의 원천이 마귀라는 말입니다. 마귀가 거짓말하는 것은 밖으로부터 들어온 말을 한다는 것이 아닙니다. 밖에서 만들어져 오는 것을 그저 이용한다는 말이 아니라 모든 거짓말이 다 마귀에게서 났다는 뜻입니다. 세상 사람들이 거짓말을 할 때마다 마귀를 닮아가는 것입니다. 한번 거짓말하면 그만큼 하나님에게서 멀어지고 마귀와 가까워집니다. 거짓말 두 마디 하면 더 그렇게 되고 열 마디 백 마디 하면 훨씬 더 그렇게 되어 결국 사람이 마귀화되어 갑니다.

이 마귀는 특별히 성경 말씀을 반대하거나 성경 말씀을 비뚜로 해석해서 거짓말합니다. 세상에 있는 진리의 창고는 성경밖에 없습니다. 성경이 바로 참된 말씀입니다. 성경에 하나님을 알게 하는 빛이 있고 영원히 살도록 하는 생명의 양식이 있습니다. 이 성경은 마귀에게는 참 무서운 책입니다. 호랑이가 화약을 무서워하는 것과 같아요. 마귀가 사람들을 미혹해서 못살게 만드는 데 성경을 비뚜로 가르치는 것 이상 다른 길이 없는 줄 압니다. 그래서 마귀는 성경을 비뚜로 가르치는 작업을 세상 어디에서나 언제든지 하고 있는 것입니다.

고린도후서 11장 14절을 보면 마귀는 의의 일꾼들로 가장한다고 했습니다. 마귀가 세우는 일꾼들이 아주 의로워 보인다는 말입니다. 이 말씀은 마귀의 일꾼, 즉 마귀가 사용하는 사람들이 아주 높은 수준의 문화인일 수도 있고 사람들이 보기에 흠잡을 수 없을 정도로 착한 사람일 수도 있다는 것입니다. 물론 성경에서 말하는 착한 사람이 아니라 인본주의 수준에서의 착한 사람을 말하는 거예요. 마귀는 가짜 이적도 많이 행합니다. 가짜 이적을 행하고 그것이 성경에서 나왔다고 합니다. 그것이 너희가 참으로 의지할 만한 놀라운 일이라고 합니다. 이렇게 가짜 이적도 많이 한다는 것이 성경 말씀에 교훈되어 있습니다.

무엇이든지 가짜는 진짜와 구별하기 어렵습니다. 위조화폐를 진짜와 섞어 놓았을 때 어느 것이 진짜인지 어느 것이 가짜인지 찾아내기 어렵습니다. 보통 사람은 판별하기 어려워요. 화폐 제조에 관한 전문가들이 아니고는 판별하지 못합니다. 이적도 그렇습니다. 가짜 이적이 왜 가짜 이적입니까? 정말로 기이한 행적인데 왜 이적이 아닙니까? 그것은 이적의 결과가 정말 이적이 아니라는 것이 아니라 그 목적이 가짜라는 말입니다. 그 목적이 하나님께로 사람을 인도하려는 것이 아니라 마귀에게로 사람을 인도하려는 것이기 때문입니다.

그러기 때문에 사도행전 16장 16절을 보면 점치는 여자가 자기 주인들에게 많은 유익을 준다고 했습니다. 점을 쳐서 유익을 주는 일이 있다는 말이지요. 하지만 이 점치는 귀신의 목적은 사람들에게 유익을 주려는 데 있는 것이 아니라 사람들을 홀려서 마귀의 사람들이 되게 하려는 데 있다는 말입니다. 그러므로 신자들은 이적이라고 해서 얼른 따라갈 것이 아닙니다. 거기에는 가짜가 많아요. 제가 지내본 대로도 어떤 사람이 입신을 시키는 그런 부흥회를 하는데, 많은 사람이 거기에 따라다니는 것을 봤습니다. 하지만 어떤 사건에서 사기를 쳤다는 것을 분명히 발견했습니다. 그러니까 기이한 일이라고 해서 반드시 옳은 것은 아닙니다. 반드시 참된 것은 아니에요.

그런데 자칭 유대인이라고 하는 이 유대인들이 마귀의 미혹에 빠져서 당시에 이렇게 사기를 쳤는데 그 사기는 구약의 예언을 잘못 해석한 것입니다. 바울은 구약의 예언을 바로 해석했습니다. 사도행전 26장에서 예수님이 십자가에 못 박혀 죽었다가 다시 살아나셨기 때문에 진정한 그리스도라고 분명히 말씀하고 있습니다. 그렇지만 이 유대인들은 구약의 예언을 해석할 때에 십자가를 거리끼게 생각했습니다. 고린도전서 1장 23절에서, 예수님이 못 박혀 죽으신 십자가가 유대인들에게는 거리낌이 된다고 말합니다.

그러면 유대인들은 어떠한 그리스도를 찾았습니까? 그야말로 물리적으로 기적을 행하는 그러한 그리스도를 찾았던 것입니다. 원수가 와서 침범한다면 그 원수들을 물리적인 기적으로 물리치고 그 원수들을 육체적으로도 이겨낼 수 있는 그러한 사람이어야만 그가 과연 구약이 말하는 메시아요 그리스도라는 사상을 가졌던 것입니다. 그런데 그것은 우선 이사야 53장에 위배됩니다. 이사야 53장에서 참된 그리스도는 수난의 그리스도입니다. 고난을 당하는 그리스도란 말입니다. 십자가에서 죽었다가 다시 살아나시는 것이 하나님이 영원 전부터 정하신 메시아의 가장 큰 조건이란 말입니다.

본문을 보면 "보라 사탄의 회당 곧 자칭 유대인이라 하나 그렇지 아니하고 거짓말하는 자들"이라고 말씀했습니다. 자칭 유대인이라고 한다는 것은 예수를 메시아로 믿지 않고 간주하지 않으면서 그들 스스로를 참으로 하나님의 백성이라 칭한다는 것입니다. '유다'라는 말은 칭찬이라는 뜻이니, 하나님 앞에 칭찬받을 백성이라고 자처한다 그 말입니다. 이런 사람들이 사실상 거짓말하는 자들이라는 것이지요. 성경 말씀을 말씀 그대로 바르게 해석하지 않고 왜곡시켜서 말하는 사람들이란 말입니다.

증거 운동이 왕성하게 일어남

이와 같이 사탄의 회당에서 나오는 주장은 거짓말투성이인데 이 거짓말 하는 자들이 어떻게 되었습니까? 그 결과에 대해 9절 하반절에 말씀합니다. "네게 주어 그들로 와서 네 발 앞에 절하게 하고 내가 너를 사랑하는 줄을 알게 하리라" 하였습니다. 여기 "네게 주어"라는 말은 이 사탄의 회당 사람들을 빌라델비아 교회에 주겠다는 말입니다. 멀지 않아 사탄의 회당 사람들이 너희를 찾아와서 잘못을 시인하고 너희 발 앞에 엎드려 절하는 때가 있으리라는 말씀입니다. 빌라델비아에 있었던 사탄의 회당 사람들 즉 자칭 유대인이라 하는 사람들이 자기들의 잘못을 깨닫고 회개할 날이 멀지 않았다는 것입니다. 이러한 일은 증거 운동이 힘차고 왕성한 시대와 그러한 곳에서 종종 있는 일입니다. 증거 운동에 힘쓰지 않는 기독신자들 사회에서는 이런 일을 보기가 어렵습니다.

일본의 기독교를 예로 들어보겠습니다. 일본의 기독교는 어떠한 면에서 약점을 가지고 있습니까? 일본의 기독교는 증거 운동이 너무 약하다고 봅니다. 신학을 공부한 다음에는 그저 편안하게 교회로 들어가거나 혹은 혼자서 연구하는 방식을 찾는 것이 일본의 경향이라고들 합니다. 일본의 기독교는 몸을 움직이고 증거 운동에 힘쓰는 부분에서 문제점이 있는 것입니다. 즉 반대하던 사람이 굴복하고, 반대하던 사람이 회개하고 돌아오며, 반대하는 사람들에게서 개종 운동이 일어나는 이러한 주님의 특별한 역사, 그러한 경향을 보기 어려워요.

저는 이 점에 있어서 일제 말기 신사참배 반대운동에 생명을 걸고 투신한 이기선 목사의 증거 운동을 기억하고 있습니다. 그분은 신사참배 반대 운동에 가담하여 시종일관 강경하게 반대했을 뿐 아니라 자기가 접촉할 수 있는 사람들에게는 끝까지 강하게 신사참배 하지 말 것을 가르치던 사람이었습니다. 5년 이상 옥에 갇혀 있다가 해방과 함께 석방되었는데, 옥에서 일본 검사에게 심문받을 때의 일입니다. 네가 감히 천황 폐하의 명령을 순종하지 않는다면 그것은 바로 죽일 놈이라는 의미로 검사가 심문하자, 차라리 줄 바에는 사형을 주시오 하고 이기선 목사가 대답했답니다. 제가 직접 이기선 목사에게 들은 내용입니다. 그가 과연 어떻게 그렇게 담대해졌겠습니까? 증거 운동에 나서게 되면 그렇게 되는 거라 그 말입니다.

사람들이 몸을 아끼고 움직이지 않으니까 계속 하기 싫어지고 계속 쭈그러들고 계속 겁약해지는 것입니다. 계속적으로 이 증거 운동에 매우 게으르게 되는 것을 우리 스스로도 다 짐작할 수가 있습니다. 우리가 한번 몸을 움직여서 거리전도라도 하기 시작하면 차차 담력이 생깁니다. 욕을 먹어도 별로 거기에 감각이 없는 사람같이 됩니다. 하지만 안 해 버릇하면 차차 몸을 아끼고 욕먹기 싫어하고 점점 신앙에 힘이 없어지는 것을 볼 수가 있습니다.

줄 바에는 사형을 달라고 할 만큼 담대해진 것은 하나님이 이기선 목사에게 힘을 주셨기 때문입니다. 이것은 과연 거짓말은 실패하고 진리를 파수하는 것은 승리한다는 것의 좋은 예가 아니고 무엇이겠습니까? 이기선 목사를 가두고 옴짝달싹 못하게 하고 심문했지만 그의 신앙은 끝까지 더욱 강해졌습니다. 해방 후 이기선 목사가 갇혔던 감방에 그 검사가 갇혔다고 하니, 이것이야 말로 뒤집어진 결과라고 생각합니다. 끝까지 위축되지 아니하고 하나님의 말씀을 증거하는 그 자리에 하나님의 은혜가 임하는 것을 우리는 분명히 압니다.

주님의 사랑을 맛보게 됨

9절 말씀에 "그들로 와서 네 발 앞에 절하게 하고 내가 너를 사랑하는 줄을 알게 하리라" 했습니다. 우리가 하나님 말씀을 계속 증거하고 또한 그로 인해 어려움을 당할 때 우리는 주님의 사랑을 경험할 수 있습니다. 우리가 주님을 따르고, 주님의 일을 충성되이 하고, 그 증거를 참되이 함으로 우리를 대적하던 사람들까지도 주님께로 돌아오는 일이 있지만 그보다 더 귀한 것은 증거하는 우리 당사자들이 주님의 사랑을 맛본다는 것입니다. 주님의 사랑이 내 심령에 접촉되며 주님의 사랑이 나를 감싸주시는 그러한 체험을 하게 되는 것입니다.

데이비드 브레이너드(David Brainerd, 1718-1747)라는 홍인종 선교사가 있습니다. 그의 일기를 읽어 보면 참으로 감동이 많습니다. 그의 일기를 읽고 회개하고 선교사 된 사람들이 많이 있습니다. 그의 일기를 며칠 전에도 읽어 보았습니다. 그는 어렵고 힘든 환경 속에서도 주님의 사랑을 느꼈습니다. 참으로 낙심할 만한 어려운 지경인데도 계속 주님을 바라보고 사모하는 신앙으로 살아가기 때문에 그에게 임하신 주님의 사랑이 그의 영혼을 기쁘게 해주고 그의 영혼에 천국을 안겨주는 이러한 사실을 계속 체험하는 것을 보았습니다. 그것이 무엇일까요? 우리는 그러한 것을 체험할 수 없는 입장입니까? 절대로 그렇지 않습니다. 그러한 일을 체험하는 것이 바로 승리의 핵심입니다. 외부에서 대적하던 사람들이 찾아 와서 회개하는 것도 중요하지만 그보다 더 중요한 것은 주님의 사랑이 내게 임했다는 것이 아닌가 생각합니다.

데이비드 브레이너드는 24살 때인가 하나님 앞에 헌신을 약속했습니다. 그때가 바로 폐병 3기인가 그랬는데 매우 심하게 고통 받고 있던 때였습니다. 그는 홍인종에게 선교하던 3, 4년 동안 폐병을 앓으면서도 계속 선교했습니다. 그에게 그 환경이 얼마나 어려웠겠습니까? 그에게 무슨 세상적인 다른 기쁨이 있었겠습니까? 그의 소망은 오직 홍인종의 영혼을 구원하는 일이었습니다. 다른 것은 생각하지도 않고 홍인종이 주님께로 돌아오는 것만을 원하고 사모했습니다. 이렇게 전적으로 주님에게 소용이 되고자 하는 심령이었기에, 비록 어려운 외부 환경과 병약한 육신으로 힘들고 괴로웠지만 주님은 그에게 기쁨을 주시며 말로 형용할 수 없는 사랑을 느끼게 해주셨습니다. 그 심령이 주님을 찾고 사모하며 주님의 일만을 위해 그렇게 따가워져 있었기 때문에 그렇게 해주십니다. 거기에서 힘을 얻어 그는 그렇게 병약한 몸을 가지고도 힘 있게 전도했습니다. 어떤 때는 마치 물에 적신 것처럼 옷이 땀에 흥건히 젖어 있는 것을 발견하기도 했습니다.

우리는 이러한 세계가 있다는 것을 알아야 합니다. 우리의 삶 가운데서 과연 천국을 체험해야 합니다. 우리의 삶 가운데서 예수님의 사랑을 내 몸에 내 피부에 느껴야 합니다. 과연 우리가 이러한 경험을 하는지 살펴봐야 한다는 것입니다.

그러니까 자칭 유대인이라고 하는 사람들이 회당을 중심으로 예수 믿는 사람들을 망하게 하려고 했지만 빌라델비아 교인들이 주님의 말씀을 지키며 주님의 이름을 끝까지 배반치 아니하고 끝까지 높여 나갈 때 주님의 역사가 임했습니다. 그래서 그 핍박자들이 개종하고 그들이 오히려 신자들 편에 서는 때가 온 것입니다. 주님의 사랑을 깨닫게 되는 승리가 온 것입니다. 결국 거짓말은 실패하나 참말 다시 말하면 하나님의 말씀을 파수하는 자는 승리하고야 만다는 것을 볼 수 있습니다.

• 인내의 말씀을 지킴

잠언 12장 19절에 말하기를 "진실한 입술은 영원히 보존되거니와 거짓 혀는 잠시 동안만 있을 뿐이니라" 말씀했습니다. 무슨 뜻입니까? "진실한 입술은 영원히 보존"된다는 것이 무슨 말씀입니까? 무슨 말이든 성경대로 바로 말했을 때 그 말은 영원토록 취소되지 않는다는 말이지요. 그런 말은 말한 자신에게도 영원토록 기쁨이 되고 들은 사람에게도 유익을 준다는 거예요. 반면에 "거짓 혀는 잠시 동안만 있을 뿐이니라" 했습니다. 무슨 뜻입니까? 거짓말을 하면 그 거짓말하는 동안, 눈 깜짝이는 것과 같이 짧은 동안만 편안하고 거짓말한 후부터는 양심 있는 사람은 계속 고민이 되고 계속 문제가 되는 거라는 말입니다. 그 말이 알려지면 계속 문제가 일어난다는 말입니다. 그 말은 지옥의 불과 같이 영원토록 인간에게 멸망을 가져오며 불안과 환난을 가져오게 된다는 말입니다.

결국 사탄의 회당을 근거로 자칭 유대인이라 하면서 성경을 왜곡하여 가르치고 고난의 메시아를 부인하는 것은 비성경적입니다. 어떤 전능한 힘을 가지고 모든 대적을 물리치거나 어떠한 표적을 행함으로 자기가 그리스도라는 것을 증명할 수 있어야 메시아라는 유대인의 사상은 비성경적입니다. 십자가를 참은 예수님이 진정한 그리스도입니다. 진정한 메시아입니다. 그러기 때문에 10절에 "네가 나의 인내의 말씀을 지켰은즉 내가 또한 너를 지켜 시험의 때를 면하게 하리니"라고 한 것입니다. 여기서도 역시 빌라델비아 교인들이 핍박받은 것을 암시적으로 보여 줍니다. "네가 나의 인내의 말씀", 즉 예수님이 참음으로 이루신 말씀을 지켰다고 칭찬합니다. 히브리서 12장 2절을 보면 예수님이 십자가를 참으셨다고 합니다. 십자가에 죽기까지 참아서 이루어 놓은 이 복음을 지켰다고 칭찬을 해주십니다. 빌라델비아 교우들이 신앙적으로 예수님의 인내의 말씀 즉 십자가의 도를 지켰다고 하였으니 그들이 이 복음을 지키기에 얼마나 수고했는가를 알 수 있습니다.

여기서 지켰다는 것은 복음을 자기 혼자만 믿고 마음속에 그저 가만히 숨겨 두고 있는 것을 의미하지는 않습니다. 이 복음은 십자가의 도입니다. 십자가의 도는 개인이 어떠한 이익을 얻기 위해 가만히 감추어 두는 말씀이 아닙니다. 십자가는 그 자체가 온 인류, 특별히 하나님의 백성을 구원하기 위한 것입니다. 십자가는 개인적인 믿음의 십자가일 뿐만 아니라 증거의 십자가입니다. 우리가 믿으면서 말씀을 증거하지 않는다면 그것은 십자가의 말씀 다시 말하면 예수님의 인내의 말씀을 절반이라도 믿는다고 할 수 있을지 의심스러운 것입니다. 너무나도 그 믿음이 부족한 것입니다. 우리가 어려움을 무릅쓰고서라도 하나님의 말씀을 증거할 때 하나님이 함께해 주시며 내 믿음이 힘을 얻는 것을 알아야 합니다.

근간에 우리 합동신학교 교수로 오신 이동주 교수의 간증을 들었습니다. 이동주 교수는 독일에서 14, 15년 있다가 오신 분인데 거기서도 늘 자유주의 학자들과 싸우신 분입니다. 그는 증거하는 일을 계속해 오신 분입니다. 한번은 이화여대를 같이 졸업한 친구에게 하나님의 말씀을 증거한 사실을 말해 주었습니다. 그 친구는 믿는 부모 밑에서 자랐지만 믿음이 없고 심지어 예수를 반대하는 사상을 가졌다고 합니다. 이동주 교수께서 그와 같은 사실을 기억하고 독일에 가서는 그 친구를 어떻게 해서든지 주님께 인도하려고 애를 썼다고 합니다. 그러던 중 그 친구가 어떤 남자와 사귀면서 결혼을 해야 할 것인지 아닌지를 매우 고민하고 있었다고 합니다. 그래서 찾아가서는 우리 같이 기도하자고 했답니다. 시간을 정하고 같이 기도하는데 한번은 친구가 기도를 몇 마디 하더라는 겁니다. 그마저도 매우 고맙게 생각을 하고 그 후에도 계속 같이 기도를 했답니다. 그들은 이 결혼을 할지 말지를 놓고 같이 기도를 한 것입니다. 꽤 오랜 기간 동안 기도하는 중에 그 친구가 한번은 통곡을 하더랍니다. 회개의 울음이었습니다. 자신이 지금까지 예수를 믿지 않고 예수의 품에서 살지 않았고 마귀를 따라 마귀 세계에서 살았다는 것을 느꼈겠지요. 친구가 그것을 원통히 생각하면서 회개하고 주님께로 돌아오는 것을 봤다고 합니다. 그 뒤 친구는 그 남자와 결혼을 했는데 주님을 위해 희생 봉사하는 놀라운 크리스천 가정이 되었다고 합니다.

증거하는 것이 지키는 일

> 네가 나의 인내의 말씀을 지켰은즉 내가 또한 너를 지켜 시험의 때를 면하게 하리니 이는 장차 온 세상에 임하여 땅에 거하는 자들을 시험할 때라(3:10)

여기 이 말씀은 우리에게 매우 큰 기쁨을 줍니다. "네가 나의 인내의 말씀을 지켰은즉 내가 또한 너를 지켜"라고 했습니다. 여기 '지킨다'는 말이 병행구로 아주 재미있게 나옵니다. "인내의 말씀을 지켰은즉 내가 또한 너를 지켜." 우리는 예수 그리스도의 인내의 말씀을 지키는 것을 큰 영광으로 알아야 합니다. 여기 지킨다는 것은 좀 전에도 말하였듯이 내 마음에 예수님의 수난을, 예수님이 고난당한 것을 가만히 기억하고만 있는 것이 아니라 자신이 믿고 또한 그 말씀을 증거하는 것을 의미합니다.

십자가는 개인적으로만 가지고 있을 십자가가 아니라 모든 인류에게 증거해야 할 십자가입니다. 그러니 예수님의 인내의 말씀을 지킨다는 것은 내가 잘 믿을 뿐 아니라 다른 사람들에게 이 말씀을 전파하며 증거하는 것입니다. 우리는 증거함으로 마귀를 이깁니다. 계시록 12장을 읽어 내려가면서 우리가 발견하는 것은 형제들이 어린양의 피와 그 증거하는 증거를 인하여 마귀를 이겼다는 사실입니다. 증거함으로 이기는 힘이 생기고 증거함으로 마귀를 정복하는 열매를 맺는다는 말입니다.

한부선 선교사는 일제 말기에 신사참배 문제로 안동 감옥에 수감되었습니다. 감방에 갇혔을 때 그는 계시록 12장 11절 말씀을 쇳조각으로 벽에 써 놓았습니다. "우리 형제들이 어린양의 피와 자기들이 증언하는 말씀으로써 그를 이겼으니." 여기서 "그"는 마귀를 말합니다. 한부선 선교사는 마귀를 이기기 위하여 이 구절을 까만 먼지가 켜켜이 쌓여 있는 감방 벽에 써 놓았다고 합니다. 하나님의 말씀을 증거하는 것을 인해서, 증거하는 말을 인하여 마귀를 이겼다는 이 말씀을 계속 쳐다보고 기억하며 싸워나갔다는 말을 들었습니다.

그저 전도하자 전도하자 말만 할 것이 아니라 계획을 세워 해야 하지 않겠습니까? 나는 특별히 누구를 인도하겠다든지, 어떠한 방법으로 하겠다든지, 어느 쪽으로든 깊이 생각하고 연구하며 일을 해야 하지 않겠습니까? 지금 여기 새 장소에 와서 우리가 할 일은 각자 혼자서 믿는 것뿐 아니라 이 귀한 복음을, 예수님의 인내의 말씀을 증거하는 것입니다. 증거하는 것이 지키는 일이니 우리가 이 말씀을 지켜나가야겠습니다.

우리는 예수님처럼 십자가는 못 집니다. 그가 십자가에 죽으신 것은 하늘이 무너진 것같이 캄캄한 일이었습니다. 그야말로 온 우주가 진동할 만한 큰일이었습니다. 그런 고생을 주님께서는 혼자 다 감당하셨습니다. 우리는 그 고난을 몇 억만 분지 일도 감당하지 못할 것입니다. 순교한다 해도 그 억만 분지 일도 감당하지 못하는 것입니다. 그런데 우리가 예수님의 고난의 말씀, 인내의 말씀을 지키는 것까지 못한다면 어찌 되겠습니까? 그는 자기를 전적으로 희생해서, 하나님의 아들의 신분으로 죽기까지 하셔서 우주보다 큰 구원을 이루어 놓으셨는데, 우리가 이 구원의 말씀을 지키지도 않는다면 어찌되겠습니까? 우리는 이 구원의 말씀을 믿을 뿐 아니라 믿음과 함께 있는 이 증거 운동을 착실하게 진실하게 하여 열매 맺도록 힘써서 할 것입니다. 그래서 우주보다 큰 구원의 복음, 이 인내의 말씀을 지키는 자로 손색이 없어야 하겠습니다.

사탄은 이 모양 저 모양 속임수로 불신자들은 물론이고 신자들까지도 일을 못 하도록 만듭니다. 그렇게 끝까지 세밀하게 계획하며 일하지만 그것은 그야말로 눈 깜짝할 동안과 같아서 위대하신 우리 주님의 대 경륜 아래서는 먼지와 같이 아무런 힘이 없는 것입니다. 이 영원한 하나님의 구원 계획 아래서 우리가 주님의 인내의 말씀을 지켜가면서 증거 운동에 충실해야만 자신의 신앙생활도 충실하고 우리 주님의 사랑을 날마다 받으면서 살 수 있는 여러분이 될 줄로 압니다.

15
이기는 자

계 3:12-13

우리는 계시록을 공부하는 중에 있는데 특별한 목표를 가져야 되겠습니다. 계시록에 있는 말씀을 자세히 알아보자 하는 생각이 있어야 되겠습니다. 우리는 대개 이 성경 공부하는 한 시간을 특별한 생각 없이 흘려버리고 마는 일이 많습니다. 신구약 66권은 내 성경이라 생각해야 합니다. 살아있는 동안에 내 성경을 내가 알아야겠다, 생각해야 합니다. 늘 하나님 말씀을 알고자 하는 간절한 안타까움이 있어야 합니다. 그래야 우리가 성경 말씀을 들을 때 깨닫게 되고 그 깨달은 것이 우리 생활에 적용해야 합니다.

마귀의 시험

이기는 자는 내 하나님 성전에 기둥이 되게 하리니 그가 결코 다시 나가지 아니하리라 내가 하나님의 이름과 하나님의 성 곧 하늘에서 내 하나님께로부터 내려오는 새 예루살렘의 이름과 나의 새 이름을 그이 위에 기록하리라(3:12)

"이기는 자"라는 말이 다른 교회에서도 나왔습니다만 여기 빌라델비아 교회와 관련하여 생각할 문제가 많이 있기 때문에 특별히 여기서 생각해 보겠습니다. 이긴다는 것은 마귀의 시험을 이긴다는 것입니다. 앞에서 빌라델비아 교회에 대해 말씀하는 중에 마귀에 대한 말이 나왔습니다. 9절을 보면 "보라 사탄의 회당 곧 자칭 유대인이라 하나 그렇지 아니하고 거짓말하는 자들"이라고 했습니다. 사탄 즉 마귀와 관련된 말씀이 여기에 나왔기 때문에 여기에서 이긴다는 것은 분명 마귀의 시험을 이긴다는 것입니다.

  마귀가 사람을 시험하는 방법은 무엇입니까. 성경 말씀을 보겠습니다. 요한복음 12장 31절에 마귀를 "이 세상의 임금"이라 말씀했습니다. 그것은 마귀가 이 세상을 상대하고 사람들이 죄를 범하도록 유혹하고 영계에서 많은 사람을 사로잡고 많은 영혼을 망하게 만드는 일을 하기 때문입니다. 에베소서 6장 12절에는 "어둠의 세상 주관자"라고도 말씀했습니다. 마귀가 어둠의 세상을 주장하는 자라는 말이지요.

  세상을 왜 어둠의 세상이라고 합니까? 그것은 복음으로 깨우치기 전에는 하나님을 모르는 세상이기 때문에 그렇습니다. 어둠의 세상이란 빛이 없는 세상이라는 말이 아니라 영적으로 하나님을 모르는 캄캄한 죄인들이 살고 있는 곳이란 뜻에서 어둠의 세상이라고 말씀했습니다. 마귀는 어둠의 세상에서 사람들을 미혹해서 그들로 세상을 사랑하게 만들어 놓습니다. 사람들로 하여금 하나님을 배반하고 세상을 사랑하게 하니 결국 사람들이 하나님의 원수가 되는 것입니다.

  야고보서 4장 4절은 세상과 벗된 자들은 하나님과 원수 된 자라는 뜻으로 말씀합니다. 마귀는 참으로 간교해서 사람들을 하나님으로부터 멀어지게 만들고 사람들로 하여금 이 세상을 사랑하는 일에 집중하게 만듭니다. 그러므로 사람이 세상을 사랑한다고 할 것 같으면 하나님과 원수가 되고 마귀의 편이 되는 것입니다. 마귀의 유혹을 받아 세상만 사랑하는 자들은 마귀가 하나님과 더불어 늘 싸우고 있는 것처럼 자기도 모르는 가운데 하나님의 대적이 되어 하나님과 싸우는 편에 선 것이란 말입니다. 그러기 때문에 요한일서 2

장 15절에서는 "이 세상이나 세상에 있는 것들을 사랑하지 말라 누구든지 세상을 사랑하면 아버지의 사랑이 그 안에 있지 아니하니"라 했습니다. 서로 아주 반대가 되는 것입니다. 이 세상을 사랑하게 되면 하나님의 사랑을 못 받습니다. 누구든지 이 세상을 사랑하지 않으면 그 시간부터 하나님의 사랑을 느낄 수가 있습니다.

이 세상이나 세상에 있는 것들

> 이는 세상에 있는 모든 것이 육신의 정욕과 안목의 정욕과 이생의 자랑이니 다 아버지께로부터 온 것이 아니요 세상으로부터 온 것이라 이 세상도, 그 정욕도 지나가되 오직 하나님의 뜻을 행하는 자는 영원히 거하느니라(요일 2:16-17)

그러면 "이 세상이나 세상에 있는 것들"은 무엇입니까? 요한일서 2장 16절은 "세상에 있는 모든 것이 육신의 정욕과 안목의 정욕과 이생의 자랑이니"라 했습니다. 육신의 정욕이라는 것은 육신의 욕심이라는 말입니다. 육신의 욕심으로 번역을 해야 하는데, 육신의 정욕이라고 해서 조금은 그 의미의 포괄성이 적어졌습니다. 이 말은 무슨 욕심이든지 다 포괄하는 글자입니다. 이 육신이 원하는 것, 이 육신이 좋아하는 것이 바로 육신의 정욕입니다. 안목의 정욕이라는 것은 눈으로 보고 좋아하는 것입니다. 물론 하나님께서 허락하는 한도 안에서 안목을 사용하고 어느 정도 좋아하는 것은 하나님의 뜻이지요. 그렇지만 하나님이 원하시는 선을 넘어 하나님을 배반하기까지 하면서 하나님을 등지고 몰두하게 되면, 그것이 하나님과 원수되는 것입니다.

육신의 정욕과 안목의 정욕을 예를 들어 살펴보겠습니다. 하와가 마귀의 말에 미혹되어 선악과(善惡果) 나무를 볼 때 그것은 아주 보암직하고 먹음직하고 탐스러웠습니다. 그때부터 하나님을 떠난 것입니다. 하나님을 좋아하던 사람인데 마귀의 말을 듣게 되자 영혼의 태도가 달라졌습니다. 그래서 선악과 나무를 보고 아주 좋아하게 되었습니다. 그것이 우리 조상이 안목의 욕심으로 행한 것입니다. 무슨 권세를 보고 좋아하는 정도가 아닙니다. 이 세상에 어떤 것을 눈으로만 좋아하는 정도가 아니란 말입니다. 어디까지 떨어졌느냐 하면, 하나님 나 모르겠수다, 이제부터 나 모르겠수다 할 정도로 안목의 정욕으로 떨어졌다는 말입니다. 안목의 욕심으로 떨어진다는 말이에요.

이생의 자랑이란 이 세상에서 사는 것이 제일이라고 생각하는 것입니다. 예수 믿는 사람들은 그러지 말아야 되겠지만 예수 믿는 사람들도 시험을 받으면 이 세상이 천국보다 더 좋은 듯이 처세하는 것 같습니다. 이 세상이 참 아름답고 재미있다고 생각하고 세상으로 기울어지는 일이 많이 있는 것 같습니다.

마귀는 육신의 욕심과 안목의 욕심과 이생의 자랑을 가지고 사람들을 미혹합니다. 꼼짝 못 하고 따라가고 하나님을 잊어버리고 하나님을 즐거워하는 방면에서는 아주 깜깜해집니다. 하나님이 얼마나 좋은 지에 대해서는 느낌조차 없는 지경까지 떨어지지 않나 생각합니다. 이것이 마귀의 장난입니다. 마귀는 이렇게 매력적인 것들을 가지고 사람을 꼬여서 하나님을 떠나도록 만듭니다. 속이는 거예요. 아마존 강가에 있는 거미들은 거미줄을 칠 때 꽃과 같은 모양으로 친다고 합니다. 곤충들이 꽃인 줄 알고 와서 놀다가 걸리고 결국 그 곤충들을 잡아먹는다 해요. 바로 마귀가 그런 장난을 합니다.

그러면 "이 세상이나 세상에 있는 것들"은 무엇을 말합니까? 그것들은 본래 하나님이 좋게 지은 것인데, 사람의 후손이 타락하여 마귀를 용납하고, 마귀의 유혹에 끌려 그것들을 하나님보다 더 사랑하고, 거기에 미혹되어 하나님을 배반하고 망하게 만드는 것을 말합니다. 그런 것들은 아버지로 좇아 온 것이 아니라고 요한일서 2장 16절이 말합니다. "아버지께로부터 온 것이 아니요 세상으로부터 온 것이라." 그러고는 17절에 이 육신의 정욕과 안목의 정욕들은 다 지나가지만 하나님의 말씀을 지키는 자는 영원토록 거하리라 말씀합니다. 여기에서 얼마나 더 명확하게 이 세상이 헛되다는 것을 말해줍니까?

이러한 욕심들은 하나님을 위해 온 것이 아니라 세상으로 좇아 왔으니 이것들은 일시적이요 다 지나가고 마는 것이라 말씀했습니다.

이 세상은 지나가고 만다

사람들로 하여금 이 세상이 잠깐이라는 것을 깨닫지 못하도록 마귀는 유혹합니다. 그저 이 세상이 제일이다, 이 세상을 즐겨라, 이 세상을 얼마든지 가지고 이 세상에서 보람을 느껴라, 이 세상에서 무엇인가 되어라 합니다. 이러한 미혹 때문에 이 세상과 이 세상에 있는 것들이 잠깐이요 지나가고 만다는 것을 느끼지 못하게 만들어요. 고린도전서 7장 31절을 보면 "이 세상의 외형은 지나감이니라" 말씀합니다. 이 세상을 잡으려 하지 말고, 이 세상에 둥지를 틀려 하지 말고, 이 세상에서 안락을 누리려 하지 말라고 결론지어 말합니다. 물건을 쓰는 사람은 쓰지 않는 것같이 살고 매매하는 사람은 매매하지 않는 것같이 행하라 하는 말씀의 결론은 이 세상의 외형은 다 지나간다는 것입니다. 하나님은 분명히 이 세상 사람들이, 특별히 믿는 사람들이 이 세상에 정을 붙이지 말고 이 세상에 있는 것들을 마음껏 소유해 즐겨보려 하지 말라고 말씀하십니다. 이 세상에 있는 모든 것은 다 지나가는 것이니까 그걸 잡으려고 하지 말라는 뜻으로 하나님은 분명히 말씀하십니다.

이미 말씀드렸습니다만 마귀는 육신의 정욕과 안목의 정욕, 이생의 자랑을 가지고 사람들을 시험합니다. 또한 이 세상은 지나가고 만다는 것을 사람들이 느끼지 못하도록 만들어 놓습니다. 하지만 성경은 그것을 느끼라고, 지나가고 마는 세상을 느끼라고 말합니다. 이 세상은 도무지 의지할 수 없고 붙잡아 둘 수 없는 것들인데, 지나가는 것들인데 거기에 정을 붙이지 말라고 성경은 말씀합니다. 이 세상 것이 얼른 지나가고 만다는 것을 늘 염두에 두고 처세를 바르게 할 것을 말씀합니다. 이와 같은 사고방식, 이와 같은 생활을 말씀합니다. 그러나 마귀는 이렇게 중요한 것에 대해 사람들로 하여금 느끼지 못하게 합니다. 사람들을 둔하게 만듭니다.

　야고보서 3장 6절을 보면 이 세상의 생활이라는 것이 바퀴와 같이 돌아간다는 뜻으로 말씀했습니다. "삶의 수레바퀴"라는 표현을 썼어요. 계속 돌아가고 계속 변하는 건데 이걸 붙잡아봤자 자기만 거꾸러지고 아무 소용없는 일이라는 말입니다. 아래층에서 바로 위층으로 올라갈 때 에스컬레이터를 이용합니다. 그런데 에스컬레이터를 타고 맨 끝에 다다랐는데도 가만히 서있기만 하면 그만 넘어지게 됩니다. 가만히 보고 있다가 다 올라갔으면 얼른 내려야지 계속 서 있다가는 넘어집니다. 마찬가지로 지나가고 마는 것들을 붙잡아서 영원히 잘될 것처럼 생각하다가는 반드시 실패합니다. 이 세상은 돌아가는 바퀴와 같습니다. 위험합니다. 거기에 내 몸을 던져놓았다가는 부서지고 찢어지고 가루가 됩니다. 바퀴와 같은 것입니다.

　제 친척 중에 한 분이 금광을 했습니다. 금광하는 사람들은 광석을 부서뜨려서 금을 정제하는 기계를 가지고 있습니다. 한번은 그 기계에 사람이 빨려 들어가 죽은 일이 있습니다. 기계를 작동해 놓고 가까이서 자세히 들여다보다가 넥타이가 그만 기계에 말려 들어가면서 사람도 기계 안으로 빨려 들어가 버린 것입니다. 사람이 아주 가루가 되었어요. 그런 것을 보면서 이 세상이 그런 것이구나, 아주 위험하게 계속 돌아가는 기계와 같은 것이구나, 여기에 정을 붙이거나 가까이해서는 안 되겠구나 생각해야 합니다. 여기에 몸을 의지해서 내 영혼이 안락을 누리겠다는 생각에 머무르다가는 이 삶의 수레바퀴라고 하는 무서운 세상 바퀴에 걸려 들어가 아주 가루가 되고 아주 망하고 맙니다. 이러한 일들은 얼마든지 있을 수 있고 또한 반드시 다 그렇게 되는데 이런 말을 소홀히 해서 들을 수 있습니까?

　요한 번연은 이 세상을 마담 버블이라고 했습니다. 우리말로 하자면 물거품 여사라고 할 수 있겠지요. 물거품 여사. 이 세상은 물거품과 같다 그 말입니다. 우리는 이 세상을 경유해 지나갈 뿐입니다. 나그네로 지나갈 뿐입니다. 여기에 만년대계를 세우고 여기에서 영생할 것 같은 준비를 하는 것은 자기를 무서운 삶의 수레바퀴 속에 넣는 것입니다. 우리는 이 세상이 얼마나 빨리 변하고 얼마나 빨리 지나가는지를 알아야 합니다. 시편 90편은 말하기를 그 야말로 일순간에 다 지나간다고 했습니다.

성전에 기둥이 되게 하리니

본문 12절 말씀을 보면 "이기는 자는 내 하나님 성전에 기둥이 되게 하리니 그가 결코 다시 나가지 아니하리라"고 했습니다. 이것은 내세에 대해 하는 말씀입니다. 계시록 2, 3장에서 일곱 교회에 보내는 편지를 보면 이기는 자에게 매번 말하기를, 너희는 이 세상에서 어떤 복을 받는 것이 아니라 내세에서 하나님이 주시는 복을 받는다고 합니다. 12절에서도 마찬가지로 말씀합니다. "이기는 자는 내 하나님 성전에 기둥이 되게 하리니." 참으로 우리 신자들이 진실하게 살아가려면 내세에서 받을 하나님의 복을 사모해야 합니다. 이 세상 힘은 천국 운동에 아무 도움도 되지 않습니다. 이 세상 것은 천국의 것과 반대되는 거예요. 우리의 발은 이 땅을 딛고 살지만 우리의 마음만은 천국에 두어야 합니다. 내세에 있어야 합니다. 우리 신자들이 내세를 사모하지 않는다면 그게 무슨 신자입니까?

우리가 이 세상에서 신앙 생활할 때 우리의 힘은 약합니다. 이 세상 어떤 힘을 가지고 신앙 생활하는 것이 아니니까 참 약합니다. 8절 하반절을 보면 빌라델비아 교회에 대해서는 "네가 작은 능력을 가지고서도 내 말을 지키며 내 이름을 배반하지 아니하였도다"고 했습니다. 작은 능력이지만 그것을 가지고 하나님께 전적으로 기울일 때 하나님은 그것이 많은 것보다 더 귀 기울입니다. 작은 힘이라고 필요 없는 것이 아닙니다. 하나님과 어떠한 관계를 맺느냐가 중요합니다. 오병이어를 가진 아이의 재산은 사실 아무것도 아닙니다. 작은 소유물이지만 그것을 주님의 손안에 넣어 놓으니까 큰 역사를 한 것입니다. 천국의 원리대로 된 것입니다.

우리가 세상에서 큰 능력을 행하는 것 같은 수준으로 봉사를 못 한다 하더라도, 작은 힘을 가지고도 우리가 받은 은혜의 정도에서 분명하고 확실하게 하나님과 관계를 맺는다면 우리는 내세를 향해 올바르게 가고 있는 것입니다. 자기 소유를 그야말로 자신의 것이라 생각하여 자기 중심적으로 사용하지 아니하고 하나님 중심으로 사용하여 바치면 내세에 들어가서는 그것이 마침내 기둥이 된다 그 말입니다. 여기에 나온 말씀은 이 세상에 있었던 신자의 형편과 저 세상에 들어가서의 충성된 신자의 형편을 대조적으로 말씀했습니다. 이 세상에서는 별 볼 일 없었지만 저 세상에 들어가서는 기둥과 같은 능력 있는 존재로 하나님께서 만들어 주신다는 것입니다.

"성전에 기둥이 되게 하리니." 이 성전의 기둥이라는 것은 성전 낭실 앞에 있는 두 기둥을 특별히 언급한 것입니다. 야긴이라는 기둥과 보아스라는 기둥을 예로 들었습니다. 야긴의 뜻은 하나님이 세우셨다는 뜻이요, 보아스의 뜻은 하나님에게 능력이 있다는 뜻입니다. 온전히 하나님으로 말미암았다는 뜻으로 이렇게 말씀한 것이지요. 내세에서 기둥과 같은 존재가 된다는 것입니다. 변하지도 않고 약해지지도 않고 언제나 늘 튼튼하게 하나님 앞에 서 있는 존재가 된다는 것입니다. 그러면서 야긴과 보아스처럼 음으로나 양으로나, 겉으로나 속으로나 내가 된 것은 주님으로 말미암았다는 그런 존재가 되는 것입니다.

이 세상에서는 사람이 좀 커지면 교만해집니다. 약해지면 좀 겸손해지는 것 같다가도 튼튼해지면 또다시 교만해집니다. 자꾸 변합니다. 그렇지만 저 세상에 들어가서 하나님의 능력으로 말미암아 세워지고 하나님의 능력으로 말미암아 힘 있는 자가 될 때는 마음도 변치 않고 태도도 변치 않고 그야말로 무엇으로 보든지 하나님께 감사하는 그런 존재가 되니 얼마나 귀한 일입니까? 야긴과 보아스와 같이 기둥 같은 존재가 되는 것을 열왕기상 7장 21-22절이 말하고 있습니다. 이 세상에서 작은 능력을 가지고도 하나님의 말씀을 지켰기 때문에 내세에 가서는 이제 기둥과 같은 존재가 된다고 말합니다.

하나님의 소유라는 이름

그 이기는 자들에게는 확정적으로 이름을 준다고 말합니다. 그러면 확정적으로 주는 이름이 무엇입니까? 12절 하반절에 보면 "내가 하나님의 이름"을 그에게 쓴다고 말합니다. 그에게 붙인다는 말입니다. 그 이기는 자가 하나님이라는 말이 아니라 하나님의 소유라는 말입니다. 하나님의 것이라고 하는 뜻입니다. 그리고 "하나님의 성 곧 하늘에서 내 하나님께로부터 내려오는 새 예루살렘의 이름"을 그 이기는 자들에게 쓴다고 합니다. 이것은 새 예루살렘의 소유물이라는 말입니다. 새 예루살렘은 바로 내세입니다. 내세 곧 영광을 얻은 세상입니다. 새 예루살렘의 이름을 이긴 자들에게 써주는 것입니다.

그리고 셋째는 "나의 새 이름" 즉 예수님의 이름을 그들 위에 기록한 것입니다. 그러면 이 기둥 같은 사람들이 예수님의 것이라 그 말입니다. 이것이 확정적인 이름이라고 생각합니다. 우리 신자들이 이 세상에서는 가지고 있는 이름이 가칭인 것이 저는 마땅하다고 생각합니다. 가칭이란 말입니다. 신자라고 불러주지만 사실 남모르는 가운데 불신자 노릇을 하는 일이 없지 않습니다. 이 세상 좋지 못한 것들의 유혹을 받아서 이렇게 저렇게 흔들리는 일이 과연 없습니까? 야긴과 보아스 두 기둥처럼 요지부동의 신앙생활을 우리가 과연 하고 있습니까? 그것이 문제입니다. 우리는 조심해야 합니다. 그렇지 않으면 불신자처럼 남몰래 어떤 나쁜 것을 생각하고 계획하는 일이 있을지도 모릅니다. 간사한 존재가 될 수도 있고 거짓된 존재가 될 수도 있습니다. 이렇게 위험한 곳입니다. 그러므로 이 세상에서 신자라는 이름을 가칭으로 붙이는 것이 마땅하다고 생각합니다. 지금 이 세상에서 믿는 사람들이 내세의 기둥과 같은 존재라고 하기 어려운데 그 이름을 늘 신자로 해야 하는가, 하나의 이름으로 확정할 수 없는 존재들이 아닌가 그렇게 생각합니다.

그렇다고 해서 구원받은 신자가 멸망하게 된다고까지는 생각하지 않습니다. 튼튼하게 보이던 신자가 알게 모르게 약한 신자가 되어버린 경우에는 이름이 좀 달라져야 하지 않는가, 그렇게 약해진 경우에는 신자 플러스가 아니고 신자 마이너스라고 해야 되는 것 아닌가, 신자라고 하지만 그 이름을 그대로 주기에 아깝다면 거기 마이너스를 붙여야 되는 것 아닌가 말입니다. 세상에서 우리가 받는 이름은 하나님 보시기에는 다 가칭이에요. 그러나 우리가 약한 힘을 가지고 생명을 바쳐 가면서 신앙을 지키고 어떤 때는 눈물 흘리며 또 어떤 때는 온갖 애를 쓰면서 끝까지 하나님을 기쁘게 하려는 신앙의 길을 간다면 우리는 저 세상에 들어가서 성전 기둥이 되고 확정적인 이름을 받게 되리라 생각합니다. 그때 그 확정된 이름이 무엇인가 하면 하나님의 소유라는 것입니다.

우리가 이 세상에 살면서 자기 자신을 하나님의 소유로 생각했다가도 자기의 소유로 생각하는 경우가 얼마나 많습니까? 이것이 얼마나 원통한 일입니까? 저 세상에 들어가서는 확정적으로 하나님의 완전한 소유가 되니 참 평안한 내세지요. 이 세상에서 나를 나의 소유로 만들어서 살아가려니 그렇게 고민이 많은 것입니다. 믿음을 지키는 데도 늘 지장이 되고 방해가 됩니다. 내가 나를 소유한다 할 적에 심리적인 고통을 얼마나 당합니까? 이 세상에서도 나는 주의 것이다, 생각만 해도 얼마나 기쁩니까? 저 세상에 들어가서는 변함없이 주의 것으로 머물러 있으며 변함없이 기둥이라는 말입니다. 하나님의 것이고 새 예루살렘의 것이고 예수 그리스도의 것이니 그 관계가 바로 구원받은 또 하나의 측면입니다. 구원받은 처지는 그렇게 되는 거예요. 나는 어디까지나 내 것이라고 하는 관념이 없습니다. 주님의 것으로 삼중 보장을 했습니다. 이 세상의 모든 풍파를 무릅쓰고 신앙생활을 승리하는 그분들이 얼마나 행복합니까? 이 말씀을 명심하시고 우리 신앙생활에 일보 전진이 있기를 바랍니다.

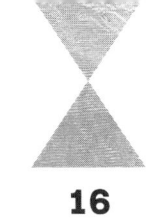

16
뜨거운 회개

계 3:14-20

여기에 나오는 라오디게아는 소아시아에 있는 지방입니다. 거기에 있는 교회에 보내는 우리 주님의 편지입니다. 여기 있는 말씀을 요약해 보자면 뜨거운 회개라고 할 수 있습니다. 뜻을 살펴보겠습니다.

• 회개의 원동력은 말씀

라오디게아 교회의 사자에게 편지하라 아멘이시요 충성되고 참된 증인이시요 하나님의 창조의 근본이신 이가 이르시되(3:14)

"라오디게아 교회의 사자에게 편지하라." 즉 예수님이 하늘에 올라가 계시는데, 성령의 감동으로 이 말씀을 깨닫게 하여 교회에 전한 것입니다. 첫째로 "아멘이시요 충성되고 참된 증인이시요 하나님의 창조의 근본이신 이가 이르시되"라고 했습니다. 이것은 뜨거운 회개를 할 수 있도록 하나님이 주시는 힘이라고 할 수 있습니다. 회개의 원동력, 우리로 하여금 회개케 하는 원동력,

즉 힘입니다. 그 힘은 다른 것이 아니라 하나님 말씀입니다. 여기 아멘이란 말이 하나님 말씀과 관계된 것입니다.

고린도후서 1장 20절을 보면 "하나님의 약속은 얼마든지 그리스도 안에서 예가 되니 그런즉 그로 말미암아 우리가 아멘 하여 하나님께 영광을 돌리게 되느니라"고 했습니다. "아멘", 이것이 귀한 말입니다. 하나님의 약속 즉 구약에서 미리 약속해 준 것이 얼마든지 그리스도 안에서 다 "예"가 되었다고 합니다. '예'는 아멘이란 뜻과 같습니다. 얼마든지 그리스도 안에서 이루어졌다는 말입니다. 그리스도 안에서 과연 그렇습니다, 하게 됐다는 말입니다.

이게 무슨 뜻입니까? 구약에, 여러 천 년 전 혹은 여러 백 년 전에 하나님이 우리 인류를 구원해 주시마 약속하신 것이 그렇게 많은데 그것이 하나도 남김없이 다 그리스도 안에서 예가 되었다, 다시 말하면 아멘이 되었다는 말입니다. 약속한 대로 다 이루어졌다는 말입니다. 하나님이 약속하신 말씀이 참된 것으로 드러났다는 말입니다. 예수님이 오셔서 그것을 다 이루셨습니다. 그러므로 우리는 그리스도로 말미암아 아멘 하여 과연 그렇습니다하고 하나님께 영광을 돌리라는 것입니다. 이것은 구약 시대에 주신 하나님 말씀과 관계된 뜻 있는 말입니다. 아멘, 하나님 말씀이 그대로 성취되었습니다.

그리고 다음 말 "충성되고 참된 증인이시요" 역시 하나님 말씀과 관계된 표현입니다. "충성되고"라는 것은 '진실하고'라는 말입니다. 즉 진실하고 참된 증인이라는 말입니다. 참되다는 것은 완전하여 바로 그 정체(正體)가 된다는 말입니다. 정체, 즉 실물입니다. 주님이 오시기 전에는 선지자로 증거하시고 족장들로 말미암아 증거하시고 그 밖에 여러 사건들로 증거하셨습니다. 그리스도께서 오실 것을 그런 식으로 증거했습니다. 그렇지만 이제는 그리스도께서 오셨기 때문에, 바로 그분이 오셨기 때문에 그분의 증거는 실물 그 자체입니다. 증거해야 될 바로 그분이 증거로 오신 것입니다.

그분이 오시기 전에는 이 모양 저 모양으로 불완전한 증인들을 세웠습니다. 말은 다 옳지만 예수님에게 비교한다면 일부분일 뿐입니다. 그런데 이제 예수님이 오셔서 증거하셨는데 이것이야말로 전에 구약 시대에 성령으로 말미암아 내다보던 그 실물, 바로 그분이란 말입니다. 이제 그분이 와서 증거합니다. 충성되고 즉 진실하고 참된 증인, 바로 예수님이 그렇단 말입니다. 더 이상의 증거가 필요 없습니다. 그런데 이 증거의 내용이 말씀입니다. 여기 충성되고 참된 증인은 말씀입니다. 증인이 와서 말씀으로 증거합니다. 여러분은 그 말씀, 그 문구의 뜻을 알아야 합니다. 문구의 뜻을 하나하나 알 때에 기쁨이 옵니다. 모르고 읽으면 기쁨이 없습니다. 그 기쁨은 성령이 주시는 기쁨입니다. 우리가 성경을 보면서 뜻을 깨달을 때에 기쁜 것은 영적인 기쁨입니다. 신령한 기쁨입니다.

그리고 "하나님의 창조의 근본이신 이가 이르시되"라 했습니다. 하나님의 창조의 근본이라 그랬습니다. 예수님을 "하나님의 창조의 근본"이라고 하는 것도 역시 말씀이라는 뜻입니다. 요한복음 1장 1절을 보면 "태초에 말씀이 계시니라 이 말씀이 하나님과 함께 계셨으니 이 말씀은 곧 하나님이시니라" 그랬습니다. 이 말씀은 예수입니다. 이 세상에 오시기 전 예수입니다. 여기서 말씀이라고 하는데, 왜 말씀이라고 하는가 하니 하나님 아버지는 예수 그리스도로 말미암아 알려지기 때문입니다. 예수 그리스도께서는 이 세상에 오셔서 하나님 아버지를 알려 주는 완전한 증거입니다. 그분이 와서 하나님 아버지를 알게 되었으니 그분이 바로 말씀이란 말입니다. 말씀이라는 것은 하나님의 생각을 표현하는 것입니다. 하나님의 생각을 표현하는 것이 말씀인데 하나님의 생각이 예수로 말미암아 표현되었습니다. 그분이 입으로 말씀한 것이나 어떤 사건으로 가르쳐 준 것이나 다 하나님 아버지를 알게 하는 그 말씀이란 말입니다. 창조의 근본이 되는 말씀입니다.

태초에 말씀이 계셨고 이 말씀이 만물을 지었다고 요한복음 1장 1-3절이 말하지 않습니까? 그러면 이 말씀이 창조의 근본이란 말입니다. 모든 만물을 창조하는 데 있어서 이 말씀이 근본이 되어서 이루어졌다는 말입니다. 말씀이 없이는 만물이 있을 수가 없습니다. 여러분이 볼 때 아멘이신 분도 말씀, 충성되고 참된 증인이시여도 말씀, 창조의 근본이신 그분 역시 말씀이란 말입니다.

라오디게아 교회는 회개해야 하는 교회입니다. 그런데 이 회개에 있어서 원동력이 되는 것이 바로 하나님 말씀입니다. 사람은 하나님 말씀을 듣고 회개합니다. 말씀을 보고 회개합니다. 그 말씀이 우리 귀나 눈을 통해서 우리 심령에 들어와 역사하기 때문에 회개하는 것입니다. 누구든지 양심으로 성경을 읽으면 반드시 은혜를 받습니다.

뜨겁게 믿으라

라오디게아 교회는 새로워져야 할 교회입니다. 라오디게아 교회는 생명이 없는 교회입니다. 그러기 때문에 예수님께서 라오디게아 교회를 변화시키기 위해 하나님 말씀으로 찾아오십니다.

> 내가 네 행위를 아노니 네가 차지도 아니하고 뜨겁지도 아니하도다 네가 차든지 뜨겁든지 하기를 원하노라 네가 이같이 미지근하여 뜨겁지도 아니하고 차지도 아니하니 내 입에서 너를 토하여 버리리라(3:15-16)

여기 나온 말씀은 비유로 표현된 것입니다. "네가 차지도 아니하고 뜨겁지도 아니하도다 네가 차든지 뜨겁든지 하기를 원하노라." 우리는 여기서 뜨거운 것은 무엇을 비유하고 또 찬 것은 무엇을 비유하는지 분석해 봐야겠습니다. 한마디로 뜨거운 것은 진실하게 믿는 것이고 찬 것은 믿지 않는 상태를 비유하는 것입니다. 예수님께서 뜨거운 것을 원하는 것은 당연한데, 그렇다면 찬 것, 즉 불신자 상태도 원하실 수 있다는 것입니까? 그렇지는 않습니다. 바로 뒤에 자세히 설명하겠습니다만 미지근한 것보다는 차라리 찬 것이 낫다는 뜻입니다. 네가 차든지 뜨겁든지 하기를 원한다는 것은 뜨겁게 믿는 것을 원한다는 것입니다.

뜨겁게 믿는 것은 어떻게 믿는 것입니까? 뜨거운 것은 진실한 것이고 간절한 것입니다. 진실하게 믿는 사람은 간절합니다. 가만히 앉아 있어도 마음이 가만히 있지를 않고 안타까워해요. 어떻게 안타깝습니까? 주님을 사랑하는 마음이 간절해서 이 속이 막 끓는다는 말입니다. 주님을 생각하면 속이 막 탄단 말입니다. 주님 만나고 싶고, 주님 따르고 싶고, 주님 섬기고 싶고, 주님께 기도할 마음이 간절하다는 말입니다. 그것이 뜨거운 것입니다. 냉랭한 것이 아니란 말입니다.

그러면 이제 적용해 봅시다. 우리가 하나님 말씀을 대할 때, 듣거나 보거나 공부할 때 마치 말씀을 먹는 것과 같이, 말씀을 마시는 것과 같이 내 것으로 삼으려고 해야 합니다. 이 말씀이 내 살과 같이 되고 내 피와 같이 되고 내 뼈와 같이 되어서 이 말씀으로 내가 되어지고 이 말씀으로 내가 되어가는 것을 원해야 합니다.

옛글에 서자아 아자아(書自我 我自我)라는 말이 있습니다. 글은 글대로 있고 나는 나대로 있다는 뜻입니다. 그런데 글은 글대로 나는 나대로 있으면 되겠습니까? 글을 읽었으면 그 글이 내 것이 되어야지요. 그 글대로 살아야지요. 우리 인간의 글도 그럴진대 하물며 하나님 말씀은 훨씬 더 그 이상인 것입니다. 우리가 말씀으로 되어가야 합니다. 이 말씀이 우리 마음을 막 따갑게 해서 우리 마음이 막 끓고 우리 마음이 움직거리고 우리 마음이 살아서 뛰는 그러한 자리까지 우리가 나아가야 된다는 말입니다.

무디(D. L. Moody, 1837-1899) 선생의 제자 중에 토레이(R. A. Torrey, 1856-1928)라는 유명한 목사님이 계셨습니다. 한번은 그가 혼자 방에 있다가 할렐루야, 할렐루야, 할렐루야 하고 소리를 질렀다고 합니다. 미국 캘리포니아 LA에서의 일입니다. 나중에 그 이유를 알아보니까 자기 마음에 너무도 하나님을 사모하는 마음이 따갑고 주를 사랑하는 마음이 따가워서 그랬다고 합니다. 주님을 위해 그렇게 희생적으로 일하면서도 부족을 느껴 더 열심히 하려고 그 심리 상태가 물 끓는 것같이 뜨거웠다 그 말입니다.

미지근한 것은 차가운 것만 못하다

다시 본문으로 돌아가겠습니다. "차든지 뜨겁든지 하기를 원하노라" 그랬는데, 그렇다면 주님이 찬 것도 원하신다는 것입니까? 찬 것은 불신 상태를 말합니다. 믿지 않는 자의 그 심리, 믿지 않는 자의 그 생활, 그것이라고 했습니다. 그런데 어떻게 예수님이 라오디게아를 향해서 그런 말을 할 수 있습니까? 차라리 불신 상태에 있으면 좋겠다 하실 수 있습니까? 의문인 것 같습니다만 사실 의문일 필요가 없는 것입니다. 그것이 참말이고 당연히 그럴 만한 것입니다.

예수님께서는 마태복음 21장에서 세리와 창녀들이 바리새인보다 먼저 천국에 들어간다고 말씀했습니다. "내가 진실로 너희에게 이르노니 세리들과 창녀들이 너희보다 먼저 하나님의 나라에 들어가리라"(31절). "너희"라는 것은 바리새 교인을 말합니다. 세리와 창녀들이 바리새인보다 먼저 천국에 들어간다 했으니까 세리와 창녀들이 바리새인보다 낫다는 말 아닙니까? 바리새인이 될 바에는 차라리 세리와 창녀가 되는 것이 더 좋다는 말 아닙니까? 바리새인은 세리와 창녀만도 못하다는 말입니다. 왜 그렇습니까? 이 바리새인들은 하나님을 공경한다고 하면서 실상은 딴 짓하고 공경하지 않았습니다. 믿는다고 하면서 외식하고 불신자만도 못한 행동을 하고 사람을 속였습니다. 자기들이 천국에 들어가지 않는 것뿐 아니라 남들도 못 들어가게 하는 존재란 말입니다. 그러니까 이 바리새인들이 세리와 창녀만도 못한 자들이라, 그 말입니다.

라오디게아 교회는 믿는다고 하면서 외식하고, 말과 행실이 불신자들에게 본이 되지 못하고 오히려 예수에게 욕을 돌리니 차라리 예수 믿지 않는 사람들이 낫다는 말입니다. 예수님은 라오디게아 교회가 뜨겁게 믿는 것을 원하지 미지근하게 믿는 것을 원치 않는다는 것입니다. 그것은 찬 것만도 못하게 여기신다는 것입니다. 차지도 뜨겁지도 않고 미지근하게 믿는 것은 사실 믿는 것이 아니란 말입니다. 믿는다는 이름만 있어서 불신자들에게 믿는 사람이 저렇구나 하는 인상을 가지게 하고 도리어 그들로 믿을 맘이 없게 만드니 미지근한 것보다는 찬 것이 오히려 좋다는 것입니다. 예수를 들어보지도 못한 사람들이, 복음을 들어보지도 못한 사람들이 오히려 소망이 있고 더 낫다는 것입니다. 아시겠습니까 여러분? "네가 차든지 뜨겁든지 하기를 원하노라." 16절을 보면 "네가 이같이 미지근하여 뜨겁지도 아니하고 차지도 아니하니 내 입에서 너를 토하여 버리리라" 했는데 이렇게 미지근한 것은 구역질 나게 좋지 못한 것이라는 말입니다.

비유로 말씀하심

네가 말하기를 나는 부자라 부요하여 부족한 것이 없다 하나 네 곤고한 것과 가련한 것과 가난한 것과 눈 먼 것과 벌거벗은 것을 알지 못하는도다 내가 너를 권하노니 내게서 불로 연단한 금을 사서 부요하게 하고 흰 옷을 사서 입어 벌거벗은 수치를 보이지 않게 하고 안약을 사서 눈에 발라 보게 하라(3:17-18)

17절은 비유로 가르치는 말씀입니다. "네가 말하기를", 즉 라오디게아 교회가 주장하기를, "나는 부자라", 부자라 하는 것은 물질적인 부자를 말하는 것이 아니라 영적 부자라는 말입니다. 즉 나는 잘 믿는다는 말입니다. 라오디게아 교회에 대한 역사나 후대의 증거에 의하면 라오디게아 지방 사람들이 물질적으로 부유했다고 합니다. 여러 가지 물건을 만들어서 돈을 많이 벌고 살았다고 합니다. 그러니까 물질적으로 부유한 것도 의미했다고 생각합니다. 하지만 그보다는 영적으로 자신들은 잘 믿는 사람이라고 자처하던 사람들이란 의미입니다. "부족한 것이 없다 하나 네 곤고한 것과 가련한 것과 가난한 것과 눈 먼 것과 벌거벗은 것을 알지 못하는도다." 그들이 되지 못하고 된 줄로 안다는 말입니다.

그러기 때문에 18절에서 "내가 너를 권하노니 내게서 불로 연단한 금을 사서 부요하게 하고 흰 옷을 사서 입어 벌거벗은 수치를 보이지 않게 하고 안약을 사서 눈에 발라 보게 하라" 했습니다. 이것도 비유입니다. "내게서 불로 연단한 금"이라는 것은 연단 받은 믿음을 비유합니다. 그 믿음을 "사서 부요하게 하고", 믿음이 부요해지는 것을 주님께서 원하십니다. 그런데 믿음을 사라는 말이 이상하지요? 믿음도 삽니까?

그 밑에 "흰 옷을 사서 입어 벌거벗은 수치를 보이지 않게 하고" 했는데 이것도 비유입니다. 여기 "흰 옷"은 예수 그리스도께서 우리에게 의가 되시는 것을 의미합니다. 그의 공로가 우리에게 의가 되시는데, 그것을 의미합니다. 그리스도께서 우리를 위하여 이루어 주신 의, 그가 흠도 티도 없이 바르게 사시고 전적으로 우리 죄를 담당하기 위해 십자가에서 죽으셔서 희생의 완전한 제물 되심, 이렇게 희생의 완전한 제물 되심이 우리에게 의가 됩니다. 우리는 죄인들이지만 예수를 믿을 때에 주님이 이루어주신 이 의(義)를 힘입어서 하나님 앞에서 의인 대우를 받습니다. 이상한 말 같지만 그렇습니다. 여러분이 매일같이 신약성경에서 보는 얘기 아닙니까? 우리에게는 아무 공로도 없습니다. 우리에게는 의가 없습니다. 우리의 의는 예수 그리스도뿐입니다.

"흰 옷을 사서"라고 했는데 여기서도 또 사라고 합니다. 왜 사라고 합니까? "사서 입어 벌거벗은 수치를 보이지 않게 하고" 그랬습니다. 그리고 또 "안약을 사서." 여기 "안약"은 성령에 의해 깨닫는 지혜입니다. 신령한 일들을 바로 깨닫게 하고 하나님의 말씀을 바로 깨닫게 하는 지혜입니다. 그것이 우리에게는 눈과 같습니다. 안약이 무엇이라고요? 하나님의 진리를 깨닫게 하는 지혜입니다. 그런데 그 지혜는 성령이 주시는 것입니다.

왜 금을 산다고 했고 흰 옷을 산다고 했고 안약을 산다고 했습니까? 또한 "눈에 발라 보게 하라" 했는데 이것도 비유가 아닙니까? 성령이 주시는 지혜를 어떻게 눈에 바릅니까? 이것은 물질이 아니에요. 다 비유입니다. 우리가 깨닫도록 비유로 가르치는 것입니다. 그런데 '산다'는 말을 우리가 명심해야 합니다.

● 자기의 소유를 다 팔아

마태복음 13장 44절에 보면 밭에서 일하다가 보화를 발견하고는 그 보화를 감추어 두고 기뻐하며 집으로 돌아가서는 어떻게 했습니까?

> **천국은 마치 밭에 감추인 보화와 같으니 사람이 이를 발견한 후 숨겨 두고 기뻐하며 돌아가서 자기의 소유를 다 팔아 그 밭을 사느니라**(마 13:44)

어떻게 했지요? "자기의 소유를 다 팔아" 그랬습니다. 자기에게 있는 것을 다 가지고 가서 팔았다고 했습니다. 다 팔아서 돈을 만들었지요. 그러고는 가서 "그 밭을 사느니라" 했습니다. 사는 것입니다. 천국을 사고 복음을 사고 성령이 깨닫게 하는 은혜를 사야 되는 것입니다. 이사야 55장 1절에서는 무엇이라고 했습니까? 여기에 해답이 있습니다. "너희는 와서 사 먹되 돈 없이, 값없이 와서 포도주와 젖을 사라" 합니다. 포도주와 젖은 복음을 비유합니다. 우리가 믿는 복음 말입니다.

그런데 값없이 산다는 것이 무슨 말입니까? 값없이 산다는 말을 기억해 놓으시고 다시 마태복음을 펴십시오. 13장 44절입니다. "천국은 마치 밭에 감추인 보화와 같으니 사람이 이를 발견한 후 숨겨 두고 기뻐하며 돌아가서 자기의 소유를 다 팔아 그 밭을 사느니라." 보십시오. 여기서 샀다고 했는데 값없이 산 것이 아니지 않습니까? 값없이 사는 것이 아니고 자기에게 있는 것을 다 팔아 산다고 그랬습니다. 이거 굉장히 힘든 일 아닙니까? 자기에게 있는 걸 다 팔아 복음을 산다고 했습니다. 그러나 우리가 바르게 깨닫는다면 그것은 아주 쉬운 일입니다. 내게 있는 것을 다 팔아야 복음을 사는 것이고 내게 있는 것을 다 팔아야 천국을 사는 것입니다. 그 말씀은 이때까지 나의 소유나 나의 생활이나 내가 귀히 여기던 그 어떤 것들도 이제 귀하게 여기지 말라는 뜻입니다. 내 육신이나 내가 이때까지 살아온 행위나 내가 가지고 있는 재산 등등 다 귀하게 생각하지 말라는 말입니다.

여기 '판다'는 말이 예수 믿는 그 시간부터 가진 것 다 팔고 알거지가 되어 믿으라는 말이 아닙니다. 디모데전서 6장 8절에서는 "우리가 먹을 것과 입을 것이 있은즉 족한 줄로 알 것이니라"고 했습니다. 먹고 입을 것이 있으면 족한 줄 알라고 그랬지요. 하나님께서는 먹을 것과 입을 것을 가지는 것을 틀렸다고 하지 않습니다. 우리가 예수 믿으면서 먹을 것 입을 것 그대로 놔둔다고 잘못이 아닙니다. 다만 무엇을 가졌든지, 먹을 것 입을 것만 가진 것이 아니라 더 많이 가졌어도, 그 가진 것을 귀히 여기지 말고 거기 소망을 두지 말고 주님만 귀한 줄 알 때 그것이 바로 사는 것입니다. 전에는 내가 소유했던 것을 귀한 줄 알았는데 이제는 예수님만이 귀한 줄 안다는 말입니다. 그래서 내게 있는 어떤 귀한 것이라도 예수님을 위해서라면 바치고 싶다 그 말입니다. 마음이 그쯤 된 것입니다.

값없이 사라

내가 무엇을 가졌든지 간에 거기에 소망을 갖지 않고 주님께만 소망을 갖습니다. 이제는 교환한 거예요. 바꾼 거예요. 전에는 여기에 생명을 걸었고 이것이 소망이라고 했는데, 이제는 여기에 소망이 있다고 생각하지 않고 예수께만 소망을 둔다 그 말입니다. 이제는 예수만 귀한 줄 안다 그 말이에요. 그러니까 이거 바꾼 것 아닙니까? 바꿨습니다. 가치관이 달라졌습니다. 이 말씀을 그렇게 깨달아야 합니다. 내게 있는 것을 다 팔아 천국을 산 것입니다. 다시 말하면 이걸 팔아서 다른 것을 샀으니까 가치관이 바뀐 것입니다. 이때까지 잡고 있던 것은 놓아도 괜찮지만 예수는 놓으면 안 되겠다는 마음인 것입니다.

이제 사기는 샀습니다. 그런데 중요한 것은 값없이 샀다는 것입니다. 왜 그렇습니까? 생각을 바꿨을 뿐인데 천국을 받았기 때문입니다. 내게 있던 모든 것을 소망 있는 것으로 생각하지 않았습니다. 오직 예수님만을 소망으로 생각했습니다. 그렇게 생각하고 행동하니까 천국을 받았습니다. 이 천국은 값으로 치자면 천하보다 귀한데 이거 뭐 나 한 사람의 가치관을 바꾸고 받은 것이니까 거저 받은 것이라 그 말입니다. 거저 값없이 산 것과 마찬가지란 말입니다.

가치관을 바꿨다고 해서 내가 손해를 봅니까? 이제부터 굶어 죽으라는 것도 아닙니다. 디모데전서 6장 8절에서 본 것과 같이 하나님은 우리를 살게 하시는 하나님입니다. 우리가 이 세상에 사는 동안 살게 하시는 하나님이에요. 사는 동안 먹을 것, 입을 것 가지기를 원하시는 하나님입니다. 거지가 되어 남에게 구걸이나 하라는 그런 하나님이 아니시란 말입니다. 그러나 우리 마음의 가치관은 바뀌어야 합니다. 내 소망은 내가 가지고 있는 것에 있는 것이 아니라 오직 예수님뿐이라고 바뀌어야 합니다. 그렇다고 해서 굶어 죽는 것이 아닙니다. 하나님께서 나를 살게 하십니다. 그리고 나로 하여금 영원한 저 나라를 소유하게 하십니다. 그러니 이건 뭐 거저라 그 말이에요. 거저예요. 그러니까 값없이 사는 거란 말입니다.

밭이 하나 있는데, 거기에 보물까지 있어서 내가 그것을 사고 싶다고 합시다. 내 재산을 다 팔아서, 그 밭의 몇 백배나 되는 재산을 다 팔아서 보물이 묻혀 있는 밭을 샀다고 합시다. 그런 경우 계산상 손해를 본 것입니까? 아니지요. 그런 경우 거저 얻은 것이지요. 내가 지불했던 것은 그 보물에 비하면 아무것도 아니지요. 비록 그 밭의 몇 백배를 주고 샀지만 아무것도 아니지 않습니까. 정말 거저 받은 것이거든요. 그런 의미에서 값없이 사라고 그런 것입니다.

계산성과 결단성

그러면 천국과 관련된 귀한 것들을 소유하려면 매매 관계가 성립되어야 합니다. 매매 관계란 계산을 하는 것입니다. 그저 뭐 흐리멍덩하게 대충 주고받고 하는 것이 아니란 말입니다. 계산이 명백해야 합니다. 무는 말입니까? 우리의 마음가짐을 분명히 해야 한다는 것입니다. 예수를 믿는다고 하면서 아직도 나의 지식, 나의 소유, 나의 무엇에 소망을 두고 있으면 안 됩니다. 예수를 그저 관념적으로만, 흐릿한 생각으로만 귀하게 여기고 높이는 것은 안 됩니다.

우리는 천국과 천국에 관련된 귀한 것들을 소유하는 일에서 명백한 결단을 해야 합니다. 그 매매 관계에서 계산적으로 확실한 결단이 있어야 합니다. 이것을 값없이 산다고도 말하고 거저 받는다고도 말하고 모든 것을 다 팔아서 산다고 말했습니다. 모든 것을 다 팔아도 사실 그 가치 관계를 따져 보면 내가 판 것이 아무것도 아닙니다. 내가 산 천국과 천국에 관계된 것들은 그 가치가 무한하고 너무 귀하니까 내가 아무리 모든 것을 다 팔아도 아무것도 아니란 말입니다. 이것이 거저 아닙니까. 그러니까 값없이 사라고 말씀한 것을 여러분이 명심하셔야 합니다.

그런데 '사라'는 이 말은 계산성이 있어야 되고 결단성이 있어야 되는 것입니다. 무엇인가 사고 팔 때는 결단성이 있어야 합니다. 그저 팔겠다 팔겠다 하다가는 안 팔고, 또한 사겠다 사겠다 하면서도 남의 물건만 하루 종일 만져 보는 식으로는 안 되는 것입니다. 하늘나라의 거래에서 우리는 이 결단성이라는 것을 언제나 기억해야 합니다. 세상일은 잘 모르겠습니다. 이 세상에서는 이 결단성이 언제나 통한다고는 못 하겠지요. 그러나 우리가 소유한 이 모든 썩을 것을 가지고 천국과 천국에 관계된 모든 것을 소유하려 할 때는 결단해야 합니다. 우리가 살까 말까 하면서 세월 보내다가는 안 되는 것입니다. 오늘 산다는 말이 세 번 나왔습니다. 명심하라는 것입니다. 이 천국과 거래하는 것을 그저 마구잡이로 해도 되는 것처럼 생각하면 안 된다는 것입니다. 19절 읽고 마치겠습니다. "무릇 내가 사랑하는 자를 책망하여 징계하노니 그러므로 네가 열심을 내라 회개하라." 이것도 따가워져라 그 말입니다.

제2부

참된 교회의 승리

17
하나님의 영광

계 4:1-11

4장부터는 하늘나라 광경에 대해 말씀합니다. 하늘나라를 계시하고 또 그 곳에 함께 있는 자들에 대해 말씀합니다. 이 일은 설명하기 어렵기 때문에 비유로 말을 합니다. 그러기 때문에 우리가 이 비유를 풀 줄 모르면 뜻을 알기 어렵습니다.

"보이기가"

이 일 후에 내가 보니 하늘에 열린 문이 있는데 내가 들은 바 처음에 내게 말하던 나팔 소리 같은 그 음성이 이르되 이리로 올라오라 이 후에 마땅히 일어날 일들을 내가 네게 보이리라 하시더라(4:1)

"이 일 후에"라는 것은 '예수님께서 일곱 교회에 편지를 보내신 일이 있은 후에'라는 뜻입니다. "내가 보니"에서 나라는 것은 사도 요한을 말하는 것이지요. "하늘에 열린 문이 있는데"라는 것은 하늘이 열려서 그 하늘 위의 내용을 보게 해 준다는 말입니다.

"내가 들은 바 처음에 내게 말하던 나팔 소리 같은 그 음성이." 나팔 소리 같은 음성은 계시록 1장 10절부터 나오는 말씀입니다. "주의 날에 내가 성령에 감동되어 내 뒤에서 나는 나팔 소리 같은 큰 음성을 들으니"라고 했습니다. 하늘에서 나는 음성이 나팔 소리 같다는 것입니다. 나팔 소리 같다는 것이지 나팔 소리라는 말은 아닙니다. 나팔 소리는 잠을 깨우는 소리이기도 하고 전쟁 시작을 알리는 소리이기도 합니다. 그만큼 크게 깨우치는 효과를 가집니다. 그렇다면 이 말은 사도 요한이 나팔 소리 같은, 즉 깨우치는 소리 같은 큰 음성을 들었다는 말입니다.

그 음성이 무엇이라고 말합니까? "이리로 올라오라." 하늘로 올라오라는 말씀입니다. "이 후에 마땅히 일어날 일들을 내가 네게 보이리라." 이제 이후에 될 일들을 보여 주겠다고 합니다. 그런데 사도 요한이 하늘로 올라갔다는 말은 없습니다. 올라갔다는 말은 없는데, 2절을 보면 올라가는 방법을 말해 줍니다.

> **내가 곧 성령에 감동되었더니 보라 하늘에 보좌를 베풀었고 그 보좌 위에 앉으신 이가 있는데**(4:2)

즉 "내가 곧 성령에 감동되었더니"라고 말하고 있습니다. 성령에 감동되어 하늘나라의 내용을 보게 됩니다. 그러므로 사도 요한이 하늘로 올라가는 것은 다른 것이 아니고 성령의 감동을 받은 것입니다. 그렇게 성령에 감동되었더니 "보라 하늘에 보좌를 베풀었고 그 보좌 위에 앉으신 이가 있는데"라고 합니다. 보좌 위에 앉으신 이는 한 분 뿐입니다. 그 분을 "앉으신 이"라 그랬는데, 바로 하나님입니다.

> **앉으신 이의 모양이 벽옥과 홍보석 같고 또 무지개가 있어 보좌에 둘렸는데 그 모양이 녹보석 같더라**(4:3)

그 하나님이 어떻게 보였습니까? 3절에 보면 "앉으신 이의 모양이 벽옥과 홍보석 같다"고 했습니다. "앉으신 이의 모양"이라는 것은 '앉으신 이는 보이기가'라는 뜻입니다. '보이기가'입니다. 우리는 하나님을 보지 못합니다. 보면 죽는다고 성경은 말합니다. 하나님을 볼 수 없는 우리와 마찬가지로 사도 요한 역시 하나님을 보지 못했습니다. 다만 '보이기가', 즉 눈에 보이는 것이 어떻더라, 이렇게 말할 수밖에 없습니다. 하나님의 본체를 본 것이 아닙니다. 또 "벽옥과 홍보석 같고" 그랬는데, 여기에서 "같고"라는 말에 유의해야 합니다. 벽옥과 홍보석 같다고 했지 벽옥과 홍보석이라고 말씀하시지 않습니다. "같고", 그러니까 이것이 비유의 말씀입니다.

성결하신 하나님

우리는 벽옥과 홍보석이 무엇을 비유하는지 알아야 합니다. 성경을 연구할 때 그 뜻을 아는 것이 매우 중요합니다. 요한계시록 21장 11절을 보면, "하나님의 영광이 있어 그 성의 빛이 지극히 귀한 보석 같고 벽옥과 수정같이 맑더라." 하나님의 영광이 어디에 있었다고 합니까? "거룩한 성 예루살렘"이라고 했습니다. 10절 끝에 나옵니다. "거룩한 성 예루살렘" 역시 비유입니다. 장차 주님이 오셔서 심판하시고 세우시는 나라가 예루살렘으로 비유됐습니다. 이것은 새 예루살렘이라고 하기도 합니다. 예루살렘, 주님이 오셔서 세울 나라, 거기에 하나님의 영광이 있다고 합니다. 하나님의 영광이라는 것은 하나님으로부터 나타나는 성결과 은혜를 말합니다.

"하나님의 영광이 있어 그 성의 빛이 지극히 귀한 보석 같고." 그 예루살렘 성의 빛이 지극히 귀하다고 했습니다. 지극히 귀하다는 것을 명심하십시오. 또 "벽옥과 수정같이 맑더라." 벽옥은 파란 빛의 옥이고 수정은 투명하고 하얀 빛을 가진 것입니다. 수정은 티끌이 하나도 섞이지 않고 아주 맑습니다. 그래서 보배입니다. 우리 생각에 어떻게 광물질이 그럴까 하는데, 본문에 "수정같이 맑더라"라고 분명히 해석이 나왔습니다. 그래서 여기 보석은 맑다는 뜻을 가지는데, 맑은 것은 성결을 비유합니다.

다시 "보석"을 생각해 봅시다. 보석은 지극히 귀한 것입니다. 먹는 것도 마시는 것도 아닙니다. 우리 의식주에 직접 사용되는 것도 아닙니다. 다만 귀하다고 합니다. 보석이 왜 귀합니까? 구하기 어렵기 때문입니다. 대만에 가 보니 박물관에 병풍을 세워 놓았습니다. 그런데 그 병풍 매 칸에 우리 팔만큼 길고 큰 보석을 끼워 놓았습니다. 병풍 한 칸마다 위 아래로 그런 큰 보석들을 끼워 놓았어요. 그것이 그렇게 귀하다고 합니다. 장개석(蔣介石, 1887-1975)이 중국 내지에서 도망 나올 때 중국 내지에서 모아 놓았던 보물을 다 가져왔다고 합니다. 미국 사람들이 박물관 건물 몇 개 지어 줄 테니 그 보석 병풍을 달라고 해도 안 주었답니다. 그만큼 보석을 귀히 여깁니다. 흔하지 않기 때문에 그런 것이지요. '보석' 그러면, 지극히 귀하다는 것을 우리가 생각해야 합니다. 하나님의 성결과 은혜가 지극히 귀하다는 말입니다. 이 세상에는 없는 것입니다. 하늘에서 가져오는 것입니다.

계시록 21장 11절로 돌아가서 "그 성의 빛"이라고 했습니다. 그 성에, 예루살렘 성에 빛이 나는데 그 빛 역시 하나님의 영광을 비유하는 재료가 됩니다. 빛으로 비유합니다. 요한일서 1장 5절에서 "하나님은 빛이시라" 할 때도 하나님이 바로 태양빛이라는 뜻이 아닙니다. 어떤 보석의 빛이라는 것도 아닙니다. 그것 역시 비유예요. 빛과 같이 깨끗하고 거룩한 것을 말합니다. 빛과 같이 맑다는 뜻입니다. 태양빛이 들어올 때 보면 주위에 있는 먼지가 다 드러날 만큼 그 자체로 맑습니다. 그렇게 맑은 빛이 들어오니까 모든 불결한 것들이 그대로 다 드러납니다. 따라서 여기에서 말하는 빛 역시 성결을 비유합니다. 이렇게 계시록 21장 11절이 계시록 4장을 풀이하는 열쇠가 됩니다.

다시 4장으로 와서 3절에 "앉으신 이의 모양"이라고 했습니다. 모양이라는 말을 '보이기가'로 바꾸어 생각할 때 오히려 뜻이 잘 드러나요. 보이기가 벽옥과 홍보석 같다는 것입니다. 벽옥은 파란 옥을 말하고, 홍보석은 붉은 옥입니다. 파란 빛은 무엇을 비유하고 붉은 빛은 무엇을 비유하는지 물어보는 이들도 있습니다만 우리는 그저 보석이 맑고 투명하다는 점을 생각하면 됩니다. 이것은 성결을 의미합니다. 성결은 죄가 전혀 없이 의(義)만 있고 선(善)함만 있는 것이에요. 이 세상 어떤 사람이 의를 소유했다고 합시다. 백 가지를 다 의롭게 행하지는 못하고 한 오십 가지만 의롭게 행한다고 합시다. 그쯤만 돼도 그는 굉장히 끌릴 만한 사람입니다. 하물며 의롭기만 하시고 착하기만 하셔서 죄가 티끌만큼도 없으신 그분은 얼마나 좋으신 분입니까? 벽옥과 홍보석은 바로 성결을 비유합니다.

언약하신 하나님

"또 무지개가 있어 보좌에 둘렸는데 그 모양이 녹보석 같더라." 여기에서 무지개는 분명히 무엇인가를 가리킵니다. 바로 창세기 9장에 나오는 하나님의 언약을 비유합니다. 창세기 9장에서 노아는 홍수 사건 후에 하나님으로부터 언약을 받았는데, 앞으로는 이렇게 큰 홍수가 없을 것이라는 내용이었습니다. 큰 홍수, 세계적인 큰 홍수, 물이 땅에 가득 차 산이 잠길 만큼 큰 홍수, 그러한 큰 홍수가 앞으로는 없다고 약속하셨습니다. 지금부터 만 년 전에 하신 약속입니다. 만 년이 지나도록 오늘까지 그런 큰 홍수는 없었습니다. 어느 지역에 홍수가 났다 하는 소식을 듣기는 하지만 노아 때처럼 큰 홍수는 지금까지 없었습니다.

우리는 주님 오실 때까지 그런 홍수가 없을 것이라는 것을 압니다. 어떻게 압니까? 하나님이 말씀하셨기 때문에 압니다. "없습니다", 이렇게 말할 수 있어 유쾌합니다. 비가 갠 후 무지개가 보일 때가 있지요? 이 무지개는 하나님과 노아 사이의 언약의 표입니다. 무지개가 나타나면 안심하라, 노아 때 있었던 것과 같은 그런 홍수는 아니니 이제 안심하라, 그러한 표입니다. 그때 하나님께서 인류에게 무지개를 가지고 자비를 베풀었습니다. 사람의 생명이 다 죽게 되는 이러한 홍수가 다시는 없다고 자비롭게 계약하셨습니다. 그 언약이 참 아름다운 언약 아닙니까.

여기 무지개는 유명한 무지개입니다. 하나님의 언약을 기억시킵니다. 하나님이 우리를 구원하시되 무지개를 가지고 언약하고 구원하는 것 같은, 도무지 변함이 없는 구원 약속을 하신 분이라, 그 말입니다. 예수 그리스도를 믿는 자마다 영생을 얻는다는 이 언약은 변할 수 없습니다. 그러니까 3절은 보좌에 앉으신 분의 보이기가 벽옥과 홍보석같이 맑고 깨끗한데, 그분은 죄가 전혀 없으시고 의와 선하심만 있는 분이란 말입니다. 또한 그분은 자비를 베푸시는 분이어서 그의 백성과 언약을 하신 분이라는 말입니다.

우리가 세상에서 금전 거래를 할 때 상대방이 믿을 만하다고 생각해서 계약하지만 계약한 문서를 받아 쥐어야만 비로소 안심하는 것 아닙니까? 그래야 안심이 됩니다. 계약 문서를 받아 쥐어야 비로소 그 계약이 성립된 거란 말입니다. 우리 하나님은 언약하신 하나님이라 생각할 때 우리 마음은 평안해져야 됩니다. 지금 이 세상은 여러 가지 풍파가 많지만 예수를 믿는 우리는 걱정할 일이 없다, 믿는 자에게 변함없으신 우리 하나님이 언약하셨다, 독생자를 믿으면 구원을 얻으며 영생을 얻는다는 언약을 하셨다, 우리가 그렇게 믿어야 합니다.

믿음과 사랑

이제 벽옥과 홍보석 빛과 같이 성결하시고, 녹보석 같은 무지개로 표시되는 그의 언약이 나타났을 때 우리는 이 하나님을 어떻게 대해야 합니까? 바로 믿음과 사랑으로 대해야 합니다. 그분을 믿는 데 변함없고 그분을 사랑하는 데 지극해야 합니다. 마귀와 귀신들도 하나님이 계신 줄은 알지만 하나님을 사랑하지는 못합니다. 어떻게 그것이 가능합니까? 야고보서 2장 19절에 "귀신들도 믿고 떠느니라" 그랬습니다. 귀신들도 하나님이 계신 줄 알고 떤다고 했습니다. 그러나 떠는 것뿐이지 사랑하지를 못 합니다. 하나님을 사랑할 수도 없고 사랑하지도 않습니다.

그러면 귀신들은 무엇을 합니까? 대적합니다. 하나님을 대적해요. 또한 두려워합니다. 하나님을 두려워해요. 그러니까 하나님을 두려워하기만 해서는 구원받지 못합니다. 그것은 귀신들도 하는 거예요. 두려워만 하면 하나님의 대적이 됩니다. 나중에 가서는 하나님이 안 계시면 좋겠다는 생각을 간접적으로 가집니다. 무슨 소리입니까? 말은 안 하지만 그런 사람은 심판이 없으면 좋겠다는 생각을 그 속에 가질 수가 있습니다. 두려워하기만 하고 사랑하지 않으니까 그렇습니다. 귀신은 그렇게 삽니다. 막 덜덜 떨면서 두려워하지만 사랑은 전혀 못 합니다. 하나님을 사랑하지 못해요.

하나님을 사랑하는 것은 신뢰에서부터 시작합니다. 그분을 믿으므로 사랑을 가지기 시작하는 겁니다. 믿는 겁니다. 우리의 믿음은 하나님을 사랑할 수 있는 믿음이고 또 사랑하는 믿음입니다. 그러나 귀신들의 믿음은 두려워하고 떨기만 하는 믿음입니다. 그런데 왜 그것도 믿음이라고 합니까? 야고보서 2장 19절에서 믿음이라고 했습니다. "귀신들도 믿고 떠느니라"고 했습니다. 구원받지 못하는 믿음이지요. 그러므로 귀신들의 믿음 정도로는 안 됩니다. 주를 사랑해야 합니다. 주를 사랑해야 우리의 믿음이 참 믿음이 됩니다.

그러면 이제는 조심해야 되지 않겠습니까? 이 벽옥과 홍보석같이 성결하시고 무지개의 언약을 가지신 그분에 대해 우리 모두는 떨고 두려워해야 합니다. 그의 자비의 언약 앞에 우리의 사랑을 전적으로 쏟아 부어 그분밖에 없는 줄 알고 그분만 따르는 생각을 해야 하고, 또 삶을 살아야 합니다. 두려워 떨기도 하고 겸하여 사랑하고 즐거워해야 합니다. 시편 2편 11절에서는 "여호와를 경외함으로 섬기고 떨며 즐거워할지어다"라고 말씀했습니다. 경외라는 것은 두려워하는 것이지요. 그러니까 '두려워함으로 섬기고 떨며 즐거워할지어다'라는 말씀입니다. 떨기도 하고, 그와 함께 즐거워하기도 해야 합니다. 이 말씀을 보면 사람으로서 어떻게 살아야 하는지를 알 수 있습니다.

성결과 은혜

사람은 성결하게 살아야 합니다. 하나님께서는 베드로전서 1장 16절에서 무슨 말씀을 하셨습니까? "내가 거룩하니 너희도 거룩할지어다" 하셨습니다. 창세기 1장 26-27절에서는 우리가 하나님의 형상으로 지음 받았다고 말씀합니다. 하나님의 형상으로 지음 받았다는 것이 사람의 본질입니다. 하나님의 형상으로 지음 받지 못했다면 다른 짐승과 같았을 것입니다. 하나님의 형상으로 지음 받은 목적은 우리로 하나님을 알게 하고 하나님과 같이 거룩하게 살게 하는 것입니다.

거룩하게 사는 것이 인생의 본연이고 거룩하게 사는 것이 인생의 가치가 됩니다. 거룩함을 알지도 못 하고 거룩하게 살지도 않는다면 그것은 짐승과 같은 겁니다. 그래서 어떤 기독교 학자는 행복보다 성결을 구하라고 했습니다. 이 세상에서 잘 먹고 잘 입고 즐겁게 살고 평안히 살기를 원하기보다는 거룩하게 사는 것이 더 좋다는 말입니다. 거룩하게 사는 것이 인생의 목적이고 인생이 잘 되는 길이라는 말입니다. 본래 지음 받기를 하나님의 형상으로 지음 받았으니 거룩하게 사는 것이 인생의 본분이고 인생의 가치가 거기에만 있다는 말입니다.

거룩하게 산다는 것은 바로 하나님의 그 거룩을, 무지개와 같은 그 언약을 믿으면서 하나님을 닮아가는 것입니다. 벽옥과 홍보석같이 아무 티가 없는 거룩함이 그의 성품이고 영원토록 변치 않는 신실성이 그의 언약입니다. 그러기 때문에 하나님의 성결과 하나님의 은혜, 무지개로 상징되고 비유된 언약을 우리 인생들과 맺으신 그분은 지극히 귀한 분이십니다. 그분에게 나타난 것이 성결과 은혜의 화합이고 그뿐 아니라 무지개로 상징된 그 은혜로운 자비가 함께해서 더욱 귀하기 짝이 없는 것입니다.

성결하지 않은 은혜는 문란할 수밖에 없고 은혜가 없는 성결은 인간과 관계되기 어렵습니다. 인간이 타락해서 떨어져 나갔기 때문에 그 인간과 관계를 맺기 위해서는 성결이 인간에게 들어가야 합니다. 하나님이 본래 원하셨던 대로 인간이 하나님의 형상을 닮기 위해서는 성결이 인간에게 소유되어야 합니다. 그런데 그 방법이 은혜입니다. 은혜와 성결은 합해서 하나입니다. 성결이 없는 은혜는 문란하고 은혜가 없는 성결은 타락한 인간을 건져낼 수 없습니다. 그 성결을 그들에게 전달할 수가 없습니다. 그런데 이 성결과 은혜가 합쳐져서 일체가 된 것이 그분의 영광입니다. 그분에게서 나타나는 말씀이나 모든 처사가 성결과 은혜의 합성으로서 지극히 귀합니다. 그렇기에 사람은 이것을 찾아야 합니다. 다윗은 시편 27편 4절에서 이렇게 말했습니다.

> **내가 여호와께 바라는 한 가지 일 그것을 구하리니 곧 내가 내 평생에 여호와의 집에 살면서 여호와의 아름다움을 바라보며 그의 성전에서 사모하는 그것이라**(시 27:4)

다윗이 원하는 것은 자기 평생에, 평생이라는 것은 날마다 라는 말입니다. 그러니까 살아있는 동안 날마다 "여호와의 아름다움"을 사모하는 생활을 하게 해달라는 것입니다. 지극히 귀한 아름다움을 말입니다. "여호와의 아름다움"이라는 말이 다른 데도 있는데, 특별히 여기에서 설명을 붙여 더 명확하게 말씀했습니다. 그 "여호와의 아름다움", 이것은 계시록 21장 11절이 밝혀 놓은 대로 지극히 귀한 것입니다. 지극히 귀한 그 아름다움, 벽옥과 홍보석과 무지개처럼 아름다운 이 하나님의 성결과 은혜의 합성, 그 두 가지 연합 이상 귀한 것이 우리 인생에게는 없습니다. 우리 인생에게는 그 이상 더 좋은 것이 없어요. 그 맛을 본 다윗은 이렇게 말했습니다. "내가 여호와께 바라는 한 가지 일 그것을 구하리니 곧 내가 내 평생에 여호와의 집에 살면서 여호와의 아름다움을 바라보며 그의 성전에서 사모하는 그것이라"(시 27:4).

아름다움을 사모하는 삶

벽옥 같고 홍보석 같고 무지개 같은 하나님의 영광의 맛을 알게 되고 그 영광의 아름다움을 평가할 줄 알게 되어 우리 안개와 같은 인생이 지극히 귀한 이것을 사모할 수 있게 된 것은 얼마나 귀합니까? 그러기 때문에 성 어거스틴(St. Augustine, 354-430)은 기도할 때 "오 아름다움이시여"라고 말씀했답니다. 중세에 성 버나드(St. Bernard, 1090-1153)는 성결을 사모하고 벽옥과 홍보석 같고 무지개 같은 하나님의 영광을 사모해서 "주여 나에게 진노하소서 내 꼴을 보면 참 한심하고 내 꼴을 보면 더럽고 내 꼴을 보면 가증스러우니 하나님이여 내게 진노하소서 내게 노하소서 나를 벌하소서" 하는 기도를 했다고 합니다. 자기를 이렇게 낮게 여기며 기도할 수 있었던 것은 벽옥과 홍보석 같고 무지개 같은 하나님의 영광을 느낄 수 있었기에 가능했던 심리입니다. 그것이 제일 귀하다는 심리로 기도한 것입니다.

캔터버리 감독 안셀름(Anselm of Canterbury, 1033-1109)이라는 분은, 천국처럼 평안한 데서 죄를 가지고 사는 것보다 지옥처럼 괴로운 데서 죄 없이 살기를 원한다고 했습니다. 이것은 하나님의 아름다움을 느끼는 사람들의 표현입니다. 그가 얼마나 죄를 미워하며 불의와 가증스러운 것은 조금이라도 싫어하고 물리치는 심리를 가졌는지를 나타냅니다. 그런 심리로 하나님의 아름다움을 사모하는 것입니다.

오늘 우리가 성경을 공부하면서 그저 한번 진리를 구경하는 식으로 세월을 낭비해서는 안 되겠습니다. 우리들은 안개와 같은 세상을 살면서 지극히 귀한 성경 말씀을 취급할 때 너무 생각 없이 취급하는 경향이 있습니다. 그저 성경공부 한 시간 했다 하는 정도에 그치지, 이것이 우리에게 무엇을 요구하는지를 모릅니다. 우리는 말씀을 읽을 때마다 하나님의 아름다움을 사모하는 마음, 간절히 찾는 마음이 있어야 합니다. 나는 하나님의 아름다움에 살겠다고 결심해야 합니다. 성결의 아름다움, 그 자비의 아름다움을 맛본 성도들은 거기에 푹 빠지기를 원하고 거기에 막 끌려가기를 원하고 거기로 끌어주면 좋겠다고 하는 생각에서 움직입니다. 성결의 수준이 낮은 사람들은 여기에 대해 감각이 없습니다. 오늘 이 말씀을 통해 우리 자신의 마음을 좀 읽어 보시고 우리 자신의 생활을 좀 읽어 보셔서 우리가 하나님 앞에서 진실해야겠다는 깨달음이 있기를 바랍니다.

18
구주의 자격

계 5:1-7

이 말씀은 사도 요한이 하늘의 광경을 보는 중에 또 한 부분입니다. 보좌는 왕이 앉는 자리를 말합니다. 하나님은 천지의 왕이시고 모든 살아 있는 자와 만물의 왕이십니다. 천지만물과 인생들 모두 하나님이 주관하십니다.

• 구원이 생명보다 귀하다

> 내가 보매 보좌에 앉으신 이의 오른손에 두루마리가 있으니 안팎으로 썼고 일곱 인으로 봉하였더라(5:1)

"보좌에 앉으신 이의 오른손에 두루마리가 있으니" 했는데, 이 두루마리는 무슨 책입니까? 그 내용은 6장부터 하나하나 밝혀 줍니다. 6장부터는 하나님의 구원 계획을 말해줍니다. 우리가 분명히 하나님 말씀의 속뜻을 알아야 하는데, 이 두루마리가 하나님의 심판을 알게 하는 책이라고 할 수 있습니다. 신자에게는 심판도 구원의 기회가 됩니다. 신자는 이 세상에 심판이 오기를 바랍니다. 심판이 오므로 흑백이 분명히 나타나고, 심판이 오므로 구원받을 자와 구원받지 못 할 자들이 분명히 분간이 됩니다. 그야말로 믿는 사람들이 세상에서 모든 어려움을 당하면서도 참아 견뎠는데, 정말 의(義)를 위해 모든 것을 참아 견뎠다면 마침내 심판이 다 귀정됩니다. 올바르게 다 돌아갑니다. 그러므로 우리 믿는 사람들은 심판하실 때 오히려 기쁨이 있어야 합니다. 심판의 때가 없으면 좋겠다는 생각이 혹시라도 마음속에 있다면 복음을 깨닫지 못한 사람은 아닌가 의심할 만합니다. 심판은 그리스도 안에 있는 신자들에게는 좋은 소식이고 구원의 소식입니다.

하나님께서 신자들을 가르치기 위해 계시록을 주셨는데, 이 계시록에서 특별히 5장 1절 말씀과 그 아래 몇 절이 구원 문제에 대해 말씀합니다. 그러니까 이 두루마리에는 심판을 어떻게 하실 것인가를 썼다고 해도 무방하고 자기 백성을 구원하시는 원리원칙을 썼다고 해도 무방합니다. 따라서 이 두루마리는 구원을 분명히 이루시는 책이라고 봐도 문제가 없습니다.

> **또 보매 힘 있는 천사가 큰 음성으로 외치기를 누가 그 두루마리를 펴며 그 인을 떼기에 합당하냐 하나 하늘 위에나 땅 위에나 땅 아래에 능히 그 두루마리를 펴거나 보거나 할 자가 없더라**(5:2-3)

보좌에 앉으신 이가 오른손에 두루마리를 가지셨는데, 힘 있는 천사가 큰 음성으로 외쳤습니다. "누가 그 두루마리를 펴며 그 인을 떼기에 합당하냐." 그러고는 "하늘 위에나 땅 위에나 땅 아래에 능히 그 두루마리를 펴거나 보거나 할 자가 없더라" 했습니다. 이 말씀은 보좌에 앉으신 이의 오른손에 있는 두루마리를 누군가가 받아 펴서 하나님 백성에게 알려 주어야 하는데, 도무지 그럴 사람이 없다는 것입니다. 하늘 위에도 없고, 땅 위에도 없고, 땅 아래에도 없습니다. "그 두루마리를 펴거나 보거나 할 이가 없더라" 했습니다.

> **그 두루마리를 펴거나 보거나 하기에 합당한 자가 보이지 아니하기로 내**

가 크게 울었더니(5:4)

우리는 사도 요한이 크게 울게 된 심리를 생각해 봐야 합니다. 사도 요한이 왜 크게 울었습니까? 하늘 위에나 땅 위에나 땅 아래에 구원해 줄 사람이 아무도 없기 때문에 울었다고 봐야 합니다. 책을 받아서 그 책에 있는 대로 심판하고 그 책에 있는 대로 구원해야겠는데, 그럴 사람이 하나도 없어서 울었다는 것입니다. 구원받지 못할까 걱정하고 구원받지 못할까 근심하며 울기까지 하는 영혼이 얼마나 귀합니까? 사람이 그저 먹고 마시면 되는 존재가 아니란 말입니다.

사람이 무엇 때문에 사느냐고 물으면 제대로 대답하는 사람이 별로 없는 것 같습니다. 어떤 사람은 살려고 산다고 하고 어떤 사람은 먹으려고 산다고 하는데, 그건 말도 안 되는 소리입니다. 사람으로서 먹고 마시는 것이 전부라면, 그것은 짐승이나 진배없는 것 아닙니까? 그런 결론 아닙니까? 당연히 먹으려고 산다는 말은 말이 안 되는 것이지요. 그럼 무엇을 하려고 사느냐 할 때에 답이 막힙니다. 사람이란 것이 왜 사는지도 모를 만큼 암매한 자예요. 뭔가를 아는 것 같지만 어두운 자입니다. 제일 중요한 문제를 몰라요. 그런고로 사람이란 것이 참으로 왜 사는지도 모르고 있는 어두운 존재로구나 하는 결론을 내릴 수 있습니다.

우리는 성경을 보고야 이것을 알 수 있습니다. 성경에 그 답이 무엇이라고 합니까? 사람이 사는 이유는 하나님 나라에 가기 위하여 산다고 되어 있습니다. 구원받기 위하여 삽니다. 영원한 나라에 들어가지 못한다면 다 허탕치는 거란 말입니다. 밥을 많이 먹으면 어떻고 조금 먹으면 어떻습니까? 정작 중요한 것은 영원한 하나님 나라에 들어가는 구원을 받는 것입니다. 이 구원 문제를 자기 생명보다 귀하게 여기니까 살아 있다는 것이 의미 있고 진실한 것입니다. 지금 살아 있다고 하지만 무엇 때문에 사느냐 이것을 모른다면 그 삶이 헛되다 그 말입니다. 그러니만큼 구원을 받기 위하여 산다고 할 때 문제가 해결됩니다. 인간이 구원을 받아야 그 삶에 보람이 있는 것이고 삶에 의미가 있는 거라 그 말입니다. 구원은 생명보다도 귀해요. 그러기 때문에 인생에 제대로 눈뜨고 바르게 정신 차린 사람은 구원 문제에 대해 심각합니다. 그래서 사도 요한이 크게 운 것입니다.

구주의 자격 1: 유다 지파의 사자

> 장로 중의 한 사람이 내게 말하되 울지 말라 유대 지파의 사자 다윗의 뿌리가 이겼으니 그 두루마리와 그 일곱 인을 떼시리라 하더라(5:5)

여기에 나오는 장로가 누구입니까? 4장에서도 이미 나왔지만 여기에 나오는 장로는 신구약 교회를 대표하는 인물입니다. 구약 시대에도 하나님의 백성이 있었고 신약 시대에도 주님 오실 때까지 예수 믿는 하나님의 백성이 있었는데 이들의 대표란 말씀입니다. 이들의 대표로 24 장로를 세운 것입니다. 이 24 장로 중의 한 사람이 알려 줍니다. 당시 사도 요한은 아직도 땅에 사는 사람 아닙니까? 그러니만큼 하늘에 올라가 있는 그 장로에 비해 지식이 부족합니다. 영적 지식이 부족합니다. 다시 말하면 지금 승리한 교회에 속하는 24 장로 반열의 이 장로가 사도 요한이 모르는 것을 알려 주는 장면입니다.

"유대 지파의 사자 다윗의 뿌리가 이겼으니 그 두루마리와 그 일곱 인을 떼시리라 하더라." 이제 계시록 5장은 유일하신 구세주 즉 구주의 자격, 구주의 첫 번째 자격으로서 유다 지파의 사자와 다윗의 뿌리를 말합니다. 유다 지파의 사자요 다윗의 뿌리라는 것이 무슨 말입니까? 유다 지파의 사자란 말이 어디 있는지 아십니까? 어느 책에 있습니까? 창세기 49장 9-10절에 있습니다.

> 유다는 사자 새끼로다 내 아들아 너는 움킨 것을 찢고 올라갔도다 그가 엎드리고 웅크림이 수사자 같고 암사자 같으니 누가 그를 범할 수 있으

라(창 49:9)

우리는 성경을 읽을 때 단맛을 느껴야 합니다. 단맛을 느껴야 해요. 먼저 9절에서 "유다는 사자 새끼로다" 했는데, 이 유다가 누굽니까? 이 유다는 야곱의 아들 유다입니다. 야곱의 아들 유다는 특별히 하나님의 은혜를 받은 사람입니다. 이 유다를 "사자 새끼"라고 했습니다. 그런데 여러분 사자 새끼 봤습니까? 강아지같이 귀여운 것들을 봤을 것입니다. 그런데 여기서는 그런 새끼를 말한 것이 아니에요. 그런 새끼가 무슨 힘이 있습니까? 그까짓 것은 내가 가지고 놀 수도 있는 것입니다. 그까짓 게 무슨 힘이 있습니까? 없어요. 여기서 "사자 새끼"라는 것은 젊은 사자를 말하는 것입니다. 늙은 사자 말고 젊은 사자를 말합니다. 젊은 사자는 힘이 세요. 강한 힘을 비유하는 뜻으로 "유다는 사자 새끼로다", 이렇게 말한 것입니다.

"내 아들아 너는 움킨 것을 찢고." 힘센 사자가 노루든지 사슴이든지 잡아 가지고 뜯지 않습니까? "올라갔도다." 올라갔다는 것은 산 위에 있는 굴로 올라갔다는 말입니다. 뜯어 먹다가 올라갔다는 말입니다. 움킨 것을 찢는다는 것은 힘이 아주 세다는 말입니다. 먹이를 막 찢고 그런단 말입니다. 다른 말로 하면 이기는 겁니다. 다른 동물을 이겨 내는 것입니다. 여기는 특별히 이기는 것을 중점적으로 비유합니다. "그가 엎드리고 웅크림이 수사자 같고." 그가 엎드리고 웅크린 것이 수사자 같다는 것입니다. 유다가 그렇다는 말입니다. 아주 위엄이 있습니다. 다른 짐승들이 보기만 해도 무서워하는 이러한 위엄이 있습니다. "암사자 같으니." 암사자는 더욱 사나워요. 새끼를 보호하기 위해 더욱 사납습니다. "누가 그를 범할 수 있으랴." 감히 아무도 범접할 수 없는 자라는 말입니다. 다시 말해 이기는 자라, 그 말입니다. 아무도 견뎌 내지 못한다는 말입니다.

참된 의의 소유자가 참된 왕

규가 유다를 떠나지 아니하며 통치자의 지팡이가 그 발 사이에서 떠나지 아니하기를 실로가 오시기까지 이르리니 그에게 모든 백성이 복종하리로다(창 49:10)

"규가 유다를 떠나지 아니하며" 했는데 여기 규라는 것은 왕이 다스리는 법봉입니다. 법을 명할 때 사용하는 막대기가 있는데, 그것이 왕권의 상징입니다. 규가 유다를 떠나지 않는다는 것은 유다 자손들의 계통에서 왕들이 난다는 말입니다. 그 중에서 예수 그리스도가 난다는 것입니다. 예수 그리스도는 하나님의 아들로서 이 세상에 오실 때 유다 계통의 자손으로 났습니다. "규가 유다를 떠나지 아니하며", 즉 예수님이 왕이라는 말입니다. 예수님이 왕이시라고 할 때 그 왕은 이 세상 왕과 다릅니다. 이 세상 왕은 금권이나 군대 혹은 민중의 후원으로 왕이 됩니다. 민중의 후원이나 금력 즉 돈의 힘이나 군대의 힘을 등에 없고 왕이 되는 것입니다. 이 세상 왕이라는 것은 이렇게 조건적이에요. 군대가 없어지거나 돈이 없어지거나 민중의 지지가 없어지면 왕을 할 수 없습니다. 이 세상 왕은 이렇게 조건적인 왕입니다. 어느 조건이건 힘이 있어야 하고 그 힘을 써먹어야 왕 노릇 할 수 있습니다.

그렇지만 하나님이 인류를 다스리라고 세우시는 왕은 그런 왕이 아니라는 겁니다. 그러면 그 왕은 어떠한 왕입니까? 그 왕은 도리어 민중을 위해 고생하는 자입니다. 민중을 위해 봉사하는 자입니다. 누구보다 겸손하여 많은 사람을 도와주는 자입니다. 이 봉사는 위엄이 있습니다. 그 위엄은 저 세상에 들어감으로 깨닫게 됩니다. 이 세상 사람들은 봉사의 위엄을 느끼지 못합니다. 왜 그런고 하니 세상 사람들은 이 봉사를 낮은 사람들이 하는 줄 알기 때문입니다. 신분이 낮은 사람들이 하는 줄 안단 말입니다. 하지만 참된 봉사는 의(義)가 합니다. 의로움이 합니다. 참된 의를 소유한 분이 참된 왕입니다. 그런데 예수 그리스도는 그런 왕이란 말입니다.

그런데 유다 계통으로 나온 유대 나라 왕들이라 할지라도 참된 왕과는 성질상 다릅니다. 이제 드디어 예수님이 오셔서 왕을 사모하던 인류에게 진짜 왕이 되어 주십니다. 이 세상에 계시면서 시종일관 봉사하시고, 오로지 의로 행하시고 의로 인도하시다가 의를 위해, 심지어 우리에게까지 의를 주시려고 십자가에서 죽으시기까지 하셨습니다. 그리고 다시 살아나셔서 영원한 나라에 올라가서 지금도 계속 우리를 위해 기도하고 계십니다. 우리를 위해 봉사하고 계십니다. 하나님 우편에 앉으셔서 우리를 위해 기도하시는 것이 바로 그것입니다. 이제 그렇게 계시다가 장차 오셔서 우리를 영광의 나라로 인도하실 것입니다. 시종일관 의를 가지고 역사하시고 다스리시며 왕으로서 영원무궁하게 사시는 것입니다.

이렇게 예수님을 "유다 지파의 사자"라고 비유한 것은, 우리는 그것을 이해하기 어렵다고 생각할지는 몰라도, 우리가 잘 깨닫도록 해주시기 위함입니다. 또 하나님은 우리가 더 잘 깨닫게 하기 위해 나무를 가지고도 비유합니다. 요한복음 15장 1절을 보면 "나는 참포도나무요 내 아버지는 농부라"고 하고, 또 5절에서 "나는 포도나무요 너희는 가지라"라고 해서 또 우리로 하여금 이해하게 해주십니다. 우리가 깨닫게 하려고 무엇이든지 가지고 뜻을 설명하십니다. 이 사자란 놈이 짐승들 중에서 당할 자가 없는 것처럼 모든 인류 중에 예수 그리스도를 당할 자가 없습니다. 그는 영원토록 왕이십니다. 이런 의미에서 "유다 지파의 사자"라고 했습니다.

구주의 자격 2: 다윗의 뿌리

그리고 "다윗의 뿌리"라고 했습니다. 이것은 이사야 11장 1절과 10절에 나와 있습니다. 1절에서 "이새의 줄기에서 한 싹이 나며 그 뿌리에서 한 가지가 나서 결실할 것이요"라고 하여 이새의 줄기에서 나는 가지가 있다고 했어요. 이새는 다윗의 아버지인데, 이새를 나무에 비유한 것입니다. 이 나무에서 가지가 나는데, 그 가지가 바로 예수 그리스도예요. 이 역시 다윗의 후손, 유다의 계통입니다. 이새가 유다의 자손이고 그 이새의 아들이 다윗인데, 다윗의 자손이 예수란 말입니다. 그러니까 이것은 나무를 가지고 예수님을 비유하는 것입니다.

이사야 11장 1절에서는 예수님을 싹으로도 비유하고 가지로도 비유했습니다. 그런데 10절을 보면 "그날에 이새의 뿌리에서 한 싹이 나서 만민의 기치로 설 것이요" 했는데, 원래 원문에는 "한 싹이 나서"라는 말이 없습니다. 원문에는 없지만 해석적으로 "이새의 뿌리에서"라고 말한 것입니다. 성경에 조그만하게 쓴 글자는 원래 원문에는 없는 것입니다. 그리고 원문에는 "이새의 뿌리에서"라고도 안 했습니다. 그저 '이새의 뿌리'라고만 했습니다. 사실상 여기에서 '이새의 뿌리'라고 번역했어야 옳습니다.

계시록 22장 16절 하반절을 보면 "나는 다윗의 뿌리요 자손이니"라고 했습니다. 예수님이 다윗의 뿌리도 되고 자손도 된다고 하니 참 이상한 말씀입니다. 어쨌든 예수님이 다윗의 뿌리가 된다고 했어요. 결국 다윗이 조상이란 말 아닙니까? 그런데 또 자손이 된다고 했습니다. 분명 "나는 다윗의 뿌리요 자손이니" 그랬습니다. 어찌된 영문입니까? 조상이면 자손이 아니고 또 자손이면 조상이 아닌데, 다윗의 뿌리라고도 하고 조상이라고도 했단 말입니다. 그러니까 이사야 11장 10절을 "이새의 뿌리에서"가 아니라 '이새의 뿌리가'로 번역해야 합니다. 즉 '이새의 뿌리가 만민의 기치로 설 것이요'가 되는 것입니다. 즉 이 "이새의 뿌리"는 예수를 의미합니다. 이새의 뿌리나 다윗의 뿌리나 마찬가지입니다. 이새의 조상이 다윗의 조상 아니겠습니까? 그러면 예수님이 다윗의 조상이라는 것이 무슨 말입니까? 마태복음 22장 42-45절을 보겠습니다.

> 너희는 그리스도에 대하여 어떻게 생각하느냐 누구의 자손이냐 대답하되 다윗의 자손이니이다 이르시되 그러면 다윗이 성령에 감동되어 어찌 그리스도를 주라 칭하여 말하되 주께서 내 주께 이르시되 내가 네 원수

를 네 발 아래에 둘 때까지 내 우편에 앉아 있으라 하셨도다 하였느냐 다윗이 그리스도를 주라 칭하였은즉 어찌 그의 자손이 되겠느냐 하시니(마 22:42-45)

시편 110편 1절을 가지고 말씀하는 내용입니다. 예수님이 바리새인에게 물었습니다. 그리스도를 너희는 누구라고 하느냐, 그러자 그리스도는 다윗의 자손입니다, 하고 대답했습니다. 대답 잘 했지요. 그리스도는 다윗의 자손입니다. 그러자 예수님이 시편 110편 1절 말씀을 가지고 질문하는 내용입니다. 시편 110편 1절은 이렇게 되어 있습니다. "여호와께서 내 주에게 말씀하시기를 내가 네 원수들로 네 발판이 되게 하기까지 너는 내 오른쪽에 앉아 있으라 하셨도다." 다윗이 지은 시인데, 다윗이 시를 지으면서 하는 말이 "여호와께서 내 주에게 말씀하시기를" 그랬습니다. 그러면 여기에서 말하는 "내 주"는 누구입니까? 그리스도입니다. 그래서 예수님이 그것을 풀이하면서, 그러면 "다윗이 그리스도를 주라 칭하였은즉 어찌 그의 자손이 되겠느냐"(45절) 하고 물으니까 사람들이 아무 대답을 못했습니다.

어떻게 대답해야 했겠습니까. 예수님께서 무언중에 이것을 가르치려고 한 것입니다. "여호와께서", 즉 하나님께서 "내 주에게", 즉 그리스도에게 말씀하신 것입니다. 다윗이 시를 지으면서 하는 말이 그리스도를 가리켜 "내 주"라고 했다는 말입니다. 그리스도께서 다윗의 자손이라면, 어떻게 다윗이 아직 태어나지도 않은 그리스도를 "내 주"라고 부른 겁니까? 여기에서 "내 주에게"가 의미하는 것은 다윗이 나기도 전에, 다윗의 아버지 이새가 나기도 전에, 영원 전부터 계신 하나님의 아들 그리스도를 가리키는 것입니다. 그러니까 하나님의 아들 그리스도가 아브라함의 계통으로 나실 것을 알려 주면서 다윗 시대까지 내려오다가 이제 다윗에게도 알려진 것입니다. 그리스도는 다윗 이전, 이새 이전, 아브라함 이전, 영원 전에 계시는 분으로서 다윗의 왕권을 일으키기도 하시고, 또 다윗이 장차 오실 그리스도의 모형, 다시 말해 그림자 격으로 일하도록 이렇게 인도하신 겁니다. 그리스도께서, 영원한 그리스도께서 그렇게 하셨습니다. 이런 의미에서 그리스도는 다윗이 나기도 전부터 역사해 오신 것 아닙니까? 다윗으로 하여금 다윗이 되게 하는 이가 그리스도라, 그 말입니다. 조상이라는 말이 어폐가 있기는 하지만, 어떤 의미에서는 다윗의 조상이기도 하다 그 말씀입니다.

다윗이 나기도 전에, 아담이 나기도 전에, 영원 전에 그리스도는 하나님의 아들이십니다. 아들로서 모든 일을 이 세상에서 하실 것을 미리부터 계시로, 말씀으로 알려 주셨습니다. 아브라함에게 약속하시고 다윗에게 약속하셔서 하늘나라 백성을 세워가는 작업을 해 오셨습니다. 그러니만큼 그리스도께서 육신으로는 다윗의 자손으로 나중에 나셨지만 그 근원을 따지자면 영원 전부터 계셨습니다. 영적 의미에서는 다윗의 조상이 되기도 한다는 말입니다. 영적 의미에서 말입니다. 다윗은 성령의 감동으로 그것을 깨달았습니다. "다윗의 뿌리"란 뜻이 바로 그 뜻입니다.

● 시종일관 이기는 예수님

다시 본문으로 가서 5절에 "다윗의 뿌리가 이겼으니"라고 말씀했는데, 이겼다는 것이 무슨 말입니까? 예수님이 이겼다는 말 아닙니까. 이긴 자가 아니고는 왕이 못 됩니다. 이긴 자가 아니고는 하나님의 오른손에 있는 그 책을 받을 자격이 없습니다. 그러면 무엇을 이겼다는 것입니까? 우리 조상 아담은 졌습니다. 졌다는 것이 무엇이지요? 마귀가 와서 시험할 때, 선악과를 먹도록 유인할 때 그 말에 넘어가 선악과를 먹었지요. 그것이 진 겁니다. 아담은 죄를 세상에 퍼뜨렸습니다. 그러나 예수님은 어땠습니까? 사역 초기 마귀에게 시험받을 때 어땠습니까? 이겼습니다.

"네가 만일 하나님의 아들이어든 명하여 이 돌들로 떡덩이가 되게 하라"(마 4:3) 할 때, 예수님이 그걸 배격했습니다. "사람이 떡으로만 살 것이 아니요 하나님의 입으로부터 나오는 모든 말씀으로 살 것이라"(마 4:4; 신 8:3)고 말씀했습니다. 그다음에 어떻게 시험했습니까? 성전 꼭대기에 세우고는, 마귀가 거기서 뛰어내리라고 말했습니다. 그리하면 시편 91편에 있는 대로 하나님이 너를 붙들어서 거꾸러지지 않게 하고 상하지 않게 한다고 하셨으니 안심하고 뛰어내리라고 했습니다. 그때 예수님이 뛰어내렸습니까? 아니지요. 그 시험을 이겨냈습니다. 어떻게 이겼습니까? "주 너의 하나님을 시험하지 말라"(마 4:7; 신 6:16)는 말씀으로 이겼습니다. 하나님이 보호하나 안 하나 어디 보자 하는 마음으로 어떤 일을 한다면 그것은 하나님을 들춰보는 것입니다. "주 너의 하나님을 시험하지 말라" 말씀하시고 이겼습니다. 그러자 마귀가 온 천하만국의 영광을 보여 주면서, 내게 절하면 이 모든 것을 네게 준다고 했습니다. 그때에 예수님이 말씀하시기를 "사탄아 물러가라 기록되었으되 주 너의 하나님께 경배하고 다만 그를 섬기라 하였느니라"(마 4:10; 신 6:13)고 하면서 이겼습니다.

    예수님은 시종일관 승리자입니다. 마귀를 이겼습니다. 마귀가 시험할 적에 마귀를 이겼습니다. 마귀를 이기고 또 무엇을 이겼습니까? 죄를 이겼습니다. 죄를 이기고 또 무엇을 이겼습니까? 사망을 이겼습니다. 아담은 어떻게 되었습니까? 아담은 마귀를 못 이겼습니다. 마귀를 못 이기고 죄를 지었으니 죄를 못 이긴 겁니다. 그 결과로 사망하게 되었으니 사망을 못 이겼습니다. 예수님은 마귀를 이겼기 때문에 세 가지를 한꺼번에 다 이겼습니다. 마귀를 이기고 죄를 이기고 사망을 이겼습니다.

    그리고 예수님은 세상을 이겼습니다. 요한복음 16장 33절에 말하기를 "세상에서는 너희가 환난을 당하나 담대하라 내가 세상을 이기었노라"고 했습니다. 예수를 진실하게 믿기만 하면 일종의 부전승으로 세상을 이깁니다. 우리 스스로는 힘이 없고 세상과 싸워봐야 승산이 없습니다. 하지만 우리가 예수님을 진실하게 믿으면 부전승으로 세상을 이깁니다. 그리스도 안에서 그리스도의 공로로 그리스도께서 붙들어 주는 힘 때문에 세상을 이기는 것입니다.

예수님은 이기는 것으로 일관합니다. 그래서 예수님께서는 우리에게 구원을 줄 수 있는 그 힘이 넉넉합니다. 그러기 때문에 올라갈 수 있습니다. 올라가서 하나님의 오른손에 있는 그 두루마리를 받을 수 있습니다. 받아서 여십니다.

- **구주의 자격 3: 어린양**

> 내가 또 보니 보좌와 네 생물과 장로들 사이에 한 어린양이 서 있는데 일찍이 죽임을 당한 것 같더라 그에게 일곱 뿔과 일곱 눈이 있으니 이 눈들은 온 땅에 보내심을 받은 하나님의 일곱 영이더라(5:6)

셋째는 어린양입니다. 어린양이시기 때문에 구주의 자격이 있습니다. 어린양이라는 것을 명심하세요. 그 어린양은 무엇에 씁니까? 속죄 제물로 씁니다. 출애굽기 12장을 보면 이스라엘 백성이 애굽에서 떠나기 전에 미리 유월절 양을 먹었습니다. 양고기를 먹었습니다. 내내 그 양을 '어린양'이라고 그럽니다. 12장 첫 머리를 보면 어린양이라는 말이 세 번 나옵니다. 그 어린양이 얼마나 귀한지 모릅니다. 베드로전서 1장 19절에서도 그렇고 이사야 53장 7절에서도 "어린양"을 말합니다. 세례 요한은 요한복음 1장 29절에서 "보라 세상 죄를 지고 가는 하나님의 어린양이로다"고 했습니다. 하나님이 세운 어린양이라는 말입니다.

다시 여기 본문 말씀을 보면 "한 어린양이 서 있는데 일찍이 죽임을 당한 것 같더라"라고 번역되어 있습니다. 그런데 "일찍이 죽임을 당한 것 같더라"가 아니라 '일찍이 죽임을 당한 자더라'라고 번역해야 합니다. 헬라어 원문의

'호스'는 낱말은 자격을 말하는 것입니다. 자격, 그러니까 '죽은 자격'을 의미하는 말입니다. "한 어린양이 서 있는데 일찍이 죽임을 당한 것 같더라"라고 추측적으로 번역하는 것은 잘못입니다. 이 말은 사실을 인정하는 것입니다. 자격을 인정하는 말입니다. '일찍이 죽임을 당한 자더라'라는 뜻입니다.

우리는 여기에서 주님이 십자가에서 죽으신 것이 우리 구원에 얼마나 중요한 것인가를 볼 수 있습니다. 하늘에서 보이는 광경이 역시 그렇다는 것을 말해줍니다. 하늘에 가서도 우리가 자랑할 것은 역시 예수의 십자가밖에 없습니다. 하늘에서 보이는 것도 역시 "어린양"이라 그 말입니다. 죽임을 당한 자입니다. 속죄 제물 없이 우리는 하늘나라에 갈 수 없습니다. 그저 생존하신 예수만 가지고 그분이 어떠한 분이신가 하는 것은 막연합니다. 바울은 고린도전서 2장 2절에서 "내가 너희 중에서 예수 그리스도와 그가 십자가에 못 박히신 것 외에는 아무것도 알지 아니하기로 작정하였음이라"라고 말씀했습니다. 그만큼 십자가 사건이 중요합니다.

십자가 사건이 얼마나 중요합니까? '예수' 하면 십자가, '현재 살아 계시는 구주' 하면 십자가입니다. 그 십자가가 과거사라고 해서 덜 중요하게 여기면 안 됩니다. 과거는 결단코 과거로 묻혀 있는 것이 아닙니다. 예수님이 과거에 십자가에 못 박히신 사건은 하늘나라에 가서도 계속 어린양으로서 그 속죄의 내용을 보여 주는 거란 말입니다. 살아 계시는 예수를 생각할 때 먼저 그의 죽음을 생각해야 합니다. 계속 그의 피를 기억해야 합니다. 그의 피를 계속 기억할 때 내게 평인이 오고 그 피로 말미암아 현재 예수님을 알게 됩니다. 그렇지 않으면 십자가에 못 박히신 위대한 사실을 덜 중요하게 여기게 되고 살아 계신 예수를 생각할 수가 없습니다. 그래서 어떠한 예수인가 하면 막연한 예수가 된다는 말입니다.

이것은 복음이기 때문에 보충 설명을 안 할 수가 없습니다. 듣든지 말든지, 온 천하 사람이 다 죽이겠다고 해도 최후까지 이 말을 하다가 죽는 겁니다. "예수 그리스도는 어제나 오늘이나 영원토록 동일하시니라." 히브리서 13장 8절입니다. 예수님에게서 과거를 떼어놓을 수 없고, 미래를 떼어놓을 수 없습니다. 그러므로 여기 기록된 이 말이 얼마나 중요합니까? '내가 또 보니 보좌와 네 생물과 장로들 사이에 한 어린양이 서 있는데 일찍이 죽임을 당한 자더라.' 여기서 우리가 구주님을 알게 되고, 하나님 아버지를 알게 되고, 성령님을 알게 됩니다.

성령님이 바로 십자가에 죽으신 그리스도와 관련되신 것으로, 그다음에서 말했습니다. "그에게 일곱 뿔과 일곱 눈이 있으니 이 눈들은 온 땅에 보내심을 받은 하나님의 일곱 영이더라." 예수님에게 일곱 뿔이 있고 일곱 영이 있다고 했는데 "일곱 뿔"은 비유입니다. 완전한 능력을 말합니다. 또 "일곱 눈"은 완전한 지혜를 말합니다. 이것이 예수님의 능력이고 예수님의 지혜입니다. 그런데 "이 눈들은 온 땅에 보내심을 받은 하나님의 일곱 영"이라고 했습니다. 바로 성령을 말하는 것입니다. 예수님과 성령은 또한 일체입니다. 인격은 다르지만 그 사역은 같은 원리에서 하십니다. 그래서 예수님이 하실 일을 성령님이 하시는 것입니다. 성령님이 하시는 일이 예수님이 하시는 일로 우리가 그렇게 아는 것입니다.

우리 믿는 사람들에게는 그리스도께서 죽은 사건 이외에는 다른 소망이 없습니다. 천상천하에 우리가 붙들 것은 예수님이 죽은 사건, 이것뿐입니다. 그분이 죽으신 사건을 붙들 때, 그가 다시 산 것같이 우리가 자동적으로 살아나고 부활합니다. 예수 그리스도께서는 어제께나 오늘이나 영원토록 동일합니다. 오늘 우리가 이 말씀을 명심해야 합니다. 답답한 일이 있으면 언제든지 십자가를 붙들고 생각하십시오. 그의 승리를 생각하면서 우리를 구원해 주실 분이 예수님밖에 없다는 것을 명심하시기 바랍니다.

오늘날 특별히 주님 오실 때가 가까웠다고 많이 생각합니다. 불신자들 역시 종말이 되었나보다 하고 생각할 정도로 세상 분위기가 어두운 때입니다. 이렇게 캄캄해 오는 때인데도 계시록을 보지 않고 앉아있을 수는 없습니다. 우리가 성경을 알아야 성경을 모르면 어떻게 진리를 분변합니까? 진리를 분변하지 못하면 별수 없이 잘못 생각할 수밖에 없습니다. 나서서 봉사하는 이들이 특별히 명심해서 성경 말씀 아는 일에 더욱 힘써 주시기 바랍니다.

19
역사의 주인공이신 그리스도

계 6:1-17

6장에 나타나는 것은 예수 그리스도께서 받아 오신 책을 여는 광경입니다. 5장 1절부터 되짚어 봅시다. 하나님의 손에 책이 있었는데 그 책을 어린양이 받아 왔습니다. 어린양은 바로 예수님입니다. 우리 속죄의 제물이 되신 주님이, 어린양과 같이 제물이 되신 우리 주님이 그 책을 받아 오실 자격이 있었고, 이제 6장부터 그 책을 열어 보여 주십니다. 책을 연다는 것은 바로 거기에 담겨 있는 그 모든 일을 주장하신다는 의미도 있습니다. 1절을 보겠습니다.

내가 보매 어린양이 일곱 인 중의 하나를 떼시는데(6:1a)

"일곱 인"으로 상징된 일곱 가지 광경에는 심판 내용과 구원 내용이 담겨 있는데, 그것을 하나씩 떼어 보여 줍니다. 그러므로 우리는 예수 그리스도가 역사의 주인공이라고 생각합니다. 우리 눈에는 볼 수 없어도 이 세상과 영원한 세상을 주관하시는 이가 예수 그리스도입니다.

첫째 인: 복음의 승리

여기 1절과 2절에는 흰 말 탄 분이 나옵니다.

> 그때에 내가 들으니 네 생물 중의 하나가 우렛소리같이 말하되 오라 하기로 흰 말이 있는데 그 탄 자가 활을 가졌고 면류관을 받고 나아가서 이기고 또 이기려고 하더라(6:1b-2)

이것은 비유로 하신 말씀입니다. 말을 타고 나오는 것으로 비유했어요. 3절에서 둘째 인을 떼실 때는 붉은 말을 탄분이 나오고, 그다음 셋째 인을 뗄 때는 검은 말을 탄분이 나오고, 넷째 인을 뗄 때는 청황색 말을 탄분이 나옵니다. 이것이 다 무엇을 보여 주는 것입니까? 여러분이 이 말세에 계시록을 분명히 아셔야 합니다. 우리 믿는 사람들은 성경을 알기 위해 힘써야 합니다. 그래야 믿음이 자랍니다. 성경을 보려고 하지 않는 것은 믿음을 자라게 할 생각이 도무지 없는 것인데, 그래서야 되겠습니까? 우리 신자들은 늘 자라야 됩니다.

여기 흰 말 탄분은 누구입니까? 흰빛은 성결을 비유해 보여줍니다. 성결, 죄가 전혀 없고 깨끗한 것을 보여 줍니다. 또한 흰빛은 승리를 비유합니다. 마태복음 17장 1절부터 읽어 보면 변화산에서 주님이 변형되실 때 그 얼굴이 해같이 빛나고 그 옷이 빛같이 희어졌다는 말씀이 있습니다. 이것은 예수님의 성결을 비유한 것입니다. 죄가 전혀 없으시고 더러움이 전혀 없으신 완전한 성결을 비유하고 있습니다. 동시에 그것은 주님의 재림에 대하여 보여 주는 것인데, 승리를 알려 주는 말씀입니다. 그분은 거룩하실 뿐만 아니라 또한 승리하시는 분입니다. 흰 말 타신 분을 다른 뜻으로는 해석할 수 없습니다.

그리고 여기서는 예수님을 보여 주는 동시에 예수님이 세상에 오셔서 하시는 일을 보여 줍니다. 바로 복음전파입니다. 2절 하반절에 "이기고 또 이기려고 하더라"라는 말씀은 바로 이 복음전파가 승리하고 또 승리한다는 말입니다. 마태복음 24장 14절입니다.

> 이 천국 복음이 모든 민족에게 증언되기 위하여 온 세상에 전파되리니 그제야 끝이 오리라(마 24:14)

제일 먼저 복음이 온 세상에 전파되어야 세상 끝 날이 된다고 했습니다. 즉 이 복음이, 우리가 믿는 예수님의 구원의 복음이 온 천하에 전파된 다음에야 주님이 재림하신다고 그랬습니다. 그러니까 계시록 6장은 이제 세상 끝 날이 가까워 오는 것을 보여 줍니다. 일곱 가지 광경 중에 가장 먼저 나오는 것이 흰 말 탄분으로 비유되는 복음입니다.

"이기고 또 이기려고 하도다"(6:2). 여기에서 이긴다는 것은 이 세상의 모든 불의한 세력과 모든 불신의 행동과 모든 죄악의 무리를 다 꼼짝 못하게 만든다는 의미보다도 복음이 이기고 또 이겨 나간다는 말입니다. 그러면 복음을 전할 때 듣는 사람들이 다 나가 넘어진다는 말입니까? 왜 여기서 "이기고 또 이기려고" 한다고 그랬습니까? 복음을 전할 때에는 핍박도 받습니다. 반대하는 사람들이 믿게 되는 경우도 있지만 반대하는 사람들이 끝까지 믿지 않는 경우도 있습니다. 끝까지 방해하는 일도 있습니다. 그렇지만 이기는 일도 있습니다. 이기는 일이라는 것은, 교회는 참된 교회로 계속 나간다는 말입니다.

아무리 교회를 없애 버리려고 하고 눌러 버리려고 하고 맥을 못 추게 만들려고 해도, 그렇게 핍박하는 사람들을 덮어 누를 필요가 없습니다. 그렇게 하지 않더라도 복음은 제대로 계속 승리하기 때문입니다. 계속 참된 교회가 이루어갈 수 있다는 말입니다. 그러니까 마태복음 24장 14절에서 온 천하에 복음이 전파된다고 한 것은 복음이 전파됨으로 온 천하 사람이 한 사람도 남김없이 다 예수를 믿게 된다는 뜻이 아닙니다. 바로 여기 계시록 6장 2절이 말한 것처럼 "이기고 또 이기려고 하"는 승리의 행진을 말하는 것입니다. 승리의 행진입니다. 온 천하에 복음을 끝까지 전하더라, 그 말입니다.

둘째 인: 전쟁

"그제야 끝이 오리라"(마 24:14). 끝이 온다고 했으니 이제 복음이 전파된 다음에 나오게 되는 일들은 재앙입니다. 복음은 전해지면서 계속 승리하는 기세를 보여 주는데, 그것과 더불어 나오는 현상이 전쟁과 흉년과 모든 고통이라는 말입니다. 복음이 이기고 또 이겨 나아가는 그 진행 과정에서 주님께서 하시는 일이 또 하나 있는데, 그것이 전쟁입니다. 6장 1절을 보면 "내가 보매 어린양이 일곱 인 중의 하나를 떼시는데 그때에"라고 했습니다. 예수님이 뗀다고 했으니 예수님이 그 전쟁과 무관하지 않습니다.

잠언 16장 4절을 보면, "여호와께서 온갖 것을 그 쓰임에 적당하게 지으셨나니 악인도 악한 날에 적당하게 하셨느니라"고 했습니다. 그러면 이 세상에서 예수 그리스도께서 주인공이시고, 예수 그리스도께서 역사를 주관하시고, 예수 그리스도께서 다 알고 계시고 처리하신다고 하면 도대체 왜 전쟁이라는 것이 있는가 하는 의문을 갖기 쉽습니다. 물론 전쟁하는 사람들이 다 옳은 사람들은 아닙니다만 정당하게 전쟁하는 사람도 있습니다. 침략적으로 전쟁하는 것은 옳지 않습니다. 전쟁이란 것이 옳은 것도 있고 옳지 않은 것도 있다는 말입니다. 전쟁의 결과는 물론 좋지 않습니다. 사람이 많이 죽게 됩니다.

하지만 이런 재앙이 이 세상에 있는 것이 사실인데, 이것이 우연이겠습니까? 우연이 아니라는 말입니다. 주님께서 허락하시기에 되는 일입니다.

> **둘째 인을 떼실 때에 내가 들으니 둘째 생물이 말하되 오라 하니 이에 다른 붉은 말이 나오더라 그 탄 자가 허락을 받아 땅에서 화평을 제하여 버리며 서로 죽이게 하고 또 큰 칼을 받았더라**(6:3-4)

누구한테 허락을 받았다고 합니까? 하나님께 허락받았다고 합니다. 하나님께 허락받았다고 했으니, 이런 전쟁도 하나님 모르게 되는 것은 아니란 말입니다. 하나님이 다 허락하시고 경륜에 다 넣어 놓으신 일들이기 때문에 이런 큰일이 생기는 거란 말입니다. 이런 큰일이 허락받지 않고 되겠습니까? 여기 분명히 허락을 받았다고 했습니다.

그런데도 이 복음 운동이 "이기고 또 이기려고 하더라"(6:2) 그랬습니다. 복음 운동은 승리의 행진을 계속하고 있는데, 이 행진에서 전쟁도 한 몫을 한다는 말입니다. 전쟁이 복음을 전하는데 좋은 조건이 될지언정 악조건은 아니란 말입니다. 사람은 매를 맞아야 정신을 차립니다. 그저 경제적으로 부흥해서 훌륭한 집에 살고, 먹고 살기에 풍족한 나라에 사는 사람들은 복음을 잘 안 받습니다.

미국이란 나라도 처음에는 복음을 잘 받고 많이 받아서 교회가 왕성하지 않았습니까? 그 처음이 개척하는 시대요 전쟁이 많았던 시대였습니다. 여러분도 아시겠지만 미국 사람들이 아메리카 인디언들과 계속 전쟁을 했습니다. 그 땅을 개척하는 데 얼마나 땀을 흘리고 얼마나 투쟁하고 얼마나 많은 희생을 했는지 모릅니다. 그야말로 그때에 복음을 많이 받은 나라입니다. 그러나 평안히 살게 되고 풍족하게 살게 되니까 부패하기 시작했습니다. 교회라고는 하지만 도무지 복음의 맛을 모르는 그러한 교회들이 많습니다. 참으로 형식적인 교회들, 무력한 교회들이 되어 간단 말입니다.

유럽도 마찬가지입니다. 유럽이 처음 복음을 받아들였을 때는 로마가 야만 족속들의 침략을 받아 많은 인명 피해를 당하던 때였습니다. 그야말로 고생을 하던 시대였습니다. 그런 때에 복음이 로마 세계에 받아들여지게 된 것입니다. 전쟁을 통하여 사람의 마음이 겸손해집니다. 전쟁은 복음 전도에 유익한 것이지 방해를 주는 것이 아닙니다. 그래서 본문 말씀처럼 흰 말 탄분의 그 운동, 즉 복음 운동이 이기고 또 이기려고 하고 이렇게 승리의 행진을 해 나가는 가운데 많은 전쟁이 일어나는 것입니다.

우리 한민족도 잘 살았던 때가 별로 없는 것 같습니다. 참으로 고생을 많이 하는 민족입니다. 어려움을 정말 많이 겪었습니다. 그렇지만 우리가 이것을 좋지 않게만 생각하면 안 됩니다. 우리 민족은 고생해야 하는 민족이로구나 생각을 하고 그래서 그 고통스러운 일제시대도 있었구나 하고 생각해야 합니다. 다른 나라와 비교할 것은 아니지만 일본은 복음 전도가 어려운 나라라고 모든 선교사들이 말합니다. 사람이 먹을 것 입을 것이 풍족하면 다른 것을 원치 않는 심리가 됩니다. 그러기 때문에 이 천하보다 귀한 복음을 받지 않습니다. 이렇게 붉은 말 타고 나타나는 이것은 전쟁을 의미합니다.

셋째, 넷째 인: 기근과 각종 재앙

셋째 인을 떼실 때에 내가 들으니 셋째 생물이 말하되 오라 하기로 내가 보니 검은 말이 나오는데 그 탄 자가 손에 저울을 가졌더라(6:5)

성경에서는 이 검은 빛을 기근에 비유합니다. 다시 말하면 흉년이 들고 양식이 떨어진 그런 고난을 비유한 것입니다. 오늘날에도 기근이 얼마나 심한지 우리는 잘 모르고 있습니다. 아프리카에 얼마나 기근이 심합니까? 먹을 것과 입을 것이 없어서 얼마나 허덕입니까? 한국에서도 구제금을 적지 않게 보내고 있는 줄로 압니다. 세계가 다 알 정도로 이렇게 아프리카 대륙이 기근을 당하고 있지 않습니까? 다른 대륙에도 기근으로 인한 식량 부족으로 도탄에 빠진 민족들이 많습니다. 시간상 그런 얘기를 다 할 수는 없습니다만 이런 일들이 다 주님이 모르게 되는 것이 아닙니다. 물론 이런 일들이 비참한 일들이고 원망스러운 일들이고 견디기 어려울 정도로 끔찍한 일들입니다만 우리는 하나님의 진노를 생각해야 하고 하나님의 채찍이라는 것을 생각해야 합니다.

채찍이라는 것이 반드시 나쁜 것은 아닙니다. 성경은 도리어 사랑하는 자에게 채찍을 준다고 했습니다. 사람이라는 존재가 걸핏하면 교만해지고 걸핏하면 세상 죄악을 따라 갑니다. 죄악을 따라 흘러가고 돌아올 줄 모르는 이런 아둔한 존재란 말입니다. 그런데 하나님께서는 인류를 사랑하기 때문에 채찍을 들어서 치는 일이 있습니다. 누구든지 고난을 받거나 어려움을 당할 때 자신을 한번 돌아보고 살펴볼 줄 안다면 그 사람은 참 지혜로운 사람입니다. 살 길을 찾는 사람이 되는 겁니다. 그러나 정말 많은 인류가 어려움과 고통 속에서도 자신을 돌아볼 줄도 살펴볼 줄도 모릅니다. 원인이 자기에게 있다는 것을 알아보지도 않습니다. 이렇게 안타까운 일들이 얼마나 많은지 모릅니다.

셋째 인은 지금까지 말했듯이 바로 흉년이 들고 기근으로 양식이 부족한 상황을 말합니다. 그런데 이 검은 말을 탄 자 손에 무엇이 들려 있습니까? "그 탄 자가 손에 저울을 가졌더라"(6:5). 저울을 가졌다는 말은 무엇을 뜻합니까? 양식을 저울에 달아서 팔더라는 것입니다. 양식이 너무 귀하고 양식이 너무 부족하기 때문에 저울에 달아서 팝니다.

내가 네 생물 사이로부터 나는 듯한 음성을 들으니 이르되 한 데나리온에 밀 한 되요 한 데나리온에 보리 석 되로다(6:6a)

이것은 매우 비싼 것입니다. 곡식 값이 이렇게 비쌌다는 말입니다. 흉년과 기근이 나서 말할 수 없이 살기가 어려워진 때에 식량 값이 올라서 밀 한 되에 한 데나리온이나 한다는 것입니다. 데나리온은 로마 화폐 단위인데 한 데나리온은 노동자의 하루 임금입니다. 이것은 대여섯 식구 되는 가정의 하루 생활비로 사용되는 돈입니다. 그러니까 이 말씀은 곡식 값이 대단히 비싸다는 말입니다.

또 감람유와 포도주는 해치지 말라 하더라(6:6b)

이에 대해서는 여러 해석이 있습니다. 먼저 비유로 해석하는 사람들은 복음 운동에 대한 해석이라고 합니다. "감람유와 포도주"는 하나님 말씀을 비유하는 것으로 참 종교를 핍박하지 말 것을 말한 것이라고 합니다. 또 다른 해석은, 물이 좋지 않은 중동 지방에서는 감람유나 포도주가 필수품으로 이것이 없으면 큰일이 나는 만큼 이것이 떨어지지 않도록 하라는 의미로 봅니다.

어느 해석으로 보던지 자비를 의미하는 것은 자명합니다. 이때가 환난의 때입니다만 아직도 하나님의 자비가 있는 때라는 의미입니다.

이제 7절부터는 청황색 말 탄 사람이 나오는데 무엇을 의미하는 것입니까? 이것도 역시 재앙을 의미하는데, 한 가지 재앙이 아니라 여러 가지 재앙이 각각 내리는 것입니다.

> **넷째 인을 떼실 때에 내가 넷째 생물의 음성을 들으니 말하되 오라 하기로 내가 보매 청황색 말이 나오는데 그 탄자의 이름은 사망이니 음부가 그 뒤를 따르더라 그들이 땅 사분의 일의 권세를 얻어 검과 흉년과 사망과 땅의 짐승들로써 죽이더라**(6:7-8)

이렇게 많이 죽는 재앙입니다.

다섯째 인: 순교자들

이제 9절입니다. 이 땅에서 순교하는 일이 있는데 이런 일들이 다 주님 모르게 되는 일이 아니라 주님이 특별히 아는, 가까이 아는 사건들이란 말입니다. 보통은 예수 믿는 사람들을 끝까지 아끼고 보살펴서 세상에서 잘 먹고 잘 살도록 해야 예수 믿는 보람이 있다고 생각할 것입니다. 또한 불신자들도 그것을 보고 예수 믿게 될 것이라고 생각합니다.

그런데 예수님이 왜 이런 순교와 같은 일을 허락하십니까? 사실 주를 위하여 죽는 사람이라면 예수님이 제일 사랑하는 사람인데, 예수님께서 돌봐 준다면 그런 사람 말고 누구를 돌보시겠습니까? 그런데 바로 우리 주님께서 돌보셨기 때문에 순교했다는 것을 알아야 합니다. 이 땅에서 주를 위하여 죽는 것처럼 귀한 사건은 없습니다. 하나님께서 이런 사건을 이 땅 위에 생기게 하시는 경륜이 있습니다.

> **다섯째 인을 떼실 때에 내가 보니 하나님의 말씀과 그들이 가진 증거로 말미암아 죽임을 당한 영혼들이 제단 아래에 있어 큰 소리로 불러 이르되 거룩하고 참되신 대 주재여 땅에 거하는 자들을 심판하여 우리 피를 갚아 주지 아니하시기를 어느 때까지 하시려 하나이까 하니 각각 그들에게 흰 두루마기를 주시며 이르시되 아직 잠시 동안 쉬되 그들의 동무 종들과 형제들도 자기처럼 죽임을 당하여 그 수가 차기까지 하라 하시더라** (6:9-11)

다섯째 인을 뗄 때에 보이는 것은 순교자들이었습니다. "하나님의 말씀과 그들이 가진 증거로 말미암아" 순교한 그들의 심리는 어떤 것일까요? 어떤 심리기에 죽이겠다고 하는데도 계속 믿음을 지킵니까? 그 대답이 말씀에 잘 나타나 있습니다. "하나님의 말씀과 그들이 가진 증거로 말미암아" 즉 순교의 원천이 하나님 말씀입니다. 그런 귀한 것이 있습니다. 하나님께 있던 이 보물이 즉 이 말씀이 죄악 세상에 와 있습니다. 무슨 목적으로 와 있습니까? 할 일이 있기 때문입니다. 그것은 죄악 가운데 멸망하고 말 사람들을 돌이켜서 하늘나라로 올라가게 하려는 것입니다. 그 힘이 되기 위해 이와 같이 하나님 말씀을 세상에 파송한 것이란 말입니다. 이 말씀은 이 땅에서 난 것이 아니라 하늘에서 왔습니다. 물론 사람의 말로 기록은 되었습니다만 그 내용은 하나님 나라의 사상이고 하나님 나라의 능력입니다.

이 말씀은 죽은 이론이 아닙니다. 이 말씀을 아무 생명 없는 글자로 생각할 것이 아닙니다. 이 말씀이 담고 있는 능력이 있습니다. 이 말씀이 담고 있는 진리가 있습니다. 이 말씀이 담고 있는 지혜가 있습니다. 이 말씀의 맛을 본 다음에는 죽이겠다고 해도 이 말씀을 지킵니다. 이것을 생명 이상으로 여깁니다. 생명 이상으로 자신이 체험하며 느낍니다. 그러기 때문에 생명 이상의 것을 어떻게 놓아 버리느냐, 생명을 잃을지언정 생명 이상이 되는 이 말씀을 놓을 수 없다는 생각이 드는 것입니다. 하나님 말씀이 순교의 원천이고, 말씀을 증거하는 그 증거가 순교의 실현입니다.

● 하나님 말씀과 증거를 받은 마음

하나님 말씀을 증거하는 사람은 어떠한 마음을 갖습니까? 하나님의 증거를 받았다는 마음을 가집니다. 하나님의 증거를 받은 자들입니다. 하나님의 증거를 받지 않고 다른 사람들에게 증거할 사람은 없습니다. 그런데 하나님의 증거라는 것이 무엇입니까? 히브리서 11장을 보면 선진들이 믿음으로 증거를 받았다고 합니다. 선진들이 믿음으로 증거를 받았다는 것은 하나님의 말씀을 믿었다는 말입니다. 하나님의 말씀을 믿었더니 하나님의 역사가 있더라는 것입니다. 그 하나님의 역사가 바로 하나님이 주시는 증거입니다.

예를 들면 이스라엘 백성이 여리고 성을 7일 동안 돌라는 하나님 말씀을 받았는데 그대로 믿고 순종했더니 여리고 성이, 손도 안 댔는데 무너지지 않았습니까? 이게 증거를 받은 겁니다. 하나님이 증거해 줍니다. 오늘날 우리도 하나님의 말씀을 거짓 없이 믿을 때 증거를 받습니다. 거짓 없이 믿는다는 것은 무엇입니까? 꾀를 부리면서 믿는 것이 아니란 말입니다. 증거가 진짜 오나 어디 보자, 며칠 동안만이라도 전심전력 믿어 보자 하는 것이 아닙니다. 하나님이 증거해 주는 뭔가가 없다 하더라도 죽는 날까지 믿고 순종하겠다, 이렇게 투신해야 합니다. 내 몸과 생명을 말씀에 이렇게 던져 넣어야 합니다.

꾀를 부리는 믿음은 안 됩니다. 믿는다고는 하지만 하나님을 시험하듯이 농락하듯이 또는 거래하듯이 하는 것은 순수한 믿음이 아닙니다. 꾀부리는 믿음은 정말 안 됩니다. 하나님이 다 아십니다. 일단 이 말씀을 받았으니 이 말씀을 붙잡고 죽겠다는 마음으로 내 몸과 마음과 생명을 던져 넣는 것이 순수하게 믿는 것입니다.

정말로 하나님이 인정할 만큼 믿으면 믿는 순간부터 하나님의 역사가 있습니다. 무엇보다도 우리가 다루기 어려운 이 심령에 역사가 있어요. 기쁨이든 평안이든 밝음이든 그 어떠한 역사가 있다 말입니다. 그렇지 않으면 자신밖의 세계에서 어떤 역사가 일어나서 진심으로 믿는 사람에게는 반드시 증거를 줍니다. 이 증거를 받은 사람이 남들에게 증거할 수 있습니다. 남들을 향하여 예수 믿으라고 할 수 있습니다. 이런 좋은 예수를 왜 안 믿는가 말할 수 있습니다.

사도 바울은 사도행전 26장에서 모든 높은 사람들 앞에서 나의 결박당한 것 외에는 여러분이 다 나와 같이 되기를 원한다고 말하지 않았습니까? 그것이 어디에서 나오는 말입니까? 바로 증거를 받은 마음에서 나오는 겁니다. 그런데 이 증거를 받은 사람은 고생합니다. 주의 말씀을 계속 전파하고 이 증거를 땅 끝까지 전하려고 하니까 고생이 많습니다. 핍박도 받습니다. 어려움을 당합니다. 그래도 굴복치 않고 계속 전진합니다. 하나님은 이것을 보고자 하십니다.

우리가 어떤 사람에게 일을 시킨다고 합시다. 그런데 그 사람이 꾀를 부리고 일에 최선을 다하지 않는다고 합시다. 그야말로 죽을 판 살 판 해내겠다는 것이 없다면 그런 일꾼을 계속해서 부릴 맘이 있겠습니까? 그런 사람을 어떻게 인정하고 그런 사람에게 어떻게 맡길 마음이 생기겠습니까? 우리 믿는 사람들이 주님을 위해 살아갈 때, 조금만 어려운 일이 있으면 살짝 후퇴하고 조금만 괴로울 듯하면 미리부터 그 방면으로는 생각하지도 않고 외면하는 이러한 처신을 할 때 하나님께서 그러한 우리를 신용하시겠습니까? 신용하지 않습니다. 신용하지 않을 때 은혜를 계속 주시지 않습니다. 증거의 은총으로 함께하시지 않습니다.

그런데 주를 위해 고생하면 할수록 이 증거 운동에 힘을 얻고 하나님의 간섭을 받습니다. 이 증거 운동에서 기막히게 놀라운 일을 최소한 그 심령 속에서 체험합니다. 고생을 하면 할수록 하나님이 더 신용하고 은혜를 주시는데, 그런 사람의 마음속에 이 길을 끝까지 달려갈 맘이 있다는 것입니다. 그래서 죽는 것도 두려워하지 않게 되는 것입니다. 죽는다고 하더라도 이 길을 버릴 수 없다는 생각이 들게 되는 것입니다.

그렇게 사람이 점차 변화되어 순교하는 것이지 조상 때부터 내려오는 어떤 영웅심이나 용기 같은 것으로 되는 것이 아닙니다. 세상의 영웅들은 예수를 잘 안 믿습니다. 왜 그렇습니까? 재주 있고 꾀가 있고 또 힘이 있다 보니까 자신이 예수 믿지 않아도 모든 것을 다 잘 할 수 있는 줄로 생각합니다. 이런 사람들이 하늘 세계의 증거를 받는다는 것은 천리만리 떨어져 있는 것입니다. 이런 사람들에게는 그런 것이 접촉이 되지 않습니다.

사람은 변화를 받아야 순교할 수 있습니다. 사람이 하는 것이 아니라 하나님께서 그렇게 하도록 하는 것입니다. 하나님께서 이 어지러운 세상, 이 어두운 세상에서 당신님을 증거하되 순교하기까지 하면서 증거하는 그 증거 운동을 얼마나 사랑하시겠습니까? 그러기 때문에 순교는 하나님이 사랑하는 자가 할 수 있습니다. 제일 가까이 돌아보는 그런 성도들이 하는 것입니다. 하나님이 제일 가까이 돌아보는 이 자리가 얼마나 귀한 자리입니까? 순교 역시 예수님이 주장하는 것입니다.

● 여섯째 인: 신원하시는 역사

순교자가 순교할 수 있는 이유는, 신원해 주시는 하늘의 역사입니다. 신원해 주시는 특별한 바로 그날이 있습니다. 이 세상에서도 그런 일이 있습니다. 그렇게 많은 억울함을 당하고 그렇게 많이 가슴 아픈 일을 당하면서도 상대방을 미워하거나 해치지 아니하고 끝까지 참으면서 온유하게 지내는 사람을 하나님이 돌보시는 일이 있습니다. 매번 다 그렇다는 것은 아닙니다. 하나님이 하시는 일은 참으로 오묘합니다. 어떤 사람은 그 성품이 참으로 온유하고 착한데도 죽도록 고생만 하고 어려움을 당합니다. 그러다 결국 세상 뜨기도 합니다. 저렇게 착한 사람이 저렇게 가슴 아픈 일만 당하다가 죽나 생각될 만큼 이 세상에서는 아무 보답도 받지 못하고 끝나는 일이 있습니다.

하지만 그것이 다 하나님의 오묘하신 경륜에서 되는 일입니다. 잠깐 지나가는 이 세상에서 받는 것보다 영원한 저 세상에 들어가서 받는 것은 측량할 수 없을 만큼 너무나도 놀라운 것입니다. 하나님이 하시는 일은 영원한 저 세상을 계산하고 하시는 일이 많기 때문에 우리 인간으로서는 헤아릴 수 없는 일들이 많이 있습니다. 하지만 그렇게 가슴 아픈 일을 당하다가도 한날 한때에 하나님이 신원해 주시는 놀라운 일이 있다는 것입니다. 여기에서 말하는 것은 하나님께서 전반적으로 이 땅에 한번 심판의 대사를 이루는 그때가 있다는 것입니다. 12-17절을 보겠습니다.

> **내가 보니 여섯째 인을 떼실 때에 큰 지진이 나며 해가 검은 털로 짠 상복같이 검어지고 달은 온통 피같이 되며 하늘의 별들이 무화과나무가 대풍에 흔들려 설익은 열매가 떨어지는 것같이 땅에 떨어지며 하늘은 두루마리가 말리는 것같이 떠나가고 각 산과 섬이 제 자리에서 옮겨지매 땅의 임금들과 왕족들과 장군들과 부자들과 강한 자들과 모든 종과 자유인이 굴과 산들의 바위틈에 숨어 산들과 바위에게 말하되 우리 위에 떨어져 보좌에 앉으신 이의 얼굴에서와 그 어린양의 진노에서 우리를 가리라 그들의 진노의 큰 날이 이르렀으니 누가 능히 서리요 하더라**(6:12-17)

이 세상에서 뽐내던 사람들, 즉 땅의 임금들과 왕족들과 장군들과 부자들과 강한 자들과 모든 종과 자유인이 굴과 산들의 바위틈에 숨었습니다. 너무 무서워서 숨었습니다. 그리고 산과 바위에게 탄식하여 하는 말이 우리 위에 떨어지라고 합니다. 바위가 떨어지기를 소원합니다. 보좌에 앉으신 이의 그 얼굴과 어린양의 진노에서 저희를 가리라고 합니다. 보좌에 앉으신 하나님의 진노와 그 아들되시는 어린양의 진노가 너무 무섭다는 것입니다. "그들의 진노의 큰 날이 이르렀으니 누가 능히 서리요 하더라"(6:17).

예수 그리스도는 역사의 주인입니다. 이 세상 모든 일을 다 아십니다. 그뿐 아니라 직접 간접으로 다 상관하고 계십니다. 그러기 때문에 우리는 어려운 일을 당할 때에도 주님께서 아신다는 생각을 하면서 그 마음에 평안을 빼앗기지 말아야 합니다. 심판하는 때가 신원하시는 때인데 이때에 우리가 담대할 수 있어야 합니다. 담대할 수 있는 사람은 평소에 하나님을 사랑하는 사람입니다.

요한일서 4장 12절에 이런 말이 있습니다. "어느 때나 하나님을 본 사람이 없으되 만일 우리가 서로 사랑하면 하나님이 우리 안에 거하시고 그의 사랑이 우리 안에 온전히 이루어지느니라." 무슨 말입니까? "우리가 서로 사랑하면", 즉 주님을 사랑하기 때문에 형제를 사랑하면 하나님의 사랑이 우리 마음에 온다는 말입니다. 그때 하나님이 우리 마음에 와 계시고, 또 하나님의 사랑이 우리 안에 온전해지는 것을 느낍니다. 우리가 하나님의 사랑을 받는다는 말입니다. 하나님이 나를 사랑한다는 것을 느낍니다.

요한일서 4장 17절을 보면 "이로써 사랑이 우리에게 온전히 이루어진 것은 우리로 심판 날에 담대함을 가지게 하려 함이니"라고 했습니다. 하나님의 사랑이 우리 마음속에 온전해져서, 다시 말하면 하나님이 나를 사랑하신다고 느낄 정도로 온전해져서 왔다 갔다 하는 것이 아니고 온전해집니다. 우리에게 이루어지는 것이 이렇게 귀합니다.

"우리로 심판 날에 담대함을 가지게 하려" 한다고 그랬습니다. 세상을 사랑하는 많은 사람은 심판 날에 다 굴속에 숨어서 바위와 산을 향해서 하는 말이 떨어져서 우리를 가리라고 합니다. 차라리 우리가 여기 이 굴속에서 말라 죽는 것이 좋겠다고 그렇게 말합니다. 너무 무서워서 그렇게 말하는 것 아닙니까? 세상을 사랑하던 사람들은 이렇게 된다는 말입니다. 그러면 우리 믿는 사람들의 유산은 무엇입니까? 우리가 무엇을 바라봅니까? 우리는 심판 날에 담대함을 얻습니다. 이것이 우리에게 무엇보다도 중요한 것입니다. 하나님께서 우리가 살고 있는 이 역사 세계를 주장하시고, 마침내는 심판 때에 완전히 주장하셔서 우리 믿는 사람들로 하여금 참으로 용기를 얻게 하고 소망을 가지게 하십니다.

여러분에게 부탁합니다. 성경을 알려고 힘써야 합니다. 그리고 신앙생활에 진보가 있어야 합니다. 우리가 계속 힘쓰고 참으로 하나님의 사랑을 받아서 우리에게 늘 기쁨이 있기를 바랍니다.

20
구원의 확실성

계 7:1-12

계시록 7장 말씀을 보겠습니다. 계시록은 첫머리를 자세히 보아 그 뜻을 알면 그 다음에 나오는 말씀을 깨달을 수 있습니다. 그러기 때문에 우리가 각 장을 볼 때마다 첫머리 몇 절을 자세히 보아야 합니다. 그 뒤에는 첫머리에 나온 사건의 후렴이라고나 할까, 혹은 그 사건에 대한 반응이라고나 할까, 그 사건 때문에 일어나는 찬송 같은 것이 기록되곤 합니다. 그러기 때문에 우리가 계시록을 공부할 때는 첫머리에 주의해야 합니다.

하나님의 종은 모든 신자

7장 1-4절은 하나님의 종들의 이마에 인치는 작업을 말하고 있습니다. 도장을 찍는다는 말입니다. 아가서 8장을 보면 이 도장이 주인의 매우 귀중한 소유로 나옵니다. 도장은 자기의 소유를 보장해주는 권리와 의무를 가지게 합니다. 그래서 이 도장을 잃어버리면 크게 문제가 생깁니다. 그래서 아가서 8장에서는 그 도장을 품고 다닌다는 뜻으로 말씀했습니다. "너는 나를 도장같이 마음에 품고 도장같이 팔에 두라"(아 8:6). 잃어버리지 않으려고 조심조심합니다. 인친다고 하는 것은 소유자의 사랑과 보장을 표시하는 것입니다. 소유자가 자기의 권세와 권위를 가지고 전적으로 자신이 인친 것을 지킨다는 뜻을 가집니다. 그런데 여기 3절에 하나님의 종들의 이마에 인을 친다고 하였습니다.

이르되 우리가 우리 하나님의 종들의 이마에 인치기까지 땅이나 바다나 나무들을 해하지 말라 하더라(7:3).

여기 "하나님의 종들"이란 말은 모든 믿는 자를 의미합니다. 오늘날 한국 교회에서 고쳐야 할 것은 '하나님의 종들'이라는 말을 잘못 쓰는 풍속입니다. 하나님의 종들이라는 말은 꼭 교역자에게만 쓰는 말이 아니고 모든 신자에게 다 쓰는 말입니다. 왜 신자들을 하나님의 종이라고 합니까? 믿기 전에는 죄의 종이었는데, 이제 예수님이 그 피로 대속하셨기 때문에, 예수님의 핏값으로 샀기 때문에 하나님의 소유물이 되었다는 것입니다. 그래서 이제는 하나님의 종이 됐다는 것입니다. 이것은 성경이 우리에게 말씀하는 것입니다.

그러므로 "하나님의 종들의 이마에 인치기까지"라고 한 것은 일반 신자들의 이마에 인 친다는 것입니다. 이것은 비유로 읽어야 합니다. 상징이라는 말과는 다르지만 사실상 상징의 의미입니다. 이마에 도장을 찍는다고 할 때, 이마라는 것은 분명 우리 인격을 대표하는 것이라고 할 수 있습니다. 대표 부분입니다. 이마. 흔히 우리가 '얼굴을 내민다'라고 하면, 그 사람이 나타났다는 뜻 아닙니까? 이마는 즉 얼굴이지요. 그 얼굴에 도장을 찍었다는 것은 그 사람을 하나님의 것으로 만들었다는 뜻입니다.

이 일 후에 내가 네 천사가 땅 네 모퉁이에 선 것을 보니 땅의 사방의 바람을 붙잡아 바람으로 하여금 땅에나 바다에나 각종 나무에 불지 못하게 하더라(7:1).

7장 1절을 보면, 네 천사들이 바람을 붙잡고 있었다고 했습니다. 이 바람은 사람을 해롭게 하는 환난을 비유합니다.

> 이르되 우리가 우리 하나님의 종들의 이마에 인치기까지 땅이나 바다나 나무들을 해하지 말라 하더라(7:3).

그런데 하나님의 종들의 이마에 도장을 다 치기까지는 기다리라고 합니다. 바람을 놓아주지 말고 기다리라는 것입니다. 네 천사가 환난을 붙잡고 있는데, 인을 다 치기까지 기다리라는 내용이 기록되어 있습니다. 믿는 사람이 성령으로 인침 받아 확실히 주님을 알게 되고 확실히 주님을 따르는 입장이 되기 전에는 아끼라는 말이겠지요. 인을 친 다음에는 바람이 불어도 괜찮다는 말입니다. 그때에는 어떠한 환난이 와도 문제없다는 말입니다. 성령님이 주시는 거듭나게 하는 은혜를 받은 후에는 새사람이 되어서 어떤 환난이라도 통과할 수 있게 된다는 뜻입니다. 이마에 도장을 친다는 것은 성령께서 은혜를 주셔서 모든 환난을 잘 견뎌나가고 잘 통과하도록 해주신다는 것으로 볼 수 있습니다.

택함 받은 자가 누리는 복

여기서 우리가 한 단계 더 나아가서 깨닫는 것은 예정입니다. 즉 어떠한 사람이 성령의 인침을 받는가 할 때 그것은 예정된 사람들이라는 것이올시다. 영원 전에 택함 받은 사람들만이 성령의 인침을 받습니다. 그 사실은 오늘 본문에서 잘 알 수 있습니다. 5절 이하를 보겠습니다.

> 유다 지파 중에 인침을 받은 자가 일만 이천이요 르우벤 지파 중에 일만 이천이요 갓 지파 중에 일만 이천이요 아셀 지파 중에 일만 이천이요 납

> 달리 지파 중에 일만 이천이요 므낫세 지파 중에 일만 이천이요 시므온 지파 중에 일만 이천이요 레위 지파 중에 일만 이천이요 잇사갈 지파 중에 일만 이천이요 스불론 지파 중에 일만 이천이요 요셉 지파 중에 일만 이천이요 베냐민 지파 중에 인침을 받은 자가 일만 이천이라(7:5-8).

여기 "중에"라는 말이 있습니다. 사실인즉 '~에서'라는 뜻입니다. 유다 지파에서 혹은 유다 지파 중에 인침을 받은 자가 일만 이천, 르우벤 지파 중에 인침을 받은 자가 일만 이천, 이렇게 "중에"라는 말이 열두 번 나옵니다. "중에"라는 말이 열두 번 나오는데 이 말을 보면 그 사람들이 전부 인침을 받은 것이 아니라 그 중에 얼마가 인침을 받는다는 말 아닙니까?

유다 지파 중에 인침을 받은 자가 일만 이천이라고 하면 유다 지파 전부가 일만 이천이라는 말은 아니지요. 이제 그 가운데 인침을 받은 자가 일만 이천이라는 뜻입니다. 그렇다고 할 것 같으면 그 열두 지파에 속한 모든 사람이 다 인침을 받은 것이 아니고 그들 중에 얼마가 인침을 받았다는 말입니다. 이것을 보면 분명히 구원은 선택으로 이루어지는 것을 알 수 있습니다.

우리가 한 번 예수를 양심적으로 믿었다고 하면 이것은 큰 결단입니다. 큰일입니다. 믿는다고 양심적으로 고백할 때부터 이제 새사람의 생활이 시작됩니다. 한번 생각해 봅시다. 영원 전에 택하시는 하나님인데, 내가 태어나기도 전에 나를 구원하기로 예정하신 그 일이 바로 우리 신자들이 받는 복이란 말입니다. 예수를 진실히 믿는 것을 보면 그 자체가 영원 전에 택함 받았다는 증거입니다. 사도행전 13장 48절을 읽어 보면 "영생을 주시기로 작정된 자는 다 믿더라"고 했습니다. 그 말씀을 거꾸로 읽어 보면 어떻습니까? '믿는 자는 영생을 주시기로 작정되었더라', 이렇게 되겠지요.

진실히 믿는다는 것이 큰일입니다. 우리에게 큰 복이 있다는 것을 알려 주는 사건입니다. 진실히 믿는다면 내가 나기 전에 택함 받은 사실이 증명되는 것입니다. 태어나기 전에가 아니라 영원 전에 하나님이 나를 사랑하신 증거입니다. 너무나 신비로운 일입니다. 깨닫기가 어렵습니다. 그렇지만 하나님 말씀이 이것을 우리에게 말해줍니다. 하나님이 진실한 신자를 사랑하되 어느 정도 사랑합니까? 영원히 사랑합니다. 영원 전부터 영원토록 사랑합니다. 말은 이렇게 쉽게 합니다만 그 내용이 천하보다 무거운 내용입니다. 너무 깊고 너무 높고 너무 커서 우리가 이해하기 어렵습니다.

예정되었다는 진리를 믿는 자, 그가 받는 복이 한이 없습니다. 시편 136편을 보면 "그 인자하심이 영원함이로다"라는 말씀이 26번 나옵니다. 136편은 전부 26절로 이루어져 있는데, 26번이나 "그 인자하심이 영원함이로다"라는 말씀이 나온다는 말입니다. 절마다 나옵니다. 과연 하나님이 당신님의 백성을 사랑하되 영원토록 사랑한다는 것이 얼마나 놀라운 사랑입니까. 일단 택하시고 자녀 삼은 다음에는 그 사랑이 영원토록, 영원토록 계속됩니다.

이렇게 환난풍파가 많은 세상, 살수록 헛되게만 느껴지는 세상을 살면서 영원 전부터 영원토록 나를 사랑하시는 이가 있다는 놀라운 사실을 알았을 때 그 마음이 어떠하겠습니까? 이 세상이 어떻게 되든지 간에 나를 사랑하는 분이 계시고 그분은 천지만물을 지으신 분으로서 영원 전부터 나를 사랑하시고 또 영원토록 나를 사랑하신다는 신앙을 가진 사람이 얼마나 행복합니까? 그런 사람은 병이 들어도 소망 중에 즐거워할 수 있습니다. 어떤 일을 당하든지 소망 중에 즐거워할 수 있는 인격이 되는 것입니다.

지금 말하는 것들이 그저 하나의 상상에 지나지 않는다면 이런 말들은 물론 하나마나한 것이겠지요. 그러나 "천지는 없어질지언정 내 말은 없어지지 아니하리라"(마 24:35)하고 우리 주님이 말씀하셨으니, 우리는 자신의 생각이 어떻든 간에 그것을 다 제쳐두고 주님의 이 말씀만 붙들고 살아야 하지 않겠습니까.

• 진실히 믿는 자가 택자

이렇게 이마에 인침을 받은 하나님의 종들은 영원 전에 택함 받은 사람들입니다. 이 모든 지파 중에 모든 사람을 다 인치지 아니하고 그들 가운데 얼마에게만 인 쳤다는 것은 복음서와 서신서에서 종종 말씀하고 있는 예정을 전제한 사건입니다. 영원 전에 예정된 그 사람들만 인 쳤다는 것입니다. 다시 말하면 성령의 인치시는, 성령으로 인치시는 그 은혜를 베푸셨다는 말입니다.

그런데 여기 5절부터 다시 보면 "유다 지파 중에 인침을 받은 자가 일만 이천이요 르우벤 지파 중에 일만 이천이요 갓 지파 중에 일만 이천이요"라고 했습니다. 이것을 보면, 이 말씀은 유대 사람들의 이마에 인쳤다는 말이지 우리 신자들 이마에 인쳤다는 말은 아니지 않은가 하는 생각을 할 수도 있을 것입니다. 하지만 계시록은 대부분이 비유로 표현되어 있습니다. 하나님의 백성이라고 하면 이방 사람들 중에서 예수 믿은 사람들이라도 하나님의 백성이라고 합니다. 그래서 하나님의 백성을 구약 시대 하나님의 백성 명칭으로 불러 주는 것입니다.

이런 것은 서신서에도 있습니다. 갈라디아서 6장 16절을 보면 "하나님의 이스라엘에게 평강과 궁휼이 있을지어다"라고 했습니다. 여기에서 "하나님의 이스라엘"은 이방 신자들을 마음에 두고 하는 말씀입니다. 갈라디아 교회는 이방 사람들이 개종하고 예수 믿는 교회인데, 그 교회 교인들을 향하여 바울은 "하나님의 이스라엘"이라 한 것입니다.

또 로마서 9장을 읽어 내려가 보면 아브라함의 씨가 다 이스라엘은 아니라고도 말씀했습니다. 즉 혈통적으로 아브라함의 자손이라고 해서 다 이스라엘인 것은 아니라고 했습니다. 참으로 택함을 받아서, 성령의 인침을 받아서 주님을 진실하게 믿는 사람들이 진짜 아브라함의 자손이라고 했습니다. 그들이 진짜 이스라엘이라고 했습니다. 그런고로 구약에 나오는 아브라함이라는 이름이라든지 이스라엘이라는 이름이 신약 시대에 와서도 계속적으로 이방 신자들도 의미했다는 말입니다.

로마서 4장에서도 분명히 이러한 논리로 말씀했습니다. 그러니만큼 비유를 많이 사용하는 계시록에서 각 지파의 이름을 부르면서 거기에 이마에 인친 사람들을 배당하는 것은 자연스러운 일이고 이것을 계시록을 읽는 사람들이 이상하게 생각할 것은 없습니다. 각 지파 이름을 부르면서 이렇게 일만 이천 씩 배당시킨 것이 문자 그대로 각 지파에게 일만 이천 명씩만 배당시킨 것이 아니라는 말입니다. 그런 말이 아닙니다.

그러면 이방 나라 각 민족들에게 성령의 인침을 받은 사람으로 일만 이천 씩 배당시킨다는 것이냐고 물어본다면 모르겠다고 대답할 수밖에 없습니다. 계시록을 읽을 때, 우리는 거기에 있는 표현 용법들 중에 우리가 모를 것들이 많다는 것을 언제나 생각해야 합니다. 깊은 뜻이 더 있으니까 다 안다고 할 수 없습니다. 여기 깊은 뜻이 더 있다고 그렇게 알고 들어가야 합니다. 그래서 당장 이해가 안 된다고 해서 이상하다고 생각하지 않아야 합니다. 깊은 뜻이 더 있다, 이렇게 생각하고 우리가 아는 것만큼 아는 것이 좋습니다.

여기서 분명히 알 수 있는 것은 구원은 사람마다 다 받는 것이 아니라는 것입니다. 하나님이 영원 전에 사랑하기로 작정한 사람들만 구원을 받는다는 것입니다. 그러면 누가 그 사랑의 계획에 들어 있는가? 하나님의 영원한 사랑의 대상들이 누구누구인가? 그 영원한 사랑의 대상이 된 증거가 무엇인가? 우리는 이 귀한 사실을 알고 살아야 하는데, 어떻게 해야 알 수 있는가? 거기에 대해 첫째로 생각할 것은 예수를 진실히 믿는 것을 보면 알 수 있다는 것입니다.

자신이 생각할 때, 나는 꿈에서 생각해도 예수 믿는 사람이고 깨어서 생각해봐도 예수 믿는 사람이고, 나는 사나 죽으나 예수 없이는 못 살겠다고 생각하는 사람은 영원 전에 예정 받은 사람입니다. 그것은 성경이 보장하는 말씀이니까 틀림없지요. 사도행전 13장 48절에 "영생을 주시기로 작정된 자는 다 믿더라" 했습니다. 하나님 말씀을 귀로 들을 때에 기쁨이 있어야 하고 입으로 말할 때에 기쁨이 있어야 합니다. 그것이 역시 참으로 깨어서 예수 믿는 사람의 증표입니다. "영생을 주시기로 작정된 자는 다 믿더라"는 말씀을 한번 거꾸로 읽어 봅시다. 우리가 매번 성경을 거꾸로 읽자는 것은 아니지만 어떠한 문장은 거꾸로 읽어도 그 맛이 납니다. '예수를 믿는 자들은 영생을 주시기로 작정된 자들이라.' 거꾸로 읽어도 그 맛이 나지 않습니까?

우리가 무슨 말을 할 때 성경으로만 말해야 영원토록 진리를 말하는 겁니다. 그럴 때 참 힘이 납니다. 이 진리는 영원토록 변하지 않는다고 생각할 때에 그 진리가 얼마나 참 귀하게 생각됩니까? 이 진리를 붙잡고만 있으면 영원토록 속지 않는다, 이렇게 생각하면서 어디까지나 그 말씀을 붙잡을 마음이 있고 붙잡고 참을 마음이 있는 것입니다. "영생을 주시기로 작정된 자는 다 믿더라" 그랬으니까 믿는 것이 영원 전에 예정 받은 증거인 것입니다.

• 예정에 들지 못할까봐 하는 근심

이런 심오한 문제에 대해 우리 생각대로 이러니저러니 하는 것은 아무 소용이 없습니다. 성경이 뭐라고 말씀하고 있나, 그것을 늘 생각해야 합니다. '믿는 자는 영생을 주기로 작정된 자들이라.' 그러니까 자신이 생각할 때 예수를 진실하게 믿는다고 생각하면, 나는 영원 전에 하나님이 택한 사람이라고 그렇게 알아야 합니다. 그렇게 알 때에 또 한 가지 증거를 말할 수 있습니다. 그것은 내가 택함 받지 못했다면 어찌할꼬, 하는 근심이 있는 사람도 보통 사람이 아니라는 것입니다. 그 사람은 예수를 안 믿고는 못 견디는 사람입니다. 구원받지 않고는 다른 것이 하나도 반갑지 않은 사람입니다.

> **내가 인침을 받은 자의 수를 들으니 이스라엘 자손의 각 지파 중에서 인침을 받은 자들이 십사만 사천이니**(7:4)

여기 "십사만 사천"이라는 숫자는 비유입니다. 비유의 숫자인데, 내려가면서 읽다 보면 "아무도 능히 셀 수 없는 큰 무리"(7:9)라고도 했습니다. "아무도 능히 셀 수 없는 큰" 수효, 구원받은 자들의 수효가 너무 많아서 세어볼 수가 없다고 그랬습니다.

십사만 사천을 비유의 숫자로 생각하면서, 우리가 자신과 연관시켜 생각해야 할 한 가지는 내가 저 숫자에 들지 못했다면 나는 어떻게 되는가를 생각해야 합니다. 만약 그랬다면 내가 이 세상에 태어났다는 것도 헛되고 내 삶이 의미 없고 내 삶이 쓸데없는 것이로구나 하는 생각이 들 정도로 근심스러운 일입니다. 그런데 그 걱정과 근심이 귀합니다. 그 말이 성경에 있습니까? 예정에 들지 못했으면 어찌하누 하는 근심이 귀하다는 말씀이 성경 어디에 있습니까? 고린도후서 7장에 나옵니다.

하나님의 뜻대로 하는 근심은 후회할 것이 없는 구원에 이르게 하는 회개를 이루는 것이요(고후 7:10)

하나님의 뜻을 따라 하는 근심은 구원에 이른다는 말씀입니다. 그 말씀이 바로 우리가 생각하는 신령한 근심, 다시 말하면 예정에 들지 못할까봐 하는 근심이 귀하다고 말합니다. 우리는 그것을 귀하게 생각해야 합니다.

이 근심이 특별한 근심입니다. 그 문제를 해결하지 않고는 식음을 전폐할 만한 중대한 일입니다. 그런데 우리가 예정에 들었는지 못 들었는지는, 우리가 연구한다고 해결될 문제는 아닙니다. 그것은 성경 말씀에 의지해서 우리가 알아야 하는 문제입니다. 그렇게 아는 사람은 복을 받습니다. 나는 십사만 사천에 들어 있다고 아는 사람은 그 믿음이 참 좋아집니다. 왜 그렇습니까? 그 믿음이 있으면 생활이 어렵더라도 이겨 나갈 수 있기 때문입니다.

생활이 어려워도 이 세상에 있는 것은 있다가도 없어지고 없다가도 있는 것인데 이까짓 걸 따라가며 살 수 있나, 생각합니다. 천지를 지으신 하나님께서 나를 사랑한다는 것을 늘 기억합니다. 이 세상 살 때에 의식주가 풍족한 것으로 만족하지 않습니다. 하나님이 나를 영원 전부터 사랑하신다는 사실로 만족합니다. 그러한 생각으로 살아갈 때 하나님이 기뻐하시고 동시에 그의 기뻐하심이 나에게도 영향을 주어 어떤 환경에서도 기쁠 수가 있습니다. 땅 위에서는 기뻐할 일이 없는데도 기쁨이 있습니다. 그래서 어려움을 잘 극복해 나갑니다.

　하나님이 나를 영원 전부터 사랑하시고 영원토록 사랑하시니 나는 아무 걱정 없다, 어떠한 어려움을 당해도 걱정 없고 죽어도 걱정 없다, 이러한 생각으로 살아가니까 모든 난관을 이겨 내는 힘이 있습니다. 그러한 난관들을 이기고 나아갈 때 또 은혜를 받습니다. 그렇게 믿는 것이 하나님의 뜻이고 하나님이 기뻐하시는 신앙이니까 어려운 때도 한 걸음 한 걸음 낙심하지 아니하고 나아갈 때 하나님의 은혜가 와서 붙들어 줍니다. 어려움을 당할 때 그 신앙으로 걸어가기 때문에 하나님이 또 은혜를 주어서 힘이 있습니다.

　이러한 생활을 해 나가는 가운데 신기한 것을 느끼게 됩니다. 그것이 무엇입니까? 내가 주님을 끝까지 믿으며, 살든지 죽든지 주님이 영원히 사랑한 그것을 내가 기뻐하니까 하나님이 역사하더라, 하는 것입니다. 그런 체험입니다. 그 체험에서 마음이 든든해지며 동시에 자신이 영원 전에 하나님의 사랑을 받기로 작정되었다는 것에 대해 재확인을 하고 참으로 하나님이 나를 영원 전부터 사랑하시고 지금도 사랑하시고 영원토록 사랑하신다는 것을 느끼게 됩니다. 체험적으로 느낀다는 말입니다. 외부에 어떤 신기한 현상이 나타나는 것이 아니고 우리 심령 속에 깨닫는 것이 있습니다. 그 깨달음은 물이 솜을 적시는 것처럼 우리 인격을 적십니다. 우리 심령을 적셔요. 그 깨달음은 아주 신기한 깨달음이고 힘을 주는 깨달음입니다. 참 좋습니다. 그 깨달음이 올 때 참으로 찬송이 나옵니다. 땅에서 살긴 살지만 하늘에 사는 그 즐거움이로구나 하고 생각하는 정도가 됩니다.

　우리가 잘 믿는다고 해서 그저 세상에서 편하고 넉넉하고, 세상에서 쾌락을 누리고 하는 것은 아닙니다. 잘 믿는 사람일수록 고통이 있습니다. 어떤 방면에서든지 어려움이 있습니다. 그렇지만 진실로 예수 믿는 사람이라는 것은 분명하지 않습니까? 그러니까 하나님께서 영원 전에 사랑하기로 작정한 것은 사실이고 영원토록 사랑해 주실 것 또한 사실이기에 믿음을 지키고 어려움을 견뎌 내며 나아갑니다. 하나님이 간섭해 주셔서, 하나님이 기뻐하시며 간섭해 주셔서 하나님의 사랑을 더욱 깨닫게 됩니다. 오랜 세월 고난당하며 걸어갈수록 조금씩 참으며 견뎌갈수록 더욱 하나님의 역사가 있습니다. 그래서 영원 전에 사랑받기로 작정된 사실이 더욱 확실히 믿어지는 것입니다. 정말 확실히 믿어집니다.

예정을 믿는 자의 생활

영원 전에 나를 사랑하기로 결정했다, 십사만 사천에 들기로 되어 있다는 것을 믿는 자의 마음이 얼마나 좋을지 여러분이 생각해 보십시오. 이제 이러한 예정 교리 다시 말하면 선택 교리를 잘 깨달은 사람 중에 한 두 사람을 예로 들겠습니다.

칼빈은 특별히 이 예정 교리에 대해 많이 가르친 사람입니다. 참된 신자는 영원 전에 하나님이 사랑하시기로 작정하셨다. 이것은 칼빈이 만들어 낸 것이 아닙니다. 칼빈은 성경대로 가르친 사람입니다. 칼빈은 가난하게 살았습니다. 그러기 때문에 구교의 신봉자로 신교를 반대하던 추기경 사돌레(Jacopo Sadoleto, 1477-1547)라는 사람조차 칼빈에 대해, 그 사람이 우리와 가르치는 것은 맞지 않지만 가난하게 사는 것으로 존경을 받는다, 그랬습니다. 칼빈은 아주 초라한 집에서 살았습니다. 빈한하게 살았습니다.

그분은 또 병이 많았습니다. 다른 사람들이 말한 대로 한평생 오십 여 종류의 병을 앓았다고 합니다. 그만큼 많은 병으로 고생한 사람입니다. 칼빈은 비교적 젊은 나이인 쉰다섯 살에 세상을 떠났습니다. 그런데 많은 질병을 가지고 한평생 사는 사람의 마음이 어떠했겠습니까? 얼마나 괴로우며 얼마나 비관스러웠겠습니까? 하지만 칼빈은 끝까지 잘 살아가며 낙심하지 아니했고 세상 뜰 때도, 하나님이 나를 영원 전에 택해 주셔서 감사합니다, 하고 감사하며 세상을 떴습니다.

세상을 뜨면서 로마서 8장 18절을 계속 읽었다고 합니다. "생각하건대 현재의 고난은 장차 우리에게 나타날 영광과 비교할 수 없도다." 내세를 확실히 믿고 내세의 영광을 그렇게 즐거워하면서 세상 떴다 그 말입니다. 그가 얼마나 강하게 세상을 산 것입니까? 그가 얼마나 굳세게 산 것입니까? 그 강한 것이 어디서 나왔습니까? 그것은 영원 전에 하나님이 나를 사랑하셨다고 하는 예정 교리, 선택의 진리를 믿었기 때문이지요. 선택의 진리를 믿고 살아가니까, 걸어가는 중에 어려움이 있어도 이거 다 문제없다, 하나님이 날 사랑하는 거다, 이렇게 하면서 견뎌나가는 것입니다. 얼마나 귀한 진리입니까? 하나님께서 우리를 이렇게 택했다는 것이 참 귀하지 않습니까?

또 칼빈의 제자인 베자(Theodorus Beza, 1519-1605) 얘기를 잠깐 해 보겠습니다. 베자는 잘 믿는 사람이었는데, 로마서를 헬라어로 암송했다고 합니다. 그만큼 성경을 사랑하고 하나님 말씀대로 산 사람입니다. 베자는 육백 번이나 죽을 뻔 했다고 합니다. 그러니 얼마나 많은 어려움을 당했겠습니까? 오늘도 당하고 내일도 당하고 한평생 계속 어려움을 헤쳐 나가는 생활을 한 것이 분명합니다. 그 어려움을 견디는 힘이 어디에서 생깁니까?

우리는 다 약한 사람입니다. 우리는 외부에서 힘을 얻어야 견뎌 나갈 수 있습니다. 다른 데서 힘을 받지 못하면 신앙생활을 제대로 할 수 없습니다. 실패할 수밖에 없습니다. 예수를 믿는 중에도 예정 교리를 믿는다는 것이 얼마나 귀한가를 명심해야 합니다. 이렇게 환난과 곤고를 당하면서도 소망을 잃지 않고, 하나님은 지금도 나를 사랑한다 하면서 이겨나가고 견뎌나가는 것이 얼마나 귀합니까?

여기 십사만 사천은 그 이마에 하나님의 도장을 받은 사람들입니다. 즉 성령의 인침을 받은 사람들인데 많은 사람 중에서 택함 받은 사람들로서 이렇게 귀한 은혜를 받았습니다. 우리 모두도 이제 스스로 생각해 봐야겠습니다. 내가 정말로 믿는가 생각해 봐야겠습니다. 내가 정말로 믿는다고 결론지어지면 하나님이 영원 전부터 나를 택하시고, 영원 전부터 사랑하시고, 지금도 사랑하시고, 영원토록 사랑해주신다고 믿어야만 합니다. 이렇게 믿는 것이 진리대로 하는 것입니다. 사실대로 되는 것입니다. 이 말씀을 명심하시고 우리 신앙에 일보 전진이 있기를 바랍니다.

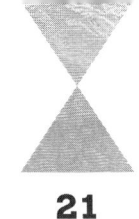

21
기도응답

계 8:1-13

계시록 8장에 나오는 말씀은 성도들의 애처로운 호소를 들어 주시는 기도 응답이라 할 수 있습니다. 1-5절은 성도들의 기도가 올라가는 것을 말하고 있고 6절에서는 그 기도에 응답하시는 의미에서 천사들이 나팔 불기를 예비했다고 했습니다.

7절에서 첫째 천사가 나팔을 붑니다. 나팔을 하나씩 불 때마다 보여 주는 것은 하늘나라가 임하도록 해 달라고 애처롭게 호소하는 기도에 대한 응답입니다. "첫째 천사가 나팔을 부니 피 섞인 우박과 불이 나와서 땅에 쏟아지매 땅의 삼분의 일이 타 버리고 수목의 삼분의 일도 타 버리고 각종 푸른 풀도 타 버렸더라"(8:7). 또 8절을 보면 "둘째 천사가 나팔을 부니" 하고 또 이렇게 나옵니다. 이에 대한 해석은 조금 후에 하기로 하고 우선 그 애절한 호소의 이유, 성도들이 그렇게 애절하게 하나님께 호소한 이유가 무엇인가를 알아보겠습니다.

성도들의 애절한 호소

성도들의 애절한 호소가 있는가 하면, 그 애절한 호소, 즉 그 기도가 응답되는 때가 있습니다. 그때는 주님이 재림할 시기가 임박한 때입니다. 그런데 이때 "인자가 올 때에 세상에서 믿음을 보겠느냐" 하시며 주님이 탄식하셨습니다. 주님이 오실 때까지 애절한 호소를 하겠느냐, 그렇게 애절하게 기도를 계속 하겠느냐 하는 의미입니다.

그러면 그렇게 애절하게 호소하는 이유는 무엇인가? 이것은 우리 믿는 사람들의 개인적인 문제는 아닙니다. 내가 배고프니 슬프다, 내가 역경을 당했으니 슬프다, 길이 어려우니 슬프다 등등을 가지고 하나님께 호소하는 것을 말하는 것이 아닙니다. 물론 개인적인 문제를 가지고 하나님에게 호소할 수도 있지만 여기 있는 말씀은 그런 성질의 것이 아닙니다. 주님의 재림이 임박한 때에 하나님께서 들어주시는 호소입니다. 개인적인 문제로 호소하는 것과는 그 성질이 다릅니다.

하나님의 영광을 모독하는 세상

> 그 밤낮 부르짖는 택하신 자들의 원한을 풀어 주지 아니하시겠느냐 (눅 18:7).

여기 "원한"이라고 번역되어 있다고 해서 우리가 잘못 생각하면 안 되겠습니다. 여기 "원한"이라는 말이 무슨 뜻입니까? 자, 이 세상에서 하나님이 업신여김을 당합니다. 사람들이 하나님이 지으신 세상에 살면서 하나님이 없다고 합니다. 하나님이 지으신 세상에 살면서 심지어 하나님을 모독하고 그 이름을 짓밟으려고 합니다. 이런 핍박자들이 일어납니다. 하나님을 무시하고 하나님을 모독하는 일들이 세상에 꽉 차 있습니다. 거기에 대해 신자들의 느낌이 무엇이냐 할 때, 그것을 "원한"이라고 하는 것입니다.

우리가 배고플 적에도 느낌은 있습니다. 하지만 하나님의 이름이 이렇게 무시를 당하고, 하나님이 지으신 땅에 발을 딛고 살면서 하나님이 없다고 하고, 심지어 무신론을 전파하기까지 하는 이 말할 수 없이 가슴 아픈 일들에 대해 우리 성도들은 아픔을 느낍니다. 우리 성도들이 거기에 대해 아픔을 느끼지 못한다면 그만큼 우리에게도 문제가 있는 것입니다. 그렇게 둔해져 있고 어둡고 하나님에 대하여 무관심하고, 그렇게 철면피가 되어 있다는 것입니다.

성도들은 이 땅 위에 살면서 여기에 민감하고 여기에 아픔을 느낄 줄 압니다. 그렇다고 무신론자들이 망하게 해 주옵소서 하는 기도는 안 하지만 무언중에 탄식하지 않습니까? 그야말로 애절한 호소인데 그것이 주기도에 잘 나타나 있습니다.

하늘에 계신 우리 아버지여 이름이 거룩히 여김을 받으시오며(마 6:9b).

하나님의 이름이 높여지는 때가 오게 해 달라는 것입니다. 우리 믿는 사람들도 하나님의 이름이 높여지지 못하는 때 아무런 아픔도 느끼지 못하는 일들이 있으니 이것이 참으로 문제입니다.

나라가 임하시오며(마 6:10a).

여기에서 "나라"라는 것은 당신님의 나라라는 뜻입니다. 하나님의 나라라는 뜻입니다. 이것은 바로 하나님의 다스림이요 하나님의 심판입니다. 하나님의 심판이 임하여 주옵소서 하고 무언중에 탄식이 있어야 합니다. 우리의 신앙이 진실할수록 그런 탄식이 있습니다. 하나님의 심판이 임해서 하나님의 이름을 거룩하게 하시옵소서, 사람들이 이렇게 하나님의 이름을 모르고 하나님의 이름을 짓밟고 하나님 나라를 생각하기는커녕 세상 나라만 제일인 줄 아는데 하나님은 왜 잠잠히 계십니까, 하나님 한번 심판해 주옵소서, 하는 탄식이 있어야 하지 않겠습니까?

우리가 하나님의 심판이 없으면 좋겠다고 생각한다면 그것은 큰 문제입니다. 그렇게 생각하는 것은 심히 병든 심령, 잘못된 심령입니다. 그것은 하나님이 바르게 역사하지 않으면 좋겠다는 생각과 같고 하나님이 안 계셨으면 좋겠다는 생각과 같은 것입니다. 나는 하나님의 심판을 원치 않습니다 하는 마음은 말할 수 없이 잘못된 죄악된 마음입니다. "나라가 임하시오며"라는 말은 하나님의 나라가 임하기를, 그 심판이 속히 임하기를 간절히 원한다는 말입니다. 개인적인 문제로 생긴 가슴 아픈 일이 아니라 하나님의 이름을 모독하고 무시하고 하나님을 엄청나게 배척하는 이런 가슴 아픈 일들을 주님이 한번 심판해 주십시오, 하는 애원이 말없는 중에 있습니다.

우리는 주기도를 할 적에 매번 그 기도를 합니다. "이름이 거룩히 여김을 받으시오며"하는 기도를 합니다. "나라가 임하시오며"라고 매일같이 기도합니다. 그러면 우리의 가슴에 이러한 애절한 호소가 있어야 되지 않겠습니까? 그런 호소가 있는 자의 마음에 평안이 있습니다. 계속 자신의 문제만 생각하고 자신의 어려움만 생각하면 늘 마음이 불안합니다. 그러나 나는 어찌되든지 주님의 이름이 거룩하게 되는 것을 원하는 자와, 주님의 이름이 이렇게 벌레만도 못한 세상 인생들에게 짓밟히는 것을 견딜 수 없어하는 심정을 가진 자에게는 은혜가 임합니다. 현재는 괴롭고 갑갑하지만 영적 평안이 있습니다.

• 향연이 성도의 기도와 함께

> 일곱째 인을 떼실 때에 하늘이 반 시간쯤 고요하더니(8:1).

여기 "반 시간쯤"이라는 것은 오늘날 우리가 갖고 있는 시간 단위의 반 시간이 아닙니다. 시계를 가지고 측량할 수 있는 시간이 아닙니다. 성경의 시간관념은 천 년을 하루와 같이 봅니다(벧후 3:8). 따라서 여기 "반 시간"이라는 것을 30분 동안이라고 볼 것이 아닙니다. 이것은 주님 오실 때가 임박한 그 시간까지 성도들이 기도하는 시간을 말합니다. 그 시간이 고요합니다. 하늘에서 벼락이 내리는 것도 아니고, 하늘에서 꾸지람이 내리는 것도 아닙니다. 땅 위에서 일어나는 모든 안타까운 일을 그대로 놔두고 계시는 듯합니다. 어떤 큰 사건이 없어요. 이제 이 반 시간 동안 고요한 것은 성도들이 기도하는 때이기 때문입니다.

> 또 다른 천사가 와서 제단 곁에 서서 금향로를 가지고 많은 향을 받았으니 이는 모든 성도의 기도와 합하여 보좌 앞 금 제단에 드리고자 함이라 향연이 성도의 기도와 함께 천사의 손으로부터 하나님 앞으로 올라가는지라(8:3-4).

4절을 보면 "향연이 성도의 기도와 함께" 있다고 했는데, 여기에 대해 우리는 의문을 가질 수 있습니다. 이 말씀은 향연이 따로 있고 기도가 따로 있다는 말이지 않습니까? 그런데 계시록 5장 8절을 보면 "향은 성도의 기도"라고 했습니다. 5장 8절에서는 향을 기도라고 했는데, 여기서는 향이 따로 있고 기도가 따로 있다고 한다는 말입니다. 여기서는 이렇게 말하고 저기서는 또 저렇게 말하니, 그 이유가 무엇인지 생각해 볼 필요가 있습니다.

계시록 8장에서 향연은 성도의 기도와는 다른 것으로서 성도의 기도와 함께 하나님 앞으로 올라간다, 그랬습니다. 그렇다면 향연은 무엇이며 기도는 무엇입니까? 향연은 다름 아니라 예수님의 희생 제물을 말합니다. 예수님의 희생 제물, 우리 죄를 대속하기 위해 십자가에서 죽으신 그 속죄 제물입니다. 에베소서 5장 2절에서는 "자신을 버리사 향기로운 제물과 희생 제물로 하나님께 드리셨느니라" 말씀했습니다. 이 말씀은 분명히 예수님이 속죄 제물이 되신 것이 향기로운 것이라고 한 것입니다. 예수님은 우리의 죄를 담당하기 위해, 우리의 죄를 담당하기 위해 친히 양이나 소와 같은 제물이 되셨습니다. 그러한 자리에까지 떨어지셔서 속죄 제물이 되셨다는 말입니다. 우리가 지금 수표를 마치 돈으로 취급하는 것처럼 구약 시대에는 양과 소의 피를 예수님의 속죄 제물로 표현한 것입니다. 예수님이 오시기 전이니까 그렇습니다. 여기에서 우리가 명확히 알 수 있는 것은 주님의 속죄의 죽으심이 향이라는 것입니다. 향기로운 제물입니다.

그러면 "향연이 성도의 기도와 함께"라고 한 것은 성도들의 기도가 예수님의 속죄 제물 되신 공로 때문에 올라간다는 말입니다. 그러니까 성도들의 기도의 요점은 기도 자체가 아니라 예수님의 속죄 제물 되신 공로입니다. 예수님의 속죄 제물이 아니라면 기도가 되지 못합니다. 그러기 때문에 계시록 5장 8절에서와 같이 향이 바로 기도라고 그렇게도 말씀할 수 있는 것입니다. 그 향기로운 속죄 제물, 이것이 있어서 우리에게 기도가 열리고 이것 때문에 기도가 올라간다는 것입니다. 불신자는 기도하지 못합니다. 예수 그리스도의 속죄 제물을 믿지 않는 마음으로는 기도하지 못합니다.

이교에서 그들의 신에게 하는 기도는 다 헛된 것입니다. 기도로서 가치가 없습니다. 우리 주님의 속죄 제물 때문에 우리에게 기도의 참다운 동기가 생깁니다. 우리의 기도가 하나님께로 올라갑니다. 그런고로 계시록 5장 8절 말씀, "이 향은 성도의 기도들이라" 하는 말과 8장 4절 말씀, "향연이 성도의 기도와 함께"라는 말은 결국 같은 말입니다. 향이 즉 기도라, 그 말입니다. 향 없이 기도해 봤자 그것은 기도가 아니란 말입니다. 우리가 하나님 앞에 기도를 드릴 때 내 입술을 움직이는 것보다 주님의 속죄의 공로가 더욱 중요하다는 말입니다.

그러니만큼 기도하는 자는 시종일관 주님이 나를 대신하여 죽어 주셨다는 사실이 그 심령에서 늘 기억되고, 계속 역사해야 합니다. 우리가 하나님 앞에서 기도할 때 우리의 말이 무슨 가치가 있어서 상달되겠습니까? 오직 주님의 향으로 주님의 제물로 우리의 말이 주님께 올라가는 줄 믿습니다. 우리는 정신 차린 마음으로 기도를 기도답게 해야 합니다. 기도를 기도답게 할 때 현재의 갑갑함과 답답함이 해결됩니다.

주님께서 이 호소를 들어주시는 때가 언제인지는 모르겠습니다. 주님 재림 직전에 이러한 사건들이 오게 되니까 미리 언제라고 말할 수는 없습니다. 그렇지만 하나님의 이름이 땅 위에서 모독당하는 데 대해 우리 가슴속에서 정말 아픔을 느껴야 합니다. 그래서 우리가 말하는 중에든지 혹 말 없는 중에든지 호소의 움직임이 있다고 하면, 그리고 그런 정신으로 기도한다면, 그야말로 한 마디 한 마디 정신 차린 말로 기도한다면 그날그날 우리의 생활이 달라질 것입니다.

우리가 기도한다고 하지만 진리를 잘 알지 못하고 기도하거나 진리를 안다고 하더라도 망령되이 혹은 내 버릇 그대로 기도한다면 그 기도가 응답될 수 있겠습니까? 적어도 우리 가슴속에 하나님의 응답이 와야 되지 않겠습니까? 하나님의 심판을 속히 바라는 우리의 애처로운 호소에 대한 응답은 차치하고라도 응답이 와야 되지 않겠습니까? 현재 이 가슴속에 우리의 어떤 사고방식으로 만들어진 평안이 아니라 주님께서 간섭하셔서 주시는 평안이 와야 합니다. 그러한 것이 참으로 기도하는 자에게 느껴질 정도가 되어야 하며 거기서 또다시 하늘의 소식을 깨닫게 되는 것입니다. 그러니만큼 매일매일 기도하는 중에 한 마디라도 참된 기도를 올렸다고 하면 그날의 생활이 헛되지 않고 반드시 평안이 있는 것입니다.

나팔 재앙은 기도응답

첫째 천사가 나팔을 부니 피 섞인 우박과 불이 나와서 땅에 쏟아지매 땅의 삼분의 일이 타 버리고 수목의 삼분의 일도 타 버리고 각종 푸른 풀도 타 버렸더라(8:7).

둘째로 생각할 것은 기도응답입니다. 7절을 보면, 피 섞인 우박이 내리면서 불도 나타났습니다. 무슨 탔든, 그 불이 어떻게 임했든 땅이 탄 것만은 사실입니다. 그러면 땅이 탄다는 것은 무엇을 의미합니까? 그 밑에 있는 말들이 알려 주는데 "수목의 삼분의 일도 타 버리고 각종 푸른 풀도 타 버렸"다고 합니다. 초목이 불타서 사라진다는 말입니다. 우리는 지금까지 이런 일을 겪어보지 못한 것 같습니다만 앞으로 있을 것입니다.

좌우간 이러한 나팔 재앙은 성도들의 애처로운 호소를 갚아주셔서 내리는 재앙입니다. 우리는 그렇게 알면 됩니다. 나팔 불 때 이렇게 불태우는 재앙이 땅 위에 임한다고 했는데, 우리는 그것을 설명할 도리가 없습니다. 미래의 일인 경우에 그것은 더욱 알 수가 없습니다. 더군다나 믿는 우리는 이러한 일이 반드시 있다는 것을 믿어야 하지 않겠습니까? 그리고 이 재앙은 하나님의 원수를 갚는 것이니까 택한 백성들에게는 찬송할 일이 되는 것입니다. 오랫동안 기도해 오던 택한 백성들에게는 자신들의 가슴 속에 있던 기도에 대한 응답이란 말입니다. 하나님이 살아 계시구나, 하나님께서 갚아주는 일이 반드시 있구나 할 때가 옵니다.

둘째 천사가 나팔을 부니 불 붙는 큰 산과 같은 것이 바다에 던져지매 바다의 삼분의 일이 피가 되고 바다 가운데 생명 가진 피조물들의 삼분의 일이 죽고 배들의 삼분의 일이 깨지더라(8:8-9).

이것도 역시 나팔 재앙입니다. 성도들의 쌓이고 쌓인 호소에 대한 응답입니다. 하나님을 위한 하나님 사랑에서 나온 애처로운 호소에 대한 응답입니다. 그러므로 이 나팔 재앙은 하나님을 모독하고 하나님의 이름을 짓밟고 무시하는 사람들에게 임하는 재앙입니다. 이것은 적 기독 나라가 망하는 것입니다.

여기 "불 붙는 큰 산"이라는 것은 적 기독 나라를 비유한 것입니다. 예레미야 51장 25절의 "불 탄 산"과 같은 것은 적 기독 나라입니다. 적 기독 나라가 바다에 던짐이 되었다고 하니, 적 기독 나라가 망할 것입니다. 그 나라가 망하느라고 많은 생명이 죽는다는 말입니다. "바다의 삼분의 일이 피가 되고 바다 가운데 생명 가진 피조물들의 삼분의 일이 죽는다"고 했습니다. 그 모든 고기 떼와 그 모든 생물의 삼분의 일이 죽는다는 것입니다. "배들의 삼분의 일이 깨지더라." 그 많은 배가 깨졌으니 사람들이 죽었지 않겠습니까? 그 배에 타고 있던 사람들은 다 죽지 않았겠습니까? 이와 같이 적 기독이 망하는 그러한 때가 온다 그 말입니다.

이러한 말씀에 비추어서 어떤 역사적인 사건을 볼 때에 이것이 우리 시대에 된 일이 아니겠나 그렇게 생각하는 것도 좋고, 혹은 우리 시대에는 아직 안 된 것이라고 생각해도 좋습니다. 어디에 꼭 맞추려고 할 때 실수합니다. 이것이 아니겠나 하고 생각하는 것이 늘 좋습니다. 그런데 이것이 제2차 세계대전과 상당히 비슷한 내용이 있습니다. 그 당시 동양을 보면 그때 일본이 예수 믿는 사람들을 얼마나 많이 박해했습니까? 그야말로 애처로운 탄식이 감옥소에도 많이 있었고, 감옥소에는 가지 않았다 하더라도 거리에서, 일터에서 그 애처로운 호소가 말없는 가운데 있지 않았습니까? 그런데 한날 한때에 일본이 패망하지 않았습니까? 명백히 주님이 그 호소를 들어주신 사건이라고 할 수 있습니다. 일본의 패망으로 신사참배 강요라든지 다른 성도들을 대적하고 성도들을 박해하는 일들이 멈춘 것입니다.

한 가지 예를 들자면 신사참배 반대운동을 하다가 옥에 갇힌 이기선 목사가 5년 동안 옥에 있다가 해방되어 나왔는데, 이후에 그를 담당하던 검사가 이기선 목사가 있었던 감방에 갇혔다고 합니다. 그런 것을 보면서 우리 믿는 사람들이 어떻게 깨닫는 바가 없을 수 있겠습니까? 하나님께서 오래 참으시지만 반드시 성도의 탄식을 풀어주는 때가 있다는 것을 믿으며 살다가 그렇게 갚아주시는 일이 이루어졌을 때 성도들의 믿음이 한층 더 강해지고 한층 더 활기를 띠게 되는 것입니다.

셋째 천사가 나팔을 부니 횃불같이 타는 큰 별이 하늘에서 떨어져 강들의 삼분의 일과 여러 물 샘에 떨어지니 이 별 이름은 쓴 쑥이라 물의

> 삼분의 일이 쓴 쑥이 되매 그 물이 쓴 물이 되므로 많은 사람이 죽더라 (8:10-11).

이것은 분명히 이단을 의미합니다. 하나님께서 이단의 재앙을 그대로 놔두시는 때가 있습니다. 하나님께서는 이단을 미워하시며 이단을 저주하시지만 당신님의 원수들에게, 당신님의 이름을 모독하며 끝까지 회개하지 아니하고 끝까지 짓밟는 사람들에게 재앙이 되도록 놔두시는 일이 있습니다. 데살로니가후서 2장에 보면 그런 사람들은 "진리의 사랑을 받지 아니"(10절)하는 자라 했습니다. 진리의 사랑을 받지 않기 때문에 불법의 사람으로 적 기독에게 넘겨주었다고 하는 말씀이 있습니다. 이 세상에는 끝까지 진리에 순종하지 않고 진리의 사랑을 받지 않는 자들이 있습니다. 하나님께서는 그런 자들을 팽개쳐두는 일이 있습니다. 그렇다면 너희는 너희 좋을 대로 가라, 하십니다. 재앙이 되도록 놔두시는 겁니다.

> 넷째 천사가 나팔을 부니 해 삼분의 일과 달 삼분의 일과 별들의 삼분의 일이 타격을 받아 그 삼분의 일이 어두워지니 낮 삼분의 일은 비추임이 없고 밤도 그러하더라(8:12).

그다음 넷째로 해와 달과 별의 삼분이 일이 어두워지는 재앙입니다. 빛에는 햇빛도 있고 달빛도 있고 별빛도 있는데, 이러한 빛 삼분의 일이 어두워진다는 말입니다. 삼분의 일이 어두워진다니 참 무서운 세상이 되는 것이지요. 이것도 역시 하나님의 원수에게 내리는 벌입니다. 여러 백 년, 여러 천 년 참아 오시다가 마침내 성도의 애처로운 탄식을 풀어주는 의미에서 한날 한때에 이런 일이 있도록 하십니다.

이것은 비유라고 생각할 수도 있습니다. 다시 말하면 모든 인류를 인도하며 지도해주는 지도자들이 어두워지는 것이라고 해석할 수도 있습니다. 이렇게 포괄적으로 두 가지를 의미하는 말씀이 성경 다른 곳에서도 나타납니다.

해와 달과 별이 어두워지는 일도 있지만 비유로서 모든 인류의 지도자들이 아주 어두워져서 인류를 잘못 인도할 것을 보여 줍니다. 인류를 망하도록 만드는 지도자들이 전 세계에 많을 것을 내다보고 하시는 말씀입니다.

종말을 바라보는 삶

우리는 이런 말씀을 보면서 이 일들이 현재 우리 시대보다 나중에 올 일들이라고만 생각해서는 안 됩니다. 우리는 이 시대에 살면서 모든 일을 살필 줄 알아야 합니다. 오늘날 전 세계가 흉년의 재앙을 받고 있습니다. 지금 우리는 모릅니다만 아프리카 대륙이 기근으로 인해 여러 해 동안 죽어가고 있지 않습니까? 비단 아프리카 대륙뿐입니까? 다른 대륙, 다른 나라들도 기근으로 양식이 없어서 죽음의 혼란을 당하는 민족들이 오늘날 지구상에 많이 있습니다. 우리는 이런 것을 보고 바르게 살피려고 노력해야 합니다. 이러한 예언들이 모두 앞으로만 있을 것들인지 아니면 지금이 바로 그때이고 지금 진행중인 것은 아닌지 생각하면서 살아가야 합니다.

앞으로 좋은 시대가 있다, 환난 없이 평안히 살 시대가 있다, 이 세상에서 잘 먹고 잘 쓰면서 평안히 살 시대가 있다고 생각하기보다 날마다 하나님을 바라보고 하나님을 의지하며 앞으로 시대는 더 어려워질 것이라고 내다보면서 사사건건 이것이 그것은 아닌가 하는 생각을 가지고 살아야 합니다. 그럴 때 죄를 이길 수 있습니다. 사람이 평안을 느끼게 되면 죄를 짓습니다. 방심하고는 그저 자기 할 대로 하려고 합니다. 사람이 아주 변해요. 비록 사람이지만 이것을 자갈 물려서 끊어야 되지 평안하게 놔두면 죄를 짓게 됩니다. 하나님은 성도들이 바로 되도록 하기 위해 이 세상에 환난을 허락하시며 어려운 때를 그대로 놔두십니다. 이렇게 우리를 사랑하시는 하나님입니다.

22
세계대전

계 9:12-21

지금까지 우리는 나팔 재앙에 대한 것을 살펴보았습니다. 나팔 불 때 재앙이 내리기 때문에 나팔 재앙이라 이름을 붙였습니다. 사도 요한이 하나님의 계시를 보았을 때 그런 모습으로 본 것입니다. 실제로 세상 끝 날이 가까워 재앙이 일어날 때, 그때마다 누군가 나팔을 분다는 것이 아닙니다. 이 계시록은 비유로 된 책이라는 것을 우리가 늘 기억해야 합니다.

나팔이라는 것은 경고입니다. 경고할 때 부는 것입니다. 전쟁을 시작한다고 할 때 나팔을 붑니다. 군대에서 기상할 때도 다 일어나야 된다고 하는 경고로 나팔을 불기도 합니다. 그만큼 사람들에게 각성을 촉구하는 뜻을 보여 주는 것입니다. 이 재앙을 내리는 것은 각성하라는 거예요. 사람은 둔해서 장래 일에 대해 각성하지 못합니다. 그러기 때문에 하나님께서 장래에 될 일을 여러 가지 비유로 가르치시며 말씀하시는 중에 나팔 불 때 재앙이 내리도록 이렇게 표현한 것입니다.

역사적 사건과 직접 결부하는 것 경계

오늘 본문을 읽으면서 알아보려고 하는 것은 여섯 번째 나팔 재앙입니다. 이런 일들은 주님 오시기 직전 가까운 때 일어나는 것이 분명합니다. 오늘 우리가 공부할 것은 제목 그대로 세계대전입니다. 지금은 20세기인데, 19세기까지만 해도 세계대전은 없었습니다. 그런데 20세기에 접어들면서 전쟁이 일어나는데, 세계대전이 자꾸 일어납니다. 우리는 이것을 계시록이 맞아 들어가는 것으로 보고 놀라서 생각하게 됩니다.

그런데 우리는 여기 여섯 번째 나팔 불 때 일어나는 세계대전이 어느 것인지 알기 어렵습니다. 우리가 그저 가져다 붙이면 후회가 있게 됩니다. 오묘한 말씀이고 미래에 관한 말씀이기 때문에, 가져다 맞추기가 어렵습니다. 하지만 우리는 이런 것을 보면서 경성하게 됩니다. 혹시 이것 아닌가, 이것 같은데 하는 생각을 하면서 주님 재림이 참 가까웠구나 하는 생각이 들어야 합니다.

우리 시대에 와서 세계대전이 두 번 일어났습니다. 지금은 전쟁이 일어났다 하면 이것이 또 세계대전이 되는 것은 아닌가 하는 생각을 하게 됩니다. 제1차 세계대전이 있었고 그 뒤에 제2차 세계대전이 또 있었습니다. 우리가 여섯 번째 나팔 재앙을 읽을 때 이것이 제1차 세계대전이 아니었을까 혹은 제2차 세계대전이 아니었을까 혹은 앞으로 있을 제3차 세계대전은 아닐까 하는 생각을 하게 되는 것입니다. 그런 정도로 우리 영혼이 경성하는 은혜를 받습니다.

그런데 여기 여섯 번째 나팔 불 때 일어나는 세계대전을 제1차 세계대전이든 제2차 세계대전이든 혹은 앞으로 일어날 제3차 세계대전에 어떤 식으로든 교묘히 맞추어야 되는 것은 아닙니다. 계시록을 가지고 장난하는 것처럼 그저 가져다 맞추고 나서, 나중에 보면 그것이 아니더라는 것입니다. 그러니만큼 신중해야 할 것입니다.

그러면 이제 세계대전에 대한 하나님의 말씀을 읽어 봅시다. 우리가 놀라는 것은 20세기에 접어 들어서 제3차 세계대전이 아닐까 염두에 둘 만한 전쟁이 자주 일어난다는 것입니다. 그런데 이것은 성경 중에서도 특별히 계시록에 예언되었습니다. 9장 13절부터 읽어 내려가 봅시다. 계시록을 읽을 때는 언제든지, 귀에 붙이면 귀걸이가 되고 코에 붙이면 코걸이가 되는 식으로 마음대로 성경을 이렇게 저렇게 가져다 붙이면 안 된다는 것을 늘 명심해야 합니다. 늘 두려워 떠는 마음으로 하나님 말씀을 취급해야 합니다.

변하지 않고 상달되는 기도

여섯째 천사가 나팔을 불매 내가 들으니 하나님 앞 금 제단 네 뿔에서 한 음성이 나서(9:13).

나팔에 대해서는 이미 설명을 했습니다. 여기서 살펴볼 것은 "하나님 앞 금 제단 네 뿔에서 한 음성이 나서"라는 말씀입니다. 여기 "금 제단"은 옛날 이스라엘 성전에 있었던 제단을 의미하는 것이 아닙니다. 성전에 있었던 번제단이나 분향단은 금 제단이 아닙니다. 향불을 피우는 그러한 제단, 분향 제단이나 혹은 번제 제단은 금으로 만들지 않았습니다. 그 제단들은 조각목으로 만들었습니다. 조각목이라는 나무로 만든 것입니다. 여기서 "금 제단"이라는 것은 금으로 만든 제단입니다. 분향하는 제단이건 번제 드리는 제단이건 '제단'이라는 글자는 같습니다. 우리는 여기 "금 제단"이라는 것이 번제단인지 혹은 분향단인지를 분변해야 되겠습니다.

여기 "금 제단"이라는 것은 분향단을 말합니다. 향불을 피우는 단입니다. 이것은 성소와 지성소 사이에 놓여 있는 단처럼 분향단입니다. 향불을 피우는 것입니다. 그러면 왜 금 제단이라고 했는가? 향불 피우는 단을 왜 금 제단이라고 했겠습니까? 이것은 땅 위에 있었던 예루살렘 성전의 그 향단을 의미하는 것이 아니라 하나님 앞에 있는 향단을 의미합니다. 하나님 앞에 있는 금

향단이라는 걸 우리가 생각해 볼 때, 하늘나라에도 이런 시설이 있는가, 거기에도 향불을 피우는 그런 제도가 있는가 생각할 수 있습니다. 그러나 그런 것이 아니고 이것도 비유입니다.

향단이라는 것은 기도를 비유합니다. 기도를 올리는 시설입니다. 향불을 피운다는 것은 성도의 기도를 비유하는 것입니다. 땅에서 성도들이 기도하면 그 기도가 하나님 앞에 있는 하늘 향단, 하늘에 있는 그 향단의 향기처럼 된다는 말입니다. 성도들의 기도가 옳은 기도라면 땅에 떨어지지 않습니다. 하늘에 올라가서 주님 앞에서 향불을 피우는 것같이 하나님께로 상달됩니다. 예수님의 공로로 성도들로부터 올라가게 된 그 기도들에 대해 하는 말입니다.

하늘의 금 향단입니다. 왜 금으로 비유했습니까? 금은 이 세상 물질 가운데 변하지 않고 오래 견디는 성질을 가졌습니다. 그러기 때문에 영원한 저 나라의 일들을 금으로 비유한 것이 많습니다. 여기에서도 금 향단이라고 할 때에 과연 거기 올라간 기도는 변하지 않고 하나님께로 상달된다는 내용을 우리 모두가 깨닫게 됩니다. 이 사실은 사람이 나름대로 어떻게 가져다 붙이는 것이 아닙니다. 계시록 8장에서 이미 말한 바 있습니다. 8장 3절을 보면 "또 다른 천사가 와서 제단 곁에 서서 금향로를 가지고 많은 향을 받았으니 이는 모든 성도의 기도와 합하여 보좌 앞 금 제단에 드리고자 함이라"고 했습니다. 여기서도 역시 조각목 단이 아니라 "금 제단"이라고 했습니다. 이것도 역시 하늘에 있을 것으로 비유해서 말하는 향단입니다.

이어서 "하나님 앞 금 제단 네 뿔에서"(9:13b)라고 했습니다. 금 제단에 네 개의 뿔이 있습니다. 모퉁이에 뿔이 있단 말입니다. 그런데 성경을 읽어 보면, 어떤 죄지은 사람이 가서 성전 제단에 있는 뿔을 잡으면 누구도 그를 해하지 못한다고 합니다. 도망가서 제단의 뿔을 잡기만 하면 누구도 손을 못 댑니다. 제단이 그만큼 자비를 베푸는 곳입니다. 모든 죄가 다 그런 것은 아닙니다. 어떤 종류의 죄 지은 사람이 도망가서 그 뿔을 잡으면 이렇게 도피가 된다는 말입니다. 알고도 못 잡습니다. 그러니만큼 이 제단이라는 것, 번제 제단이든지 분향 제단이든지 제단에 속한 그 뿔은 자비를 베푸는 곳입니다. 언제든지 하나님께 경배를 드리는 마당에는 자비를 베푸는 의식이 있습니다. 구약 시대의 제단이라는 것이 자비를 베푸는 시설이란 말입니다. 그런데 거기서 음성이 나왔다고 했습니다. 거기서 음성이 나와서 전쟁을 선포합니다.

전쟁도 하나님의 섭리

> 여섯째 천사가 나팔을 불매 내가 들으니 하나님 앞 금 제단 네 뿔에서 한 음성이 나서 나팔 가진 여섯째 천사에게 말하기를 큰 강 유브라데에 결박한 네 천사를 놓아 주라 하매(9:13-14).

그 음성이 뭐라고 했습니까? 유브라데 강에 결박해 놓았던 네 천사를 놓아 주라고 했습니다. 이것은 바로 이 "네 천사"가 전쟁을 맡았다는 것을 의미합니다. 천사를 풀어 놓으면 이 천사가 전쟁을 일으키도록 섭리한다는 것입니다. 이 천사가 그런 역할을 한다는 것이지요. 그렇다면 세계대전이 일어난다는 것인데, 그러면 하나님께서 그 자비로운 성품으로 전쟁을 일으키시나 하는 의문이 우리에게 생기지 않습니까? 자비로운 하나님이 이 세상에 전쟁을 일으킨다는 말인가 하는 의문이 생길 것입니다.

제단 뿔은 자비를 의미하는데 거기서 음성이 나와서 선전포고를 한다 그 말입니다. 이것은 주님 오실 때가 가까울 때 전쟁들이 일어나는데 이 전쟁이라는 것이 하나님이 섭리한 대로 일어난다는 뜻입니다. 하나님이 허락하기에 일어나는 것이지 저절로 일어나는 것이 아닙니다.

주님 오실 때가 가까울 때에는 사람들이 심히 악해져서 하나님을 배반하고 하나님을 대적하는 일이 천하에 가득하게 됩니다. 그러니만큼 나팔 재앙이라는 것은 이마에 인침을 받지 아니한 사람들이 상하는 재앙입니다. 여섯 번째 나팔을 불 때 이마에 인침을 받지 아니한 사람들 다시 말하면 진실한 신앙 인격이 아닌 사람들, 성령의 인친 표를 받은 진실한 크리스천의 신분이 아닌 사람들이 죽는데, 인류의 삼분의 일이 죽는다고 그랬습니다. 주님 오실 때가 가까워지면 하나님께서 세계대전을 일으켜서 인류의 삼분의 일이 죽는다는 것입니다.

하나님께서 이 전쟁을 일으키는 것이 분명하지 않습니까? 본문을 자세히 봅시다. 14절을 보면 "나팔 가진 여섯째 천사에게 말하기를 큰 강 유브라데에 결박한 네 천사를 놓아 주라"고 했습니다. "큰 강 유브라데"는 이방 나라들을 비유합니다. 이사야 8장 5-7절을 봅시다.

> **여호와께서 다시 내게 말씀하여 이르시되 이 백성이 천천히 흐르는 실로아 물을 버리고 르신과 르말리야의 아들을 기뻐하느니라 그러므로 주 내가 흉용하고 창일한 큰 하수 곧 앗수르 왕과 그의 모든 위력으로 그들을 뒤덮을 것이라**(사 8:5-7).

"천천히 흐르는 실로아 물"은 하나님의 참된 종교를 말합니다. 그러니까 이 백성이 하나님의 참된 종교를 버렸다는 말입니다. "르신과 르말리야의 아들을 기뻐하느니라", 르신과 르말리야의 아들은 아람의 지도자들을 말합니다. 그런 사람들을 기뻐한다는 것입니다. 그래서 "주 내가 흉용하고 창일한 큰 하수 곧 앗수르 왕과 그의 모든 위력으로 그들을 뒤덮을 것이라." 즉 유대 나라를 앗수르 왕이 와서 치겠다는 말입니다. 앗수르의 세력을 "흉용하고 창일한 큰 하수"에 비유했습니다. 흉용하고 창일하다는 것은 물결이 사납고 마구 넘친다는 뜻입니다. "흉용하고 창일한 큰 하수"는 곧 유브라데 강을 말합니다. 그러므로 유브라데 강에 결박해 놓았던 천사를 풀어 주라는 것은 이제 이방 나라들이 전쟁을 일으키도록 하라는 것이지요. 이것이 하나님의 섭리로 됩니다.

네 천사가 놓였으니 그들은 그 년 월 일 시에 이르러 사람 삼분의 일을

죽이기로 준비된 자들이더라(9:15).

"준비된 자들이더라"는 말은 하나님이 예비했다는 말입니다. "년 월 일 시"라는 말은, 그해 그달 그날 그시에 이 전쟁이 일어나도록 하나님이 정해 놓았다는 것입니다. 우리가 이런 말씀을 볼 때 전쟁은 하나님께서 막으면 안 일어난다는 것을 아셔야 합니다. 전쟁이 일어났다고 하면 하나님이 허락했기에 일어났다고 알아야 됩니다. 전쟁에 하나님의 경륜이 있다는 것입니다.

전쟁의 이유

왜 하나님이 전쟁을 사용합니까? 인류가 서로 죽이는 것이 전쟁입니다. 이 나라 사람들과 저 나라 사람들이 서로 죽이는 겁니다. 사람끼리 서로 죽이는 참사가 왜 일어나느냐, 비참하다, 보기도 끔찍하다, 그렇게만 생각해서는 안 됩니다. 인류의 죄악이 이토록 무섭구나, 그것을 생각해야 합니다. 인류가 하나님을 짓밟아 버리는 식으로 하나님을 모독하고, 천지만물을 지으시고 인류를 지으신 그분을 모른다고 하고, 하나님을 안다는 사람을 멸시천대하고 잡아 죽이기까지 하는 것을 하나님이 가만두지 않으시는 겁니다.

하나님이 지으신 이 땅에 살면서 하나님을 공경하고 구원을 받아야 잘되는 것인데, 그와 반대로 가려고 하니 가만히 보고 계시지를 않습니다. 하나님은 인류를 회개시키기 위해서는 채찍을 사용합니다. 그것을 우리가 알아야 합니다. 인류가 회개하고, 주님을 따르고, 주님을 기억하고 살아야 참으로 사람다운 사람이 되는 것입니다. 그래야 사람이 이 세상에 나서 할 일을 하는 것입니다. 하나님이 보실 때 이러한 세상을 고치는 방법은 채찍인 것입니다.

하나님은 이 땅 사람들이 화목하게 사는 것을 원하지 않습니다. 왜 그러십니까? 창세기 11장을 보면 그 옛적에 사람들이 다 화목했습니다. 화목하고 사용하는 말도 같았습니다.

온 땅의 언어가 하나요 말이 하나였더라(창 11:1)

그런데 이 사람들이 무슨 짓을 했습니까? 이제 홍수 같은 것은 문제가 안 되도록 우리가 한번 해보자, 하나님께서 이 땅에 어떠한 벌을 내리시든 막아낼 수 있도록 우리가 해보자 하지 않았습니까? 그러면서 서로 힘을 합쳐 바벨탑을 쌓았습니다. 그런데 이러한 일들이 하나님 보시기에는 하나님을 대적하는 것이었습니다. 사람들이 힘을 합쳐 하나님을 대적하는 것이었어요. 사람들이 합해서 하나님께로 향해야 올바른 일이고 좋은 일인데, 하나님을 대적하더라는 것입니다. 화목해서 살기 좋다, 화목한 이 땅이야말로 참 낙원이로구나, 생각하면서 하나님을 완전히 잊어버린다는 말입니다. 그뿐 아니라 하나님에 대한 사상이 아주 없어집니다.

하나님께서는 당신님이 지은 인류가 그렇게 되는 것을 원치 않으셨습니다. 그들이 단합해서 바벨탑을 쌓았지만 바벨탑을 무너뜨리시고 그때에 서로 화목하게 살던 사람들의 언어를 혼잡하게 만들었습니다. 말이 서로 달라지게 했습니다. 이것이 받은 벌입니다. 말이 다르다는 것은 사상이 통하지 않는다는 이야기가 되고, 그에 따라 전쟁이 계속 일어나는 것입니다. 이렇게 우리가 하나님 입장에서 전쟁을 해석해야 합니다.

전쟁을 그저 두렵다고만 생각할 것이 아닙니다. 하나님이 허락하지 아니하면 전쟁은 못 일어난다, 이렇게 생각해야 되고, 또 전쟁이 일어났다고 하면 주님이 허락했다는 것을 기억해야 합니다. 전쟁이 왜 일어났는가, 하나님이 계시기는 한 것인가 하는 식으로 생각한다면 그것은 성경적이 아닙니다.

우리가 성경을 볼 때 신구약성경 전체를 꿰뚫어서 볼 수 있어야 하는데, 전쟁은 하나님 허락 없이는 안 일어난다, 일어났다면 그 전쟁에 하나님의 어떠한 목적이 있다고 생각해야 합니다. 예로 들어 본다면 창세기 11장이 무엇으로 인한 것인가를 알아야 합니다. 그 사람들이 화목했지만 인본주의적으로 사람끼리 화목했지 하나님과 화목하지 않았습니다. 오히려 하나님을 대적하는 것이 심해지던 때였다는 말입니다. 하나님이 보실 때 이렇게 두면 안 되겠다, 해서 언어가 달라지도록 하셨단 말입니다.

우리가 부분적으로 서로 화목하고, 세계적으로도 화목해지요. 화목이라는 것이 모두 쓸데없고 모두 필요 없는 일이라는 것은 아닙니다. 우리가 전쟁 문제와 관련시켜서 이 말씀을 알아야 된다는 것입니다. 우리는 인간이므로 전쟁이 일어나지 않기를 원해야 합니다. 길 가다가 돌에 걸려 넘어지지 않기를 원하는 것과 같은 것입니다. 그러나 크리스천이 돌에 걸려 넘어진 일이 있다면 이 상황을 바로 해석해야 합니다. 바로 경성해야 되지 않겠습니까. 내가 어떤 일에서 잘못했구나, 하나님께서 이것을 깨닫게 하려고 이 일을 허락했구나, 하고 생각해야 합니다.

기계가 죽이는 전쟁

> 마병대의 수는 이만 만이니 내가 그들의 수를 들었노라(9:16)

"이만 만"이라면 2억을 말하지요. 마병대가 그렇다는 말입니다. 보병들이 얼마나 되는지는 잘 모르겠습니다. 일찍이 2억 명을 동원한 전쟁이 있었는지는 잘 모르겠습니다. 아마 없었다는 생각이 듭니다. 군인 천만 명, 이천만 명은 있을 수 있겠으나 2억 명을 동원한 적은 없었다고 생각합니다. 이만큼 동원되는 것은 한 나라가 전쟁하는 것이 아닙니다. 그야말로 이것은 세계대전입니다. 한 패가 있어서 뭉치면 또 그 나라들 편에 여러 나라가 뭉치고 반대편에서도 마찬가지로 여러 나라가 뭉쳐서 동원을 하니까 2억이 될 수 있습니다. 마병만 해도 그렇게나 많다고 합니다.

> 이같은 환상 가운데 그 말들과 그 위에 탄자들을 보니 불빛과 자줏빛과 유황빛 호심경이 있고 또 말들의 머리는 사자 머리 같고 그 입에서는 불

과 연기와 유황이 나오더라(9:17).

여러분은 이 말씀을 읽을 때 어떻게 생각하십니까? 여기서 "마병"이 여물 먹는 말을 탄 병사를 의미할 것 같습니까? 그렇게 생각되지 않습니다. 왜 그런고 하니 17절에서 그 "말들의 머리는 사자 머리 같"다고 했고, 또 "그 입에서는 불과 연기와 유황이 나"온다고 했으니, 이것이 여물 먹는 말이겠습니까? 여러분, 말이 먹는 먹이를 여물이라고 하지요. 지푸라기 같은 것을 썰어서 말을 먹입니다. 마른 풀 같은 그런 먹이를 먹고 사는 말들의 입에서 이런 연기가 나올 수 있습니까?

"불과 연기와 유황이 나오더라"고 했는데, 무기 중에서도 불을 가지고 적을 해하는 총이 역시 유황을 사용합니다. 쏠 때 연기가 납니다. 총이 언제 발명됐는고 하니 1324년에 발명됐습니다. 사도 요한은 1324년 이전에 산 사람입니다. 그러니까 1324년 이전에 살던 사도 요한이 1324년 이후에 있을 일을 내다본 거라고 봐야 합니다. 이것은 사람의 지혜로 내다본 것이 아니라 하나님의 성령의 역사로, 계시로 내다보게 된 것이라고 생각합니다.

1324년에 총기가 발명되고 그 뒤 계속해서 대포나 미사일, 대륙 간에 쏠 수 있는 장거리 미사일과 같은 것이 발명되었습니다. 오늘날에는 여기에서 아메리카 대륙으로 쏠 수 있는 그러한 강력한 미사일도 있습니다. 이런 것들이 다 불과 관련이 있습니다. 화력 즉 불의 힘이라, 그 말입니다. 우주선을 발사할 때도 역시 불로 하지 않습니까? 그렇게 생각하고 이 말씀을 볼 때 "그 입에서는 불과 연기와 유황이 나오더라"에서 그 입은 진짜 살아 있는 동물의 입이 아닙니다. 비유란 말입니다. 이것은 대포나 혹은 그보다 더 강력한 화력을 지닌, 쏘는 무기라는 생각이 듭니다.

이 말들의 힘은 입과 꼬리에 있으니 꼬리는 뱀 같고 또 꼬리에 머리가 있어 이것으로 해하더라(9:19).

그 말들의 힘이 입에 있다고 했습니다. 그 입이란 다른 것이 아니고 총구를 말하는 것 아니겠습니까? 또는 대포의 입이지요. 거기서 총탄이나 포탄이 나갑니다. 또 꼬리에 있다고 했는데, 꼬리라는 것은 좌우간 이렇게 쏴서 내보낼 때의 장치 아니겠습니까? 우리가 이 말씀을 볼 때 이것은 우리가 탈 수 있는 말이 아니라는 것을 알게 됩니다. 무기 가운데 이렇게 유황과 불과 연기를 수반하는 무기, 강력하고 무서운 무기를 말하는 것입니다.

이 세 재앙 곧 자기들의 입에서 나오는 불과 연기와 유황으로 말미암아 사람 삼분의 일이 죽임을 당하니라(9:18).

18절을 보면 좀 이상하지 않습니까? 사람이 사람을 죽인다는 말이 없이 기계가 사람을 죽인다고 합니다. 이것은 오늘날의 상황을 미리 말한 두려운 사실이 아닌가 생각합니다. 오늘날 전쟁은 무기만 있으면 된다는 것입니다. 사람은 많지 않아도 이러이러한 무기만 있으면 상대방은 물러간다는 것입니다. 우리는 이런 무기를 가지고 있다, 그러면 상대편이 물러가는 겁니다.

계시록 6장 4절에 나오는 붉은 말 탄자는 바로 전쟁을 상징하는 말씀인데, 붉은 말 탄자가 허락을 받는다고 했습니다. 누구의 허락을 받느냐 하면, 하나님의 허락을 받는다는 것입니다.

이에 다른 붉은 말이 나오더라 그 탄자가 허락을 받아 땅에서 화평을 제하여 버리며 서로 죽이게 하고 또 큰 칼을 받았더라(6:4).

어떤 나라 사람들이 다른 나라 사람들을 죽이는 것이지만 사람이라는 기준으로 볼 때에는 사람들이 저희끼리 서로 죽이는 것입니다. 하나님이 내려다 볼 때는 저희끼리 서로 죽이는 거란 말입니다. 사람끼리 서로 죽인다고 했습니다. 이 말씀에서도 사람들이 무기를 가지기는 했는데, 그것은 이차적인 문제입니다. 일차적으로는 사람들이 서로 죽인다는 것입니다. 이것은 사람의 힘을 앞세운 것입니다. 하지만 9장에 나오는 전쟁에서는, 2억 명을 동원하여 하는 전쟁에서는 기계가 죽인다고 그랬습니다. 기계가 죽게 합니다.

> 이 세 재앙 곧 자기들의 입에서 나오는 불과 연기와 유황으로 말미암아 사람 삼분의 일이 죽임을 당하니라 이 말들의 힘은 입과 꼬리에 있으니 꼬리는 뱀 같고 또 꼬리에 머리가 있어 이것으로 해하더라(9:18-19).

• 끝까지 회개하지 않으면

이제 마지막 부분을 읽고 맺겠습니다.

> 이 재앙에 죽지 않고 남은 사람들은 손으로 행한 일을 회개하지 아니하고 오히려 여러 귀신과 또는 보거나 듣거나 다니거나 하지 못하는 금, 은, 동과 목석의 우상에게 절하고 또 그 살인과 복술과 음행과 도둑질을 회개하지 아니하더라(9:20-21).

삼분의 일이 죽고 삼분의 이가 남았는데, 이 삼분의 일을 우리가 숫자적으로 몇 명이라고 풀 수 있습니까? 우리는 그거 잘 모릅니다. 하지만 많은 사람이 죽는다는 의미 아니겠습니까? 삼분의 일이라는 것은 상당히 많은 사람이 죽었다는 이야기가 될 것입니다. 그렇게 많은 사람이 죽었는데도 남은 사람들이 회개를 하지 않는다는 말입니다. 여기 나팔 재앙은 택함 받지 못한 사람들이 다 죽어버리는 재앙입니다. 회개하지 않는다는 말이 얼마나 원통한 말입니까? "남은 사람들은 손으로 행한 일을 회개하지 아니한다"고 했습니다.

사람은 죽음을 보면 마음이 달라지는 법입니다. 그러기 때문에 전도서 7장 1절을 보면 "좋은 이름이 좋은 기름보다 낫고 죽는 날이 출생하는 날보다" 낫다고 그랬습니다. 그리고 2절에서는 "초상집에 가는 것이 잔칫집에 가는 것보다" 낫다고 했습니다. 왜 그렇습니까? 사람이 초상집에 가면 사람의 끝이 이렇다는 것을 보고 기억하기 때문입니다. 그런 뜻으로 말한 것입니다. 사람은 죽음을 보게 되면 생각을 한다는 것입니다. 그러나 사람이 너무 강퍅하고 너무 악해지면, 이러한 떼죽음을 보고도 회개하지 않는다는 것입니다. 사람의 삼분의 일이나 죽는 전쟁판에서 살아남았는데, 이런 때 마음에 어떤 느낌이 있어야 되지 않겠습니까?

스코틀랜드의 아주 유명한 목사 한 분은 학창 시절, 자기 형이 죽었다는 소식을 듣고 집으로 돌아가서 형의 시체를 보고 개종했습니다. 한 사람의 죽음을 보고도 그런데, 이렇게 많은 사람이 전쟁으로 죽는 걸 보고도 회개치 아니하고 끝까지 강퍅해 있는 사람들의 수효가 많이 있다는 것을 오늘 본문이 말해 줍니다. 오늘 우리는 이 말씀을 명심하고 세상 전쟁에 대해 성경적으로 잘 해석해야 하고 이해해야 합니다. 거기에 잘 대처할 수 있는 우리 신자들이 되어야 하겠습니다.

23
환난 받은 교회에 대한
그리스도의 위로

계 10:1-11

우리가 계시록을 깊이 연구하기 시작했는데 벌써 10장을 공부합니다. 계시록 13장에서는 주님이 재림하시기 직전에 대 적기독 운동이 일어납니다. 이때까지 적기독들이 일어났지만 맨 나중에 제일 크고 무서운 적기독이 일어납니다. 그것을 13장에서 볼 수 있습니다. 그러한 무서운 일이 있을 것인데, 그것을 앞두고 있는 교회가 힘을 얻어야 하지 않겠습니까? 그래서 하나님께서는 계시록 10장을 우리에게 주셨습니다. 위로를 받고 힘을 얻도록 하기 위해 주셨습니다. 이제 앞으로 대(大) 적기독이 와서 죽이기도 하고 핍박을 할 터인데, 아무리 무섭게 하더라도 성도들이 그것을 두려워하지 아니하고 잘 견뎌나갈 수 있는 힘을 주시는 것입니다. 이 말씀을 통해서 위로를 받습니다. 10장을 세 가지로 분석하면, 첫째는 그리스도의 모습이 주는 위로요, 둘째는 맹세로 말미암는 위로요, 셋째는 책으로 받는 위로입니다.

힘센 천사는 그리스도

1절 말씀은 예수 그리스도의 모습에 대해 가르치고 있습니다. 여기 "힘센 다른 천사"란 말이 나왔습니다. 예수께서는 구약 시대에 이 세상에 오실 때에도 천사의 모습으로 오신 때가 있습니다. 예수님이 아브라함에게 나타날 때 천사의 모습으로 나타났습니다. 그것이 창세기 18장에 나옵니다. 천사 세 분이 아브라함에게 왔다고 했습니다. 아브라함과 그 가족은 이 천사를 대접하기에 큰 열심을 냈습니다. 정성을 바쳤지요. 그 아브라함에게 나타나시던 예수님이 바로 여호와의 이름으로 나타났습니다. 또 "여호와의 사자"라는 말이 아브라함 역사에 종종 나옵니다. 그리고 신약에 와서 여기 계시록 10장에서 예수님을 천사의 모습으로 나타냈습니다.

> **내가 또 보니 힘센 다른 천사가 구름을 입고 하늘에서 내려오는데 그 머리 위에 무지개가 있고 그 얼굴은 해 같고 그 발은 불기둥 같으며**(10:1).

이것이 10장에 나타난 천사의 모습입니다. 그런데 이 모든 형용이 하나님의 아들 예수에게 적합한 것입니다. 우리가 하나님 말씀을 볼 때 우리 나름대로 가져다 붙이면 죄를 짓는 것입니다. 우리 나름대로 가져다 붙이면 하나님 말씀을 내 좋을 대로 해석하는 거니까 그것은 하나님 말씀을 어기는 것입니다.

여기 나타나신 천사가 하나님이요 바로 하나님의 아들 예수이신 줄을 어떻게 아는가, '힘센 천사'라고 해서 반드시 예수라고 할 것은 무엇인가 하는 생각이 들지도 모릅니다. 그런데 이 말씀에서, "힘센 다른 천사"를 수식하는 표현들이 전부 예수에게만 해당되지 보통 천사에게는 해당되지 않는 것들입니다.

예를 들면 "구름을 입고"라는 말이 그렇습니다. 구름이 이렇게 직접 관계되는 분은 하나님입니다. 시편 104편을 봐도 구름이 하나님과 관련지어 등장합니다. "구름으로 자기 수레를 삼으시고 바람 날개로 다니시며"(시 104:3). 이렇게 하나님을 구름과 관련지어 말하는 성구가 많습니다. 예수님께서 재림하실 때 구름 타고 오신다는 말씀도 있습니다(마 24:30). 또한 부활하셔서 사십일 동안 계시다가 승천하실 때도 구름이 가리었다고 말씀했습니다(행 1:9). 이 구름은 바로 하늘의 영광을 비유하는 것입니다. 하나님에 대해 특별히 구름을 가지고 묘사해서 그분의 영광을 말하는 것입니다.

그리고 그 밑에 "머리 위에 무지개가 있다"(10:1)고 했습니다. 무지개는 천사와 관련해서는 안 씁니다. 이것은 하나님에 대해 말씀할 때 나오는 표현입니다. 에스겔 1장 28절에서도 하나님에 대해 말하면서 그분이 나타내시는 영광이 무지개로 표현되었습니다. 창세기 9장의 무지개는 다시는 홍수로 이 땅을 멸망시키지 않겠다는 약속으로 표현되었습니다. 하나님이 말씀하시기를 내가 무지개로 약속한다고 그랬습니다. 무지개가 나타나면 위로를 받아라, 비가 아무리 많이 와도 무지개가 나타나면 하나님이 약속한 것을 기억하고 안심하라는 의미로 말씀했습니다. 그때는 홍수 때문에 온 세계가 비참한 지경에 처했던 때였는데, 그런 홍수가 오늘까지 다시는 없었습니다. 또 우리가 당당히 말할 수 있는 것은 주님이 재림하실 때까지 그런 홍수는 없다는 것입니다. 부분적으로는 홍수가 여기도 있고 저기도 있었지만 큰 산이 잠길 만한 그런 홍수는 이때까지 없었습니다. 하나님께서는 그가 약속하신 대로 지키십니다. 어쨌든 무지개는 하나님과 관련된 것입니다. 하나님의 신실성과 하나님의 약속을 기억시키는 표현인데, 일반 천사에게 이것이 해당될 리 없습니다.

• 성경은 성경으로 풀어야

"그 얼굴은 해 같고." 이것은 그 얼굴이 전적으로 의로운 얼굴이라는 말입니다. 이 표현은 계시록 1장에서 예수님을 가리켜서 한번 등장했습니다. 1장

16절 하반절에 보면 "그 얼굴은 해가 힘 있게 비치는 것 같더라" 했습니다. 이게 다 통하는 말씀입니다. 성경은 한 분 하나님의 말씀이기 때문에 어느 부분을 가서 잡든지 다른 부분과의 연락이 있습니다. 직접 혹은 간접으로 연락이 있어요. 이것은 성경의 모든 말씀이 일체란 뜻입니다. 한 줄기요 한 맥락이요 하나의 내용으로 이렇게 통하고 있다는 뜻입니다. 그러기 때문에 우리가 어느 한 부분에 있는 말씀을 해석할 때 다른 데서 뭐라 말했는지 그것을 가져다가 해석하는 것이 옳습니다.

여기서도 "그 얼굴은 해 같고"라 했는데, 이것을 풀기 위해서는 얼굴이 해와 같다는 그 말을 다른 데서 찾아봐야 합니다. 이 말씀이 다른 데와도 연락이 있는 줄을 믿고 찾아보면 계시록 1장 16절에서 예수님의 얼굴이 해가 힘 있게 비치는 것 같다고 말씀하신 것을 찾을 수 있습니다. 그런고로 그 얼굴이 해와 같다는 것은 예수님에 대해 나타내는 것입니다.

그리고 "그 발은 불기둥 같으며"라고 했는데, 이것 역시 예수님에게만 사용하는 전용 술어입니다. 계시록 1장 15절에 가보면 "그의 발은 풀무 불에 단련한 빛난 주석 같고"라는 말씀이 나옵니다. 예수님의 발이 풀무 불에 단련한 빛난 주석과 같다는 것은 10장 1절의 불기둥 같다는 말과 비슷한 것이지요. 그 발이 빛나지 않습니까? 그 발이 빛납니다. 여기 불기둥 같다는 것이 서로 다 관련되었습니다. "풀무 불에 단련한 빛난 주석"은 튼튼한 발을 의미하고 "불"은 심판을 의미합니다. 따라서 이 예수님의 발은 심판의 발이라, 그 말입니다. 구약성경을 읽어 보면 하나님께서 원수 마귀, 대적을 발로 짓밟는다는 표현이 자주 나옵니다. 이 발이라는 것은 이제 최후 심판을 실행할 때 쓰는 것으로 비유해서 나옵니다. 그러기 때문에 여기서 불기둥 같다는 것이 예수님에 대해 쓰는 말입니다.

> 그 손에는 펴 놓인 작은 두루마리를 들고 그 오른발은 바다를 밟고 왼 발은 땅을 밟고(10:2).

"그 손에 펴 놓인 작은 두루마리를 들고"라고 했는데, 이것 역시 예수님과 관련되어 있습니다. 계시록 5장 1절을 보면 하나님의 오른손에 두루마리가 있는데 그 두루마리를 받아올 사람이 없다고 그랬습니다. 그런데 계속 읽어 내려가면 예수님이 받을 자격이 있었고 또한 가서 받으셨습니다. 그러면 손에 펴놓은 두루마리가 있다는 것은 계시록 5장 1절 이하에 있는 말씀과 연관되어 있다 그 말입니다. 분명 손에 펴놓은 작은 두루마리는 예수님만이 가질 수 있는 것입니다. 손에 펴놓은 작은 두루마리를 들고 오른발은 바다를 밟고 왼발은 땅을 밟았다고 하는 것, 이것은 예수님의 권세를 의미합니다.

마태복음 28장 18절에 무엇이라고 말했습니까? "예수께서 나아와 말씀하여 이르시되 하늘과 땅의 모든 권세를 내게 주셨으니." 예수님께서 천지의 권세를 받았다고 했습니다. 다시 살아나신 주님께서 천지의 권세를 받았다고 하면서 제자들을 내보내서 선교하게 하신 겁니다. 그런 영적 권세를 배경으로 해서 제자들이 어디든지 가서 두려움 없이 선교할 수 있도록 보장하신 것입니다.

또 오른발은 바다를 밟고 왼발은 땅을 밟았다고 했습니다. 그러니까 온 천하의 바다를 밟고 땅을 밟았다는 것이지요. 다 밟은 것입니다. 그러면 이 밟았다는 것이 무엇입니까? 그것은 천하를 정복할 권세를 받았다는 말입니다. 물론 이 정복은 칼로 하는 것이 아니고 영적으로 하는 것입니다. 이것이 참된 정복입니다. 이 말씀이 바로 마태복음 28장 18절, "하늘과 땅의 모든 권세를 내게 주셨으니" 하는 내용과 같습니다. 다시 살아나서 천지의 권세를 받으셨다는 말입니다.

영계에 대한 무지를 깨쳐야

사자가 부르짖는 것같이 큰 소리로 외치니 그가 외칠 때에 일곱 우레가 그 소리를 내어 말하더라(10:3).

여기서는 "힘센 다른 천사"를 사자로 비유했습니다. 창세기 49장 9절 이하를 읽어 보면 그리스도를 사자로 비유했습니다. 사자는 짐승입니다. 그런 짐승을 가지고 하나님의 아들 예수를 비유한 것이 얼핏 생각하면 납득이 잘 안 갑니다. 그 위대하시고 거룩하신 분을 왜 짐승으로 비유했을까 납득이 잘 안 됩니다. 그렇지만 하나님께서는 우리를 가르치기 위해 짐승을 가지고도 말씀하십니다.

어린아이를 가르칠 때, 유치부 어린이를 가르칠 때 말이 잘 통하지 않지요? 이론만 가지고는 잘 안되지요? 그럴 때 아이들의 오관(五官), 즉 다섯 가지 감각 기관을 통해 가르칩니다. 눈으로 보는 것, 귀로 듣는 것, 손으로 만지는 것, 기타 직접 느낄 수 있는 감각 기관을 통해서 가르칩니다. 그래서 어떤 때는 새를 나무로 만들어 보여 주면서, 이렇게 생긴 새도 하나님이 만들었다, 새를 만드신 분이 바로 하나님이다, 너희들 요롷게 생긴 것 알지, 너희들 봤지, 그거 하나님이 만드셨어, 하면서 가르칠 때 어린이들이 잘 깨닫습니다. 유년들에게 깊은 철학적 이론으로 말하는 것은 통하지 않고 어른들이 보통 사용하는 어휘를 가지고는 통하지 않습니다. 아이들에게는 오관을 통해서 느끼도록 해야 합니다.

그런데 우리라고 별 수 있습니까? 우리는 영계에서는 유치원생과 같습니다. 영계에 대해 너무 무식합니다. 신령한 세계에 대해 너무 암매합니다. 그러기 때문에 하나님께서는 이 세상에 있는 동물을 가지고도 가르치십니다. 그렇게 하는 것을 기뻐하십니다. 자기를 사자로 비유해서 가르친다는 것은 그분의 마음이 얼마나 애타고 있는가를 나타냅니다. 얼마나 불같이 타길래 자기를 사자로 비유하겠습니까.

우리는 이런 말씀을 보면서 또 깨닫는 것이 있어야 합니다. 이것을 보니 우리들의 수준이 참 유치하구나, 하는 깨달음이 있어야 합니다. 우리는 하나님에 대해 아는 것이 별로 없는 그런 존재로구나, 생각해야 합니다. 이렇게 생각하면서 자기를 낮추고 자기를 아주 어리석은 자로 간주해야 합니다. 스스로 아는 것이 많다고 생각하면 안 됩니다. 나는 신령한 일에 대해서는 이제 뭐 조금 알까말까 하는 정도라고 그렇게 생각해야 합니다. 그러기 때문에 하나님께서 동물 세계의 존재들을 가지고도 말씀했다 그 말입니다. 우리는 이런 것을 보면서 감사하게 생각해야 합니다.

어떤 사람이 세상에는 책이 두 권밖에 없다고 했는데, 저는 그 말이 옳다고 생각합니다. 첫 번째 책은 성경이고 두 번째 책은 이 자연계라고 했습니다. 자연계, 짐승, 광물, 초목들 이런 것들을 다 합쳐서 하나의 책이라고 했습니다. 아주 유명한 말입니다. 성경은 바른 판단을 모아 놓은 책이라고 할 수 있습니다. 참으로 성경은 진리를 알려 주는 진짜 책이라는 말입니다. 다음으로 이 자연계가 진리를 알려준다는 것입니다. 이 자연계가 얼마나 놀랍습니까? 하나님이 지으신 것입니다. 하나님이 지었습니다. 귀한 책입니다.

학교에서 사용하는 교과서라는 것이 다 자연계라는 책에서 베낀 것입니다. 이 자연계를 보고 좀 깨달은 사람들이 베껴낸 것입니다. 물이란 것이 수소와 산소로 되어 있다, 이러한 식물들은 어떠어떠한 생리 작용으로 살아간다는 등 이러한 것들을 말해주는 교과서들이 결국은 다 자연계에서 베낀 것입니다. 때로는 베끼긴 베꼈는데 잘못 베껴서 얼마 있다가 교과서를 또 고칩니다. 결국 자연계 앞에서 사람들이 자기 지식을 수정합니다. 우리 주님 오실 때까지 계속 수정할 겁니다. 이 자연계가 과연 얼마나 귀한 책입니까? 그야말로 두 권의 책입니다. 성경과 자연계.

이 자연계를 잘못 이해하고 잘못 푸는 사람들이 세상에 많습니다. 자연계를 바로 푼다고 할 때 무슨 말을 해야 바로 푸는 것입니까? 그것은 하나님이 이 자연계를 지었다고 할 때 바로 푸는 것입니다. 제일 중요한 것을 알았으니까 거의 다 아는 것입니다. 그렇지만 무신론자들은 더러 이런저런 이치를 말하기는 하지만 제일 중요한 것을 모릅니다. 하나님이 이것들을 만드셨다는 말을 해야 그것이 과연 진리를 맞춰낸 것인데, 그 말을 안 합니다.

지금 하나님의 아들 예수를 사자로 비유한데 대해 설명을 하느라 여기까지 왔습니다. 여기에 대해 우리가 느끼고 깨달아야 할 것이 있습니다. 하나님이 우리로 하여금 깨닫게 하기 위해 자기를 짐승으로까지 비유하면서 말을 하셨다는 것과 우리가 이것을 볼 수 있다는 것입니다. 동시에 이 자연계, 이 만물이 결국 하나님이 만드신 것인데, 세상의 교과서라고 해봐야 결국 이 자연계에 의존하고 자연계를 베껴낸 것입니다. 우리는 그것을 또 깨닫고 하나님께 감사해야 합니다.

또한 예수님을 희생제물이라고도 했습니다. 에베소서 5장 2절에서 "그는 우리를 위하여 자신을 버리사 향기로운 제물과 희생 제물로 하나님께 드리셨느니라"라고 했습니다. "희생제물"이 무엇입니까? 제사를 드릴 때, 소나 양을 희생하는데, 바로 예수님이 희생제사의 제물로 쓰이는 그런 소나 양같이 되었다는 것입니다. 이 말씀은 우리에게 속죄의 진리를 알려 주는 것입니다. 정말 그렇게 되셨습니다. 주님께서는 그야말로 희생제물이 죽는 식으로 죽지 않으셨습니까? 예수님을 잡아 죽이던 사람들은 미워서 죽였지만 하나님의 경륜에서는 우리의 죄를 대속하는, 우리 죗값을 담당시키는 구약 시대의 제물로 주님이 사용됐다는 말입니다. 그러므로 성경을 볼 때 우리가 얼마나 하나님의 사랑을 받고 있는지를 깨닫게 됩니다. 하나님이 우리로 알게 하려고 얼마나 이 모양 저 모양으로 표현하셨는지를 깨닫게 됩니다.

마귀에게 복음은 심판의 소리

"사자가 부르짖는 것같이 큰 소리로 외치니"(10:3). 천사의 입에서 이렇게 큰 소리로 외치니까, 외칠 때 "일곱 우레가 그 소리를 내어 말하더라"(10:3) 그랬습니다. 외칠 때 일곱 우레 소리가 나더라는 것입니다. 일곱이라는 숫자는 완전수요 신령한 방면에 사용하는 숫자입니다. 왜 이렇게 생각합니까? 계시록에 그렇게 쓰였기 때문입니다. 예를 들면 성령을 일곱 신이라고 했고 그밖에도 하나님에 대해 말할 때 일곱 수를 쓴 예가 많습니다. 그래서 이 일곱 수는 신령한 숫자입니다.

"일곱 우레가 그 소리를 내어 말하더라" 했는데, 여기에서 이 우레는 무엇입니까? 이 우레가 역시 주님과 관계된 것입니다. 요한복음 12장 27-31절을 읽어 보면, 거기에 무슨 사건이 있습니까? 예수님께서 이렇게 탄식하십니다. "지금 내 마음이 괴로우니 무슨 말을 하리요"(27절a) 그랬습니다. 그리고 그 밑에 하시는 말씀이 "아버지여 나를 구원하여 이 때를 면하게 하여 주옵소서"(27절b) 하셨습니다. 그리고 나서는 "그러나 내가 이를 위해서 이 때에 왔나이다"(27절c)라고 했습니다. 자기의 괴로움을 나타내신 다음에, 나는 이걸 위해 왔다고 하신 겁니다. 십자가에 달릴 것을 생각하고 하신 말씀입니다.

그리고 나서 하신 말씀이 "아버지여, 아버지의 이름을 영광스럽게 하옵소서"(28절a)입니다. 이 말은 하나님이 하시고 싶은 대로 하시옵소서, 그런 뜻입니다. 난 내 고집대로 안 하겠습니다, 그 뜻입니다. 그때에 하늘에서 소리가 나면서 무슨 말을 했는고 하니, "내가 이미 영광스럽게 하였고 또다시 영광스럽게 하리라"(28절b)고 말씀하셨습니다. 다시 말하면 앞에 "이미 영광스럽게 하였고"는 예수님이 십자가에서 죽으시는 속죄의 대업을 이루시겠다 그 말씀입니다. "또다시 영화롭게 하리라"는 것은 부활하여 승천하도록 하시겠다 그 말씀입니다.

그때에 옆에서 들은 무리가 "천둥이 울었다"(29절a)고 말했습니다. 다른 사람들이 듣기로는 천둥소리, 다시 말해 우레 소리 같았다는 것입니다. 그때 예수님이 또 말씀한 것이 무엇입니까? "이 소리가 난 것은 나를 위한 것이 아니요 너희를 위한 것이니라"(30절). 그러고는 31절에서 "이제 이 세상에 대한 심판이 이르렀으니 이 세상의 임금이 쫓겨나리라"고 했습니다. "이 세상 임금"은 사탄을 의미합니다. 사탄, 마귀, 이 마귀가 쫓겨난다는 말입니다.

우레 소리와 같은 소리가 난 것은 하나님께서 이제 예수 그리스도를 십자가에 못 박히도록 내버리시는 일입니다. 그것이 바로 아버지의 이름을 영화롭게 하는 것입니다. 그리고 또다시 영화롭게 하는 것은 승천하시는 것인데, 예수께서 이렇게 죽었다가 다시 살아나심으로 마귀는 멸망의 길을 가게 됩니다. 마귀가 쫓겨납니다. 그 사실이 바로 이렇게 기록된 것입니다. 우레 소리와 같은 그 소리는 다른 소리가 아니고 예수님이 십자가에 못 박히는 사건을 위시해서 이 구속 사업이 되어가는 것인데 이것은 마귀의 멸망을 의미합니다. 마귀는 멸망하고 하나님의 백성은 구원받는 것입니다.

그런고로 여기 우레 소리라는 말도 예수님의 구속 사건과 관련되어 있는 말씀입니다. 다시 말하면 마귀에 대한 심판을 의미합니다. 마귀에게는 복음이 우레 소리와 같습니다. 마귀가 그것을 싫어합니다. 복음이 승리함에 따라 마귀는 멸망의 길로 떨어지게 됩니다. 여기서 우레 소리는 이제 심판이 가까웠다, 심판이 무르익었다는 소립니다. 예수님이 십자가에 못 박히시는 것으로 심판이 시작되는데, 이제야말로 일곱 우레가 우는 소리가 들리는 때라 그 말입니다. 이제 머지않아 마귀는 무저갱으로, 유황불 구덩이로 들어가고 하나님의 백성은 영원한 나라로 옮겨지는 사건이 있게 될 것을 여기서 말씀하는 것입니다.

심판이 오는 것을 즐거워해야

일곱 우레가 말을 할 때에 내가 기록하려고 하다가 곧 들으니 하늘에서 소리가 나서 말하기를 일곱 우레가 말한 것을 인봉하고 기록하지 말라 하더라(10:4).

일곱 우레가 말한 내용이 바로 심판 내용입니다. 주님이 재림하시고 될 일을 내용으로 하는 것입니다. 이것을 사도 요한이 적으려고 하니까 적지 말라고 하셨습니다. 왜 적지 말라고 합니까? 그것이 바로 하나님의 뜻이기 때문입니다. 하나님의 뜻은 이 땅 위에 산 사람에게는 심판의 내용을 자세히 말하지 않는 것입니다. 성경에서 그렇게 말하지 않았습니까?

목에 디스크가 생기면 손끝에도 통증이 오는 것처럼 성경 말씀이 어디에 있든지 다른 데와 다 맥이 통하고 있는 것입니다. 성경은 성경으로 해석해야지 성경 말씀을 어떤 철학자의 말로 해석하면 풀리지 않습니다. 또 풀린다고 해도 진짜로 풀리는 것이 아니라 그저 가져다 댄 것에 불과합니다. 그것은 제대로 푸는 것이 아닙니다. 성경 말씀은 성경으로 풀어야 합니다.

성경에 보면 심판 때 될 일을 말하지 말라는 내용이 많이 나옵니다. 고린도전서 4장 5절에 무슨 말씀이 있습니까? "그러므로 때가 이르기 전 곧 주께서 오시기까지 아무것도 판단하지 말라 그가 어둠에 감추인 것들을 드러내고 마음의 뜻을 나타내시리니 그때에 각 사람에게 하나님으로부터 칭찬이 있으리라." 드러내는 것은 그때 가서 주님이 하실 일이지, 여기에서 드러낼 내용을 미리 보여 주는 것은 아닙니다. 그것을 우리가 알아야 해요. 세상 사람들은 주님이 재림하실 그날이 어느 날인지 모릅니다. 인자도 모른다고 그랬습니다. 천사도 모른다고 그랬습니다. 내일이다, 모레다, 3년 후 1월 초하루 날이다, 4년 후 2월 초하루 날이다, 그렇게 말할 수 없습니다. 그 날과 그 시는 모른다고 성경에 분명히 말해 놓았습니다. 그 누구도 안다고 할 수 없습니다.

우리는 주님이 다시 오시는 날을 모릅니다. 어느 날인지 그날과 그때를 모릅니다. 그러나 주님이 오셔서 심판하는 내용의 윤곽은 알 수 있습니다. 앞으로 그 심판 사건이 있다는 것은 알지만 그 자세한 내용을 몰라야 사람들이 조심하고 두려워 떱니다. 심판받기도 전에 미리 발표된다면 그것은 이치에 맞지 않습니다. 미리 말해 놓으면 벌써 심판했다는 말 아닙니까? 그러니까 심판의 자세한 내용이나 세측은 적지 말라는 것입니다. 사도 요한이 그것을 적어 놓는다면 미리 다 발표된 것 아니냐는 것입니다. 그러므로 적지 말라고 했습니다. 아주 지당한 말씀으로 성경 다른 데에도 다 그렇게 나왔다는 말입니다. 심판받을 때는 놀랄 정도라, 그 말입니다. 스스로 생각하기에는 잘했다고 생각했는데, 너 잘못했다, 하는 일도 있을 거란 말입니다. 그러니까 장차 올 심판에 대해서는 늘 두려운 생각으로 처신을 해야 옳습니다.

계시록 10장에 나타난 예수 그리스도의 모습은 우리에게 위로를 줍니다. 그리스도는 이렇게 위대하시고, 이렇게 천지에 권세를 가지시고, 모든 회개치 아니하는 자가 두려워 떨 수밖에 없는 불기둥 같은 발을 가지신 분이라고 할 때 모든 회개치 않는 악인은 두려워합니다. 아주 질겁해서 넘어질 정도입니다. 사자가 으르렁거리며 나올 때 다른 짐승들이 다 숨어 버리고, 매가 오면 참새 떼가 조용해지는 것처럼, 빛이 오니까 어두움은 자동적으로 사라집니다. 어디로 없어졌는지 흔적도 없이 없어지고 아무 소리도 없이 없어집니다.

주님이 심판하실 때 억지 부릴 사람은 하나도 없습니다. 나는 이러이러한데 왜 그러냐고 말할 자가 하나도 없다는 말입니다. 왜 그렇습니까? 너무나도 명백하기 때문입니다. 밤중에 불과 같이 나타나는 그런 심판이기 때문입니다. 빛이 오면 어두움은 그저 이렇게 조용히 물러갈 뿐입니다. 발버둥 치다 물러가는 것이 아닙니다. 부자연스러운 것이 아니에요. 심판할 때 모든 일은 자연스럽고 순리대로 됩니다.

여기서 우리가 명심할 것은 주의 이름을 진실히 믿는 사람들은 담대하고 기뻐하고 위로를 받아야 한다는 것입니다. 이 위로는 죄를 회개하지 않는 자에게는 주님이 그렇게 무서운 분이라는 것을 알고, 이러한 주님을 기뻐할 수 있는 위로입니다. 이렇게 우리가 따라가는 주님은 이런 주님이라는 위로를 받습니다. 따라서 심판이 오기를 원하는 마음이 있어야 합니다.

심판이 오기를 원하지 않는 마음은 위태로운 마음입니다. 회개해야 합니다. 이제 그런 마음이 계속 자리 잡고 우리의 인격을 지배한다면 결국 하나님이 없으면 좋겠다 하는 생각과 같게 된다는 말입니다. 얼마나 위험합니까? 우리는 자기 자신을 살펴서 스스로 자기를 지켜야 합니다. 자기 스스로 마음 자세를 바로 가지도록 해야 한다는 말입니다. 심판이 오는 것을 즐거워할 수 있는 마음 자세가 되도록 회개하고 생활을 정비해야 합니다.

여러분, 남을 가르칠 생각으로 공부하십시오. 내가 구역예배에서라도 장차 계시록을 강의해 보겠다는 생각을 가지시고 공부를 하든지, 아니면 다른 일로 가르치는 사람이 되겠다는 생각으로 공부하십시오. 우리가 하나님 말씀을 다른 사람이 알 수 있도록 전달하는 것이 하늘의 상급을 받는 일이지 않습니까? 우리가 그렇게 힘을 써야 합니다. 그래야 우리 자신이 하나님 말씀을 아는 대로 전진하고 장성합니다. 명심하십시오, 모르면 별 수 없습니다. 모르면 속게 됩니다.

24
그리스도의 참된 교회

계 11:1-6

성경은 언제든지 성경으로 해석해야 합니다. 사람이 하고 싶은 대로 해석하면 맞질 않아요. 짐작으로 이렇다 저렇다 하는 것은 하나님 말씀을 그대로 소개하는 것이 아니고 하나님 말씀을 빙자해서 자기의 생각을 소개하는 거예요. 우리가 하나님 말씀을 알아보려고 하면 성경 다른 곳에서는 어떻게 말했는지 그것을 찾아봐야 합니다.

사람을 보면, 머리 구조가 다 똑같습니다. 몸뚱이 역시 그 구조가 같습니다. 크기와 모습만 다르지 그 맥락은 다 통하고 있어요. 머리의 핏줄이 몸에 통하고 몸의 핏줄이 머리에도 통하고 있어요. 그 사람의 기질이 머리에 이렇게 움직이고 있다고 하면 그 몸에도 역시 그렇게 움직입니다. 결국 전체가 같은 맥락으로 움직이는 겁니다. 이와 같이 신구약성경 66권이 똑같은 맥락에서 움직입니다. 한 성령님께서 말씀하신 것이니까 서로 충돌이 전혀 없습니다.

성전 측량

계시록 11장에서는 그리스도께서 교회에 대해 하시는 말씀이 나옵니다.

> 또 내게 지팡이 같은 갈대를 주며 말하기를 일어나서 하나님의 성전과 제단과 그 안에서 경배하는 자들을 측량하되(11:1).

우리는 여기서 성전 측량이라는 것을 보게 됩니다. 성전 측량, 이렇게 측량하는 일이 성경의 다른 부분에 또 있습니다. 에스겔 40장에서 48장까지가 성전 측량에 대해 말씀하고 있습니다. 에스겔에게 보여 주면서 천사가 성전을 측량하고, 이스라엘 땅도 측량하고, 예루살렘 성도 측량했습니다. 상당히 길게 나옵니다. 40장에서 48장까지 아홉 장에서 성전 측량을 중점으로 말하고 있습니다. 그렇게 측량한 결과를 에스겔 48장 마지막 절 마지막 부분에 간단히 한 말씀으로 끝냈습니다.

> 그 사방의 합계는 만 팔천 척이라 그날 후로는 그 성읍의 이름을 여호와삼마라 하리라(겔 48:35).

"여호와삼마라 하리라." 이것은 매우 귀한 말씀입니다. 히브리 원문에서는 그저 '삼마'로 끝냈는데, 우리말로 번역되기는 "여호와삼마라 하리라"입니다. '하리라'라는 글자가 거기 붙었습니다만, '여호와삼마'가 더욱 중요합니다.

여호와삼마는 하나님이 거기 계시더라, 그 말입니다. 이것은 신약 시대에 이루어질 신약 교회를 내다보면서 비유적으로 한 말씀입니다. 겸하여 내세 즉 오는 세상에서 완전히 이루어질 교회, 승리한 교회, 그 승리한 교회의 내막을 말해줍니다. 하나님께서 교회와 함께 계시며 보호한다는 것입니다. 여호와삼마, 여호와삼마가 신약의 참된 교회에 이루어지지만 그 궁극적인 성취는 내세입니다. 오는 세상입니다. 계시록 11장은 바로 여호와삼마에 대해 말하고 있습니다.

우리 입장에서는 이 기독교회가 미래가 아닌 것으로 느껴집니다. 지금 우리가 이 기독교회 가운데 있으니까 이것은 우리에게 현재입니다. 그렇지만 사도 요한에게는 미래의 전망이 많지요. 물론 사도 요한부터가 이 신약 교회의 구성원이 되었고 신약 교회의 기둥과 같은 일꾼이었으니 그분에게도 현실입니다. 이미 신약 시대가 시작되어서 이제 사도가 거기서 주춧돌과 같은 역할을 하고 있습니다. 그에게도 물론 현실입니다. 하지만 그가 참된 교회의 미래를 내다보며 예언을 하는 것입니다. 지금 우리는 신약 교회가 시작된 지 근 이천 년 후의 사람들입니다. 그러기 때문에 우리 시대에 이르기까지의 교회 역사가 사도 요한이 내다보는 그 비전에 들어 있습니다. 내다보는 전망 가운데 우리가 잠재해 있습니다.

우리가 이 말씀을 볼 때 성전 측량은 비유로 가르치는 말씀이라는 것을 먼저 알아야 합니다. 왜 그런고 하니 사도 요한이 계시록을 쓰던 때는 예루살렘 성전이란 것이 없었습니다. 주후 70년에 로마 군대가 다 무너뜨려서 이제는 성전 구실을 하지 못하게 되었습니다. 그리고 이스라엘 백성은 각국으로 흩어졌습니다. 예수를 메시아가 아니라고 고집 부리던 이스라엘 백성이 화를 받아서 이렇게 주후 70년에 멸망했습니다. 그래서 세계 각국에 흩어져 살게 된 것입니다. 예루살렘이 멸망한 지 20년쯤 후에 사도 요한이 이 글을 쓰는 것인데 실제로 예루살렘 성전에 가서 측량하는 것이 아니라는 건 분명하지 않습니까? 성전이 없는데 거기 가서 측량할 리가 없지요.

성전은 교회 된 나 자신

그렇다면 여기서 성전은 무엇을 말하는 겁니까? 성전은 예수 그리스도로 말미암아 이루어진 참된 교회를 말합니다. 성전이라는 것이 이제는 영적으로 있는 것이지 예루살렘에 있던 건물을 말하는 것이 아니란 말입니다. 신약의 사도들이 글을 쓰면서 성전, 성전 했는데 그 성전은 영적인 성전 즉 참된 그리스도의 교회를 말하는 것입니다. 참된 그리스도 교회입니다. 신약 시대에는 예루살렘 성전과 같은 그런 성전은 없습니다. 영적 성전이 있을 뿐입니다.

그런데도 믿는 사람들이 예배당을 성전이라고 부르는 일들이 있는데 이것은 고쳐야 할 표현입니다. 그렇게 표현한다고 해서 큰일 나는 것은 아니지만 사람은 말을 바로 해야 합니다. 말을 비뚜로 하면서 옳은 것을 전한다고 할 때, 그만큼 어두움이 함께 갑니다. 사람이라는 것은 말을 따라가는 것입니다. 성전, 성전 할 때 벽돌로 지어진 건물을 마음에 두고 했다면, 그것은 신약 시대의 기독자들로서는 잘못 말하는 것이고 잘못 생각하는 것입니다.

신약 시대에 성전이라고 할 때는 건물을 생각할 것이 아니라 하나님이 택한 백성을 생각해야 합니다. 믿는 나 자신을 생각해야 합니다. 나 자신이 성전이란 말입니다. 제 나름대로 하는 주장이 아니라 성경의 다른 부분에서 많이 나옵니다. 고린도전서 3장 16절에 "너희가 하나님의 성전"이라고 했습니다. 택함 받은 백성을 성전이라고 했습니다. 예수를 진실히 믿는다고 양심적으로 생각할 때 성전이 된 나를 또 생각해 봐야 되겠습니다. 양심적으로 예수를 믿느냐, 그러면 믿는 그 사람이 성전이라, 그 말입니다. 이것이 신약 시대의 성전입니다.

우리가 하나님을 모신다고 할 때 저기 벽돌집에 모신다고 생각해서는 안 됩니다. 다른 때는 딴생각이나 하고 긴장하지도 않던 사람이 벽돌집에 들어올 때는, 아 여기 하나님이 계시다 하는 생각을 한다면 그것은 이교도들이 신전에 들어가면서 가지는 생각이라는 말입니다. 이교도들이 신전에 들어갈 때는 여기 신이 붙어 있다, 그렇게 생각합니다. 우리 신자들은 그렇게 생각해서는 안 됩니다.

나 자신이 성전이라고 생각해야 합니다. 나 자신이 성전인 경우에 내가 어떠한 생각을 하고 어떠한 생활을 해야 하나, 이런 생각을 해야 합니다. 내가 있는 여기에서 조심해야 합니다. 그저 벽돌집에 들어갈 때 조심하는 것은 신약 시대에 예수 믿는 사람의 사고방식이 아닙니다. 여기에서 조심하고, 여기에서 깨끗하고, 여기에서 긴장하고, 여기에서 과연 하나님이 나와 함께 하시는 줄 알고 두려워 떠는 경건을 가져야 합니다.

그렇게 하기는커녕 여기에서 딴 생각하고, 불결하고, 부주의하고, 되는 대로이고, 도무지 돼먹지 못하고, 성전에 간다 하고 건물을 바로 성전이라 하고, 거기서는 조심하고 나가서는 달라지는 이것은 성경대로 믿는 것이 아닙니다. 그러기 때문에 우리 교우들이나 목사님들이 다 함께 주의해야 할 것은 이런 건축물이 성전이라는 그런 생각은 하지 말아야 합니다. 건물을 성전이라고 하면 자신에게 있어야 할 긴장을 건물에다 옮겨 놓고 자신은 외식자가 되게 됩니다. 우리가 이것을 명심해야 됩니다.

고린도전서 3장 16절에 "너희가 하나님의 성전"이라고 했습니다. 고린도전서 6장 19-20절에서는 너희는 피로 산 성령의 전이라는 뜻으로 말했습니다. 에베소서 2장 20-22절을 보면, 너희는 사도와 선지자들이 전한 말씀의 터 위에 세워지는 성전이라는 뜻으로 말했습니다. 우리가 우리 자신을 생각해 보면 이거 뭐 아주 형편없습니다. 부족하기 짝이 없습니다. 그렇지만 자신이 부족하고 자신은 하나님 앞에서 아무 가치도 없는 존재라고 생각하고 주님만 믿으면 그 자신이 성전으로 간주됩니다. 바로 여기에서 하나님이 역사하셔서 하나님이 맡아주시고 보호하신다는 말입니다. 보호라는 것이 우리 육신의 살덩이를 보호한다는 것이 아니라 내 영혼이 영원토록 잘되도록 보호한다는 것입니다. 마치 이렇게 하나님이 측량해서 자신의 것으로 만드는 것처럼 말입니다.

11장 1절을 다시 보면 하반절에 "성전과 제단과 그 안에서 경배하는 자들"이라고 했는데, 이것은 바로 우리 믿는 사람들을 말합니다. 우리 믿는 사람들이 성전이고 성전 가운데서도 특별히 지성소에 해당합니다. 여기 성전이라는 말이 지성소로 번역되어야 하는데 그저 성전으로 번역되었습니다. 그런데 이 번역이 정확하지 않습니다. 지성소라고 하면 옛날 예루살렘 성전 중에서도 가장 깊은 곳입니다. 하나님이 거기에 나타나 주신다고 하신 곳입니다. 본문에서 "성전"이란 말이 바로 이 지성소를 가리킵니다. 지성소와 제단, 즉 향단이 지성소에 속했습니다. 하나님을 섬기는 향기로운 단이라는 말입니다. 이것을 다시 말하면 "그 안에서 경배하는 자들"이란 말입니다. 본문은 지성소와 제단과 그 안에서 경배하는 자들이라고 세 토막으로 말했는데, 첫째 토막과 둘째 토막은 비유적으로 말했고, 셋째 토막 즉 "그 안에서 경배하는 자들"이라는 말은 직설적으로 바로 말했습니다. 참된 신자들을 의미합니다. 이제 참된 신자들이 바로 성전이요 향단인데, 이것을 측량한다는 것은 하나님이 자기 소유로 만든다는 것입니다.

측량은 자기 소유로 삼는 것

오늘 방지일 목사님이 설교 중에 그런 말을 하셨습니다. 우리는 하나님 없이 못 살고 하나님도 우리 없이 못 산다고 말입니다. 그것이 무슨 뜻입니까? 하나님이 하나님의 이름을 붙인 참된 신자들을 얼마나 사랑하는지를 표현하기 위해 그렇게 강하게 표현하신 겁니다. 피를 흘려서 산 백성인데 얼마나 관심이 많겠습니까? 측량한다는 것은 하나님께서 참된 교회라고 할 수 있는 나와 여러분을 자기 소유로 보장한다는 뜻입니다. 우리가 땅을 살 때도 측량을 합니다. 이렇게 자기 소유로 만들기 위해 땅을 측량하는 것처럼 하나님이 자기 피로 산 그 백성을 측량한다는 말입니다. 즉 자기 소유로 만들며 영원히 보호한다는 뜻입니다.

그러면 그 증거가 무엇입니까? 오늘날 이천 년 가까운 신약 시대 가운데 하나님이 참된 교회를 사랑하는 그 표가 무엇입니까? 위험한 일을 당할 때 그 위험을 면하게 해주시는 것이 일률적인 방법입니까? 위험한 일을 당하면 살려 주고, 언제나 그 육신을 보호하고, 어떤 환난을 당한다 해도 믿는 자의 육신을 그 환난으로부터 면하게 해주는 일입니까? 아닙니다. 그런 것이 일률적이라는 것이 아닙니다. 예수를 진실하게 믿는 사람도 환난 때에 목숨을 잃는 일이 있습니다. 옛글에 화염곤강 옥석구분(火炎崑崗 玉石俱焚)이라는 글이 있습니다. 불이 곤륜산에 붙어서 옥과 돌이 함께 타버렸다는 말입니다. 환난이 올 때에는 의로운 사람도 죽을 수 있다 그 말입니다. 악인은 물론이고 의로운 사람도 죽을 수 있다는 말입니다. 육신으로 말하자면 그렇다는 것입니다.

그러면 우리가 이 말씀을 볼 때 기독교 역사 이천 년 동안에 하나님이 보호하신 증표가 무엇입니까? 하나님이 믿는 자를 그렇게 사랑하고, 믿는 자를 그렇게 보호하고 아끼신 그 증표가 무엇입니까? 첫 번째 제일 뚜렷한 증거는 순교입니다. 주를 위하여 육신으로 피 흘려 죽는 것입니다. 얼마나 확실하면 생명을 내어 놓고 믿습니까? 하나님이 바로 여기 계시고, 나라고 하는 존재, 여러분이라고 하는 존재가 하나님과 함께 계시는 성전이기 때문에 주를 위하여 순교의 길을 가는 사람들은 하나님이 함께해 주시는 그 재미를 버릴 수 없었다는 말입니다. 이 육신이 산다는 것은 분토와 같은 것입니다. 네가 예수를 믿겠느냐, 예수를 버리고 네 육신이 살겠느냐, 물어볼 때 순교자들은 죽으면 죽었지 예수는 못 버리겠다고 합니다. 예수님이 멀리 계시다고 생각한다면 그렇게 결심할 수 있었겠습니까?

옛날 한때 끝까지 신앙을 지키기 위해 굽히지 않는 사람들을 도끼로 그 목을 찍어 죽였다고 합니다. 그런데 한 순교자가 그 도끼에다가 입을 맞추었다고 합니다. 도끼에다가 입을 맞춘 정신이 무슨 정신입니까? 무엇 때문에 그랬을까요? 죽는 한이 있더라도 예수를 못 버리겠다, 예수 믿는 재미를 버릴 수 없다, 주님이 나와 함께 계시다는 그런 생각 때문에 그렇게 할 수 있었던 것이지요. 어떤 순교자는 옥에서 수갑을 차고 있다가 몸을 움직일 때 나는 쇳소리를 좋은 음악 소리로 들었다고 기록이 되어 있습니다. 존 폭스(John Foxe, 1516-1587)가 쓴 『순교자 열전』(Foxe's Book of Martyrs)에 나오는 이야기입니다. 수갑을 차고 다니면서 나는 쇳소리를 음악 소리로 느낀다는 것입니다. 무엇을 과장해서 그러는 것이 아니라 사실이 그렇더라는 것입니다. 우리는 이 말씀을 볼 때 하나님이 우리를 측량하셨다는 것을 믿어야 합니다.

성전 바깥 마당은 외식자

> 성전 바깥마당은 측량하지 말고 그냥 두라 이것은 이방인에게 주었은즉 그들이 거룩한 성을 마흔두 달 동안 짓밟으리라(11:2).

계시록은 온통 비유로 되어 있습니다. 여기에서 "성전 바깥마당"은 무엇을 비유합니까? 성전 바깥마당이 무엇인지는 그 아래에 있는 말이 해석해 줍니다. "성전 바깥마당은 측량하지 말고 그냥 두라", 그냥 두라고 했으니 그것은 쓸데없다는 말 아닙니까? 측량하지 말라고 했으니 내 소유로 삼지 않겠다는 말 아닙니까? 측량하지 말고 그냥 두라고 한 것은 팽개쳐 버려라, 그 말입니다. 이것은 2절 자체가 풀어줍니다.

"성전 바깥마당"은 외식자들을 가리킵니다. 바깥만 주장하는 자들입니다. 모양만 주장하는 자들이지 그 속은 주장하지 않습니다. 속은 어떻게 됐든 상관하지 않고 눈에 보이는 것만 따라가고 외모만 따라갑니다. 잘 믿는 척만 하면 되는 줄로 압니다. 이러한 외식주의자들 중에 대표 주자들은 바리새인들입니다. 예수님은 회개하지 않는 바리새인들은 내팽개치십니다.

"이것은 이방인에게 주었은즉", 이방인에게 주었다는 말은 외모만 주장하는 유대인 신자들, 즉 바리새교인들을 팽개친다는 것입니다. 하나님을 공경한다고 하면서 예수님을 잡아 죽이고, 사도들을 잡아서는 때리고 옥에 가두고 온갖 훼방으로써 박해하는, 그러한 불신 유대인들을 팽개친다는 것입니다. 예수님을 메시아라고 하지 않는 사람들을 팽개친다는 것입니다. 그리고 그렇게 한 것이 역사적 사실입니다.

여러분 자세히 보십시오. 누가복음 21장 24절을 보면 "이방인의 때"라는 말이 나오지 않습니까? 이방인의 때라는 것이 무엇입니까? 이방인이 와서 유대인을 파멸시키지 않았습니까? 로마 군대가 와서 파멸시키고 다 흩어 버리지 않았습니까? 사로잡아 가고 죽이고 하기 때문에 그들이 못 살게 되어서 각국에 흩어졌습니다. 분산된 유대인이 지금 유대인의 역사가 되어가지 않습니까? 지금은 돌아왔지요. 좀 돌아왔지만 그것을 가지고 이방인의 때가 다 끝났다고는 할 수 없습니다. 지금은 좀 돌아왔습니다. 한 3백만 명쯤 된다고 합니다. 그러나 이것으로 이방인의 때가 다 끝났다는 것은 아닙니다. 유대인은 계속 각국에 흩어져 살고 있고 돌아왔다고 해도 여전히 바깥마당입니다. 아직도 바깥마당이에요.

왜 그렇게 말합니까? 돌아왔는데 왜 바깥마당이냐는 말입니다. 돌아오긴 했지만 육적으로 돌아왔기 때문입니다. 성경이 말하는 돌아온다는 것은 영적으로 돌아온다는 것이지 육적으로 돌아온다는 것이 아닙니다. 그래서 육적으로 돌아온 그들은 돌아와도 바깥마당입니다. 3백만이라는 숫자가 지리적으로는 돌아온 것이 맞습니다. 지리적으로는 이방인의 손아귀에 있는 것이 아니란 말입니다. 그렇지만 영적으로는 여전히 바깥마당입니다. 왜 그런고 하니 그 사람들은 예수를 안 믿습니다. 거기 돌아와서도 예수님의 혜택으로 살아가면서 예수를 안 믿습니다. 예루살렘에 세계 각국의 관광객들이 가지 않습니까? 한번 가보자 해가지고 여행단을 조직해서 많은 사람이 갑니다. 그들은 관광객들이 쓰는 돈으로 수익을 삼아서 삽니다. 그 사람들이 지금도 예수 팔아먹고 사는 사람들인 것이지요. 그런데도 예수 믿으라고 하면 쓸데없는 것으로 압니다.

마흔두 달은 신약 시대

"그들이 거룩한 성을 마흔두 달 동안 짓밟으리라"(11:2). 여기 짓밟는다는 말을 읽어 보면 바깥마당을 측량하지 않은 뜻을 알 수 있습니다. 그냥 두라고 한 그 뜻을 알 수 있습니다. 바야흐로 짓밟는 시대입니다. "마흔두 달 동안 짓밟으리라" 했는데, 왜 마흔두 달이라고 했습니까? 마흔두 달은 1,260일과 같고 삼년 반과 같습니다. 다르게 말하자면 삼년 반은 마흔 두 달이고 마흔 두 달은 1,260일입니다. 이상한 계산법이지요. 우리는 예언자들이 사용하는 계수법을 따라 계수해야 합니다. 사흘 반이라는 것은 하루를 1년으로 잡는 표현입니다. 조금 더 읽어 내려가면 나오는데, 하루를 1년으로 잡으면 사흘 반은 3년 반이 됩니다. 3년 반은 마흔두 달입니다. 마흔 두 달을 다시 날짜로 푸니 1,260일이 되는 것입니다.

　예언이라는 것은 무언가를 직설적으로 표현하지 않고 조금 숨겨 가지고 표현하는 것입니다. 우리가 손에다 무언가를 쥐고 무엇이 들었는지 맞춰 보라고 하면 상대방은 그걸 맞추는데 온 신경을 씁니다. 예언은 직설적으로 말하지 않습니다. 액면 그대로 말하지 않고 비유적으로 말합니다. 신경을 많이 쓰지 않고는 얼른 깨닫지 못하도록 합니다. 그러므로 간절히 원하는 자만이 그 예언을 받을 수 있습니다. 내세에 대한 소망은 간절히 원하는 사람만이 깨달을 수 있고 그 소망 가운데 살 수 있습니다. 무엇이든 쉽게 얻게 해주면 사람들이 오히려 신경을 안 쓰고 내팽개쳐 버리는 일이 많습니다. 그래서 정말 중요한 내세 문제는 더욱 비유적으로 말을 합니다. 비유를 또 비유로 말하는 식으로 끌어갑니다.

　다시 돌아와서 사흘 반이란 무엇입니까? 그 사흘 반이 꼭 하루 24시간을 기준으로 잡은 것입니까? 그것이 아닙니다. 사흘 반이란 표현을 어떻게 바꾸는고 하니, 42개월로 바꿉니다. 또 42개월을 날수로 바꾸는데 1,260일로 바꿉니다. 이것이 분명합니다. 어디에서는 이것을 사흘 반이라고 하고, 또 다른 데서는 이것을 마흔두 달이라고 하고, 또 다른 데서는 이것을 1,260일이라고 했습니다. 그런데 이것은 비유의 숫자입니다. 비유의 숫자인데, 얼마나 오랜 세월인지는 아는 자가 없습니다. 다만 한 가지 아는 것은 이것은 신약 시대 기간이라는 것입니다.

　문맥에서 살펴보면 지성소와 향단과 그 가운데서 경배하는 자들을 측량하는 운동이 복음운동입니다. 이 숫자는 복음운동과 관련된 숫자입니다. 또한 불신 유대인들이 외국에 가서 짓밟히는 일들과 연관되어 있으니까 명백하게 이 숫자는 신약 시대를 말합니다. 신약 시대가 몇 해나 될지를 아는 자는 없습니다. 주님의 재림 날짜를 알아야 그것을 알 수 있습니다. 어느 해에 오신다는 것을 알아야 하는데, 성경은 그것을 모른다고 했습니다. 인자도 모르고 천사도 모르고 오직 아버지께서만 아신다고 말씀했습니다. 그러므로 이 신약 시대가 얼마나 길게 갈지는 모릅니다. 42개월로도 표현되고 사흘 반으로도 표현되고 1,260일로도 표현되었는데, 이것이 얼마나 오랜 세월인지 우리는 알 수 없습니다.

우리는 다만 여러 가지 재림의 징조 같은 것을 느낄 수가 있습니다. 복음이 온 세상에 전파된 후에야 끝이 온다고 했습니다(마 24:14). 이 복음이 예루살렘에서 시작해 유럽을 지났고, 미주(美洲, America)를 지나 지금 동양에 와서, 많은 나라 사람들이 만났습니다. 믿는 것은 아니라도 전파되어 간다는 말입니다. 아직도 복음을 듣지 못한 부족이 있는 것도 사실입니다. 어떤 이들은 복음을 듣지 못한 부족들의 말로 성경을 번역하는 선교 사역을 하고 있습니다. 수없이 많은 방언으로 성경이 번역되었지만 아직도 많은 부족이 자기들의 말로 성경을 접촉하지 못하고 있습니다. 그러기 때문에 성경을 번역하는 선교회가 애를 쓰고 힘을 쓰는 것입니다.

스스로 성경을 상고하는 습성

여기까지만 말씀드리고 여러분에게 당부하고자 하는 것은 하나님 말씀을 상고하는 일에 힘쓰라는 것입니다. 무엇이든지 힘쓰지 않으면 거기에서 재미를 얻지 못합니다. 나는 평생 못난 사람이라 운동 경기를 직접 하지 못했습니다. 어떤 종목의 스포츠도 배우지 않았습니다. 그러기 때문에 재미가 없습니다. 물론 구경하는 재미는 있습니다. 그러나 나 스스로 직접 참여하는 재미를 모르는 사람입니다. 무엇이나 힘써서 배우지 않으면 그 기쁨을 체험하지 못합니다.

우리 한국 교회는 말 잘하고 재주 있는 사람들이 교인들의 흥미를 돋워주면서 설교하는 경향이 있습니다. 그저 얘기 잘하고 하니까 교인들이 그런 사람을 의지해서 재미를 보려고 그럽니다. 그러니까 다 바보가 되는 겁니다. 남이 어떻게 해주는 덕분에 재미를 보려는 거예요. 이것은 자기 발로 서는 것이 아닙니다. 자기 발로 서는 신앙이 아니란 말입니다. 그러기 때문에 계속 흔들립니다. 결국 우리 신앙이라는 것은 성경에 근거해야 하는 것입니다. 성경에 위배되는 말은 믿지 말라, 이겁니다. 성경 말씀만이 하나님의 말씀입니다. 이 말씀이 우리에게 생명이 되고, 이 말씀이 우리에게 노정기가 되고, 이 말씀이 우리의 인도자가 됩니다.

이것은 또한 우리의 양식이기도 합니다. 이 말씀으로 말미암아 우리가 힘을 얻고 생명을 얻고 기쁨을 얻기 때문에 살아있는 말씀이라고 합니다. 살아있는 하나님 말씀이라고 하지 않습니까? 그러기 때문에 우리 각자가 성경을 상고하는 습성을 길러야 합니다. 처음에는 잘 안되지만 계속 하면 자리가 잡힙니다. 그래야만 비로소 굳센 신앙이 됩니다. 우리가 이렇게 성경을 상고하는 습성을 길러야 자립적인 신앙에 들어가게 될 줄로 압니다.

25
참된 교회의 승리

계 11:5-12

11장 3절과 4절을 잠깐 먼저 봅니다.

> **내가 나의 두 증인에게 권세를 주리니 그들이 굵은 베옷을 입고 천이백 육십 일을 예언하리라 그들은 이 땅의 주 앞에 서 있는 두 감람나무와 두 촛대니**(11:3-4).

재판관이 재판할 때 양편의 말을 다 들어야 냉철하게 편견 없이 말할 수 있겠지요. 그러면 한쪽 말만 듣고 재판해선 안 되고 양편의 말을 다 들어야 우리가 공평하게 생각할 수가 있습니다. 신명기 19장 15절에 보면 두 증인의 말을 듣고 재판하라는 말씀이 나오고, 요한복음 8장 17절도 역시 두 증인의 말에 근거해 판단해야 한다고 합니다. 참된 교회는 복음을 바르게 증거하는 교회입니다. 그런데 두 증인이라고 비유했습니다. 매우 재미있습니다.

4절에서 "두 감람나무와 두 촛대"라는 것은 무엇입니까? 계시록 1장 20절에서 "일곱 촛대는 일곱 교회니라" 그랬으니, 이것을 다르게 해석할 수는 없습니다. 두 감람나무와 두 촛대는 의심할 수 없이 교회란 말입니다. 그런데 이것을 또 두 증인으로 비유했으니, 교회 중에서도 참 교회를 말하는 것입니다. 이제 5절부터 참 교회의 역할이 얼마나 강한가 하는 그것을 말해줍니다.

복음 전파를 귀히 보시는 하나님

> 만일 누구든지 그들을 해하고자 하면 그들의 입에서 불이 나와서 그들의 원수를 삼켜 버릴 것이요 누구든지 그들을 해하고자 하면 반드시 그와 같이 죽임을 당하리라(11:5).

이것은 참된 교회의 증거 운동을 말하는 것입니다. "그들의 입에서"라고 했는데, '두 증인의 입에서'라는 뜻입니다. '두 감람나무와 두 촛대의 입에서'라고 할 수도 있습니다. "그들의 입에서 불이 나와서"라고 했는데, 이 말씀을 보니까 비유입니다. 어떻게 입에서 불이 나옵니까? 이것은 비유적 표현일 뿐입니다.

두 증인의 입에서 불이 나왔다고 했는데, 이 불은 하나님의 말씀을 비유하는 것입니다. 계시록은 이렇게 비유가 많이 있습니다. 물론 문자 그대로 해석해야 하는 것도 있지만, 비유가 많습니다. 하나님 말씀을 불이라고 하는 성경 구절이 어디 있는지 아십니까? 예레미야 23장 29절입니다. "여호와의 말씀이니라 내 말이 불같지 아니하냐 바위를 쳐서 부스러뜨리는 방망이 같지 아니하냐" 그랬습니다. 하나님 말씀은 죄를 파괴하는 힘이 있다는 말입니다.

"불이 나와서 그 원수를 삼켜 버릴 것이요." 그 원수는 마귀요 또 마귀의 무리입니다. 복음을 방해하는 운동입니다. "누구든지 그들을 해하고자 하면 반드시 그와 같이 죽임을 당하리라." 참된 교회의 증거 운동을 방해하는 사람은 재앙을 받습니다. 참된 교회의 증거 운동 말입니다. 교회라고는 하지만 타락한 교회도 있습니다. 아니 타락한 교회가 많습니다. 타락한 교회가 증거 운동을 할 때는 하나님의 역사가 나타나질 않습니다. 하나님은 마귀를 통하여 영광 받기를 원치 않습니다.

타락한 교회가 복음을 전할 때에 하나님의 역사가 없습니다. 예를 들어 구약 시대 이스라엘의 믿음이 타락했을 때 하나님께서는 바벨론을 시켜서 성전에 불을 놓았습니다. 바벨론을 시켜서 당시의 신자들이라고 할 수 있는 유대인들을 포로로 많이 잡아갔습니다. 그래도 하나님이 벼락을 안 쳤습니다. 하나님이 사람을 시켜서 타락한 교회를 벌하는 경우가 있습니다. 복음을 옹호하고 보호하는 하나님의 역사가 거기에는 없습니다.

"만일 누구든지 그들을 해하고자 하면", 여기에서 "그들"은 다른 사람이 아니라 두 증인, 즉 복음 전하는 참된 교회를 말합니다. "그들을 해하고자 하면 그들의 입에서 불이 나와서 그들의 원수를 삼켜 버릴 것이요." 원수 중에 마귀가 첫째 원수입니다. 그리고 마귀를 따라가는 사람이 복음의 원수입니다. "누구든지 그들을 해하고자 하면 반드시 그와 같이 죽임을 당하리라." 이 말씀을 읽을 때 우리는 하나님께서 복음 전하는 것을 얼마나 원하시는지를 알아야 합니다. 복음을 전할 때 하나님의 사랑을 받는다, 하나님께서 이 복음 전파를 귀하게 여기고 복음 전파에 중요하게 간섭해 주신다는 것을 볼 줄 알아야 합니다.

• 안 믿을 줄도 알아야

그들이 권능을 가지고 하늘을 닫아 그 예언을 하는 날 동안 비가 오지 못하게 하고 또 권능을 가지고 물을 피로 변하게 하고 아무 때든지 원하는 대로 여러 가지 재앙으로 땅을 치리로다(11:6).

여기서도 "그들"은 참된 교회를 말합니다. "하늘을 닫아", 하늘을 닫는다는 것 역시 비유적인 표현 아닙니까? 이 두 사람이, 두 증인이 하늘을 닫았다고 할 때, 이것은 비유입니다. 교회가 하늘을 닫았다고 할 때 이것은 비유지요.

비가 오지 않게 하는 것을 이렇게 표현했습니다. 이것은 하나님이 하시는 일입니다. 하지만 두 증인이 주격으로 표현되지 않았습니까? 두 증인이 한 것처럼 이런 말씀을 합니다. 그만큼 전도 운동에 하나님께서 간섭해 주시고 함께해 주신다는 말씀입니다. "그 예언을 하는 날 동안 비가 오지 못하게 하고", 이 말씀은 디셉 사람 엘리야가 기도함으로써 비를 멎게 한 사건을 생각나게 합니다. 열왕기상 17장 1절에 나옵니다. 엘리야가 그렇게 권능을 행했는데 사실은 그 배후에서 하나님이 하신 일입니다.

신약 시대의 참된 교회가 이런 일을 한다고 하는 것이, 구약 시대와 똑같은 모양으로 한다는 뜻은 아닙니다. 오늘날 우리도 어떤 어려움을 통과했을 때 비유적으로 말할 수 있지 않겠습니까? "이거 뭐 완전히 홍해를 건넜구만" 하고 말할 수 있지 않겠습니까? 홍해를 건넜다고 할 때 문자적으로 홍해 바다를 건넌 것은 아니지만 홍해 바다를 건넌 것 같은 어려운 일을 통과했다는 의미입니다. 민족적으로도 어려운 일을 잘 통과했다고 하면, "이거 이적이로구만" 할 수도 있고, "이거 참 홍해를 건넌 셈이네" 할 수도 있지 않겠습니까? 성경의 필법이 비유를 많이 사용하는 것을 감안하고 읽어볼 때 여기 있는 말씀을 바로 해석하게 됩니다.

여기 있는 말씀을 해석할 때, 주님 오시기 직전에 두 증인이라고 하는 인물들이 나온다, 이들이 얼마나 능력이 많은지 하늘을 닫아 비를 그치게도 하고 입에서 불이 나오기도 하고 물이 피가 되게도 한다, 그렇게 풀이하면 안 된다 그 말입니다. 여기 이 말씀은 그렇게 해석할 것이 아닙니다. 왜 그런가요? 성경을 해석할 때 성경에 있는 분명한 말씀을 근거로 삼아야 하는데, 여기에서 분명한 말이 무엇인고 하니 촛대라는 것입니다. 11장 3절에 나오는 "두 증인"이라는 사람을 4절에서 다름이 아니라 "두 감람나무와 두 촛대"라고 했지 않습니까? 그런데 촛대는 또 무엇입니까? 교회를 말하는 것입니다. 계시록 1장 20절에서 분명히 말했습니다. "일곱 촛대는 일곱 교회니라", 분명히 해석해 주었습니다.

그런데도 그것은 잊어버리고, "두 감람나무와 두 촛대"는 예수님 오시기 직전에 아주 무서운 인물 둘이 나오는 것으로 해석한다는 말입니다. 이렇게 해석하면 되겠습니까? 성경은 성경으로 해석해야 권위가 있는 것이지, 사람이 자기 나름대로 대충 짐작해서 이렇게 했다, 이렇게 했다 하면 그것은 참말이 아니란 말입니다. 우리는 성경이 하나님 말씀인 줄 믿습니다. 우리는 성경에 맞지 않는 말은 어떠한 유익을 본다고 해도 믿지 말아야 합니다. 안 믿으면 죽이겠다고 해도 안 믿어야 합니다. 그것이 바로 신앙입니다.

참된 신앙이라는 것은 안 믿을 줄도 알아야 하는 것입니다. 무섭게 위협한다고 해서 이것이 혹시 하나님의 역사가 아닌가 해서 믿으면 안 됩니다. 성경과 맞지 않는 것입니다. 그냥 아무 고민 없이 믿어야겠다, 하고 넘어가는 것은 신앙이 아니란 말입니다. 신앙 없는 사람입니다. 어떤 해석을 무엇이 보장하느냐가 중요하고 성경 말씀이 보장했을 때야말로 참된 해석이 되는 것입니다. 따라서 여기 이 문맥에서 두 증인 곧 두 감람나무와 두 촛대는 교회라고 판정이 났은즉, 여기 나오는 이 표현들을 교회의 역사로 봐야 하는 것입니다. 두 개인이 나와서 이렇게 무섭게 사역하는 일이라고 잘못 해석하면 안 됩니다. 그러므로 이것을 비유로 풀어야 될 성경적인 근거가 있는 거란 말입니다.

그러면 "하늘을 닫아 그 예언을 하는 날 동안 비가 오지 못하게 하고"라는 말씀은, 엘리야를 반대하던 아합이 한재를 당해서 고생한 것 같은 큰 어려움이, 큰 재앙이 내린다는 말입니다. 글자 그대로의 재앙이 아니라 비유적으로 풀어야 합니다. 그렇다고 해서 백이면 백이 다 실제 있었던 일과 같지 않다고 풀어야 한다는 말은 아닙니다. 대부분이 비유로 풀어야 할 말이라는 것입니다. 입에서 불이 나온다거나 또 하늘을 닫았다거나 하는 이런 표현들은 비유로 풀어야 합니다.

예를 들어, 한 나라가 하나님을 배반하고 하나님을 대적하고 참된 교회의 증거 운동을 방해할 때 그 나라에 한재가 내려서 많은 사람이 굶어죽는다고 하면 그것을 죗값이라고 생각하지 않습니까? 물론 그럴 수도 있습니다. 물론 그럴 수도 있겠지만 비유로 표현하는 것이니까 반드시 그것이라고 생각해서는 안 된다는 말입니다. 그럴 수도 있겠지만 그렇지 않은 것도 하나님의 간섭으로 된 일이라면, '이거 참 아합이 당한 일과 같구나, 하늘을 닫아 비가 오지 않게 하는 그런 일과 같구나' 생각해야 합니다. 우리 하나님은 참된 교회의 기도를 들으시는 하나님이십니다. 어떤 민족이 사람 생각으로는 도무지 해결할 수 없는 어려움을 하나님의 도움으로 해결 받아 살게 되었다면, 그럴 경우에 홍해를 건너갔다는 표현을 할 수가 있다는 말입니다.

특히 예언은 시문학적으로 표현이 되곤 합니다. 구약의 예언을 읽어 보면 시문학적인 스타일이 많이 나옵니다. 시문학이라는 것은 허락받은 과장을 사용합니다. 시(詩)에 과장이 있긴 있습니다만 그것은 허락받은 것입니다. 양해하는 것이지요. 시(詩)이기 때문에 그렇습니다. 시문학적 표현을 통해서 그 심리와 그 상황을 얼마쯤이라도 드러내야 할 상황들이 있습니다. 시로 발표하는 것이 가장 좋겠구나 하는 것들이 있습니다. 여기 예언이 시문학적인 스타일로 많이 표현되어 있는데 물리적으로는 잘 맞지 않는 것도 있습니다. 그렇다고 해서 사실적으로 잘 맞지 않는다는 것은 아닙니다. 기적적인 사실이지요. 하지만 그것을 문자적으로 풀이하면 말이 잘 통하지 않는 것이 있습니다. 그런 것은 시문학적으로 풀이해야 합니다. 그런 것이 있다는 것을 명심해야 합니다.

계속해서 11장 6절에 "권능을 가지고 물을 피로 변하게 하고"라는 말씀이 있는데, 이것은 하나님이 원수를 벌하는 방법이었습니다. 출애굽기 7장 20절을 보면 하나님께서 모세를 통해서 물이 피가 되게 하는 역사를 보이십니다. 이제 그러한 일을, 그러한 표현을 가지고 신약 시대의 영적인 사건들도 그와 같이 표현할 수가 있다는 말입니다. 예를 들어, 참된 교회의 증거 운동을 방해하던 어떤 사람이 어떤 재앙을 당했다고 합시다. 그런데 그 경우가 이스라엘의 출애굽 운동을 방해하던 바로와 애굽 민족이 당한 것과 같다고 생각해서 물이 변하여 피가 된 거와 같다고 말할 수 있는 것입니다. 이제 다음 절을 읽어 보면 아주 명백하게 비유가 계속 나옵니다. 이것들은 비유이지 글자 그대로 풀이 하면 말이 안 됩니다.

증거운동을 마칠 때

그들이 그 증언을 마칠 때에 무저갱으로부터 올라오는 짐승이 그들과 더불어 전쟁을 일으켜 그들을 이기고 그들을 죽일 터인즉(11:7).

"그들이 그 증언을 마칠 때에"라고 했는데, 여기에서 "그들"이라는 것은 두 증인 즉 참된 교회이므로 참된 교회가 그 증거를 마칠 때라는 말입니다. 이것을 언제 마칩니까? 이것은 대(大) 적기독 세력이 나올 때 마칩니다. 참된 교회의 증거 운동은 그때 멈추어지는 것입니다. 그것을 어떻게 아느냐고요? 데살로니가후서 2장에 분명히 나와 있습니다.

> 형제들아 우리가 너희에게 구하는 것은 우리 주 예수 그리스도의 강림하심과 우리가 그 앞에 모임에 관하여 영으로나 또는 말로나 또는 우리에게 받았다 하는 편지로나 주의 날이 이르렀다고 해서 쉽게 마음이 흔들리거나 두려워하거나 하지 말아야 한다는 것이라 누가 어떻게 하여도 너희가 미혹되지 말라 먼저 배교하는 일이 있고 저 불법의 사람 곧 멸망의 아들이 나타나기 전에는 그날이 이르지 아니하리니(살후 2:1-3).

예수님이 재림했다고 하는 소문이 그때 벌써 있었다고 합니다. 2절에서 "주의 날이 이르렀다고 해서"라는 말은 그때 이미 주님의 날이 임했다, 주님의 재림이 이루어졌다, 하는 소리들이 있었다는 말 아닙니까? 그러니까 바울이 그것에 반대하는 것입니다. 그리고 3절에서 "누가 어떻게 하여도 너희가 미혹되지 말라 먼저 배교하는 일이 있고", 예수님이 오시기 전에 배도하는 일이 온 천하에 먼저 있다는 것입니다. 배도(背道)라는 것은 타락입니다. 예수 믿던 수많은 사람이 타락을 합니다. "먼저 배교하는 일이 있고"라고 했는데, '먼저'라는 말에 주의해야 합니다. 순서를 따지는 것 아닙니까? 사도 바울이 순서를 염두에 두고 말씀합니다.

이어서 "저 불법의 사람 곧 멸망의 아들이 나타나기 전에는"이라고 했는데, 대(大) 적기독 세력을 말합니다. 적기독이 시대마다 있지만 주님 오시기 직전에는 대 적기독 세력이 나옵니다. 그것은 온 천하를, 온 세계를 진동시키는 위력을 가지고 옵니다. 와서 하나님을 믿는 신앙을 박해합니다. 여기에서도 "나타나기 전에는"이라고 해서, 순서를 말씀하지 않나요? "나타나기 전에는 그날이 이르지 아니하리니", 즉 대 적기독 세력이 나타나기 전에는 주의 날이 오지 않는다는 말입니다.

> 그는 대적하는 자라 신이라고 불리는 모든 것과 숭배함을 받는 것에 대항하여 그 위에 자기를 높이고 하나님의 성전에 앉아 자기를 하나님이라고 내세우느니라 내가 너희와 함께 있을 때에 이 일을 너희에게 말한 것을 기억하지 못하느냐 너희는 지금 그로 하여금 그의 때에 나타나게 하려 하여 막는 것이 있는 것을 아나니 불법의 비밀이 이미 활동하였으나 지금은 그것을 막는 자가 있어 그 중에서 옮겨질 때까지 하리라 (살후 2:4-7).

여기에서 "그"는 3절에서 말하는 "저 불법의 사람", 곧 대 적기독입니다. 대 적기독은 자기를 하나님이라고 막 그럽니다. 6절에서 "그로 하여금 그의 때에"라는 것은 대 적기독이 나타나는 때를 하나님이 정하고 계신다는 것입니다. "나타나게 하려 하여 막는 것이 있는 것을 아나니" 했는데, 그것이 나타나는 것을 막는 것이 있다는 말입니다. 하나님이 정한 때 나오도록 막고 있다는 것입니다.

7절입니다. "불법의 비밀이 이미 활동하였으나." 불법의 비밀이라는 것은 타락, 배도를 말하는 것입니다. 3절 하반절에 "먼저 배교하는 일이 있고" 그랬는데, 그것이 곧 불법의 비밀입니다. 이제 앞으로 대 적기독이 오려고 그전에 이렇게 타락을 많이 하는 것입니다. "지금은 그것을 막는 자가 있어 그 중에서 옮겨질 때까지 하리라." 불법의 비밀이 지금 나타났지만 대 적기독이 아직 오지는 않았습니다. 불법의 사람이 불법의 일을 지금 온 천하에 퍼뜨려 나갑니다. 하지만 막는 것이 있습니다. 대 적기독이 오는 것까지는 막는 자가 있다는 말입니다. 그것이 교회이고 그것이 교회의 증거 운동입니다. "그 중에서 옮겨질 때까지 하리라." 즉 교회의 증거 운동을 옮길 때가 옵니다. 증거 운동이 끝날 때가 온다는 말입니다. 그때는 대 적기독이 나타나는 때입니다.

이 순서를 이렇게 명백하게 말합니다. 먼저 배교하는 일, 이것이 불법의 비밀인데 이놈이 이제 오려고 불법 운동을 펼쳐 나가는 것입니다. 자꾸 타락시키며 나갑니다. 그런데 이렇게 불법의 비밀을 펼쳐 나가도 대 적기독이 오지 못합니다. 왜 못 오느냐 하면 막는 것이 있기 때문입니다. 즉 때가 되기 전에는 참 교회의 증거 운동이 끝나지 않습니다. 그 증거 운동이 끝나기 전까지는 이 대적기독이 못 들어온다는 말입니다. 그러니까 데살로니가후서 2장의 말씀과 요한계시록 11장 7절 초두에 있는 "그들이 그 증언을 마칠 때에"라는 말씀이 서로 통합니다. 참 교회가 아직도 있어서 대 적기독을 막는 복음 증거 운동을 펼쳐 나간다는 말입니다. 그런데 이것이 끝날 때가 있고 그때를 하나님이 정했다는 것입니다. 그때에 요한계시록 11장 7절에서 말하는 짐승이 올라온다는 말입니다.

짐승의 시대

그들이 그 증언을 마칠 때에 무저갱으로부터 올라오는 짐승이 그들과 더불어 전쟁을 일으켜 그들을 이기고 그들을 죽일 터인즉(11:7).

그러면 여기 짐승이라는 것이 무엇입니까? 이것도 역시 비유 아닙니까? 거의 전부가 비유입니다. 계시록에서 "짐승"은 악한 적기독 나라입니다. 적기독이 국가 형태를 가지고 복음을 믿는 사람들을 잡아 죽이는 때가 옵니다. 세계적으로 그렇게 아주 무서운 때가 옵니다. 참된 교회의 증거 운동이 끝마쳐

질 때 온다는 말입니다.

"무저갱으로부터 올라오는"이라고 했는데, 무저갱은 또 무엇입니까? 무저갱은 '밑 없는 구멍'(bottomless pit)이란 뜻입니다. 밑이 없어요. 밑 없는 구멍인데 거기 떨어지면 계속 가라앉는 것뿐입니다. 망한다 이 말입니다. 망하는 영혼을 침륜(沈淪)하는 영혼이라고 합니다. 이들은 소망 없이 사는 사람들입니다. 침륜에 빠지는 것입니다. 계속 내려갑니다. 살겠다고 애쓸만한 뭐가 없습니다. 사나 마나한 사람들이에요. 그런 사람들인데 살겠다고 애를 씁니다. 하지만 알고 보면 그럴 필요조차 없는 것입니다. 사나 마나예요. 살고 올려주려고 하는 만큼 계속 더 떨어집니다.

그런데 이 무저갱에서 짐승이 올라왔다고 합니다. 이것도 비유입니다. 이 비유는 예수를 반대하는 인물에 초점이 맞춰져 있습니다. 그런데 이것은 정권이라고 할 수도 있고 국가라고 할 수도 있습니다. 적기독 국가입니다. 밑 없는 구멍으로부터 올라왔다는 것은 이 자체가 멸망할 거라는 말입니다. 멸망할 것인데 하나님의 경륜 속에서 이것이 나타나는 때가 있다 그 말입니다. 하나님은 인류에게 기쁜 일만 주시는 것이 아닙니다. 하나님을 대적하는 자들을 벌하기 위하여 이렇게 무서운 일도 나타내시는 하나님이십니다.

> 짐승이 그들과 더불어 전쟁을 일으켜 그들을 이기고 그들을 죽일 터인즉 그들의 시체가 큰 성 길에 있으리니 그 성은 영적으로 하면 소돔이라고도 하고 애굽이라고도 하니 곧 그들의 주께서 십자가에 못 박히신 곳이라(11:7b-8).

이게 다 비유입니다. 그들의 시체가 큰 성 길에 있다는 것은 참된 교회에 속한 사람들의 시체가 큰 성 길에 있다는 것입니다. 장례를 못하게 하니까 길에 있는 것입니다. 장례를 못 하게 한다는 것은 이 사람들을 천대한다는 것입니다. 만주에 있을 때에 보니까 길에 시체들이 있습디다. 장례하는 사람들이 없어서 그런 것이지요. 세상 뜨고 나서도 시체가 발에 밟힌다는 것은 그야말로 대접을 못 받는 일 아닙니까? 큰 성 거리에 시체들이 있다는 말입니다.

얼마 동안 있는고 하니 사흘 반 동안 있다고 했습니다. 사흘 반이라는 것이 진짜 3일 하고도 반을 말합니까? 요한계시록은 그 문투가 시문학적인 동시에 얼른 풀 수 없게 되어 있는 경우가 있습니다. 여기 사흘 반이라는 것은 하루를 1년으로 쳐서 삼년 반을 의미하는 것입니다. 그렇다면 삼년 반은 또 왜 삼년 반인가? 그것을 이번에는 개월로 풀어 보면 삼년 반은 42개월로 환산이 되더란 말입니다. 11장 2절 끝에 보면 "마흔두 달 동안 짓밟으리라"라고 했습니다. 이렇게 42개월로 풀이를 해서 표현했단 말입니다. 같은 것을 사흘 반으로 말하고 마흔두 달로 말하고 1,260일로 말했습니다. 3절 끝에 보면 "천이백육십 일을 예언하리라" 하는 말씀이 있습니다. 사흘 반이 42개월, 42개월이 1260일, 지금 이렇게 풀이를 한 것입니다. 그러니까 그 어느 것이든지 문자적으로는 해석할 수 없습니다.

그렇다면 이것은 어느 시대를 말하는가? 이것은 그 시간 동안에 무엇을 했는지를 봐서 판정을 내릴 수밖에 없는데, 복음 증거하는 동안이 1,260일이라는 것입니다. 그러니까 이것이 신약 시대의 교회가 복음을 증거하는 기간이라고 판정하는 것이 옳습니다.

신약 시대를 왜 삼일 반으로 했는지, 그것을 환산해서 왜 42개월로 했는지, 그것을 다시 환산해서 왜 1,260일이라고 했는지 그 이유를 나는 모릅니다. 그렇기 때문에 요한계시록을 다 안다고 할 수 없습니다. 그중에 모르는 것이 있기 때문에 그렇게 말할 수 없습니다. 그래서 우리는 계속 여기에 마음을 붙여야 합니다. 무슨 뜻일까 하면서 계시록을 잊어버리지 않는 것입니다. 늘 생각하고 있는 겁니다.

백성들과 족속과 방언과 나라 중에서 사람들이 그 시체를 사흘 반 동안을 보며 무덤에 장사하지 못하게 하리로다. 이 두 선지자가 땅에 사는 자들을 괴롭게 한 고로 땅에 사는 자들이 그들의 죽음을 즐거워하고 기뻐하여 서로 예물을 보내리라 하더라(11:9-10).

그러면 이제 1,260일 동안 증거한 후, 신약 시대 동안에 교회의 복음 운동이 있은 후, 하나님의 경륜이 있어서 그것을 멈추는 때가 옵니다. 그때가 바로 적기독이 들어오는 때입니다. 짐승의 시대입니다. 이번에는 삼일 반 동안 짐승이 들어서 있습니다. 삼일 반 동안은 교회 시대, 또 삼일 반 동안은 적기독 시대란 말입니다. 우리가 여기서 분명히 알 것은 적기독 시대 삼일 반 동안에 교회는 계속 핍박을 받습니다. 그런고로 참되이 믿는 사람들이 죽어서 그 시체들이 거리에 있다는 말인데, 적기독들이 삼일 반 동안 그 시체를 구경한다고 합니다. 잘 죽었다, 잘 죽었다, 시원하다, 뭐 그런 내용입니다.

　그리고 무덤에 장사하지 못하게 합니다. 그 시체가 뭐가 그리 귀한 것이기에 장사를 지내느냐고 하는 것입니다. 길에 내놓고 구경이나 하자고 합니다. 그러고는 기뻐서 서로 선물을 보내기도 합니다. 적기독 무리가 그렇게 하는 시대가 있다는 것입니다. 그런데 이것 역시 비유란 말입니다. 삼년 반이라는 세월이 하루 24시간으로 계산한 삼일 반이 아닙니다. 이것은 한 시대입니다. 그 한 시대 내내 시체를 거리에 두고 구경한단 말입니까? 이것은 다 비유입니다. 그 시대에는 참되게 믿는 사람이 멸시받고 천대받고 죽는다는 말입니다. 그리고 그 죽은 것을 기쁘게 생각해서 서로 예물을 보내며 야단법석을 떤다 그 말입니다.

● 천대와 멸시를 받음

　이것은 바로 시대적인 풍조를 비유적으로 말하는 것입니다. 과장이라는 것은 일종의 거짓말인데, 말하자면 용인된 과장입니다. 조금 있는 것도 많이 있다고 해서 사람을 설득하려고 하는 것이 거짓말입니다. 그런데 시문학의 과장은 허락된 것입니다. 공적인 허락이 있는 것입니다. 시문학에는 그러한 과장이 있어야 재미있다는 허락이 있습니다. 이해가 있다는 말입니다.

예언이란 것이 흔히 시문학적인 표현을 사용하는 경향이 많습니다. 이사야 1장 초두에 "하늘이여 들으라 땅이여 귀를 기울이라"(사 1:2) 할 때, 그것이 과장입니다. 문자적인 이해로는 말이 안 되는 것 아닙니까? "땅이여 귀를 기울이라" 했는데, 흙에 무슨 귀가 있습니까? 그러나 그렇게 말하는 이유는 나무나 돌까지도 들을 만큼 귀한 말이라는 것입니다. 사람들이 들어주지 않으니 참으로 안타까워 가슴이 탄다는 것입니다. "만일 이 사람들이 침묵하면 돌들이 소리 지르리라 하시니라"(눅 19:40) 하는 표현도 사람들이 마땅히 해야 할 말을 하지 않는구나 하는 안타까움에서 표현한 시문체입니다. 이것을 읽을 줄 알아야 합니다. 그저 문자적으로 해석해서는 안 됩니다.

> 그들의 시체가 큰 성 길에 있으리니 그 성은 영적으로 하면 소돔이라고도 하고 애굽이라고도 하니 곧 그들의 주께서 십자가에 못 박히신 곳이라(11:8).

소돔은 어떤 곳입니까? 세속주의가 최고조에 달했던 곳입니다. 하나님은 모르고 세상만 아는 곳입니다. 쾌락주의에 파묻혔던 그런 곳입니다. 애굽 또한 그렇지 않습니까? 이스라엘 사람들은 애굽에 가서 살다가 멸시와 천대를 당했습니다. 그들은 포로로 중노동을 했습니다. 하나님 공경하는 걸 도무지 모르는 나라라는 말입니다. 이 세상만 안다는 말입니다. 이 세상만 아는 시대에는 예수님을 십자가에 못 박는 법입니다. "애굽이라고도 하니", 애굽이라고도 할 수 있다는 말입니다. 이 말도 다 문자적으로 풀면 안 됩니다. "소돔이라고도 하고 애굽이라고도 하니"라는 뜻은 그 큰 성으로 말하면 그 정신이 애굽과도 같고 소돔과도 같다는 의미입니다.

"곧 그들의 주께서 십자가에 못 박히신 곳이라." 예수님께서 애굽에서 십자가에 못 박혔습니까? 소돔에서 십자가에 못 박혔습니까? 아니지요. 소돔이 애굽이고, 애굽이 예수님 못 박힌 곳이라는 등식이 어떻게 성립합니까? 등식이 성립하지 않습니다. 그러나 비유적으로 같다는 말입니다. 비유란 말입니다. 이 세상 어디든지 참으로 믿는 사람을 천대 멸시하고 모욕하고 죽인다면 그곳은 소돔이라고 할 수 있고 애굽이라고도 할 수 있습니다. 예수를 잡아 죽인 예루살렘이라고도 할 수 있습니다. 그때 예루살렘 성은 하나님을 공경하던 성이었지만 타락한 다음에는 정반대가 되었거든요. 하나님을 공경하지 않았습니다. 입술로는 공경한다고 하지만 하나님을 박해하는 그런 도성이었습니다. 예수님 죽이는 당시 사회가 그런 사회 아니었습니까?

백성들과 족속과 방언과 나라 중에서 사람들이 그 시체를 사흘 반 동안을 보며 무덤에 장사하지 못하게 하리로다(11:9).

"백성들과 족속과 방언과 나라 중에서"라는 말은 계시록의 특수한 표현으로 종종 나오는 말입니다. 백성들과 족속과 방언과 나라는 세계를 의미합니다. 이 계시록은 이스라엘 사람만을 상대로 쓴 것이 아니라 전 세계의 민족을 상대로 쓴 것입니다. 원래 원문에는 이것들이 다 복수입니다. 즉 '백성들과 족속들과 방언들과 나라들 중에서'라는 표현입니다.

"사람들이 그 시체를 사흘 반 동안을 보며"라고 했는데, 이 세계적인 대적기독 운동으로 온 세계 사람들이 그것을 구경한다는 것입니다. 이것도 역시 하고자 하는 말을 비유적으로 이렇게 표현하는 것입니다. 세계인이 어떻게 그 큰 성 거리에 있는 시체를 구경합니까? 큰 성 거리가 한 장소인데 어떻게 세계인이 다 몰려가서 구경을 합니까? 사흘 반 동안을 내내 본다고 했는데, 사흘 반이란 세월이 얼마나 긴 세월인지 우리가 말할 수 없다고 하지 않았습니까? 그런데도 그 기간 동안에 지금 이 시체를 구경한다고 했으니 이것은 비유적으로 하는 말입니다. 시체가 아무리 밉다고 해도 그 시체를 거리에 놔두고 어떻게 삽니까? 자기들이 그걸 어떻게든 치워버리려고 할 것 아닙니까? 그러기 때문에 이걸 문자적으로 풀면 맞지 않는 말이 나오게 됩니다. 이것은 비유로 하나의 뜻을 보여 주려고 하는 것입니다. 천대하고 멸시한다는 것입니다.

이 두 선지자가 땅에 사는 자들을 괴롭게 한 고로 땅에 사는 자들이 그들의 죽음을 즐거워하고 기뻐하여 서로 예물을 보내리라 하더라(11:10).

"이 두 선지자"를 3절에서는 두 증인이라고 했는데 여기서는 두 선지자라고 합니다. 여기서는 왜 선지자라고 합니까? 여기 10절 문맥에서, 이들은 "땅에 사는 자들을 괴롭게 한" 사람들이라고 말합니다. 이들이 세상을 괴롭혀요. 사람을 괴롭히는 사람으로 간주되었습니다. 구약 시대에 아합은 엘리야에게 "이스라엘을 괴롭게 하는 자"라고 하였습니다(왕상 18:17). 아합이 왜 그렇게 말했습니까? 늘 옳은 말을 하니까 바르게 살려고 하지 않는 사람은 그 말을 들을 때 괴롭습니다. 옳은 말 그대로 살려고 하는 사람은 옳은 말을 환영합니다. 그런데 아합과 모든 그의 추종자들은 그러지 않으니까 괴로움을 당했다는 말입니다.

여기 본문에서도 마찬가지입니다. 대 적기독 시대 전 세계 민족들 중에서 예수 믿지 않는 사람들이 두 증인에 의해, 두 선지자에 의해 괴로움을 당했다는 것입니다. 두 선지가가 계속 예수 믿으라고 하고 예수 믿는 길이 아닌 잘못된 걸음걸이를 경책하고 안 된다고 했기 때문에 세상을 괴롭혔다고 합니다. 이 두 선지자가 땅에 거하는 자들을 복음으로 괴롭혔기 때문에 땅에 거하는 자들이 그 죽음을 즐거워하고 기뻐하여 서로 예물을 보낼 것이라는 말입니다.

• 죽어도 다시 승리하는 참된 교회

삼 일 반 후에 하나님께로부터 생기가 그들 속에 들어가매 그들이 발로 일어서니 구경하는 자들이 크게 두려워하더라(11:11).

"삼일 반 후에", 여기 삼일 반 후라는 것은 첫 삼일 반이 아니고, 나중 삼일 반입니다. 나중 삼일 반은 적기독 시대, 예수 믿는 사람들의 시체를 구경하는 시대를 말합니다. 즉 "삼일 반 후"라는 것은 나중 삼일 반이 다 지나간 다음을 뜻하는 말입니다. "하나님께로부터 생기가 그들 속에 들어가매." 참된 교회가 박해를 받아 죽고 그 시체들이 매장당하지 못한 채 큰 길에 이렇게 구경거리로 있었던 시대가 지난 후에 일어나는 일입니다. "그들이 발로 일어서니 구경하는 자들이 크게 두려워하더라." 이것은 참된 교회의 신자들이 죽었지만 적기독 시대가 지난 후에 다시 살아난다는 말입니다. 이때가 예수님이 오시는 재림의 때입니다. 그때 다시 살아난다는 말입니다.

하늘로부터 큰 음성이 있어 이리로 올라오라 함을 그들이 듣고 구름을 타고 하늘로 올라가니 그들의 원수들도 구경하더라(11:12).

참된 교회는 죽어도 다시 사는 승리를 합니다. 첫째로는 복음 증거를 완전하게 끝마치기까지 승리합니다. 둘째로는 죽임을 당하나 부활하는 승리를 합니다. 이것이야말로 교회의 성격을 대표적으로 묘사하는 것입니다. 이 말씀을 볼 때 우리가 참된 신자라면 계속 증거 운동을 해야겠다는 생각을 가져야 되겠습니다. 결국 전도를 해야 합니다. 우리 모든 신자는 전도자가 되어야 합니다. 이 두 증인은 어떤 특정인이 아니라 참된 교회를 대표하는 것인데, 우리 신자들이 다 여기에 포함되어 있습니다. 우리 신자들이 세상에 있는 동안 복음을 계속 증거하는 것이 참 신자의 증거입니다. 증거할 때에 하나님이 기뻐하십니다. 하나님이 우리에게 그것을 기대하는 것입니다.

증거하는 방법이야 다 다를 것입니다. 어떤 사람은 교수하고, 어떤 사람은 글을 쓰고, 어떤 사람은 설교하고, 어떤 사람은 개인 전도를 하고, 어떤 사람은 심방을 합니다. 어떻든지 간에 복음 증거에 우리가 총동원하고 복음 증거에 우리의 생명을 바치는 것이 신자들의 본분입니다. 우리 교회에도 총동원 주일이 있는 줄 압니다. 총동원 주일에만 힘써볼 것이 아니라 언제든지 총동원 정신을 가지고 힘써 나가야 하겠습니다. 나 자신이 힘쓰지 않으면 결국은 침체 상태에서 자라나지 못하고 발전하지 못하고 맙니다.

주일마다 교인이 느는 것 같습니다. 하지만 이미 믿었던 분이 어떻게 해서 찾아오는 것으로 우리가 만족할 것이 아닙니다. 우리는 새 신자를 인도해 와야 합니다. 교회가 시켜서 한다고 생각하지 마시고 그것이 내 책임이다, 제일 귀한 내 책임이다, 이렇게 생각해야 되지 않겠습니까.

26
참된 교회의 특징

계 12:1-6

계시록 12장 1-6절은 참된 교회가 어떠한 교회인가에 대해 말씀합니다.

• 여자는 교회를 비유

하늘에 큰 이적이 보이니 해를 옷 입은 한 여자가 있는데 그 발아래에는 달이 있고 그 머리에는 열두 별의 관을 썼더라(12:1).

여기 "하늘에 큰 이적"이라고 할 때 이적이라는 말은 표적이라고 하는 것이 그 뜻을 더 명확하게 보여 줍니다. 표적이라는 것은 능력 있는 일이면서 동시에 그 속에 가르치는 것이 들어있다는 내용입니다. 예를 들면 주님께서 오병이어로 오천 명 이상을 먹이시지 않았습니까? 그렇게 떡을 먹이신 이적을 표적이라고 했습니다. 그러면 떡을 먹인 권능은 예수님이 십자가에 못 박혀 돌아가시고 그 피를 흘리시고 그 살이 찢겨서 그 살과 피를 우리에게 먹이

다시피 희생한 내용을 비유하는 것입니다. 성찬이 뜻하는 것과 같습니다. 이처럼 벳새다 뜰에서 오천 명 이상 되는 군중에게 떡 먹인 이적도 뜻있는 일입니다.

그러면 여기에 '하늘에 큰 표적이 보이니' 한 것은 무엇인가를 가르치려고 이러한 표적이 나타났다는 말입니다. 무엇으로 나타났습니까? 여자로 나타났습니다. "해를 옷 입은 한 여자가 있는데"라고 했습니다. 빛으로 나타난 여자가 나오는데, 여자는 교회를 비유합니다. 계시록 19장을 보면 교회를 어린 양의 아내라고 했습니다(7절). 그러므로 빛으로 나타난 여자는 빛을 입은 여자 즉 빛을 비춰주는 교회란 말입니다. 창세기 1장 14-19절을 보면 빛에 대하여 말씀이 길게 나옵니다.

> **하나님이 이르시되 하늘의 궁창에 광명체들이 있어 낮과 밤을 나뉘게 하고 그것들로 징조와 계절과 날과 해를 이루게 하라 또 광명체들이 하늘의 궁창에 있어 땅을 비추라 하시니 그대로 되니라 하나님이 두 큰 광명체를 만드사 큰 광명체로 낮을 주관하게 하시고 작은 광명체로 밤을 주관하게 하시며 또 별들을 만드시고 하나님이 그것들을 하늘의 궁창에 두어 땅을 비추게 하시며 낮과 밤을 주관하게 하시고 빛과 어둠을 나뉘게 하시니 하나님이 보시기에 좋았더라 저녁이 되고 아침이 되니 이는 넷째 날이니라**(창 1:14-19).

여기에서 "광명"이라는 말이 빛이라는 뜻 아닙니까? 여러분, 이 "광명"이란 단어를 세어 보세요. 몇 번 나오지요? 14절에 한 번 나옵니다. 15절에 한 번 나오지요. 또 16절에 세 번 나옵니다. 도합 다섯 번 나옵니다. 그리고 17절에는 비춘다는 말이 나오고 18절에는 빛이란 말이 나옵니다. 그러면 여기 두어 절에 광명이란 말이 다섯 번 나오고, 또 비춘다는 말과 빛이라는 말이 나오는 것을 통해 우리가 알 수 있는 것은 이 별들과 해와 달은 빛을 위하여 있다는 점입니다. 빛을 위하여 이것들이 창조되었습니다. 다시 12장 1절을 보면, "해를 옷 입은 한 여자가 있는데 그 발아래에는 달이 있고 그 머리에는 열두 별의 관을 썼더라"고 했습니다. 여기에 여자가 해를 입었다, 달이 그 발 아래에 있다, 열두 별의 관을 머리에 썼다고 했는데, 여기 해와 달과 별이 모두 빛 아닙니까?

우리가 성경을 읽을 때 그 참뜻을 깨달아야 합니다. 이것을 잘못 해석해서는 해는 아버지를 의미한다, 달은 어머니를 의미한다, 또 별들은 자식들을 의미한다는 식으로 나름대로 가져다 붙이면 위험합니다. 성경이 뜻하지 않은 것을 생각해내서 자기 마음대로 가르치는 것이니 이것은 성경을 변개하는 것입니다. 이것은 죄입니다. 하나님 말씀을 사람의 생각에 억지로 끼워 맞추는 것입니다.

여기서 분명히 보아야 하는 것은 '빛'입니다. 빛의 사람입니다. 빛은 무엇에 씁니까? 무언가를 밝히는 데 씁니다. 무엇을 밝힙니까? 사람들이 하나님을 알도록 밝혀 주는 것입니다. 그러기 때문에 마태복음 5장 16절에 보면 너희도 빛을 사람들에게 비추어 너희 착한 행실을 보고 하나님을 영화롭게 하고 하나님께 영광을 돌리게 하라는 뜻으로 말씀합니다. 빛은 다른 사람들로 하여금 하나님을 알도록 비춰줍니다. 그것은 신자들의 착한 행실을 말합니다.

행하는 것과 생각하는 것이 다르면 속이는 자라고 하지 않습니까? 믿는 사람들이 이렇게 앞뒤가 맞지 않으면 사람들이 신임하지 않습니다. 말로는 좋은 말을 많이 하는데, 생각이 다르고 행실도 다르다면 이것은 큰 문제입니다. 사람들로 하여금 하나님을 알도록 밝혀 주지는 못 하고 도리어 믿음에서 멀어지게 하는 것입니다. 믿음의 운동을 외면하게 만들어 줍니다. 그러기 때문에 참된 교회라면 빛을 비춰주어야 하는데 그것은 착한 행실로 드러납니다.

빛은 착한 행실

　에베소서 5장 9절에 분명히 빛이 무엇인지 알려 주었습니다. "빛의 열매는 모든 착함과 의로움과 진실함에 있느니라"고 했습니다. 착한 행실, 의로운 행실, 진실한 행실이 다른 사람들에게 하나님을 알도록 해주는 빛이라, 그 말입니다. 예수님이 십자가에 못 박히신 것이 결과적으로 빛이 된 것입니다. 주님이 십자가에서 우리 대신 죽어주셨으므로 우리는 그 사랑을 깨닫고, 착함을 깨닫고, 의로움을 깨닫고, 또 그 진실함을 깨달아서 구약성경에서 가르친 하나님의 참됨을 알게 됩니다.

　예수님의 십자가는 첫째로 착함입니다. 모든 죄인을 사랑하는 방법이었습니다. 둘째로 그의 십자가는 의로움입니다. 우리 죗값을 담당하시고 우리를 구원했으니 그분으로서는 대가를 치르신 것입니다. 우리 믿는 자들은 대가를 치르지 않고 거저 받습니다. 그러나 주님은 대가를 치르셨습니다. 그 생명을 희생했습니다. 공의대로 우리를 구원한 것입니다. 그러니 십자가는 의로움입니다. 셋째로 십자가는 진실함입니다. 왜 그런고 하니 구약성경에 하나님의 약속이 많이 나옵니다. 장차 메시아 즉 그리스도를 보내서 우리를 구원하실 것을 약속했습니다. 하나님의 아들이 오신다는 약속을 했어요. 때가 차매 그 하나님의 아드님이 오셨지요. 말씀한 대로 되었습니다. 진실함입니다. 십자가는 하나님의 착함을 보여 주고 하나님의 의로우심을 보여 주고 하나님의 진실하심을 보여 줍니다. 이것이 빛으로 비유된 행실에 대한 말씀입니다.

　우리 신자들에게는 착함이 있어야 합니다. 그래야 우리와 관계없는 사람까지도 사랑할 수 있는 사랑이 있게 됩니다. 우리 신자들에게 의로움이 있어야 합니다. 그래야 희생해야 할 것은 당연히 희생할 수 있습니다. 공짜를 좋아하지 않고 낼 것은 당연히 냅니다. 다른 사람에게 공평하게 행하고 공정하게 행하는 것이 의(義) 아닙니까? 또한 우리 신자들에게 진실함이 있어야 합니다. 믿는 사람들은 거짓말을 독약과 같이 생각해야 합니다. 사실이 아닌데 사실처럼 행세하는 것이 제일 가증한 것입니다. 참으로 거듭난 사람이 그렇게 행했다면 자신을 가증하게 보아야 합니다.

 주님의 말씀을 전하는 입장도 그렇습니다. 주님의 말씀을 그대로 믿지 아니하면서 다른 생각으로 그 말씀을 믿는 것처럼 전할 때 자기 자신을 가증하게 보아야 합니다. 즉각적으로 회개하고 진실하게 처신해야 합니다. 질질 끌고 가는 식으로 평생을 지낸다면 참으로 비참한 일입니다. 스스로 자신을 가증하게 보면서 목사 일을 본다면, 결단성 없이 가증한 그대로 목사 일을 본다면 이 얼마나 비참한 일입니까.

 빛이라는 것은 착한 행실입니다. 의로운 행실입니다. 진실한 행실입니다. 우리 교우들도 다 진리이신 하나님 말씀을 증거할 책임이 있습니다. 예수님의 피로 구원받은 사람이라면 다 그 책임이 있습니다. 그러기 때문에 빌립보서 2장 16절에도 생명의 말씀을 밝히라고 했습니다. 그것은 일반 교우들에게 하는 말씀입니다. 바울이 빌립보 교회에 편지하면서 쓴 말씀입니다. 생명의 말씀을 밝히라고 했습니다. 교회라고 하면 빛을 옷 입듯이 입은 존재입니다. 그것이 참된 교회입니다.

늘 빛을 비춰줌

 거짓 교회는 백 번 핍박을 받아도 하나님이 돌보지 않습니다. 교회가 타락해서 할 짓 못할 짓 다 하고, 의로운 척하고, 그야말로 이중생활이나 하며 회개하지 않을 때 하나님께서는 그런 교회를 내팽개칩니다. 어쩌다 핍박을 받아도 그런 교회는 돌보지 않습니다. 그것은 무엇으로 알 수 있습니까? 구약시대의 교회는 이스라엘 민족입니다. 그런데 이 이스라엘 민족이 하나님을 공경한다고 하면서 타락할 대로 타락하고 온갖 못된 짓은 다 했습니다. 그때 하나님께서는 바벨론을 보내서 벌했습니다. 바벨론 사람들이 와서 성전을 불태웠습니다. 그리고 모든 보물을 다 가져갔습니다. 그렇지만 하나님이 돌보지 않았습니다. 하나님이 그렇게 허락하신 것인데, 바벨론을 시켜서 그렇게 하라고 했는데 돌보실 리가 있겠습니까?

그러나 빛을 입은 교회는 권위가 있습니다. 사도행전 5장에서 아나니아와 삽비라가 거꾸러져 죽는 것을 볼 수 있습니다. 그때 그들은 그 빛을 입은 초대교회에 대해 나쁜 짓을 했기 때문에 그렇게 된 것입니다. 왜 당시의 교회를 빛을 입은 교회라고 말하겠습니까? 사도행전 4장 마지막 부분을 보면 그때 믿는 자들이 얼마나 열심이었는지 자기 재산을 자기 것이라 하지 아니하고 없는 사람들에게 나눠주고 도무지 아까워하지 않았습니다. 그 정도로 하나님 밖에 귀한 줄 모르는 사람들이 모였던 교회였습니다. 사도행전 4장 36-37절에 바나바가 자기의 밭을 팔아 사도들의 발 앞에 두었다고 했으니 그 한 가지만으로도 그때 교회가 어떤 교회였음을 알 수 있습니다. 그런 교회는 권위가 있습니다. 사도행전 5장 11절에 보면, 하나님이 함께 하신 교회를 사람들이 다 두려워했다고 했습니다.

다니엘서 12장 3절을 보면 지혜로운 사람은 많은 사람을 하나님께로 인도한다는 말씀이 있습니다. 지혜로운 자는 별과 같다고 말씀했습니다. 왜 별과 같다고 했을까요? 별은 빛을 발하기 때문입니다. 별은 언제나 규칙적으로 일정하게 행하기 때문입니다. 사업을 할 때에도 하다 말다 하면 안 됩니다. 의사가 병원을 열고서는, 병원에 있는 날은 있고 없는 날은 없고, 목욕 간다고 문 닫고 골프 간다고 문 닫고, 뭐 이렇게 불규칙적으로 문을 열면 누가 그 병원을 찾아가겠습니까? 그 병원이 잘 될 리가 없지요. 과연 참된 교회는 언제나 한결같습니다. 늘 열심이고 늘 깨끗하고 늘 의롭게 행합니다. 이런 때는 이러고 저런 때는 저러고 그러지를 않아요. 그것이 하나님이 원하는 충성이고 하나님이 원하는 의리라, 그 말입니다.

책임 혹은 사명이라는 것은 바로 우리 인격의 구성 요소, 다시 말하면 나 자신 존재의 구성요소입니다. 자신 존재의 일부분이란 말입니다. 당연히 할 일을 안 하는 사람을 사람답다고 말할 수 있습니까? 사탕은 답니다. 사탕은 그 단맛으로 사명을 가졌는데 단맛이 없으면 그게 무슨 사탕입니까? 버려야지요. 소금은 짭니다. 소금이 짠맛을 잃으면 그게 무슨 소금입니까? 할 일 즉 사명을 잃어버린 것이라면 내팽개쳐지고 발에 밟히게 되는 것이 마땅한 것입니다.

지혜로운 자는 사람을 하나님께로 인도하는데, 그런 자는 별과 같다고 말씀했습니다. 교회라는 것은 언제나 충성, 언제나 열심, 언제나 빛을 발하고, 언제나 착하고, 언제나 의롭고, 언제나 진실합니다. 무책임하게 그저 가게 되면 가고 말게 되면 말 때 하나님이 기뻐하시겠습니까? 하나님은 제물이 있는 곳에 역사하십니다. 기도의 제물, 전도의 제물이 있는 곳에 역사하십니다. 자기를 늘 희생하고 늘 지키고 늘 충성하고 늘 간절하고 늘 기도하는… 늘, 늘, 늘… 하나님은 '늘'이라는 것을 좋아하세요. 빛이 있는 교회, 그것이 참된 교회입니다.

그리스도와 운명을 같이함

둘째로 참된 교회는 그리스도와 운명을 같이합니다. 그리스도와 운명을 같이 한다는 말은 생사를 같이한다는 말입니다. 같이 죽고 같이 사는 것입니다. 우리가 혹시 우리 몸을 아끼다가 주를 위하여 죽을 좋은 기회를 놓쳤다면 그것을 항상 마음 아프게 생각해야 합니다. 내가 또 그래서는 안 되겠다 하는 생각을 늘 품고 있다가 하나님이 힘주시고 기회 주실 때 주를 위해 순교할 수 있는 이러한 신앙 인격이 되어야겠습니다.

우리는 주님을 이용해 먹으려고 예수 믿는 것이 아닙니다. 주님께서 사용하시는 인격이 되어야지요. 주님, 나를 사용하시옵소서, 그래야 되지 않겠습니까? 주님의 일이라면 몸을 아끼지 않아야 합니다. 주님의 일이라면 생명을 아끼지 않아야 합니다. 그렇게 영광스러운 일을 위해 생명을 아끼겠습니까? 생명을 투자할 수 있는 상대가 무엇입니까? 돈을 위해 자신의 생명을 투자하겠습니까? 우리가 날마다 새로워져야겠습니다. 우리의 열심이 더 뜨거워져야겠습니다. 우리에게 주를 사모하는 마음과 주를 섬기기 위해 바치는 희생이 더욱 커져야겠습니다. 커지면 커졌지 줄어들지는 않아야 되겠습니다.

참된 교회는 그리스도와 운명을 같이합니다. 무엇을 보고 알 수 있습니까? 우리 본문 2절을 봅시다.

> **이 여자가 아이를 배어 해산하게 되매 아파서 애를 쓰며 부르짖더라**(12:2).

빛을 입은 이 여자 즉 교회가 아이를 배었다고 하는 말씀 아닙니까? 그렇다면 이 아이는 누구입니까? 바로 그리스도입니다. 그러면 아이를 배었다는 것이 무슨 뜻입니까? 이제부터 알아봅시다.

메시아는 히브리어이고 그리스도는 헬라어인데, 둘 다 기름부음 받은 자라는 뜻입니다. 요한복음 3장 마지막 부분을 보면 예수 그리스도께서 성령을 한없이 받으셨다고 합니다(34절). 이렇게 기름부음 받은 자입니다. 그런데 이 그리스도는 인류 역사 초기부터 알려져 있습니다. 즉 아담과 하와가 선악과를 먹음으로 범죄한 때 하나님께서 말씀하셨습니다. 창세기 3장 15절 펴십시오.

> **내가 너로 여자와 원수가 되게 하고 네 후손도 여자의 후손과 원수가 되게 하리니 여자의 후손은 네 머리를 상하게 할 것이요 너는 그의 발꿈치를 상하게 할 것이니라 하시고**(창 3:15).

"내가 너로"라고 했는데, "내가"라는 것은 하나님입니다. "너"라는 것은 누굽니까? 뱀, 마귀예요. 마귀가 그때 뱀을 이용했습니다. 뱀을 시켜서 아담과 하와를 시험했습니다. 그런데 아담과 하와가 뱀의 말을 듣고 하나님이 금한 선악과를 따먹었단 말입니다. 그것이 바로 그들의 죄입니다. 여기 15절에 "내가 너로 여자와 원수가 되게" 한다고 했는데, 뱀과 하와가 원수가 된다는 것은 마귀와 하와가 서로 원수가 되는 때가 온다는 말입니다. 그들은 하와가 시

힘을 받아 범죄하던 때는 친했습니다. 친했으니까 뱀의 말을 들은 것 아닙니까? 뱀을 통해서 선악과를 먹으라고 할 때 뱀의 말을 들어 주었으니 친한 것이지요. 그래서 범죄하고 사망을 당하게 된 것입니다.

그런데 15절에서 약속한 것은, 하나님이 지으신 사람을 아예 버리겠느냐 할 때, 그럴 수 없다는 것입니다. 뱀과 원수가 되게 하는 때가 반드시 오게 하겠다는 것입니다. 뱀과 원수가 되는 것은 사람이 구원받는 때입니다. 뱀과 친했기 때문에 망했고 사망을 당했습니다. 그러나 이제 뱀과 원수가 되면 뱀의 말을 안 듣습니다. 우리는 예수 믿은 후에 뱀과 원수가 된 것입니다. 마귀의 말을 안 들으려고 합니다. 마귀와 친할 수는 없다는 말입니다. 이것이 바로 여자, 하와에게 주신 약속의 연장입니다. 이것은 계속 구원받는 운동입니다. 구원받는 운동은 마귀와 원수 되는 운동입니다.

"내가 너로 여자와 원수가 되게 하고 네 후손도 여자의 후손과 원수가 되게 하리니." 우리 믿는 사람들은 다 여자의 후손입니다. 하와의 자손들이지요. 믿음 안에서 산 사람들은 뱀과 원수가 된 입장이 되는 것입니다. "여자의 후손은 네 머리를 상하게 할 것이요." 여자의 후손은 그리스도가 그 대표입니다. 여자의 후손으로서는 그리스도가 그 대표가 되고 우리 믿는 사람들은 그리스도 안에서, 그리스도 덕분으로, 그리스도의 힘으로 보호를 받아서 마귀와 원수가 됩니다. 마귀와 원수가 되게 하는 원동력은 메시아뿐입니다. 그리스도뿐입니다. 그리스도 역시 하와의 후손입니다.

"여자의 후손은 네 머리를 상하게 할 것이요." 이것은 직접 그리스도를 의미하는 것입니다. 마귀의 머리를 파괴하는 이는 예수 그리스도입니다. 마귀를 이기신 이가 예수 그리스도입니다. 우리는 이기지 못 합니다만 그리스도의 공로로, 그리스도 안에서 살 때 그 힘으로 마귀를 이길 수 있습니다. 그러나 이기려고 하지 않으면 이기지 못합니다. 잠깐 동안이라도 시험받아 정신이 나가서 마귀의 시험을 안 이기겠다고 하면 못 이기겠지요. 못 이겨서 또 채찍을 맞습니다. 그렇게 혼쭐나서 다시 내가 잘못했구나 하고는 예수 그리스도 안에서 또 살려고 합니다. 그것이 신자입니다. 신자의 한 평생이 풍파는 많아도 어쨌든 간에 마귀를 대적하는 구원받은 사람이 되는 것입니다.

마귀의 머리를 파괴하는 그 후손은 메시아입니다. 그리스도입니다. 그러니까 이때부터 그리스도에 대한 약속이 생겼습니다. 창세기 3장 15절에서 장차 그리스도께서 오신다, 마귀의 머리를 파괴하는 후손이 오신다, 이러한 약속이 인류 역사 초기부터 나왔다는 말입니다. 이것이 바로 계시록 12장 2절에서 "아이를 배어" 하는 말씀의 뜻입니다.

계시록의 많은 말씀이 직설법도 있기는 있지만 대부분의 경우 비유란 말입니다. 여기서도 아이를 뺐다, 교회가 아이를 뺐다는 말은 무슨 말입니까? 교회라는 것은 벌써 아담과 하와 때부터 있어온 것 아닙니까? 하나님을 섬기고 하나님을 공경하는 무리가 있어 왔습니다. 구약 시대에 물론 말로만 공경한다고 하는 무리가 많았지만 그 구약 시대부터 이런 교회가 있어왔습니다. 아담과 하와 때부터 있던 그 교회가 약속을 가지고 있었다는 말입니다. 즉 아이를 뺐다는 것입니다.

구약 역사를 읽어 보면, 가다가는 환난이 있고 또 가다가는 환난이 있습니다. 왜 그렇습니까? 진실하게 하나님을 공경하는 무리들이 있는가 하면 가짜로 공경하는 사람들이 또 있습니다. 그래서는 그 둘 사이에 편이 갈립니다. 예를 들어 가인과 아벨을 보면 가인은 가짜고 아벨은 진짜예요. 아벨은 약속을 믿는 사람입니다. 약속을 믿는 사람과 믿지 않는 사람 사이에는 늘 충돌이 생기게 마련입니다. 진실히 믿는 사람과 믿지 않는 사람과의 충돌이 생기는 것은 약속 때문입니다. 메시아 약속을 믿을 때, 메시아 약속과 관련된 모든 진실을 믿을 때 그것을 믿지 않는 자들과 충돌이 생깁니다.

이스라엘 역사를 읽어 보면 사사 시대에도 그랬고 왕정 시대에도 마찬가지입니다. 예를 들어 아합 시대에 엘리야와 그 동조자들이 우상을 섬기면 안 되고 여호와만 섬겨야 된다고 하는 것은 바로 약속 중심의 신앙생활을 의미하는 것입니다. 우상을 섬기면 안 된다는 약속 생활입니다. 메시아 약속을 중심으로 윤리적인 면이나 신앙적인 면에 특별한 것이 있는데, 우상을 섬기지 말라는 것이 그런 것입니다. 이런 것들을 잘 지켜 나가는 무리가 있는가 하면 이런 것들을 소홀히 여기는 자들도 또 있습니다. 그래서 그 약속을 지키지 않던 악한 무리와 엘리야에 동조하는 사람들 사이에 충돌이 있습니다. 계속 싸움이 있습니다. 원수가 되어 있습니다. 뱀과 여자, 여자의 후손과 뱀 사이에 늘 이렇게 충돌이 있습니다.

그런데 아파한다는 것은 핍박받는다는 것입니다. 여인이 아이를 낳는 수고, 그 해산하는 수고가 예수 믿으므로 핍박받는 것과 같다는 말입니다. 구약시대에는 여호와 하나님만 공경함으로 핍박받는 것, 여호와 하나님 공경하는 일과 관련된 윤리 도덕을 지킬 때 핍박받는 것이 다 아픈 것입니다. 운명을 같이한다는 것입니다. 이렇게 참된 교회는 그리스도와 운명을 같이합니다.

계속 마귀와 대적하는 교회

셋째로 참된 교회는 계속 마귀와 대적합니다. 마귀는 참된 교회를 계속 대적합니다. 마귀의 미움을 받지 않는 교회는 가짜입니다. 마귀가 미워하는 것은 참된 교회입니다. 창세기 3장 15절에서 예언하지 않았습니까? 거기서부터 내려오는 것입니다.

> 하늘에 또 다른 이적이 보이니 보라 한 큰 붉은 용이 있어 머리가 일곱이요 뿔이 열이라 그 여러 머리에 일곱 왕관이 있는데(12:3).

"큰 붉은 용이 있"다고 했는데, 붉은 용이라는 것은 사탄을 의미합니다. 왜 붉은 용입니까? 붉은 색은 살기(殺氣)를 의미합니다. 죽이는 기세, 그 붉은 것은 핏빛입니다. 성도들을 피 흘리게 하는 자, 성도들 죽이는 자라는 말입니다. "붉은 용", 그러면 왜 용이라고 그럽니까? 성경에서 마귀를 용이라고 합니다. 아래로 내려가서 계시록 12장 9절을 보면 "큰 용이 내쫓기니 옛 뱀 곧 마귀라고도 하고 사탄이라고도 하며 온 천하를 꾀는 자"라고 했습니다. 여기서 "옛 뱀"은 창세기 3장 1절부터 나오는 그 뱀을 말합니다. 이 "붉은 용" 즉 마귀는 붉은 빛을 띱니다. 참된 교회를 늘 미워하고 죽이려고 하는 사탄입니다.

"머리가 일곱이요 뿔이 열이라"고 했으니, 이것도 비유입니다. 일곱 머리가 무엇인지 열 뿔이 무엇인지는 계시록 17장에 또 분명히 밝혀 놓았습니다. 즉 일곱 머리는 일곱 나라입니다. 또한 열 뿔도 열 나라입니다.

지혜 있는 뜻이 여기 있으니 그 일곱 머리는 여자가 앉은 일곱 산이요 또 일곱 왕이라(17:9-10a).

네가 보던 열 뿔은 열 왕이니(17:12a).

일곱 머리가 일곱 산이라고 해 놓고는, 그것만으로는 모르겠으니까 일곱 왕이라고 이렇게 또 밝혀 놓았습니다. 그리고 열 뿔은 열 왕이라고 했습니다. 왕이 있는 곳에는 나라가 있습니다. 그러면 이 말은 일곱 나라와 열 나라를 가리키는데, 이것은 이 세상 나라들의 권세를 말하는 것입니다.

마귀는 믿는 사람을 괴롭힐 때 평안하게 해서 타락시키기도 하지만 나라를 통해서 핍박하고 괴롭힘으로 신앙을 타락하게 만들기도 합니다. 이 마귀가 일곱 머리와 열 뿔이 있다고 했으니 일곱 머리와 열 뿔로 비유된 이 나라들의 세력을 이용한다는 말 아니겠습니까. 나라들을 시켜서 진실하게 믿는 다니엘이나 예레미야 같은 사람들을 박해하는 것입니다. 예레미야 시대에 우리야라는 선지자는 핍박받았을 때 애굽으로 도망갔는데, 여호야김 왕이 애굽에 사람을 보내어 잡아다가 죽이기까지 했습니다. 이렇게 그 나라들이 세력을 이용해 교회를 핍박하고 성도들을 핍박하는 일이 역사상에 계속 있어온 것이 사실입니다. 그 배후에는 마귀의 역사가 있습니다. 그러니 얼마나 힘이 있겠습니까.

"그 여러 머리에 일곱 왕관이 있는데." 마귀는 세상에서 잠깐 성공합니다.

마침내는 벌을 받아 밑 없는 구멍으로 들어가지만 얼마 동안은 이 세상에서 승리합니다. 여기 "왕관"은 승리를 의미합니다.

> **그 꼬리가 하늘의 별 삼분의 일을 끌어다가 땅에 던지더라. 용이 해산하려는 여자 앞에서 그가 해산하면 그 아이를 삼키고자 하더니**(12:4).

"하늘의 별"은 천사들을 의미합니다. 마귀가 하늘에 있는 천사들을 꾀어 또 이렇게 타락시킵니다. 삼분의 일이니 그 천사들 전부는 아니지요. 삼분의 일을 그 꼬리로 끌어다가 타락시킨다고 했습니다. 이사야 9장에 따르면 꼬리는 거짓말을 의미합니다(참조. 사 9:15). 꼬리 즉 거짓말로 천사들을 속였단 말입니다. 속여서 타락시켰습니다. 세상에 있는 더러운 귀신들은 타락한 천사들입니다. 혹자는 사람이 죽어서 귀신이 된다고 하는데 성경과 맞지 않는 말을 하는 것입니다. 그런 사람들이 있어서 참 문제가 복잡해집니다. 여기 성경이 분명히 밝혀 놓았는데도 성경대로 안 가르치고 딴 소리를 하는데, 거기에 따라가는 교인들이 많습니다. 성경을 모르니까 그렇습니다.

"용이 해산하려는 여자 앞에서." 사탄이 지금 해산하는 것을 기다리고 있습니다. 해산할 때 잡아 죽이려고 기다리고 있습니다. 예수는 구약 시대에는 약속으로만 있었지요. 어머니 뱃속에 있는 아기처럼, 이렇게 약속의 형태로만 내려왔습니다. 그것 때문에도 구약 시대에는 바로 믿는 사람과 잘못 믿는 사람들 사이에 충돌이 있었는데, 그것이 다 마귀가 시킨 일입니다. 그런데 이제 그 마귀가 기다리고 있습니다. 예수가 나기만 하면 잡아 죽이겠다고 기다리고 있었습니다. 예수님이 났을 때 헤롯 왕이 죽이려고 하지 않았습니까? 예수님을 죽이려고 했습니다. 그건 마귀가 하는 짓입니다.

하나님의 특별한 보호

여자가 아들을 낳으니 이는 장차 철장으로 만국을 다스릴 남자라 그 아이를 하나님 앞과 그 보좌 앞으로 올려가더라(12:5).

"이는 장차 철장으로 만국을 다스릴 남자라", 이 아이가 예수인 것을 분명히 밝혀 줍니다. 예수님이 철장으로 만국을 다스릴 분입니다. "그 아이를 하나님 앞과 그 보좌 앞으로 올려가더라", 그 예수님이 승천했다는 말입니다. 마귀는 죽이려고 합니다. 죽이려고 십자가에 못 박도록 했지만 죽었다가 다시 살아나서 승천하셨습니다. 그러니까 이제 예수님과 교회는 운명을 같이합니다. 약속 시대에 참된 교회는 계속 핍박받았고 예수님이 나시고 성역하시는 중에 즉 복음을 전하시는 중에 따르는 사람들이 핍박받았습니다. 그래도 하나님께서 교회를 늘 보호하셨습니다. 그 보호라는 것이 육신이 죽지 않도록 보호하는 것도 있습니다. 하지만 여기서는 영혼을 보호해서 범죄하지 않게 하고 세상 뜰 때 승리하게 하는 것을 말하는 것입니다. 이 교회를 늘 보호했습니다.

우리도 하나님의 보호의 맛을 보려면 주님 일에 몸 바쳐서 희생하고 자신의 생명보다도 주님을 사랑하는 생활 속에 들어가야 그러한 보호가 무엇인지 알 수 있습니다. 그러한 생활 속에 들어가지 않고서야 사람이 어떻게 하나님의 보호를 체험하겠습니까? 주를 위해 욕 한마디라도 먹어야 됩니다. 정말 주님의 의를 위해 어려움을 당하면서도 항복하지 않고 그대로 굳게 서는 생활이 있어야 하나님의 역사를 맛봅니다. 그렇게 욕먹을 때 하나님이 위로하십니다. 그제서야 참으로 마음이 든든하던데요, 마음이 기쁘던데요, 도무지 겁이 안 나던데요, 이런 말하게 되겠지요. 하나님은 늘 보호하십니다. 당신의 이름을 위한 일에 투신하는 사람을 하나님께서 늘 보호하시며 함께해 주십니다.

그 여자가 광야로 도망하매 거기서 천이백육십 일 동안 그를 양육하기 위하여 하나님께서 예비하신 곳이 있더라(12:6).

여기 "광야"는 이 세상을 비유합니다. 이 세상에서 도망 가 봤자 이 세상이지 어디 다른 데 가겠습니까? "천이백육십 일"이라는 것을 여러 가지로 말할 수 있다는 것은 계시록 11장에서 이미 자세히 배웠습니다. 결론적으로 말하자면 삼일 반으로도, 42개월로도, 그리고 1,260일로도 표현할 수 있습니다. 결국 같은 시대를 이렇게 여러 가지 형태로 말씀하는 것입니다. 이것이 예언에서 사용하는 시문학체 표현 방식이라는 것도 배웠습니다. 시문학체라는 것은 허락 받은 과장체라고 했습니다. 용인된 것이라고 했습니다. 이해된다고 했습니다.

글을 쓸 때, 워드 플레이(word play)란 것이 있습니다. 즉 말 가지고 장난하는 것입니다. 장난이란 말이 여기에 잘 맞는 것 같지는 않습니다만 여하튼 말을 가지고 재미있게 한다는 것입니다. 이것은 동서양이 마찬가지입니다. 그러면 여기에서 여자가 광야로 도망갔는데 하나님이 또 양육할 곳을 미리 예비했다 그 말입니다. 마귀는 참된 교회를 따라다니면서 괴롭히고 하나님은 참된 교회를 따라다니면서 보호합니다. 우리가 이것을 명심합시다.

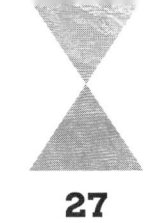

27
하늘의 전쟁

계 12:7-12

오늘 우리가 생각하고자 하는 것은 하늘의 전쟁이라는 것입니다. 왜 하늘의 전쟁이라고 했는고 하니 마귀와 그 군대가 천사의 군대와 더불어 싸우는 내용을 말씀하기 때문입니다.

하늘에 전쟁이 있으니 미가엘과 그의 사자들이 용과 더불어 싸울 새 용과 그의 사자들도 싸우나 이기지 못하여 다시 하늘에서 그들이 있을 곳을 얻지 못한지라 큰 용이 내쫓기니 옛 뱀 곧 마귀라고도 하고 사탄이라고도 하며 온 천하를 꾀는 자라 그가 땅으로 내쫓기니 그의 사자들도 그와 함께 내쫓기니라(12:7-9).

하늘의 전쟁은 구약 시대부터 있어 왔습니다. 마귀가 생긴 이후 이 전쟁은 하늘에서 계속 있어 왔습니다. 이 전쟁은 마귀가 하나님께 반역하여 하나님 계신 곳에서 쫓겨난 후 이제 천사들로 더불어 이렇게 싸운다는 것입니다. 그 뒤에는 하늘에서 아주 쫓겨나서 땅으로 내려왔습니다.

마귀는 전체가 다 거짓

지금은 마귀가 땅에 와 있는 시대입니다. 그런데 미가엘은 하나님이 친히 부리시는 천사입니다. 미가엘이라는 이름의 뜻은 '누가 하나님과 같으랴'는 뜻입니다. 7절에서 "미가엘과 그의 사자들이 용과 더불어 싸"운다고 했는데 사자들이라는 것은 미가엘의 군사라고 할 수 있는 다른 천사들을 말합니다. 여기에서 용은 마귀를 비유한 것입니다. 붉은 용이 앞 12장 3절에 나오지 않았습니까? 3절을 보면 "한 큰 붉은 용이 있어"라고 했습니다. 왜 붉은 용이라고 했는고 하니, 피를 흘리는 자라는 의미입니다. 즉 처음부터 살인한 자라는 뜻입니다.

> 너희는 너희 아비 마귀에게서 났으니 너희 아비의 욕심대로 너희도 행하고자 하느니라 그는 처음부터 살인한 자요 진리가 그 속에 없으므로 진리에 서지 못하고 거짓을 말할 때마다 제 것으로 말하나니 이는 그가 거짓말쟁이요 거짓의 아비가 되었음이라 (요 8:44).

"그는 처음부터 살인한 자요", 즉 아담과 하와를 죽인 자라는 말입니다. 아담과 하와가 마귀의 미혹을 받아서 범죄했기 때문에 사망을 당하지 않았습니까? 인류에게 찾아온 사망, 곧 죽음이라는 것이 마귀에게 그 원인이 있습니다. 마귀가 사람들로 하여금 범죄하게 했기 때문에 그 죗값으로 사망을 당하게 했으니 처음부터 사람을 죽인 자가 마귀란 말입니다. 여러분과 나도 그 사망을 받았습니다. 마귀가 사람을 다 죽였습니다. 그런데 다만 택한 백성만이 죽었다가 다시 살아나게 됐습니다. 다시 말하면 하나님의 구원을 힘입어 독생자의 보혈의 공로로 죄 문제를 해결 받았으니 이제 살아나는 것입니다. 우리가 진실히 믿는 한 다시 살아나는 복을 받은 것입니다. 죽기는 벌써 마귀한테 죽었습니다. 마귀는 처음부터 살인자예요. 진리가 그 속에 없으므로 마귀란 놈은 진리에 서지 못합니다.

"이는 그가 거짓말쟁이요 거짓의 아비가 되었음이라", 모든 거짓은 마귀에게서 납니다. 마귀 자체가 거짓이라는 성분으로 되어 있습니다. 인격이기는 하지만, 살아서 움직이기는 하지만, 그 성분이 온통 거짓입니다. 하나님과는 정반대의 요소로 되어졌습니다. 본래 하나님께서는 마귀도 선하게 지으셨지만 하나님을 반역했으니 진리 전체를 반역한 것입니다. 따라서 마귀는 전체가 다 거짓이 된 것입니다.

그리고 다른 천사들까지도 그 꼬리로 끌어다가 타락시켰다고 합니다. 이 꼬리란 것은 이사야 9장 15절이 말한 것같이 거짓말입니다. 마귀가 다른 천사들을 꾀어 타락시켜서 자기 군대를 만들었습니다. 미가엘과 그 군대가 있는가 하면 마귀와 그 군대가 있다는 말입니다. 특별히 공관복음에서는 이 타락한 모든 천사를 더러운 귀신이라는 이름으로 일컫습니다.

오늘날 이 땅에 잘못 가르치는 사람들이 있습니다. 그들은 마귀를 사람이 죽어서 그 영혼이 구원받지 못하고 돌아다니는 자들이라고 합니다. 그렇게 매우 허황되게 말합니다. 마귀의 정체를 잘못 알면 여러 가지로 교훈에 과오를 범하게 됩니다. 계시록 12장은 분명히 마귀와 마귀의 무리의 유래를 지적하고 있습니다. 하늘에 전쟁이 일어나면서 거기에서 떨어져 내려온 자들입니다.

진리와 비진리의 싸움

그런데 이 전쟁은 무기를 가지고 하는 것이 아닙니다. 총검을 가지고 하는 것이 아니고 대포나 미사일을 가지고 하는 것이 아닙니다. 이러한 무기들보다 말할 수 없이 힘 있는 방법으로 전쟁을 하는데, 그것은 바로 사상전입니다. 하나님의 진리를 반대하는 자들이 마귀와 마귀의 무리입니다. 그런데 미가엘과 그의 사자들은 진리를 선포합니다. 진리를 선포하는 편을 늘 편들고 도와줍니다. 반면에 마귀와 그 군대들은 진리를 반대합니다. 그 전쟁은 순전히 말씀의 싸움입니다. 마귀가 비진리를 말할 때 천사 미가엘과 그의 사자들은 진리를 말합니다. 그때에 마귀는 패배를 당합니다. 계속 비진리를 주장하지 못합니다. 왜 그런고 하니 그 세계는 무엇이 옳은지 무엇이 틀렸는지 다 드러나 있습니다. 그러니까 말을 오래 하지 못합니다.

진리를 반대하는 것도 그저 한번 반대하는 것이지 계속 반대하지 못합니다. 그 세계는 이 세상처럼 가려져 있지 않습니다. 진리의 위엄이 계속 나타나 있고 비 진리의 참상과 비 진리의 흑암이 그대로 나타나 있습니다. 그러기 때문에 보면 알 수 있도록 되어 있습니다. 그런데 마귀가 모르는 것도 아닙니다. 알면서도 고집을 부리는 것입니다. 알면서도 반역을 합니다. 그러나 견디지 못합니다. 마치 어두움이 와 있더라도 빛이 오면 어두움이 물러가고 마는 것과 같습니다. 그 빛과 어두움의 전쟁입니다. 진리와 비 진리의 전쟁입니다. 그것을 추측으로 말하는 것이 아니라 성경에 그렇게 되어 있습니다.

욥기 1장 9절을 보면 마귀가 욥을 참소한 일이 있습니다. "욥이 어찌 까닭 없이 하나님을 경외하리이까" 하면서 말입니다. 구약 시대에는 마귀가 이렇게 성도를 고소하는 일을 했다는 말입니다. 이것이 일종의 전쟁입니다. 그때 하나님께서 친히 욥을 통해서 욥이 얼마나 옳고 참되고 하나님 편에 있는지를 보여 주었습니다. 마귀는 패배를 당하고 아무 소리 없이 퇴장하고 말았습니다. 참된 것과 옳은 것 앞에서는 마귀 자신도 압니다. 그래서 꼼짝 못 합니다. 나타나면 못 견딥니다. 이것이 진리다, 이것이 의(義)다, 그러면 견디지 못합니다.

야고보서 2장 19절에 말하기를 "네가 하나님은 한 분이신 줄을 믿느냐 잘 하는도다 귀신들도 믿고 떠느니라"고 했습니다. 알아요, 귀신들이 압니다. 그러기 때문에 하나님을 무시하며 반역하다가도 하나님은 이러하신 분이다, 또 하나님이 말로 자기가 누구이심을 말할 때 마귀와 마귀의 무리들이 물러갑니다. 하늘의 전쟁은 말씀으로 하는 것입니다. 그런데 어두워진 이 세상에서는 말 가지고 안 됩니다. 이 세상의 전쟁은 저급합니다. 이 세상에서는 무력을 쓰게 되고 물질을 방편으로 삼아서 전쟁에서 승부를 결정합니다. 하지만 하늘나라 전쟁은 그저 말씀으로 합니다. 유다서에서 전쟁이 말로 된다는 것을 알 수 있습니다.

> **천사장 미가엘이 모세의 시체에 관하여 마귀와 다투어 변론할 때에 감히 비방하는 판결을 내리지 못하고 다만 말하되 주께서 너를 꾸짖으시기를 원하노라 하였거늘**(유 1:9).

미가엘이 마귀와 전쟁하는 한 토막이 여기 기록되었습니다. 한 가지를 보아 백 가지를 압니다. 모세의 시체를 마귀가 가져가려 할 때 미가엘은 빼앗기지 않았습니다. 서로 밀고 당기고 하는 그런 것이 없습니다. 어떤 물질로 된 무기를 가지고 서로 손을 대는 것도 아닙니다. 말 한 마디로 되는 것입니다. "주께서 너를 꾸짖으시기를 원하노라" 하는 그 말 한마디면 됩니다. 미가엘 자신이 꾸짖지도 않았습니다. 사람이 꾸짖는다고 마귀가 물러가지 않습니다. "주께서 너를 꾸짖으시기를 원하노라" 하는 기도입니다. 기도로 마귀를 물리친다는 것입니다.

마귀는 대포를 무서워하지 않고 미사일을 무서워하지 않습니다. 마귀는 원자탄도 무서워하지 않습니다. 마귀는 기도를 무서워합니다. 도적이 왔을 때 도적에게 손을 대기보다 전화통으로 갈 것 같으면 무서워합니다. 전화 한 통으로 도적을 알아볼 수 있습니다. 도적을 물리칠 수 있다 그 말입니다. 다른 힘이 동원됩니다. 마귀를 이기고 마귀를 물리치신 힘의 소유자는 하나님이십니다. 그러기 때문에 천사들 자신도 하나님을 배경하고 마귀와 싸웁니다. 역시 말로 합니다.

"주께서 너를 꾸짖으시기를 원하노라." 마귀는 하나님의 말씀 한 마디면 알아봅니다. 물러갑니다. 빛이 아무 소리 없이 나타날 때 어두움은 아무 소리 없이 물러갑니다. 아주 곱게 물러갑니다. 언제 그렇게 없어졌는지도 모를 정도입니다. 저 세계에서는 참과 거짓이 명확히 드러나 있기 때문에 거짓이 나타났다가도 참이 한번 나오면 살그머니 물러갑니다. 아이고 못 견뎌, 아이고 못 견뎌, 이렇게 되는 거란 말입니다.

"네가 하나님은 한 분이신 줄을 믿느냐 잘 하는도다 귀신들도 믿고 떠느니라"(약 2:19). 마귀들도 잘 알고 있습니다. 알면서도 성질이 왜 그렇게 돼먹었는지 하나님을 반역하는 못된 발작을 합니다. 알면서도 발작을 합니다. 승산이 없습니다. 이거 왜 또 이러나, 하면서 하나님이 말씀 한 마디만 하시면 물러갑니다. 그 세계에서는 그렇습니다. 스가랴 3장을 봐도 역시 꾸짖는 것으로 물리칩니다.

> 대제사장 여호수아는 여호와의 천사 앞에 섰고 사탄은 그의 오른쪽에 서서 그를 대적하는 것을 여호와께서 내게 보이시니라 여호와께서 사탄에게 이르시되 사탄아 여호와께서 너를 책망하노라 예루살렘을 택한 여호와께서 너를 책망하노라(슥 3:1-2).

진실한 기도와 신앙고백

단지 이것뿐입니다. 저 세계의 전쟁은 순전히 말로 하는 것입니다. 이 세상에 살고 있는 믿는 사람들이 마귀와 그의 사자들, 즉 귀신들을 이기는 방법도 마찬가지입니다. 우리는 마귀를 향해 총을 쏴서 물리치는 것도 아니고 대포를 쏴서 물리치는 것도 아닙니다. 이 세상의 어떠한 신무기를 가지고도 물리칠 수 없습니다. 어떻게 물리치느냐? 역시 하늘의 방법을 써야 합니다. 그 방법은 기도입니다. 기도를 정말 진실하게 하면 마귀는 물러갑니다.

또한 신앙고백을 진실하게 하면 마귀는 물러갑니다. 아무리 마귀의 기세가 땅을 흔들 정도의 공포를 가지고 온다 하더라도 나는 예수 그리스도를 믿노라, 할 것 같으면 마귀는 벌써 언제 어디로 갔는지 모르게 사라집니다. 신앙고백을 하되 가짜로 하니까 마귀가 우습게 여기는 것입니다. 기도를 하되 아직 참된 자세로 하지 못하니까 마귀가 계속 거기 머물러 있는 것입니다. 마귀를 물리치기 위한 신자들의 방법은 신앙고백입니다. 움직거리는 마귀든지 움직거리지 않는 마귀든지 신앙고백으로 물리칩니다. 또한 기도입니다.

신자들은 마귀를 향해 겨냥하고 말을 해야 합니다. 사람 상대로 말할 필요는 없습니다. 물론 사람을 돕기 위해 말하는 것이지만 사람을 돕는 것도 마귀를 쳐부수면서 도와야 합니다. 그런데 마귀가 계속 간섭하고 막습니다. 우선 마귀를 물리치면서 나가야 하는데, 그 방법은 진실입니다. 저 마귀를 우선 꼼짝 못 하게 하면서 사람들을 도와줘야 하는데, 그 방법은 진실입니다. 산이 무너져도 그 진실을 잃어버리지 않고 땅이 흔들흔들 해도 그 진실을 잃어버리지 않을 때 마귀는 꼼짝 못 합니다.

내 생각에는 우리가 신앙 간증과 고백에 더 많이 힘써야겠습니다. 우리 한국 교회의 결점이 간증과 고백을 하지 않는 것입니다. 다 벙어리 교인들이란 말입니다. 왜 이렇게 교우들을 다 눌러놓습니까? 다 눌러놓고, 너희들은 말하지 마라, 내가 다 한다, 이렇게 될 때 살아 움직이는 교회가 되지 못합니다. 살아 움직이는 교회가 되려면 우리 모두 마귀를 이길 수 있는 기세를 가져야 되고, 신앙고백과 간증 전도에 더욱 힘써야 합니다.

모든 교우들은 목사와 마찬가지로 제사장입니다. 대제사장은 예수밖에 없습니다. 목사는 가르치는 은사로 일을 하니 자동적으로 인도자가 되기는 합니다만 높아서 인도자가 되는 것이 아닙니다. 하나의 길을 안내하는 안내자입니다. 안내자가 무슨 큰 권세를 받는 것 아니지요. 똑같은 사람인데 길을 아는 것입니다. 안내자가 안내한다고 해서 다른 사람들이 말 한마디 안 하고 있는 것은 침체 상태를 만드는 것이 되며, 그렇게 되면 교회가 활기가 없고 삶이 없습니다.

간증이라고 뭐 다릅니까? 진실을 나타내면 그것이 간증입니다. 그것이 마귀를 이기는 것입니다. 예를 들면 나와서 이런 말도 할 수 있는 것입니다. "나는 지난 주간에 기도를 하려고 힘썼는데 기도가 안 되었습니다. 지난 주간에 기도를 한 것 같지가 않습니다. 기도를 하려고 힘을 썼고 뭔가 하긴 했는데 한 것 같지를 않습니다. 마음에 도무지 만족이 없습니다." 이거 대단히 좋은 간증입니다. 진실을 보여 주는 것입니다. 그것이 얼마나 모든 교우들에게 힘이 되는지 모릅니다. 그렇게 진실을 나타낼 때 마귀가 공포를 느낍니다. 우리 눈에는 안 보이지만, 어느 구석에 있는지 모르지만 공포를 느낍니다.

우리가 요한복음 8장 44절을 읽었는데 마귀는 그 정체가 거짓입니다. 거짓에 뿌리를 박았고 온통 거짓으로 된 자입니다. 인격이기는 하지만 이상한 존재입니다. 그러기 때문에 누군가 진실을 지켜서 못 한건 못 했다고 하고 한 건 했다고 하고, 마귀의 방법을 전혀 안 쓰면, 그럴 때 마귀는 무엇을 보는고 하니, 아 저기 하나님의 방법이 있구나, 이렇게 생각하면서 후퇴하기 시작합니다. 말을 많이 해야 마귀를 이기는 것이 아닙니다. 진실하게 진리를 고백하고 내게 무엇이 없으면 없다고 하는 것이 큰 무기입니다. 이기는 것입니다.

또 많이 깨달았다고 해서 반드시 이기는 것은 아닙니다. 진실해야 합니다. 많이 깨달았지만 그것 가지고 자기 옹호하는 데 쓰고, 자기가 영광 받는 데 쓰고, 하나의 처세술로 쓸 때 그것은 거짓입니다. 그래서 그런 것은 마귀가 좋아합니다. 마귀를 물리치기는커녕 마귀로 하여금 더 세력을 잡도록 만들어 놓습니다. 다른 사람은 열 가지를 알고 나는 한 가지만 안다고 해도 진실만이 대단한 힘이 된다는 것을 알아야 하겠습니다.

• 예수의 승리, 마귀의 패배

이제 마귀는 예수 그리스도께서 십자가에 못 박히심으로 아주 패전하고 말았습니다. 이제 그 이상 큰 전쟁은 없습니다. 요한복음 12장 30-31절을 보면 예수님은 자신이 십자가에 못 박히실 것을 말씀하시면서 "이 세상의 임금이 쫓겨나리라" 했습니다. 이 세상의 임금이 쫓겨난다는 것은 땅으로 쫓겨난다는 말씀입니다. 하나님이 계시는 곳에서는 이미 떠났고, 선한 천사들이 있는 거기서는 떠났지만 아직도 하늘에는 있습니다. 그렇지만 이제 예수님이 십자가에 못 박혀 죽었다가 다시 살아난 다음에는 마귀가 이 땅으로 쫓겨 내려갑니다. 여기 쫓겨 내려간다는 것은 예수님이 십자가에 못 박힌 사실 때문에 쫓겨 내려가는 것을 말합니다. 예수님이 십자가에 못 박힌 것이 왜 그렇게 힘이 있습니까? 그것이 진리이기 때문입니다. 마귀는 진리 앞에서는 꼼짝 못 합니다.

왜 그것이 진리입니까? 하나님이 이루어 놓은 구원 제도니까 진리이고 영원 전에 계획했던 것이 신약 시대에 계획한 대로 이루어지는 것이니까 참이고 진리입니다. 구약 시대에 예언을 많이 하셨는데 십자가에 대해 예언한 것이 신약 시대에 와서 다 이루어졌다 그 말입니다. 다시 말하면 하나님으로부터 구원 제도가 출발하여 많은 예언이 있었다가 그대로 이루어 놓으시니 참이고 진실이라는 말입니다. 그러기 때문에 마귀는 하나님의 참된 거사 앞에서는 꼼짝을 못 합니다 하나님으로부터 출발한 구원 제도요, 그것을 여러 천 년 전에 말씀했다가 꼭 이루어 놓으시니까 이런 진실은 천하에 다른 데서는 찾아볼 수가 없는 것입니다. 그러기 때문에 마귀는 패배를 당하는 것입니다. 아주 쫓겨납니다.

이제 예수님이 십자가에 못 박혀서 죽었다가 다시 살아난 때에 마귀는 이 땅으로 쫓겨 납작해졌습니다. 그러고는 이제 주님이 재림하실 때 무저갱으로 들어갑니다. 밑 없는 구멍으로 들어가요. 지금은 밑 없는 구멍을 향하여 가는 도중입니다. 땅에 왔다는 것은 지금 땅에서 최후의 발악을 한다는 것입니다. 이제 무저갱으로 들어갈 날이 멀지 않았기 때문에 최후의 발악을 합니다. 여기 있는 말씀이 그것입니다.

우리는 언제든지 진실을 지킵시다. 그리고 갑자기 그게 안 되어도 염려하지 마십시오. 기도를 못 하는 것이 염려할 일이지 기도할 수 있다면 염려하지 않아도 됩니다. 우리는 기도해야 합니다. 기도로 마귀를 이기는 것이고 기도로 하나님의 일을 성취하는 것입니다. 우리 손으로 하는 것이 아닙니다. 우리 손으로 만들어 놓는 것은 썩어질 것입니다. 하나님이 해 주시기를 바라는 마음에서 기도로 해 나가야 되겠습니다.

> 내가 또 들으니 하늘에 큰 음성이 있어 이르되 이제 우리 하나님의 구원과 능력과 나라와 또 그의 그리스도의 권세가 나타났으니 우리 형제들을 참소하던 자 곧 우리 하나님 앞에서 밤낮 참소하던 자가 쫓겨났고 (12:10).

예수님이 십자가에 못 박혀 돌아가셨다가, 또다시 살아나셨으므로, 그리스도의 권세가 이제 이루어졌고, 마귀는 땅으로 쫓겨났다는 말입니다. 지금까지 설명하면서 다 나온 말이지요.

> 또 우리 형제들이 어린양의 피와 자기들이 증언하는 말씀으로써 그를 이겼으니 그들은 죽기까지 자기들의 생명을 아끼지 아니하였도다(12:11).

조금 전에 예수 그리스도의 십자가 보혈로 말미암아 예수님은 승리하고 마귀는 패배를 당했다는 말을 했습니다. 그리고 "우리 형제들이 어린양의 피와 자기들이 증언하는 말씀으로써 그를 이겼"다고 했습니다. 여기서도 역시 말로 이긴다는 말입니다. 간증도 증거입니다. 신앙고백도 증거입니다.

다음에 나오는 "그들은 죽기까지 자기들의 생명을 아끼지 아니하였도다"라는 말은, 그들이 죽기까지 생명을 아끼지 아니한 덕분으로 이겼다는 말이 아닙니다. 무서워서 물러가는 것이 아닙니다. 이것은 진실하게 증거했다는 말입니다. 입술뿐 아니라 피로써 증거하는 진실성이란 말입니다. 나를 죽여 봐라, 신앙고백을 취소하거나 신앙고백을 흐리게 하거나 어떻게 감추거나 그런 일은 절대 없다 하는 말입니다. 진실일관이란 말입니다. 그 증거가 무섭습니다.

"어린양의 피와 자기들이 증언하는 말씀으로써" 그랬습니다. 예수님을 어린양이라고 하는 이유는 구약 시대에 제물을 드릴 때 어린양으로 속죄 제물을 드렸기 때문입니다. 그것은 바로 장차 오실 예수님이 십자가에 못 박혀 피 흘리심으로 우리 죄를 대속하는 속죄 제물이 될 것을 내다보면서 비유를 한 것입니다. 이 어린양의 피라는 것은 예수의 피 입니다. 예수께서 우리 죄를 감당하기 위해 죽으시기까지 했는데, 그렇게 그의 진실은 천상천하에 주장하는 힘이 되었는데도 불구하고 믿는 사람들이 그렇게 믿어 주지 않는다면 그런 사람은 믿는 사람이라고 하기 어렵지 않겠습니까. "그를 이겼으니." 즉 마귀를 이겼단 말입니다. "그들은 죽기까지 자기들의 생명을 아끼지 아니하였도다"고 한만큼 진실하게 증언했단 말입니다.

> 그러므로 하늘과 그 가운데에 거하는 자들은 즐거워하라 그러나 땅과 바다는 화 있을진저 이는 마귀가 자기의 때가 얼마 남지 않은 줄을 알므로 크게 분내어 너희에게 내려갔음이라 하더라(12:12).

"하늘과 그 가운데에 거하는 자들"은 구원받은 자들을 말합니다. 계시록에서 하늘이라는 것은 구원권이고 땅이라는 것은 멸망권입니다. 계시록에서는 땅이란 말과 하늘이란 말을 신령한 뜻으로 썼습니다. 반면에 "땅과 바다"는 멸망권입니다. "마귀가 자기의 때가 얼마 남지 않은 줄을 알므로", 즉 이제 마귀가 무저갱으로 들어갈 판이란 말입니다. 그래서 "크게 분내어 너희에게 내려갔음이라", 즉 마귀가 땅으로 군대를 이끌고 내려왔다는 말입니다.

땅에서 지금 활동하고 있는 귀신들은 마귀를 중심으로 역사하는 타락한 천사들입니다. 그 수가 부지기수입니다. 어디든지 있습니다. 그러면 여기서 땅과 바다는 화 있게 된단 말입니다. 예수를 믿는 사람들은 문제가 없는데, 믿음으로 딱 막으니까 문제가 없는데, 막지 못하는 모든 불신자는 큰 문제란 말입니다.

28
참 교회의 불멸성

계 12:10-17

참된 교회는 망하지 않고 없어지지 않습니다. 왜 그런고 하니 참된 교회는 하나님께서 독생자의 보혈로 산 것이기 때문입니다. 하나님이 영원토록 계심과 같이 자기의 독생자의 피로 산 보배, 즉 교회는 영원토록 주님과 함께 있으며 주의 영광에 참예합니다. 영원토록 없어지지 않습니다.

10절을 읽어 보면 "이제 우리 하나님의 구원과 능력과 나라와 또 그의 그리스도의 권세가 나타났으니"라고 했습니다. 무엇 때문에 그리스도의 권세가 나타났다고 합니까? 9절을 읽어 보면 "큰 용이 내쫓기니 옛 뱀 곧 마귀라고도 하고 사탄이라고도 하며 온 천하를 꾀는 자라"고 했습니다. 여기에서 분명히 뱀을 마귀라고 했습니다. 마귀는 우리 눈에 보이지 않는 악한 신인데 그것을 뱀으로 비유했습니다. 창세기 3장 초두에 보면 뱀은 꾀가 많고 지혜가 많다고 하는 것을 알 수 있습니다.

아프리카 깊은 숲속에는 아주 큰 뱀들이 있습니다. 호랑이나 사자도 능히 잡아먹는 큰 뱀들이 나무에 올라가 숨어 있다가 나무 밑으로 사자나 호랑이가 지나가는 것을 보면 확 떨어진답니다. 떨어져서는 사자나 호랑이의 몸뚱이를 칭칭 감습니다. 그래서 사자가 치명상을 입게 되면 먹는다고 합니다.

이런 것들도 다 뱀의 꾀를 말하는 것입니다. 뱀의 지혜를 말하는 것입니다.

하나님의 말씀을 가지라

마귀는 사람을 망하게 하고도 남을 지혜가 있습니다. 뱀을 대적해서 이길 사람은 천하에 하나도 없습니다. 즉 마귀를 이길 자가 없다는 말입니다. 하지만 마귀는 하나님의 말씀을 무서워합니다. 하나님의 말씀을 믿고 주님을 의지하는 자에게는 어떻게 위해(危害)를 가하지 못합니다. 뱀이 아무리 지혜가 있고 힘이 있어도 하나님 말씀 앞에서는 꼼짝을 못 합니다. 이것은 제가 그저 나름대로 지어낸 말이 아닙니다. 에베소서 6장에 있는 말씀입니다.

에베소서 6장에서는 마귀를 대적하는 갑옷과 그 무기들을 말씀했는데, 17절에서 성령의 검 곧 하나님의 말씀을 취하라고 그랬습니다. 하나님의 말씀을 가지는 것이 얼마나 중요합니까. 하나님의 말씀을 가지는 것이 마귀와 싸우는 방법이기 때문입니다. 왜 이렇게 생각합니까? 마귀와 싸울 때 하나님의 말씀을 가지고 싸우라고 해석하는 까닭이 무엇입니까? 에베소서 6장 11절부터 보겠습니다.

> 마귀의 간계를 능히 대적하기 위하여 하나님의 전신 갑주를 입으라 우리의 씨름은 혈과 육을 상대하는 것이 아니요 통치자들과 권세들과 이 어둠의 세상 주관자들과 하늘에 있는 악의 영들을 상대함이라 그러므로 하나님의 전신 갑주를 취하라 이는 악한 날에 너희가 능히 대적하고 모든 일을 행한 후에 서기 위함이라 그런즉 서서 진리로 너희 허리 띠를 띠고 의의 호심경을 붙이고 평안의 복음이 준비한 것으로 신을 신고 모든 것 위에 믿음의 방패를 가지고 이로써 능히 악한 자의 모든 불화살을 소멸하고 구원의 투구와 성령의 검 곧 하나님의 말씀을 가지라(엡 6:11-17).

12절을 보면 "우리의 씨름은 혈과 육을 상대하는 것이 아니요 통치자들과 권세들과 이 어둠의 세상 주관자들과 하늘에 있는 악의 영들을 상대함이라" 했습니다. 여기에 나오는 것들이 다 마귀에 대한 명칭들입니다. "통치자"라고 한 것은, 마귀는 능히 사람들을 속일 수 있고 사람들을 잡을 수 있는 정치적 모략이 있기 때문에 그렇습니다. "권세"라고 한 것은, 마귀는 힘을 가지고 있는데 그 힘이 사람들을 능히 멸망시킬 수 있고 꼼짝 못 하게 만들 수 있는 정도이기 때문입니다. "이 어둠의 세상 주관자들", 주관자들이라는 별명도 가지고 있습니다. 왜 그럴까요? 그 이유는 병사가 되는 마귀들이 많이 있는데, 그 마귀들을 주관하고 있기 때문에 주관자들이라고 하는 것입니다. "하늘에 있는 악의 영들", 이 역시 마귀의 사자들을 의미하는 것입니다.

우리 믿는 사람들의 전쟁은 혈과 육을 상대하는 것이 아닙니다. 사람을 상대하는 것이 아닙니다. 눈에 보이지는 않지만 무서운 마귀와 그 사자들을 상대하는 것입니다. 그 사자들을 상대로 우리가 싸우는 것입니다. 그런데 이제 13절부터 보면 "그러므로 하나님의 전신 갑주를 취하라" 그랬습니다. 왜 그러냐면 바로 뒤이어서 "악한 날에 너희가 능히 대적하고 모든 일을 행한 후에 서기 위함이라" 그랬습니다. 승리하고 당당히 서기 위해 전신갑주를 입는다 그 말입니다. 이 전신갑주는 사람의 손으로 만든 것이 아니라 하나님이 만들어 준 것입니다.

그다음 14절에 보면 "그런즉 서서 진리로 너희 허리 띠를 띠라"고 했습니다. 진리는 사람이 만드는 것이 아닙니다. 하나님이 가르쳐 주시는 것입니다. 이어서 "의의 호심경을 붙이라"고 했는데, 의라는 것은 사람이 만들 수도 없고 이룰 수도 없습니다. 의는 오직 하나님께만 있습니다. 하나님이 의를 주심으로 우리에게 의가 있게 됩니다.

15절입니다. "평안의 복음이 준비한 것으로 신을 신고." 평안한 마음을 주는 것이 복음입니다. 복음을 믿는 자에게는 복음을 믿는 자의 평안이 있습니다. 평안이 없으면 마귀를 이기지 못합니다. 16절에서 "모든 것 위에 믿음의 방패를 가지고 이로써 능히 악한 자의 모든 불화살을 소멸하고", 즉 마귀의 불화살을 멸할 수 있는 방패를 가지라는 것입니다. 믿음이 있으면 마귀가 어떠한 화살을 쏴도 그 화살은 부서지고 맙니다. 그러면 "악한 자의 모든 불화살"은 무엇입니까? 이것은 우리로 하여금 주님을 떠나게 하는 악한 사상들입니다. 그 악한 사상들이 우리 마음에 오게 되면 우리는 주님에게서 멀어지기 쉽습니다. 그런데 그것을 막는 것이 믿음이라는 말입니다.

17절입니다. "구원의 투구와", 구원의 투구는 소망의 투구입니다. 이 투구를 쓰면 머리에 화살을 맞아도 머리가 상하지 않습니다. 그렇다면 우리가 구원의 소망을 가지고 있는 한에서는 마귀가 아무리 우리에게 낙심의 화살을 쏘아도 소용이 없는 것입니다. "성령의 검 곧 하나님의 말씀을 가지라." 하나님의 말씀을 가지는 자는 하나님의 말씀을 믿는 자입니다. 어떻게 해야 하나님의 말씀을 믿게 됩니까? 깨달아야 합니다. 성경을 손에 들었지만 성경을 깨닫지 못하면 내 것이 아니에요. 예수님도 마태복음 13장에서 듣고 깨닫지 못하는 마음을 길 가 밭이라는 뜻으로 말씀했습니다. 듣기는 들었지만 깨닫지를 못한다는 말입니다.

그런즉 씨 뿌리는 비유를 들으라 아무나 천국 말씀을 듣고 깨닫지 못할 때는 악한 자가 와서 그 마음에 뿌려진 것을 빼앗나니 이는 곧 길 가에 뿌려진 자요(마 13:18-19).

깨닫지 못할 때 악한 자가 와서 그 뿌린 씨를 빼앗아 간다고 했습니다. 깨닫는 것이 이렇게 중요합니다. 우리가 성경을 공부하지만 깨닫지 못하면, 그 말씀이 우리 마음에 와서 박히지 않습니다. 우리가 말씀을 깨달을 때는 심령 속에 불이 난단 말입니다. 깨달으면 기쁨의 불이 나든지 혹은 하나님을 사랑하는 불이 나든지 마구 활활 타오른단 말입니다. 세상의 다른 책을 깨달을 때는 그렇게 되지 않습니다. 이 말씀은 하늘나라 말씀이기 때문에 이상한 능력이 있습니다. 그래서 불이라고 하는 것입니다.

그러므로 "성령의 검 곧 하나님의 말씀을 가지라"(엡 6:17)고 했는데, 이 검을 가져야 마귀를 이긴다는 말입니다. 그 검을 가지는 방법은 말씀을 믿는 건데, 믿는 방법이 또 있습니다. 그것은 이 말씀을 깨닫는 것입니다. 말씀을 깨닫게 되면, 안 믿고는 못 견딥니다. 온 인격이 감동으로 마구 진동하게 됩니다. 이 인격이 말할 수 없는 지경에 이릅니다. 그러니 그 말씀을 안 믿을 수 있습니까? 성경 말씀이 하나님 말씀인데 믿지 않을 수 있습니까? 성경 말씀은 그저 가만히 있기만 하면 믿어지는 것이 아닙니다. 그 맛을 봐야 이렇다 저렇다 말할 수 있지 않겠습니까? 그 맛을 본다는 것이 깨닫는다는 것입니다. 참으로 깨달아야지요. 그런데 말씀을 깨달을 때 그 말씀 즉 성령의 검이 내 손에 있는 것 같습니다. 그럴 때는 마귀가 도무지 어찌해 보지 못합니다.

우리 한번 다섯 살 난 아이가 칼을 쥐고 있다고 생각해 봅시다. 아무것도 모르는 어린아이가 칼을 가지고 있다고 그저 하찮게 볼 수 있겠습니까? 이 어린 것이 그저 마구잡이로 칼을 휘두른다면 어떻게 되겠습니까? 뭐라고 말하려고 가까이 다가가면 다칠 수밖에 없지 않겠습니까? 그러기 때문에 검은 다섯 살 어린아이가 가지고 있어도 무서운 것입니다. 우리 믿는 사람들이 하나님의 말씀을 손에는 들었지만 아직 그 말씀을 내 것으로 갖고 있지 못하다면 마귀의 시험을 많이 받게 되어 흔들리고 넘어지고 딴 길 가기 쉽다는 말입니다.

예수의 피로 구원

이제 그리스도의 권세가 이루어지는 때가 바로 이 신약 시대부터입니다. 마귀는 쫓겨나고 예수의 십자가가 승리하는 때입니다.

> 내가 또 들으니 하늘에 큰 음성이 있어 이르되 이제 우리 하나님의 구원과 능력과 나라와 또 그의 그리스도의 권세가 나타났으니 우리 형제들을 참소하던 자 곧 우리 하나님 앞에서 밤낮 참소하던 자가 쫓겨났고 또 우

리 형제들이 어린양의 피와 자기들이 증언하는 말씀으로써 그를 이겼으니 그들은 죽기까지 자기들의 생명을 아끼지 아니하였도다(12:10-11).

우리 형제들이 마귀를 이겼다는 말입니다. 우리 형제들이 마귀를 이겼다는 것은 신약 시대에 믿는 사람들이 마귀를 이겼다는 뜻입니다. 이겼는데 어떤 방법으로 이겼습니까? 12장 11절에 "어린양의 피와 자기들이 증언하는 말씀으로써 그를 이겼"다고 했습니다. 하나님의 말씀을 가지고 있기 때문에 이겼다는 말입니다. 이 말씀은 검이라고 했습니다. 에베소서 6장에 있는 말씀이 명백하게 말해주고 있지 않습니까? 성령의 검으로 이기는데, 그 내용을 본문을 통해서 잠시 보겠습니다.

"어린양의 피"는 어린양의 피는 물론 말씀이 그 배경이 되는 것입니다. 하나님의 말씀이 바로 어린양의 피를 설명하는 말씀입니다. 어린양의 피가 없으면 구원이 없고, 어린양의 피가 없으면 하나님의 말씀도 제대로 있다고 할 수 없습니다. 말씀이 바로 어린양의 피를 증거하는 말씀이기 때문에 그 말씀이 우리로 하여금 승리하게 합니다. "어린양의 피"라고 하는 것은 우리 주님이 우리 죗값을 담당하기 위하여 죽어주신 그 사건을 말하는 것입니다. 그것을 어린양의 피라고 표현했습니다.

그 피가 우리를 구원했다는 것은 그가 우리를 대신하여 피 흘려 죽으셨기 때문에 우리가 그를 믿을 때에야 비로소 새로운 생명이 열리게 된다는 것입니다. 그의 피가 아니면 이 세상에서 무엇을 한다 해도 소망이 없습니다. 그의 피가 우리를 살리는 피가 되는 것입니다. "어린양의 피"라고 하는 이유는 구약 시대에 어린양을 잡아서 그 피를 흘려서 제단에 뿌리고 그 피를 바로 제물의 총 요점으로 삼았기 때문입니다. 하나님께 드리는 제물의 총 요점이 피란 말입니다. 이는 장차 오실 예수 그리스도의 십자가의 피를 예표하는 것입니다.

수천 년 전에 벌써 장차 오실 예수님이 십자가에서 피 흘리실 것을 내다보시고 수천 년 전에 벌써 양의 피로 그것을 암시해 준 것입니다. 그때는 주님이 오시기 전이므로 그 피를 보여 주고 알게 하려면 무엇인가를 가지고 비유해야 하는데, 바로 양의 피를 가지고 비유했습니다. 구약 시대 사람들은 양의 피를 가지고 예수의 피를 비유하는 제사를 드렸습니다. 오늘날 우리 믿는 사람들은 예수님이 오셔서 실제로 흘려주신 그 피를 믿음으로 하나님 앞에 속죄 제물을 바침이 되는 것입니다. 우리가 그 피를 믿을 때 그것이 하나님과 나 사이에 화해를 이룹니다. 하나님과 나 사이의 문제를 영원히 해결하고 우리를 영원히 살리는 열쇠 같은 역할을 합니다.

우리가 예수의 피를 믿으므로 결국 영생을 얻으며 구약 시대에 소망으로 바라보던 것을 실제로 얻게 됩니다. 구약 시대 사람들은 양의 피로 하나님께 제사를 드리면서 예수의 피를 바라보았습니다. 그러한 성격으로 제사를 드렸지만 그것 역시 궁극적으로는, 즉 최후에 가보면 마찬가지의 효과를 냅니다. 우리가 돈을 받을 때 수표로 받는 것과 같은 것입니다. 수표로 받는다는 말입니다. 현찰과 수표는 가치에 있어서 마찬가지 아닙니까? 구약 시대 사람들은 수표를 가지고, 예수의 피에 대한 그 수표를 가지고 구원을 주시도록 믿은 것입니다.

우리는 진짜 예수님이 오셔서 피 흘려주신 것 때문에 구원을 받습니다. 우리가 여기에 대해 명확히 알지 못하면 우리 신앙에 문제가 있는 것입니다. 양의 피 비유에서 왜 신약 시대에도 예수의 피가 양의 피인가 그렇게 생각할지 모르겠습니다마는 구약 시대에 양의 피가 대표해 준 그 피라는 말입니다. 예수님의 피가 구약 시대에는 양의 피로구나, 생각하면서 신약 시대에도 역시 어린양의 피라는 그 이름을 사용하는 것입니다.

복음을 증언할 책임

11절 말씀을 계속 보겠습니다. "어린양의 피와 자기들이 증언하는 말씀으로써." 우리 믿는 사람들은 양의 피 즉 예수님의 피를 믿고, 믿을 뿐만 아니라

이 피에 대하여 설명하는 말씀인 복음 즉 신약의 말씀을 증언해야 합니다. 그것이 우리의 책임입니다. 직분자들만 증언하는 사람이라고 말한다면 잘못 말하는 것입니다. 모든 형제가 증언하는 것입니다. "우리 형제들이 어린양의 피와 자기들이 증언하는 말씀으로써 그를 이겼으니."

우리 믿는 사람들이 증거 운동에 나서지 않으면 큰 능력을 모릅니다. 하나님께서는 누구에게 능력을 주십니까? 일하는 사람에게 줍니다. 주를 위해 일하지 않는 사람에게 무슨 이유로 능력을 주십니까? 직분을 받지는 않았지만 주를 위해 항상 긴장하고 일하는 사람은 주님이 살아 계심을 깨닫게 됩니다. 성령께서 역사하셔서 주의 일을 하는 사람에게 그 능력을 보여 주십니다. 능력으로 함께 하십니다.

우리는 교우들이 집집을 방문하며 전도하는 것을 봅니다. 예배를 파한 후에 형제자매들이 집집을 다니며 전도하고 돌아와서는 하는 말이 아주 기분이 좋다고 그럽니다. 마음에 기쁨이 왔다 그 말입니다. 그것이 무슨 뜻입니까? 그것은 하나님께서 기뻐하시는 증거입니다. 주님의 말씀을 전하고 잃어버린 영혼을 찾는 것을 하나님이 기뻐하시니까 그 일에 참여하는 자도 기쁨의 파동을 느끼는 겁니다. 누가복음 15장 4-7절은 잃어버린 양에 대한 비유입니다. 잃어버린 양 하나를 찾을 때 잃어버리지 않은 양 아흔 아홉보다 그 하나를 더 기뻐한다고 비유했습니다. 죄인 하나가 회개할 때 의인 아흔 아홉으로 인한 것보다 하나님과 하늘나라에서는 더 기쁨이 크다고 말씀했습니다. 이것을 한번 생각해 보겠습니다.

내가 너희에게 이르노니 이와 같이 죄인 한 사람이 회개하면 하늘에서는 회개할 것 없는 의인 아흔아홉으로 말미암아 기뻐하는 것보다 더하리라 (눅 15:7).

사실 의인이 아흔 아홉이 있다고 하면 굉장히 기쁜 일 아니겠습니까? 사람들이 악하게 놀고 비참하게 행동할 때 그것을 보는 사람의 마음은 무척 괴롭습니다. 그러나 한 사람이라도 옳은 일을 할 때는 그 마음이 얼마나 기쁩니까? 그런데 하나도 아니고 아흔 아홉 사람이 의를 행할 때 얼마나 기쁜 마음이 생기겠습니까? 굉장히 기쁜 마음이 생길 것입니다. 하지만 하나님은 그것보다는 죄인 하나가 회개하는 것을 천사들과 함께 기뻐한다고 했습니다. 그러기 때문에 주님이 제일 기뻐하는 일은 죄인을 회개시켜 주께로 인도하는 일입니다.

그런 일을 그렇게 기뻐하시는 주님이 복음 전하는 사람을 기뻐하시지 않겠습니까? 정말로 기뻐하실 것입니다. 주님이 기뻐하실 때 그 기쁨의 물결이 복음 전하는 사람에게도 오지 않겠습니까? 특별히 성령께서 우리의 마음에 기쁨을 주시지 않겠습니까? 그 기쁨이 그렇게도 크고 강하기 때문에 복음을 전하는 사람들이 견뎌 내고 이겨 내는 것입니다. 어려움을 당해도 낙심하지 아니하고 또 나가고 또 나갑니다. 여러 가지 전략을 세워서 또 나가는 것입니다. 그렇게 일하는 힘이 도대체 어디서 나옵니까? 하나님께서 힘을 주시고 기쁨을 주시기 때문에 그것을 원동력 삼아 전도자들이 일을 하는 것입니다.

목사나 장로님들이나 집사님들이나 권사님들같이 전도의 책임을 맡은 사람만 그 재미를 보도록 성경이 말씀했습니까? 그것이 아니지요. 주님의 피를 믿어 구원받은 사람이라면 다 형제인데, 형제들이 다 증거할 책임을 받았습니다. 그러기 때문에 사도행전 1장 8절에 말하기를 "오직 성령이 너희에게 임하시면 너희가 권능을 받고 예루살렘과 온 유대와 사마리아와 땅 끝까지 이르러 내 증인이 되리라 하시니라" 했습니다. 마태복음 28장 20절에서 주님이 무엇이라고 말했습니까? 복음을 전하라고 명령하면서 "내가 세상 끝 날까지 너희와 항상 함께 있으리라" 말씀하셨습니다. 주님께서 성령으로 전도자들과 함께 하시겠다고 약속했습니다.

그러니만큼 우리가 성경을 믿는 사람이라면 복음을 부지런히 전해야 합니다. 그렇게 전하는 자신이 은혜를 받고 그 자신이 하나님이 기뻐하는 사람이 됩니다. 복음을 전할 때 참으로 우리가 계획성 있게 해야 합니다. 아무에게 내가 복음을 전하겠다, 그분에게 내가 무슨 말씀을 하겠다고 미리 준비해서 전해야 합니다. 그 사람이 단번에 돌아오지 않을 때는 다음에 또 기회를 봐야겠다 하면서 기도하고, 또 이렇게 힘쓰면서 일할 때 하나님께서 함께해 주시고, 하나님께서 그 일을 되게 해주시며 지혜도 주시고 기쁨도 주셔서 하나님의 능력을 체험하는 그 귀한 일에 참여하게 됩니다. 우리 믿는 사람들이 복음 증언하는 일을 등한히 하거나 자신이 할 일이 아니라고 생각해 외면하는 것은 자기에게 생명과 같이 귀한 특권을 버리는 것입니다.

11절 후반절입니다. "그들은 죽기까지 자기들의 생명을 아끼지 아니하였도다." 이 생활이 얼마나 놀랍습니까? 그 형제들은 죽기까지 자기 생명을 아끼지 아니하였다고 말씀하였습니다. 사람이 늘 좁아지고 기쁨이 없고 컴컴한 생활을 하게 되는 원인은 자기 생명을 아끼기 때문입니다. 자기 생명 때문에 문제성을 느끼니까 마음이 늘 괴롭고 떠는 것입니다. 늘 좁아지고 빛 가운데 사는 것보다 어두움 가운데 살게 되는 것입니다. 우리의 생명이 귀하긴 하지만 이 생명을 내가 지키겠다 할 때는 계속 어두움이요 계속 가시밭이요 계속 마음이 우울합니다. 계속 그 생활이 비참하단 말입니다.

우리가 생명이 귀한 줄을 안다면 귀한 것을 귀한 분에게 보관시켜야 합니다. 그분이 우리 주님입니다. 우리 주님에게 우리 생명을 맡기는 것입니다. 내가 내 생명을 지키려고 밤낮 떨고 있는 동안에는 내 생명을 제대로 지키지도 못하겠거니와 계속 비참한 자리로 내몰리게 됩니다. 주님께 맡기면 주님이 기뻐하시면서 맡아 주십니다. 우리의 생명을 주님께 맡기고 우리가 할 일을 하는 것이 우리가 사는 방법입니다.

그러면 우리가 할 일이 무엇입니까? 어떤 방법으로든지 시간을 내서 영혼 구원하는 일에 참여하는 것입니다. 직접으로 혹은 간접으로 어떤 방법으로 하든지 참여하는 것입니다. 먹고 사는 일에만 빠져서 이렇게 살다가 죽을 수는 없다, 생각해야 합니다. 어떤 방법으로든 시간을 내서 영혼 구원하는 일에 참여하는 것이 얼마나 귀합니까? 그 일은 너희들이 다 맡아라 나는 안 하겠다, 할 수는 없습니다. 우리 믿는 사람들은 다 같은 입장입니다.

"그들은 죽기까지 자기들의 생명을 아끼지 아니하였도다." 죽기까지라는 것은 죽었다는 것이 아니라 죽는 시간까지라는 것입니다. 죽는 시간까지 생명을 맡기고 살았으니 자기 생명을 아끼지 않은 것이지요. 이런 경우, 무모하게 생명을 아끼는 일이 아니고 정말 지혜롭게 생명을 지키는 것입니다. 주님께 맡기는 것입니다.

> 그러므로 하늘과 그 가운데에 거하는 자들은 즐거워하라 그러나 땅과 바다는 화 있을진저 이는 마귀가 자기의 때가 얼마 남지 않은 줄을 알므로 크게 분내어 너희에게 내려갔음이라 하더라(12:12).

주님을 믿는 사람들의 실생활이 신령한 세계에 있으니까, 다시 말해 하나님을 모신 곳에 있으니까 그들을 "하늘과 그 가운데 거하는 자들"이라고 했습니다. 그들에게는 즐거워하라고 합니다. 그런데 "땅과 바다는 화 있을진저"라고 합니다. 그것은 마귀가 하늘에서 쫓겨나서 땅으로 내려 왔기 때문에 이제 땅에서 예수 안 믿은 사람들은 화를 받는다는 뜻입니다. 하늘에서 사는 사람들, 즉 예수를 진실하게 믿는 사람들은 화가 없습니다. 화를 만나지 않습니다.

마귀의 박해와 하나님의 보호

> 용이 자기가 땅으로 내쫓긴 것을 보고 남자를 낳은 여자를 박해하는지라 (12:13).

마귀가 예수님이 십자가에 못 박힌 것을 보고 쫓겨나서 땅으로 내려왔습니다. 그러고는 "남자를 낳은 여자를 박해"합니다. 이 여자는 바로 예수님이 출생하게 된 이스라엘 교회입니다. 즉 신약 교회라고 해도 됩니다. 신약 교회의 출발이 예수님의 탄생으로 시작한다고 할 수 있지요. 물론 교회가 일어난 것은 성령이 오신 때부터입니다. 그러나 주님이 탄생한 그때부터가 신약 시대요, 바로 그때가 신약 교회 출발의 예비라고 할 수 있지 않습니까? 그러면 "남자를 낳은 여자"는 교회를 말하는 것입니다. 용 즉 마귀가 이 교회를 핍박합니다.

> 그 여자가 큰 독수리의 두 날개를 받아 광야 자기 곳으로 날아가 거기서 그 뱀의 낯을 피하여 한 때와 두 때와 반 때를 양육 받으매(12:14).

그러면 교회가 마귀를 어떻게 피하게 되는가, 어떻게 그 마귀의 손아귀에 들지 않고 건짐을 받았는가? 14절에서 "큰 독수리의 두 날개를 받았다"고 했습니다. 무슨 뜻입니까? 이것은 신명기 32장 11절 말씀이 잘 알려 줍니다. 성경은 늘 성경으로 해석해야 됩니다.

> 마치 독수리가 자기의 보금자리를 어지럽게 하며 자기의 새끼 위에 너풀거리며 그의 날개를 펴서 새끼를 받으며 그의 날개 위에 그것을 업는 것 같이(신 32:11).

하나님께서 교회를 어떻게 보호하신다는 것입니까? 독수리는 낭떠러지 높은 벼랑 바위틈에든지 바위 위에 둥지를 틉니다. 둥지를 틀고 새끼를 기르다가 새끼가 얼마만큼 자라면 그 새끼를 떨어뜨립니다. 높은 벼랑 꼭대기에서 새끼를 떨어뜨립니다. 왜 떨어뜨립니까? 나르는 법을 가르쳐 주려고 그럽니다. 이놈들이 늘 둥지 안에 앉아 있기만 하면 나는 법을 배우지 못합니다. 여기 보금자리를 어지럽게 한다는 말씀은 흔든다는 뜻입니다. 보금자리를 흔듭니다. 둥지를 흔들어서 새끼를 떨어뜨린단 말입니다.

그렇게 떨어뜨리고는 너풀거리면서 또 봅니다. "그의 날개를 펴서 새끼를 받으며." 그러다가 새끼가 위험하다 싶을 때, 새끼가 떨어지는 것을 이겨 내지 못하고 그냥 떨어져버리고 말 때는 빨리 가서 새끼를 받습니다. 받아서 자신의 날개 위에 새끼를 업습니다. 독수리가 그렇게 하는 것같이 하나님께서 신자들을 이렇게 구원하신다는 말입니다. 신자들이 날 수 있도록 연단하기 위해 어려움을 주는 일이 있다 그 말입니다.

난다는 것은 무엇을 말합니까? 난다는 것은 신앙을 비유하는 것입니다. 아무것도 안 보이는 데서 너풀거린다는 것은 아무것도 보이지 않고 아무것도 들리지 않고 그저 허공에 뜬 것 같더라도 보이지 않는 하나님을 믿는다는 것입니다. 보이지 않는 하나님을 믿는 공부는 어려움을 당해 봐야 압니다. 낭떠러지에서 떨어져 봐야 알게 됩니다. 하나님께서는 종종 우리 신자들을 낭떠러지에서 떨어뜨려 믿는 공부를 시키시는 일이 있습니다. 남자를 낳은 여자가 뱀 즉 마귀를 이기는 방법으로서 바로 이것이 여기 기록되었습니다. 우리는 어려움을 당할 때, 우리 믿음을 연습할 기회가 되었구나, 하는 생각을 하면서 낙관적이 되어야 합니다.

"한 때와 두 때와 반 때를 양육 받으매." 한 때와 두 때와 반 때는 세 때 반입니다. 11장에서 봤듯이 세 때 반은 사흘 반이고, 사흘 반은 결국 연수로 따질 때에 3년 반입니다. 또한 연수로 따지면서 영적으로 계산하면 삼년 반은 달수로 42개월이 됩니다. 이 42개월이 바로 신약 시대를 비유합니다. 한 때 두 때 반 때, 사흘 반, 삼년 반, 이렇게 예언의 계산법으로 말씀했습니다. 신약 시대 교회가 이렇게 보호를 받는다는 말입니다. 여기서 보호라는 것은 영혼이 보호를 받는다는 말입니다. 몸은 죽을 수 있습니다. 여기서는 영혼을 보호하는 것을 중점적으로 말했습니다. 위험한 일을 당할 때라도 믿음을 가지고 있으면 그 영혼은 평안을 얻고 그 영혼은 구원을 받습니다.

여자의 뒤에서 뱀이 그 입으로 물을 강같이 토하여 여자를 물에 떠내려 가게 하려 하되(12:15).

뱀이 물을 토하여 그 물이 강물같이 흐르면서 여자가 거기 떠내려가게 되었다는 것인데, 이것은 비유입니다. 여기서 물은 시편 18편 16절이 말한 것

같이 환난을 말합니다. 환난을 또 보내서 교회를 핍박합니다. 핍박, 핍박, 또 핍박 이렇게 계속되지만 교회는 멸망하지 않는다는 말입니다. 또 이렇게 보호하시고 또 저렇게 보호하신다는 말입니다.

땅이 여자를 도와 그 입을 벌려 용의 입에서 토한 강물을 삼키니(12:16).

땅이 갈라지면서 용이 토한 강물이 다 땅속으로 들어가 그 여자가 구원받는다는 말입니다. 이것은 민수기 16장에 있는 것과 같습니다. 고라 당이 모세를 배반하고 악한 일을 하자 땅이 입을 열어서 그 무리를 땅속으로 매장시켰습니다. 그러한 일이 있었는데, 그런 것도 다 생각해서 하신 일이라고 생각합니다. 즉 하나님께서 어떤 방법으로든지 성도를 보호하고 주님의 참된 일을 어디까지든지 드러내신다는 것을 알려 주는 것입니다. 하나님이 보호한다는 말씀입니다.

마귀의 최후의 발악

용이 여자에게 분노하여 돌아가서 그 여자의 남은 자손 곧 하나님의 계명을 지키며 예수의 증거를 가진 자들과 더불어 싸우려고 바다 모래 위에 서 있더라(12:17).

그래도 용은 계속 교회를 핍박합니다. 이제 개인적으로 남아 있는 신자들을 멸망시키려고 마귀가 이렇게 최후 발악을 하는 것입니다. "그 여자의 남은 자손"이라는 것이 바로 이 개인 신자들입니다. 개인 신자들 "곧 하나님의 계명을 지키며 예수의 증거를 가진 자들과 더불어 싸우려고 바다 모래 위에 서 있습니다". 용이 왜 바다 모래 위에 서 있는지는 13장에 나옵니다.

13장에서는 최후의 적그리스도가 일어납니다. 그것이 마지막 적그리스도입니다. 역사적으로 이 시대 저 시대에 적그리스도들이 나왔습니다. 예수 믿는 사람들을 박해하는 정권이 나타났습니다. 그런 일이 여러 번 있었습니다. 그런데 계시록 13장에 기록된 적그리스도는 최후의 적그리스도입니다. 이 적그리스도 이후에는 적그리스도가 없습니다. 왜 그렇습니까? 그것으로 끝나기 때문에 그렇습니다. 예수님께서 재림하십니다. 마지막 적그리스도가 와서 발악할 때 예수님이 재림하십니다. 그래서 새 하늘과 새 땅이 전개되고 새 시대가 오게 됩니다. 다시는 이렇게 신앙을 박해하는 일이 없습니다. 그야말로 영원무궁한 안식입니다. 그러므로 마귀가 최후 발악을 하려고 바다에서 나오는 대(大) 적그리스도를 세워서 믿는 자들을 핍박하고자 지금 바닷가에 서 있는 것입니다.

대 적그리스도가 바다에서 나온다는 것은 나라들 가운데서 나온다는 말입니다. 계시록에서 바다는 열국을 비유합니다. 모든 나라들의 세계, 즉 세계 열국을 의미합니다. 어떤 사람들은, 물결이 올라갔다 내려가고 올라갔다가 또 내려가는 것처럼 이 세상 나라들이 흥했다가는 까라지고 망하고, 흥했다가는 까라지고 망하기 때문에 이렇게 세계 열국을 바다에 비유했다고 말하는 사람들이 있습니다만 우리가 분명히 알 수는 없는 일입니다.

어쨌든 이 세상 나라들의 세계를 바다에 비유한 것만은 사실입니다. 그것은 계시록 17장이 분명히 밝혀 줍니다. 17장 15절 후반절에 보면, "음녀가 앉아 있는 물은 백성과 무리와 열국과 방언들"이라고 나와 있습니다. 물은 모든 나라를 비유했습니다. 지금 계속 이 모양 저 모양으로 따라다니면서 핍박하지만, 결국에는 더 하지 못합니다. 예수님이 오시므로 더 하지 못합니다. 그 때에 교회는 영원한 평강으로 들어가게 됩니다.

29
마지막 적그리스도 운동

계 13:1-6

계시록 13장 1-10절은 대(大) 적그리스도 즉 마지막으로 나오는 적그리스도의 활동에 대해 말씀합니다. 여기 나오는 적그리스도 이후에는 다시 적그리스도가 없습니다. 그러기 때문에 최후적이고 종말적이고 마지막이고 최대입니다. 이 최후의 적그리스도가 어떠한 표시를 하고 있는지 그런 것을 알면 이 시대를 알 수 있고, 따라서 우리 신앙생활에 경성을 가져옵니다.

• 짐승으로 비유된 적그리스도

내가 보니 바다에서 한 짐승이 나오는데 뿔이 열이요 머리가 일곱이라 그 뿔에는 열 왕관이 있고 그 머리들에는 신성모독 하는 이름들이 있더라(13:1).

1절부터 보면, 이것은 비유입니다. 먼저 "바다"는 이 세상 나라들을 비유하는 것입니다. 계시록 17장에 가면 더욱 명확히 알 수 있습니다. 17장 15절을 보면, "또 천사가 내게 말하되 네가 본 바 음녀가 앉아 있는 물은 백성과 무리와 열국과 방언들이니라", 이렇게 해석을 붙였습니다. 여기에서 "물"이라는 것은 바닷물을 말하는데, 그것이 "백성과 무리와 열국과 방언들이"라고 했습니다. 그러니까 바다라는 것은 세계 모든 나라를 의미하는 것입니다. 계시록을 읽을 때 그저 문자적으로만 해석하려고 하면 안 됩니다. 문자가 의미하는 뜻을 우리 마음에 두어야 합니다. "바다에서"라고 할 때에도 그저 바다만 생각하면 안 됩니다. 바다라는 것이 비유한 대상, 즉 그 비유의 뜻을 머리에 두어야 합니다. 여기 "바다에서"는 '이 세상 모든 나라에서'라는 뜻이라고 생각해야 합니다.

1절을 계속 보겠습니다. "짐승"은 적그리스도 나라입니다. 예수를 반대하고 하나님을 반대하는 나라를 짐승이라고 했습니다. 짐승이라고 하는 이유가 무엇입니까? 짐승은 도덕도 모르고 예의도 모릅니다. 무지합니다. 짐승이 예의를 지킵니까? 짐승이 도덕을 행합니까? 짐승은 또한 하나님을 모릅니다. 여기 짐승 즉 그리스도를 반대하는 나라가 그렇다는 말입니다. 도덕도 모르고 예의도 모르고 무지한 나라라는 말이에요.

"뿔이 열이요 머리가 일곱이라." "뿔"이라 할 때 끝이 뾰족한 그러한 뿔을 생각할 것이 아닙니다. 그런 인상을 받을 것이 아니고 비유를 생각해야 합니다. 이 뿔은 능력을 나타냅니다. 권세를 뿔이라고 말했습니다. 예수님을 반대하는 나라들이 이 세상 권세를 가졌다는 말입니다. "뿔이 열이요" 할 때, 열이란 숫자는 많다는 뜻입니다. 이 세상 수효를 비유합니다. 계시록에 나오는 숫자는 둘이면 둘, 셋이면 셋으로 그렇게 해석하는 것도 있지만 대부분의 숫자들이 비유적으로 다른 의미를 가지고 있습니다.

"머리"는 그 나라를 의미하거나 제일 대표적인 도시를 의미합니다. "뿔"은 권세요 "머리"는 나라입니다. 그런데 그 뿔에 "열 왕관이 있다"고 했습니다. 그 권세들이 승리하는 성질을 가졌다는 말입니다. 그 권세들이 세상에서 승리한다는 것입니다. 승리의 왕관입니다. 얼마 동안은 이렇게 승리하고 영광을 받습니다. "그 머리들에는 신성모독 하는 이름들이 있더라." "신성모독 하는 이름들"이란 뜻은 하나님을 모독한다는 것입니다. 하나님을 멸시하는 이름들입니다. 내가 하나님이라고 한다든지 하나님을 욕하는 말을 써놓았다든지 하면 그것이 다 신성모독 하는 이름들입니다.

• 침략과 정복은 적그리스도 정신

내가 본 짐승은 표범과 비슷하고 그 발은 곰의 발 같고 그 입은 사자의 입 같은데(13:2a).

"표범"은 사납고 무지하고 다른 동물을 마구 잡아먹는 짐승입니다. 다른 나라를 침략하는 나라를 말합니다. 약소국들을 침략해서 먹는 그러한 나라입니다. "곰"은 발에 굉장한 힘이 있습니다. 발로 다른 짐승을 쳐서 해치는 그런 짐승입니다. 그러니까 그 나라는 잘 싸우고 잘 뒤집어엎고 잘 덮치는 그러한 일을 한다는 것이지요. 그리고 "사자"는 두부와 흉부에 힘이 많습니다. 입의 힘이 뛰어납니다. 사자는 먹이를 잡아서 끌고 가지 않고 입으로 물어서 쳐들고 갑니다. 그것이 사자의 특징입니다. 노루 같은 것을 잡아서 입으로 잡아끄는 것이 아니라 입으로 물고 쳐듭니다. 물어서 쳐들고 가요. 그만큼 입의 힘이 남다릅니다. 또한 흉부가 굵어요. 목도 굵고 머리도 크고 참 그렇게 힘이 좋습니다. 그러니까 입으로 짐승을 막 쳐들고 갑니다. 그만큼 다른 나라들을 지배하고 끌고 가고, 끌고 간다기보다 쉽게 잡아먹는 그런 나라입니다. 그러니까 어떤 나라가 침략국가라고 하면 한번쯤 이 나라가 마지막 적그리스도가 아닌가 생각해볼 수 있습니다.

용이 자기의 능력과 보좌와 큰 권세를 그에게 주었더라(13:2b).

용은 옛 뱀이라고 하지 않았습니까(12:9)? 즉 아담과 하와를 시험한 마귀입니다. 그러면 마지막 적그리스도는 용 즉 사탄이라는 말입니다. 사탄은 보이지 않는 악한 신으로 모든 악한 신의 우두머리인데 이렇게 용으로 비유되었습니다. 뱀으로 비유되었습니다. 사탄이 자기 능력과 보좌와 권세를 짐승 즉 마지막 적그리스도에게 주었다는 말입니다.

이 용이 능력과 보좌와 권세를 예수 그리스도에게 줄 뻔 했지요? 예수 그리스도께서 마태복음 4장 1절부터 시험받으실 때 그 셋째 시험이 무엇이었는고 하니, 나라 시험입니다. 다시 말하면 권세와 능력과 보좌를 그리스도에게 주마, 그러고는 내(예수)게 절하라고 했습니다. 높은 산에 올라가서 모든 나라를 보여 주면서 내가 네게 이것들을 줄 터이니 너는 내게 절하라고 시험했습니다. 그때 예수님께서 사탄아 물러가라 하고 꾸짖었습니다. 예수님이 사탄의 약속을 물리치고 승리하지 않았습니까? 그 결과 사탄은 그 나라 즉 세상 모든 나라를 통일해서 지배하는 권세를 그리스도에게 주지 못했습니다. 그리스도께서 그것을 받으실 리가 없지요.

그래서 마귀는 그 권세를 여기 13장에 있는 대로 마지막 적그리스도에게 주었습니다. 굉장히 큰 세력입니다. 이 세상 세력치고 그만한 세력이 없습니다. 그런데 이것이 예수님의 나라와는 정반대입니다. 여기는 권세를 써먹는 자리입니다. 세상 모든 나라를 호령하고 그 나라들의 영광을 자기가 다 받는 침략주의, 정복주의 나라입니다. 다른 나라들을 쳐부수고 빼앗는 나라입니다. 오직 자기 자신을 위해 그것을 소유하며 욕심을 채우는 그런 나라입니다. 그러한 왕이고 그러한 나라입니다. 이것은 천국과 정반대입니다. 예수님의 나라와는 정반대입니다.

섬김과 겸손은 예수님 정신

예수님의 나라에서는 섬기는 것이 바로 다스리는 것입니다. 예수님은 무엇을 하러 오셨다고 말씀하셨습니까? 섬김을 받기 위해서가 아니라 섬기려고 오셨다고 했습니다. 많은 사람을 위하여 무엇을 한다고 말합니까? 속죄해 주려 오셨다고 했습니다. 많은 사람을 위하여 속죄해 주려고 오셨다 했으니 그것이야말로 섬기는 일의 최절정이요, 섬기는 일의 진상이요, 섬기는 일의 참된 표본입니다.

> 인자가 온 것은 섬김을 받으려 함이 아니라 도리어 섬기려 하고 자기 목숨을 많은 사람의 대속물로 주려 함이니라(막 10:45).

"인자"는 예수님을 말합니다. 예수님께서 사람들을 대하는 방법은 섬기는 것입니다. 어떻게 하면 이 사람을 도와줄까, 어떻게 하면 내가 고통당하고 이 사람의 고통을 면하게 해줄까, 어떻게 하면 이 사람이 잘되게 하기 위해 내가 희생할까, 하는 생각만 합니다. 어떻게 하면 이 사람을 이용해 먹을까, 어떻게 하면 내 사람으로 만들어서 내가 영광 받고 저들의 소유를 이용해 먹을까 하는 것은 마귀의 생각입니다. 마지막에 마귀가 마귀의 정신으로 나라를 하나 크게 세웁니다. 그것이 마지막 적그리스도의 나라입니다. 그 나라의 정신은 남을 침략해서라도 자기가 먹으려는 것입니다. 남은 죽게 되더라도 자기는 남이 죽은 힘으로 살겠다고 하는 정신입니다. 마지막 적그리스도 나라는 짐승의 정신입니다. 이것이 다릅니다.

참된 왕이 누굽니까? 참된 왕은 예수님입니다. 그 예수님은 어떤 정신입니까? 섬기려는 정신입니다. 예수님을 따르는 사람들이 무슨 정신으로 사는 것입니까? 마귀의 정신으로 사는 것입니까? 마귀가 세운 적그리스도의 정신으로 사는 것입니까? 아닙니다. 예수 그리스도의 사람들은 예수님의 정신으로 삽니다. 다른 사람을 위하여 헌신하고 다른 사람을 위하여 행동하는 것입니다. 나는 죽고 남은 살리는 정신입니다. 예수 그리스도의 사람들, 예수 그리스도의 백성, 예수 그리스도의 일을 하는 분들, 즉 장로나 목사들 역시 그 정신으로 움직여야 제대로 되는 것입니다. 목사로서 그러한 정신으로 살아간다면 그거야 말로 진짜입니다. 예수님의 왕권을 보여 주는 것입니다.

우리가 장차 내세에 가서 왕 노릇 한다는 말도 적그리스도적인 사고방식으로 생각하면 안 됩니다. 우리 신자들이 저 세상에 들어가서 그리스도로 더불어 왕 노릇 한다는 말씀이 계시록 5장에도 있고 20장에도 있고 디모데후서 2장과 로마서 5장에도 있는데, 왕 노릇 한다는 사상은 적그리스도의 사상과 정반대입니다. 겸손이 그것이고, 섬기는 자세가 그것이고, 나는 죽고 남은 살리려는 정신이 그것입니다. 굉장하지요. 이해가 안 됩니다. 우리가 세상에서 이해하기는 왕 노릇 한다고 하면 누구보다 높아지는 것으로 생각합니다. 자신만이 영광 받으려고 합니다. 다른 사람들을 자기 백성으로 만들어 그들로부터 무엇이든 거두고 그들을 이용해 부귀영화를 누리는 것을 생각하게 됩니다. 그런데 그것이 아주 삐뚤어진 생각입니다.

성경이 왕 노릇 한다고 할 때는 겸손, 섬김, 나를 희생하고 남을 살리는 것 등을 생각합니다. 제가 예화를 들어서 그걸 설명하곤 하는데 얼마나 깨닫는지는 잘 모르겠습니다. 겸손이 어떻게 남을 다스리는지, 섬기는 것이 어떻게 남을 다스리는지 이해할 수 없다고 생각도 들 것입니다. 하지만 그것이 진리입니다.

열 사람이 같은 길을 가다가 어떤 곳에 다다라서 서로 싸웠습니다. 밀치고 제치고 때려서 피를 흘리고 했습니다. 그런데 그 가운데 한 사람만이 싸우지 않았습니다. 그 사람은 누구에게도 욕을 하거나 때리거나 상처를 주지 않았습니다. 싸우지를 않았습니다. 가만히 있고 탄식만 했습니다. 이래도 되겠는가 하고 탄식만 했습니다. 가만히 있으면서 걱정만 했다는 말입니다. 도리어 불쌍히 여기는 마음을 표시했습니다. 서로 욕하고 밀치고 때려서 피 흘리게 된 상황, 다 처참하게 된 상황에서 그 사람들을 다스릴 사람이 누군가 생각해 보세요. 도대체 누가 이 아홉 사람을 다스립니까? 남을 구타한 사람이 다스릴 수 있습니까, 남에게 피 흘리게 한 사람이 다스릴 수 있습니까, 남을 욕한 사람이 다스릴 수 있습니까?

싸운 아홉 사람 가운데는 다스릴 사람이 하나도 없습니다. 다만 그 난투극에 끼어들지 아니하고 탄식만 하고 있던 사람만 이제 말할 권리가 있는 것입니다. 당신들 도대체 왜 이러냐고 말할 권리가 있습니다. 이러지 말자고 말할 권리가 있단 말입니다. 권면할 권리가 있습니다. 그것이 다스리는 것입니다. 영적 권위, 도덕적 권위입니다. 한참 주먹질하던 사람들은 주먹질이 제일인 줄 알았는데 나중에 보니 주먹질하던 그 사람들 전부 말할 권리가 없어졌습니다. 언권이 없어졌습니다. 같이 싸우던 사람들에게, "야, 너 이거 왜 그래?" 하고 말할 때 그 말이 서겠습니까? 그러나 그 가운데서도 남을 걱정하고, 그 모든 사람을 불쌍히 여기고, 어떻게 이 사람들을 도와줄까 하는 생각을 했던 사람만이 어느 시점이 되어 말할 권리가 있는 것입니다. 지도할 권세가 있는 것입니다. 이렇게 해야 합니다.

내세에도 예수님 정신으로

그러면 내세에 가서 다스리는 위치, 즉 왕의 위치란 무엇입니까? 이 세상에서 살 때도 겸손, 섬김, 남을 불쌍히 여김, 사랑함 등이 처세 원리였는데, 이제 그 사람들이 저 세상에 가서도 같은 원리로 사는 것 아닙니까. 내세라고 해서 다른 특별한 도덕을 가져야 한다고 생각할 필요가 없습니다.

그런즉 믿음, 소망, 사랑, 이 세 가지는 항상 있을 것인데 그 중의 제일은 사랑이라(고전 13:13).

사랑은 영속합니다. 사랑은 영원토록 지속하는 것입니다. 믿음도 영원하고 소망도 영원하고 사랑도 영원한데, 그 가운데서도 사랑이 제일 크다, 이렇게 말씀했으니만큼 저 세상에 가서도 우리 신자들의 윤리와 행동 원리는 신망애(信望愛)와 거기에 포함된 겸손, 섬김 등인 것입니다. 그것이 제일 크고, 그것이 우주의 왕적인 원리이고, 그것이 영원토록 승리하는 원리입니다. 그러니만큼 신망애와 또 거기에 포함된 겸손, 섬김 등을 생활의 원동력으로 가지는 신자들은 저 세상에 가서도 같은 원리로 삽니다. 섬김의 정신 그것이 그렇게 높다는 말이지요. 거기 가서는 분명히 보게 됩니다.

이 세상에서는 남을 섬기는 사람이 별로 드러나지 않습니다. 가끔 나타나고 반짝 하기도 하지만 보통은 숨겨져 있습니다. 겸손이 높다는 것이 무슨 말인지, 남을 섬기는 것이 높다는 말이 무슨 말인지 아직도 미처 깨닫지 못하고 있습니다. 이 세상을 사는 동안은 그렇지만 저 세상에 가서는 그것이 환하게 드러납니다. 아주 환하게 드러나요. 그것이 지배적이 됩니다. 그것이 왕 노릇 한다고요. 그러니까 우리 신자들이 바로 그것을 내다볼 줄 알아야 합니다. 이것이 적그리스도 정신과는 아주 정반대인 것입니다. 그리스도의 정신이 그렇고, 그리스도의 사람들의 정신이 그렇고, 그리스도를 위해 일하는 사람들 역시 예수님의 정신으로 일을 해 나가기 때문에 적그리스도의 종들의 정신과는 정반대인 것입니다.

참된 교역자는 겸손이 그 삶의 지침입니다. 섬기는 것이 그와 같은 것입니다. 참된 교역자라면 교우들을 대할 때 내 식구라고 여겨야 합니다. 그 영혼이 천하보다 귀하다고 느껴야 합니다. 뭘 해먹겠다고 들어앉은 것이 아니라 봉사와 섬김의 정신을 사랑한다는 말입니다. 그것이 제일인 줄 압니다. 그것이 성령의 역사로 말미암아 저절로 속에서 발생하는 것입니다. 그러니만큼 교역자로서 교우들에게 그런 정신이 없이, 그런 뜨거움이 없이 일한다면 그것은 바로 맞아 들어가는 것이 아닙니다.

과연 섬김의 생활, 겸손한 생활, 남을 나보다 낫게 여기면서 일하는 생활이 사람으로서도 참 사람의 맛이 무엇인지 알게 되는 삶이 되는 것입니다. 그리스도를 더 가까이 알게 되는 삶의 움직임이란 말입니다. 여기에서 인간 존재의 가치를 발견하며, 우리 믿는 사람들의 존귀성을 더욱 발견하게 되는 것이란 말입니다. 하지만 적그리스도의 정신은 그와 정반대입니다. 얼마나 많은 사람이 이 왕적인 생활, 천상천하에 영원토록 존귀한 이 생활 노선을 알지 못하고 그저 났다가 그저 죽는지 모릅니다. 그런 사람들이 부지기수입니다. 그저 한평생 적그리스도의 정신으로 살다 가고 마는 것입니다.

한정된 적그리스도의 시대

그의 머리 하나가 상하여 죽게 된 것 같더니 그 죽게 되었던 상처가 나으매 온 땅이 놀랍게 여겨 짐승을 따르고(13:3).

이제 그 짐승을 보니까, 그 머리 하나가 상했다가 소생되었습니다. 일곱 머리 가운데 하나가 상했다가 소생되었습니다. 그런데 그 짐승은 뿔이 열이요 머리가 일곱이라고 했습니다. 큰 권세를 잡았다고 했습니다. 그 짐승이 마지막 적그리스도란 말입니다. 그 짐승의 시대란 말입니다. 전에 어떤 나라가 있다가 망했는데, 이제 다시 일어난다는 것입니다. 그때가 마지막 적그리스도 시대입니다. 정확합니다.

그래서 "온 땅이 놀랍게 여겨 짐승을 따르게" 됩니다. 아직도 이 땅이 그대로 있는 것입니다. 지금 마지막 적그리스도가 나타날 때도 이 땅이 그대로 있습니다. 이제 주님이 오셔야 이 땅이 새로워집니다. 이 적그리스도를 보고 땅의 사람들이 다 놀라서 숭배한다고 합니다. 여기 "놀랍게 여겨"라는 말은 아주 좋게 본다는 말입니다. 여기 "온 땅"이라는 것은 거듭나지 못한 사람들이고 멸망할 사람들입니다. 즉 멸망할 사람들이 마지막 적그리스도를 숭배하고 높이고 따르고 본받고 위하는, 그러한 세상이 되었다는 말입니다.

용이 짐승에게 권세를 주므로 용에게 경배하며 짐승에게 경배하여 이르되 누가 이 짐승과 같으냐 누가 능히 이와 더불어 싸우리요 하더라(13:4).

지금 온 땅의 사람들이, 구원 못 받을 사람들이 경배하며 하는 말이 무엇입니까? "누가 이 짐승과 같으냐." 마지막 적그리스도를 높이면서 이렇게 칭찬합니다. 아주 진심으로 하는 말입니다. 마지못해 하는 것이 아닙니다. "누가 능히 이와 더불어 싸우리요." 이 마지막 적그리스도와 싸울 수 있는 힘 있는 자가 없다는 말이지요.

또 짐승이 과장되고 신성모독을 말하는 입을 받고 또 마흔두 달 동안 일할 권세를 받으니라(13:5).

사탄이 이 짐승을 내세우면서 신성모독을 말하게 해 준다고 합니다. 그런 입을 받았다는 것입니다. 마귀가 그 입을 움직이도록 했다는 말입니다. 과장된 말이라는 것은 교만한 말입니다. 하나님을 멸시하는 말입니다. "과장되고 신성모독을 말하는", 둘 다 버릇없는 말입니다. 하나님과 관련해서 표현된 말들입니다. 그런 입을 받았습니다.

"또 마흔두 달 동안 일할 권세를 받으니라." 마흔두 달은 삼년 반을 풀이한 것입니다. 삼년 반은 마지막 적그리스도 시대입니다. 전(前) 삼년 반은 예수님의 시대 즉 신약 시대인데 이 표현 역시 비유입니다. 전 삼년 반은 예수 그리스도의 시대요, 이제 후(後) 삼년 반은 적그리스도의 시대입니다. 마흔 두 달이란 것이 문자적으로 횟수를 말하는 것 아니고 문자적으로 달수를 말하는 것이 아닙니다. 좌우간 얼마 동안 적그리스도가 활동한다는 말입니다.

소리 없이 사라지는 적그리스도

그런데 이제 후 삼년 반 즉 마흔 두 달이 지나자마자 예수님이 오십니다. 재림하십니다. 예수님이 재림하시자마자 적그리스도가 다 없어집니다. 적그리스도가 다 망하고 말아요. 땅을 다 새롭게 하시고 권능으로 땅을 지으신 예수님이 땅을 다 새롭게 하시고 하늘나라를 완성하시는 때가 옵니다. 데살로니가후서 2장 7-8절을 보면 자세히 나옵니다.

불법의 비밀이 이미 활동하였으나 지금은 그것을 막는 자가 있어 그 중에서 옮겨질 때까지 하리라 그때에 불법한 자가 나타나리니 주 예수께서

그 입의 기운으로 그를 죽이시고 강림하여 나타나심으로 폐하시리라(살후 2:7-8).

여기 8절에 "그때에"라고 했습니다. 그때라는 것이 언제입니까? 교회가 타락한 때입니다. 불법의 비밀이 발동한 때입니다. 그것이 이제 교회가 타락한 때입니다. 그때에 불법한 자가 나타난다고 했는데 이 불법한 자가 적그리스도입니다. 마지막 적그리스도입니다. 이 적그리스도가 나타나서 42개월 동안 활동합니다. 여기에는 42개월이라는 말이 없습니다만, 아무튼 나타나서 얼마 동안 일한다고 합니다.

"주 예수께서 그 입의 기운으로 그를 죽이시고." 적그리스도가 나타나서 활동하는 동안에 예수님께서 재림하셔서 그 입의 기운으로 그를 죽인다고 했습니다. 입의 기운으로 죽인다는 것은 무엇입니까? 입으로 훅 부시니 다 없어진다는 말입니다. 아주 쉽고 간단하게 치워버린다는 말입니다. 온 땅이 그에게 괴롭힘을 당해도 그를 당할 자 없어 어쩔 수 없었는데 예수님이 재림해서 훅 이렇게 부니까 다 진멸되고 만다 그 말입니다. 그런데 훅 하는 것이 무엇입니까? 그것은 하나님의 말씀입니다. 입의 기운이 무엇입니까? 그의 말씀입니다.

"폐하시리라." 가만히 말해도 다 폐지될 수 있는 힘이 있습니다. 예수님이 만물을 지을 때 말씀 한 마디로 지은 것 아닙니까? "하나님이 이르시되" 할 때 예수님이 거기에 관련되어 있습니다. 그런데 적그리스도는 존재할 권리가 당당해야 꿈틀거리기라도 하다가 없어지겠는데, 존재할 권리가 전혀 없는 것 아닙니까? 이 마지막 적그리스도는 불법적인 존재요 불법적인 행동자요 심판만 쌓는 자가 아닙니까? 그러니까 심판자가 척 오니까 그저 물러가는 거란 말입니다. 꿈틀거리는 것도 없이 물러가고 맙니다.

캄캄한 밤중에 랜턴을 켜서 빛을 비추면 컴컴한 것이 아무 소리 없이 가고 맙니다. 빛이 임할 때 어두움은 아무 소리도 없이 조용히 자취를 감춥니다. 예수님이 재림하실 때 이루어지는 정리는 전쟁이 끝난 후 이루어지는 정리와 같지 않습니다. 재림하신 예수님은 영광과 권능으로 오신 예수님이기에 모든 반대 세력을 쉽게 치워버리십니다. 그러니까 여기 말하기를 "그때에 불법한 자가 나타나리니 주 예수께서 그 입의 기운으로 그를 죽이시고 강림하여 나타나심으로 폐하시리라"(살후 2:8)고 한 것입니다. 그분이 오시니까 그저 다 물러가고 마는 것입니다.

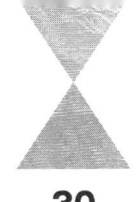

30
적그리스도의 앞잡이 거짓 선지자

계 13:7-18

우리가 지금 다루는 것은 마지막 적그리스도입니다. 이것이 인류 역사 마지막에 임할 원수입니다. 그 이후에는 멸망할 자들은 완전히 멸망하고 영생할 자들은 완전히 영생하여 땅 위에 다시는 마귀의 장난이 없습니다. 그러면 적그리스도가 와서 하는 일이 무엇인지 보겠습니다.

적그리스도의 권세

또 권세를 받아 성도들과 싸워 이기게 되고 각 족속과 백성과 방언과 나라를 다스리는 권세를 받으니(13:7).

"또 권세를 받아." 적그리스도가 큰 권세를 받아 예수 믿는 사람들을 핍박합니다. "성도들과 싸워 이기게 되고." 여기 성도들은 하나님이 사랑하는 자들입니다. 그들은 적그리스도로부터 해를 당하지 않아야 될 것 같습니다만 하나님의 경륜은 성도들이 핍박받는 것을 용납하사 핍박을 받음으로 신앙생활이 어떠한가를 맛보게 해줍니다. 핍박을 받아 보지 못하면 하나님이 도와주시는 것이 무엇인지 모릅니다. 육신이 죽지 않도록 도와주시는 일도 있습니다만 육신이 죽는 일도 있는 것 아닙니까? 그렇다면 육신이 죽는다면 성도들이 손해 보는 것이냐 할 때 그런 것이 아닙니다. 죽지 않게 해준 것을 기뻐하지 않을 만큼 도리어 특별한 은혜를 받습니다.

이 세상뿐이라면 모르겠지만 하나님이 지은 세계는 이 세상이 전부가 아닙니다. 사람이 이 세상을 뜬 후에 들어가는 세상이 또 있습니다. 그러니만큼 이 세상에 오래 살았느냐보다 이 세상에 있는 동안에 바로 살았는가가 중요한 것입니다. 바로 살기 위해 핍박받는 때에 하나님께서 성령의 은혜를 주어서, 도리어 순교하기를 원하는 마음이 생길 정도로 특별한 깨달음과 힘을 받게 됩니다. 그런고로 사람들은 성도들이 핍박받아 죽는 일을 실패한 것으로 생각하지만 사실은 실패가 아니고 승리란 말입니다.

"각 족속과 백성과 방언과 나라를 다스리는 권세를 받으니." 적그리스도가 계속 이렇게 권세를 받습니다. 그러니까 이 적그리스도 운동이 한 민족에게만 관계된 것이 아니라 세계 모든 민족에게 관계된 것입니다. 세계적인 핍박입니다. 적그리스도가 권세를 받아 성도들과 싸워 이기게 됩니다. 각 족속과 백성과 방언과 즉 말들이 다 다른데 어떤 말을 쓰는 민족이든지 전부 적그리스도에게 해를 당한다는 말입니다. 세계 모든 민족을 다스리며 통치하는 그런 권세가 있습니다.

죽임을 당한 어린양의 생명책에 창세 이후로 이름이 기록되지 못하고 이 땅에 사는 자들은 다 그 짐승에게 경배하리라(13:8).

"죽임을 당한 어린양"은 예수를 의미합니다. 왜 예수를 어린양이라고 했습니까? 구약 시대에 하나님께 속죄제를 드릴 때 어린양을 잡아서 어린양의 피로 제물을 삼아 드렸습니다. 예수님이 오시지 않았던 시대이므로 그런 표로 예수님의 피를 비유해서 드린 것입니다. 그러니까 그들이 속죄제를 드릴 때 예수의 피와 연락이 있습니다. 예수의 피를 드린 것과 마찬가지입니다. "어린 양의 생명책"이라고 하면 영생을 받은 자들의 이름 책입니다. 영생을 받은 자들의 이름을 적은 책입니다. "어린양의 생명책"이라고 했으니까 예수의 피를 믿는 자들의 이름이 기록된 책이라는 말입니다. 이 책은 종이로 만든 책이 아닙니다. 무엇으로 만드는지 우리는 모릅니다.

"창세 이후로 이름이 기록되지 못하고." 세상을 지으신 후로 많은 사람이 이 땅에서 살다 갔지만 영생을 받기로 작정된 사람들의 이름 책에 창세전에 기록된 자들도 있고 그렇지 않은 자들도 있습니다. 여기에서는 기록되지 못한 사람들을 말합니다. 창세 이후 적그리스도에게 경배한 사람들, 창세 이후에 나서 살다가 죽은 사람들 중에 적그리스도에게 경배했던 사람들은 창세전에 이름이 기록되지 못한 자들이란 말입니다. "이 땅에 사는 자들은 다 그 짐승에게 경배하리라." 여기 "경배"는 짐승을 숭배하면서, 짐승을 아주 높이고 좋아하면서 경배하는 것을 말합니다.

왜 그렇습니까? 계시록 13장 3절에 보면 "온 땅이 놀랍게 여긴다"고 했습니다. 놀랍게 여긴다는 것은 아주 훌륭하게 보면서 높인다는 말입니다. 아주 놀랄 정도로 높이는 태도입니다. 이어서 4절까지 보면, "짐승을 따르고 용이 짐승에게 권세를 주므로 용에게 경배하며 짐승에게 경배하여 이르되 누가 이 짐승과 같으냐 누가 능히 이와 더불어 싸우리요 하더라"(13:3b-4)고 했습니다. 여기에서 짐승은 비유라고 했습니다. 온 천하를 다스릴 적그리스도를 짐승이라고 비유했습니다. "누가 이 짐승과 같으냐 누가 이와 더불어 싸우리요." 그러니까 짐승에게 경배하는 사람들은 천하에 이렇게 훌륭하고 위대한 자가 없다고 생각하며 그렇게 하는 것입니다.

• 성도가 마땅히 들어야 할 말

누구든지 귀가 있거든 들을지어다(13:9).

여기 귀가 있다는 말은 하나님의 말씀을 듣고 깨달을 만한 귀, 깨닫는 귀를 말합니다. 사람마다 귀는 있지만 하나님의 말씀을 깨닫는 귀는 따로 있습니다. 같이 앉아서 하나님 말씀을 들으며 성경을 배우지만 그 신령한 뜻까지 깨닫는 사람들이 따로 있습니다. 신령한 뜻을 깨닫지 못해 재미를 못 보는 사람들도 있다는 말입니다. 하나님의 말씀을 깨닫고 좋아하는 것은 이미 귀가 열린 사람입니다. 하나님이 은혜를 주어서 불러내는 사람입니다. 구원받을 사람입니다.

평생 성경을 배운다고 하지만 그 신령한 맛을 도무지 모르는 사람들이 있습니다. 구원받지 못한다는 말은 하지 않겠습니다. 하지만 구원 문제가 의심스럽습니다. 참으로 하나님의 말씀을 듣고 깨닫는 것이 천하보다 귀합니다. "귀가 있거든 들을지어다" 했는데 무슨 말을 들으라는 겁니까? 10절입니다.

사로잡는 자는 사로잡힐 것이요 칼로 죽이는 자는 자기도 마땅히 칼에 죽으리니 성도들의 인내와 믿음이 여기 있느니라(개역한글, 13:10).

사로잡는 자는 누굽니까? 적그리스도예요. 하나님의 원수 적그리스도가 자기 시대에 권세를 잡고 믿는 사람들을 사로잡아 간다는 말입니다. 포로로 잡아간다는 말입니다. "사로잡는 자는 사로잡힐 것이요" 그랬습니다. 믿는 사람들을 포로로 잡아가는 적그리스도와 그 무리는 사로잡힐 것이라는 말입니다. 그들 자신이 사로잡힐 때가 온다 그 말입니다. 계시록 19장 마지막 부분에 이 말씀이 나오니까 거기 가서 그 뜻을 밝혀 보겠습니다.

계시록 19장 후반부에 짐승에 대한 말씀이 나옵니다. 20절을 보면 예수님이 재림하셔서 이 적그리스도를 사로잡습니다. 19장 19절을 보면 "또 내가 보매 그 짐승과 땅의 임금들과 그들의 군대들이" 그랬습니다. 적그리스도와 연합한 왕들이 많습니다. "그들의 군대들이 모여 그 말 탄 자와 그의 군대와 더불어 전쟁을 일으키다가." 즉 재림하신 예수와 싸운다는 말입니다. 20절입니다. "짐승이 잡히고." 사로잡혔다는 말이지요. 잡혔다는 말이지 죽었다는 말은 아닙니다. "그 앞에서 표적을 행하던 거짓 선지자도 함께 잡혔으니." 사로잡혔다는 말입니다.

"이는 짐승의 표를 받고 그의 우상에게 경배하던 자들을 표적으로 미혹하던 자라." 즉 거짓 선지자는 그러한 악한 짓을 하던 자라 말입니다. "이 둘이 산 채로 유황불 붙는 못에 던져지고." 적그리스도와 적그리스도의 앞잡이 즉 적그리스도 앞에서 거짓 선지자 노릇 하던 사람, 이 둘이 산 채로 유황불 붙는 못에 던져진다고 했습니다. 그러니까 사로잡힌 것이지요. 적그리스도와 거짓 선지자가 산 채로 유황불에 던짐이 된다고 했습니다. 주님이 재림하셔서 이들을 사로잡아 유황불 구덩이에 던진다는 말씀입니다. 그러니까 그건 그때 그렇게 되는 것입니다. 주님이 재림하셔서 되는 일입니다. 그러니까 말이 다 통하지요.

다시 계시록 13장 10절을 보겠습니다. "사로잡는 자는 사로잡힐 것이요" 적그리스도가 예수 믿는 사람들을 포로로 사로잡아 갔는데 그 죗값으로 그들이 사로잡힌다는 말입니다. 주님 재림하실 때 사로잡혀 유황불 구덩이에 산 채로 던짐이 된다는 것을 위에서 살펴본 19장 20절에서 보았습니다.

"칼로 죽이는 자는 자기도 마땅히 칼에 죽으리니"(13:10). 칼로 죽이는 자는 누굽니까? 적그리스도의 무리지요. 적그리스도의 군대입니다. 적그리스도의 군대가 주님 재림 후 칼로 죽임을 당합니다. 계시록 19장 21절 말씀, "그 나머지는 말 탄 자의 입으로부터 나오는 검에 죽으매 모든 새가 그들의 살로 배불리더라"는 말씀과 꼭 맞지 않습니까? 사로잡는 자는 사로잡힐 것이고 칼로 죽이는 자는 자기들도 칼로 죽임이 되리라 말씀한 대로 이제 예수님이 재림하셔서 그대로 성취하시는 것입니다.

다시 계시록 13장 10절 읽습니다. "사로잡는 자는 사로잡힐 것이요 칼로 죽이는 자는 자기도 마땅히 칼에 죽으리니." 9절에 "누구든지 귀가 있거든 들을지어다" 했는데, 무슨 말을 들으라는 겁니까? 사로잡는 자는 사로잡힐 것이요 칼로 죽이는 자는 자기도 마땅히 칼에 죽으리라는 말을 들으라는 것입니다. 지금은 적그리스도가 죄 없는 성도들을, 오히려 의롭게 사는 성도들을 사로잡아다가 처리합니다. 그리고 많은 신자를 또 칼로 죽입니다. 그렇게 악한 짓을 하지만 그 악한 짓을 하는 자들이 보응을 받아 사로잡히게 되고 칼에 죽는다는 이 말을 들어두라는 말입니다.

그것이 무슨 뜻입니까? 지금은 적그리스도의 때이기 때문에 자기 마음대로 권세를 휘두르고, 그리스도 안에서 의로운 자들을 박해하고 죽이지만 그런 것들을 두려워하지 말라는 것입니다. 그래서 귀 있는 자들은 들으라는 것입니다. 적그리스도의 박해도 잠시 동안이지 주님이 재림하면 뒤집힌다 그 말입니다. 그러니까 이제 뒤집힐 그때를 생각하면서 참으라는 것입니다. 죽어도 좋다고 믿는 사람들이 죽는다고 해서 없어지는 것도 아니고 망하는 것도 아니란 말이에요. 도리어 뒤집혀져 영광을 받는 때가 반드시 올 테니 그까짓 참는 것쯤은 그 영광에 비하면 조족지혈이란 말입니다. 잡아다 죽인다 해도 새 발의 피라, 그 말입니다. 그 고비만 잘 넘기면 영원한 생명만이 아니라 영원한 영광을 주님과 함께 받으니 이 말을 잘 들어둬라, 그 말입니다. 이 말을 귀에 잘 들어 두면 적그리스도의 핍박이 올 때 참아낼 수 있다는 것입니다. 사람이 참는 것은 소망이 있어야 참는 것입니다. 소망이 없으면 참을 힘이 나지 않습니다.

계시록 13장 10절 하반절입니다. "성도들의 인내와 믿음이 여기 있느니라." 성도들이 참는 것과 주님을 끝까지 믿는 것이 여기 있다, 이제 장차 뒤집힌다, 멀지 않아서 뒤집힌다는 것입니다. 그런데 뒤집히면 뭐하냐, 우리 죽은 다음에 뒤집히면 뭐하냐 그렇게 생각하면 안 됩니다. 그것은 성경을 거스르는 생각입니다. 성경과 싸우자는 생각입니다. 그것은 마귀의 생각입니다. 죽으면 끝이라고 생각하는 것은 성경적이지 않아요. 이 세상은 잠깐이요 나그네 세상이고 저 세상이야말로 사실 보람되고 영원한 세상이라는 것이 성경의 교훈입니다. 그러기에 성도들은 이 나그네 세상에서 잠깐 동안 고난 받거나 박해받아 죽임이 된다 해도 참는다는 말입니다.

마태복음 10장 28절에, 몸은 죽여도 영혼을 죽이지 못하는 자들을 두려워하지 말고 몸과 영혼을 아울러 지옥에 멸하는 자를 두려워하라 그러지 않았습니까? 예수님이 그렇게 가르치지 않았습니까? 이 예수님의 말씀을 믿을 맘이 없습니까? 예수님의 말씀을 안 믿는다면 누구를 믿겠습니까? 예수를 믿는다는 것은 예수님의 말씀을 액면 그대로 믿는다는 뜻입니다. 그의 말씀을 안 믿으면 어떻게 예수 믿는다고 할 수 있습니까? 예수님은 철두철미 이 세상은 나그네 세상이요 저 세상, 즉 육신이 죽고 난 후의 세상이 영구하고 참으로 생각해 둘 세상, 바라볼 세상이라고 가르치셨습니다. 이런 말씀을 믿지 못하면 예수 믿는다고 할 수 없지요.

사로잡는 자라는 말은 무섭습니다. 예수 믿는다고 하면 잡아가요. 그러나 사로잡는 자도 잠깐이지 주님이 재림하시면 도리어 자기가 사로잡혀가게 됩니다. "사로잡는 자는 사로잡힐 것이요 칼로 죽이는 자는 자기도 마땅히 칼에 죽으리니 성도들의 인내와 믿음이 여기 있느니라"(13:10). 귀가 있다는 것은 이런 말을 듣기 위해 있는 것이지요. 요긴한 말은 듣지 않고 들으나마나한 말만 잘 듣는다면 그게 어디 되겠습니까? 지금까지 적그리스도가 하는 일이 어떻다는 것을 말했습니다.

이적을 행하는 거짓 선지자

내가 보매 또 다른 짐승이 땅에서 올라오니 어린양같이 두 뿔이 있고 용처럼 말을 하더라(13:11).

11절부터 보면 적그리스도가 내세우는 사람이 나옵니다. "다른 짐승이 땅에서 올라오니" 했는데, 이것은 비유입니다. 사람을 짐승이라고 한 것은, 그가 하는 짓이 짐승과 같다는 말입니다. 무지하고 잔인합니다. 사랑도 자비도 긍휼도 도무지 모릅니다. 생명이 귀한 줄도 도무지 모릅니다. 생명을 그저 뭐 파리같이 여기는 그런 짐승이란 말입니다. 짐승 같은 자란 말입니다. 이 둘째 짐승은 거짓 선지자를 비유합니다. 적그리스도를 높이고 적그리스도를 따르게 하기 위하여 적그리스도의 앞잡이 노릇 하는 자입니다. 거짓말을 많이 퍼 뜨리고, 사람을 많이 속이고, 또 거짓된 이적을 많이 행합니다.

많은 사람이 이적을 높게 생각합니다. 그러니까 마귀가 사람들을 타락시키기 위해 이적을 행합니다. 그러면 거짓 이적이라는 것이 무엇입니까? 그것은 사람이 보면 놀랄 만큼 이상한 일입니다. 사람이 못 하는 것을 합니다. 그러니까 이상하다는 것입니다. 그러나 하나님이 하시는 일이 아니니까 거짓이라는 것입니다. 사람이 속을 만큼 특별한 방법을 쓰는데 거기에는 힘이 있습니다. 굉장한 힘이 있습니다. 병을 고칠 수도 있습니다. 최면술로도 병을 고친다고 합니다.

하지만 참된 이적은 하나님이 하시는 것입니다. 병 고치는 것도 참된 것은 하나님이 하시는 것입니다. 그런데 마귀도 이적을 행합니다. 사람을 자기편으로 끌어들이는 데 이적이 제일 좋기 때문에 마귀도 이적을 행합니다. 출애굽기를 읽어 보면 하나님이 애굽 땅에 열 가지 재앙을 내리실 때 술사들도 지팡이로 뱀을 만들지 않았습니까? 또 하숫물이, 나일 강물이 피가 되게 하지 않았습니까? 사람이 할 수 없는 것입니다.

그런데 왜 거짓 이적이라고 합니까? 사람이 못하는 것을 했는데, 왜 거짓 이적이라고 합니까? 하나님이 하지 않았기 때문입니다. 하나님이 한 것이어야 참된 것입니다. 그것이야말로 진짜입니다. 참된 것입니다. 이 마귀가 어떤 방법으로 했는지는 알 수 없지만 사람이 하지 못하는 것을 합니다. 사람이 할 수 없는 것을 마귀가 합니다. 그런고로 가짜 이적입니다. 하지만 놀랍고 아주 이상스러운 것이기 때문에 많은 사람이 따라갑니다. 그러할지라도 하나님이 하지 않고 마귀가 했으면 가짜란 말입니다. 비록 가짜지만 사람보다 힘이 더 있는데 그걸 어떻게 이깁니까? 아무리 놀라운 일이 있다고 해도 하나님이 하지 않은 것은 믿지 않겠다, 따라가지 않겠다, 하는 믿음이 있어야 이깁니다.

사랑하는 자들아 영을 다 믿지 말고 오직 영들이 하나님께 속하였나 분별하라 많은 거짓 선지자가 세상에 나왔음이라(요일 4:1).

요한일서 4장에 영을 다 믿지 말라, 영들을 시험하라, 그랬습니다. 아무리 사람이 할 수 없는 일을 해도 나는 그렇게 얼른 따라가지 않겠다, 이렇게 생각해야 합니다. 지내봐야 알고 그동안 판정할 수 없다고 해도 좋다, 그거 안 따라갔다고 손해 보는 것 아니다, 이렇게 생각해야 합니다. 성경에 그런 말 하지 않았다, 이렇게 생각해야 합니다.

영을 다 믿지 말고 시험하라 그랬습니다. 지내보고 확실히 이것이 성경에 맞는 일인가 아닌가를 확신하기까지, 확실히 판가름하기까지 따라가지 말라는 것입니다. 그러는 동안에 세월 다 가고 그거 판정 안 나면 내가 큰일 난다는 생각을 할 필요가 없습니다. 하늘에서 불이 내려온다 해도, '이거 뭐 사람이 하지 못하는 일이 이렇게 된다고 해서 따라가지 않겠어. 성경에 말하기를 영을 다 믿지 말고 시험하라 그랬어. 고분고분 따라가는 것만이 경건은 아니야. 고분고분 따라가지 않고 버티고 앉아서 성경에 맞는 것이라면 믿겠지만 성경에 맞지 않으면 믿지 않는다' 하는 것이 믿음입니다. 그게 진짜 믿음이란 말입니다.

● 겉모양보다 그 말을 들어봐야

13장 11절 말씀을 계속 보겠습니다. 이 거짓 선지자가 적그리스도의 앞잡이 노릇을 하려고 지금 나오는데, 그 모양이 어떻습니까? "어린 양 같이 두 뿔이 있고", 어린 양 같이 두 뿔이 있습니다. 이건 모방입니다, 예수님이 어린양 아닙니까? 예수님을 모방하는 것입니다. 사람들을 자기편으로 끌어들이려고 양처럼 온유한 척 합니다. 거짓 선지자도 얼마든지 사람을 끌 수 있습니다. 사람이 아주 양과 같이 온순하고 사랑이 있는 것 같고 부드러운 사람 같게 보입니다. 하지만 마귀는 그런 사람을 씁니다. 그렇다면 온유한 사람, 부드러운 사람은 다 마귀의 종이 되느냐 하면 그런 것은 아닙니다. 마귀가 그런 사람을 쓰는 일이 있다는 말입니다. 그러니까 마귀 편으로 많은 사람이 미혹을 받아서 갑니다. 마귀가 아주 둔하고 재주 없고 어리석은 줄 압니까? 그렇지 않습니다. 마귀의 꾀가 굉장합니다. 새끼 양 같이 두 뿔이 있다는 것은, 생긴 것이 어린 양 같다는 말입니다. 따라서 사람을 끌 수 있습니다.

그런데 11절에서 이 거짓 선지자가 또 어떻다고 합니까? "용처럼 말을 하더라" 그랬습니다. 용은 사탄인데 그 말을 들어보니까 그 말이 틀렸다는 것입니다. 그런데 말을 들어보고 알려면 좀 오래 들어봐야 합니다. 한두 시간 들어봐서는 모릅니다. 요한일서 4장 1절에서 영들을 다 믿지 말고 오직 영들이 하나님께 속하였나 분별하라 많은 거짓 선지자가 세상에 나왔음이라고 했는데, 시험하는 것이 어디 한 번에 됩니까? 그래도 좀 시간을 두고 지내 봐야지요. 말을 들어보면 반드시 진리가 아닌 부분이 있습니다. 좋은 말도 많이 합니다. 좋은 말도 많이 하지만, 잘 들어보면 중요한 부분에 가서 비뚤어지는 것이 있습니다. 다른 것을 거기 넣는단 말입니다. 그러니까 사람들이 속아 넘어가기 쉬운 것입니다. "용처럼 말을 하더라", 사탄의 말을 하더라는 것입니다.

그가 먼저 나온 짐승의 모든 권세를 그 앞에서 행하고 땅과 땅에 사는 자들을 처음 짐승에게 경배하게 하니 곧 죽게 되었던 상처가 나은 자니라 (13:12).

"먼저 나온 짐승"은 곧 적그리스도입니다. 13장 3절부터 기록된, "곧 죽게 되었던 상처가 나은 자"입니다. "곧 죽게 되었던 상처"라는 것은 전에 전쟁하다가 망한 적이 있는데 지금 그 나라가 일어났으니 그것이 바로 나아가지고 일어난 것을 말합니다.

큰 이적을 행하되 심지어 사람들 앞에서 불이 하늘로부터 땅에 내려오게 하고(13:13).

"큰 이적을 행하되." 마지막 적그리스도라는 자가 큰 이적을 행하는데, 적그리스도의 선지자 즉 이 앞잡이도 큰 이적을 행하더라는 것입니다. 아까도 말했지만 모세를 대적하던 술사들도 지팡이로 뱀이 되게 하였고 또 하숫물을 피가 되게 하지 않았습니까? 적그리스도의 앞잡이가 된 거짓 선지자가 큰 이적을 행한단 말입니다. "심지어 사람들 앞에서 불이 하늘로부터 땅에 내려오게 하고." 이것이 무슨 불일까요? 그저 우린 하늘에서 불이 내려오는 것으로 생각해야지요. 다른 것을 생각할 필요가 있겠습니까?

> 짐승 앞에서 받은바 이적을 행함으로 땅에 거하는 자들을 미혹하며 땅에 거하는 자들에게 이르기를 칼에 상하였다가 살아난 짐승을 위하여 우상을 만들라 하더라(13:14).

앞에서 설명했듯이 전쟁에서 패배하여 거꾸러졌던 나라가 세계의 종말 기에 일어나서 마지막 적그리스도 노릇을 하는데, 그가 칼에 상하였다가 다시 말해 전쟁에 망하였다가 살아난 짐승이란 말입니다. "짐승을 위하여 우상을 만들라 하더라." 이 거짓 선지자가 짐승을 위해 우상을 만들어서, 모양을 만들어서 섬기라고 한다는 말입니다.

> 그가 권세를 받아 그 짐승의 우상에게 생기를 주어 그 짐승의 우상으로 말하게 하고 또 짐승의 우상에게 경배하지 아니하는 자는 몇이든지 다 죽이게 하더라(13:15).

"그 짐승의 우상으로 말하게 하고." 이건 또 어떻게 하는 것인지 우리는 모르지요. 모르는 것을 자꾸 이렇게 가져다 붙이고 저렇게 가져다 붙일 필요가 없습니다. 우리는 모릅니다. 그러나 이적이라 했으니 이적으로 생각할 뿐입니다. 그 우상이 말을 하더라는 것입니다. "또 짐승의 우상에게 경배하지 아니하는 자는 몇이든지 다 죽이게 하더라." 적그리스도 앞에서 앞잡이 노릇 하는 거짓 선지자의 세력이 굉장합니다. 그 세력이 어떠한지 16절 이하에 설명이 나옵니다.

> 그가 모든 자 곧 작은 자나 큰 자나 부자나 가난한 자나 자유인이나 종들에게 그 오른손에나 이마에 표를 받게 하고(13:16).

사람들에게 짐승의 표를 받게 합니다. 오른손이나 이마에 표를 받게 합니다. 그 표는 '나는 저 짐승을, 다시 말하면 마지막 적그리스도를 위하는 자다' 하는 신분 표시입니다. 오른손에 무슨 표가 있고 또 이마에 무슨 표가 있다는 말입니다. 그러니까 손을 보자고 해서 손을 내밀면 알 수 있게 되어 있는 것입니다. 이 사람은 칼에 상하였다가 나은 자를 섬기는 자로구나 알게 되는 것입니다. 또 이마에도 표를 한다고 하니까 물어보지 않고도 알게 될 것입니다. 그렇게 통제하는 시대입니다. 사람을 옴짝달싹 못 하게 통제합니다.

666은 물질 숭배주의

> 누구든지 이 표를 가진 자 외에는 매매를 못하게 하니 이 표는 곧 짐승의 이름이나 그 이름의 수라 지혜가 여기 있으니 총명한 자는 그 짐승의 수를 세어 보라 그것은 사람의 수니 그의 수는 육백육십육이니라 (13:17-18).

그 표에 짐승의 이름을 쓰든지 그렇지 않으면 숫자를 쓰든지 하라는 것입니다. 헬라어나 히브리어에서는 그 글자들이 숫자를 대신해서 사용되는 풍속이 있었습니다. 그래서 글자를 풀이를 하면 어떤 수가 나옵니다.

예를 들면, 해석가들이 이 적그리스도를 누구라고 했는고 하니 '라타이노스'($\lambda\alpha\tau\epsilon\iota\nu\sigma\varsigma$ - λ=30, α=1, τ=300, ϵ=5, ι=10, ν=50, o=70, ς=200)라고 해석했습니다.

라타이노스란 말은 라틴인데 로마란 말입니다. 그래서 'λ'를 풀이하면 얼마, 'α'를 풀이하면 얼마, 이렇게 해서 글자 전부를 합산하면 666이 나옵니다. 18절에서 적그리스도의 숫자가 666이라고 하지 않았습니까. 그래서 '라타이노스'를 숫자 풀이로 합산하면 666이 된다면서 당시 로마를 마지막 나라, 마지막 적그리스도 나라라고 생각한 사람들이 있었다는 말입니다. 그러나 맞지 않았습니다. 적그리스도의 숫자가 짐승의 이름이나 그 수라는 말의 뜻이 그 뜻이 아니라는 것을 알아야 합니다.

그러면 이 마지막 적그리스도가 누굽니까? 여기 17절 말씀을 잘 해석하면 대략 알 수 있습니다. "누구든지 이 표를 가진 자 외에는 매매를 못하게 하니 이 표는 곧 짐승의 이름이나 그 이름의 수라"고 했습니다. 매매를 못하게 한다는 것이 제일 큰 문제입니다. 사거나 팔거나 하지 못하면 어떻게 됩니까? 죽게 되는 것 아닙니까. 이것은 경제 문제로 사람을 죽이느냐 살리느냐 판정 내리는 제도를 말하는 것입니다. 경제 문제에 붙어사는 사람, 경제에 붙어사는 사람은 이것이 없이는 살 수 없습니다. 지금의 우리 시대가 어떠한 시대인지도 알아야 합니다.

에스겔 38장을 읽어 보면 이스라엘을 대적하고 일어나는 나라 중에 특별히 '로스'라는 나라가 있습니다. 이 로스는 러시아입니다. 러시아가 공산주의를 가지고 사람을 통제하고 경제를 엄격하게 통제하고 그러니까, 러시아라고 생각하는 사람들이 많이 있었습니다. 그런데 지금에 와서는 생각이 조금 멈칫거릴지는 모르겠습니다. 러시아가 지금 상당히 개방정책을 쓰지 않습니까? 공산주의 가지고는 안 되겠다 싶어서 개방 정책을 쓰기로 하였습니다. 막스의 자본론 가지고는 도저히 안 되더라는 결론이 난 것입니다. 그래서 지금 수정중에 있으니까 결론은 이미 난 겁니다. 그래서 중국도 벌써 수정하는 중입니다. 그만큼 개방주의로 나오니 아무래도 멈칫해야 안 되겠나, 소련이 마지막 적그리스도 나라라고 할 수 있겠는가, 하는 생각이 들 정도인 것 같습니다.

그렇지만 우리가 기억할 것은 어떤 방법으로 하든지 다 물질주의라는 것입니다. 다시 말하면 그렇게 오른손에 이름 즉 적그리스도의 표를 붙여야 되고 이마에 붙여야 될 정도로 경제 통제를 해 봤지만, 그것 가지고는 안 되더라 하면서 개방을 하는 것도 역시 '먹고 살자 주의'라는 것입니다. 그러니까 아무리 정책 수정을 한다고 해도 그 자리 근방에서 노는 겁니다. 하나님께로 돌아가자가 아니에요. 막스의 자본론으로 일이 안 되니까, 그것을 조금 수정하자 하는데, 이것도 경제주의지요. 이것 역시 돈 주의란 말입니다. 조금 수정해야 돈을 벌겠다, 조금 수정해야 고루 먹고 살 것 같다, 그렇게 하면서 이렇게 하는 것이지 하나님께로 돌아가자가 아니란 말입니다.

그러면 여기 매매를 못하게 한다는 것이 결국은 경제주의로 사회생활을 짜 나간다는 말입니다. 어떻게 하면 다 잘 먹고 잘 살겠는가 하는 표준으로 정책을 바꾸기도 하고 세우는 것이지 다른 것이 아닙니다. 그러니까 결국은 같은 놀음입니다. 그러기 때문에 지금 이 시대에 정치라는 것은 결국 경제입니다. 경제를 잘 운영하면 정치를 잘하는 것이고 경제를 잘못 운영하면 정치를 잘못 운영하는 거예요. 옛날에는 도덕적으로 훌륭한 인물이 나와서 한 마디 하면 사람들이 다 순종하고 우리가 참 지도자를 만났다 하지만 오늘날은 그렇지 않습니다. 오늘날은 잘 먹고 잘 살게만 해주면 그가 훌륭한 정치가란 말입니다. 그것이 진짜 정치가라, 그렇게 생각합니다. 지금 러시아가 저렇게 나오는 것도 그 원리입니다.

그런데 일이 이렇게 되어나갈 때 마지막에 가서 탁 부딪칠 때가 어디냐 하면 바로 하나님의 심판입니다. 너희 인생의 목적은 먹고사는 것이 아니라 하나님을 알고 사는 것인데 그것을 위반하였으니 너희가 망하는 것은 마땅하다는 것이 하나님의 심판입니다. 물질을 제일로 생각하는 배금주의 또는 돈 주의로 최후의 해결책이 될 줄 아는 사상은 망하는 사상이란 말입니다. 도덕이 있든지 없든지 상관없이, 하나님을 믿는 믿음이 있든지 없든지 상관없이 물질이 제일이라고, 돈이 제일이라고, 경제부흥이 제일이라고 생각하는 것은 결국 물질을 우상으로 삼는 것이란 말입니다. 지금 이 세상이 계속 이렇게 돌아가고 있습니다. 지금 이 세상은 돈 주의예요. 이 세상은 물질 숭배주의예요. 그럼 어떻게 되겠습니까? 계속 그쪽으로 나가는 사람들은 결국은 진리에 속하지 않은 자들입니다. 예수를 모르는 사람들입니다. 그렇게 나가는 사람들은 결국 적그리스도를 따르는 사람들입니다. 적그리스도가 정치하는 원리가 돈입니다. 매매하지 못하면 죽는 거란 말입니다.

반면에 성도들은 이것을 이깁니다. 매매할 수 없다 해도 그래서 뭐 어쨌다는 말인가라고 합니다. 성도들은 그런 것입니다. 하지만 적그리스도는 그 사실을 모릅니다. 돈 문제만 붙잡고 있으면 다 다스린다고 생각합니다. 그 오른손이나 이마에 적그리스도의 이름을 붙여야만 한다고 생각합니다. 적그리스도의 경제 정책을 따라가야지 그렇지 않으면 죽는다고 생각합니다. 이런 주장이 계속 이 세상으로 번져나갈 것이라고 믿는 것 아닙니까? 최근에 되어가는 일들도 보면 중국에서 되는 일이든지 러시아에서 되는 일이든지 다 마찬가지 아닙니까?

공산주의를 조금 수정했다고 해서 사람이 달라지는 것이 아닙니다. 도덕을 무시하는 것은 여전하고 종교를 무시하는 것도 마찬가지입니다. 하나님을 알게 하는 진짜 진리인 종교, 이것을 무시하는 것은 다 마찬가지예요. 어느 정도 허용할지 모르나 그것 역시 돈이 좀 생기니까 그러는 겁니다. 어떤 방법을 쓰든지 간에 돈 숭배주의로 세상을 단속하려는 이데올로기가 바로 짐승의 이데올로기란 말입니다. 따라서 세상 끝 날까지, 예수님 오시기까지는 이와 같은 사상과 주장이 계속 번져나가고 커진다는 것을 성경이 보여 주는 것입니다. 경제적인 통제를 받지 않고는 살 수 없게 만들어 놓은 제도인지라 예수님이 오시기 직전에도 위의 상황이 가장 왕성합니다. 짐승은 먹는 것밖에 모릅니다. 마지막 적그리스도가 꼭 짐승과 같습니다. 도덕을 모르고 하나님을 모르고 영생을 모르고 내세를 모르는 그러한 자입니다.

- ## 하나님을 향한 열심

　13장 18절에서 적그리스도의 이름 풀이를 하니까 666이라고 했으니 666이라는 것이 뜻이 있는 것이지요. 666이라는 글자 풀이를 하니까 이런 뜻이 있습니다. 6이라는 수는 이 세상의 수입니다. 그것을 어떻게 압니까? 성경 어디에 6이라는 수가 세상 수라고 했느냐고 하면, 사실 우리는 그런 것 잘 모릅니다. 하지만 7이라는 수가 하나님과 관계된 수인 것은 압니다. 계시록 1장 4절 공부할 때, 성령을 일곱 영이라고 한 것은 성령님이 일곱 분이라는 뜻이 아니라 일곱 숫자로 표시되는 완전성을 의미한다고 이미 배웠습니다.

　7이 그러할진대 6은 아무래도 7에 이르지 못하는 것이 사실 아닙니까? 7에 미달하는 수입니다. 그러니까 그것은 인간의 문제를 해결해주지 못하는 모자라는 수라는 말입니다. 기껏해야 물질, 이 세상, 뭐 그런 것이지 하나님 수준에 도달하지 못합니다. 결국 물질 가운데서 뱅뱅 돌고 있는 것이고, 이 세상에서 왔다갔다 하는 것이지 인생 문제를 해결해 주는 높은 차원의 원리 원칙, 그 진리 즉 하나님께는 도달하지 못합니다. 백 번 죽었다 깨어나도 도달하지 못합니다. 이런 지도 원리는 하나님을 모르는 지도 원리입니다. 물질을 제일로 아는 것입니다. 그러기 때문에 우리가 여기서 총명이 있는 깨달음을 가질 수 있습니다.

> **지혜가 여기 있으니 총명한 자는 그 짐승의 수를 세어 보라 그것은 사람의 수니 그의 수는 육백육십육이니라**(13:18).

　지혜가 있어야 합니다. "총명한 자는 그 짐승의 수를 세어 보라." 짐승의 수를, 그 이름까지 아는 데는 미흡하지만 그 원리는 알 수 있습니다. 이것이 지혜입니다. 그 원리원칙은 알 수가 있습니다. 그것은 배금사상입니다. 돈 앞에 가서 절하는 배금사상, 물질주의, 경제주의입니다.

　거기에 현대과학이 들어간 과학적인 조직주의입니다. 현대인은 컴퓨터의 출현으로 사람이 할 수 없는 복잡한 계산을 할 수 있게 되었고 더불어 놀라운 기계적 편리를 누리게 되었습니다. 그러면서 기계는 자꾸 올라가고 자꾸 높아지고 자꾸 활동하는데, 사람은 자꾸 낮아집니다. 사람은 자꾸 쇠퇴합니다. 기계를 앞세우고 자기는 머리를 안 씁니다. 자기는 계산하지 않습니다. 그저 눈 감고라도 계산기만 두들기면 답이 나옵니다. 그러니까 사람이 자꾸 퇴화하는데 이런 식의 후퇴는 결국 도덕의 후퇴입니다. 사람이 노력을 해야 합니다. 고생을 해야 합니다. 고생을 해 보아야, 이거 내가 길을 잘못 갔구나 이렇게 생각하면서 허물도 고치는 겁니다.

그런데 오늘날은 눈 감고서도 편리를 누릴 수 있습니다. 돈만 있으면 가만히 앉아서 편안히 살 수 있습니다. 이런 식의 사람들이 되어가고 있고, 또 그런 수준의 생활을 꿈꾸고 있다는 말입니다. 그렇게 된 것은 인간의 방향이 잘못된 것입니다. 그런고로 현대인들 가운데 어떤 사람은 현대 문화를 부정합니다. 이것이 다 우리를 망하게 하는 거라고 합니다. 그것이 너무 극단적인 태도일 수 있지만, 어쨌든 기계를 사용하더라도 자신을 돌아보며 사용해야 합니다. 기계에서 편리를 얻는 대신 주를 위해 내 수고를 더 해야겠다는 생각을 해야 합니다.

자꾸 편리주의, 무사안일주의만 찾고 과학이면 다 된다고 생각한다면 위험하기 그지없는 것입니다. 사람이 노력해야 할 부분을 기계가 다 점령해 버리게 됩니다. 결국 사람은 고생도 안 하고 노력도 안 하게 되어 도덕적으로 타락합니다. 종교적으로도 그저 일시적 평안에 도취되어 무슨 얼어 죽을 종교가 필요 하냐고까지 합니다. 조금 더 지나치면 천당도 필요 없다고까지 합니다. 그러기 때문에 결국 현대 인류가 걸어가는 이 길은 잘못된 방향입니다.

지금까지 인류는 정치는 경제이고, 경제는 정치라는 주의와 기계, 물질, 돈이면 다라는 주의로 달려왔는데, 그대로 두면 계속 이 방향 이대로 달음질해 가지 않겠습니까? 이 방향을 사람이 고친다는 것은 굉장히 어려운 일입니다. 하나님이 또다시 큰 환난을 인류에게 보내서 그들이 추구했던 기계나 물질이나 돈으로는 그 환난을 도무지 피할 수도, 어찌할 수도 없다는 것을 깨달아야만 그저 하나님만 찾아야 된다는 말이 나오게 되겠습니까? 좌우간 마지막 적그리스도가 온다는 것은 현대 인류의 걸어가는 추세를 봐서 알고도 남습니다.

우리는 계시록 13장을 읽고 결국은 666이라는 것은 이거로구나, 하고 알아야 합니다. 거기에 해당되는 인물이 누구인지 우리가 지금은 모르지만 그 특징은 다 알고 있습니다. "총명한 자는 그 짐승의 수를 세어 보라" 했습니다. 그 이름이 무엇인지 몰라도 괜찮지만, 우리가 조심할 것은 무엇이 장차 최후의 적그리스도가 되겠는가에 대해서는 알고 있어야 합니다.

그래서 그런 시대가 오면 아예 죽는 것이 우리의 길이라고 미리부터 명심하고 있어야 합니다. 구더기가 될 바에야 차라리 죽는 것이 낫지 않겠습니까? 만약 구더기로는 살 수 있다고 한다면, 구더기로라도 살겠다고 하겠습니까? 사람이 되어서 그렇게 살겠다고 하겠습니까? 내 생각에는 그럴 사람이 없는 줄로 압니다. 결국에 양심도 의리도 다 팔아먹고, 하나님을 아는 신앙 같은 것은 면도 못 내밀 정도에서 살아갈 바에야 인생을 포기하는 것이 낫지 않겠습니까? 그게 어디 사는 것입니까?

31
십사만 사천으로 상징된 성도들의 총수

계 14:1-5

● 하나님의 소유

또 내가 보니 보라 어린양이 시온 산에 섰고 그와 함께 십사만 사천이 서 있는데 그들의 이마에는 어린양의 이름과 그 아버지의 이름을 쓴 것이 있더라(14:1).

우리는 지난 시간 13장에서 마지막 적그리스도의 악한 행동, 하나님 앞에서 합당치 않게 행하는 그 모든 것을 읽었습니다. 마지막 적그리스도가 나올 때 땅 위에 사는 사람들이 모두 마지막 적그리스도를 숭배하고 섬겼습니다. 그때에 성도들은 마지막 적그리스도를 섬기지 않기 때문에 많이 죽음을 당합니다. 그 내용이 13장 8절에 기록되어 있습니다. "죽임을 당한 어린양의 생명책에 창세 이후로 이름이 기록되지 못하고 이 땅에 사는 자들은 다 그 짐승에게 경배하리라"(13:8). 그렇지만 이제 14장에 와서는 승리한 사람들이 나타납니다.

참되이 주를 믿는 사람들은 승리하고 어린양과 함께 시온 산에 섰다고 했습니다. 예수님을 어린양이라고 부르는 이유가 무엇입니까? 그것은 구약 시대에 신자들의 죄를 사하기 위하여 제물을 드릴 때 어린양을 죽여서 그 피로 제물의 요점을 삼았습니다. 그 피를 제단에 뿌리고 성소에 들어갈 때도 뿌리면서 들어갔습니다. 이와 같이 장차 오실 예수님이 속죄하시는 죽으심의 피를 여러 천 년 전부터 내다보고 그것을 미리 표하는 방법으로 어린양을 제물로 쓴 것입니다. 어린양이라 할 때는 속죄해 주신 예수님이라고 그렇게 알아야 합니다.

"어린양이 시온 산에 섰고." 시온 산은 하늘나라를 비유합니다. 적그리스도로부터의 횡포와 그 잔인한 핍박 때문에 수많은 성도가 그 육신은 죽임을 당했지만 구속함을 받은 영혼들이 하늘나라에서 예수님과 함께 섰다는 것입니다. 음울하고 살기(殺氣)로 가득한 세상과 거기에서 당하는 핍박을 보여 주다가 이제 위로의 말씀으로 14장의 내용을 보여 줍니다. 몸은 죽였지만 영혼은 죽임을 당하지 아니하고 하늘에 가서 어린양과 함께 섰다는 말입니다.

"그와 함께 십사만 사천이 섰는데." 여기 '섰다'는 말은 보통 말하는 일어섰다는 뜻이 아닙니다. 용기가 가득하여, 또한 기쁨이 충만하여 섰다는 뜻입니다. 승리하고 용기와 기쁨이 충만하여 섰다는 말입니다. 개선자의 모습입니다. 섰다는 말이 다른 말도 있지만 여기서는 특별히 그 뜻입니다.

"그들의 이마에는 어린양의 이름과 그 아버지의 이름을 쓴 것이 있더라." 어린양의 이름, 예수의 이름, 아버지의 이름, 하나님 아버지의 이름을 그들의 이마에 썼다는 것은, 십사만 사천이 바로 어린양과 하나님 아버지의 소유라는 뜻입니다. 이 책에 내 이름을 썼다는 것이 무슨 뜻입니까? 내 책이라는 뜻입니다. 분명하지요.

하나님의 것이 되었다는 것이 얼마나 행복합니까? 반면에 마귀의 것이 되었다는 것은 얼마나 비참합니까? 하나님의 것이 되었다는 것은 하나님의 보배라는 뜻이지요. 하나님이 버리지 않고 아끼시고 사랑해서 자기의 것을 삼았다는 뜻입니다. 어느 누가 가치 없는 것을 소유하기 원합니까? 내버리지요. 하나님께서 귀히 여기시고 보배로 여기시고 아끼고 사랑하고 보호하시며 귀히 여기는 소유, 그것이 얼마나 귀합니까. 또 이렇게 하나님의 소유가 되었다는 것이 얼마나 자랑스럽습니까.

늘 기뻐하는 신분

내가 하늘에서 나는 소리를 들으니 많은 물소리와도 같고 큰 우렛소리와도 같은데 내가 들은 소리는 거문고 타는 자들이 그 거문고를 타는 것 같더라 그들이 보좌 앞과 네 생물과 장로들 앞에서 새 노래를 부르니 땅에서 속량함을 받은 십사만 사천 밖에는 능히 이 노래를 배울 자가 없더라 (14:2-3).

십사만 사천의 신분으로 말하면 첫째 늘 기뻐하는 신분입니다. 늘 찬송하는 신분입니다. 사도 요한이 들으니까 소리가 우렛소리같이 납니다. 우렛소리처럼 클 뿐 아니라 그 소리가 아름답습니다. 거문고 타는 자들이 그 거문고를 타는 것 같더라고 했습니다. 이것이 노래입니다. 십사만 사천이 부르는 노래가 그렇게 힘이 있고 그렇게 아름답습니다. 그런데 그 노래 내용이 새 노래입니다.

3절에 "새 노래를 부르니"라고 했습니다. 왜 새 노래라고 합니까? 구속함을 받은 자들의 노래이기 때문입니다. 그저 창조되어 살아가는 사람들의 노래가 아닙니다. 재창조되어서, 다시 말하면 예수 그리스도의 보혈을 믿음에 따라 새로워진 사람들이 부르는 새 노래라는 말입니다. 구(舊) 창조, 옛새 동안에 하나님이 지으셔서 있게 된 그 사람이 아니고 범죄하여 타락했다가 하나님의 긍휼을 입고 예수를 믿어 새롭게 된 사람, 신(新) 창조를 입은 사람입니다. 이 신 창조를 입은 사람의 노래가 따로 있습니다. 이것은 불신자는 알지 못합니다. 불신자는 그런 기쁨을 가져보지도 못합니다. 이것은 새 사람이 부르는 새 노래란 말입니다. 구속의 노래 혹은 구원의 노래입니다.

"땅에서 속량함을 받은 십사만 사천 밖에는 능히 이 노래를 배울 자가 없더라." 불신자는 전혀 이 새 노래를 느끼지 못한단 말입니다. 십사만 사천이 이 노래를 그 심령에서 불러일으키고 그 입으로 하게 된다는 말입니다. 십사만 사천이 한다고 합니다. 땅에서 속량함을 받은 십사만 사천 밖에는 능히 이 노래를 배울 자가 없다고 그랬습니다. 그러면 신자들 전부를 의미하는 것 아닙니까? 이 노래를 부르는 사람이라면 십사만 사천에 속하는 사람이지요. 믿는 사람은 전부, 참으로 믿는 사람들은 전부 십사만 사천에 속한다는 뜻 아닙니까? 십사만 사천 밖에는 이 노래를 배우지 못한다고 하니 구원받은 자의 수효가 십사만 사천 명이라는 것은 비유적으로 말한 것입니다. 실제로 그 수효가 십사만 사천으로 끝나는 것이 아니라 십사만 사천으로 비유될 만한 숫자란 말입니다. 그렇다면 그 숫자가 얼마인가? 그것은 아는 자가 없습니다.

십사만 사천이라는 숫자를 가지고 잘못 가르치는 사람들이 있습니다. 예수님 오시기 직전 즉 재림 직전에 십사만 사천이라는 수의 전도자들이 일어난다고 주장하는 사람이 있습니다. 그들을 사명자라고 합디다. 그분들을 사명자라고 불러요. 예수님 오시기 직전에 십사만 사천 명의 사명자들이 일어난다 그럽니다. 또한 이런 사명자들은 핍박을 받지 않는다고도 합니다. 어느 누구라도 그들을 핍박했다가는 큰일 난다는 겁니다. 누군가 핍박했다가는 능력으로 어떻게 나가 넘어지든지 능력으로 죽어버리게 된다든지 한다고 해요. 그렇게 가르치는 일들이 우리 교계에 있었습니다.

그런데 본문이 분명히 가르쳐주듯이 구속의 노래를 부를 수 있는 사람은 십사만 사천 안에 들어가는데, 옛적 사람들 중에도 십사만 사천에 들어갈 사람이 부지기수 아니겠습니까? 그리고 예수님 오시기 직전 사람들만 구속받았다고 하겠습니까? 우리 본문은 너무나도 명확하게 가르치지 않습니까? 구속함을 얻은 십사만 사천 밖에는 새 노래를 배울 수도 없다고 했는데, 십사만 사천이라고 하면 옛적부터 오늘까지 또 주님 오시기 직전에도 예수를 진실히 믿는 사람이라면 다 십사만 사천에 들어가는 거라고, 그렇게 가르치지 않습니까? 십사만 사천이 주님 오시기 직전에만 있을 권능 있는 사명 자들의 숫자라고 하는 것은 크게 잘못 가르치는 것입니다. 여기 십사만 사천에는 옛적부터 오늘까지, 또 주님 오실 때까지 예수를 진실히 믿는 사람이라면 다 들어갑니다. 십사만 사천이란 것이 비유 숫자입니다.

계시록은 숫자를 가지고 비유하는 일이 많습니다. 한 가지 예를 들어보겠습니다. 성령님을 일곱 영이라고 했습니다. 한 분이신데 왜 일곱 영이라고 합니까? 이상한 표현 아닙니까? 한 분이지만 완전하셔서, 한 곳에서만 일하시는 분이 아니라 천하 어디서든지 같은 시간에 일할 수 있는 아주 신기한 능력의 소유자라는 의미에서 일곱 영이라고 하는 것입니다. 이렇게 숫자를 가지고 비유하는 일이 성경, 특별히 계시록에 많이 있다는 것을 명심합시다. 말씀의 뜻을 분명히 알 때 마음에 힘이 나고 기쁨이 옵니다.

십사만 사천은 비유 숫자이고 옛적부터 주님 오실 때까지 있게 될 모든 참된 신자를 총칭하는 것입니다. 그러면 십사만 사천으로 대표되는 모든 신자가 어린양과 함께 승리의 기세를 가지고 시온 산에 서 있는데, 그들의 특징이 바로 기쁨입니다. 새 노래를 계속 부릅니다. 우리는 믿는 사람이 되었으니 기뻐하는 사람이 돼야 한다고 생각해야 합니다. 기쁨은 누가 가집니까? 예수를 잘 믿는다고 해도 계속 기뻐하지 못할 수도 있습니다. 잘 믿으면서도 예수를 더 사모하고 더 잘 믿으려고 하고 계속 자라나는 사람이어야 기쁨이 계속 있습니다.

더 잘 믿으려는 사람은 마음 가운데 늘 그 생각이 있습니다. 그 생각이 있어서 어려운 일을 당할 때에도 애를 쓰면서 잘 견뎌 나갑니다. 어려운 일이 있다고 해서 주저앉고, 어려운 일이 있다고 해서 낙심하고, 어려운 일 때문에 맥이 빠지면 안 됩니다. 죄를 지어서 어려운 일을 당하면 회개해야 하겠고, 특별히 지은 죄도 없는데 어려운 일을 당할 때는 이것은 신앙의 시련이다, 내 신앙을 더 좋게 하려고 이런 일이 있는 것이다, 이렇게 생각하면서 견뎌 나가야 합니다. 그것이 믿는 일에 있어서 진실한 증거입니다.

사모하는 자에게 하나님께서는 반드시 은혜를 주십니다. 환난과 괴로움을 당하더라도 변심하지 않고 끝까지 신앙을 달음질하는 사람은 반드시 하나님이 영적으로 역사하셔서 천하를 주어도 바꿀 수 없는 그런 은혜를 받습니다. 십사만 사천이 계속 노래 부르는 성도들이라고 말씀한 것을 볼 때 과연 이들은 믿음의 은혜를 그렇게 사모한 사람들이고 구원의 확신을 그렇게 사모한 사람들이었습니다. 그렇기에 우리는 하나님께서 그런 확신을 주고 또한 이렇게 성령의 은혜를 받아서 구원의 노래를 부르게 되었다고 아는 것이 합당합니다. 십사만 사천은 기쁨을 가진다는 것이 그 첫 번째 특징입니다.

• 신앙절개를 지키는 사람들

> 이 사람들은 여자와 더불어 더럽히지 아니하고 순결한 자라 어린양이 어디로 인도하든지 따라가는 자며 사람 가운데에서 속량함을 받아 처음 익은 열매로 하나님과 어린양에게 속한 자들이니 그 입에 거짓말이 없고 흠이 없는 자들이더라(14:4-5).

우리는 여기에서 십사만 사천의 그 신분상의 둘째 특징을 볼 수 있습니다. 이 사람들은 신앙절개를 지킨다는 것입니다. 4절에는 "여자와 더불어 더럽히지 아니하고" 그랬습니다. 성경에는 비유가 많습니다. 마귀를 비유할 때 사자라는 짐승으로 비유했습니다. 베드로전서 5장 8절에 나와 있습니다. 마귀가 우는 사자, 주린 사자같이 먹을 것을 찾아다닌다고 했습니다. 두루 돌아다닌다고 했습니다. 마귀가 그렇게 역사한다고 했습니다. 그러한 비유들이 성경에는 많습니다.

여기 "여자"란 말도 비유로 쓰였습니다. 이 세상을 여자라고 비유한 것입니다. 요한 번연은 『거룩한 전쟁』(Holy War)이라는 책을 썼습니다. 그 책에 비유를 많이 썼습니다. 거기에서 이 세상을 사람을 유혹하는 여자라는 뜻으로 말했습니다. 여자를 모욕하는 말이 아니라 비유로 쓰는 것입니다. 이러한 방면의 표현의 재료로 쓴 것입니다. 적그리스도 운동을 바로 여자의 운동이라고 비유한 것입니다. 13장에 기록된 마지막 적그리스도가 사람들을 미혹했습니다. 적그리스도가 자기의 사람을 만드는 그 운동을 우리가 읽었습니다.

십사만 사천 즉 진실한 성도들은 이 세상주의를 가지고 유혹하고, 하나님을 배반하고 세상을 사랑하게 만드는 것에 대하여 외면했습니다. 그 유혹을 물리쳤습니다. 그런 의미에서 여자와 더불어 더럽히지 않았다는 말씀이 여기 나오는 것입니다. 끝까지 예수만 사랑하고, 예수만 소망으로 알고, 예수만 영원토록 따라가는 신앙정절을 여기서 말하고 있습니다. 세상과 운명을 같이하지 않고 예수와 운명을 같이하는 삶의 노선입니다. 영원토록 예수님과 운명을 같이하는 것입니다.

다시 말해 "어린양이 어디로 인도하든지 따라가는 자"(14:4)라는 말입니다. 가다가 기쁘지 않은 일이 있다고 물러나지 않습니다. 그 길에서 빠져나와 딴 길로 가지 않습니다. 끝까지 영원토록 예수님을 따라가는 것입니다. 우리가 한평생 살아갈 때 모르는 일이 너무 많습니다. 그렇지만 예수님의 말씀만 따라가면 안전하고 소망이 있습니다. 어디를 가려고 할 때 길을 모르면 안내자를 따라가지 않습니까? 험한 길이라도 안내자가 그 길을 알기 때문에 따라가지 않습니까? 목적지에 들어가기까지 따라가지요. 그만큼 안내자를 믿습니다. 주님과 운명을 같이하는 것이 신앙 지조를 지키는 것입니다. 어린양이 어디로 인도하든지 따라가는 것입니다.

"사람 가운데에서 속량함을 받아"라고 했습니다. 이 구속이라는 것은 얽어맨다는 말이 아니라 값을 주고 구원했다는 말입니다. 구속은 구할 구(救)자와 살 속(贖) 자입니다. 예수의 피로 값을 주고 우리를 샀으니 우리는 하나님의 것입니다. "처음 익은 열매"란 것도 비유적인 표현입니다. 농사 지어서 처음 거둬들인 열매는 하나님께 바친다는 구약 규례에 따라 비유적으로 말씀한 것입니다. 우리 믿는 사람들은 하나님 앞에서 처음 익은 열매와 같습니다. 그분에게 속했고 그분의 것입니다. 우리 믿는 자들은 처음 익은 열매로 "하나님과 어린양에게 속한 자들"입니다.

"그 입에 거짓말이 없고 흠이 없는 자들이더라"(14:5). 여기 거짓말이라고 하는 것은 예수 그리스도를 부인하고 적그리스도를 따를 때의 거짓된 행동과 적그리스도가 하는 말을 입에 담고 말하게 될 때의 그것을 말하는 것입니다. 물건을 팔고 사는 과정에서 이익을 보기 위해 남을 속이는 거짓말이라기보다 신령한 거짓말을 마음에 두고 하는 말입니다. "그 입에 거짓말이 없"다는 것은 적그리스도의 사상을 완전히 배척하고 외면하고 멀리하는 것을 뜻하는 말입니다.

적그리스도는 거짓말로 사람들을 제 것으로 만들지 않습니까? 자기가 하나님이라고 하니 이것은 엄청난 거짓말입니다. 하나님을 위하지 말고 나를 위하라고 하는 말이니 그야말로 엄청난 거짓말입니다. 적그리스도가 활동하는 가운데 나타나는 모든 표현이 거짓말입니다. 참된 신자는 그러한 말을 귀담아 듣지 않고 신앙의 지조를 지켜서 하나님의 말씀만 따라가는 생활을 해 나가야 합니다. 그렇게 할 때 입에 거짓말이 없다고 하는 것입니다. 이렇게 살아가기 때문에 "흠이 없는 자들"이라고 말씀했습니다. 하나님 앞에서 흠이 없는 자라고 말씀했습니다. 십사만 사천의 신분이 어떠한 신분인가 말씀드렸습니다.

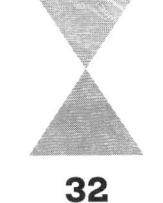

32
세 천사의 선포

계 14:6-12

● **지금이 어느 때인가**

우리는 계시록 13장에서 이 세상 끝 날에 마지막 적그리스도가 온다는 것을 보았습니다. 주님 오시기 직전, 마지막 적그리스도가 많은 악행을 저지르는 그러한 시대가 있다는 것을 알았습니다. 전에 고려신학교에서 수고하시던 안용준 목사님의 모친께서는 고령에도 불구하고 밤을 새워가며 기도하곤 했답니다. 그분이 상투적으로 하셨던 말씀이 "지금이 어느 때이가"였습니다. "지금이 어느 때이가" 하는 말씀은 늘 깨어 있는 영혼의 소리라고 생각합니다. 늘 놀라서 시대를 보는 그러한 영혼의 소리입니다. 주님의 재림 때가 가까이 온 줄 알면서 지금 시대가 어떤 시대인가 하며 놀라는 것입니다. 마치 사람이 잠자다가 깨어나서 지금 시간이 어떻게 되었나, 놀란 마음으로 물어보는 것과 같습니다.

우리의 영혼이 이렇게 놀란 마음으로 시대를 봐야 할 줄로 압니다. 그저 먹고 자고 또 먹고 자고, 그저 나가서 일하고 또 일하고, 이렇게 살아가는 것이 중요한 것이 아니라 어떻게 살아야 하느냐가 중요하단 말입니다. 아무리 오래 살아도 삶의 뜻을 모르고 산다면 헛되게 사는 것입니다. 짧게 살아도 어떻게 살아야 될까, 어떻게 하면 하나님이 기뻐하시도록 살까 하는 생각을 가지고, 날마다 놀라는 심정으로 산다면 얼마나 보람되게 사는 것입니까? 그때 놀란다는 것은 정신적으로 해를 입는다는 것이 아닙니다. 정신적, 심리적으로 어떤 질병을 초래할 수 있는 그러한 놀람이 아닙니다. 사람이 놀라서 병이 되기도 하지만, 그러한 놀람이 아닙니다. 하나님을 늘 사모하는 마음으로 시대를 볼 때, 지금 시대가 어떻게 되는 것인가를 생각하면서 사사건건 놀라는 심정으로 살 때 도리어 건강해집니다. 도리어 건강해지고 도리어 그 정신이 더 맑아집니다.

왜 그런고 하니 그러한 놀람은 하나님이 기대하시는 하나님이 원하시는 놀람이기 때문입니다. 지금이 어떠한 시대인가, 그렇게 생각하는 심령을 하나님이 사랑하십니다. 그날그날 먹을 것이나 찾아 먹으면 됐다고 생각하거나 그저 의식주만 해결되면 다행이라고 생각한다면 그것은 잘못 사는 것입니다. 우리 인생이 그저 육신의 평안을 생각해 사는 것은 아니란 말입니다. 늘 하나님을 사모하며 다시 오실 주님을 기다리며 세상을 볼 때 '지금이 어느 때인가' 이렇게 생각하며 살아갈 때에 하나님이 기뻐하십니다. 하나님은 그러한 분과 함께하십니다. 하나님이 함께하는 사람이 복 받은 사람이고 하나님이 함께하는 사람이 삶에 재미를 봅니다.

계시록 13장은 놀랄 만한 일을 기록했습니다. 주님 재림 직전에 한 시대가 있는데 그 시대가 마지막 적그리스도의 시대란 것입니다. 그 이후에는 주님이 재림하셔서 모든 참된 신자에게 안식을 주시는 시대가 있을 뿐이지 다시는 저주가 없다고 했습니다. 우리가 계시록을 읽으면 13장에서 놀라야 합니다. '아, 오리라고 하더니 마지막 적그리스도가 온다는 말씀이로구나', 이렇게 놀래야 됩니다. 마지막 적그리스도가 얼마나 권세가 많았습니까? 이적도 행한다고 했습니다. 마지막 적그리스도 앞에서 앞장서는 거짓 선지자가 있는데 그 역시 이적을 행한다고 했습니다. 땅 위에 사는 사람들 중 예수를 진실히 믿지 않는 사람은 다 따라갔습니다. 그러나 예수를 진실히 믿는 사람은 적그리스도의 칼에 죽습니다. 다 죽습니다.

우리 생각에는 예수 믿다가 칼 맞아 죽고, 총 맞아 죽고, 적그리스도에게 잡혀서 죽는 것이 얼마나 슬픈 일인가, 생각할 수 있지만 그것은 잘못 생각하는 것입니다. 예수를 진실하게 믿는 사람이 적그리스도의 손에 잡혀 죽을 때 도리어 기뻐할 수 있는 하나님의 은혜가 있습니다. 하나님의 은혜를 받아서 다 그렇게 하는 것이지 사람의 힘으로는 못 합니다. 하나님이 은혜 주실 때 이미 천국 생활을 하는 것이고 생각지 못한 기쁨을 얻으며 세상 삶이라는 것이 진토와 같이 여겨지는 것입니다. 하나님이 사랑해주는 거기에 도취되어서, 거기에서 힘을 얻기 때문에 잡아 죽이는 사람들을 오히려 불쌍히 여기는 심리가 생기는 것입니다. 그래서 그렇게 순교할 수 있고, 주를 위해 고난 받을 수 있는 것이지 사람의 힘으로는 안 됩니다.

첫 번째 천사의 복음 선포

이렇게 적그리스도가 온 땅에 사는 사람을 미혹해서 자기를 따라오게 만들었는데 그때 진실하게 예수 믿는 자들은 순교한다고 했습니다. 13장에 있는 말씀이 그것입니다. 그런데 여기 14장에서 가르치는 것은 그래도 두려워하지 말라는 것입니다. 그런 일이 있긴 있겠지만 두려워 말라고 하면서 천사가 나와서 선포하는 말씀이 있습니다. 그것이 14장 6절입니다.

> 또 보니 다른 천사가 공중에 날아가는데 땅에 거주하는 자들 곧 모든 민족과 종족과 방언과 백성에게 전할 영원한 복음을 가졌더라(14:6).

영원한 복음이라고 했습니다. 그런데 이 복음을 적그리스도의 세계에도 전합니다. 온 세상 사람이 거의 다 적그리스도를 따라가고 진실하게 예수 믿는 사람들은 다 죽어나가는 판인데, 그야말로 될 대로 되라 할 상황인데 뭐 때문에 또 전도를 하나 하는 생각이 들 수도 있습니다. 그렇지만 우리가 이것을 깨닫고 넘어가야 합니다.

> 그가 큰 음성으로 이르되 하나님을 두려워하며 그에게 영광을 돌리라 이는 그의 심판의 시간이 이르렀음이니 하늘과 땅과 바다와 물들의 근원을 만드신 이를 경배하라 하더라(14:7).

짤막한 메시지인데 천사가 이렇게 메시지를 전하고 있습니다. 그러면 천사가 직접 복음을 전한다는 말입니까? 물론 그럴 수도 있겠지요. 꼭 못 한다는 것은 아닙니다. 예수님께서 탄생하신 때에도 천군 천사가 나타나지 않았습니까? 또 예수님께서 다시 살아나신 때에도 천사 둘이 나타나서 찾아온 여자들에게 말하기를 산 자를 죽은 자 가운데서 찾느냐, 왜 산 자를 죽은 자 가운데서 찾느냐, 하면서 깨우쳐 주었지요. 물론 그런 일들도 있습니다. 그러나 천사가 복음을 전했다고 할 때에 친히 나타나지 않고 전하는 일도 있습니다. 사람을 세워서 복음을 전하는데 눈에는 보이지 않지만 천사의 역사가 동반한다는 의미입니다.

고넬료의 집에 베드로가 전도하게 된 동기가 무엇입니까? 고넬료의 집에 나타난 천사가 베드로를 데려오라고 하지 않았습니까? 베드로가 와서 복음을 전했습니다. 그러면 천사는 무엇을 한 것입니까? 천사는 고넬료의 가정에 부탁하여 베드로를 데려오라고 말한 것입니다. 그것도 복음 전하는 일에 참여한 것이지요. 천사가 지금도 그렇게 하겠는가 하는 것은 우리가 다 알기는 어렵습니다. 그러나 6절에서 천사가 "영원한 복음"을 가지고 메시지를 전했다고 할 때, 어떻게 그런 일이 있겠는가, 이런 생각을 해서는 안 됩니다. 어떤 방법으로든지 천사가 복음을 전하는 데에 참여할 수 있다는 것입니다.

그러니까 우리는 천사가 복음 전하는 일을 할 수 있는지 없는지를 생각할 필요가 없습니다. 우리가 마땅히 생각할 것은 이 천사로 말미암아 전달된 메시지의 내용이 무엇인가 하는 점입니다. 그것이 중요합니다. 다시 말하면 전달된 말씀이 무엇인가가 아주 중요한 것입니다. 그 말씀의 내용은 두 가지로 간추릴 수 있습니다.

하나는 하나님을 두려워하라는 것입니다. 7절을 읽어 내려가면 "그가 큰 음성으로 이르되 하나님을 두려워하라"고 했습니다. 그다음으로는 "그에게 영광을 돌리라" 그랬습니다. 이 두 마디입니다. 하나님을 두려워할 것과 하나님에게 영광을 돌릴 것을 알려 줍니다. 그런데 하나님에게 영광을 돌려야 하는 것이 무엇인가? 어떻게 영광을 돌려야 하는가? 그것은 7절 끝에 다른 말로 표현되어 있는데, 경배하라는 것입니다. "하늘과 땅과 바다와 물들의 근원을 만드신 이를 경배하라" 그랬습니다. 이 경배라는 것, 하나님에게 경배한다는 것은 하나님께 영광을 돌린다는 말과 같은 말입니다. 뜻이 같은 말을 이렇게도 표현하고 저렇게도 표현할 수 있습니다.

하나님께 영광을 돌리라는 말은 모든 일에서 모든 좋은 것을 다 하나님께 돌려라, 그 말입니다. 하나님이 이 귀한 일을 이루셨다, 하나님이 이 좋은 것을 주셨다, 귀한 것이 있고 좋은 것이 있다면 그것을 전부 하나님께 돌리라는 말입니다. 하나님이 이렇게 해주셨다고 생각하라는 것입니다. 그것이 바로 경배입니다. 경배라는 것은 원래 엎드려서 하는 것이었습니다. 엎드려서 하나님께 경배를 드릴 때는 그 중심이 '하나님, 저는 아무것도 아닙니다. 제게 좋은 것이 있다면 그것은 전부 하나님이 주신 것입니다. 그저 하나님을 높일 뿐입니다' 하는 것입니다. 다시 말하면 하나님께 영광을 돌릴 뿐입니다, 하는 심리일 때 경배 드리는 것입니다.

• 두려워하되 경배하지 못하는 마귀

그런고로 하나님께 영광을 돌린다는 말과 하나님께 경배를 드린다는 말은 똑같은 말입니다. 경배라는 것은 하나님에 대한 사랑이 움직이는 것입니다. 사랑이 움직이기 때문에 하나님만을 높입니다. 나에게는 하나님밖에 없다,

하나님밖에 구원이 없다, 모든 좋은 것은 하나님만이 주신다, 이렇게 믿으면서 하나님을 그렇게 좋아하고 사랑하는 것입니다. 이것이 경배입니다. 마귀는 하나님께 경배 드리지 않습니다. 그것이 마귀의 특징이고 마귀의 성질입니다. 절대 하나님 앞에 엎드리지 않는 존재입니다. 하나님의 은혜 받기를 싫어하는 마음이 늘 있습니다. 하나님을 미워하는 마음이 늘 있습니다. 그러므로 하나님만 높여야 되고 나는 낮아져야 되고, 하나님만 흥해야 되고 나는 쇠해야 된다는 생각이 마귀에게는 없습니다. 경배한다는 것은, 마귀가 못 하는 일을 우리가 하는 것입니다.

    천사가 전하는 말씀이 두 가지인데 하나는 하나님을 두려워하라는 것이고 다른 하나는 하나님께 경배를 드려라, 즉 하나님께 영광을 돌려라 하는 것입니다. 마귀는 이 두 가지 중 두 번째 것을 못 합니다. 하나님께 영광 돌리는 일을 절대로 하지 못합니다. 바꿔 말해서 하나님께 절대 경배하지 않습니다. 이것은 마귀가 못 하는 것이고 안 하는 것입니다. 그러나 마귀는 하나님을 두려워합니다. 마귀란 놈은 옛적에, 우리가 가늠할 수 없는 옛적에 하나님께 범죄하고 타락해서 하나님이 하늘에서 내쫓은 놈입니다. 하나님 앞에서 벌을 받고 떨어져 내려온 놈이기 때문에 저는 마귀에 대해 '놈'이라는 표현을 사용합니다.

    마귀란 놈은 하나님이 무서운 줄 잘 압니다. 너무나도 잘 알아요. 야고보서 2장 19절을 보면 "네가 하나님은 한 분이신 줄을 믿느냐 잘 하는도다 귀신들도 믿고 떠느니라"고 했습니다. 하나님이 계신 줄 알고 하나님이 무서운 분인 줄 알고 믿고 떤다 그 말입니다. 그러니까 두려워하는 겁니다. 마귀는 하나님을 두려워하는 데 있어서 사람보다 더 합니다. 왜 그런고 하니 우리가 알 수 없는 그 옛날부터 타락해 하나님으로부터 벌 받고 하나님 앞에서 쫓겨남을 당했습니다. 하나님께서 계속 그놈을 감시하고, 해서는 안 될 일은 결단코 못 하게 하기 때문에 그놈은 계속 하나님의 권능을 체험하고 있는 것입니다. 그러기 때문에 사람이 하나님을 두려워하는 것보다 마귀가 더 하나님을 두려워합니다.

하나님을 경배하라

그런데 하나님을 두려워만 해서는 구원을 못 받습니다. 왜 그런고 하니 하나님을 사랑하지 않고 두려워만 하면 하나님이 없으면 좋겠다 하는 심리가 생깁니다. 하나님을 싫어하고 하나님 앞에 절대로 머리 숙이지 않겠다는 심리에서는 하나님을 사랑하는 마음이 생길 수 없습니다. 알 수 없는 옛날부터 그놈이 체험한 대로 하나님이 너무 무섭게 느껴집니다. 그러니까 마귀가 하나님이 없으면 좋겠다, 하는 생각이 드는 것은 당연한 일이겠지요.

우리 예수 믿는 사람들도 잘못하면 그런 시험에 빠지기 쉽습니다. 하나님을 두렵게만 생각하고 사랑하지 않는다면 마귀와 별로 다를 게 없습니다. "귀신들도 믿고 떠느니라"(약 2:19)고 하였는데, 믿는다는 사람들이 하나님을 사랑하는 마음이 별로 없고 겉으로만 사랑한다고 하지 속으로는 뜨거움이 없습니다. 나는 죽어도 하나님이 좋다는 생각이 늘 불붙는 것같이 있어야 행복한 사람인데, 그래야 정말 기쁜 일인데 하나님을 사랑하지 않아요. 하나님을 사랑한다고 하지만 너무나도 냉랭한 사랑입니다. 그저 있으나 마나 한 사랑입니다. 그런 경우 하나님의 심판이 무섭다고, 하나님의 심판이 없으면 좋겠다고 그렇게 생각하기 쉽습니다.

여러분 어디 한번 말씀해 보십시오. 심판이 없으면 좋겠다는 그런 말 입밖에 내겠습니까? 내가 말해 보라고 한 것은 시험적으로 말해 보라고 한 것이지요. 내가 그렇게 말할 때 "아닙니다. 나는 그런 말 절대로 안 합니다", 그래야지요. 내가 이렇게 중간에 끊어버리지 않았다면 아마 여러분 중 몇몇은 그 말을 했을지도 모릅니다. 심판이 없으면 좋겠다고 했을지도 몰라요. 그러나 그러면 안 됩니다.

하나님을 무서워하는 것만으로는 구원을 못 받습니다. 마귀가 그렇습니다. 여러분, 마귀가 구원받습니까, 못 받습니까? 당연히 못 받습니다. 우리에게 있어야 할 것은 하나님을 사랑하는 것입니다. 욥기 13장에서 욥은 말하기를 "그가 나를 죽이시리니 내가 희망이 없노라 그러나 그의 앞에서 내 행위를 아뢰리라"(욥 13:15)고 했습니다. 하나님이 나를 죽일지라도 나는 당신을 믿겠나이다, 그러는 겁니다. 그것이 진짜 믿음입니다. 하나님이 좋은 줄 아는 신앙이란 말입니다. 하나님을 사랑하는 마음이란 말입니다. 하나님 밖에서는 나의 존재 가치도 없고, 하나님 밖에서는 나의 삶이 의미가 없다는 것입니다. 하나님의 사랑이 좋아서, 내가 하나님을 사랑하는 것이 좋아서 산다 그 말입니다. 당신이 나를 죽일지라도 나는 당신을 믿겠나이다 그 말입니다.

그렇다고 할 것 같으면 오늘날 이 시대에 우리가 어떻게 주님을 믿어야 하겠습니까? 여기 천사가 말한 것같이 두 가지를 해야 합니다. 하나님을 두려워하지 않는 것도 물론 문제입니다. 그렇지만 경배 즉 주님을 사랑하여 모든 영광을 주께 돌리고 싶어하는 그 마음, 그 경배하는 마음이 절대로 중요합니다. 이것이 구원받은 자의 심리올시다. 세상 끝 날에 마지막 적그리스도가 와서 온 세상 사람들을 자기에게 복종시키고 자기에게 복종하지 않는 자는 다 죽이는 마당에도 마지막 전도를 하는 심리입니다. 하나님은 이와 같이 사람들이 망하는 것을 원치 않으십니다. 그래서 이렇게 복음을 전하시는 겁니다. 하나님을 두려워하고 하나님을 영화롭게 하라, 경배를 드려라 하는 것입니다.

● 둘째와 셋째 천사의 멸망 선포

여기 본문의 제목을 세 천사의 선포라고 했습니다. 첫째 천사의 선포는 복음 전하라는 선포이고, 둘째와 셋째 천사의 선포는 멸망 선포입니다. 멸망 선포. 첫째 천사의 선포는, 그래도 마지막으로 한 번 더 복음을 전하자 하는 뜻으로 하나님을 두려워하고 그에게 경배드리라고 하는 것이었습니다. 그런데 둘째 천사와 셋째 천사는 이제 멸망을 선포합니다. 이제는 더 이상 복음이 없습니다. 더 이상 복음을 전하는 일이 없습니다. 8절부터 보시면 둘째 천사의 선포가 나옵니다.

또 다른 천사 곧 둘째가 그 뒤를 따라 말하되 무너졌도다 무너졌도다 큰 성 바벨론이여 모든 나라에게 그의 음행으로 말미암아 진노의 포도주를 먹이던 자로다 하더라(14:8).

그런데 셋째 천사도 역시 거기에 뒤이어서 선포하는데 바벨론 멸망에 대해 좀 더 자세하게 선포를 합니다.

또 다른 천사 곧 셋째가 그 뒤를 따라 큰 음성으로 이르되 만일 누구든지 짐승과 그의 우상에게 경배하고 이마에나 손에 표를 받으면 그도 하나님의 진노의 포도주를 마시리니 그 진노의 잔에 섞인 것이 없이 부은 포도주라 거룩한 천사들 앞과 어린양 앞에서 불과 유황으로 고난을 받으리니 그 고난의 연기가 세세토록 올라가리로다 짐승과 그의 우상에게 경배하고 그의 이름표를 받는 자는 누구든지 밤낮 쉼을 얻지 못하리라 하더라 (14:9-11).

9절에서 "짐승"이라는 것이 마지막 적그리스도를 비유한다는 것은 13장에서 공부했습니다. 무지한 사람이기 때문에, 무지한 일을 하기 때문에, 그저 하나님을 대적하는 자이기 때문에 짐승과 같다는 뜻에서 짐승이라고 했습니다. "누구든지 짐승과 그 우상에게"라고 했습니다. 이 우상은 누가 만들었습니까? 짐승으로 비유된 마지막 적그리스도입니다. 즉 앞에 서서 가르치는 자입니다. 거짓 선지자입니다. 백성들을 가르쳐서 마지막 적그리스도에게 경배하도록 만들어 놓은 자입니다. 그런 자가 우상까지 만들어서 절하게 합니다. 그 짐승에게 직접 절하지 못하는 사람들은 짐승의 우상을 만들어서 그 우상에게 절하게 한다는 것입니다.

"이마에나 손에 표를 받으면." 이마라는 것은 신분을 의미합니다. 그 사람이 어떻게 생겼는가, 무엇하는 사람인가를 여기에서 보여 줍니다. 우리 얼굴이라는 것이 바로 신분을 보여 주는 것 아닙니까? 또 손이라는 것은 우리가 무슨 사업을 하는지를 대표해서 보여 주는 것입니다. 이마와 손에 표를 받는다는 것은 짐승의 허락을 받아야 된다는 말입니다. 마지막 적그리스도의 허락을 받아야 살아있을 수 있다는 말입니다.

이마에 표를 받고 또 손에 표를 받아 짐승에게 절을 하고 짐승을 섬겨야만 사업을 할 수 있다는 말입니다. 그것이 13장 마지막 부분에 나옵니다. 짐승의 표를 받지 않은 자, 이마에나 손에 표를 받지 않은 자는 사업을 못 한다고 했습니다. 매매를 못 한다고 했으니 사지도 못 하고 팔지도 못 한다는 것입니다. 이렇게 경제적 방법으로 묶어 놓는 것입니다. 그러니까 모두 다 이마에 표를 받고 손에 표를 받습니다. 오직 예수를 진실하게 믿는 사람들만 그 표를 받지 않고 순교합니다.

진노의 포도주를 마시리니

그런데 여기에서 가르치는 말씀이, 짐승과 그의 우상에게 경배하고 이마에나 손에 표를 받는 사람은 하나님의 진노의 포도주를 마신다고 했습니다. 즉 바벨론이 멸망한다는 말씀을 이렇게 좀 더 자세하게 설명한 것입니다. "그도 하나님의 진노의 포도주를 마시리니"(14:10). 이것도 비유입니다. 하나님의 진노 즉 하나님이 진노하셨다는 것을 왜 포도주라고 하는가? 이것은 예레미야 25장 15절 이하에서 밝히 가르칩니다.

사람이 술을 마시면 취하고 비틀거리고 토하고 엎드러지고 넘어집니다. 그런데 하나님의 진노가 임하면 사람들이 술에 취한 사람처럼 된다는 말입니다. 뭐 이렇게 비틀거리고 토하고 넘어지고 해서 사람 꼴이 되지 않습니다. 이건 거꾸러지는 거라 말입니다. 예레미야 25장을 자세히 읽어 보면 이것을 하나님의 칼이라고 그랬습니다. 전쟁이 온다는 것입니다. 전쟁이 도래해서 이제는 이 사람들, 마지막 적그리스도에게 경배하고 살겠다고 하는 이 사람들에게 칼이 온다는 것입니다. 즉 포도주로 비유된 하나님의 진노의 칼이 와서 이 사람들을 다 멸망시킨다는 것입니다.

진노의 포도주란 말을 우리가 이해할 수 있어야 하지 않겠습니까? 이해하지 못하면 읽으면서도 어디 재미가 있겠습니까? 성경은 뜻을 알아야 재미가 있습니다. 그 뜻을 알면 기가 막히게 재밌습니다. 성경의 뜻을 알게 되면 하나님 말씀에 애착이 생겨요. 죽인다고 해도 끝끝내 놓지 않을 만큼 애착이 생깁니다. 하지만 성경과 같이 귀한 책이라도 모르면 재미가 없습니다. 계시록은 특별히 비유로 많이 표현해서, 금방 알기가 쉽지는 않지요. 진노의 포도주를 마시게 한다는 것은 전쟁의 환난이 와서 다 쓸어버리고 만다는 것을 비유한 것입니다.

"그 진노의 잔에 섞인 것이 없이." 섞인 것이 없다는 것은 독한 술이라는 것이지요. 사람들이 술을 마실 때 한 번에 쉽게 취하지 않으려고 물이나 콜라, 얼음 같은 것을 섞어서 연하게 만들어 마시기도 합니다. 그런데 이렇게 섞지 않았다는 것은 독한 술이라는 말입니다. 독하기 때문에 마시면 취하고 마시면 비틀거리고 마시면 넘어집니다.

"거룩한 천사들 앞과 어린양 앞에서 불과 유황으로 고난을 받으리니 그 고난의 연기가 세세토록 올라가리로다"(14:10-11). 불 가운데, 유황불 가운데 떨어지니 세세토록 그 연기가 올라간다고 했습니다. 고난의 연기라 그랬습니다. 멸망 받는 사람들이 영원토록 고난을 받는다는 말입니다. 고난을 받는데, 고난의 연기가 세세토록 올라갑니다. 고통을 받으면 연기가 난다는 것도 역시 비유입니다. 연기가 나면, 무엇이 타면서 연기가 나는 것처럼, 불에 타는 사람들같이 된다는 말입니다. 그 연기가 세세토록 올라간다고 그랬으니까 세세토록 그 고생이 없어지지 않는다는 말입니다. 참 무서운 형벌 아닙니까? 이것이 마지막에 구원받지 못한 사람들이 받는 벌입니다.

그러면 왜 그렇게 됩니까? 하나님을 모시지 않으면 그렇게 됩니다. 사람이 하나님을 모셔야 구원받은 것이지 하나님을 모시지 않으면 그 사람이 받을 바 기쁨과 복과 좋은 것을 하나님으로부터 얻지 못합니다. 하나님으로부터 그 어떤 것도 얻지 못합니다. 무엇이든 좋은 것은 하나님에게 있는데, 하나님으로부터 영원히 떨어져나간 사람은 영원토록 고통일 뿐입니다. 영원히 떨어져나간 사람은 영원토록 고통 받기 때문에 고난의 연기가 세세토록 올라간다고 비유한 것입니다. 이 비유를 우리가 읽을 줄 알아야 합니다.

사랑의 언약을 깨뜨리는 음행

제가 여기서 한 가지 말하고자 하는 것은 그 죄가 무엇인가 하는 것입니다. 마지막 적그리스도 앞에서, 마지막 적그리스도 나라에서 살면서 그 사람들이 범한 죄가 무엇입니까? 무슨 죄 때문에 그렇게 하나님에게서 영원토록 갈라놓는가? 그것은 바로 음행이라 그랬습니다. 8절입니다. "무너졌도다 무너졌도다 큰 성 바벨론이여 모든 나라에게 그의 음행으로 말미암아 진노의 포도주를 먹이던 자로다." 큰 성 바벨론이라는 것은 이 세상을 비유하는 것입니다. 이 세상 즉 적그리스도의 나라를 말합니다. 하나님을 인정하지도 않고 하나님을 무시하고, 저 혼자 높아져서 모든 사람을 제 손아귀에 넣고 자기에게는 경배하게 하고 하나님께는 경배하지 못하게 하는 적그리스도, 그 나라에 소속된 사람들을 말합니다. 적그리스도 앞잡이의 교묘한 속임수에 넘어가 적그리스도에게 경배했으니 그것이 음행이라는 것입니다. 우리는 이것을 확실히 명심해야 되겠습니다.

야고보서 4장 4절에 무슨 말씀이 있습니까? "간음한 여인들아 세상과 벗된 것이 하나님과 원수 됨을 알지 못하느냐." 마지막 적그리스도의 유혹을 받아서 이 세상, 적그리스도의 나라라고 할 수 있는 이 세상, 하나님을 배반하는 정신이 있는 이 세상을 사랑하는 것이 음행이란 말입니다. 이 세상을 사랑하는 것을 하나님께서 왜 음행이라고 했는지 봅시다. 야고보서 4장 4절에서 벗된다는 것은 친구가 된다는 것이고, 친구가 된다는 것은 사랑한다는 말입니다. 즉 세상을 사랑하는 것이 하나님의 원수 됨을 알지 못하느냐는 것입니다. 이 세상을 사랑하고 하나님을 외면하는 것이 음행입니다. "간음하는 여인들아"라는 말은 하나님을 외면하고 세상을 사랑하는 자는 누구든지 다 거기 포함된다는 말입니다. 이것 역시 비유로 말한 것입니다. 남자나 여자나 할 것 없이 하나님을 외면하고 세상을 사랑하는 자는 다 간음하는 자들입니다.

왜 하나님께서는 하나님을 외면하는 것을 음행이라고 했습니까? 하나님께서 사람을 지으실 때 하나님의 형상으로 지었다고 하지 않았습니까? 창세기 1장 26-28절을 읽어 보면 우리의 형상대로 사람을 짓자고 하지 않았습니까? 하나님의 형상대로 사람을 지었습니다. 그런데 하나님의 형상대로 지은 목적이 무엇입니까? 그 목적은, 하나님께서 이 세상에 지은 많은 것 가운데 하나만은 영원토록 하나님과 같이 살기를 원했기 때문입니다. 사람을 하나님의 형상으로 지었으니 사람이 그 얼마나 귀한 존재입니까? 아는 것에 있어서도 다른 피조물과 비교할 수 없게 지었습니다. 너무나도 탁월하게 지으셨습니다. 더욱이 하나님을 알 수 있도록 지으셨단 말입니다. 사람에게 하나님을 아는 거야말로 최고의 지식입니다.

하나님께서 사람을 이렇게 지으신 목적은 영원토록 자기와 함께 살려고 한 것입니다. 피조물이지만 하나님께서, 함께 얘기하고 친히 사랑하시려고 지으신 것입니다. 사람으로 하여금 하나님을 사랑하라고 지으신 것입니다. 피조물이지만 우리와 함께 영원토록 살기 위해 이렇게 지으신 것입니다. 이것은 마치 부부와 흡사합니다. 한 몸같이 귀하게 여깁니다. 사랑을 안 하고는 못 견디는 것이 하나님에게서 온 사상입니다. 하나님에게서 온 심리입니다. 사람도 손해를 보면서도 사랑하기를 원합니다. 사랑받기를 원하기도 하지요.

하나님께서 사람을 사랑하기를 원했습니다. 사랑하되 잠시 동안 사랑하다 그만두려는 것이 아니라 영원토록 같이 살면서 사랑하기를 원했습니다. 그런데 사람이 하나님을 거역하고 떨어졌습니다. 그래도 하나님은 그 생각을 버리지 아니하시고 사랑할 자를 위해서 택한 백성을 세웠습니다. 사람들 중에 얼마를 택했습니다. 그래서 택한 백성의 원리가 나오기 시작하는 것입니다. 택한 백성을 세우고 사랑합니다.

사랑하는 데 있어서 하나님께서 아주 중요한 어떤 일을 하셨는데 그것이 바로 언약입니다. 계약이라고도 할 수 있습니다. 그 언약은 아브라함 전에도 있었지만 아브라함 때부터 더욱 밝혀지기 시작합니다. 아브라함을 택해서 언약 맺기를, 네 자손으로 말미암아 천하 만민이 복을 받으리라, 그랬습니다. 창세기 12장 3절에서는 물론 "땅의 모든 족속이 너로 말미암아 복을 얻을 것이라" 그랬지요. 그러나 창세기 22장 18절에서는 "네 씨로 말미암아 천하 만민이 복을 받으리니"라고 했습니다. 여기 "네 씨"가 바로 예수님입니다.

"네 씨로 말미암아 천하 만민이 복을 받는다"고 했는데, 그 복이 무슨 복입니까? 구원의 복입니다. 영원토록 하나님과 함께 사는 복이란 말입니다. 누구든지 예수를 믿는데 있어서 가짜로 믿지 않고, 더듬거리며 믿지 않고, 심심풀이로 믿지 않고 진실하게 믿는다면 언약의 대상이 됩니다. 아브라함의 발자국을 따라가는 사람이란 말입니다. 아브라함의 믿음과 같은 믿음을 가진 자라는 말입니다. 진실하게 예수 믿는 사람은 다 언약의 대상이 됩니다. 우리 믿는 사람들은 하나님의 뜻대로 살기 위해 죽도록 힘써야 할 백성입니다.

하나님께서 언약에 의하여 구원하시는 이 구원 운동이 오늘날까지 실행되고 있는데 이것이 바로 복음 전도올시다. 이렇게 택함 받은 백성이 범죄할 때, 하나님을 외면하고 멀리할 때 하나님이 얼마나 탄식하시겠습니까? 평생을 함께 살기로 약속했던 부부 중 한 사람이 배우자를 배반할 때 일어나는 고통과 같다고 비유하는 것입니다. 하나님이 우리와 언약한 것은 법적 언약이라기보다는 사랑의 언약입니다. 하나님께서 사람들을 택해 영원토록 사랑하기로 언약을 맺고 인도해 가는 중에 예수를 믿는다고 해 놓고서 하나님을 떠나거나 하나님보다 다른 것을 더 사랑한다면 그것은 우상을 섬기는 것입니다. 그것이 음행이란 말입니다.

언약을 맺은 하나님의 백성이 하나님을 배반할 때 그것이 어째서 음행으로 비유됐는가? 언약을 외면하고 이 세상을 사랑하는 심리가 하나님에게는 너무나도 배신감을 주기 때문입니다. 이것은 사랑의 관계입니다. 아담은 자기 아내를 가리켜 내 뼈 중의 뼈요 살 중의 살이라고 했습니다. 이것은 사랑의 언약이고 깨져서는 안 되는 것인데 한 쪽이 이것을 일방적으로 깨뜨릴 때 다른 한 쪽은 살을 에는 아픔을 당하는 거란 말입니다. 그러기 때문에 구약에서 음행의 죄는 제일 큰 벌을 받았습니다. 하나님께서는 구약에서 가르친 그대로 우상을 섬기는 백성들에게 벌을 제일 많이 내리시지 않았습니까? 이스라엘 백성이 우상을 섬길 때 하나님께서는 그것을 지적해서 음란하다고 했고, 계속 가르쳐 주고 경고했지만 회개하지 않을 때는 멸망시켰습니다. 앗수르에 잡혀가고 바벨론에 잡혀가고 한정 없는 고생을 당하도록 그 백성을 고통 중에 내팽개쳤단 말입니다.

부부는 살의 관계

부부간에 맺어진 관계는 살의 관계라고 할 수 있습니다. 내 살이 되는 것입니다. 살은 부드러워야 견뎌나가지 아프게 하면 못 견딥니다. 그런고로 음행하는 것은 살을 도적질하는 죄라고 어느 신학자는 말했습니다. 살을 도적질한다면 얼마나 아프겠습니까? 얼마나 아프겠는가를 생각할 때 예방 차원에서 한두 가지 말하고자 하는 것은 부부는 언제든지 부드러워야 한다는 것입니다. 살의 관계이기 때문에 그렇습니다. 남자들이 얼마나 무지합니까? 아내를 그저 종과 같이 부려먹습니다. 죽도록 수고하는 데 욕질까지 합니다. 그래도 자기 살인데 그렇게 외면하고, 그렇게 냉정하고, 그렇게 무지할 때 그 살이 얼마나 아프겠습니까? 송곳으로 찌르는 것같이 아프겠지요. 그렇게 무지합니다.

걸인 부부가 있었는데, 아내는 나가서 밥 얻어오고 남편은 가만히 앉아서 먹기만 했답니다. 어느 날인가 한번은 남편이 고추장이 없으면 밥을 못 먹겠다고 했다는 것입니다. 이 얼마나 경우 없고 무지합니까? 상대방을 살로 알아야 할 텐데, 자기와 아무 관계없는 바위같이 생각합니다. 있는 힘껏 부려먹고 칭찬 한번 안 합니다. 이러한 것이 다 살을 살로 대접하지 않는 것이지요.

또 여자들도 좀 그래요. 그저 남편을 믿는다고 하고는 남편에게 꽥꽥거려요. 물론 속에 뭐가 있는 것은 아닙니다. 서로 살로 인정하며 말을 하면 좋을 텐데, 그저 송곳으로 그저 막 찌르듯이 합니다. 그래서야 어디 되겠습니까? 이것이 살을 도적질했다는 것은 아닙니다. 그러나 살을 살로 알아야 된다는 말입니다. 아담은 말하기를 이는 내 **뼈** 중의 **뼈**요 살 중의 살이라고 했습니다. 남편에 대해 늘 조심해야 합니다. 같은 말이라도 좀 웃으면서 하고, 같은 말이라도 살과 같이 부드럽게 하면 그저 녹아버리는 것입니다. 그렇게 하지 않으면 표현하지 않는다 할지라도 속에 큰 상처를 입습니다.

우리가 성경을 손에 들고도 그 진리를 깨닫지 못하고, 믿는다고 하면서도 가정에서부터 진리와 다르게 나아가는 일이 있지 않나 생각합니다. 하나님과 나와의 관계, 하나님과 여러분의 관계가 어떠한 관계인지 따져보아야 합니다. 내가 사랑의 언약으로 이루어진 관계를 배반하지는 않았는지 생각해 보아야 합니다. 우리는 하나님을 믿으며 따를 때 늘 그분을 기쁘게 하려고 해야 합니다. 그분을 언제 알았느냐는 식으로 외면하는 것같이 행동한다면 우리는 하나님의 축복을 받기 어렵습니다. 바벨론 멸망 선포를 할 때의 죄는 이 죄란 말입니다. 음란한 죄라고 했습니다.

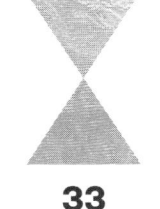

33
위에 있는 천국

계 14:13

● **하나님의 음성이 임하는 방법**

또 내가 들으니 하늘에서 음성이 나서 이르되 기록하라 지금 이후로 주 안에서 죽는 자들은 복이 있도다 하시매 성령이 이르시되 그러하다 그들이 수고를 그치고 쉬리니 이는 그들의 행한 일이 따름이라 하시더라 (14:13).

말씀이 위에서 내려오는 것에는 여러 가지 형태가 있습니다. 여기에서는 음성이 났다고 하였으니 소리가 난 것이지요. 그러나 대개는 감동으로 말씀이 임합니다. 그 감동은 성경 말씀을 가지고 옵니다. 위에 있는 나라 즉 천국과의 교통이 음성과 같이 특별한 방법으로 되기도 하지만 보통으로는 감동으로 인도해주시는 일이 많습니다. 아마 여러분이 위에서 나는 특별한 음성을 듣는 일은 매우 드물 것입니다.

혹 음성을 듣고 싶은 소원이 여러분에게 있는지는 모르겠습니다. 그렇지만 하나님께서 우리 인생들과 교통해주시는 방법이 음성 한 가지만 있는 것이 아니라는 것을 알아야 합니다. 여기 있는 말씀과 같이 음성으로 되는 것은 매우 희귀하고 드문 경우입니다. 이런 경우는 옛날에, 성경 말씀이 지금 우리 손에 있는 것처럼 완비되기 전에, 족장들과 선지자들에게만 있었던 것입니다. 족장들은 이스라엘의 조상들 즉 아브라함, 이삭, 야곱과 같은 사람들을 말하고, 선지자들은 이사야, 예레미야, 아모스, 에스겔과 같은 선지자들을 말합니다. 물론 신약 시대에 예수님과 사도들, 예수님과 그의 제자들에게 이러한 음성으로 말씀해 준 일도 있습니다.

지금 우리는 하나님의 음성을 듣기 원해야 하는 그런 상황에 있지 않습니다. 그러한 자리에 있지 않아요. 음성으로 교통해 주시던 시대는, 처음에 하나님이 사람들을 세워서 말씀을 주시며 장차 이루어질 성경을 세상에 성립시키기 위해, 성경이 기록되게 하기 위해 그러한 특별한 음성들과 사건들을 주신 것입니다. 그러나 지금 성경이 완비되어 성경 66권을 분명히 읽을 수 있게 되었으니, 우리는 이 책으로 하나님의 뜻을 알게 되고 하나님을 알게 됩니다. 누구든지 진실하게 성경을 읽으며 묵상하며 특별히 알기 위해 소원이 간절할 때에 하나님은 어떤 모양으로든지 깨닫도록 해주십니다. 깨달아 맛본 성경 내용은 그야말로 하늘나라 맛입니다. 하늘나라 맛은 어떻습니까? 성경 맛입니다. 성경을 깨달아 이것이 참 좋은 말씀이로구나, 생각할 때 그것이 하늘나라 맛입니다.

이 성경 말씀은 세상 다른 책과는 다릅니다. 이 말씀을 가지고 하나님께서 우리 마음을 감동케 하는 역사를 하십니다. 그 진리를 참으로 깨닫는 지경에 들어가면 성령의 역사가 함께하면서 마음속에 이런 생각이 나게 됩니다. '야, 좋구나. 이런 맛은 세상 어디에서도 볼 수 없다. 이것이 하늘나라 맛이로구나' 그렇게 됩니다. 성경을 그저 우리 눈에 보이는 글자일 뿐이라고 생각해서는 안 됩니다. 그러니까 자신이 하늘나라 맛을 모른다고 그렇게 생각하지 마십시오. 하늘나라에 올라가 봐야 하늘나라 맛을 아는데 죽기 전에 어떻게 올라가 보느냐고 말하지 마십시오. 단념하지 마십시오. 얼마든지 하늘나라 맛을 볼 수 있습니다.

우리가 설교를 듣거나 하나님 말씀을 해석할 때 진실로 깨닫는 것이 있다면 그 맛이 참 좋은 것입니다. 그것이 하늘나라 맛입니다. 우리가 세상 떠서 하늘나라에 올라가면 그 맛이 더 많지요. 아니 전부 다일 것입니다. 그런 차이가 있는 것이지 다른 차이는 없습니다. 진실한 사람이라면 이 세상에, 이 아래에 있어도 저 윗 세상의 맛을 볼 수 있습니다.

예수를 믿는다고 하지만 아직 믿음에 전념하지 않은 사람이 많습니다. 다시 말하면 하나님 말씀을 마음으로 붙잡고 한평생 말씀대로 살다 가겠다, 결심하고 그 결심대로 진실하게 애쓰는 사람들은 하나님이 은혜를 베푸셔서 이 말씀을 깨닫도록 해주십니다. 이 깨달음에는 우리의 영혼이 녹아질 정도의 힘이 있습니다. 저는 9살부터 한 9년 동안 한문을 읽었습니다. 시전, 서전도 다 읽었습니다. 사서삼경을 다 읽었는데 날이 어두워지고 저녁때가 되면 벽을 향하여 돌아앉았습니다. 돌아앉아 사서삼경을 밤마다 여러 페이지를 암송했습니다. 책을 펴지 않고 암송했어요. 본문을 읽고 또 거기 간단한 주석이 붙어 있으면 그 주석까지도 암송을 했습니다. 허송세월했다면 허송세월한 것이지요.

그런데 아무리 읽고 암송했다 하더라도 오늘날 이 성경 읽을 때 누리는 즐거움은 전혀 없었습니다. 이런 귀한 즐거움 때문에 내 생명을 바쳐야겠다, 생각이 들 정도의 그런 맛을 사서삼경에서는 찾아볼 수 없었습니다. 다 죽은 글들이었습니다. 하지만 성경은 하나님의 성령이 필요할 때마다 역사하시는 특별한 책입니다. 얼마나 귀합니까? 여러분, 음성만 귀하다고 생각하지 마세요. 오늘날에는 우리가 성경을 가지고 하늘나라의 그 소리를 듣는 것입니다. 그저 고막을 울리는 소리가 아니라 심령을 울려주는 소리를 듣는단 말입니다. 소리 없는 소리입니다. 그런고로 무엇보다도 성경을 알고 보아야 합니다. 성경을 모르고 예수 잘 믿는 사람은 있을 수가 없습니다. 성경을 잘 모르는 사람이 열심을 많이 내고 애를 많이 쓸 때에 마귀의 시험이 올 수 있습니다. 마귀가 찾아와서 그 열심을 이용하고 그를 사로잡아서 쓸 수가 있습니다. 그러기 때문에 우리가 성경을 깨닫고 보아야 하는 것입니다.

무엇을 위주로 하는가

그러면 위에 있는 하늘나라는 어떠한 나라입니까? "지금 이후로 주 안에서 죽는 자들은 복이 있도다"(14:13). 주 안에서 죽는 자들이 거기에 가서 복을 받는다고 했습니다. 그러면 주 안에서 죽는 것이 무엇인지 알아야지요. 믿음으로 죽는 것입니다. 세상 뜰 때 믿음을 분명히 지키고 믿음으로 세상 뜨는 것입니다. 그것이 주 안에서 죽는 것입니다. 죽을 때 잘 죽어야 합니다. 믿음으로 죽어야 합니다. 주 안에서 죽은 자들이 복이 있다고 했습니다.

일제 강점기에 삼팔선 이북에 있을 때였습니다. 공산당이 들어오기 전입니다. 제가 오랫동안 교제했던 형제가 있었는데 그가 세상 뜰 때 이상한 말을 했다고 합니다. 그의 부인이 내게 전한 말인데 무슨 말을 했는고 하니 "저 빛을 봐라, 저 빛을 봐라" 했다는 겁니다. 둘러앉은 사람들에게 저 빛을 보라고 했다고 하면서, 그의 부인이 위로를 받았습니다. 물론 그런 일이 있을 수도 있겠지요. 그런 일이 있을 수는 있으나 그런 일을 위주하는 것은 안 됩니다. 세상 뜨는 사람이, 무엇인가 이상한 느낌으로 이상한 형편 가운데서 세상 뜬 것이 사실인데, 그 빛을 보라고 했다는 것을 위주하면 안 됩니다. 세상 뜰 때 빛을 본 사람만이 그리스도 안에서 죽은 사람이라고 생각하면 안 된다는 것입니다.

이렇게 우리 신앙생활에서 어떤 것을 위주하는가를 잘 분변해야 합니다. 성경 말씀을 위주하는가 혹은 이적이나 어떤 이상한 일을 위주하는가를 잘 생각해 볼 문제입니다. 어떤 신자들은 성경에 대해 흥미가 없습니다. 성경을 가지고 말하면 졸기 시작해요. 왜 그런지 모르겠습니다. 그런데 이적 얘기를 하면 잠이 확 깹니다. 방언 집회 같은 데 가서는 조는 일이 전혀 없이 춤을 막 춥니다. 방언 집회나 또 무슨 예언을 한다고 할 적에는 막 불이 오른단 말입니다. 불이 올라요. 그렇게 열광적이기 때문에 어떤 집회에서 안수해 병을 고친다고 하면 만사를 제쳐두고 거기 쫓아갑니다.

이런 신앙은 어떤 신앙입니까? 이적과 같이 특별한 일에 중점을 두는 신앙입니다. 다시 말하면 특별한 일을 위주한다는 말입니다. 할 위(爲)자 임금 주(主) 자입니다. 위주한다는 것은 그것을 중요하게 여긴다는 말입니다. 그런 사람에게는 성경도 두 번째입니다. 이런 사고방식이니 그것은 잘못돼도 한참 잘못된 것입니다. 이적도 분변해야 하고, 방언도 분변해야 하고, 병 고치는 일도 분변해야 합니다. 이적을 하니까 하나님의 역사라, 방언을 하니까 하나님의 역사라, 예언을 하니까 하나님의 역사라, 병을 고치니까 하나님의 역사라, 그러고는 하나님이 제일이라 생각하면서 그것을 위주한단 말입니다.

그런 것은 둘째, 셋째, 넷째, 이렇게 뒷 순서에 갖다 놓고, 하나님이 혹시 역사하시면 그런 일도 있을 수 있다, 하는 정도로 생각해야 되는데 그런 방면을 위주한단 말입니다. 그것이 주가 되어야 한다, 그것이 첫째다, 그것이 제일이다, 이렇게 생각하고 교회 생활을 하니 이제 시험이 들어옵니다. 마귀가 역사하는 것입니다. 마귀도 특별한 일을 얼마든지 할 수 있습니다. 모세가 지팡이를 던져서 뱀이 되게 할 때 술객들도 하지 않았습니까? 마귀의 역사지요. 술객들도 이적을 행했는데 그런 마귀의 역사가 그때만 있었던 것이 아니란 말입니다. 어느 시대든지 마귀가 이적을 행할 수 있습니다. 그러니까 이것을 분변하지 못하고 특별하고 이상한 것이 좋다, 능력이 좋다, 이적이 좋다, 이렇게만 나가다가는 마귀가 행한 이적도 좋다, 좋다 그렇게 된다는 말입니다. 그렇게 돼가지고 신자라고 하지만 마귀한테 속아서 한평생 잘못될 수 있습니다.

일제시대에도 별별 사람이 다 나왔습니다. 그 중에 황국주라는 사람이 굉장히 이름을 날렸습니다. 그가 황주에서 집회를 했는데 많은 사람이 모였습니다. 그런데 거기에 모인 사람들이 은혜를 많이 받았다고 하면서 이상한 행동을 하는 것이었습니다. 많은 할머니들이 열심을 내고 은혜 받았다고 하더니 예배당 벽으로 가서 사까닥질을 하는 것이었어요. 사까닥질이 뭔지 알아요? 거꾸로 서는 것입니다. 머리를 밑에 두고 발은 위로 곧추 세우는 것입니다. 물구나무서기가 은혜 받은 사람들이 할 일입니까?

황국주라는 사람이 일제시대에 꽤나 이름을 날린 사람입니다. 자꾸 특별하고 이상한 것만 좋다고 하니까 마귀가 시험해서 끼어든 것이란 말입니다. 특별하고 이상한 일이라는 것이 하나님이 하시는 일도 있지만은 마귀가 하는 일도 있다는 겁니다. 그런 경우 그것도 좋다, 그렇게 된다는 말이에요. 그 운동이 그런 식으로 움직이면 허무맹랑해지고 잘못되는 것입니다. 황국주 운동에서는 여러 가지 윤리적으로 잘못된 일들도 많이 발생했습니다.

무엇을 위주해야 하느냐, 이것이 중요합니다. 무엇이 먼저 있고 무엇이 나중에 있어야 되느냐 하는 선후 문제, 무엇이 중요하고 무엇이 중요하지 않은가 하는 경중 문제, 이런 것들을 다 분변해야 하지 않겠습니까? 선후와 경중과 대소가 다 구분되어야 합니다. 뒤에 있을 수도 있고 아예 없을 수도 있는 것을 최우선으로 주장하고 제일이라고 주장한다면 참 큰일입니다. 선후를 가리지 않는 것이 옳습니까? 또 무엇이 중요하고 무엇이 경한지, 무엇이 덜 중요한지, 그것을 가리지 않아야 합니까? 가려야지요, 가려야 합니다. 이것은 중요하고 저것은 덜 중요하다고 분변해가면서 바르게 택해야 합니다. 중요한 것은 소홀히 여기고 덜 중요한 것이나 없어도 될 만한 것을 소중하게 여긴다면 일이 어떻게 되겠습니까?

우리가 신앙생활을 하는 데 진실로 중요한 것이 하나님 말씀입니다. 오순절 계통에서 잘못된 것이 있는데, 그것이 무엇인가 하니 무슨 이적 같은 것을 위주한다는 점입니다. 하나님 말씀을 덜 중요하게 여기는 것으로 드러납니다. 오순절파 교회가 예배드리는 것을 보면 설교가 별로 없습니다. 설교가 별로 없어요. 이적 얘기, 방언 문제 같은 것이 판을 칩니다. 설교를 제대로 안 하더라고요. 하나님 말씀을 먹는 것이 언제든지 있어야 되고 이것이 제일이 되어야 하는데 이것을 소홀히 하고 다른 일들을 그렇게 위주하니까 성경적이 아니란 말입니다.

성경 어디에 사도들이 전도할 때 방언을 위주합니까? 사도 바울이 어디 가서 전도할 때 너희가 방언 못하면 믿음이 없다, 뭐 그렇게 말한 곳이 어디에 있습니까? 사도 바울은 전도할 때 예수 그리스도를 전했습니다. 유대인은 이적을 구하고 헬라인은 지혜를 구하나 우리는 예수 그리스도를 전한다고 말씀(고전 1:22-23)한 것은 이적보다 중요한 것이 그리스도를 전파하는 말씀이라는 말 아닙니까? 지혜보다, 철학보다, 이 세상 학문보다 중요한 것이 그리스도를 전파하는 말씀이라, 그 말입니다. 바울과 사도들이 전도할 때도 하나님 말씀을 전하는 것이 주가 되었지 이적이나 기타 일들은 있을 수도 있고 없을 수도 있는 것이었습니다. 그러니까 그러한 이적은 필요할 때 하나님이 주시기도 하지만 늘 있어야 하는 것은 아니다 그 말입니다. 그런 것은 주께 맡기고 사람들은 그저 복음만 전할 일이란 말입니다. 이상한 것을 찾다가는 마귀의 밥이 돼요. 이상한 것을 위주해 찾다가는 마귀의 밥이 된단 말입니다. 죽을 때 기이한 일이 있었으니 그 사람이 그리스도 안에서 죽은 사람이라고 생각해서는 안 됩니다.

죽음 앞에 선 신자의 모습

역사상 예수를 잘 믿은 사람을 몇 꼽으라고 한다면 그 중 어거스틴(St. Augustine, 354-430)을 꼽을 수 있을 것입니다. 성 어거스틴이 죽을 때가 임박했을 때, 병상에 누워서 볼 수 있는 건너편 벽에다가 시편 51편을 써서 붙여 놓았다고 합니다. 시편 51편은 다윗이 회개하는 시편입니다. 한번 한두 구절 읽어 보겠습니다. 무슨 말씀이 나오는지 보겠습니다.

> 하나님이여 주의 인자를 따라 내게 은혜를 베푸시며 주의 많은 긍휼을 따라 내 죄악을 지워 주소서 나의 죄악을 말갛게 씻으시며 나의 죄를 깨끗이 제하소서 무릇 나는 내 죄과를 아오니 내 죄가 항상 내 앞에 있나이다 내가 주께만 범죄하여 주의 목전에 악을 행하였사오니 주께서 말씀하실 때에 의로우시다 하고 주께서 심판하실 때에 순전하시다 하리이다(시 51:1-4).

바로 이 말씀입니다. 어거스틴은 성 어거스틴이라고 하여 성자 호를 받은 사람입니다. 바르게 산 사람이고 깨끗하게 산 사람이고 신앙으로 산 사람이지만 죽을 때가 임박했을 때 바로 이 시편 51편에 집중적으로 눈을 붙이고 있다가 세상을 떠났다는 말입니다.

사람이 죽을 때가 임박했을 때 혹 잘못하면 자기 고통스러운 것만 생각하기 쉽습니다. 하나님 말씀을 생각하지 않기 쉽고 믿음이 약해지기 쉽습니다. 주님을 생각하는 마음이 없어지기 쉽습니다. 가족을 떠나게 된다는 것이 애연스러워서 그저 그 생각만 하다가 죽을 수도 있습니다. 그런데 죽기 전에 자기 죄를 살펴 죄는 털끝만큼도 용납하지 않고 회개하겠다는 다윗의 회개의 시편을 보다가 죽은 사실을 생각해 보면 그에게 성령이 역사하셨다는 것을 우리가 보게 됩니다. 이것이 과연 그리스도 안에서 죽는 거로구나, 깨닫게 됩니다.

칼빈(John Calvin, 1509-1564) 또한 예수 잘 믿은 사람으로 빼놓을 수 없는 분입니다. 칼빈이 성경 말씀을 깨달은 것은 오늘날까지도 사표가 됩니다. 진정한 참 선생님이라고 할 만합니다. 성경 말씀을 바로 깨달아 만고에 사표가 된다는 것은 칼빈 자신의 어떤 재주가 아니라 성령께서 그 사람을 쓰신 것이라는 것을 깨달을 수 있습니다. 성령의 역사 없이는 성경 말씀을 깨달을 수가 없습니다. 칼빈은 세상 뜰 때 어떻게 떴습니까? 그는 자신이 세상 뜰 것을 느꼈습니다. 세상 뜰 것을 알고 로마서 8장 18절을 계속 읽으면서 세상 떴습니다.

생각하건대 현재의 고난은 장차 우리에게 나타날 영광과 비교할 수 없도다(롬 8:18).

이 말씀을 계속 읽으면서 세상 떴습니다. 사람에게 괴로운 때를 꼽으라면, 세상 뜰 때 이상으로 괴로운 것이 어디 있겠습니까? 다른 생각은 하나도 못할 때인데도 불구하고 성경을 계속 외웠다는 것이 무슨 뜻입니까? 다른 것과 상관없이 나는 하나님 말씀밖에 귀한 것이 없다는 뜻 아닙니까? 최후에, 이 중요한 시간에 내가 할 일은 제일 중요한 것을 붙드는 것인데, 하나님 말씀을 붙드는 것이 제일 중요한 것이라는 의미에서 그런 것 아닙니까? "생각하건대 현재의 고난은 장차 우리에게 나타날 영광과 비교할 수 없도다." "생각하건대 현재의 고난은 장차 우리에게 나타날 영광과 비교할 수 없도다." 이렇게 계속 읽으면서 세상을 떴다고 합니다. 성경이 하나님 말씀이라고 믿기 때문에 최후에, 세상 뜨는 그 시간에 이 말씀을 가장 힘 있게 붙잡는 모습들입니다.

칼빈의 제자 중 요한 낙스(John Knox, 1514-1572)라는 사람은 장로교 설립에 중요한 초석이 될 만한 신앙가였습니다. 요한 낙스는 세상 뜰 때 칼빈의 설교를 읽어 달라고 했습니다. 칼빈의 설교를 읽어 달라고 했기 때문에 앞에 있던 신자가 칼빈의 설교를 읽어주는 가운데 세상을 떴다고 합니다.

유명한 주석가 알렉산더 맥클라렌(Alexander MacLaren, 1826-1910)은 죽음이 임박하자 큰 결심을 했습니다. 그는 자신의 설교 원고를 찾아내어 전부 불살랐습니다. 자신의 설교 원고를 모두 불사른 이유가 무엇일까요? 이거야말로 자기의 마지막에 대한 최후 단속이고 최후 성찰입니다. 자신에 대해 살펴보는 것이고 다짐하는 것이고 정비하는 것이지요. 무슨 말인고 하니 이제 세상 뜨는 절박한 시간에 예수의 피만 믿겠다는 것입니다. 예수의 피를 믿는 데 자신을 총동원하는 것입니다. 내가 세상에 있을 때 무슨 일을 했다, 세상에서 설교로 많은 사람을 감동시켰다, 설교로 많은 사람을 주님께로 돌아오게 했다, 또한 성경 해석을 통해 많은 사람에게 유익을 주었다, 앞으로도 이 원고를 통해서 다른 사람들에게 유익을 주고 나의 업적을 세우겠다 하는 생각들을 집어치우는 것입니다.

내가 살았을 때 어떤 일을 했는데 그것이 위로가 된다, 내가 살았을 때 이런저런 선한 사업을 했는데 그것으로 위로를 받는다, 내가 죽는 마당에 그것이 위로가 된다, 그렇게 생각할까봐 두려워한 것입니다. 그래서 설교 원고를 찾아내어 불태우는 그 결단, 불태워 확인하는 최후적 자기 정비, 나는 다른 것은 도무지 안 믿는다, 내가 내 업적을 믿음으로 위로 받는다는 것은 그만큼 예수의 피를 덜 믿는 것이다, 예수의 피 외에 그 무엇이 내게 위로가 되겠는가 하는 생각으로만 최후를 맺으려고 한 것입니다. 나는 예수의 피를 믿는다, 그가 내 죄를 담당하시고 십자가에서 죽어주신 이것을 믿는다, 자기가 어떤 훌륭한 일을 했다는 것에 위로를 받을까 두려워하며 위로도, 구원받는 힘도, 의도 주님의 피에 있고, 모든 것이 주께서 나를 위해 대신 죽어 주신 것에 있다는 신앙을 최후적으로 한번 강화하는 움직임이 아닙니까? 이런 것이 다 성령의 역사 가운데 죽는 것입니다. 그리스도 안에서 죽는 것입니다.

지극히 작은 자의 체험

저는 말단에 서고 부족한 것투성이인 사람이지만 예수밖에 없다는 생각은 늘 가지고 있습니다. 제가 81년도에 중병을 앓아 한 7, 8시간 산소 호흡을 하고 있었는데, 당시 나로서는 그 상황을 잘 알지도 못 하는 지경이었습니다. 그때 저는 고려병원에 입원해 있었는데 하루 저녁은 이제 죽는구나 하는 생각이 들었습니다. 이제 세상을 버리는구나 하는 생각이 나요. 그래서 이제는 나 자신을 좀 정비해 봐야겠다는 생각이 들었습니다. 이제 최후인데 내 마음을 점검해 봐야겠다, 지금 내 마음이 어떠한 형편인지 알아야겠다, 생각하면서 그 마음에 어떠한 힘이 있었으면 좋겠다는 생각이 들었습니다.

이 마음에 어떠한 힘이 있어서 숨을 거두는 순간에 위로가 있고 힘이 있고 평안이 있으면 좋겠다는 생각을 한 것입니다. 그래서 눈을 감고 마음에 생각하기 시작했습니다. 힘이 있어야 되겠다고 생각했습니다. 최후를 올바로 맺어야 되겠다, 최후 매듭을 잘 지어야 되겠다고 생각했습니다. 그러면서 마음에서 무엇을 찾으려 했습니다. 기쁨이 솟아나지 않겠는가, 저 윗 세상으로 가는데 기쁨이 솟아나지 않겠는가, 또한 확신이 생기지 않겠는가, 죽어도 걱정 없다 하는 안심이 생기지 않겠는가, 생각했습니다. 그리고 눈을 감고 마음을 정돈해 봤습니다. 그런데 이상스럽게도 도무지 위로가 생기지 않는 것이었습니다. 도무지 힘도 나지 않고 캄캄한 것이었습니다. 어떤 확신도 안 생기고 참으로 이건 소망 없는 마음이었습니다.

그래서 얼른 방향을 고쳤습니다. 이거 마음을 들여다 봤자 무엇이 있겠냐 말입니다. 예레미야 17장 9절에 말하기를 "만물보다 거짓되고 심히 부패한 것은 마음이라"고 했는데, 예수를 믿은 후에라도 완전히 성화된 것은 아니니까 계속 잘못이 나온다면 이거 마음에서 나오는 거야, 성경이 그렇게 말씀했는데 내가 이 마음에서 위로를 찾으려 하고 이 마음에서 무슨 안식할 것을 찾으려 하니 틀린 것이다, 이렇게 생각하면서 내 생각의 방향을 바꿨습니다. 그러고는 성경을 생각하기 시작했습니다. 그렇지, 그렇지, 내가 평생 생각하고 가르친 것이 역시 그것이 아닌가, 만물보다 거짓되고 심히 부패한 것이 마음이라고 가르쳤고 또 성경을 풀이할 때도 인간 자신에게는 소망이 없다는 것을 가르치지 않았던가, 그런데 내 마음에서 무엇을 찾아보겠다 하니 참으로 잘못되었구나 생각하고서 이 생각의 방향을 성경으로 돌렸습니다.

성경으로 마음을 돌리자마자 마음이 평안해졌습니다. 구원은 그리스도에게 있다, 구원은 그의 보혈에 있다, 구원은 성경에 하나님이 주신 그 약속에 있다, 구원은 보좌에 앉으신 이와 어린양에게 있다고 계시록 7장이 말했는데 말씀 그대로다, 진정 구원은 내 마음에 있지 않구나 하는 생각을 하게 되었습니다. 성경 하면 예수, 하나님의 약속, 하나님의 진실, 그 인자가 영원하다는 것, 우리의 구원을 이루는 데 있어서 전적으로 예수 그리스도로 말미암아 그 구원이 온다는 것을 생각하게 됩니다. 따라서 제 마음에도 평안이 와요. 평안이 오고, 안전 보장이 오고, 기쁨이 오고, 무엇이라고 말할 수 없는 좋은 것이 왔습니다.

이것은 지극히 작은 사람의 체험입니다. 그러나 죽을 때도 주님을 기억하고, 주님의 말씀대로 될 것을 믿고 계속 그리스도를 바라보고 그리스도에게 소망을 가질 때 은혜가 오는 것입니다. 여러분, 명심해 주시기 바랍니다.

34
최후의 구원과 멸망

계 14:14-20

오늘 본문 말씀은 크게 두 가지로 나타납니다. 첫째는 최후의 구원입니다. 14-16절에서 이것은 추수로 비유되었습니다. 가을에 곡식을 거두는 것같이 하나님의 참 백성이 예수 그리스도로 말미암아 천국에 거두어들임이 된다는 비유입니다. 둘째로는 17-20절의 포도 추수하는 비유인데, 멸망 받을 자들을 알려줍니다. 더 이상 구원받을 기회 없이 이제는 아주 멸망 받는 비참한 일을 포도 추수로 보여 줍니다.

• 신자를 추수하는 예수님

또 내가 보니 흰 구름이 있고 구름 위에 인자와 같은 이가 앉으셨는데 그 머리에는 금 면류관이 있고 그 손에는 예리한 낫을 가졌더라(14:14).

요한이 이 광경을 보게 된 것은 보통 우리가 사용하는 이 육안으로 본 것이 아닙니다. 이것은 성령의 감동으로 하나님이 보여 주는 광경을 본 것입니다. "내가 보니 흰 구름이 있고", 검은 구름이 아니라 흰 구름입니다. 검은 구름은 우리가 모를 신비의 구름이라고 하겠지요. 아주 컴컴해서 우리가 그 내용을 알 수 없습니다. 그래서 검은 구름은 환난이나 재앙을 보여 주는 비유가 되겠습니다. 그런데 흰 구름은 광명입니다. 빛이 있습니다. 그러기 때문에 이것은 복과 기쁜 일과 구원을 보여 주는 비유가 됩니다.

계시록에 나오는 모든 재료는 대부분 비유를 하는 것들입니다. 예수님이 이제 진실하게 믿는 사람들을 데려가는 광경인데, "흰 구름이 있고 구름 위에 인자와 같은 이가 앉"아 있습니다. 이 "인자"는 예수를 비유합니다. 우리가 마태복음을 읽을 때나 마가복음을 읽을 때에 인자라는 말을 많이 봅니다. 인자라는 것은 하나님의 아들 예수를 의미하는 이름입니다. 예수님이 바로 인자입니다.

어째서 예수님을 인자라고 합니까? 사람 인 아들 자, 즉 사람의 성품을 받으시고 오셨기 때문에 그렇습니다. 사람의 몸과 사람의 영혼을 받으셨습니다. 그분은 하나님의 아들이니 하나님이십니다. 이 세상에 오셨어도 계속 하나님이신 것입니다. 하나님이시면서 사람들과 접촉하고 사람들을 건지시기 위해 사람의 성품을 입으셨습니다. 몸과 영혼을 입으셨습니다. 몸과 영혼은 사람의 성품입니다. 이런 분이 오셨는데 인자라고 이름을 가지십니다. 이 이름은 예수님이 세상에 오시기 약 오백년 전에 나왔던 이름입니다. 하나님의 아들이 장차 온다는 예언이 이미 있었습니다.

다니엘서 7장 13절을 보면 다니엘이 밤에 환상을 봅니다. 그런데 인자께서 하늘에서 오시는 것을 보았습니다. 인자께서 오셔서 하나님에게서 나라를 받았다, 나라를 받으신다는 것을 말씀합니다. 그러니까 예수님이 이 세상에 오시기 약 오백 년 전에 미리 말해 두었던 것이 예수님 당시에 이루어진 것입니다. 인자, 인자라 할 때 다니엘서 7장 13절을 연상하게 됩니다. 갑자기 오신 분이 아니라 오래 전에 예언해 두셨던 대로 오신 분입니다. 그런데 이 분이 세상 끝 날에 심판하십니다. 여기서 심판을 보여 주는데 예수 믿는 사람들은 바로 예수님의 구원을 받아서, 예수님이 구원해 주시는 그 구원을 받아서 그의 영혼이 예수님과 함께 있을 것을 보여 주십니다. 사람의 아들과 같은 이가 앉았는데 흰 구름 위에 앉은 분이라고 했습니다. 소망의 주님이고 광명의 주님이고 복의 근원이 되시는 분입니다.

"그 머리에는 금 면류관이 있고." 이 역시 비유로 생각해야 합니다. 이것은 심판자의 모습입니다. "그 손에는 예리한 낫을 가졌더라." 이것을 보면 주님이 장차 신자들을 구원하시기 위하여 오시는데, 칼을 가지고 오시지 아니하고 낫을 가지고 오셨습니다. 신자들에게 대해서는 낫으로 역사하십니다. 이것은 거두어들인다는 것이지요. 곡식을 거둘 때 낫을 사용합니다. 검을 사용하지 않는단 말입니다. 여기서는 거두어들인다는 것을 보여 주는 것입니다.

재림의 때는 알 수 없음

> 또 다른 천사가 성전으로부터 나와 구름 위에 앉은 이를 향하여 큰 음성으로 외쳐 이르되 당신의 낫을 휘둘러 거두소서 땅의 곡식이 다 익어 거둘 때가 이르렀음이니이다 하니(14:15).

여기 말씀을 보니까, 천사가 예수님을 심부름시킨다는 말입니까? 천사가 예수님에게 명령하고 있는 것입니까? 15절 초두에는 분명히 또 다른 천사라고 했습니다. 천사가 어떻게 하나님이신 예수님에게 명령을 합니까? 그런데 이것은 명령이 아니라 알리는 것입니다. 지금이 때라는 것입니다. 지금이 바로 이 모든 성도를 데려갈 때라는 것입니다.

그런데 천사가 때를 압니까? 거두어들이는 때를 천사도 모른다고 하지 않았습니까? 마태복음 24장 36절에 그날과 그때는 아무도 모른다고 했습니다. 하늘의 천사들도 인자도 모른다고 했습니다. 오직 아버지만 아신다고 했습니다. 분명히 하나님 아버지만 아신다고 했는데 천사가 어떻게 알고 그때를 말합니까? 여기 보면 이제 때가 됐다고 하지는 않았습니다. 그러나 네 낫을 휘둘러 거두라고 했습니다. 거둘 때가 이르렀다고 했고 땅의 곡식이 다 익었다고 했습니다. 이것은 분명히 때가 되었다는 뜻입니다.

그렇다면 천사도 모른다고 했는데 어떻게 알게 된 것입니까? 15절을 초두를 다시 보면 "또 다른 천사가 성전으로부터 나와"라고 했습니다. 여기에서 말하는 "성전"은 하늘 성전이고 그 하늘 성전에는 하나님 아버지가 계십니다. 하늘 성전에 계신 아버지께서 천사를 내보낸 것입니다. 아버지만이 그날과 그때를 아시는데 이제 천사를 내보내려니까, 심부름 보내려니까 천사에게 알려 주게 된 것 아닙니까? 이제 나가서 알려라, 때가 되었다고 알려라, 하기 때문에 천사가 알게 된 것이지요. 흰 구름 위에 앉으신 예수님은 아직 잘 모르지요. 그날과 그때를 지금 모르지요. 그런데 이제 하나님 아버지의 심부름을 하러 나온 천사가 알려줍니다. 지금이 바로 그때니 낫을 휘두르시오, 한 것입니다. 천사가 예수님에게 명령한 것이 아니라 하나님 아버지의 말을 예수 그리스도께 전달한 것입니다. 전달자 즉 메신저라는 것이 분명합니다.

이 말씀에서 우리는 신기하게 들어맞는 성경의 경이로움을 느낄 수 있습니다. 만일 15절에 "성전으로부터"라는 말이 없으면 이 말씀을 해석하는데 많은 어려움을 겪어야 할 것입니다. "성전으로부터"라는 말이 없으면 그때가 재림 심판할 때인 줄 천사가 어떻게 알았겠나 하는 의문을 가질 수밖에 없을 것입니다. 문제가 되겠지요. 풀기 어려운 말이 되겠습니다. 그러나 성경의 어느 말씀이든지 다른 말씀과 충돌하지 않습니다. 왜냐하면 한 성령님께서 말씀하시기 때문에 그렇습니다. 한 성령님께서 말씀하시기 때문에 어디서든 이렇게 딱 들어맞습니다.

여하튼 우리는 그날과 그때를 모릅니다. 지금은 모르는 때입니다. 여기 기록된 것은 그때가 돼서 하나님 아버지께서 알려 주시니 알게 된다는 것입니다. 아직 그때는 오지 않았습니다. 우리는 오직 그날과 그때를 모릅니다. 그날과 그때를 모르기 때문에 날마다 주님의 재림을 기다리며 사는 것입니다. 때가 아직 이르지 않았기 때문에 우리의 소망은 언제나 주님의 재림에 있습니다. 그것을 성경은 계속 말하고 있지 않습니까? 우리가 소망을 다른 데 둘 때는 언제나 실패합니다. 주님의 재림에 소망을 두고 재림을 기다리는 사람이 되면 우선 마음이 기쁩니다. 그러기 때문에 재림을 기다리는 것이 인간의 본연입니다. 재림을 기다려야 합니다. 그러면 어떻게 기다려야 됩니까? 가만히 앉아서 눈감고 기다리면 되는 것입니까? 그런 것이 아니지요.

- **재림 대망 신앙**

야고보서 5장에 재림을 기다리는 일에 대해 농부의 생활을 가지고 비유했습니다. 농부가 날마다 참으면서 추수 때를 기다리는 것같이 우리 믿는 사람들은 날마다 재림을 기다려야 될 것을 말씀합니다. 7절에서 "주께서 강림하시기까지 길이 참으라"고 했는데, 참는 것이 무엇입니까? 가만히 앉아서 주님이 오실 그때가 되기만을 기다리는 것입니까? 물론 그럴 수도 있겠지만 성경이 말씀하는 대로의 기다리는 법을 알아야 합니다. 바로 참는 것입니다. 참는다는 것은 무엇을 암시하고 있습니까? 일하는 것을 암시하고 있습니다.

우리가 주의 일을 하다 보면 반드시 난관이 있습니다. 핍박도 있을 수 있습니다. 욕을 먹을 경우가 있습니다. 하지만 주님을 기다릴 필요 없이 그저 세상을 좋아하고, 세상 사람들과 함께 이리저리 휩쓸려 생활한다면 당분간은 어떤 난관도 핍박도 없을 것입니다. 세상 사람이 하자는 대로 하지 않으니까 곤란한 일이 생기는 것입니다. 그렇지만 참으라는 것입니다. 우리가 예수님의 재림을 기다리는 방법은 주님의 일을 충성되게 하는 것입니다. 주님의 일을 충성되게 하는 것이 재미있게 기다리는 것입니다. 사람이 무엇을 하지 않고 시간을 보내려면 천하에 그것보다 괴로운 일이 없습니다. 아무것도 하지 않고 가만히 앉아 있어 보라고요. 몇 시간 되지 않아 앉아 있지 못할 것입니다. 사람이 일을 해야 기다리는 생활이 고단해지지 않는 것입니다. 기다리는 생활을 참지 못하는 시험이 없게 되는 것입니다.

사람은 일을 해야 삶의 의미를 가지고 살아갈 수 있습니다. 특별히 주님을 위하여 하는 일입니다. 주님을 위하여 참으면서 일할 때 성령이 도와주십니다. 괴로움이 오지만 참으면서 일할 때 도와주십니다. 그저 타협하면서, 세상에 속한 사람들이 하자는 대로 끌려 다니면, 성령이 도와줄 필요가 없습니다. 그러나 어떻게 하면 주님의 일을 참되게 할 수 있는가를 늘 생각하고 주님이 좋아하는 일을 힘써 노력하는 가운데 성령의 은혜를 받습니다. 하나님은 결단코 하나님의 일을 하는 사람을 내버려두지 않습니다. 좀 시험하는 뜻으로 시간이 걸리기도 하지만 정말 진실함이 드러나면 주님은 즉각 함께해 주시고 위로를 주시며 자신이 느낄 수 있을 정도로 내 힘이 아닌 힘이 오는 것을 체험할 수 있게 하십니다. 예수를 믿는다고 할 때, 주님의 일을 참으면서 하고 어려움도 참으면서 하는 이 단계에서 우리가 살아야 합니다. 야고보서 5장 7절부터 보면 참으라는 말이 여러 번 나옵니다.

> **그러므로 형제들아 주께서 강림하시기까지 길이 참으라 보라 농부가 땅에서 나는 귀한 열매를 바라고 길이 참아 이른 비와 늦은 비를 기다리나니 너희도 길이 참고 마음을 굳건하게 하라 주의 강림이 가까우니라 형제들아 서로 원망하지 말라 그리하여야 심판을 면하리라 보라 심판주가 문 밖에 서 계시니라 형제들아 주의 이름으로 말한 선지자들을 고난과 오래 참음의 본으로 삼으라 보라 인내하는 자를 우리가 복되다 하나니 너희가 욥의 인내를 들었고 주께서 주신 결말을 보았거니와 주는 가장 자비하시고 긍휼히 여기시는 이시니라**(약 5:7-11).

참는다고 합니다. 그것도 여러 번 참는다는 말입니다. 때가 아직 오지 않았기 때문에 그때까지 참고 견디며 주의 재림을 기다려야 합니다. 재림을 대망하는 신앙이 귀한 신앙입니다. 오늘날 재림을 기다리는 신앙을 만나보기 힘듭니다.

장성하는 신앙

그러면 다시 본문으로 와서, 여기서 천사가 성전에서 나와서 구름 위에 앉은 인자에게 말씀을 전달한 거지요. 심부름 시킨 것이 아닙니다. "큰 음성으로 외쳐 이르되 당신의 낫을 휘둘러 거두소서 땅의 곡식이 다 익어 거둘 때가 이르렀음이니이다"(14:15). 곡식이 익었다고 했는데, 주님께서는 익은 곡식과 같은 자들을 거두어갑니다. 익은 곡식이야말로 알곡이지요. 마태복음 3장 12절과 13장 30절을 보면 알곡은 거둔다고 했습니다. 쭉정이는 불에 던집니다. 주님이 재림하실 때 주님의 낫에 거두어지는 신자들이 되려면 알곡이 돼야 한다는 것을 늘 명심하시기 바랍니다.

알곡이라는 것은 여물었다는 말 아닙니까? 우리의 신앙이 계속 장성할 것 같으면 당연히 여물어집니다. 우리의 신앙이 장성하지 않으면 병든 신앙입니다. 계속 자라나야 마지막에 가서 여물어집니다. 여물어진 것을 주님께서 데려가는데 여물어지기까지 신자들에게 필요한 것은 장성입니다. 계속 자라나는 것입니다. 장성이 우리의 생명과 같이 귀합니다. 다른 일에서는 배우기도 하고, 다른 일에서는 전진하기도 하고 자라나기도 하지만, 믿는 일에서는 장성하지 못하는 경우가 많은 것 같습니다. 그저 믿는다 하는 것뿐이지 10년 전이나 지금이나 별로 달라진 것이 없습니다. 그럴 때는 문제가 있는 것입니다. 장성하지 못하는 사람이란 말입니다. 장성하지 못하는 신자란 말입니다. 그렇다면, 무슨 병이 들어도 단단히 든 것입니다. 그것을 우리가 알아야 합니다. 날마다 시마다 좀 더 잘 믿어야겠다고 좀 더 장성해야겠다고 생각해야 합니다. 혹시 못 할까 자기 자신을 늘 염려하면서 힘을 써야 합니다. 믿는 일에 힘을 써야 합니다.

기도하는 것도 그렇습니다. 기도도 하나님 앞에 바로 해야 되지 않겠나, 그 생각을 해야 합니다. 기도할 때 하나님이 나의 기도를 들어주시는가도 생각을 해야지요. 공연히 기도한다는 모양만 취하는 것은 아닌가, 자기를 살펴야 되지 않겠습니까? 다른 사람이 나한테 와서 당신 이거 틀렸다고 해주는 사람이 있습니까? 없습니다. 부모도 자식에게 그런 말 하는 게 어렵습니다. 하면 좋겠지만 감정 상하는 일이 있다는 말입니다. 역효과일 뿐 아니라 하나마나한 것입니다. 남에게 옳은 말 해주기가 참 힘듭니다. 스스로 자기를 알아야 하고, 스스로 자기를 고쳐야 합니다. 여기에 대해 자기 외에 누구도 없습니다. 우리가 생각을 좀 예민하게 가져야 합니다. 내가 전진해야 되겠다, 내가 자라나야 되겠다, 마침내는 여문 신자가 돼야 하겠다, 생각해야 되지 않겠습니까?

> **구름 위에 앉으신 이가 낫을 땅에 휘두르매 땅의 곡식이 거두어지니라** (14:16).

15절에서 천사가 성전 안에 계신 아버지의 메시지를 인자에게 전했습니다. 이제 16절에서 무슨 일이 일어납니까? "구름 위에 앉으신 이가 낫을 땅에 휘두르매 땅의 곡식이 거두어지니라." 알곡들이 다 이렇게 거두어진다는 것입니다. 이제 17절에서 20절까지를 보면 쭉정이를 어떻게 하는지가 나옵니다.

최후의 멸망

> **또 다른 천사가 하늘에 있는 성전에서 나오는데 역시 예리한 낫을 가졌더라 또 불을 다스리는 다른 천사가 제단으로부터 나와 예리한 낫 가진 자를 향하여 큰 음성으로 불러 이르되 네 예리한 낫을 휘둘러 땅의 포도송이를 거두라 그 포도가 익었느니라 하더라**(14:17-18).

이 광경은 조금 무섭습니다. 곡식을 거둘 때, 알곡을 거둘 때는 흰 구름을 타고 계신 분이 낫을 휘두르셨는데, 여기에서는 무서운 천사들이 보입니다. 18절에서 "불을 다스리는 다른 천사"라고 했는데, 불이라는 것은 심판, 멸망의 심판을 비유하든가 또는 하나님의 진노를 비유합니다. 불, 불, 불, 이것은 하나님이 노하신 것입니다. 하나님의 분노를 성경에 많이 비유했습니다. 여기서도 그 뜻이지요. 불을 맡은 천사라 했으니까 멸망시키는 데 역사하는 천사라는 말입니다.

그 천사가 제단으로부터 나왔다고 합니다. 성경을 보면 제단은 긍휼을 베푸는 곳입니다. 양이나 송아지를 잡은 피를 제단 뿔에 가져다가 바르고 또 제단 밑에 남은 피는 쏟고 이렇게 합니다. 그런데 그것은 제단에 제물을 드림으로 제물 드리는 사람 장본인의 죄를 사하는 결과를 가져옵니다. 그러니까 제단은 살려주는 곳이지요. 불쌍히 여기는 곳입니다. 어쩌다가 잘못해서, 고의적으로 한 것이 아니라 잘못해서 살인한 사람도 뛰어 와서 제단 뿔을 잡으면 살 길이 열립니다. 그만큼 이 제단은 죄를 용서하는 곳이고, 이 제단은 하나님의 자비와 긍휼이 나가는 시설입니다.

그런데 이 제단으로부터 불을 다스리는 천사가 나왔다, 진노의 천사가 나왔다는 것이 무슨 뜻입니까? 이제 이 천사가 하나님의 진노를 베풀어서 거기 걸리는 사람은 다시는 소망이 없다는 것입니다. 그 긍휼, 살려주는 곳이 이제는 심판하는 곳이 되었다는 말입니다. 살려주는 곳에서 심판을 하고, 살려주는 곳에서 진노가 나타나게 된다는 것은 그야말로 더는 참아줄 수 없는 사람들인 것이지요. 더 참아줄 수 없는 죄인들이란 말입니다. 회개를 끝까지 안 하고 계속 강퍅하여 죄악이 관영한 이러한 사람들, 이러한 사람들은 하나님의 불쌍히 여기는 마음으로도 이젠 어떻게 할 수 없다는 것입니다. 그만큼 이것은 최후적 멸망입니다.

멸망 받는 사람들이 그런 사람들입니다. 이건 뭐 정말 긍휼과 자비를 어느 방면으로든지 베풀 수 없는 상대자들입니다. 우리가 세상에서 예를 한두 가지 들어 보겠습니다. 구더기의 경우 그 구더기가 몇 가마니 있다고 해도 구더기는 불에 던져버리는 것이 유쾌한 일이지 구더기를 불에 던져서 아깝다고 하시겠습니까? 독사가 수억 마리 있다고 해도 독사를 죽이는 것이 아까울 것이 없는 일 아니겠습니까? 그 독사 불쌍하다, 할 수는 없는 것 아닙니까? 성경을 보면 사람들 가운데는 하나님이 참고 또 참고 또 참고 또 참고, 하나님의 참으심으로 끝까지 참아 봐도 안 되는 사람이 있는 것입니다. 그러니까 지금 제단에서 심판하는 거라 말입니다.

18절을 계속 보면 그 천사가 제단으로부터 나와서 "예리한 낫 가진 자를 향하여 큰 음성으로 불러 이르되 네 예리한 낫을 휘둘러 땅의 포도송이를 거두라 그 포도가 익었느니라"고 했습니다. 여기서 "포도송이"는 악한 자들을 의미했습니다. 그 포도가 익었다는 것은 죄악이 관영했다 그 말입니다. 죄악이 극도에 찼다는 말입니다.

> 천사가 낫을 땅에 휘둘러 땅의 포도를 거두어 하나님의 진노의 큰 포도주 틀에 던지매 성 밖에서 그 틀이 밟히니 틀에서 피가 나서 말굴레에까지 닿았고 천육백 스다디온에 퍼졌더라(14:19-20).

이제 천사가 큰 포도주 틀에 포도송이들을 던졌습니다. 포도주를 만들 때, 포도주 틀에 이 포도송이들을 넣고 짓밟아서 즙을 내지 않습니까? 이렇게 포도송이를 짓밟는 것같이 사람들, 정말 소망 없는 사람들이 멸망당하는 것입니다. "틀에서 피가 나서 말굴레에까지 닿았고", 말굴레에까지 닿았다고 하니까 그 피가 상당히 많이 고여 있는 것입니다.

"천육백 스다디온에 퍼졌더라." 천육백 스다디온을 대략 계산해 보면, 약 32만 1천 6백 미터입니다. 32만 1천 6백 미터나 되는 지옥입니다. 그 넓은 지옥에 피가 꽉 찼다는 말입니다. 말굴레까지 올라올 정도로 피가 꽉 찼다는 말입니다. 이것은 암시적으로 간단히 말한 것입니다만 16장의 아마겟돈 전쟁을 앞에 두고서 미리 당겨서 말한 것입니다. 앞으로 이런 일이 있다는 것입니다.

오늘 말씀의 제목은 최후의 구원과 최후의 멸망이라고 했습니다. 최후의 구원은 예수님이 재림하셔서 잘 익은 신자들을 데려가는 것입니다. 반면에 최후의 멸망은 무서운 전쟁이 일어나게 되어 모든 악도, 모든 소망 없는 악인이 거기서 죽게 되는 것을 말합니다.

35
모세의 노래와 어린양의 노래

계 15:1-4

계시록을 깊이 생각하면서 은혜를 받고자 합니다. 계시록에 있는 말씀은 순전히 내세에 대한 것입니다. 오는 세상에 대해서 가르치는 말씀입니다. 우리 인간은 현세에만 급급하고 현세에만 열정을 쏟는 습성이 있습니다. 내세라고 하면, 매우 둔감하고 잘 느껴보지 못합니다. 왜 그렇게 되는가 하니 인간은 이 세상에 살면서 세상 재미와 세상 쾌락을 좋아하고 거기에 아주 빠져들어 가고 또 미혹됩니다. 그렇게 어두워지기 때문에 내세에 대해 흥미를 갖지 못합니다.

아편에 중독된 사람은 모든 것을 팔아서라도 아편을 삽니다. 아편 이외에는 좋은 것이 전혀 없다고 늘 느끼는 것입니다. 몽땅 팔아서 아편을 삽니다. 그 아편 말고는 다른 좋은 것들이 없다고 할 수 있습니까? 그런데도 불구하고 아편에 중독된 사람은 아편만 압니다. 마찬가지로 이 세상에 중독된 사람은 거의 다 이 세상을 사랑하고 이 세상 재미와 이 세상 소망에 총 몰두하게 됩니다. 모름지기 사람이라면 생각이 있어야 합니다. 다른 생각이 아니라, 바로 내세에 대한 생각입니다.

거울과 실체

하나님의 종 모세의 노래, 어린양의 노래를 불러 이르되(15:3a).

모세의 노래는 어디에 있습니까? 출애굽기 15장에 있습니다. 모세의 노래는 언제 불렀습니까? 이스라엘 백성이 홍해를 건넌 뒤에 불렀습니다. 구원의 노래입니다. 그러면 어린양의 노래는 어디에 있습니까? 어린양의 노래는 바로 여기에 있습니다. 계시록 15장 3-4절에 기록되어 있습니다. 이것은 모세의 노래와 거의 같습니다. 내용을 거의 같이하고 있습니다. 왜 그러냐 하면 이스라엘 백성은 옛날 예수님 오시기 전에 예수님을 바라보던 민족으로서 애굽에서 도망쳐 나와 홍해를 건너 구원을 받았습니다. 그것은 장차 올 예수 그리스도로 말미암아 믿는 자들이 구원받을 것을 비유하는 것입니다. 그것은 그저 마음대로 가져다 맞춘 것이 아닙니다.

고린도전서 10장이 그것을 설명해 줍니다. 이스라엘이 경험한 일들은 신약 시대 신자들이 당할 일의 거울이라고 했습니다. 거울이라는 것은 바로 같은 이치를 가르쳐주는 모양을 의미하는 것입니다. 우리가 거울을 보면 우리 모습이 거울에 비치지요. 그때 비치는 것은 우리의 형상이고 우리의 실체는 따로 있지 않습니까? 그와 같이 구약 시대 이스라엘 백성이 출애굽해서 홍해를 건너 신 광야에서 여행하며 가나안 땅에 들어가게 된 과정은 거울 속의 형상과 같은 것이고, 신약 시대에 예수 그리스도를 믿어서 구원받는 것은 실체와 같은 것입니다. 실제 예수님이 오셔서 이루시는 일이니까 실체입니다.

예수님 오시기 전에도 예수 그리스도로 말미암아 구원받는 것이 어떠한 것임을 거울로 보여주었습니다. 거울에 비친 모습과 같은 것이지요. 그 시대 사람들은 실제로 실체를 보고 믿은 것이 아닙니다. 예수님 오시기 전이므로 장차 오실 예수님의 그림자 식으로 그 일들이 됐다는 말입니다. 홍해를 건넌 일이라든지, 광야에서 시험받은 일이라든지, 가나안 땅에 들어가는 일 같은 것이 다 그 그림자요 거울에 비쳐진 모습과 같다는 것입니다. 그것이 고린도전서 10장에서 말씀한 것입니다. 따라서 우리는 어떻게 구원받는가를 배우는데 이중으로 배우는 것입니다. 구약을 배우니 거울에 비친 형상과 같은 모습으로 배우고, 신약을 배우니 친히 예수님이 오셔서 하신 일들을 또 배웁니다. 이렇게 두 번 배워서 더욱 확실하게 되는 것입니다.

모세의 노래와 어린양의 노래. 즉 구약 시대 하나님의 백성이 홍해를 건넌 사건이 있는가 하면 신약 시대 말에 주님이 오시게 되면 신약 백성들 모두 홍해를 건넌 것과 같은 기쁨의 세상을 보게 되는 것입니다. 하나는 실체이고 다른 하나는 거울에 비친 형상이기에 그 내용은 비슷합니다. 그러기 때문에 계시록 15장에 기록된 어린양의 노래를 모세의 노래라고도 말씀하는 것입니다. 모세의 노래가 어린양의 노래요, 어린양의 노래가 모세의 노래라고 할 특성을 가지고 있는 것입니다. 그러면 이 노래를 부르는 사람들은 어떠한 사람들인가? 완전히 구원받은 사람들입니다. 이것은 예수님이 재림하신 다음에, 마치 홍해와 같은 험한 길을 다 지나서 완전히 구원받아서 부르는 노래니까 그렇습니다.

16장에서는 재앙이 내리는 것을 보게 되는데, 이것을 어떻게 시대적으로 맞추게 됩니까? 맞추는 것이 쉽지 않습니까? 예수 그리스도를 믿는 모든 택한 백성들은 구원받고 노래하게 되는 반면에 이 세상에게는 적그리스도를 완전히 멸망시키는 재앙이 내린다는 말입니다. 한 마디로 택한 백성은 다 구원받아서 노래 부르고, 뒤떨어진 적그리스도의 백성은 적그리스도에 속하므로 적그리스도를 찬양하던 그 무리는 재앙을 받는다 그 말입니다. 이것은 16장에 기록되어 있습니다.

그리스도의 의로 구원받음

또 하늘에 크고 이상한 다른 이적을 보매 일곱 천사가 일곱 재앙을 가졌으니 곧 마지막 재앙이라 하나님의 진노가 이것으로 마치리로다(15:1).

1절에서 "이적"이란 말은 표적이라는 말씀입니다. 표적, 즉 표란 말이지요. 신령한 뜻을 보여주는 표란 말입니다. 이적은 표적의 싸인(Sign)입니다. 이것이 마지막 재앙이라고 했습니다.

15장 2절부터는 하나님이 택한 백성은 그 재앙을 받도록 되어있지 않고 다 구원받았다는 것을 알려줍니다. 2-4절은 노래를 부르는 입장들입니다.

> 또 내가 보니 불이 섞인 유리 바다 같은 것이 있고 짐승과 그의 우상과 그의 이름의 수를 이기고 벗어난 자들이 유리 바다 가에 서서 하나님의 거문고를 가지고(15:2).

"불이 섞인 유리 바다", 이것은 계시록 4장에 있는 것과 같은 유리 바다인데, 거기에 불이 섞였다고 합니다. 유리 바다는 예루살렘 성전에 있는 부어 만든 바다(참조. 왕상 7:23-26)라는 것을 생각게 합니다. 성전 안에 물을 담기 위해 부어 만든 바다가 있었습니다. 그것은 놋을 부어서 만들었습니다. 그런데 그 바다를 놋쇠 황소 열두 마리가 등에 지고 있습니다. 소(牛) 역시 주조해서 만든 소들입니다. 성전에는 그런 시설이 있었습니다.

그것은 무엇을 의미합니까? 제사장들이 제사를 드리기 전에 손을 씻어야 되고, 무슨 오염이든 다 씻어야 합니다. 그렇게 씻는 순서가 있는데, 그때 바로 이 부어 만든 바다에서 물을 떠가지고 씻습니다. 이것은 예수 그리스도의 의를 비유합니다. 누구든지 하나님을 섬기려면 먼저 예수 그리스도의 의를 힘입어야 된다는 말입니다. 자기의 의로는 하나님을 섬길 수 없습니다. 우리 각자에게는 의가 없습니다. 우리에게 있는 의라고 하는 것은 우리 생각의 의지일 뿐입니다. 사실 하나님이 보시기에는 흠과 티가 있어서 의로 간주할 수 없는 것입니다. 오직 예수 그리스도의 의만 우리로 하여금 하나님 앞에 나가게 합니다. 그러니만큼 우리 신자들은 자초지종 무엇을 하든지 우리 주님을 힘입어서, 우리 주님의 의를 힘입어서 할 수 있는 것입니다.

이 "유리 바다"는 이 성전에 부어 만든 바다와 연결되어 있습니다. 이것은 유리 바다 같은 맑고 깨끗한 바다입니다. 흠과 티가 없는 예수 그리스도의 의입니다. 그러면 모세의 노래와 어린양의 노래를 부를 수 있는 사람들이 누군가? 그들은 예수 그리스도의 의로 말미암아 구원받은 무리입니다. 이 유리 바다가 이 신자들을 통과시켜 주었습니다. 이스라엘 백성이 홍해를 마주했을 때 그들은 홍해로 말미암아 구원받았다고 할 수 있습니다. 왜 그런고 하니 홍해에 들어서게 됐을 때 바닷물이 갈라져 육지와 같은 길이 났습니다. 그래서 그들은 무사히 건너게 되었고 나중에 추격해 오던 애굽 군대는 그 길에 들어섰다가 물이 합쳐지는 바람에 다 죽었습니다. 그러니까 홍해는 사실상 이스라엘을 구원시켰다고 할 수 있습니다. 홍해가 아니었다면 추격해 오는 애굽 군대가 그들을 따라잡아 멸망시켰을 것입니다.

예수 그리스도의 의는 믿는 자에게는 구원이 되고 예수님의 의를 반대하는 자들에게는 멸망이 됩니다. 왜 그렇습니까? 그 의를 인정하지 않고 그 의를 받지 않았기 때문에 사람 스스로는 별수 없이 망할 수밖에 없습니다. 구원 못 받아요. 그들은 천국에 들어갈 수가 없습니다. 그러니만큼 예수의 의는 끝까지 회개하지 않고 믿지 않는 자들에게는 멸망의 심판을 받게 하는 것입니다. 다른 구원의 길은 없습니다. 그리스도의 의를 배척했으면 그리스도의 의가 그들에게 원수가 되는 것입니다. 그들이 그리스도의 의를 원수시하였으니만큼 그들은 멸망할 수밖에 없습니다.

이런 의미에서 여기 유리 바다에는 불이 섞였다고 했으니 멸망 즉 하나님의 진노의 심판도 섞였다는 말입니다. 애굽을 탈출해 나온 이스라엘 백성이 홍해를 건널 때 주님을 믿은 주님의 백성은 통과됐지만 주님을 배반한 애굽 군대는 망하였으니 일종의 심판이 된 것입니다. 말하자면 그들에게는 불과 같이 된 것이지요. 그래서 불이 섞인 유리 바다는 옛날 홍해와 관련된 표현인 것입니다. 그런데 이 유리 바다를 건너간 하나님의 백성의 노래 내용을 잠깐 생각해 보겠습니다.

하나님의 전능하심 찬양

주 하나님 곧 전능하신 이시여 하시는 일이 크고 놀라우시도다 만국의 왕이시여 주의 길이 의롭고 참되시도다(15:3b).

"주 하나님 곧 전능하신 이시여 하시는 일이 크고 놀라우시도다." 여기 3절 하반절에서는 하나님의 능력을 노래합니다. 구원받은 사람들이 하나님의 능력으로 말미암아 구원받았기 때문에 그 구원을 찬송합니다. "주의 길이 의롭고 참되시도다." 그리고 둘째는 하나님의 의를 찬송합니다. 그리고 하나님의 진실성을 찬송합니다.

주여 누가 주의 이름을 두려워하지 아니하며 영화롭게 하지 아니하오리이까 오직 주만 거룩하시니이다 주의 의로우신 일이 나타났으매 만국이 와서 주께 경배하리이다 하더라(15:4).

그리고 하나님의 거룩을 찬송합니다. 이 말씀을 보면 이것은 역사의 종점에서 노래한 것이 분명합니다. 아직 역사의 종점은 아닙니다. 어느 순간이 역사의 종점일지 우리는 잘 모릅니다. 어쨌든 아직은 역사의 종점이 아닙니다. "주의 의로우신 일이 나타났으매." 과거사 아닙니까? 의로운 일이 장차 나타난다는 말이 아니라 나타났다고 했습니다. 완전히 심판하시는 그 순간에 속하는 말입니다. "만국이 와서 주께 경배하리이다." 이제는 땅 위의 모든 백성들이 주님을 경배하는 때가 되었다는 말입니다.

여기 네 가지 내용으로 찬송이 나왔는데 첫째는 하나님의 전능에 대한 것입니다. 전능이라는 것은 못 하실 일이 없는 능력을 말하지요. 하나님께서는 죄를 짓는 일은 물론 안 하시지요. 하나님께서는 죄와 상관이 없으시고, 전혀 죄가 없으신 분이시고, 죄를 짓는다는 것은 천리만리 멀리 있는 일이고 그분과는 상관없는 일입니다. 죄 짓는 것 외에 어떤 일이든지 하나님이 원하신다면 다 하시는 것이 바로 전능입니다. 전적으로 능하시다는 것이지요. 그런 분이 아니고서는 우리 인생들, 특별히 하나님 백성을 구원할 수가 없습니다.

영원히 사는 생명인데, 잠깐 사는 동안에도 그렇게 애로가 많고 난관이 많은데, 영원히 사는 이 영생을 보장하는 데 어떤 것은 못 한다 할 때 문제가 안 생기겠습니까? 영원히 살아가는 데 문제가 있어서는 안 되는 것입니다. 영원히 살아가는 데 전혀 문제없도록 해주시는 능력이란 말입니다. 그러니만큼 이것은 전능입니다. 하나님의 이 전능을 어떻게 아느냐? 성경이 말했으니까 압니다. 첫째가 그것입니다.

우리 믿음에서 왜 믿느냐 그러면 성경이 말하기 때문에 믿는다, 그래야 합니다. 우리 믿음이 그렇게 자리를 잡아야지 어떤 다른 이유로 믿게 되었다고 생각하는 것은 아주 유치한 것입니다. 성경은 지나볼수록 더욱 옳습니다. 너무 옳기 때문에 경험하기가 어려운 부분도 많습니다. 믿는다고 할 적에는 내가 다 알고 믿는다는 것이 아니므로 모르는 것이 더 많다는 것을 인정하고 들어가는 것입니다. 모르는 면이 많아도 달가운 마음으로 믿게 될 때 이것이 뿌리박힌 믿음입니다.

하나님의 전능하심에 대하여 우리 작은 인생들이, 특별히 우리 신자들이 체험하는 것들이 약간 있습니다. 우리 가운데도 하나님의 능력을 체험했다고 말할 사람이 있을 것입니다. 많이 있을 것입니다. 도무지 사람의 이치로는 설명이 안 되는 사건들이 없다고 할 수 없지요. 우리 각자가 살아나오는 가운데 하도 신기하고 오묘하여 하나님의 능력이 아니고는 도대체 설명할 수 없는 일들이 없지 않을 것입니다. 우리가 다 진실하게 믿어오는 만큼 그런 체험을 한다는 말입니다.

하나님의 의로우심 찬양

둘째는 하나님의 의로움을 찬송했습니다. 하나님의 의로움은 무엇으로 증명합니까? 성경으로 증명합니다. 성경에 그 말씀이 있으니 믿는다는 말입니다. 우리가 체험하지도 않았는데 어떻게 믿을 수 있느냐고 묻는 것은 잘못된 질문이지요. 실상 하나님의 의는 절대 완전한 의이기 때문에 체험하기 어렵습니다. 우리 인간은 하나님이 옳게 한 일에 대해서도 의문을 갖는 일이 있을 수 있습니다. 우리의 의는 그야말로 더러운 누더기와 같습니다. 그러니만큼 나의 이 낮은 의의 정도에 맞추어 행하셨다면 이해할 수 있을지 모를까 훨씬 높은 차원의 의에 대해서는 도무지 이해할 수 없습니다. 공이 굴러가는 것 보고는 굴러간다, 굴러간다 하지만 지구가 굴러가는 것을 보고 느끼지 못하는 것이 우리 인생입니다. 너무 크니까 이해를 못 합니다.

성경은 하나님을 자초지종 의로우신 분으로 말씀합니다. 만일 우리가 믿음의 근거를 체험에 기인한다고 하면 우리의 삶은 늘 불신앙으로 요동치게 될 것입니다. 우리 인간이 체험하지 못하는 것이 너무 많아요. 하나님의 의를 체험하지 못하는 면이 너무 많습니다. 인간의 편견으로 내가 옳다, 내가 옳다 그렇게 하지만 옳지 않은 일이 너무 많아요.

그렇다고 우리가 하나님의 의를 전혀 체험하지 않는 것도 아닙니다. 정말 우리가 예수를 진실히 믿으면서 의롭게 살려고 힘을 쓰면, 성경 말씀이 가르친 그 의가 하나님의 의인데, 그 의가 어떠한 것임을 깨닫게 됩니다. 옳게 살려고 애를 쓰고 얼굴에 막 주름살이 질 정도로 애를 쓰는데 도무지 의로워지지 않아서 성경을 보니 하나님은 어떻게 이런 일을 하셨다 할 적에 비로소 깨닫습니다. 아 이런 것이 의로구나, 이런 것이 의로구나, 내가 몰랐던 것이구나, 난 의가 뭔지도 알지도 못하는 자인데 내가 어떻게 의를 행해, 의라는 것이 이런 것이로구나 하고 비로소 깨닫게 됩니다.

성경을 깨닫는 사람은 행해보려고 애쓰는 사람입니다. 행해보려고 애쓰지 않는 사람은 깨닫지 못합니다. 깨닫게 될 때 진짜 의가 이것이로구나 하면서 가슴이 뜨거워지며, 이것이 하나님께로부터 온 거로구나, 이렇게 알게 됩니다. 동시에 그렇게 깨닫는 사람에게 하나님이 은혜를 주어서 하나님의 의의 맛이 어떠한지, 그 성격이 어떠한지 깨닫게 해주십니다. 하나님이 살아계셔서 이런 의를 행한다는 것을 믿게 됩니다. 우리가 이렇게 체험은 못 했어도 성령으로 말미암아 믿어지는 믿음을 가져야 합니다. 성경 말씀에 이렇게 말씀했으니 이건 분명한 것이라고 늘 생각해야 합니다. 매사에 늘 그렇게 생각해 나가야 해요. 그것이 첫째로 중요한 믿음입니다. 체험으로 믿는다는 것은 그 체험이 많지도 않거니와 잘못 판단하기 쉽습니다.

하나님의 진실하심 찬양

셋째는 하나님의 진실성입니다. 3절에서 "참되시도다" 했습니다. 하나님은 참되단 말이지요. 진실하단 말입니다. 하나님의 진실을 깨달을 때 또한 놀랍니다. 믿음이 생기고 그 믿음으로 찬송을 하게 됩니다. 하나님의 진실성은 이 세상 다른 종교에서는 찾아보기 어려운 것입니다. 다른 종교에 관련된 그 인물들, 그 종교의 교주들로는 생각하기 어려운 것입니다. 하나님의 진실성은 그야말로 하나님 수준의 진실이란 말입니다. 한 가지 구체적인 예를 들자면 여러 천 년 전에 예언해두시고 여러 천 년 후에 그것을 이루시는 것입니다. 우리 기독교에는 그런 일이 많지 않습니까?

구약성경 창세기 3장 15절에서 여자의 씨가 뱀의 머리를 상하게 한다는 것은 마귀의 머리를 상하게 한다는 것이고 마귀의 머리를 상하게 한다는 것은 없애 버린다는 뜻입니다. 즉 마귀를 없애 버린다는 것인데, 히브리서 2장을 읽어 내려가 보면 14절에서 주님께서 마귀를 없앤다고 그랬습니다. 머리를 상하게 한다는 것은 치명적이라는 것입니다. 다시 말하면 아주 깨지게 하는 것이고 아주 파멸시키는 것입니다. 그 말씀대로 이루어가지 않습니까?

하나님이 하시는 일은 마귀의 역사를 파멸시키는 일들이지요. 예를 들어서 이스라엘 백성이 애굽에서 도망해나갈 때 바로는 이스라엘 백성을 멸망시키려고 온갖 수단을 다 썼습니다. 군대를 거느리고 추격을 하기도 했습니다. 그렇지만 하나님께서는 그 뜻하신 것을 이루시더라는 것입니다. 홍해를 갈라지게 해서라도 건져내고자 하는 백성을 건져내시고, 따라오는 마귀의 무리는 홍해에 다 빠뜨려 멸망시킨 것입니다. 그 뒤에도 구약 역사를 읽어 보면 마귀의 역사가 한때 승리할 것처럼 생각되기도 하지만 하나님의 때가 오면 하나님께서 어떤 방법으로든지 그 마귀의 역사를 망하게 하더라는 말입니다. 이것이 하나님의 진실성입니다. 예언을 하셨으면 그대로 이루어 가십니다.

하나님의 거룩하심 찬양

넷째로는 하나님의 거룩하심입니다. 죄 가운데 살고 있는 인생들은 하나님의 거룩하심을 깨닫지 못합니다. 그러나 성경을 읽으면 하나님의 성결이 어떠한가를 대략은 압니다. 계속 말씀을 사모하면서 성경을 연구하면 성령의 역사를 통해 분명히 깨닫기도 합니다. 하나님의 거룩하심을 체험할 수 있습니까? 우리는 할 수 있습니다. 우리가 하나님의 성결의 높은 수준을 다 우리 생활에 옮겨놓을 수 있다는 것은 아니지만 부분적으로라도 그 성결이 어떠한 것이라는 점을 알게 됩니다. 그러면 그것을 어떻게 알게 됩니까? 우리 자신들이 거룩하게 살려고 애쓰고 힘써야 됩니다.

학생들에게 지식을 가르쳐 주는 것도 마찬가지입니다. 학생들에게 지식을 잘 전달하려면 학생들 마음이 물이 끓는 것처럼 간절해야 합니다. 알려고 애써야 깨닫지, 알려고도 하지 않고 그저 부모가 학교 가라고 하니 가고, 때로는 다른 데로 빠진다면 그런 학생이 공부를 잘 할 수 있겠습니까. 못 합니다. 아무리 붙잡고 가르쳐도 지식이 들어가지 않아요. 그와 마찬가지로 하나님의 성결하심, 하나님의 그 깨끗하심, 그 완전하심, 살아계셔서 놀라운 성결로 계시는 그분을 체험하려고 하면, 우리 자신이 성결하게 살려고 힘써야 됩니다.

우리 성경에 기록된 산상보훈의 팔복에는 "마음이 청결한 자는 복이 있나니 그들이 하나님을 볼 것임이요"(마 5:8)라고 했습니다. 하나님의 성결을 체험하려는 자는 자신이 성결하게 살려고 애를 써야 된다 말입니다.

성결하게 살려고 애쓰는 사람은 자기가 하는 모든 일을, 늘 생각하면서 행합니다. 행하고 또 생각합니다. 이것이 잘 되었나 생각합니다. 또 행하면서 생각합니다. 말하면서도 생각합니다. 그것을 말할 때 '채심(採心)하다'라는 표현을 씁니다. 채심하는 것입니다. 말을 하면서도 자기 음성이 교만하지는 않은가 생각합니다. 말을 하면서도 자기 음성이 간사하지는 않은가 생각합니다. 그렇게 생각하면서 자기가 범한 과오에 대해서는 계속 불안을 느낍니다. 자기가 행한 과오가 도무지 기쁘지 않아서 그 심령에 평안이 없습니다. 그런 정도라야 성결을 사모하는 것이지요.

그저 뭐 자기가 한 것이 잘된 것인지 잘못된 것인지 생각해 보지도 않고, 되는 대로 생활해 나간다면 성경과는 거리가 먼 것입니다. 성경과 거리가 너무 멀기 때문에 차차 어두워져 가지고서 성경이 뭔지 모르게 됩니다. 유명한 휫필드(George Whitefield, 1714-1770) 목사는 집에 들어가서는 "사람들이 나를 왜 돌로 치지 않나" 그런 말을 했다고 합니다. 그만큼 늘 자기를 성찰하고는 자기의 겉모습은 아무 문제가 없는지 몰라도 정말 중요한 그 속이 썩고 더럽고 불의한 것을 늘 문제시했기 때문에 '나 같은 것이 어째서 돌에 맞아 죽지 않나' 하는 심리를 가진 것입니다.

이렇게 거룩하게 살려고 하는 사람은 하나님의 성결을 깨닫게 됩니다. 하나님의 성결이 저렇게 높구나, 하고 깨닫게 됩니다. 때로는 하나님의 거룩하심을 체험하면서 참 거룩하게 살아야겠구나 하는 순간도 있게 됩니다. 그렇게 될 때 하나님을 눈으로 보는 것같이 더 잘 믿어지는 것입니다. "마음이 청결한 자는 복이 있나니 그들이 하나님을 볼 것임이요"(마 5:8). 육신의 눈으로 본다는 것이 아니라 심령의 눈으로 보는 듯 느끼며 깨닫는 것이 있다는 말입니다.

이제 유리 바다를 건너온 이 사람들은 모세의 노래와 어린양의 노래를 부르면서 하나님의 전능하심과 하나님의 의로우심과 하나님의 참되심과 하나님의 성결하심을 더욱 깨닫게 됩니다. 한세상 다 살고 보니 나는 언제든지 더 러웠고 하나님은 언제나 성결했다는 것을 깨닫습니다. 하나님께서 하나님의 옳음을 알게 해주어야 내가 옳게 행한 일이 있었고 그렇지 않은 경우에 나 혼자서는 의를 행한 적이 없었다는 것을 깨닫는다는 말입니다.

세상에 있을 때는 자기가 무엇을 옳게 했다고 여기지만 한 세상 다 살고 뒤돌아보면 사실 내가 한 것이 아니라 다른 힘이 와서 했다는 것을 깨닫는 것입니다. 즉 하나님이 와서 했다는 것을 깨닫는단 말입니다. 이제 불이 섞인 유리 바다를 건너온 사람들이 모세의 노래와 어린양의 노래를 부르면서 하나님의 4대 속성 즉 그의 전능하심, 그의 의로우심, 그의 진실하심, 그의 성결하심을 찬송하면서 세상에 있을 때보다 구원을 완전히 받은 때에 더욱 깨닫고 노래한 것입니다.

36
일곱 대접 재앙 I

계 16:1-9

16장에 기록된 재앙은 주님이 오시기 전 온 땅의 사람들을 심판하기 위해 임하는 재앙에 대한 것입니다. 이것이 마지막 재앙이라고 말씀합니다. 대접 재앙이라고 했는데 대접이라는 것은 얕은 그릇입니다. 무엇을 담아 조금만 기울이면 쏟아집니다. 깊은 그릇에 무엇을 담았을 때에는 웬만큼 기울여 가지고는 쏟아지지 않습니다. 아마도 여러 번을 흔들면서 기울여야 쏟아질 것입니다. 여기서는 대접이라고 했으니까 납작한 것입니다. 그저 기울이면 단번에 다 쏟아지는 것입니다. 마지막 재앙이라고 했으니 남는 것 없이 다 쏟아지는 재앙입니다.

● 자기가 판 함정에 자기가 빠짐

처음에는 네 가지 재앙이 나옵니다. 네 가지 재앙은 사람이 의지하고 좋아하던 것이 화가 되는 것입니다. 시편 7편 15절에 말하기를 "그가 웅덩이를 파 만듦이여 제가 만든 함정에 빠졌도다" 했습니다. 즉 하나님을 공경하지 않고 끝까지 회개하지 않는 자가 웅덩이를 파 만듭니다. 그런데 자기가 만든 웅덩이에 자기가 빠진다는 말입니다. 어떻게 그렇게 놀라운 일이 벌어집니까? 남을 죽이려고 웅덩이를 팠는데 자기가 거기 빠지게 되는 겁니다.

성경에는 또 이런 말씀도 있습니다. 시편 69편 22절에 "그들의 밥상이 올무가 되게 하시며 그들의 평안이 덫이 되게 하소서"라고 했습니다. 이 세상에는 이 말씀과 같은 일이 가끔 있기 때문에 선지자격인 다윗이 성령의 감동으로 그렇게 말씀한 것입니다. 그런 일이 있기 때문에 말씀한 것이란 말입니다. 저희가 먹으려고 받아 놓은 밥상이 올무가 되는 일이 있습니다. 잘 살려고 노력해서 무언가를 이루어 놓았는데 그 평안이 도리어 덫이 됩니다. 이것들이 다 놀라운 일 아닙니까?

우리는 여기에서 약간의 의문점을 느낄 수 있습니다. 그런 일들이 우연히 그렇게 되었을까요? 아무리 생각해도 저절로 된 것이 아니라는 말입니다. 사람이 아무리 우연히 사고를 당한다 하더라도 어떻게 그렇게 자기가 만든 함정에 자기가 빠지고 자기가 받아 놓은 밥상이 도리어 올무가 됩니까? 여기에는 사람들이 생각하지 못한 능력자의 간섭이 있는 것입니다. 사람이 너무 강퍅하여 끝까지 회개하지 않고 남을 해치려고 할 때 자기가 판 함정에 자기가 빠지는 일이 있다 그 말입니다. 자기가 받아 놓은 밥상이 올무가 되고 자기가 만들어 놓은 평안이 덫이 된다는 말입니다. 하만이 모르드개를 죽이기 위해서 세운 장대에 자기가 매달려 죽었으니 그런 것이 다 이와 같은 것입니다(참조. 에 7:10). 이런 일들이 다 사람의 힘으로 되는 것이 아니라 하나님의 놀라운 간섭으로 된다는 것을 누구나 판정할 수 있는 사건이지요.

여기 계시록 16장 1-8절은 전 세계 인류가 앞으로 당할 재앙을 말씀했는데 여기 재앙에는 이와 같은 원리 원칙이 포함되어 있습니다. 자기가 받은 밥상이 올무가 되고 평안이 덫이 되는, 그와 같은 성질을 띤 재앙들입니다. 세상에서 이런 일이 있을 수 있다는 것입니다. 하물며 주님 오시기 직전에 하나님이 이 세상을 초자연적 권능으로 심판할 때에야 말할 것이 없지 않겠습니까. 자기가 판 함정에 자기가 빠지도록 하시는 그 심판자이신데, 세상 끝 날에야 더 이상 말할 것이 무엇이겠느냐는 말입니다. 하나님께서 이 세상을 그대로 놔두지 않으신다는 확신을 우리가 가지게 됩니다.

첫째 재앙: 과학 발달

> 첫째 천사가 가서 그 대접을 땅에 쏟으매 짐승의 표를 받은 사람들과 그 우상에게 경배하는 자들에게 악하고 독한 종기가 나더라(계 16:2).

첫째로 내리는 재앙은 종기 재앙입니다. 종기, 다시 말하면 피부병이라고 해야 할지 혹은 다른 어떤 병이라고 해야 할지 모르겠지만 좌우간 종기가 나는 재앙이란 말입니다. 이와 같은 일은 이스라엘이 애굽에서 건짐받던 그때, 열 재앙이 내릴 때 있었습니다. 출애굽기 9장 8-9절을 읽어 보면 하나님께서 모세에게 명하여 이렇게 하셨습니다. "너희는 화덕의 재 두 움큼을 가지고 모세가 바로의 목전에서 하늘을 향하여 날리라 그 재가 애굽 온 땅의 티끌이 되어 애굽 온 땅의 사람과 짐승에게 붙어서 악성 종기가 생기리라." 모세는 하나님의 말씀에 그대로 순종하여 그대로 실행했습니다. 화덕에서 타고 남은 재를 가져다가 공중에 뿌리니 애굽 전국에 이 종기 재앙이 임했습니다.

이것은 하나의 상징적인 행동이라고 생각하지 않을 수 없습니다. 재를 날릴 때 그 재가 애굽 모든 사람에게 날아가서 붙는 것은 아니었을 것입니다. 어쨌든 그 상징적인 그 행동, 그 비유적인 처사 즉 이렇게 재를 가져다가 날리는 이것은 후대에도 이런 일이 있을 수 있다는 것을 보여주는 성경 말씀이기도 합니다. 재가 사람의 몸에 붙어서 종기가 되는 일이 이 세상에도 역시 있습니다. 오늘날에도 있습니다. 낙진이라는 것이 있지 않습니까? 원자폭탄 실험 뒤 발생한 먼지들이 얼마든지 공중에 퍼져가지고 사람 몸에 붙으면 그 먼지의 방사능 때문에 피부가 상하고 종기가 나는 것을 우리가 다 현실로 경험하지 않습니까? 이러한 것은 하나님이 마지막으로 이러한 초자연적인 재앙들을 내리기 전에 경고하는 것 아니겠습니까.

사람들이 과학을 발달시키는 것은 좋은 일입니다. 그렇지만 과학 발달이 하나님을 거역하며 하나님을 무시하는 데 더 적용되고 무신론이 더 깊어지는 방향으로 나간다고 하면, 이것이야말로 밥상이 올무가 되는 것이 아닙니까? 과학 발달에 의하여 편리하게 살려고 하던 것이 도리어 재앙이 되는 것입니다. 과학 발달로 인류가 이렇게 하나님을 거역하고, 침략하고, 사람을 죽이는 방향으로 달음질할 때 하나님께서는 벌을 내린다고 생각합니다. 그것이야말로 자기가 판 함정에 자기가 빠지는 것입니다. 잘 살아보려고 과학을 발달시키는 것이지만 그 과학이 하나님을 두려워하는 것을 첫째 목적으로 삼아야 합니다. 하나님을 두려워하는 반대 방향으로 과학을 이용할 때는 과학이 그야말로 올무가 됩니다. 이렇게 사람들에게 종처가 나는 것입니다.

이것은 자기가 판 함정에 자기가 빠지는 식으로만 끝나는 것이 아닙니다. 이러한 심판은 우리에게 하나님이 계셔서 하나님이 마침내 심판하신다는 것을 알려줍니다. 자기가 판 함정에 자기가 빠지는 것을 보면서, 이것은 심판자의 심판행위에 따라서 되는 일이 아니라고 버텨낼 수 없게 하는 그런 묘한 심판입니다. 사람들이 아무리 좋은 것을 가졌다고 하더라도 주님을 높이며, 주님을 두려워하며, 주님을 영화롭게 하는 방향으로 그것을 쓰지 않고 도리어 그 반대 방향으로 쓸 때 하나님은 진노하십니다. 그들의 그와 같은 장난 때문에 그들이 못살게 되는 것입니다. 동시에 우리는 하나님이 지으신 이 세상은 우연으로 된 것이 아니라는 것을 깨달을 수 있습니다. 하나님께서 주장하시며 하나님께서 목적이 있게 지으셨구나 하고 깨닫게 되면서 주님을 두려워하게 됩니다.

둘째, 셋째 재앙: 환경오염

둘째 천사가 그 대접을 바다에 쏟으매 바다가 곧 죽은 자의 피같이 되니

바다 가운데 모든 생물이 죽더라(16:3).

그리고 둘째 재앙이 또 나타납니다. 둘째 천사가 대접에 담아 놓은 그 재앙을 쏟으니까 바다가 죽은 자의 피같이 되었다, 바닷물이 그렇게 되었다는 말씀입니다. 여기서 우리가 헬라 원문대로 올바로 번역하자면 "죽은 자"는 원래 복수형입니다. 즉 '죽은 자들의 피같이 되니'라고 해야 합니다. 그러면 죽은 자들이라 할 때 죽은 사람을 의미하는 것이 아니라 죽은 고기들을 의미합니다. 죽은 고기들이 피같이 되었다는 말씀입니다. 다음에 나오는 "바다 가운데 모든 생물이 죽더라" 하는 말씀은 '바다 가운데 모든 생물이 죽었더라'로 번역하는 것이 더 정확합니다. 고기들이 다 죽었으니까 죽은 것들의 피가 바다에 퍼져 있다는 말이지요. 우리가 이 말씀을 볼 때 바다에 죽은 자들의 피가 죽은 사람들의 피라고 하기 보다는 죽은 고기들의 피라고 생각하기에 충분한 본문입니다.

과학의 발달에 의해서 사람들은 더 많은 물건을 만들어 내고 공장을 세워서 더 많은 경제적 발전을 가져옵니다. 이런 식으로 경제가 부흥할수록 환경오염은 더 심해집니다. 내가 젊었을 때는 서울이 이렇지 않았습니다. 그러나 오늘날 서울은 화재가 나서 연기가 꽉 찬 것같이 매연이 그렇게 꽉 차 있는 것을 날마다 봅니다. 공장의 연기나 기계에서 나오는 연기들이 얼마나 오염을 가져옵니까? 공장에서 흘러내리는 폐수가 또 얼마나 하천을 오염시킵니까? 우리는 신문에서 이런 사실을 이미 많이 보아 왔습니다. 바다 어디에서 양식하던 고기가 다 죽었다는 말도 듣습니다. 그것이 지금 우리의 현실이지 않습니까.

성경 말씀대로 이제 바닷물이 피가 될 수 있는 것은 뻔한 일 아니겠습니까?. 폐수가 흘러내려 바다에 꽉 찰 때 바다의 미생물이 거의 다 죽게 됩니다. 큰 고기들이 미생물을 잡아먹고 사는데 미생물이 다 죽는 바람에 큰 고기들 역시 죽을 수밖에 없습니다. 우리가 간과할 수 없는 것은 이런 오염, 이런 폐수로 말미암아 독소들이 발생하고 이런 독소들 때문에 큰 고기들이 죽게 된다는 것입니다. 이렇게 되어 바다가 그야말로 죽은 자들의 피로 섞여 있는 바다가 된다는 것을 무시할 수 없습니다. 잘 살려고 하는데 못 살게 되는 거란 말입니다. 자기가 판 함정에 자기가 빠지는 것입니다. 자기가 받아 놓은 밥상이 올무가 되는 것입니다.

우리는 이렇게 우리 눈으로 확인할 수 있는 일을 가지고도 이 말씀을 확인해 볼 수 있습니다. 이런 환경오염 같은 섭리적인 심판은, 물론 출애굽기 9장 이하에 있는 말씀처럼 모세를 통해 하나님께서 열 재앙을 내릴 때 된 것처럼 오염으로 인해 바닷물이 피가 되었다는 것과는 다릅니다. 따라서 우리는 장차 하나님께서 직접 간섭하셔서 바닷물이 피가 되게 할 수 있다는 것을 믿고 있습니다. 그러나 제가 이렇게 설명한 것은 섭리적으로도 깨우쳐주고 있다는 것을 말하려는 것입니다. 하나님께서 이런 섭리를 통해, "너희 사람들아, 너희가 잘 살아 보겠다고 하면서 오래 전에 하나님을 잊어버렸고 하나님을 무시하고 대적하면서까지 과학을 발달시키고 경제 부흥을 이루어 겉으로 보기에는 굉장히 잘 돼나가는 것 같지만 너희는 결국 너희가 판 함정에 빠지게 된다는 것을 한번 보아라" 하지 않겠습니까?

벌써 이렇게 섭리적으로 심판하시는데 주님께서 오시기 직전에 직접적으로 간섭하셔서 바닷물이 피가 되도록 하실 것은 분명합니다. 중요한 먹거리가 되는 물고기, 이 물고기가 살고 있는 바다가 더 이상 못 쓰게 될 날이 닥쳐 올 것은 분명합니다. 섭리적으로 심판하시는 그분이 직접적으로 심판 못 할 리가 없습니다.

셋째 천사가 그 대접을 강과 물 근원에 쏟으매 피가 되더라(16:4).

물론 이것은 하나님께서 직접적으로 간섭해서 그의 초자연적 권능에 의해 우리가 마실 수 있는 맑은 물이 피가 된다는 것입니다. 이와 같이 재앙이 임하고 있습니다.

넷째 재앙: 기후 변화

> 넷째 천사가 그 대접을 해에 쏟으매 해가 권세를 받아 불로 사람들을 태우니 사람들이 크게 태움에 태워진지라 이 재앙들을 행하는 권세를 가지신 하나님의 이름을 비방하며 또 회개하지 아니하고 주께 영광을 돌리지 아니하더라(16:8-9).

이것은 넷째 대접 재앙을 말씀하는 것입니다. 태양이 너무 뜨거워져서 땅에 있는 사람들이 다 타 죽는다는 것입니다. 이것을 생각해 보면 하나님을 가까이 하는 마음이 생기지 않습니까? 이렇게 하실 수 있는 하나님이시라는 것을 우리가 볼 때, 장차 하나님께서 태양빛이 뜨겁도록 직접적으로 간섭하셔서 사람들로 그 빛에 타서 죽게 할 것이라는 것을 우리가 생각할 때, 그 진노를 두려워해야 하지 않겠습니까?

사실상 이런 일이 지역적으로는 있을 수 있는 일입니다. 너무 더워서 죽는 사람들이 있을 수도 있습니다. 그러나 우리가 살고 있는 이 땅에 온도 조절이 안 된다면 모두 다 죽을 수밖에 없습니다. 하나님이 인류를 사랑하시기 때문에 온도를 조절해 주고 계십니다. 큰 바다를 이용해서 여름에는 너무 덥지 않도록 조절합니다. 여름이라 해도 바다가 가까이에 있는 지역은 바다가 멀리 떨어져 있는 지역보다 훨씬 덜 덥습니다. 바다와 접해 있는 부산은 여름에도 그렇게 안 덥습니다.

여름에는 바닷물이 열기를 많이 흡수하고 겨울에는 그 열기를 도로 토해 줍니다. 겨울에도 얼어 죽지 않습니다. 하나님께서 바다를 만드셔서 사람들이 살 수 있도록 온도를 조절해 가시는 것입니다. 그런데도 인류가 이런 사랑의 하나님을 반대하고 끝까지 패역무도하게 행동할 때 그 종말은 어떠하겠습니까? 한 마디로 하나님께서 온도 조절을 안 할 수도 있다는 것입니다. 빙하시대가 다시 올 거라는 말들이 오늘날에도 돌아다닙니다. 즉 북극 지방에 얼음이 특별히 많이 얼게 되면 바닷물이 줄어들 것입니다. 바닷물 양이 줄어들면 자연히 여름에 뜨거운 열기를 받아들이는 양도 적을 것입니다. 그렇게 되었을 때 온도는 지금의 온도와는 상당히 달라질 것이라는 것입니다.

일호지차 천리지차(一毫之差 千里之差)란 말이 있습니다. 출발에서는 호리만큼의 차이가 나는데 나중에는 천리만큼의 차이가 난다는 말입니다. 끝에 가서는 굉장한 차이가 난다는 것 아닙니까. 이와 같이 우주 가운데 일어나는 일들이 원천적으로는 조금 어떻게 달라지는 것 같은데, 멀리 나가서는 완전히 달라진다는 것입니다.

온도에 있어서도 인류는 자기가 판 함정에 자기가 빠지는 것입니다. 원자폭탄 실험을 한 번 하면 인류에게 얼마나 큰 폐해를 가져옵니까? 기상 이변이 생길 수가 있습니다. 너무나도 큰 움직임으로, 큰 파동으로 공기를 진동시키고 공기를 이동시키니까 원자폭탄 실험하는 때 어느 지역에서는 불지 않을 바람이 불수도 있습니다. 또 기후가 특별히 냉각되는 결과도 발생합니다. 땅 위에서 인류가 이렇게 장난을 너무 심하게 합니다. 하나님을 반대하고 과학을 믿고, 과학이면 다 된다고 말합니다. 계속 패역무도하게 나가는 바람에 자기가 판 함정에 자기가 빠집니다.

원자폭탄을 만들어서 남은 죽이되 자기는 살겠다고 하지만 남도 못 살고 자기도 못 사는 결과를 가져올 것입니다. 원자폭탄이니 수소폭탄이니 하면서 장난질하는 바람에 사람이 잘 살 수 있도록 만들어 준 이 기상이 크게 변동합니다. 지금 온대에서 살고 있는 사람들이 갑자기 뜨거운 태양 볕 때문에 뜨거워 죽는 일이 있을 수도 있습니다.

회개하고 재림을 소망해야

정말 이렇게 회개하지 아니하고 갈 데까지 갈 때에는 제가 판 함정에 자기가 빠지는 일이 없다고 할 수 없습니다. 자기가 받아 놓은 밥상이 올무가 되는 일, 자기가 이루어 놓았다는 그 평안이 도리어 덫이 되는 일이 얼마든지 앞으로 있을 수 있습니다. 우리는 두 눈 똑바로 뜨고 봐야 합니다. 우리가 이런 것을 살피면서 깨달아야 하는 것은, 성경 말씀 그대로 사람이란 것은 하나님을 끝까지 반역하고 나가면 벌을 받는다는 것입니다. 대 심판이 오기 전에도 놀랍게 역사하셔서 이렇게 될 수 있게 되었는데, 그야말로 최후에는 하나님이 직접적으로 간섭하지 않으시겠습니까. 성경은, 최후에 하나님이 직접 간섭해서 끝까지 반역하는 무리를 벌하신다는 것을 써놓은 책입니다. 성경이 바로 그런 책이올시다.

오늘날 우리가 명심할 것은 땅 위에서 이루어지는 일들을 보면서 하나님은 참 오묘하시다고 생각해야 합니다. 동시에 주님이 재림하시기 직전에는 이 패역무도하고 부패한 땅을 청소하시는 날이 꼭 온다고 확신해야 합니다. 그것은 정말 양심적으로 믿는 사람에게는 소망입니다. 그 사건을 생각할 때 기뻐해야 합니다.

계시록을 공부할 때마다 지금 우리가 어느 때 살고 있는가를 늘 명심하시기 바랍니다. 우리가 잠을 깨고, 신앙생활에 총 집중하고, 신앙생활만이 우리의 소망이라고 믿는 데 유익이 되기를 바랍니다.

37
일곱 대접 재앙 II

계 16:10-21

우리가 계시록 말씀을 공부할 때에는 뜻을 알고자 하는 기대를 가지셔야 합니다. 호기심을 자극할 만한 어떤 것이 있기를 기대하기보다는 뜻을 알고자 하는 생각을 가지고 그 뜻을 알자는 말입니다. 어려운 책이니까, 그 뜻을 아는 것 이상 무엇이 더 있겠습니까? 뜻을 알면 됩니다.

• 다섯째 재앙: 영적 어두움

16장 10절부터입니다. 16장 말씀에는 대접 재앙이 나타납니다. 쉽게 바닥이 드러나도록 얕은 그릇, 즉 대접에 재앙을 담았다고 비유적으로 말씀했다고 여러분에게 말씀드렸습니다. 이제 마지막 재앙입니다. 남는 것이 없이 다 쏟아집니다.

또 다섯째 천사가 그 대접을 짐승의 왕좌에 쏟으니 그 나라가 곧 어두워지며 사람들이 아파서 자기 혀를 깨물고(16:10).

이제 10절에서는 다섯째 대접을 쏟습니다. "짐승"이 무엇입니까? 짐승은 세상 끝 날에 나타날 마지막 적그리스도라고 했습니다. 마지막 적그리스도, 임금 혹은 나라를 왜 짐승이라고 했습니까? 그것은 도덕도 모르고 참된 종교도 모르는 인물이 나라를 세워서 사람들을 학대하고 어두운 데로 몰아가는 운동이기 때문에 짐승이라고 했습니다. 그렇다면 "짐승의 왕좌"는 무엇입니까? 왕좌는 임금이 앉는 자리입니다. 짐승의 왕좌에 재앙을 내리니까 적그리스도의 세력이 파괴된다는 말 아닙니까.

"그 나라가 곧 어두워지며." 사람이 어두운 데서는 살 수 없지요? 잠깐 동안 어두운 것이라면 어떻게든 견뎌낼 수 있겠지만 계속 그러하다면 도무지 일을 못 보는 것 아닙니까? 잠들기 전에 전기가 나가버리면 더 이상 일을 보기 어렵습니다. 가만히 앉아서 기다릴 수밖에 없습니다. 어렵사리 무엇을 붙잡으려고 해봐도, 원하는 것은 못 잡고 도리어 어떤 위험한 물건을 붙잡을지도 모릅니다. 이렇게 어두운 데서는 못 삽니다. 빛이 없고 어두우면 사람이 살지 못합니다.

여기에서 어둠은 영적 어두움을 말합니다. 그 나라는 도덕이 없습니다. 무엇보다도 도덕이 없으니까 혹시 과학이 발달된다고 하더라도 그것만 가지고는 사람이 못 삽니다. 도덕이 없으면 짐승이란 말입니다. 짐승이 기계를 가지면 되겠습니까? 짐승이 기계를 가지면 사람들을 마구 죽일 것입니다. 더 나아가 하나님을 공경하는 참된 종교가 없어서 어둡다는 말입니다. 영적으로 어두워졌습니다. 참된 도덕은 참된 종교에서 나오는 법인데 참된 도덕의 뿌리가 없더라, 그 말입니다. 하나님을 공경하지 않습니다. 그러니까 무소불이 못 할 짓 없이 짐승 놀음을 한다 그 말입니다. 과학 발달을 가지고서 일을 그르치고 사람이 못 살게 됩니다.

한번은 척 스미스(Chuck Smith)라는 목사가 설교하는 것을 들은 적이 있습니다. 그분이 하는 말이 한 20년 후에는 사람들이 원자탄을 가방에 넣고 다닐지도 모른다고 했습니다. 그러한 위험이 있을지도 모른다고 합니다. 원자탄을 손쉽게 감춰가지고 다닐 수 있을지도 모르는데, 그렇다면 얼마나 위험하겠느

나는 것입니다. 참된 종교 즉 기독교를 믿지 않으니까 도덕이 한정 없이 타락해 버린다는 말입니다. 그래 가지고 사람 죽이는 것을 벌레 죽이는 것처럼 쉽게 하고, 못된 짓들을 아주 쉽게 할 거라는 것입니다.

10절 계속 봅니다. "사람들이 아파서 자기 혀를 깨물고." 왜 아픕니까? 어두운 것과 아픈 것이 무슨 상관입니까? 심령들이 어두워졌고 사람들이 짐승보다 무서워졌는데 아프다는 말이 왜 여기 나오느냐 말입니다. 16장 2절로 돌아가 보겠습니다. 16장 2절에 보면 독한 종기가 났다고 했습니다. 사람들에게 독한 종기가 났는데, 그들은 짐승의 나라 사람들입니다. 짐승의 나라, 즉 우리 주님 오시기 직전에 일어날 대(大) 적그리스도의 나라, 마지막 적그리스도의 나라 사람들에게 종기가 났다고 그랬습니다. 예수 믿는 사람들을 핍박하는 그 사람들에게 종양, 즉 종처가 났다는 말입니다. 여기 10절 하반절에 그 말이 다시 나오지 않았습니다만 문맥적으로는 똑같습니다. 그 종처가 나서 아프다는 것입니다.

아픈 것과 종기로 말미암아 하늘의 하나님을 비방하고 그들의 행위를 회개하지 아니하더라(16:11).

그렇게 종처가 나서 못 살 지경인데도, 그런 고통 가운데서도, 회개할 만한 상황인데도 회개를 안 합니다. 그런데 사람이란 것이 벌을 받고 회개하기가 쉽지 않습니다. 오히려 사랑받을 때 회개하기 쉽습니다. 예수 그리스도의 그 사랑, 우리 죄를 대속하려 죽어주신 그 사랑을 전파할 때 회개하기 쉽습니다. 그 사랑의 복음을 전파할 때 회개하기가 쉽습니다. 이런 사랑을 듣고도 회개하지 않는 사람은 정말 회개하기 어렵게 됩니다. 이런 사람은 벌 받는 방법밖에 없는데 사랑을 받고 회개하지 않는 사람이 벌 받고 회개하기는 어렵습니다.

사랑이라는 것은, 그것을 받을 때 속으로 깊이 들어갑니다. 사랑으로 인한 그 감동이 깊이 들어갑니다. 눈에서 눈물이 날 정도가 됩니다. 크고 깊은 사랑을 받을 때 그 사랑 앞에 눈물겨운 생각을 갖지 않는 사람은 이상한 사람이지요. 그런 사람은 벌 받고 회개하기 어렵습니다. 참 이상한 사람입니다. 성령의 역사와 함께 이 속죄의 사랑이 전파되는데 그 앞에서 아무 감격도 없고 깨닫는 것도 없고 뻔뻔스럽게 살아가는 사람은 벌 받을 때 회개 안 하고 원망만 합니다. "하늘의 하나님을 비방하고 그들의 행위를 회개하지 아니하더라"(16:11).

- **여섯째 재앙: 아마겟돈 전쟁**

다음으로 오늘 본문 16장 12-16절에 또 세계대전이 일어납니다. 계시록에 세계대전이 몇 번 기록되었는데, 맨 먼저 8장에 나옵니다. 8장 8절에 "둘째 천사가 나팔을 부니 불붙는 큰 산과 같은 것이 바다에 던져지매 바다의 삼분의 일이 피가 되었다"고 했는데, 여기 바다라는 것은 열국입니다. 온 세계, 열방을 의미합니다. 그리고 적그리스도 나라가 "불붙는 큰 산"으로 비유된 것입니다. 예레미야서에 이 해석이 나옵니다(참조. 렘 51:25). 불붙는 큰 산은 적그리스도 나라인데, 이 적그리스도 나라가 망하는 바람에 열국이 많이 죽는다는 것입니다. 숱한 사람이 죽습니다. 그래서 "바다의 삼분의 일이 피가 되었다"고 하지 않습니까? 바다 즉 열국이 피의 세계를 이루었다는 말씀입니다. 그것이 계시록에서 우리가 보는 첫째 세계대전입니다.

그리고 9장에서도 세계대전이 또 기록되었습니다. 여섯째 나팔 불 때 일어나는 전쟁입니다. 거기에 마병대 이야기가 나오는데, 말을 타고 다니면서 전쟁하는 기병을 말합니다. 지금은 말 타고 전쟁하지는 않지요. 그러나 아직도 기병이 있습니다. 언제나 예언은 예언자 시대의 자료를 가지고 말하는 법입니다. 계시록은 사도 요한이 예언했는데, 사도 요한의 시대에는 오늘날의 무기 같은 것은 없었습니다. 그렇지만 그 예언에서 말한 재료가 그 시대 재료이기 때문에, 그것이 성취되고 맞아떨어지는 시대, 몇 백 년 후일지 몇 천

년 후일지 몰라도 예언이 성취된 시대에 이루어진 형태가 그 재료까지 같은 것은 아닙니다. 다만 타고 다니면서 싸우는 병사라고 했습니다. 꼭 말을 타고 전쟁해야만 오늘날에 그 예언이 이루어졌다고 할 것은 아닙니다. 오늘날에는 다른 방법으로 마병을 대신하니까, 우리가 그렇게 이해하면 됩니다. 타고 다니면서 싸우는 병사라고 이해하면 되는 겁니다. 9장 16절에 "마병대의 수는 이만 만이니"라고 했습니다. 굉장한 병력이지 않습니까. 그러니 세계대전입니다.

우리가 세계대전들을 경험했습니다. 그런데 어느 것이 일차 전쟁이며 어느 것이 이차 전쟁인지 우리는 잘 모릅니다. 다만 우리가 아는 것은 주님 오실 때가 가까우면 사람들이 내다보는 것이 세계대전이라는 것입니다. 즉 오늘날 우리 시대 사람들도 세계대전을 내다봅니다. 기뻐서 내다보는 것이 아닙니다. 두려운 생각으로 앞으로 또 세계대전이 있겠구나, 생각하는 경향이 있습니다. 우리가 놀랄만한 것은 20세기에 벌써 두 번의 세계대전이 있었다는 점입니다.

18, 19세기에는 세계전쟁은 없었습니다. 그러니만큼 사람들의 심리도 앞으로 세계대전이 일어날 것이라는 생각을 안 했습니다. 우리 시대에 와서 보면 계시록이 맞아간다는 것을 확실히 압니다. 계시록의 어느 전쟁이 1차 세계대전인지 어느 전쟁이 2차 전쟁인지 그것을 분간해 붙이기는 어렵습니다. 그러나 분명히 아는 사실은 우리 시대에는 세계대전이 이렇게 일어나는구나 하는 것은 알 수 있다는 점입니다. 그렇다면 주님이 오실 때가 가까웠다는 것입니다.

그런데 여기 16장 12-17절에 또 하나의 세계대전이 기록되었습니다. 이것이 3차 세계대전이 아니겠는가, 생각하게 됩니다. 이 전쟁을 아마겟돈 전쟁이라고 그럽니다.

또 여섯째 천사가 그 대접을 큰 강 유브라데에 쏟으매 강물이 말라서 동방에서 오는 왕들의 길이 예비되었더라(16:12).

"유브라데에 쏟으매 강물이 말라서." 유브라데는 이스라엘과 이방 나라의 경계선이라고 생각합니다. 유브라데 강이 말랐다고 하는 것도 다 비유입니다. 유브라데 강을 별 어려움 없이 건너오게 된다는 말입니다. 이스라엘을 치기 위해서 동방의 왕들이 온다는 뜻입니다. 그러면 여기에서 언급한 전쟁이 어떻게 해서 일어납니까?

> **또 내가 보매 개구리 같은 세 더러운 영이 용의 입과 짐승의 입과 거짓 선지자의 입에서 나오니 그들은 귀신의 영이라 이적을 행하여 온 천하 왕들에게 가서 하나님 곧 전능하신 이의 큰 날에 있을 전쟁을 위하여 그들을 모으더라**(16:13-14).

"용"은 사탄을 비유합니다. 마귀를 비유합니다. "짐승"은 적그리스도 나라의 임금이고 또 "거짓 선지자"는 적그리스도 나라 왕 앞에서 거짓말 하면서 돌아다니는 선전자입니다.

"개구리 같은 세 더러운"이라고 했는데, 개구리가 더럽지요. 더러운 데서 살아요. 양서류라고 하는데 물에서도 살고 육지에서도 삽니다. 이 개구리는 물속에서도 아주 더러운 부분에 숨어 있습니다. 맑은 물에 있지 않고 더러운 것들이 있는 곳에 숨어있습니다. 나와 돌아다닐 때도 음침한 곳에 들어갑니다. 냇가에 있든지 어디든지, 하여간 습지에 있습니다. 벌레들도 있는 좌우간 더러운 곳에 있습니다. 마르고 깨끗한 땅에는 있지 않습니다. 생활 습성이 더러워요. 더러운 동물이라는 인상을 본능적으로 받습니다. 성경이 더럽다고 했습니다. 더러운 영이라고 했습니다.

더럽다는 말이 개구리를 형용했습니다. 이런 개구리가 방안에 들어오면 더러워서 어디 살겠습니까? 출애굽기 8장을 읽어 보면 개구리 재앙이 임합니다. 애굽 왕 바로가 개구리들 때문에 아주 못 살 지경이 됩니다. 곤란을 받았지요. 하수에서 혹은 수원지에서 혹은 개울에서 개구리들이 무수히 나와 가지고 왕궁에 들어가고 침대에 올라가고 밥상 위에도 올라가니 살 수 없는 지경이 된 겁니다. 모세가 기도함으로 그 개구리들을 치워버려 주기는 했습니다만 바로가 금방 다시 강퍅해졌지요. 아무튼 그때에도 이 개구리는 더러운 동물입니다.

여기서 우리가 더럽다는 것을 기억해야 합니다. 귀신들은 더러운 귀신들입니다. 그러면 깨끗한 신은 누구입니까? 성령입니다. 성령은 성결의 영입니다. 이제 마귀와 그의 졸병들 즉 귀신들은 더러운 축에 듭니다. 더러운 신들입니다. 더럽다고 하면, 무엇을 생각하게 됩니까? 모든 악을 생각하게 됩니다. 악한 행동을 하도록 만드는 신들입니다. 이 더러운 귀신이 임금들의 마음에 들어갔다는 말입니다. 그래서 전쟁을 일으키는 것입니다.

무슨 전쟁을 하기에 더러운 짓이라고 합니까? 이스라엘을 쳐들어가는 전쟁이기 때문에 그렇습니다. 정의로운 전쟁이 아니기 때문에 그렇습니다. 정당방어가 아니고 침략 전쟁입니다. 하나님 백성을 치는 전쟁, 악 중에 악이라고 할 수 있는 전쟁, 죄를 짓는 전쟁이라 그렇습니다. 죄를 더러운 것이라고 하지 않습니까? 유브라데 강을 넘어서 이스라엘을 침략한다는 것은 하나님 백성을 친다는 말로 이해해야 합니다. 비유로 봐야 합니다. 하나님 백성은 누굽니까? 예수 믿는 사람들입니다. 그러면 예수 믿는 사람들을 상대로 하는 전쟁, 그러한 더러운 전쟁을 말하는 것입니다.

한 가지 명심해야 할 것이 있습니다. 15절에 "보라 내가 도적 같이 오리니"라고 했습니다. 이제 아마겟돈 전쟁이라고 부르는 세계대전이 일어나는데, 이 전쟁 후에는 예수님이 재림하십니다. 예수님이 재림하시니까 이제 정신차려야 된다는 말입니다. 도둑같이 온다는 것은 뜻밖에 오신다, 평안히 살아서 좋다고 하는 그때에 뜻밖에 오신다는 말입니다. 아무래도 한 시대는 더 있어야 오시지 않겠나, 생각하는 때에 주님이 오신다는 말입니다. 좀 더 잘 살아보자, 하면서 힘쓰며 애쓰며 경영하며 노력하는 중에 예수님이 재림하신다는 그 말입니다.

보라 내가 도둑 같이 오리니 누구든지 깨어 자기 옷을 지켜 벌거벗고 다

니지 아니하며 자기의 부끄러움을 보이지 아니하는 자는 복이 있도다 (16:15).

이것도 역시 비유의 말씀입니다. "자기 옷을 지켜." 옷을 지킨다는 것은 신앙을 지킨다는 뜻입니다. 옷이라는 것은 부끄러움을 나타내지 않으려는 목적으로 입는 것입니다. 옷을 입지 아니하고 거리에 다닐 수 있습니까? 그런데 영적으로 부끄러움을 면하는 것, 영적으로 옷 입는 것이 육신이 벌거숭이가 되는 것보다 더 시급한 일입니다.

영적으로 벌거숭이가 되는 것은 더 무서운 일입니다. 소망이 없습니다. 하나님 앞에 설 수가 없습니다. 자기 옷을 지켜서, 즉 신앙을 지켜서 하나님 앞에 서야 합니다. 신앙이 바로 하나님 앞에 설 수 있는 옷입니다. 이것은 비유입니다. 신앙이 없으면 하나님 앞에 서지를 못합니다. 구원을 못 받습니다. 우리가 늘 자기를 살펴 과연 내가 하나님 앞에 설 수 있겠는가, 내가 죄가 많은데 어떻게 하나님 앞에 서겠는가, 하고 한 가지라도 더 생각해야 합니다. 믿음을 가지고 죄를 자복하는 생활을 하면 하나님 앞에 섭니다. 우리가 믿음이 있어야 죄를 자복합니다. 믿음의 옷을 입어야 해요.

세 영이 히브리어로 아마겟돈이라 하는 곳으로 왕들을 모으더라(16:16).

이것이 마지막 세계대전입니다.

일곱째 재앙: 마귀의 활동 무대 심판

일곱째 천사가 그 대접을 공중에 쏟으매 큰 음성이 성전에서 보좌로부터 나서 이르되 되었다 하시니(16:17).

17-21절에서는 일곱째 대접을 공중에 쏟는 일이 벌어집니다. 공중은 마귀의 활동무대입니다. 에베소서 2장 2절에 "공중의 권세 잡은 자"라고 나오지 않습니까? 공중의 권세 잡은 자, 즉 마귀입니다. 마귀의 주소가 공중입니다. 그렇다면 공중에 일곱째 대접을 쏟았다는 것은 근본적으로 이 세상을 정화시킨다는 것입니다. 죄의 근본을 때려 부수는 것입니다. 마귀의 활동 무대에 재앙을 쏟아 부은 것이지요.

번개와 음성들과 우렛소리가 있고 또 큰 지진이 있어 얼마나 큰지 사람이 땅에 있어 온 이래로 이같이 큰 지진이 없었더라(16:18).

이것도 역시 다 비유입니다. 번개, 음성들, 우렛소리 모두 심판에 관한 말씀입니다. 그리고 지진 역시 심판에 관한 비유입니다. 지진이 어떻게 큰지 사람이 땅에 있어온 이래로 이같이 큰 지진이 없다고 했습니다. 온 우주를 흔들어대는 큰 지진인 것입니다. 최종적으로 이 세상의 멸망을 가져오는 것입니다. 공중에 재앙이 오게 되어 마귀의 활동 무대가 무너집니다. 그러니까 땅뿐만 아니라 우주적으로 큰 혼란이 온다는 말입니다. 큰 동요가 생기면서 다 무너지고 이제 심판이, 그 놀라운 일이 있게 된다는 말입니다. 이 세상에 대한 최후적인 심판이지요.

큰 성이 세 갈래로 갈라지고 만국의 성들도 무너지니 큰 성 바벨론이 하나님 앞에 기억하신 바 되어 그의 맹렬한 진노의 포도주 잔을 받으매 (16:19).

"큰 성이 세 갈래로 갈라지고" 했는데, 바로 바벨론 성입니다. 바벨론에 대해서는 17장에서 더 자세히 말하니까 거기 가서 알아보겠지만, 16장 마지막 부분에도 조금 말했습니다. 바벨론이라는 것이 망한다고 했습니다. 이 바벨론은 무엇을 비유합니까? 우리가 계시록을 읽을 때에는 그 뜻을 알려고 힘써야 된다고 했습니다. 바벨론은 이 세상을 비유합니다. 지리적인 이 세상을 의미한다기보다 이 세상의 모든 생활 습관과 이 세상 사람들의 모든 악한 행동과 모든 옳지 않음의 세계를 비유합니다. 바벨론이란 큰 성이 세 갈래로 갈라졌다는 것은 바벨론이 완전히 다 찢어지고 파괴되고 말았다는 것이지요. 그렇게 말씀한 후에 17장에서는 그러면 바벨론이 무엇이냐 하고 그 근원을 알려줍니다.

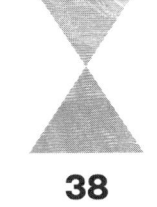

38
이 세상주의

계 17:1-8

● **바벨론의 유래**

계시록 17장은 바벨론에 대해서 우리에게 경고하는 말씀입니다. 옛날에 앗수르 제국이 먼저 있었고, 그다음에 바벨론 제국, 그 다음에 메대 바사 제국, 그 다음에 헬라 제국, 그 다음에 로마 제국으로 이렇게 내려오지 않습니까? 그런데 여기서 바벨론 제국은 앗수르 다음에 오는 옛날 바벨론 나라를 의미하는 것이 아닙니다. 이것은 바벨론만이 아니라 이 세상에 일어났던 모든 대 제국들을 말합니다.

17장 1절에서 "일곱 대접을 가진 칠곱 천사 중 하나가 와서"라고 했습니다. 일곱 번째 대접은 벌써 쏟았지요. 어디 쏟았습니까? 공중의 권세 잡은 자에게, 공중에 쏟았습니다. 그래서 이 세상 즉 바벨론의 뿌리를 파괴한단 말입니다. 계시록에서는 이 세상을 바벨론이라는 말로 표현합니다. 마귀가 이 세상을 가지고 장난을 합니다. 이 세상이라는 것은 하나님과 반대되는 곳입니다. 야고보서 4장 4절에 "세상과 벗된 것이 하나님과 원수 됨을 알지 못하느냐"고 했습니다. 이 세상을 사랑하면 자동적으로 하나님의 원수가 되는 것입니다. 이 세상을 사랑하면 하나님을 멸시하게 되고 하나님을 무시하게 되고 하나님이 없다고까지 말하게 되지 않습니까?

이 세상이라는 것이 바벨론인데, 1절부터 읽으면서 바벨론의 습성, 그 하는 짓을 밝히고 바벨론이 옛적부터 어떻게 내려왔나, 그 계보를 보게 됩니다.

> 또 일곱 대접을 가진 일곱 천사 중 하나가 와서 내게 말하여 이르되 이리로 오라 많은 물 위에 앉은 큰 음녀가 받을 심판을 네게 보이리라(17:1).

"많은 물"은 이 세상 나라들, 세계 각국을 말합니다. "많은 물 위에 앉"았다는 것은 많은 나라들을 정신적으로 지배하고 있다는 말입니다. 이 세상 많은 나라들을 이 세상이라는 것이 지배하고 있습니다. 다시 말하자면 이 세상 나라들이 전부 하나님이 없다는 사상을 가지고 하나님을 무시합니다. 하나님 섬기기보다는 마귀를 섬기며 죄를 따라갑니다. 그러기 때문에 이 세상은 하나님과 원수되는 것입니다.

"큰 음녀가 받을 심판"이라고 했는데, 땅 위에 사는 이 죄악 세상을 음녀로 비유한 것입니다. 요한 번연의 『천로역정』(Pilgrim's Progress)이라는 책을 읽어 보면 이 세상을 뭐라고 했는고 하니 '마담 엔첸티드 랜드'(Madam Enchanted Land)라고 했습니다. 마취시키는 부인이라는 말이지요. 참 잘 설명한 것입니다. 하나님을 모르는 이 세상 사람들은 다 이 세상에 마취가 돼버립니다. 그래서 하늘나라를 생각하지도 않고 하늘나라에 대해서는 그렇게 둔감하고 신경이 마비되어 있습니다.

과연 하나님이 사람을 지을 때 하나님의 것으로 지었고 하나님을 사랑하라고 지었습니다. 한 가지 목적을 가지고 사람을 지으셨는데 그 목적이 하나님께는 아주 따갑습니다. 그 목적을 이루려고 하시는 데 있어서 아주 따갑습니다. 이것은 부부가 서로 사랑하는 것과 같은 그러한 따가운 관계입니다. 하나님이 사람을 지을 때 영원토록 사람과 함께 살려고 지으셨습니다. 이렇게 지어놓았다가 뭉개버리고 없애 버리려고 지으신 것이 아니란 말입니다.

당신님의 형상으로 지었다는 것은 당신님의 도장을 쳤다는 것이고, 당신님과 피조물 가운데 당신님과 가장 잘 통하는 존재라는 것입니다. 그만큼 소중히 여기십니다. 그러기 때문에 사람들이 타락하고 범죄했을 때 그 생명을 도로 찾기 위해서 자기 생명도 기꺼이 버리지 않았습니까? 사도행전 20장 28절을 보면 "하나님이 자기 피로 사신 교회"라고 그랬습니다. 그만큼 하나님의 사람에 대한 관심은 보통이 아닙니다. 특별히 영원 전에 택한 백성에 대해서는 그 따가움이 말로 다 못 합니다.

그런데 이 사람들을 미혹시켜서 특별히 택한 백성을 미혹해서 우상을 섬기게 만든 것이 바로 이 세상이란 말입니다. 이 세상을 사랑하는 정신이 이렇게 사람들을 둔하게 만들고 어둡게 만들어서 결국 하나님이 미워하는 일을 하게 한단 말입니다. 이렇게 돼 나가는 데 대해서 하나님은 크게 격동하십니다. 그래서 그것을 음행이라 하셨습니다. 우상을 섬기는 것을 음행이라는 말을 써서 사람들로 하여금 깨닫게 하시는 것입니다. 그가 당신님의 이름으로, 당신님의 형상으로 지은 사람들을 얼마나 중요하게 생각하고, 얼마나 따갑게 귀히 여기는지요. 이 사람들이 둔해져 가지고 딴짓을 할 때 구약에 음행이라는 말로 죽 표현되어 왔습니다.

그럼 여기서 음녀라는 것은 하나님의 사랑을 가로채는 모든 것들을 말합니다. 하나님을 사랑해야겠는데 하나님을 사랑하지 아니하고 우상을 사랑하고, 또 우상과 같은 세상의 다른 것을 사랑하는 데로 사로잡아 갑니다. 그러니까 이것은 하나님에 대해서는 말할 수 없는 따가움의 생각을 일으키고 충격을 드리는 것입니다. 큰 음녀가 받을 심판을 보여주겠다고 1절에서 말하고 있습니다. 큰 음녀는 이 세상입니다. 내려가서 5절을 보면 연결이 됩니다. "그의 이마에 이름이 기록되었으니 비밀이라, 큰 바벨론이라, 땅의 음녀들과 가증한 것들의 어미라 하였더라"(17:5). 바벨론은 다른 것이 아니라 영적 음행의 원천입니다. 영적 음행은 하나님을 섬기지 않고 다른 것들을 섬기도록 하는 정신 체제입니다. 사상 체계입니다. 이 세상에는 옛적부터 이러한 사상 체계가 있어 왔습니다. 그것을 바벨론이라고 한 것입니다.

하나님을 대적하는 사상

창세기 11장을 보겠습니다. 1절부터 보겠습니다. "온 땅의 언어가 하나요 말이 하나였더라"고 했습니다. 언어가 하나라는 것입니다. "이에 그들이 동방으로 옮기다가 시날 평지를 만나 거기 거류하며." 인류 역사가 있은 후에 말이 복잡해지지 않은 시대가 있었습니다. 인류의 언어가 각각 달라진 것은 나중에 된 일이지 처음부터 그렇게 되지는 않았습니다. 3절을 보면 "서로 말하되 자, 벽돌을 만들어 견고히 굽자 하고 이에 벽돌로 돌을 대신하며 역청으로 진흙을 대신하고"라 했습니다. 역청이라는 것은 오늘날의 시멘트와 비슷한 물질입니다. "자" 소리가 3절에 한 번, 4절에 한 번씩 두 번 나오지요. "자"라는 소리는 '우리가 하자' 그 말입니다. 우리가 하자는 거예요.

4절에 "자, 성읍과 탑을 건설하여", 성읍도 쌓고 탑을 쌓아서 "그 탑 꼭대기를 하늘에 닿게 하여 우리 이름을 내고"라 했습니다. 이름을 내자고 합니다. 사람의 이름을 내자, 하나님의 이름을 받들어 섬기기보다 사람 이름이 높아지기를 원하는 것입니다. 이것이 이 세상 정신입니다. 이것이 하나님을 대적하는 사상 체계입니다. 그리고 "온 지면에 흩어짐을 면하자 하였더니" 그랬습니다. 단결을 촉구합니다. 이 세상 사람들이 문화를 발달시킵니다. 즉 성읍을 쌓는다든지 탑을 쌓는다든지 해서 이름을 내려고 하는 것이 이 세상 정신입니다. 또한 흩어지지 말자, 우리 단결하자, 그럽니다. 단결해서 하나님을 대적하자는 것입니다. 단결해서 의를 이루자, 하나님을 섬기자 하는 것은 좋은데 단결해서 우리 이름을 내고 단결해서 하나님을 대적하자, 그럽니다. 이것은 순전히 하나님 앞에 음행과 같은 행동입니다. 마땅히 하나님을 사랑해야 하는데 다른 것을 사랑한다는 말이에요. 명예를 내는 것과 문화와 건설을 위주하고 하나님을 제외시키는 것이 영적 음행이란 말입니다.

5절과 6절을 보겠습니다. "여호와께서 사람들이 건설하는 그 성읍과 탑을 보려고 내려오셨더라. 여호와께서 이르시되 이 무리가 한 족속이요 언어도 하나이므로 이같이 시작하였으니 이 후로는 그 하고자 하는 일을 막을 수 없으리로다." 하나님께서는 인류가 계속 이렇게 나쁜 길을 갈 것이라고 판단하셨습니다.

7절에서 "자, 우리가 내려가서" 하셨는데, 여기서 우리는 삼위 하나님을 말합니다. 성부, 성자, 성령, 세 분이 여기 "우리"라는 말로 표현되었습니다. 사람들이 '자, 우리가 이렇게 하나님을 대적하고 이렇게 우리 이름을 내자'고 할 때, 하나님은 거기 반대하여 "자, 우리가 내려가서 거기서 그들의 언어를 혼잡하게 하여 그들이 서로 알아듣지 못하게 하자" 하십니다. 8절입니다. "여호와께서 거기서 그들을 온 지면에 흩으셨으므로 그들이 그 도시를 건설하기를 그쳤더라." 땅 위의 사람들이 하나님을 무시합니다. 문화가 발달하면 다 되는 줄 알고 거기에 총 집중합니다. 하나님의 이름을 높이지 않고 자신의 이름을 드높이려 합니다. 하나님을 반대하며 이 세상을 사랑하게 됩니다. 이것이 음행입니다. 위에 있는 세상 즉 하나님 나라를 사랑하지 않고 이 세상을 사랑하게 되는 것이 음행이란 말입니다. 하나님은 그것을 그대로 놔두지 않습니다. 단지 언제 되느냐의 문제지 일이 달라지는 때가 반드시 옵니다. 그것은 옛날부터 있어온 일이지요. 나라들도 교만해지면 반드시 망하는 날이 꼭 옵니다.

9절을 봅니다. "그러므로 그 이름을 바벨이라 하니 이는 여호와께서 거기서 온 땅의 언어를 혼잡하게 하셨음이니라 여호와께서 거기서 그들을 온 지면에 흩으셨더라." 이와 같이 바벨이라는 이름을 받았습니다. 이것이 계시록 17장에 나오는 바벨론이라는 것의 조명입니다. 바벨론이 어디서 왔습니까? 창세기 11장 9절에 있는 말씀에서 왔습니다. 하나님을 대적하고, 하나님 대신 인류를 존중하여 인본주의로 살아가며, 사람이 제일이라고 생각해서 사람이 세상에서 명예을 내고 잘 먹고 잘 쓰면 된다는 사상이 거기에 있습니다. 하나님을 대적하는 사상이 꼭 지배하고 있는 것입니다. 말 자체가 벌써 하나님을 반대하는 내용 아닙니까? '잘 먹고 잘 쓰자. 이것이 제일이라. 명예를 내자. 쾌락을 누리자. 이것이 제일이라' 그립니다. 하나님이 제일인데 이런 것들이 제일이라는 생각을 가집니다. 그러니까 하나님을 대면하여 모독하고 하나님을 대면하여 대적하는 정신이란 말입니다. 이것이 이 세상주의예요.

하나님이 제일이 아니고 이 세상이 제일이라고 생각하는 것은 천지만물을 창조하신 창조주 하나님의 창조 목적을 거스르는 것입니다. 하나님이 천지만물을 지으신 목적은 하나님을 중심하고 하나님을 제일로 하여 모든 질서가 유지되도록 하는 것입니다. 그런데 이것을 뒤집어서는 이 세상이 제일이라, 사람이 제일이라, 사람이 잘 먹고 잘 쓰고, 문화를 발달시켜 편리하게 살고, 쾌락 누리는 것이 제일이라고 생각하는 것은 하나님을 대적하는 정신입니다. 이것이 바벨입니다. 바벨론입니다. 이 세상주의입니다.

큰 음녀는 바벨론

17장 1절부터 읽으면 "음행"이라는 말이 계속 나옵니다. 하나님을 섬겨야 될 사람들이 세상을 좋아하고 세상을 섬기고 세상을 제일로 생각하는 것은 반역 행동입니다. 하나님을 사랑해야 하는데, 그 사랑을 다른 데에 쏟는 것입니다. 이것이 음행이란 말입니다. 비유적으로 말씀합니다.

> 또 일곱 대접을 가진 일곱 천사 중 하나가 와서 내게 말하여 이르되 이리로 오라 많은 물 위에 앉은 큰 음녀가 받을 심판을 네게 보이리라(17:1).

"큰 음녀"는 바벨론입니다. 이 세상주의입니다. 이 세상을 사랑하는 사상 체계입니다. 이것이 큰 음녀입니다. "많은 물 위에 앉"았다는 것은 많은 나라들 위에 앉았다는 말인데 말 타고 가는 사람이 그 말에 자갈을 물려 이리 끌고 저리 끌고 맘대로 인도하는 것과 같다는 말입니다. 이 음녀가, 다시 말하면 하나님을 배반하는 그 사상 체계가 나라들을 운영해 갑니다. 말 탄 사람이 말을 운영하는 것처럼 이렇게 가게하고 저렇게 가게하며 지배합니다. "큰 음녀가 받을 심판을 네게 보이리라." 이것은 마지막 심판인데, 이 세상주의는 세상 끝 날까지 계속되고 있는 것입니다. 하지만 세상 끝 날에는 없어집니다.

땅의 임금들도 그와 더불어 음행하였고 땅에 사는 자들도 그 음행의 포도주에 취하였다 하고(17:2).

이것은 비유로 하는 말씀입니다. 포도주 마시듯이 세상 임금들과 이 세상에 사는 사람들이 다 음행에 도취되었다는 말입니다. 다 하나님을 반대하고 세상을 사랑하는 것에 도취되었다는 말입니다. 음행에 도취된 것입니다.

곧 성령으로 나를 데리고 광야로 가니라 내가 보니 여자가 붉은 빛 짐승을 탔는데 그 짐승의 몸에 하나님을 모독하는 이름들이 가득하고 일곱 머리와 열 뿔이 있으며(17:3).

"곧 성령으로 나를 데리고"라고 했는데, 여기에서 "나"가 누굽니까? 사도 요한입니다. "광야로 가니라." 광야는 먹을 것도 없고 물도 없는 빈 들판입니다. 사람이 살 곳이 못 됩니다. "내가 보니 여자가 붉은 빛 짐승을 탔는데." 이것은 비유입니다. 붉은 빛 짐승이 무엇입니까? 그 밑에 설명이 나오는데, 읽어 내려가면 17장 대부분이 이 짐승에 대해 설명합니다. 마지막 적그리스도를 말하는 것입니다. 바벨론은 세상주의 사상 체계이고 짐승은 그 사상 체계를 받아 가지고 하나님을 반대하는 임금들입니다. "그 짐승의 몸에 하나님을 모독하는 이름들이 가득하고." 몸에 하나님을 모독하는 이름들이 가득하다는 것은 대(大) 적그리스도가 하는 정치가 하나님을 반대하는 것 일색이라는 말입니다. 그들이 선전하는 선전 내용이 전부 하나님 반대하는 식으로 나온다는 말입니다. "일곱 머리와 열 뿔이 있으며." 이것은 8절 이하에서 그 설명이 나옵니다.

그 여자는 자주 빛과 붉은 빛 옷을 입고 금과 보석과 진주로 꾸미고 손에

금잔을 가졌는데 가증한 물건과 그의 음행의 더러운 것들이 가득하더라 (17:4).

여기서 "그 여자"는 짐승을 타고 이 짐승을 영적 음행으로 끌고 가는 바벨론을 말합니다. "자주 빛과 붉은 빛 옷을 입고"라고 했는데, 다 자기를 자랑하는 옷입니다. 이 세상을 자랑합니다. 이 세상에 속한 사람들은 이 세상을 자랑해요. 이 세상주의입니다. 내세를 무시하고 멸시합니다. 자기를 자랑하는 옷들입니다. "금과 보석과 진주로 꾸미고." 사치할 대로 사치하며 자기를 자랑하는 것입니다. 그리고 사람들을 전부 자기에게로 끌어들이는 것입니다. "가증한 물건"이라는 것은 하나님을 반대하며 하나님을 업신여기는 사상과 행동입니다. "그의 음행의 더러운 것들이 가득하더라." 이 세상주의는 자기를 높이고 나타내고 자랑하지만 다 가증스러운 것입니다. 성령의 관점에서 볼 때 아주 가증스러운 것입니다.

미혹하여 멸망으로 끌고 감

그의 이마에 이름이 기록되었으니 비밀이라, 큰 바벨론이라, 땅의 음녀들과 가증한 것들의 어미라 하였더라(17:5).

여자로 비유된 세상주의, 바벨론의 이름을 "비밀"이라 한다고 합니다. 왜 비밀이라고 합니까? 사실 사람들을 미혹시켜서 멸망으로 끌고 가려는 것인데, 사람들이 그것을 모르고 따라가기 때문입니다. 사람들이 알지 못합니다. 그 결과가 멸망이라고 밝혔으면 사람들이 따라가지 않을 것입니다. 하지만 그 목적과 정체는 숨기고 미혹하니까 그것이 비밀이란 말입니다. 그 이름이 비밀입니다. 요한 번연은 이 세상을 가리켜서 무엇이라고 했는고 하니 마취국이라고 했습니다. 마취국 즉 사람을 마취시키는 나라라는 것입니다.

"땅의 음녀들과 가증한 것들의 어미라." 가증한 것들은 이 세상주의를 선전하는 자들, 이 세상주의를 찬양하는 자들입니다. 국가적으로든지 혹은 어떤 단체로든지 그러한 자들이 다 음녀들이란 말이지요. 마땅히 하나님이 지어주신 목적을 이루어 하나님을 사랑하며 하나님과 영원토록 살 생각을 해야 되는데, 그렇게 하지 않습니다. 하나님을 배척하며, 제힘으로 살 수 있다고 하며, 제힘으로 사람의 목적을 다 이룰 수 있다고 생각합니다. 이 세상에서 문화를 발달시키고 쾌락을 좇아 잘 먹고 잘 쓰며 잘 살고자 하는 자들입니다. 이들이 바로 땅의 음녀들입니다. 가증한 것들의 어미입니다. 성령의 관점에서 볼 때 가증하기 짝이 없습니다. 밉고 더럽지요.

신자들일지라도 성령의 감화를 받지 않을 때에는, 하나님은 무시하면서 문화적으로 발달하는 것조차도 좋다고 생각할 것입니다. 하지만 성령의 감동을 받으면 문화의 얼굴만 나타내는 것을 가증스러워합니다. 문화 자체를 나쁘다고 하는 것이 아니라 하나님을 대적하는 것을 나쁘다고 하는 것입니다. 문화를 앞세워 하나님을 무시하는 것들을 볼 때에 탄식하며, 그것을 보기를 그만둡니다. 가증한 것들입니다. 바벨론이 이런 가증한 것들의 어미란 말입니다. 바벨론이 모든 미운 것들의 원천이란 말입니다.

> 또 내가 보매 이 여자가 성도들의 피와 예수의 증인들의 피에 취한지라 내가 그 여자를 보고 놀랍게 여기고 크게 놀랍게 여기니(17:6).

"이 여자"는 하나님을 대적하고 이 세상을 사랑하도록 만드는 세상주의입니다. 이 세상주의가 성도들을 핍박하고 죽이는 것입니다. "성도들의 피와 예수의 증인들의 피에 취한지라." 취했다는 것은 한 가지 행동을 정신없이 반복적으로 하는 것입니다. 그것이 제일이라고 생각합니다. 성도들을 죽이고 복음도 없애 버리려 하는 미친 짓을 합니다. 사도 요한이 짐승을 타고 있는 그 여자를 보고 놀랍게 여긴다고 그랬습니다. 그것을 보고 참 좋구나 하는 것이 아니라 놀란다는 것입니다. 놀라고 또 놀랐다는 것입니다.

천사가 이르되 왜 놀랍게 여기느냐 내가 여자와 그가 탄 일곱 머리와 열 뿔 가진 짐승의 비밀을 네게 이르리라(17:7).

그 뜻을 몰라서 놀란 사도 요한에게 천사가 이렇게 말합니다. 놀라지 말라 내가 이제 설명하겠다. 그리고 8절부터 설명해 주십니다.

이 짐승은 과거의 니므롯

네가 본 짐승은 전에 있었다가 지금은 없으나 장차 무저갱으로부터 올라와 멸망으로 들어갈 자니 땅에 사는 자들로서 창세 이후로 그 이름이 생명책에 기록되지 못한 자들이 이전에 있었다가 지금은 없으나 장차 나올 짐승을 보고 놀랍게 여기리라(17:8).

이 짐승이 전에, 즉 옛날에도 있었다고 합니다. 그런데 망했다고 합니다. 있다가 망했습니다. 그러고는 무저갱으로 들어갔습니다. 무저갱은 밑이 없는 구멍입니다. 밑이 없는 구멍에 무엇이 들어가면 계속 떨어져 내리기만 합니다. 올라오지를 못해요. 망하는 길입니다. 전에 그런 적그리스도 나라가 있었는데, 지금은 없으나 장차 무저갱으로부터 다시 올라온다는 말입니다. 망했던 것이니까 무저갱으로부터 올라옵니다. 그러고는 또 다시 "멸망으로 들어갈 자"라고 했습니다. 옛날에 있었던 그 적그리스도 나라가 세상 끝날에 올라오는데, 올라와 잠깐 있다가 또 없어진다고 합니다.

우리 전에 있던 짐승을 생각해 봅시다. 언제부터 이 짐승이 있었나 생각해 봅시다. 말씀을 잘 알면 재미납니다. 창세기 10장을 펴십시오. 8절부터입니다. "구스가 또 니므롯을 낳았으니", 니므롯은 사람 이름입니다. "그는 세상에 첫 용사라", 이 세상에 처음 난 영웅이란 말입니다. 여기서 영웅이란 것은 선한 일을 힘 있게 하는 영웅이 아니라 아주 나쁜 일을 하는 영웅이란 말입니다.

어떻게 나쁜 짓을 했나 보니 9절에서 "그가 여호와 앞에서"라고 했습니다. "그가 여호와 앞에서"라는 말은 '여호와를 대적하여'란 뜻입니다. 여호와를 대적하여 "용감한 사냥꾼이 되었으므로"라 했습니다. 짐승을 잡는다고 여호와 앞에 대적할 리가 있겠습니까? 이것은 짐승 잡는 사냥꾼이 아니고요, 사람 잡는 사냥꾼입니다. 다시 말하면 사람들을 모조리 다 꼼짝 못하게 잡아서 자기가 나쁜 일을 하는 데에 써먹습니다. 이것은 통제주의입니다. 사람이면 다 잡아 가지고 써먹는단 말입니다. 통제주의. 자기 할 일을 돕게 하려고 사람들을 모두 잡아서 그 모든 사람들의 내용을 다 파악하고 조사합니다. 그래서 그들이 동에 살든 서에 살든 다 꼼짝 못하게 통제하고 단속하는 것입니다.

적그리스도 나라는 통제주의가 특징입니다. 사람들을 꼼짝 못하게 만듭니다. 그들의 신분을 다 파악하고 그들의 일거수일투족을 다 감시하고 있다가 그들이 꼼짝하면 어떻게 한다는 말입니다. 공산주의에서 이렇게 하지 않았습니까? 공산주의에서는 좋든 나쁘든 우두머리를 따라가게 합니다. 꼼짝하면 큰일 납니다. 잘못 말한다든지 잘못 행동한다면 큰일 납니다. 아무리 우두머리로부터 멀리 떨어져 산다고 해도 다 연결되어 있으니까 꼼짝 못합니다. 사람끼리 다 모여 사는데 모여 살면서 서로 다 이렇게 연결이 되어있다는 말입니다. 몇 통 몇 반이라는 식으로 한다고 해서 다 통제주의는 아니지만 아무튼 그런 식으로 조직화합니다. 통제주의 통치자들은 그렇게 만듭니다. 싫어도 싫다고 말 못합니다. 옆 사람이 고발합니다. 꼼짝 못해요. 그렇게 그 조직을 꽉 잡고 있습니다. 무력과 세력을 그 우두머리가 잡고 있습니다. 당연히 군대도 다 잡고 있습니다. 혹 어떤 군인이 다른 마음을 가지고 있다면 다 압니다. 옆 사람이 알 수밖에 없습니다. 그러면 그 옆 사람이 고발합니다. 그러니까 꼼짝 못해요.

여기 사람 잡는 사냥꾼이라는 것이 이전 적그리스도란 말입니다. 그를 "세상에 첫 용사라" 하지 않았습니까. 그러면 그가 언제 사람입니까? 아브라함이 나오기 전 사람입니다. 아브라함이 어느 시대에 살았습니까? 아브라함이 예수님 오시기 2천 년 전에 살았지요. 그런데 지금 니므롯은 아브라함보다 전 사람입니다. 그때에 처음으로 이러한 사람 잡는 영웅이 났다 그 말입니다. 그래서 적그리스도 나라를 세운 것입니다. 하나님을 반대합니다.

"그가 여호와 앞에서 용감한 사냥꾼이 되었으므로 속담에 이르기를 아무는 여호와 앞에 니므롯같이 용감한 사냥꾼이로다 하더라"(창 10:9). 이것이 속담이 될 만큼 큰 사건입니다. 니므롯이란 인물이 속담이 될 만큼, 인류 사회 어디서든지 말할 수 있을 만큼 악한 쪽으로 두드러진 이상한 인물이지요. 다른 사람 다 못살게 굴고 자기 볼 장만 보는 묘한 통치자란 말입니다. 그래 가지고 속담이 되었습니다.

10절에 "그의 나라는"이라 했는데, 그의 나라가 어디입니까? "시날 땅의 바벨과 에렉과 악갓과 갈레에서 시작되었으며 그가 그 땅에서 앗수르로 나아가 니느웨와 르호보딜과 갈라와 및 니느웨와 갈라 사이의 레센을 건설하였으니 이는 큰 성읍이라"(창 10:10-12). 거기까지가 니므롯 나라의 영토입니다. 13절부터는 미스라임에 대해 말하는데 그것은 또 다른 내용입니다. 그러면 니므롯의 영토가 어디라고 했습니까? 10절을 보면 시날 땅 바벨이라고 했는데, 그 바벨이 바로 바벨론입니다. 니므롯은 옛적 처음 난 영웅인데 그의 나라를 바벨론에 세웠습니다. 이렇게 통치 방면으로 움직인 것이, 통치 방면으로 하나님을 대적하며 나선 것이 이제 니므롯의 나라입니다. 그것이 바벨론입니다. 그 영토가 바벨론입니다.

그러니까 니므롯이 바로 짐승입니다. 니므롯은 짐승이고 그 영토가 바벨론인데, 바벨론이 어떻게 행동했습니까? 우리가 앞서서 11장을 읽어봤지요. 다시 11장 1절을 보겠습니다. 그들을 시날 백성이라고 하지 않았습니다. "온 땅의 언어가 하나요 말이 하나였더라 이에 그들이 동방으로 옮기다가 시날 평지를 만나 거기 거류하며"(창 11:1-2). 시날 평지가 다른 데가 아니라 바벨론이란 말입니다. 거기에서 지금 발달되고 있는 것이 이 세상주의란 말입니다. 하나님을 대적해 보자, 문화를 발달시키고 하나님을 대적해서 우리 힘으로 한번 살아보자 하는 주장입니다. 하나님 앞에서 음란한 사상입니다. 그러니까 사상적으로 말할 때도 바벨론이고 지리적 영토적으로 말할 때도 역시 바벨론이란 말입니다. 여기 10장 10절에 밝혀놓지 않았습니까? 통치자는 누구입니까? 짐승이란 말입니다. 말하자면 니므롯, 니므롯이란 말이에요. 그런고로 니므롯이 옛날에 바벨론 사상을 퍼뜨리도록 바벨론을 태우고 그때 세상을 지배했습니다. 사람을 잡았습니다.

이제 계시록 17장에 있는 바벨론이 무엇인지 우리가 짐작할 수 있을 것입니다. 바벨론이 무엇인지 짐작으로 풀면 안 됩니다. 성경 다른 곳에서 어떻게 말했는지를 봐야 합니다. 말씀에 분명히 나와 있습니다. 계시록 17장 8절에 전에 있었다고 하지 않았습니까? "네가 본 짐승은 전에 있었다가 지금은 없으나." 니므롯은 죽어버린 것입니다. 적그리스도 나라가 한때 망한 것입니다. 그러나 이것이 또 나온다고 했어요. 망했던 자리에서 또 나온다고 했습니다. 그런 의미에서 지금은 없으나 장차는 나온다고 한 것입니다. 사도 요한이 볼 때 앞으로 세상 끝 날이 되면 이따위 것이 나온다는 것입니다. 아주 결정적으로, 최절정의 클라이막스로 가장 크게 움직이는 것이 나온단 말입니다. 그것은 예수님이 재림하셔서 폐지됩니다. 마지막 적그리스도가 나왔다고 하면 재림이 더 가까웠다고 생각하고 예수님의 재림으로 그놈이 망한다고 생각할 수 있습니다.

우린 늘 성경을 알려고 힘써야 합니다. 이단인 통일교가 지금 얼마나 맹렬히 활동하는지 모릅니다. 예수 믿는 사람들에게, 특별히 예수 믿는 지도자들에게 신문을 만들어서 보냅니다. 그래 가지고는 진리를 분변할 필요가 없다는 식의 말을 써넣습니다. 진리를 분변할 필요 없이 불교든 기타 다른 종교든 다 합해서 통일하자고 합니다. 종교를 통일하겠다는 것입니다. 그러니 자기네들이 주장하는 것들도 문제시하지 말라는 식입니다. 그러고는 얼마나 맹렬히 활동하는지 모릅니다. 말씀을 분변할 줄 모르는 사람들은 그저 따라갑니다. 별수 없이 따라갑니다. 이단을 따라가지 않을 지식이 없습니다. 눈이 없는 것과 마찬가지입니다. 눈이 없으면 이끄는 대로 갈 수밖에 없지요. 그래서 우리가 성경을 밝히 알아야 합니다.

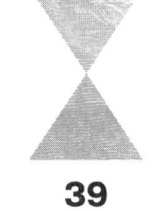

39
어린양의 승리

계 17:8-18

오늘은 계시록 17장 가운데 지난 시간에 공부하고 남은 부분을 하겠습니다. 지난번에 말씀드렸지만 여기 8절에 보면 "네가 본 짐승은 전에 있었다가 지금은 없으나 장차 무저갱으로부터 올라와 멸망으로 들어갈 자"라고 했습니다. "네가 본 짐승은 전에 있었다"가 무슨 뜻인지는 이미 설명했습니다. 창세기 10장 8절에서 니므롯이란 사람이 "세상에 첫 용사라" 그랬습니다. 세상에 처음 난 영웅이란 말입니다. 그런데 선한 의미의 영웅이 아니라 사람을 사로잡아 자기 사람으로 만들어 손아귀에 넣고는 자기 마음대로 통제하여 사람들을 옴짝달싹 못하게 하는 그런 영웅이란 말입니다.

"그가 여호와 앞에서 용감한 사냥꾼"이라고 했는데, 짐승을 잡는 사냥꾼이 아니라 사람을 잡는 사냥꾼이라고 모든 주석가들이 그렇게 말합니다. 그런 인물이 나와서 하나님을 배반하고 자기 자신 즉 니므롯을 숭배하도록 만듭니다. 그것이 처음 나온 적그리스도 나라입니다. 여기 "전에 있었다가"라는 것은 처음 나온 짐승으로 비유된 적그리스도 나라에 대한 것입니다. 이것은 달리 해석할 수 없을 만큼 정확하게 깨달아집니다. "그는 세상에 첫 용사라", 처음 난 영웅이라고 했으니까 그 사람으로 말미암아 이루어진 나라가 짐승의 나라입니다. 하나님을 배반하고 자기를 섬기도록 철저히 통제하는 나라입니다.

이제 그의 임금이 바벨론에 나라를 세운 것입니다. 지금으로 말하면 근동 지방, 유브라데 강이 있는 그 지역에 나라를 세웠습니다. 그 나라가 어떠한 성격의 나라였는지는 11장이 말해 줍니다. 거기 사는 사람들이 모두 다 적그리스도의 정신, 하나님을 반대하는 정신을 가지고 바벨탑을 쌓았습니다. 그들의 생각은, 홍수가 온다고 해도 염려 없이 살아보자는 생각이었는지 모릅니다. 자, 우리가 탑을 쌓자, 문화를 건설해 가지고 하나님을 반대하자 그 말이지요. "자, 우리가"라는 말이 몇 차례 나옵니다. 그때는 말이 하나밖에 없었습니다. 그런고로 하나님께서 마침내 심판하셔서 바벨탑이 파괴되었고 백성들의 말이 서로 다 달라졌습니다. 말이 달라져 서로 통하지 못하니 모두 분열되어 조각조각 흩어졌습니다.

전에 있던 나라라는 것이 이 나라입니다. 니므롯의 나라예요. 그 뒤에도 바벨론이란 이름을 가진 나라가 있었는데, 유다 나라 말기에 크게 왕성했지요. 그렇게 되자 하나님을 배반했을 뿐만 아니라 유다 나라를 정복해서 솔로몬 성전을 불사르고 성전에 있던 모든 보물들을 다 가져갔습니다. 그 나라가 유다 말기에 황금시대를 이루었던 적그리스도 나라입니다. 그렇게 바벨론이라는 이름은 그 나라의 이름이 되었고 하나님을 배반하는 것으로 세계적으로 알려졌습니다.

여기 17장에 와서는 바벨론을 여성화해서 비유적으로 말씀합니다. 그 바벨론 나라를 여성화했다는 것이 아니라, 바벨론의 정신, 하나님을 대적하고 세상을 사랑하도록 만들어 놓는 정신, 이 세상주의라는 그 바벨론의 정신을 여기에 바벨론이란 말로 표현하였습니다. 그리고 그 나라는 또 다르게 표현했는데, 그것이 짐승입니다. 그 나라는 무서운 짐승, 짐승으로 비유되었습니다. 결국은 같은 존재지요. 같은 존재라고 할 수 있는 그 나라는 짐승, 그 나라의 정신은 바벨론이라고 했다 그 말입니다. 그래서 바벨론이라는 이름을 가진 여자가 짐승을 탔다고 합니다. "여자가 붉은 빛 짐승을 탔습니다"(17:3).

그러니까 그 정신이 바벨론을 지배하고 있다는 얘깁니다.

- **대(大) 적그리스도 나라의 정체**

    네가 본 짐승은 전에 있었다가 지금은 없으나 장차 무저갱으로부터 올라와 멸망으로 들어갈 자니 땅에 사는 자들로서 창세 이후로 그 이름이 생명책에 기록되지 못한 자들이 이전에 있었다가 지금은 없으나 장차 나올 짐승을 보고 놀랍게 여기리라(17:8).

8절 앞부분을 보면, "네가 본 짐승은 전에 있었다가 지금은 없으나"라고 했습니다. 사도 요한이 살아 있을 당시는 로마 시대입니다. 그런데 그 짐승이 지금은 없다고 그럽니다. 아직 안 나왔다 그래요. 그것이 나오는 때는 세상 끝날인데 로마 시대는 아직 세상 끝날이 아닙니다. 우리가 지금 생각해봐도 로마 시대는 역사적으로 한참 전 아닙니까? 그러니까 "전에 있었다가 지금은 없으나"라는 말씀은 전에 니므롯을 초점으로 해가지고 일어난 일이 있다는 말입니다. 그 후 유다 말기에 바벨론이 황금시대를 이루었지만 니므롯과 비교한다면 아무것도 아닌 것입니다. 니므롯은 이 세상에서 가장 먼저 적그리스도 정신을 발휘했습니다.

"장차 무저갱으로부터 올라와 멸망으로 들어갈 자니." 장차라는 것은 '세상 끝 날에'라는 말입니다. 요한의 시대에서 생각할 때 세상 끝날을 내다보는 것입니다. 그때에 잠깐 나왔다가 멸망한다는 것입니다. 그러면 왜 멸망하느냐? 예수님이 재림하시니까 멸망하는 것입니다. "창세 이후로 그 이름이 생명책에 기록되지 못한 자들이." 창세 이후란 이 세상이 창조된 후, 사람이 있어온 후라는 말입니다. 그러니까 사람이 있어온 후에 생명책에 기록되지 못한 자들입니다. 그런데 생명책에는 언제 기록되었다는 것입니까? 이 세상 창조 전입니다.

여기 생명책에 기록되지 못한 자들이란 말은 이 글을 기록하는 저작자의 입장에서 생각해 볼 때에는 창세전의 일입니다. 영원 전에, 세상을 창조하기 전에 하나님께서 택할 자를 택하고 택하지 않을 자를 택하지 않으셨습니다. 그러니까 이 표현이 창세 이후의 일을 말하는 것이 아닙니다. 생명책에 기록되지 못한 자들, 그것은 세상 창조하기 전에 된 일인데 이것을 당겨다가 말하는 것입니다. 우리가 성경공부를 할 때에 성경 말씀의 뜻을 아는 것으로 힘을 얻습니다. 뜻을 알면 기쁨이 오고 마음에 평안이 오고 확신이 오고 은혜를 받게 됩니다. 그러면 여기에 있는 말씀의 뜻을 알도록 힘써 보세요.

"이전에 있었다가 지금은 없으나 장차 나올 짐승을 보고 놀랍게 여기리라." 적그리스도가 세상 끝날에 나오겠는데, 그때 사람들이 그 적그리스도를, 그 짐승을 보고 놀랍게 여기더라는 말입니다. 놀랍게 여긴다는 것은 아주 좋아한다는 뜻입니다. 숭배한다는 뜻입니다. 여기서 "놀랍게 여기더라"는 말은 따라간다는 말입니다. 사도 요한이 지금부터 근 이천 년 전에 받은 계시입니다. 그때 본 것입니다. 세상 끝날에 될 일을 내다본 것입니다. 대 적그리스도가 나오는데 사람들이 그를 따라갑니다.

지혜 있는 뜻이 여기 있으니 그 일곱 머리는 여자가 앉은 일곱 산이요 또 일곱 왕이라 다섯은 망하였고 하나는 있고 다른 하나는 아직 이르지 아니하였으나 이르면 반드시 잠시 동안 머무르리라(17:9-10).

그 짐승에게 머리가 일곱 개가 있다는 것은 비유적으로 하는 말이지요. 뭐 그런 짐승이 실제로 있겠습니까? 없습니다. 다만 비유적으로 이렇게 그림 그리듯이 보여주는 것이지요. "일곱 산"과 "일곱 왕"은 똑같은 것입니다. 일곱 산 다시 말하면 일곱 왕이라는 것입니다. "다섯은 망하였다"고 했는데, 이 말은 결국 니므롯이 대 적그리스도로 나왔는데 그 뒤에도 그를 모방하는 자들이 또 나왔단 말입니다.

"그 일곱 머리는 여자가 앉은 일곱 산이요." 산은 계시록에서 나라를 비유합니다. 일곱 산은 일곱 나라입니다. "또 일곱 왕이라." 나라가 있으면 왕이 있지 않습니까? "다섯은 망하였고." 그럼 다섯은 무엇입니까? 어떤 사람들은 애굽, 앗수르, 바벨론, 메대바사, 헬라를 꼽지요. 그러나 그런 해석을 절대적으로 신뢰할 수는 없습니다. 다만 우리가 알아야 할 것은 대 적그리스도 자체는 니므롯으로 판정되고 그 뒤에 대 적그리스도의 머리와 같은 것들, 대 적그리스도에게 붙어 있는 것들을 이제 그 계통의 나라로 생각하는 것입니다. 이 다섯 나라를 애굽, 앗수르, 바벨론, 메대바사, 헬라로 꼽는 학자들이 있지만 성경이 그렇다고 기록하지 않았기 때문에 우리로서는 꼭 그렇다고 그것으로 결론 내릴 수는 없습니다. 어쨌든 니므롯 이후에 그 계통으로 다섯 머리에 해당되는 나라들이 있어온 것은 역사적인 사실입니다.

그런데 앞서서 "일곱 머리"라고 했는데, 내가 다섯 나라를 꼽았지요. 그런데 그 외에 몇 나라가 남았습니다. 다섯 나라는 지나간 것이고 망하였다고 했으니까 로마 전에 있었던 다섯 나라를 생각하는 것입니다. 애굽, 앗수르, 바벨론, 메대 바사가 전에 있었습니다. 그 다음에 헬라를 합하면 다섯이라고 하는데 우리가 이것을 확정지을 수는 없다 그랬습니다. 좌우간 우리가 아는 것은 다섯은 망하였고 하나는 있다 그랬는데, 사도 요한 시대니까 그 있는 하나는 로마지요. 로마가 삼백 년 동안 기독교를 박해했습니다. 로마 역시 니므롯 계통의 나라라고 할 수 있습니다.

"하나는 있고 다른 하나는 아직 이르지 아니하였으나 이르면 반드시 잠시 동안 머무르리라." 일곱 나라인데 하나가 더 와야 된다 그 말입니다. 다섯은 망하였고 하나는 있는데 로마가 분명하고 다른 하나는 아직 이르지 아니하였으나 이르면 반드시 잠깐 동안 계속하리라고 말씀합니다. 이것이 어느 나라라고 우리가 꼬집어서 말할 수 없습니다. 역사상에 로마 이후에 일어난 나라인데 우리가 알 수 없습니다.

전에 있었다가 지금 없어진 짐승은 여덟째 왕이니 일곱 중에 속한 자라 그가 멸망으로 들어가리라(17:11).

"전에 있었다가 지금 없어진 짐승은" 니므롯과 같은 나라입니다. "여덟째 왕이니." 여덟째 왕은 일곱이 다 지나간 다음에야 오니까 마지막 적그리스도 나라입니다. 니므롯으로 상징되었던 최절정의 대 적그리스도 나라가 오는 것입니다. 그러니까 11절 "전에 있었다가 지금 없어진 짐승은 여덟째 왕이니" 하는 것은 여덟째 나라란 말입니다. 그 짐승에게 일곱 머리가 있었는데 일곱 머리에 해당하는 일곱 나라가 지나간 다음에, 전에 있었다가 지금은 없어진 짐승으로 비유된 대 적그리스도의 나라가 최후적으로 온다 그 말입니다. 전에 있던 것이, 니므롯과 같은 것이 이제 세상 끝 날에 옵니다. 지금은 없어진 짐승이 여덟째 왕이라고 할 수 있습니다. 일곱 머리에 해당되는 나라들이 망한 다음에 오는 나라니까 여덟째란 말이지요. "일곱 중에 속한 자라." 이 말은 일곱 머리 중에 한 나라가 망했다가 다시 되살아나서 나온다 그 말입니다. 이 나라가 니므롯의 나라라고 할 수 있을 만큼 가장 크게 적그리스도 사상으로 나온다는 것입니다. 역사상에 나왔던 일곱 나라 중에 어느 나라가 망했다가 다시 살아나서 나온다는 것입니다. "그가 멸망으로 들어가리라."

네가 보던 열 뿔은 열 왕이니 아직 나라를 얻지 못하였으나 다만 짐승과 더불어 임금처럼 한동안 권세를 받으리라(17:12).

"열 뿔"은 오늘날의 위성국가들을 말하는 것입니다. 열 뿔에 해당되는 열 개의 위성국가들이 나온다는 말입니다. "열 왕이니 아직 나라를 얻지 못하였으나." 사도 요한 때에는 아직 나오지도 않은 나라입니다. "다만 짐승과 더불어 임금처럼 한동안 권세를 받으리라." 이 열 나라가 짐승의 위성국가로 일어난다는 말입니다.

그들이 한 뜻을 가지고 자기의 능력과 권세를 짐승에게 주더라(17:13).

이 열 나라가 일치단결해서 자기의 능력과 권세를 짐승에게 준다고 합니다. 그러니까 위성국가들입니다. 옛날로 말하면 속국들입니다. 중국을 대국이라고 하지 않습니까? 중국 변방에 이런저런 나라들이 있지 않습니까? 그런 나라들이 예전에는 중국의 속국들이었습니다. 그와 마찬가지로 예수님 오시기 직전에 무서운 대 적그리스도의 나라가 일어나는 동시에 그 대 적그리스도 나라에 대한 속국들이 열 나라쯤 일어난다 그 말입니다. 그 나라들이 자신들의 능력을 짐승에게 주었다고 합니다.

만왕의 왕 예수님의 승리

> 그들이 어린양과 더불어 싸우려니와 어린양은 만주의 주시요 만왕의 왕이시므로 그들을 이기실 터이요 또 그와 함께 있는 자들 곧 부르심을 받고 택하심을 받은 진실한 자들도 이기리로다(17:14).

마지막 대 적그리스도가 나와서는 일시적으로 천하를 점령하여 큰 권세를 가지고 믿는 사람들을 박해합니다. 그렇지만 그 끝에 예수님이 오신다 그 말입니다. 14절에서 우리는 어린양이신 예수님이 어떻게 승리하는지를 봅니다. 그러므로 14절이 오늘 공부의 요점이라고 할 수 있습니다. "그들이 어린양과 더불어 싸우려니와." 그들은 누구입니까? 그들은 짐승 그 자체로 비유된 대 적그리스도입니다. 전에 있었다가 지금은 없으나 장차 무저갱으로부터 올라올 자입니다. 그 나라입니다. 그런데 그 나라는 위성국가 열 나라와 함께 나옵니다. 여기서 "그들"이라는 것에는 열 나라가 다 들어갑니다.

"그들이 어린양과 더불어 싸우려니와." 여기서 "어린양"은 비유인데, 예수님을 의미합니다. 예수님은 계시록에서 이 세상 끝날이 가까이 있어서 짐승을 멸망시키는 어떤 사람으로 비유될 만하지 않습니까? 짐승보다 지능이 높고 짐승보다 능력 있는 존재가 사람 아닙니까? 그러면 사람과 같은 것으로 비유될 만한데 그렇게 안 하고 '어린양'으로 비유했습니다. 어린양이라는 것이 동물 중에 제일 연약한 동물 아닙니까? 양은 힘도 없고 매우 약한 생축입니다. 그런데 예수님을 어린양으로 비유하는 이유가 무엇인가요?

예수님의 힘은 그의 희생으로 생기는 것입니다. 하나님 앞에서 속죄 제물이 되시는 그 희생으로 생기는 것이지요. 예수님은 잡혀 죽으심으로써 억만 성도를 구원하는 힘을 가지게 된다는 것입니다. 하나님 아버지로부터 심판하는 대권까지 받으시는 경위가 어떻게 됩니까? 그가 십자가에서 죽으심으로 이루어지지 않습니까. 그러니만큼 하나님의 아들 예수께서는 제물로 사용되는 어린양으로 그 큰일을 이룬 거라는 말입니다. 짐승을 이길 만한 그 힘이 친히 속죄 제물이 된 데서 이루어진 것입니다.

여기 "어린양과 더불어 싸우려니와"라는 말씀을 보면서 어린양이 그 무서운 짐승과 싸우면 질 것 같다는 생각을 하기 쉽습니다. 하지만 천지의 권세를 받았다고 하지 않습니까? 마태복음 28장 18절에서는 주님이 죽었다가 다시 살아나신 때에 천지의 권세를 받았다고 했습니다. 얼마나 큰 권세입니까? "어린양은 만주의 주시요 만왕의 왕이시므로 그들을 이기실 터이요." "만주의 주"는 세상의 주인이라 존칭 받는 사람들의 주란 말입니다. 그런 사람들이 얼마나 많습니까? 세상의 왕들이 자기 나라에서는 주인 아닙니까? 그밖에도 이 주인이라는 말을 듣는 사람들이 부지기수 아닙니까? 그런데 모든 권세 받은 자들이 그분 앞에서는 성명이 없다 그 말입니다. 만주의 주요 모든 주들 가운데 이분만이 참된 주님이라 했습니다. 만주의 주요, 만왕의 왕이라. 옛날부터 많은 왕이 있었지만 예수님과 같은 왕이 없다는 말입니다. 모든 왕들을 심판하실 왕이라, 그 말입니다.

"그들을 이기실 터이요." 그들이 무엇입니까? 전에 있었으나 지금은 없고 장차 무저갱으로부터 올라오는 짐승 자체와 그 짐승의 열 뿔로 비유된 위성 국가들을 이긴다는 말입니다. 어린양이 이긴다는 말입니다. 싸워서 이긴다는 말도 없이 "이기실 터이요" 그랬습니다. 이것이 귀한 말씀입니다. 싸워서 이긴다는 것이 아닙니다. 싸운다는 거야 서로 비등하게 싸우는 것이지요. 데살로니가후서 2장 8절에서는 "그때에 불법한 자가 나타나리니 주 예수께서 그 입의 기운으로 그를 죽이시고 강림하여 나타나심으로 폐하시리라" 그랬습니다.

예수님이 이 땅에 재림하셔서, 나타나셔서, 그 입의 기운으로 이긴다고 했습니다. 그저 그가 오시니까 이 적그리스도 세력이 다 어디로 갔는지 없어진다 그 말입니다. 태양빛이 올라오게 되면 어두움이란 놈은 싸워보지도 못하고 슬그머니 없어지는 것 아닙니까? 다 없어집니다. 데살로니가후서 2장에서는 예수님이 나타나심으로 적그리스도를 폐한다고 했습니다. 싸워서 이겼다는 표현을 사용하지 않고 나타나심으로 이겼다고 했습니다. 어린양은 만주의 주시오 만왕의 왕이시므로 저희를 이깁니다.

요한복음 18장 37절에 있는 말씀을 잠깐 보겠습니다. 빌라도가 예수님께 "네가 왕이 아니냐" 하고 물었습니다. 그때에 예수님께서 대답하시기를, "네 말과 같이 내가 왕이니라 내가 이를 위하여 태어났으며 이를 위하여 세상에 왔나니 곧 진리에 대하여 증언하려 함이로라" 하고 대답하십니다. 그 말씀이 바로 계시록 17장 14절에 있는 말씀과 잘 통합니다. 만주의 주시오 만왕의 왕이기 때문에 적그리스도의 무리를 이기신다는 말입니다. 예수님이 왕이 되신 것은 나면서부터라, 그 말입니다. 이 세상의 왕이라는 것은 재력을 가지고 왕이 되는 수도 있고 또 무력을 가지고 왕이 되는 수도 있고 또 다른 힘을 이용해 왕이 되는 수도 있습니다. 그렇지만 예수는 나면서 왕이십니다.

"내가 이를 위하여 태어났다"고 말씀하였으니 오시기 전에도 왕이란 말 아닙니까? 오시기 전에도 왕이지요. 내가 이를 위하여 태어났다는 말은 나면서부터 왕이 되기 시작했다는 말도 아닙니다. 전에도 왕으로 계시는 분인데 그분이 왕으로 나기도 하셨다는 것입니다. 영원 전부터 왕이니까 이 역사적 과정에서 왕으로 나기도 하고 왕으로 계속하는 것입니다. 예수님은 죽여도 왕이고 나실 때도 왕이고 나시기 전에도 왕이십니다. 그러니까 예수님은 이 세상 어떤 것도 폐지시킬 수 있는 왕이신 것입니다.

"어린양은 만주의 주시요 만왕의 왕이시므로 그들을 이기실 터이요." 가을이 지나면 겨울이 오게 마련입니다. 겨울이 오는 것을 막을 장수가 없습니다. 이것은 천리예요. 하늘의 이치고 바꾸어 말하면 진리란 말입니다. 요한복음 18장 38절에, "내가 이를 위하여 태어났으며 이를 위하여 세상에 왔나니 곧 진리에 대하여 증언하려 함이로라" 하신 말씀, 그분 자신이 진리요, 그분이 만주의 주시요 만왕의 왕으로 계신 것이 바로 진리입니다. 천상천하에 이것을 폐지시킬 어떤 세력도 없습니다. 그러기 때문에 그는 그들을 이길 것이라고 했습니다. 그런데 싸워서 이긴다는 것이 아니라고 했습니다.

그와 함께 있는 자들의 승리

14절을 계속 봅니다. "또 그와 함께 있는 자들 곧 부르심을 받고 택하심을 받은 진실한 자들도 이기리로다." 이들은 믿는 사람들입니다. 이제 믿는 사람들이 적그리스도 나라와 대결하는 때가 오는데, 이 믿는 사람들, 그들이 진실한 신자라면 이긴다는 것입니다. "부르심을 받았다"는 말은 복음을 듣고 믿기로 작정한 사람이라는 것입니다. 부른다는 것은 복음 전하는 것을 의미합니다. "택하심을 받았다"는 것은 한 단계 더 들어가서 말하자면 택한 사람들이란 말입니다. 부르심을 받았는데 부르심을 받기 전에 그들이 택하심을 받았다는 말입니다. "진실한 자들"은 그들의 생활이 진실한 자들입니다.

진실한 자들이 이긴다고 했는데, 그 내용을 좀 더 알아보기 위해서 위로 올라가 봅시다. 14절을 다시 읽습니다. "어린양은 만주의 주시요 만왕의 왕이시므로 그들을 이기실 터이요 또 그와 함께 있는 자들"이라고 했습니다. "그와 함께 있는 자들"이란 말을 그 밑에 있는 말이 설명합니다. "부르심을 받고 택하심을 받은 진실한 자들이라고 합니다. 그와 함께 있는 자들은 우리 신자들인데, 예수와 함께 있기 때문에 이깁니다. 예수님이 이기는 바람에 부전승으로 이긴다는 말입니다. 신자들이 아무리 진실해도 무슨 힘이 있다고 적그리스도를 이깁니까? 그럴 만한 힘이 없습니다. 여기 진실이라는 것은 보통 진실이 아니고 그와 함께 있는 데 진실한 것을 말합니다. 그와 함께 있습니다.

그와 함께 있는 것 때문에 이기는 거란 말입니다.

"그와 함께 있다"고 할 적에 예수와 함께 있으면서 아무 일도 안 하고 가만히 있다는 말이 아닙니다. 도무지 활동이 없다는 말이 아니에요. 그와 함께 있다는 말은 진실하게 그의 믿음과 계명을 지킨다는 것입니다. 진실하게 늘 변함없이 그리스도 안에 함께 있다는 말입니다. 그리스도와 함께 있다는 말입니다. 그리스도와 함께 있으면 적그리스도를 이기는 것이 문제도 아니란 말입니다. 그리스도께서 이기게 해주니까 문제가 아닙니다. 진실한 자들을 부르시는 것과 빼내는 것이 다 하나님이 하시는 일인데, 여기서 다 판정이 나 버렸습니다.

그런데 신자 측에서 지킬 덕이 진실입니다. 이 진실은 그와 함께 있는 것과 통합니다. 변덕스럽지 않게 예수님 앞에서 예수님과 늘 함께 있다 그 말입니다. 주님의 말씀을 그리스도 안에서 지켜나가는 것입니다. 그리스도 말씀을 변덕 없이 지켜나가는 이것이 그와 함께 있는 것입니다. 이것이 진실한 것입니다. 여기 진실한 것은 사람 앞에 진실한 것도 의미하지만 그보다 근본적인 의미입니다. 왜 그런고 하니 문맥이 예수와 함께 있는 일이 진실한 거라고 말합니다.

우리 신앙생활 가운데 가만히 주와 함께 있는 것이 아니고 열심히 활동하면서 주와 함께 있는 것을 의미합니다. 모든 책임을 다하는 것입니다. 해보다가 어려우면 그만두는 것이 아닙니다. 그와 함께 있어야 합니다. 해보다가 어렵다고 도중에 그만둔다면 그것은 함께 있는 것이 아닙니다. 굉장히 어렵겠다고 미리 생각할 필요도 없습니다. 그와 함께 있으면 나 혼자 있는 것이 아니니까 괜찮습니다. 나의 모든 활동이 나 혼자 하는 것이 아닙니다. 주님 안에서 주님의 보호, 주님의 인도, 주님의 위로, 주님이 주시는 힘 등 모든 은혜를 받으면서 있으니까 사실상 혼자 하는 것이 아닙니다.

지나고 보면 그렇게 쉬운 일이 아닙니다. 혼자 하려면 불가능한 일이고 어렵습니다. 이 세상일도 혼자 살아가고 혼자 이루어 가려면 얼마나 힘이 듭니까? 이 세상일도 힘이 듭니다. 그런데 주와 함께 있는 일은 그렇게 힘 드는 것이 아닙니다. 힘들지만 힘이 들지 않습니다. 왜냐고요? 주님이 보호해주시고 주님이 인도해주시고 주님이 위로해주시기 때문에 그렇습니다. 신자들이 덤비다가 주를 잃습니다. 덤비다가 주를 잃고 공연히 엄살 부리다가 딴 방향으로 가고 그럽니다. 사실상 그와 함께 있으면 늘 기쁘고 위로 받고 힘을 얻고 열매를 맺고 잘됩니다. 우리로 하여금 실패하게 하는 것은 결국 옛적 성질입니다. 조금만 기다리면 큰 힘을 얻고 큰 즐거움을 얻고 위로를 받을 텐데, 그만 기다리지 못하고 덤비다가 예수님을 잃고 떨어져 나가기도 쉽고 여러 가지로 손해를 보는 것 아닙니까? 그런고로 진실한 성도, 진실한 신자는 그와 함께 있습니다.

언제든지 신앙생활이라는 것은 진실해야 합니다. 진실이라는 것은 이랬다 저랬다 하는 것이 아닙니다. 하다가 그만두는 것도 아닙니다. 옳다고 생각하면 끝까지 그 길을 가는 것입니다. 하나님이 신용할 단계에 이르면 하나님이 은혜를 쏟아 부어주시고 필요한 것을 주시는 법입니다.

오늘은 적그리스도를 이기는 방법에 대해서 두 가지를 말씀했습니다. 예수님은 만주의 주시요 만왕의 왕이신 고로 이기시고, 우리 신자들은 그와 함께 있으므로 이기게 된다는 사실을 우리가 명심해야 하겠습니다.

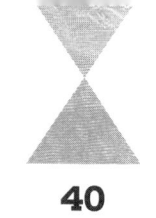

40
이 세상의 멸망

계 18:1-24

오늘 본문의 제목은 '이 세상의 멸망'이라고 했습니다. 이 세상이 아주 망해 버린다는 말입니다. 늘 이 모양대로 가는 것이 아니고 끝나는 날이 있다는 것입니다. 그 후에 새 세상이 올 것을 성경이 말씀합니다. 여기 바벨론이라는 것이 이 세상을 비유한다고 이미 말했습니다.

• 끝 날이 있다

이 일 후에 다른 천사가 하늘에서 내려오는 것을 보니 큰 권세를 가졌는데 그의 영광으로 땅이 환하여지더라 힘찬 음성으로 외쳐 이르되 무너졌도다 무너졌도다 큰 성 바벨론이여 귀신의 처소와 각종 더러운 영이 모이는 곳과 각종 더럽고 가증한 새들이 모이는 곳이 되었도다(18:1-2).

큰 성 바벨론이 이제는 무너졌습니다. 다 망했습니다. 그렇게 망할 날이 옵니다. 그리고 바벨론 즉 이 세상이 무너졌는데, 그 결과 그곳이 귀신이 모이는 곳이 되었다고 합니다. "각종 더럽고 가증한 새들이 모이는 곳이 되었"다고 하는 것은 그렇게 찬란하고 소위 사람들이 살기 좋던 세상이 이젠 광야 같이 되었다는 뜻입니다. 광야 즉 빈 들이나 사막과 같은 곳입니다. 거기서는 사람이 못 살지요. 거기는 더러운 새들이, 새들 중에도 더러운 새들이 모인다고 말씀했습니다. 또 "더러운 영이" 모인다고 했는데 더러운 영은 더러운 귀신입니다. 귀신들이 광야에 모인다고 말씀했습니다. 바벨론이 이제 귀신들이 모이고 더러운 새들이 모이는 그러한 폐허가 된다는 말입니다. 사람들이 살 수 없는 황폐한 곳이 됩니다. 그런데 귀신들이 왜 광야에 모입니까? 황폐한 곳에 왜 모입니까?

누가복음 11장 24절에 보면 귀신이 귀신 들렸던 사람의 마음에서 나가서 쉴 곳이 있는가 해서 물 없는 곳으로 찾아갔다고 했습니다. 물 없는 곳은 광야입니다. 빈 들판이나 사막 같은 곳입니다. 사람이 못 사는 곳입니다. 거기 가서 쉴 곳을 찾았지만 찾지 못하고 다시 돌아왔다고 합니다. 즉 사람의 마음으로 다시 돌아왔다는 것입니다.

원래 있던 사람의 마음으로 찾아와 보니까 다 청소되고 수리되어서 자기보다 더 악한 귀신 일곱을 데리고 그리로 들어갔다, 그 사람 마음에 들어갔다고 합니다. 그러면 여덟 귀신이 그 사람 마음에 들어갔다는 것이지요. 왜 그 사람 마음에 들어갔는가 하니, 그 마음이 마귀에게 좋도록 준비되어 있다고 했습니다. 예수를 믿고 예수를 영접하고 예수님만이 주장하도록 그 마음이 믿음의 마음이 되어야 하는데 믿음을 소유하지 못하고 그저 빈 마음이더라는 것입니다. 마귀에게는 들어가 있기 좋게 소제되어 있고 잘 수리한 방처럼 되어 있는 것입니다. 우리가 그 말씀을 볼 때에 마귀가 제일 좋아하는 것이 사람의 마음이라는 것을 알 수 있습니다. 이 천태만상의 귀신들이 사람의 마음에 들어가 있습니다.

거기서 쫓겨날 때에 광야에 간다고 하는데, 광야는 귀신에게 괴로운 곳입니다. 쉴 수가 없습니다. 이것은 무엇을 비유하는고 하니 망한 세상을 비유합니다. 망한 세상이 여기에서 광야로 비유되었는데, 망한 세상은 지옥을 생각나게 하는 것입니다. 그런데 마귀가 지옥에 가면 좋아할까요? 좋아하지 않아요. 지옥은 영원토록 고난을 당하는 곳입니다. 계시록 18장 2절 말씀 중 "각종 더러운 영이 모이는 곳과 각종 더럽고 가증한 새들이 모이는 곳"이라는 말씀이 깨닫기 어려운데, 그곳은 광야를 의미합니다. 황폐한 곳, 망한 곳을 의미했다고 보면 됩니다. 세상을 조금만 살기 좋도록 만들어 놓으면 세상이 매우 좋아 보이고 훌륭해 보이지만, 이것이 끝나는 날이 있다 그 말입니다. 이 세상은 끝나는 날이 있습니다. 망하는 날이 있습니다.

거기서 나오라

> 또 내가 들으니 하늘로부터 다른 음성이 나서 이르되 내 백성아, 거기서 나와 그의 죄에 참여하지 말고 그가 받을 재앙들을 받지 말라(18:4).

4절부터는 하나님께서 장차 망할 세상에 있는 자기 백성들을 거기서 나오라고 부탁하는 말씀입니다. 거기서 나와서 그가 받을 재앙들을 받지 말라고 했습니다. 이 세상은 장차 재앙을 받아서 끝내 망하고 말 것인데 세상과 같이 망하지 않으려면 세상 죄에 참여하지 않아야 된다는 것입니다. 그래서 나오라고 합니다. "내 백성아, 거기서 나와 그의 죄에 참여하지 말고 그가 받을 재앙들을 받지 말라." 나오라는 것입니다.

요한 번연의 "천로역정"을 읽어 보면, 기독자라는 사람이 두려워 떨다가 어느 날 자기 집에서 떠날 준비를 하고는 떠납니다. 가족들조차 도대체 왜 저러지 하고 의아해하지만 그는 장차 큰 변동이 닥쳐올 것을 알려주고 떠납니다. 그것은 바로 이 세상이 장망성인 것을 알려주는 것입니다. 이 세상은 장차 다 망할 것이기에 기독자들은 이 세상에 영원히 머물러 있을 줄로 생각하지 말고 날마다 시마다 이 세상 떠날 준비를 하는 생활을 해야 될 것을 알려주는 것입니다.

이 세상에 살면서 밥도 먹고, 물도 마시고, 옷도 입고, 집도 짓고, 하기는 다 합니다. 그렇지만 그 마음만은 이 세상에 안주하려 하지 말라고, 그 마음만은 늘 짐을 챙겨가지고 떠나가는 마음을 가져야 할 것이라고 성경은 말씀합니다. 마치 물에 빠졌다가 나오는 것같이, 혹은 수렁에 빠졌다가 나오는 것같이, 혹은 그물에 걸렸다가 나오는 것같이 늘 이 세상살이를 해 나갈 때에는 여기에 안주하면서 이 정도면 된다고 생각하지 말라는 것입니다.

우리는 늘 죄에서 떠나는 노력을 해야 합니다. 죄에서 떠나는 노력 말입니다. 죄를 짓고 늘 그저 죄악 생활을 좋게 여겨 있을 것이 아니라, 죄를 하나씩 하나씩 떠나는 마음을 가져야 합니다. 그것이 바로 나가는 생활입니다. 한 가지 예를 들어 봅시다. 사람은 다 결점이 있고 죄가 있는데, 그중에 남을 용서하지 않는 심리를 한번 생각해 봅시다. 우리에게 남을 용서하지 않는 심리가 있으면, 기어코 그 심리를 없애려고 힘써야 되지 않겠습니까. 그런 죄에서 떠나도록 힘써야 합니다. 남을 용서하지 않을 때, 결국 손해를 보는 것은 나 자신입니다.

마가복음 11장 25절에서 예수님은, "서서 기도할 때에 아무에게나 혐의가 있거든 용서하라 그리하여야 하늘에 계신 너희 아버지께서도 너희 허물을 사하여 주시리라"고 말씀하셨습니다. 나한테 와서 잘못했다고 말하고 용서를 구해야 용서하지 그렇지 않으면 용서할 수 없다고 생각하는 것은 그야말로 잘못입니다. 예수님은 자기를 십자가에 못 박는 무리를 용서해 달라고 하나님께 기도했습니다. 예수님을 못 박는 무리가 잘못했다고 용서를 구하지 않았지요. 하지만 예수님은 그 사람들을 용서해 달라고 하나님 아버지께 기도하지 않았습니까?

남을 용서하지 않을 때 내 기도가 응답되지 않습니다. 마가복음 11장 25절의 하나님과 교통이 안 된다는 말입니다. 얼마나 큰 문제입니까? 진리를 알면 나아가게 됩니다. 오늘 본문 말씀에서 나오라고 한 것과 같이 나아가게 되지요. 뻔히 아는 것을 왜 안 하고 있겠습니까? 굳이 용서를 받으려고 찾아가거나 그럴 필요는 없지만 내 혼자 마음에 남을 용서하는 평안한 마음을 가져야 하나님과 나 사이에 걸리는 게 없다는 것입니다. 그래서 죄를 떠나는 것은 바로 여기에서 말하는 것처럼 나가는 생활입니다. 죄를 떠나지 않을 때에 우리는 이 세상과 타협하는 것이고, 이 세상과 한편이 되는 것이고, 따라서 살아있는 동안에도 계속 영적으로 손해를 보고 마침내 결국은 이 세상과 같이 망해버리고 마는 것입니다.

죄대로 채워지는 심판

> 그의 죄는 하늘에 사무쳤으며 하나님은 그의 불의한 일을 기억하신지라 그가 준 그대로 그에게 주고 그의 행위대로 갑절을 갚아 주고 그가 섞은 잔에도 갑절이나 섞어 그에게 주라(18:5-6).

이 세상은 세상이 끝나기까지 죄를 범하니까 그 죄의 수량을 측량해서 말하자면, 하늘에 사무칠 정도라고 합니다. 그래서 이 세상이 준 그대로, 즉 죄를 범하여 해를 끼친 그대로 이 세상에 갚아주겠다고 합니다. "그가 섞은 잔에도 갑절이나 섞어 그에게 주라"(18:6b). 여기 섞었다는 것은 채웠다는 말입니다. 그가 채운 잔에도 갑절이나 채워주라는 말입니다. 여기 채웠다는 것은 모든 악을 채웠다는 말입니다. 그 채운 잔에도 갑절이나 채워주라고 합니다. 즉 여기서는 하나님의 진노를 그 잔에 채워주라는 것입니다. 잔은 비유입니다. 그 사람이 일생동안 채운 죄대로 하나님의 진노를 갑절이나 채워주라는, 심판하라는 말씀입니다.

> 그가 얼마나 자기를 영화롭게 하였으며 사치하였든지 그만큼 고통과 애통함으로 갚아 주라 그가 마음에 말하기를 나는 여왕으로 앉은 자요 과부가 아니라 결단코 애통함을 당하지 아니하리라 하니(18:7).

여기서 "그"는 이 세상입니다. 늘 자기만 생각하는 것이 이 세상입니다. 이 세상에 속한 사람들이 다 그렇지요. "그"에게는 이 세상에서 늘 잘 보이려고 하고 잘 먹으려 하고 잘 살려고 하는 생각밖에 없습니다. 요한일서 2장 16절에서는 이 "세상에 있는 모든 것이 육신의 정욕과 안목의 정욕과 이생의 자랑"이라고 했습니다. 이렇게 세 가지를 말씀했는데, 이 세상에 있는 것이 그것뿐이란 말입니다. 육신의 정욕은 잘 먹고 잘 쓰겠다는 욕심입니다. 안목의 정욕은 보기 좋은 것을 늘 보겠다는 생각입니다. 옷이라도 잘 차려 입어서 보기 좋게 하고 영광 받겠다는 것입니다. 나 자신을 영화롭게 하는 행동을 하는 것이지요.

어떻게 자기를 영화롭게 하였으며 사치하였는지 자기를 영화롭게 하고 사치한 생활이 11절부터 나옵니다. 모든 사치품들이 나옵니다. 세상이 계속 발달했다는 것은 바로 이 방면이 발달했다는 것입니다. 하나님으로 향하는 참된 발달이 아닙니다. 이 세상 사람들은 이 세상 정신으로 끝나는 것이니까 결국 의복, 음식, 모든 경제 부흥과 편리한 생활, 쾌락 등을 생각하는 것으로 끝나는 것이지요. 이제 12절부터 그 생활이 자세하게 나와 있는데, 우리도 이 세상을 살아가고 있지만 정말로 꼭 들어맞지 않습니까? 바로 바벨론 즉 이 세상에 속하여 이 세상밖에 모르는 사람들의 생활 모습이 드러납니다. 자기를 영화롭게 하는 생활, 사치한 생활입니다. 그런데 나중 끝 날에는 그만큼 고통과 고난과 애통으로 갚음을 받습니다. "그가 얼마나 자기를 영화롭게 하였으며 사치하였든지 그만큼 고통과 애통함으로 갚아 주라"(18:7b).

7절을 계속 보면, "그가 마음에 말하기를 나는 여왕으로 앉은 자요 과부가 아니라" 그랬습니다. 즉 왕이란 말입니다. 자기 이상 누구도 없다는 생각으로 삽니다. 또 자신은 과부가 아니라고 합니다. 자신은 비참해진 자가 아니라고 생각하는 것입니다. 또 "결단코 애통함을 당하지 아니하리라" 생각합니다. 이 세상 정신으로 사는 사람들은 슬픈 일이나 어려운 일이 언제 닥쳐올지는 생각하지도 않고 대비하지도 않습니다. 그저 하루하루 잘 먹고 잘 쓰는 것 위주로 삽니다.

그러므로 하루 동안에 그 재앙들이 이르리니 곧 사망과 애통함과 흉년이라 그가 또한 불에 살라지리니 그를 심판하시는 주 하나님은 강하신 자이심이라(18:8).

하나님이 우리 인생들을 지으실 때에 당신님과 함께 살기를 목표로 하고 지으셨습니다. 그 인생들이 하나님을 배반하고 다른 것들을 자기 생명과 같이 사랑하는 이러한 반역자들이 되었으니, 그것이 바로 음행입니다. 하나님을 사랑하지 아니하고 의복이나 음식이나 쾌락이나 문화나 기타 이 세상에 있는 것들을 사랑하고 거기에 아주 도취되어 버리고 말았는데, 이것이 바로 영적 음행입니다.

그와 함께 음행하고 사치하던 땅의 왕들이 그가 불타는 연기를 보고 위하여 울고 가슴을 치며 그의 고통을 무서워하여 멀리 서서 이르되 화 있도다 화 있도다 큰 성, 견고한 성 바벨론이여 한 시간에 네 심판이 이르렀다 하리로다(18:9-10).

이 세상 많은 왕들이 이 세상 정신 즉 바벨론 정신을 받아가지고 하나님을 배반하고 세상 사랑하는 데로 기울어지고 마니까 그 왕들도 하나님 앞에서는 음행하는 자라는 것입니다. "땅의 왕들이 그가 불타는 연기를 보고." 즉 이 세상이 망하게 되는 것을 본다는 것입니다. 그리고 어떻게 합니까? 그것 때문에 울고 가슴을 칩니다. 그러면서 그 고난이 무서워서 멀리 서서 외칩니다. "큰 성, 견고한 성 바벨론이여 한 시간에 네 심판이 이르렀다." 심판이 한 시간에 이르게 됩니다.

이 세상주의의 멸망

땅의 상인들이 그를 위하여 울고 애통하는 것은 다시 그들의 상품을 사는 자가 없음이라(18:11).

여기 "땅의 상인들"은 이 세상 정신을 대표하는 바벨론 때문에 장사를 할 수 있었던 사람들입니다. 그 모든 물품들을 가져다 파니까 이렇게 장사가 왕성하게 잘 되었는데, 이제 세상이 망하게 되니까 거기 매달렸던 상인들이 울고 애통한다고 합니다. 왜냐하면 다시 그들의 상품을 사는 자가 없기 때문입니다.

이제 12절부터는 바벨론을 중심으로 매매하던 상품들 혹은 무역하던 품목들이 기록되었습니다. 이렇게 모든 상품들의 품목을 쓸 필요가 있겠는가 하는 생각이 들겠지만 그것은 당연한 것입니다. 왜 그런고 하니 이 세상은 그저 먹을 것과 마실 것과 입을 것밖에는 모르기 때문입니다. 그것을 위주하고 그것을 전문합니다. 그러니까 이 세상이라고 하면 그저 그것들이란 것입니다. 다른 것은 없습니다. 경제 부흥만 생각하고 어떻게든 돈 많이 버는 것만 생각하지 자기 영혼이 장차 어떻게 되는 것은 생각하지 않습니다. 그러니까 이 세상 문화라는 것은 결국 밥이로구나, 이 세상 문화라는 것은 결국 의복이로구나, 이 세상 문화라는 것은 결국 쾌락이로구나, 이렇게 정의해서 틀림이 없습니다. 이 세상이라는 것은 그것들을 위주하고 그것들로 끝난다는 말입니다.

그 상품은 금과 은과 보석과 진주와 세마포와 자주 옷감과 비단과 붉은 옷감이요 각종 향목과 각종 상아 그릇이요 값진 나무와 구리와 철과 대리석으로 만든 각종 그릇이요 계피와 향료와 향과 향유와 유향과 포도주와 감람유와 고운 밀가루와 밀이요 소와 양과 말과 수레와 종들과 사람의 영혼들이라(18:12-13).

13절 끝에, 그 매매 목록에 "사람의 영혼들"이 들어있습니다. 심지어 사람들을 매매하는 지경이란 말입니다. 영혼이 귀한 줄을 모르니까 사람을 상품 취급합니다. 이 세상이 그렇습니다.

> 바벨론아 네 영혼이 탐하던 과일이 네게서 떠났으며 맛있는 것들과 빛난 것들이 다 없어졌으니 사람들이 결코 이것들을 다시 보지 못하리로다 (18:14).

지금까지 바벨론에서 맛있는 것들과 빛난 것들 즉 모든 식료품과 의류와 기타 모든 것들을 가지고 즐기며 살았는데, 이제는 세상 끝이 돼서 다 망한다는 것입니다. 다 불타고 만다 그 말입니다. 그러니까 이제 다시는 그것을 볼 수 없다는 것이지요.

> 바벨론으로 말미암아 치부한 이 상품의 상인들이 그의 고통을 무서워하여 멀리 서서 울고 애통하여(18:15).

여기서 "치부"라는 것은 부자가 됐다는 말입니다. 이를 치(致)자 부유할 부(富)자입니다. 그래서 이렇게 부자가 된 상인들이 "그의 고통을 무서워하여" 그랬는데, 그 고통은 바벨론이 망하는 고통입니다.

> 이르되 화 있도다 화 있도다 큰 성이여 세마포 옷과 자주 옷과 붉은 옷을 입고 금과 보석과 진주로 꾸민 것인데 그러한 부가 한 시간에 망하였도다 모든 선장과 각처를 다니는 선객들과 선원들과 바다에서 일하는 자들이 멀리 서서(18:16-17).

17절에 보면 선장, 선객, 선원, 바다에서 일하는 자들이 등장합니다. 그 귀한 상품들을 선박으로 운반했으니까 이 사람들이 당연히 필요하겠지요.

그가 불타는 연기를 보고 외쳐 이르되 이 큰 성과 같은 성이 어디 있느냐 하며(18:18).

"이 큰 성과 같은 성이 어디 있느냐", 오늘날로 말하자면 이렇게 큰 문화 도시가 어디 있겠는가 하는 것입니다. 여기에서 "성"은 이 세상 정신을 대표하는 도시를 뜻합니다. 이런 도시를 들어 말하면서, 이 세상이란 것이 이제 이렇게 망한다는 말입니다.

신원하시는 심판

티끌을 자기 머리에 뿌리고 울며 애통하여 외쳐 이르되 화 있도다 화 있도다 이 큰 성이여 바다에서 배 부리는 모든 자들이 너의 보배로운 상품으로 치부하였더니 한 시간에 망하였도다(18:19).

옛날 이스라엘에는 슬플 때 재를 덮어쓰는 관습이 있었습니다. 그래서 여기 "티끌을 자기 머리에 뿌리고"라는 말은, 티끌 그러니까 불탄 재 같은 것을 자기 머리에 올려놓는다는 말인데, 결국 굉장히 슬퍼한다는 의미입니다. "한 시간에 망하였도다." 망하는 것은 한순간입니다. 오늘날 우리가 두려워하는 것은 장차 핵전쟁이 일어날까 하는 것입니다. 핵전쟁이 일어나면 순식간에 온 세계가 다 멸망할 수도 있다는 것을 우리가 압니다. 그야말로 한순간에 다 망해요.

하나님은 오랫동안 참고 또 참고 계십니다. 선지자들을 보내서 회개하라고도 하시고, 마지막에는 독생자 예수님을 보내서 회개하라고도 하시고, 사도들을 보내서 또 오늘날까지 전도자들을 보내서 회개하고 주께로 돌아오라고 외칩니다. 그렇지만 이 세상 정신에 도취된 사람들은 그런 말을 도무지 듣지 않습니다. 그들은 그저 먹을 것과 입을 것과 쾌락 외에는 아무것도 생각하지 않습니다. 반드시 이 세상 끝이 있다는 것, 이 세상이 망할 날이 있다는 것, 망할 때는 시간을 오래 잡지 아니하고 삽시간에 망할 수 있다는 것을 내다보지 않습니다. 여기 있는 말씀은 한 시간에 망하였다고 했습니다.

하늘과 성도들과 사도들과 선지자들아, 그로 말미암아 즐거워하라 하나님이 너희를 위하여 그에게 심판을 행하셨음이라 하더라(18:20).

"그로 말미암아 즐거워하라"는 것은 세상이 망하는 것을 보고 즐거워하라는 것입니다. 그런데 다른 사람이 망하는 걸 보고 즐거워하는 것이 좋은 것입니까? 어떻게 성경 말씀이 남이 망하는 것을 보고 즐거워하라고 하는지 좀 생각하게 볼 문제가 아니겠습니까? 남이 망하는 걸 보고 즐거워해서는 안 되지요. 어떻든지 망하지 않고 구원받기를 원해야지요. 하지만 그것도 하나님의 심판의 경우는 해당되지 않습니다.

죄악이 아주 꽉 차서, 너무 오랫동안 하나님을 배반하고 하나님을 거역해서 이제는 하나님이 멸망의 심판을 내릴 수밖에 없게 된 때에는 믿는 사람이 무슨 생각을 해야 되겠습니까? 아 하나님이 잘못한다, 왜 이 세상을 멸망시키나, 뭐 그럴 수는 없는 거지요. 믿는 사람들이 하나님보다 더 자비롭습니까? 믿는 사람들에게 있는 사랑이 하나님의 사랑보다 더 큽니까? 믿는 사람이 하나님보다 더 지혜롭습니까? 아닙니다. 하나님이 내버릴 적에는 이제 내버리는 것이 너무나 당연하기 때문에 그렇게 하시는 것입니다. 그때에는 하나님의 심판을 잘하는 것으로 알아야 합니다. 심판이라는 것이 마지막에 하는 거 아닙니까? 역사적으로 늘 하시는 일은 아니지 않습니까?

최후 심판이라는 것은 세상 끝 날에 한 번 합니다. 한 번 하는데, 그것은 이제 더 이상 소망이 없으니까 하는 것입니다. 소망 없는 것은 불태워야지요. 과수원을 가지고 예를 들어보겠습니다. 사과 농사를 하는 사람들은 사과나무에 비료를 주고 건사하고 벌레도 잡아줍니다. 이렇게 가꾸어 갑니다. 그런데 어찌된 일인지 물을 주어도 사과나무가 계속 말라 갑니다. 벌레를 잡아주어도 살아나지 않습니다. 버리기가 아까워서 오랫동안 참으며 가꿔왔는데 결국 완전히 말라버려 푸른빛이라고는 전혀 없는 마른 작대기같이 되었습니다. 그 사과나무를 어떻게 해야 합니까? 이제는 베어 불에 던져야 하지 않겠습니까. 말라 죽은 것을 아깝다고만 할 것입니까.

남이 망하는 것을 좋아해서는 안 되고, 남이 죽는 것을 기뻐해서도 물론 안 되고, 남이 하나님의 징계 받는 것을 기뻐해서는 안 되겠지요. 징계라는 것은 했다가도 징계 받는 사람이 정신 차리고 회개할 때는 회복할 수 있는 것입니다. 하지만 맨 나중에, 세상 끝 날에, 이제는 아무리 기다려 봐도 더 이상 아무 소망이 없다는 것을 알아서 불에 태울 때, 그때는 기뻐해야 하지 않겠습니까? 저렇게 바벨론이 망하는 것을 인하여 즐거워하라는 것입니다.

"하나님이 너희를 위하여 그에게 심판을 행하셨음이라 하더라"(18:20b). 이 세상 정신을 가진 자들은 늘 믿는 사람을 핍박합니다. 믿는 사람을 핍박하고 죽이기까지 하는 그러한 사상이 무슨 사상입니까? 그러한 행동이 무슨 행동입니까? 그것은 하나님은 모르고 이 세상만 아는 사람들의 행동입니다. 성도들은 이 세상에 있는 동안 늘 그러한 억울함을 당해왔습니다. 그런데 이제 이 세상을 마지막으로 심판하고 끝내는 그때가 왔습니다. 그러니까 이때는 억울한 것을 풀어주는 날입니다. 억울한 것을 풀어주는 것을 한자어로 신원한다고 합니다. 펼 신(伸)자 원망할 원(寃)자예요. 그 신원하시는 심판을 그에게 하셨다는 말입니다.

그러면 이제 12절 이하에 나와 있는 말씀이 분명하지 않습니까? 여기에 기록된 상품들이 영적인 의미를 가졌다고 할 필요는 없습니다. 그것들은 이미 말했지만 이 세상에서 찾는 물건들입니다. 이 세상주의를 좇는 사람에게는 그것밖에 없습니다. 결국 물질주의입니다. 이것이 마침내 망하는 날이 있다는 것을 알려주는 것입니다.

심판 이후의 참상

이제 21-24절에서 망한 다음에 나타난 참상을 보여 줍니다. 비참한 모양입니다. 이 세상이 망하면 어떻게 되겠습니까? 집에 불이 붙으면 어떻게 되겠습니까? 집에 불이 붙으면 기둥에도 불이 붙고 서까래에도 불이 붙겠지요. 그렇게 다 불타 버리고 나면 남는 것이 무엇입니까? 처참한 것밖에 없겠지요. 아주 흉물스러운 모습으로 내버릴 것밖에 남지 않겠지요. 21절에서 이 세상이 망하고 나면 어떠한지 그 모습을 우리에게 알려주는 것입니다. 예수님이 재림하실 때 이 세상은 이렇게 황폐한 사막과 같이 됩니다. 이 세상이 망해야 새 세상이 오는 것 아닙니까? 하나님이 이 세상을 멸망시키겠다는 말씀은 새 세상을 이제 내놓으시겠다는, 새 세상을 그때 이루시겠다는 약속 아닙니까? 이 세상은 망하는 것이 당연하고 그 망한 모습이 어떠한지는 21절에서 보겠습니다.

> **이에 한 힘센 천사가 큰 맷돌 같은 돌을 들어 바다에 던져 이르되 큰 성 바벨론이 이같이 비참하게 던져져 결코 다시 보이지 아니하리로다** (18:21).

이것 역시 비유적 표현입니다. 돌을 바다에 던지면 그 돌이 바다 속으로 가라앉지요. 그와 같이 바벨론이 이제는 없어진다는 말입니다. 돌이 물속에 가라앉고 만 것처럼 이제 바벨론은 망했다는 말이에요.

> **또 거문고 타는 자와 풍류하는 자와 통소 부는 자와 나팔 부는 자들의 소리가 결코 다시 네 안에서 들리지 아니하고 어떠한 세공업자든지 결코 다시 네 안에서 보이지 아니하고 또 맷돌 소리가 결코 다시 네 안에서 들리지 아니하고**(18:22).

음악과 같이 아름답게 들리는 모든 소리가 다 끊어지고 없어졌다는 말입니다. 또 물건을 만들어내는 공업과 산업이 다 머리를 들지 못하고 망했다고 합니다. 세상이라는 것은 공업과 산업을 자랑하지 않습니까? 공업을 통해서 기계들을 만들어 놓는 것을 자랑하지 않습니까? 잘 살게 만들어 놓는 것들을 자랑하지 않습니까? 이제는 그런 것을 숭상할 사람들도 없고 숭상할 필요조차 없다 그 말입니다. 또 그때 사람들은 맷돌을 가지고 곡식을 갈고 그랬습니다. 그런데 맷돌 소리가 안 들린다는 것은, 사람들이 다 없어지고 죽었다는 말입니다. 사람이 살지 않는 곳에 무슨 소리가 들리겠습니까?

등불 빛이 결코 다시 네 안에서 비치지 아니하고 신랑과 신부의 음성이 결코 다시 네 안에서 들리지 아니하리로다 너의 상인들은 땅의 왕족들이라 네 복술로 말미암아 만국이 미혹되었도다(18:23).

등불 빛이 더 이상 비치지 않습니다. 컴컴하고 다 망한 것입니다. 또 그곳에는 신랑과 신부가 없다고 합니다. 다 망했으니까 없다고 말합니다. 어디를 가도 결혼식이 없다는 것입니다. "너의 상인들은 땅의 왕족이라." 장사꾼들을 왜 왕들의 족속이라고 했습니까? 결국 왕들이 주동이 되어서 너는 어느 나라에 가서 수입해 와라, 그랬다는 것입니다. 왕족들이 잘 살기 위해서 장사꾼들을 동원하고 무역업자들을 동원해서 교역하고 무역하는 일들을 발전시키고 있습니다. 그래서 여기서 그런 말씀을 하는 것입니다.

"네 복술로 말미암아 만국이 미혹되었도다." 여기 복술은 바벨론의 술수입니다. 이 복술이라는 것은 그저 이 세상주의로 가르치고 이 세상 밖에 없다는 사상을 가르치는 것입니다. 어떻게 하면 육신의 정욕을 채울 수 있나, 어떻게 하면 안목의 정욕을 채울 수 있나, 어떻게 하면 보기 좋게 이루어 놓을 수 있나, 하는 것입니다. 또한 이생의 자랑 즉 이 세상밖에 없다고 하는 것입니다. 예수 믿는 사람들이 복음 전하고 천국이 있다고 하는데 그것이 다 속이는 말이라, 헛된 소리라, 그 말 듣지 마라, 그저 이 세상에 사는 동안에 잘 살면 된다, 하는 그러한 술수란 말입니다. 일종의 속이는 철학입니다. 복술 즉 술수란 말입니다.

선지자들과 성도들과 및 땅 위에서 죽임을 당한 모든 자의 피가 그 성 중에서 발견되었느니라 하더라(18:24).

결국은 바벨론이라는 도성이 이 세상 전부를 유혹하고 이 세상 전부를 바벨론화하니까, 이 세상 어디서든지 진실히 믿으려다가 순교했다고 할 적에는 이 세상주의가 죽인 것입니다. 그러니만큼 땅에서 죽임을 당한 모든 사람의 피가 이 성 중에 나타났다는 것입니다. 진실한 성도들의 피 흘림은 바벨론 때문이라고 하는 것입니다. 이 세상주의 때문이라고 하는 말씀입니다.

41
이 세상 멸망 이후의 찬송

계 19:1-8

오늘 본문에 나오는 것은 할렐루야라는 찬송입니다. 그 찬송이 네 번 나옵니다. 1절, 3절, 4절, 6절에 "할렐루야"가 나옵니다. 이것은 전부 이 세상 멸망 이후의 찬송입니다. 여기서 이 세상은 사람들로 하여금 예수를 믿지 못하게 만들고 세상을 사랑하게 만드는 이 세상 정신 또는 이 세상 중심의 문화 등을 말합니다. 이 찬송이 바로 이 세상 멸망 이후의 찬송입니다.

사람들은 이 세상 때문에 하나님을 찬송하지 못합니다. 하나님을 으레 찬송해야 되는데, 이 세상이 못하게 만듭니다. 사람들이 이 세상을 좋다고 하는데, 요한일서 2장 15절에 무슨 말씀이 있지요? 이 세상을 사랑하지 말라, 이 세상을 사랑하는 자에게는 하나님의 사랑이 없다, 아버지의 사랑이 없다고 했어요. 또 야고보서 4장 4절에서는 이 세상을 사랑하면 하나님과 원수가 된다고 했습니다. 하나님과 원수 된다고요. 이 세상과 하나님은 사랑에 있어서 이렇게 적대 관계입니다. 그래서 이 세상을 사랑하는 것을 음행이라고 합니다. 하나님을 사랑해야 될 사람들이 하나님을 등지고 이 세상 문화와 이 세상 쾌락과 이 세상에 속한 생명을 사랑하기 때문입니다.

사람들이 이렇게 하나님 사랑에 등 돌릴 때 하나님은 극히 노여워하십니다. 하나님을 사랑해야 될 인간 존재가 하나님을 배반한 가운데 만들어 놓은 이 모든 시설과 세속주의 운동과 그 모든 산물들이 다 망합니다. 다 망하는 날이 옵니다. 그렇게 이 세상이 멸망한 후에 나오는 찬송은 하나님을 사랑하던 사람들의 입에서 나오는 것입니다.

첫 번째 할렐루야: 하나님의 구원

> 이 일 후에 내가 들으니 하늘에 허다한 무리의 큰 음성 같은 것이 있어 이르되 할렐루야 구원과 영광과 능력이 우리 하나님께 있도다 그의 심판은 참되고 의로운지라 음행으로 땅을 더럽게 한 큰 음녀를 심판하사 자기 종들의 피를 그 음녀의 손에 갚으셨도다 하고(19:1-2).

1절과 2절입니다. 할렐루야라는 말은 너희는 여호와를 찬송하라는 명령어입니다. 이 세상이 망했으니 잘되었다는 것입니다. 이제 참으로 행복하게 됐다 그 말입니다. 사랑해야 할 분을 사랑하는 것이 최후에 승리하게 되었으니 그렇다는 말입니다. 그 찬송의 내용이 여기에 몇 가지 있습니다. 1절 하반절에 보면 "할렐루야 구원과 영광과 능력이 우리 하나님께 있도다"고 했습니다. 구원과 영광과 능력. 이런 것은 다 하나님이 주셔야 받는다는 말입니다. 그러면 구원은 무엇이고 영광은 무엇이고 능력은 또 무엇입니까?

마태복음 1장 21절은 사람을 세상 죄악에서 건져내는 것을 구원이라고 합니다. 세상 죄악이 사람들을 유혹하여 거기에 빠지게 합니다. 그런데 예수님이 오셔서 그 사람을 죄악에서 구원해 주셨으니, 그것이 구원이란 말입니다. 영광과 능력은 구원의 방법이올시다. 즉 하나님의 영광이라는 것은 하나님의 완전성을 의미합니다. 하나님의 완전하신 능력입니다. 영광과 능력은 하나님의 완전하신 능력을 두 가지로 나누어 말한 것뿐입니다. 그러므로 하나님이 주신 최후의 구원은 아무런 하자가 없는 구원입니다. 그 구원이 참된 구원입니다. 언제든지 유감스러운 것이 없고 불만스러운 것이 없고 언제든지 만족하게 만드는 구원입니다. 하자가 없는 구원입니다. 구원과 영광과 능력입니다. 구원은 물론 구원이고 영광과 능력은 그 구원하시는 방법입니다. 완전하신 능력으로 구원하십니다.

2절을 보시면 "그의 심판은 참되고 의로운지라" 그랬습니다. 어떤 심판입니까? 세상 사람들로 하여금 하나님을 사랑하지 않고 세상 자체를 사랑하게 만드는 것에 대한 심판입니다. 그러한 자를 심판한 것입니다. 세상을 아주 멸망시켰습니다. 그런데 이 심판이 참된 심판입니다. 참되다는 말은 똑바로 심판하고 완전하게 심판했다는 말입니다. 세상이 다시 올라오지 못하도록 완벽하게 멸망시켰다는 것입니다.

또 그 심판이 의롭다고 했습니다. 하나님의 심판은 의롭게 되었습니다. 의는 망하지 않습니다. 하나님이 지어내신 의는 망하지 않아요. 아담과 하와가 망하게 된 것은 의를 저버렸기 때문입니다. 하나님이 하라고 한 것을 하지 않고 하지 말라 한 것을 했기 때문이에요. 그것이 불의입니다. 우리는 그리스도로 말미암아 의를 얻었기 때문에 영원히 구원을 받습니다. 의가 없는 구원은 없습니다. 심판이 의롭다는 말은 당연히 망해야 할 것이 망하도록 심판했단 말입니다.

"음행으로 땅을 더럽게 한 큰 음녀를 심판하사." 이미 말한 바와 같이 음행은 사랑에 대한 배반입니다. 마땅히 하나님을 사랑해야 할 자들이 하나님을 외면하고 세상을 사랑했다는 말입니다. 이 세상이 그렇게 만들었습니다. 이 세상이 유혹하고 잡아가니까 그렇게 미혹되어서 세상을 사랑하게 됩니다. 음행으로 땅을 더럽게 한 큰 음녀는 이 세상입니다. 그 음녀를 심판하십니다.

"자기 종들의 피를 그 음녀의 손에 갚으셨도다." 자기 종들이란 하나님의 종들이지요. 하나님의 종들이란 말은 예수 믿는 사람 전부를 의미합니다. 직분 가진 사람만이 종이 아니고 예수 믿는 사람은 다 하나님의 종입니다. 로마서 1장 6절에 명백히 기록되어 있습니다. 하나님의 종이 예수의 피로 구원받은 사람들일진대 그들은 다 하나님이 사서 취한 사람들이므로 하나님을 영원히 섬길 책임을 지고 있습니다. 그러기 때문에 종이란 말입니다. 현대 교회는 하나님의 종이란 말을 교역자들에게만 쓰는 경향이 있는데 그것은 잘못된 것입니다.

"자기 종들의 피"는 순교한 사람들의 피를 말합니다. 그 피 값을 그 음녀의 손에 갚으셨습니다. 세상을 사랑하는 사람들이 주님을 믿는 사람들을 역사적으로 많이 죽였으니까 이제 그 피 값을 내야 한다는 말입니다. "그 음녀의 손"은 이 세상에 속한 자들의 손을 말합니다. 이 세상에 속한 자들의 손에 갚았다는 말입니다. 즉 벌을 이 세상에 속한 자들의 손에 주었단 말입니다. 그래서 이 세상이 망한 것입니다.

두 번째 할렐루야: 바벨론의 멸망

두 번째로 할렐루야 하니 그 연기가 세세토록 올라가더라(19:3).

두 번째 할렐루야 찬송은 3절에 있습니다. 여기에는 가사가 없습니다. 할렐루야란 찬송 속에 가사가 없습니다. 가사는 없고 다만 연기가 세세토록 올라가는 것이 보였다고 사도 요한이 말합니다. 세세토록 올라가는 연기, 끊기지 않는 그 연기는 비유로 기록된 것입니다. 무엇을 비유한 것입니까? 이 세상이 망한다는 것을, 불붙어서 연기가 된다는 것을 비유합니다. 이 세상은 영원히 망한다는 것을, 이 세상은 영원히 망했다는 것을 의미합니다. "세세토록"은 '영원히'라는 뜻인데 연기가 세세토록 올라간다고 하니, 다시는 바벨론을 건져내지 않고 영원토록 망하게 한다는 것입니다. 비유입니다. 바벨론이 영원토록 망하는 것을 좋게 여기고 기쁘게 여겨 그것을 찬송한다는 말입니다. 언제든지 해롭기만 해서 버려도 아까울 것이 없는 것, 그것을 영원히 내버리는 것이 하나님의 심판입니다.

세 번째 할렐루야: 교회의 구원

또 이십사 장로와 네 생물이 엎드려 보좌에 앉으신 하나님께 경배하여 이르되 아멘 할렐루야 하니(19:4).

다음으로 세 번째 할렐루야 찬송은 4절에 있습니다. 이것은 이십사 장로와 네 생물의 경배와 함께 나온 찬송입니다. 경배하면서 찬송을 합니다. 이십사 장로는 이때 사도 요한에게 교회를 보여주는 재료입니다. 교회를 보여주는 계시의 재료입니다. 땅에 있는 교회든지 하늘에 올라가 구원받은 교회든지 모두 다 합쳐서 그 대표로 이십사 장로를 보여주는 것입니다. 이십사 장로는 구원받은 교회, 구원받을 교회, 세상 끝 날까지 있을 교회를 대표합니다. 그 교회를 비유합니다. 교회가 할 것을 이십사 장로가 하면서 사도 요한에게 보여준다는 말입니다.

네 생물은 영물들입니다. 즉 영으로 있는 자들인데 일종의 천사들입니다. 생물이라고 한 것은 그저 생명이라는 뜻입니다. 그들은 일종의 천사들인데, 생명이라고 이름 붙일 만큼 늘 살아있다는 것입니다. 생명이라고 이름 붙일 만큼 하나님께 대한 봉사가 식질 않습니다. 계속 하나님에게 봉사를 합니다. 살았습니다. 영적으로 살았다 그 말입니다. 밥 먹어서 살았다는 말이 아닙니다. 영적으로 살아서 하나님을 늘 즐거워하고 하나님을 늘 찬송합니다. 그래서 그들을 가리켜 생물 즉 산 자들이라고 합니다.

그러면 4절은 이십사 장로와 하나님을 가까이서 영원토록 모시는 생명체들이 엎드려 보좌에 앉으신 하나님을 경배한다는 뜻입니다. 엎드린다는 것은 자기를 낮추는 것이지요. 겸손입니다. 사람이 교만할 수가 없습니다. 사람에게 있는 좋은 것은 전부 하나님이 주신 것입니다. 그러므로 사람이 만들어 낸 것도 아닌 것을 가지고, 하나님이 주신 것을 가지고 교만할 수 없습니다. 그렇다고 나쁜 것 가지고 교만할 수는 더더욱 없는 것이지요. 그저 늘 엎드려 있어야 마땅합니다. 엎드려 보좌에 앉으신 하나님께 경배를 드려야 합니다.

무어라고 경배합니까? "경배하여 이르되 아멘 할렐루야 하니." 가사는 별로 말하지 않았습니다. 가사 없이 "아멘 할렐루야" 하고 말았다는 말입니다. "아멘 할렐루야." 아멘이라는 것은 '참으로 그렇습니다'라는 뜻입니다. 참으로 그렇습니다. 즉 하나님만이 찬송을 받아서 마땅하다는 말입니다. 할렐루야는 하나님을 찬양하라는 뜻입니다. 너희는 하나님을 찬양하라. '할렐'은 찬양, '야'는 하나님입니다. 하나님을 찬송해라, 너희는 하나님을 찬송해라는 뜻입니다.

보좌에서 음성이 나서 이르시되 하나님의 종들 곧 그를 경외하는 너희들아 작은 자나 큰 자나 다 우리 하나님께 찬송하라 하더라(19:5).

"보좌에서 음성이 나서." 보좌에서 나오는 음성이라 그랬습니다. "할렐루야" 찬송하는 사람들의 말이 아닙니다. 그래서 이것을 세 번째 할렐루야 찬송에 넣지 않았습니다. 이것은 삽입구입니다. 거기에 끼워 넣은 다른 분의 말입니다. 보좌에서 나오는 말이니까 물론 이것은 성령님의 말씀입니다. 성령님의 역사로 나오는 말씀입니다. 성령님께서 하시는 말씀이 무엇입니까. "이르시되 하나님의 종들 곧 그를 경외하는 너희들아." 여기 "너희들"은 모든 믿는 자들을 말합니다. "작은 자나 큰 자나." 신앙이 큰 사람이나 신앙이 작은 사람이나 말할 것 없이, "다 우리 하나님께 찬송하라"고 합니다.

네 번째 할렐루야: 예수님의 재림

또 내가 들으니 허다한 무리의 음성과도 같고 많은 물소리와도 같고 큰 우렛소리와도 같은 소리로 이르되 할렐루야 주 우리 하나님 곧 전능하신 이가 통치하시도다 우리가 즐거워하고 크게 기뻐하며 그에게 영광을 돌리세 어린양의 혼인 기약이 이르렀고 그의 아내가 자신을 준비하였으므로 그에게 빛나고 깨끗한 세마포 옷을 입도록 허락하셨으니 이 세마포 옷은 성도들의 옳은 행실이로다 하더라(19:6-8).

이제 6절부터 8절까지가 네 번째 할렐루야 찬송입니다. 이 내용은 어린양의 혼인 기약이 이르렀다는 것입니다. 곧 주님의 재림이 임박하였다는 얘깁니다. 주님의 재림을 잔치로 비유합니다. 6절을 보면 "주 우리 하나님 곧 전능하신 이가 통치하시도다" 그랬습니다. 이제 이 세상은 망했으니까 주님이 통치한다는 말입니다. 통치하는데 누구를 통치합니까? 모든 믿는 사람을 통치합니다.

7절을 봅시다. "우리가 즐거워하고 크게 기뻐하며 그에게 영광을 돌리세"라고 했는데, 이것은 우리가 해석하지 않아도 잘 알 수 있지요. "어린양의 혼인 기약이 이르렀고", 어린양이라는 것은 예수님을 비유하는 줄 다 아시지요? 예수님을 왜 어린양이라고 합니까? 구약 시대에 하나님께 제사드릴 때 어린양을 잡았지요. 그 어린양의 피를 제단에 뿌리고 제물을 삼으니까 그 어린양이 바로 하나님 앞에 드리는 속죄 제물입니다. 죗값으로 내주는 제물이란 말입니다. 그것은 장차 오실 예수님을 비유했는데, 이제 예수님이 오심으로 그것들이 다 폐지되었지요. 예수님이 바로 어린양 노릇을 한 것입니다. 예수님이 생축과 같이 취급된 것입니다. 예수님이 구약 시대에 제물로 쓰이던 생축과 같이 취급이 되었단 말입니다. 그러니 예수님이 얼마나 낮아지신 것입니까? 사람들의 죄를 대속하기 위해서 짐승처럼 취급되었다는 말입니다. 그래서 예수님을 어린양이라고 하는 것은 영광스럽게 이르는 이름입니다.

십자가는 참 부끄러운 물건이지요. 십자가는 로마시대에 중한 죄인을 못박아 죽이는 끔찍한 형틀입니다. 예수님은 그야말로 제일 무서운 형틀에서 죽으신 것입니다. 예수님이 당하신 십자가형이 세상에서 제일 악한 형벌입니다. 제일 큰 죄인을 부끄럽게 할 수 있는 사형 방법입니다. 그런데 거기에서 죽으심으로 믿는 자들의 죄가 용서되었습니다. 그들이 구원받고 영원히 하나님의 자녀가 되었으니 그 공로가 얼마나 큽니까. 그러기 때문에 부끄럽다고 하고 무섭다고 하는 십자가지만, 이제는 사람들이 사랑하는 십자가가 되었습니다. 이제는 그 십자가를 영광스럽게 생각합니다. 이 십자가가 나를 살렸다고 생각하게 되었으니 그 십자가가 얼마나 자랑스럽습니까. 그래서 십자가를 교회 지붕 위에다가 세우기도 하고 또 어디다가 새기기도 하지 않습니까.

그런데 구약 시대 어린양이라는 것은 짐승 아닙니까. 사람이 먹이는 가축이지만, 그래도 짐승 아닙니까. 그런데도 자랑스러운 이름이 되었습니다. 예수님 때문에 자랑스럽게 되었습니다. 어린양 예수, 이것은 영원한 내세, 영원한 세상에서 늘 자랑할 만한 것입니다. 그 어린양의 피 때문에 우리가 구원받았고, 어린양의 피 때문에 영원한 삶을 얻었으니 영원한 저 나라에서도 과연 자랑스러운 존재입니다. 계시록은 마지막 책이고 오는 세상에 대해서 기록한 책인데 그 영원한 내세에 자랑스러울 것이 무엇입니까. 어린양입니다. 그래서 특별히 계시록에서 예수님의 이름을 어린양이라고 했습니다.

"어린양의 혼인 기약이 이르렀고." 혼인 기약이 무엇입니까? 어떤 이들은 잘못 생각하기를, 이것은 예수님이 오셔서 진실한 신자들을 공중에 데리고 가는 것이라고 합니다. 그러나 이것에 대해서는 데살로니가전서 4장 16절 이하에 기록되어 있습니다. 예수님이 오실 때에 땅에서 믿고 있던 산 사람들은 변화되어서 올라가고, 믿고 죽은 사람들은 몸이 다시 살아나서 올라간다고 말씀했습니다. 그런데 올라가서 잔치한다는 것은 다시 생각해봐야 합니다. 떡을 하고 맛있는 음식을 하고 흥겨운 음악을 연주하고, 뭐 이렇게 사람들을 즐겁게 하는 잔치를 한다는 것이 아닙니다. 또한 공중에 올라가서 거기에 머무른다는 것도 아닙니다. 머무른다는 것은 성경을 잘못 해석한 것입니다.

올라간다는 것은 자석에 쇳조각이 끌리는 것과 같은 것입니다. 생명이신 예수님이 오실 때 믿는 자들은 여기서 다 살아나고 변화를 받습니다. 그것은 영접하러 올라가는 것이지 공중에서 잔치를 하려고 올라가는 것이 아니에요. 예수님을 영접하러 올라가서는, 다시 예수님을 모시고 내려옵니다. 이것이 재림입니다. 예수님이 오셔서 공중에만 계시는 것이 아닙니다. 땅에는 내려오시지 않고 공중에 머물러서 잔치를 벌이시는 것이 아닙니다. 믿는 자들이 그분을 영접하러 공중에 올라가서 그분을 모시고 땅에 내려오는 것입니다. 그것이 재림입니다. 재림이 그렇게 이루어집니다.

그러면 예수님의 재림을 왜 잔치한다고 그랬습니까? 그것은 마태복음 22장에 있는 말씀 그대로지요. 마태복음 22장 1-2절을 보면, "예수께서 다시 비유로 대답하여 이르시되 천국은 마치 자기 아들을 위하여 혼인 잔치를 베푼 어떤 임금과 같으니"라고 했습니다. 여기에서 주님이 재림하는 것을 잔치하는 것으로 비유했습니다. 왜 그렇습니까? 기쁜 일이기 때문입니다. 예수님과 성도들이 영원토록 함께 사는 것이 시작되기 때문입니다. 예수님이 믿는 사람들과 영원토록 함께 사는 일이 제대로 시작되는 것은 재림 때부터입니다. 그전에도 물론 성령님이 예수님을 대표하여 오셔서 믿는 사람과 함께 계시기는 합니다. 그러나 이것은 재림으로 말미암아 이루어지는 영원한 생명의 환경은 아닙니다. 그러기 때문에 혼인 기약이 이르렀다는 것은 주의 재림이 이제는 되었다는 말입니다.

"그의 아내가 자신을 준비하였으므로." 그 아내는 누굽니까? 예수 믿는 사람들을 총칭하는 것입니다. 그 아내가, 즉 교회가 자신을 준비하였다는 것은, 준비가 잘 되었다는 말입니다. 들어올 자들이 다 들어와서, 이제는 완성된 교회라는 말입니다.

8절에, "그에게 빛나고 깨끗한 세마포 옷을 입도록 허락하셨으니." 이것도 비유입니다. 깨끗한 세마포로 옷을 만들어 입었다고 했는데, 그다음에 "이 세마포 옷은 성도들의 옳은 행실이로다 하더라" 하지 않습니까. 비유입니다. 성도들의 옳은 행실이 바로 성도들의 옷과 같이 여겨지는 것입니다. 그런데 이 행실을 사람이 자기 힘으로 했습니까? 아닙니다. "그에게 … 허락하셨으니" 그랬습니다. 즉 어린양의 아내라고 비유된 교회에 허락했다는 말입니다. 여기 "허락"이라고 번역했는데, 원래 원문은 주셨다는 말입니다. 그러니까 교회에 주셨다는 것입니다. 선물로 받은 거란 말입니다. 이것은 믿는 사람들만이 깨닫는 일입니다. 그들이 참으로 옳은 일을 했다면 그것은 언제든지 자기 힘으로 된 것이 아니라 하나님이 그렇게 되게 하셨다는 것을 뜻합니다. 우리 믿는 사람들이 선한 행실을 했다고 할 때, 하나님의 영광을 위해서 그렇게 하는 것이 아니라 자기의 영광과 사리사욕을 위해서 하는 경우가 많습니다. 그것은 자기가 알 수 있습니다. 진짜인지 아닌지 자기 자신은 구분할 수 있습니다.

그러면서 깨닫게 되는 것이 있습니다. 자기가 한 일 중에 어떤 때 했던 것은 참으로 선한 일이었다는 것을 알게 됩니다. 그러면서 생각나는 것은, 그것이 하나님이 은혜를 주셔서 되었다는 사실입니다. 그 일을 할 때는 잘 모르지만, 하고 나서 세월이 흐르면 분명히 깨닫습니다. 뒤를 돌아보면 그때 무슨 일을 했는지, 무슨 마음으로 했는지 그것을 다 생각해 볼 때 내 생각이 아니더라는 것을 깨닫습니다. 하나님이 감동을 주어서, 또 하나님이 기회를 주어서 했더라는 것을 분명히 알게 됩니다.

어떤 사실은 우리가 멀리서 볼 때 제대로 보는 것이 있습니다. 집이 쓰러졌는지 바로 서있는지 알려면 밖에 나가서 멀리서 봐야 압니다. 집 안에서는 잘 몰라요. 아주 많이 기울어져 쓰러진 것은 안에서도 물론 알 수 있지요. 그렇지만 조금 쓰러진 것은 밖에 나가 멀리서 볼 때 비로소 보입니다. 자, 이제 하나님께서 좋은 경치를 만들어 놓으셨습니다. 강도 있고 산도 있고 돌도 있고 다 있습니다. 그 산중에 들어가 앉아서도 경치가 좋다고 하겠지만, 산에서 멀리 떨어져 나가서 볼 때 더 아름답게 보입니다. 부분적으로 보지 않고 전체적으로 보니까 그렇습니다. 어떤 장소에 앉아 가지고 부분적으로 보는 것보다 밖에 나가서 멀리서 바라볼 때 그 경치가 더욱 놀랍다 그 말입니다. 종합적으로 보니까, 전체를 보니까 그렇단 말입니다. 사람이 한참 죄를 짓는 동안에는 그것이 죄인지 모르기도 합니다. 그렇지만 그 시간이 지나고 나면, 열심히 죄짓던 시간이 다 지나고 나면 그다음에 지극히 후회하며 원통하게 생각합니다. 자기가 못났다는 것을 알게 됩니다.

마찬가지로 우리 믿는 사람들이 선을 행할 때, 마치 하나님의 은혜로 자신이 무슨 선을 행한 것같이 보이기도 합니다. 내가 했다, 내가 했다, 뭐 그럴지도 모릅니다. 하지만 세월이 흘러 자신에 대해 좀 더 알게 되고 지나간 일들을 종합적으로 되돌아 볼 때 분명히 알게 됩니다. 아, 그때 그것은 하나님이 주신 것이었구나, 분명히 알 수 있습니다. 우리가 세상 떠나도 알겠고 주님이 재림한 다음에도 알겠지만, 참된 선을 행했다면 그것은 주님이 은혜를 주신 것입니다. 여기 "그에게 ··· 허락하셨으니"라는 말은 '그에게 ··· 주셨으니'라는 말입니다. 누구에게 주셨다는 말입니까? 어린양의 아내 즉 교회에게 주셨다는 말입니다. 개인, 개인에게 은혜를 주셔서 선한 행실, 옳은 행실을 하게 한 거라는 말입니다.

찬송 받으실 하나님

할렐루야 찬송에 대해서 네 가지를 특별히 생각했습니다. '할렐루야'에서 '야'는 하나님이라고 했습니다. 하나님을 찬송할지어다, 하나님을 찬송하라, 하는 말인데 명령형으로 되었습니다. 너무 중요한 일은 충고를 하고 있을 상황이 아닙니다. 해라, 해라, 막 이렇게 되는 겁니다. 명령하게 됩니다. 너희는 찬송하라, '야'(=하나님)를 찬송하라.

그럼 여기에서 하나님은 왜 찬송의 대상이 됩니까? 첫째는 하나님은 기쁘신 하나님이기 때문입니다. 하나님은 기쁘신 하나님입니다. 왜 기쁜가? 하나님은 우리 죄를 처리해 주시는 하나님입니다. 우리가 천하를 소유했다고 해도 죄 용서함을 받지 못하면 망하는 것이지요. 하나님은 우리를 죄에서 구원해 주신다고, 예수님은 우리를 죄에서 구원해 주시는 구주라고 마태복음 1장 23절이 말하고 있습니다. 이것이 구원의 총 요점입니다. 죄를 처리해 주시는 하나님이기 때문에 좋은 하나님이고 기쁜 하나님입니다.

둘째는 하나님 자신이 사랑이시기 때문입니다. 요한일서 4장 8절 말씀처럼 "하나님은 사랑이시라" 하신 것은, 하나님은 믿는 자를 사랑한다는 말 아닙니까? 믿는 자를 사랑한다는 말입니다. 그 사랑이 영원하고 그 사랑이 완전하다는 말 아닙니까? 사랑하는 이를 접촉할 때 기쁨이 없겠습니까? 하나님은 사랑이기 때문에 그분을 접촉하면 기쁨이 용솟음치게 됩니다. 신앙 체험이 조금이라도 있는 사람이라면 그것을 다 말할 것입니다.

기도하는 중에 혹은 성경 말씀을 연구하는 중에 혹은 전도하는 중에 혹은 가만히 앉아서 묵상하는 중에 혹은 남을 돕는 순간에 내 마음이 이상하여지더라는 말입니다. 어떻게 이상하여지나 하면 왜 그런지 기쁘더라는 말입니다. 그런 기쁨은 좋은 음식 먹어서 맛볼 수 없는 것이고, 좋은 음료 마셔서 맛볼 수 없는 것이며, 이 세상에 있는 그 무엇을 가지고도 도저히 맛볼 수 없는 그런 기쁨이 오더라 하는 것입니다. 신앙 체험을 한 사람은 다 그렇게 말할 것입니다. 왜 그렇습니까? 하나님은 사랑의 하나님이기 때문입니다. 하나님은 사랑이십니다.

"할렐루야." 그것을 언제든지 가슴속에 끌어 넘치도록 가져야 되겠습니다. 우리 다같이 "할렐루야" 한번 합시다. "할렐루야." 좋습니다. R. A. 토레이(Torrey, 1856-1928)라는 사람이 LA에서도 사역을 많이 했는데, 그 토레이가 한번은 방안에 있다가 미친 사람처럼 고함을 치더랍니다. 무슨 고함을 치냐면 "할렐루야, 할렐루야" 하면서 여러 번 그렇게 고함을 치더래요. 알아보니까 그 마음에 하나님을 접촉하니까 기쁨이 넘쳐서, 하나님이 너무 좋기 때문에 견딜 수가 없어서 그렇게 미친 사람처럼 소리를 쳤다고 합니다. 그런 글을 읽은 적이 있습니다.

우리는 다 차별 없이 베풀어 주신 예수 그리스도의 보혈을 힘입은 사람 아닙니까? 우리가 믿는 사람들이라면, 소위 보혈을 입은 사람들인데 그 체험을 해야 되지요. 나는 믿습니다, 하고 앉아만 있으면 안 됩니다. 힘써서 기도하고, 힘써서 성경을 상고해서 그 뜻을 알고, 또 뜻을 알고 실행함으로 우리가 기쁨을 얻게 됩니다. 하나님의 성령이 역사하시는 것을 느끼게 됩니다. 우리가 신앙, 신앙, 이렇게 말만 하지 말고, 다 그 체험을 해야 합니다. 우리 신앙이 날마다 자라나고 날마다 살아 움직이도록 노력해야 합니다. 그렇지 않고 일단 믿었으니 이 정도로 지내자, 이건 안 됩니다.

제3부

구원이 완성된 세상

42
예수님의 재림광경 I

계 19:11-13

- **그 이름은 충성과 진실**

계시록 19장 11절부터의 내용입니다. 이 말씀은 예수님께서 재림하시는 광경에 대한 것입니다.

> 또 내가 하늘이 열린 것을 보니 보라 백마와 그것을 탄자가 있으니 그 이름은 충신과 진실이라 그가 공의로 심판하며 싸우더라(19:11).

사도 요한은 하늘이 열린 광경을 보았습니다. 하늘에서 보여주는 주님의 재림 광경을 본 것입니다. 물론 여기 있는 말씀은 다 비유입니다. 쉽게 말해서 비유로 가르치는 것입니다. 11절의 "백마"는 무엇을 보여 줍니까? 먼저 백마의 흰빛은 성결을 의미합니다. 거룩하고 순결하고 죄가 없고 의롭기만 한 것을 비유합니다. 그러면 말은 무엇을 비유합니까? 바로 전쟁을 비유합니다. 우리가 성경을 보면 주님이 재림하실 때 구름 타고 오신다고 말씀하는 것을 많이 볼 수 있습니다(참조. 마 26:64, 막 14:62, 눅 21:27, 계 1:7 등). 구름을 타고 온다는 것은 구름과 함께 오신다는 말입니다. 여기에서 구름은 영광을 비유합니다. 주님께서 오실 때 나타날 그 장엄한 위엄을 비유합니다. 그런데 여기서는 예수님이 말을 타고 오신다고 말씀했습니다. 어디에서는 예수님이 구름을 타고 오신다고 하고, 또 다른 곳에서는 말을 타고 오신다고 하니까 좀 상충하는 것 같습니까? 비유라는 게 이렇게 사용되는 것입니다. 어떤 때는 이런 뜻을 알려주기 위해서 이런 것으로 비유하고 또 어떤 때는 저런 뜻을 알려주기 위해서 또 다른 비유로 말씀합니다.

구름 타고 오신다는 것은 그의 오심의 장엄성과 엄위하심을 비유하는 것이고, 말 타고 오신다는 것은 그가 이 세상에 오시는 때 모든 악의 세력과 더불어 싸운다는 것을 말합니다. 그러니까 구름 타고 오신다는 것과 말을 타고 오신다는 것이 상충하는 것이 아니고 한 비유는 이것을 뜻하고 또 다른 비유는 저것을 뜻해서 주님의 재림이 어떻다는 것을 각 방면으로 보여 주는 것입니다. 또 이것은 비유니까 실제로 예수님께서 말을 타고 오시는 것으로 생각해서는 안 됩니다.

계속 11절을 보면, "그 이름은 충신과 진실이라" 그랬습니다. 이 말씀의 뜻을 알아야 하겠습니다. 어려운 책을 읽을 때는 뜻을 아는 것이 그 첫 번째 목적입니다.

"충신"이라는 것은 신실하다는 뜻입니다. 신실하다. 한자어는 그 글자 자체로 어떤 뜻을 보여 줍니다. 여기에서 '신'은 믿을 신(信)자입니다. 믿음직하다는 것입니다. 사람 인(人)변에 말씀 언(言)자를 붙였지요. 사람의 말이라는 것입니다. 사람의 말이라면 으레 믿음성이 있어야지요. 진짜 사람의 말이라면 그래야 된다는 말입니다. 그러니까 거짓말하는 사람은 사람도 아니란 말 아닙니까. 이것은 중국 사람들이 믿을 신(信)자를 만들 때 사람 인(人) 자에다가 말씀 언(言) 자를 붙여서 그들 나름대로 참말이라는 것을 알려주는 것입니다. 그렇지만 그것은 구원과는 관계없는 말입니다. 구원과는 관계없는 형상문자일 뿐입니다. 여기 본문에 나오는 "충신"은 임금을 잘 섬기는 충성스러운 신하라는 뜻이 아닙니다. 충신(忠信)입니다. 여기 충신은 신하 신(臣)자가 아니고 믿을 신(信)자입니다. 충성되고 신실하다는 것입니다. 이것은 동양 사람들이 생각한 대로의 사람 논리가 아닙니다. 사람의 말이 신용 있다, 그런 뜻이 아니에요. 신용 없는 말을 하는 사람은 사람도 아니다, 그런 뜻이 아닙니다. 사람 수준에서 생각하는 사상이 아니란 말입니다.

성경은 그것과 다릅니다. 성경은 하나님과 관계하는 말씀입니다. 하나님이 약속한 대로 행하신다는 배경을 가진 것입니다. 충신이라, 즉 충과 신이라는 말입니다. 하나님의 약속대로 주님은 재림하십니다. 신약만 보더라도 주님의 재림과 관련된 말이 백삼십 번 이상 나온다고 성경학자들은 말합니다. 성경은 이천여 년 전에 처음 오신 주님의 초림과 장차 두 번째로 다시 오실 재림이 중심이 되어 말씀하고 있습니다. 신구약성경의 모든 말씀이 주님의 초림과 재림에 관계된 말씀이라고 해도 맞는 말입니다. 그만큼 성경은 인류 구원, 특별히 하나님 백성의 구원과 관련된 말씀입니다. 주님이 재림하지 않으시면 인류의 완전한 구원은 없습니다. 주님의 재림이 인류의 완전한 구원을 목적한 것입니다. 이것은 신구약성경에 약속하고 또 약속하고 또 약속하고 계속 약속해 온 것입니다. 그러기 때문에 우리 성경의 이름이 구약성경이니 신약성경이니 말하는 것입니다. 구약과 신약의 약자는 언약 약(約)자 입니다. 성경은 바로 약속의 책이라는 말입니다. 하나님이 약속하신 것입니다.

재림에 둔감한 신자들

주님이 성경에 약속하신 대로 다시 오실 것을 하나님께서 사도 요한에게 보여준 내용입니다. 백 번을 말해도 듣는 사람들이 잘 실감하지 못합니다. 그 말을 듣고도 그저 그렇다고 하는 정도지 뜨거운 마음이 나지를 않습니다. 어떠한 자극도 일어나지 않아 기뻐하지도 울지도 않습니다. 왜 그렇습니까? 이런 사람은 장래 일에 대하여 둔감하기 때문입니다. 실감을 못합니다. 사람이란 것은 그렇게 하나님과 달라서 마음이 짧고 옅습니다. 그래서 깊은 데를 못 느끼고 먼 데를 못 느낍니다. 미래에 대해서도 못 느낍니다. 아무리 말해 줘도 못 느낍니다. 주님은 재림하신다, 주님은 재림하신다, 그렇게 여러 번 말했는데도 기억하지 못합니다.

예수 믿는 사람들도 둔감하기는 마찬가지예요. 그러니 정신 차려야 합니다. 다 졸며 자는 것 같아요. 저는 졸음이 올 때 애를 많이 씁니다. 졸음을 쫓기 위해 머리를 마구 흔들기도 합니다. 눈 감고 자는 것은 아닌데도 그저 의식이 몽롱해 가지고 다른 사람의 말을 제대로 느끼거나 판단할 수 없어서 다른 사람의 말에 반응하지도 못합니다. 말하는 사람이 아무리 열심히 해도 조는 사람에게는 아무런 유익이 될 수 없습니다. 큰 문제입니다.

사람이라는 것이 미래에 대해서 둔해요. 느끼지를 못해요. 이제 세상 끝 날이 가까웠다고 성경만 그렇게 말합니까? 예수 안 믿는 사람들도 그렇게 말합니다. 과학자들도 그렇게 말합니다. 그들도 이제는 세상 끝 날이 가까웠다고 합니다. 과학자들은 이 지구에 또는 이 지구 환경에 저장한 에너지가 이젠 다 없어져간다고 말합니다. 다시 말하면 이 모든 에너지의 균형이 무너진다고 합니다. 가령 한쪽에 어떤 힘이 있으면 다른 쪽에 그것과 맞먹는 힘이 있어야 한다고 합니다. 그것으로 인하여 잘못되지 않도록 그것을 막아내서 밸런스를 지켜야 된다고 합니다. 그 힘이 있어서 지구의 에너지도 보존되고 지구 환경에 있는 모든 힘들에 대해서 균형이 이루어져 사람이 살 수 있게 되는 것입니다.

한 가지 예를 들면, 이 공기층에는 오존이라는 것이 있어야 사람이 살 수 있습니다. 오존이 없으면 내려쬐는 태양빛이 너무 뜨거워 지구상에서 사람이 살 수 없습니다. 또한 밤하늘 우주로부터 떨어져 내리는 별똥별이 연소되지 않고 땅에 떨어져 상상도 할 수 없는 규모의 폭발을 일으킵니다. 오존층이 있어서 별똥별이 지구상으로 떨어지는 중에 모래알같이 부서지고 연소되어 지구에 별다른 해를 끼치지 않게 됩니다. 다 모래가 되어서 떨어져요. 그러나 과학자들의 말에 따르면 이제는 오존층이 파괴되기 시작하면서 대기층이 사라져간다고 합니다. 그러기 때문에 과학자들도 이젠 다 되었구나, 말합니다.

과학자들도 이제는 세상 끝 날이 가깝다, 인류가 이 땅에서 살 수 있는 날이 얼마 안 남았다, 그렇게 얘기합니다. 그뿐만이 아니라 무기 분야의 사람들은 핵을 가지고 똑같이 말합니다. 핵폭탄이 계속 많아져서 결국은 이것이 폭발해 땅 위의 생명체가 전부 멸망될 것이라고 말합니다. 그것이 먼 장래가 아니라 가까웠다고 말해요.

그 말을 들으면서도, 들었는지 말았는지 하는 것이 사람입니다. 과학자가 말하고 무기 분야 전문가가 말하고 이 모양 저 모양으로 이 세상의 종말에 대해서 말해도 놀라지 않고 근심하지 않고 아무런 자극도 받지 않아요. 자각하지 않습니다. 사람이란 것이 이렇게 둔합니다. 미래에 어떻게 된다고 하는 것에 대해서 도무지 실감하지 못해요. 예수님이 오신다, 예수님이 재림하신다 하는 성경 말씀에 대해서도 마찬가지입니다. 이 둔한 인생들이 여기에 대하여 도무지 관심이 없습니다.

신자나 불신자나 할 것 없이 이구동성으로 세상 끝이 가까웠다고 합니다. 그런데 주님의 재림에 대해서 듣기는 하지만 거기에 대해서 도무지 반응이 없습니다. 거기에 대해서 아무런 준비도 하지 않습니다. 조는 사람처럼 정신이 흐릿해져 있습니다. 그저 뭐 침체상태에 빠져서 무기력하게 졸며 자는 상태란 말입니다. 미래에 대해서 이렇게 둔감하단 말입니다. 주님이 다시 오신다는 것은 근 이천 년 전에 사도 요한에게도 이렇게 말씀해 주셨습니다. 이것은 하나님의 복음이 어느 시대 사람을 막론하고 인류를 구원하시는 복음이기 때문에 일찍부터 말해오는 것입니다. 이천 년 전부터 지금까지 주님은 재림하신다는 말을 계속 해오십니다.

빛과 어둠의 전쟁

재림하시는 분의 이름은 충신과 진실이라 그랬습니다. 주님은 약속한 대로 진실하게 오시는 분이란 말입니다. 그리고 이어서 무어라고 합니까? "그가 공의로 심판하며 싸우더라." 주님이 재림하실 때 모든 것을 정확하게 또는 바르게 판단내리는 일을 하십니다. 그때의 판단은 변치 않습니다. 끝도 없이 그대로 됩니다. 주님이 오셔서 심판하기 전에 이 세상에서도 어떤 것은 옳게 판단되고 정확하게 판가름 된 것도 있을 것입니다. 그렇지만 주님이 재림하셔서 최후에 판단하시면서 밝혀놓은 것은 변하지 않습니다. 언제든지 그대로 갑니다.

여기 "싸우더라"라는 표현을 볼 때, "그때도 또 싸움이 있겠구나. 주님이 오셔서 싸운다 했으니 그때도 또 한 판 치르겠구나. 굉장히 어려운 일들이 또 있겠구나" 하고 생각하기 쉽습니다. 그러나 이 말씀을 읽을 때 비유라는 것을 알아야 합니다. 주님이 이 세상에 오셔서 악한 세력과 싸울 때 고전하는 것이 아닙니다. 처리하기가 어렵고 복잡하고 힘들어서 시간을 상당히 요구하게 되고 이쪽저쪽의 힘을 받아서 많은 날들이 지나간 후에 승리하는 것과 같은 그런 고전인 줄로 알아서는 안 됩니다. 고전(苦戰)이라는 말은 고생하고 수고한다는 괴로울 고(苦)자와 싸움 전(苦戰)자이지요. 몹시 힘들고 어려운 싸움을 해나가는 것으로 생각해서는 안 됩니다. 이것은 비유이기 때문에 싸운다고 한 것입니다.

다음 절 이하로 내려가면서 읽다 보면 13절에 "피 뿌린 옷을 입었는데" 그랬습니다.

또 그가 피 뿌린 옷을 입었는데 그 이름은 하나님의 말씀이라 칭하더라 (19:13).

여기 "피 뿌린 옷"도 비유입니다. 원수들을 죽이느라 피가 튀어서 옷에 묻었다는 말이지요. 이 부분을 볼 때도 주님이 오셔서 하나님의 원수를 처리할 때 굉장히 힘들었다고 생각하면 안 됩니다. 다 비유입니다. 주님이 말 타고 오는 것이 상징하는 것처럼, 이 말씀도 주님이 싸우러 오신다는 뜻입니다. 모든 악한 세력을 처치해 버리려고 오신다는 말입니다. 최후에 하나님의 질서를 세우기 위한 거란 말입니다. 여기 "피 뿌린 옷"이라는 말이나 다른 말들을 보고 주님이 오셔서 고전하신 후에 승리한다고 생각해서는 안 됩니다.

데살로니가후서 2장 8절을 봅니다. "그때에 불법한 자가 나타나리니 주 예수께서 그 입의 기운으로 그를 죽이시고 강림하여 나타나심으로 폐하시리라." 불법한 자라는 것은 적그리스도입니다. 세상 끝 날에 한 번 나타났다가 영원히 멸망당하는 적그리스도를 불법한 자라고 합니다. "불법한 자가 나타나리니 주 예수께서 그 입의 기운으로 그를 죽이시고"라고 했습니다. 주 예수께서 적그리스도를 없애신다는 말씀인데, 이때도 고전할 것이 없습니다. 손 댈 필요도 없습니다. 이렇게 훅하고 불면 없어집니다. "그 입의 기운으로 그를 죽이시고"라 하지 않았습니까? 그렇게 쉽게 적그리스도를 멸망시킨다는 말입니다. "입의 기운으로"라는 뜻은 '말씀으로'라는 뜻입니다.

주님께서 아무것도 없던 이 세상에 말씀 한 마디로 만물을 다 만들어내지 않았습니까? 빛을 지을 때 빛을 명령해서 "빛이 있으라" 하니까 빛이 생겼지요. 말 한 마디로 "있으라" 하니까 그대로 되었습니다. 마찬가지로 없애 버리는 것도 말씀 한 마디면 다 되는 것입니다. 그런고로 예수님께서 하나님의 원수를 진멸시키는 싸움은 고전이 아니라 진리의 승리로 성립되는 것입니다. 하나님 말씀의 승리입니다. 하나님이 이래라 하면 그대로 되는 것입니다. 그러기 때문에 여기에는 멸망 받지 않으려고 애쓰는 일도 없고 멸망시키려고 애쓰고 고전하는 일도 없습니다. 아주 쉽게 진리로 이기시는 것입니다.

저는 이 승리를 빛과 어둠의 전쟁으로 비유합니다. 밤이 어두웠다가도 동쪽에서 해(빛)가 올라오면 어둠은 순순히 물러가고 마는 것입니다. 이 어둠이라는 것이 빛과 한참 대결하고 또 빛이 어둠과 싸움하느라 각방으로 노력하고 모든 세력을 동원시키는 것이 아니지요. 빛이 척 나타나면 어둠은 물러가는 것입니다. 그런고로 이것은 진리의 승리라, 그 말입니다.

주님께서 멸망할 이유 없는 어떤 것을 멸망시키려고 하면, 그것이 가만히 있지 않고 꿈틀거리겠지요. 멸망할 이유가 없다, 어느 정도라도 멸망할 이유가 없다고 한다면 이 악한 세력은 주님이 나타날 때 맞설 것입니다. 어느 정도라도 맞설 것입니다. 맞서기 때문에 이것을 처리하기 위해 주님께서 상당한 힘을 동원하시고 또 동원해도 쉽게 끝마치지 못해서 어떤 면으로는 싸움을 다시 해야 하는 일이 있겠지요. 하지만 주님이 재림하셔서 얻는 승리는 거룩한 승리이고 평강의 승리이고 순조로운 승리이고 아주 자연스러운 승리입니다. 그런 악한 세력이 언제 있었던가 싶을 정도로 흔적도 없이 사라지는 것입니다. 우리 주님이 재림하셔서 가지는 전쟁은 그렇다는 말입니다.

43
예수님의 재림광경 II

계 19:13-16

지난 시간에 이어 예수님의 재림 광경에 대해서 생각해 보겠습니다. 13절입니다.

또 그가 피 뿌린 옷을 입었는데 그 이름은 하나님의 말씀이라 칭하더라 (19:13).

오시는 주님께서 피 뿌린 옷을 입었다고 했습니다. 이것은 이사야 63장 3절에 있는 대로 인용한 뜻입니다. "만민 가운데 나와 함께 한 자가 없이 내가 홀로 포도즙틀을 밟았는데 내가 노함으로 말미암아 무리를 밟았고 분함으로 말미암아 짓밟았으므로 그들의 선혈이 내 옷에 튀어 내 의복을 다 더럽혔음이니." 하나님께서 에돔을 멸망시킬 때, 마치 장군이 적을 섬멸하듯 에돔의 악한 사람들을 섬멸했다는 비유입니다. 또 포도즙 틀을 밟을 때 포도즙이 튀어서 밟고 있는 사람의 옷에 뿌려지는데, 그 포도즙이 피와 같다고도 비유했습니다. 계시록 19장 13절에서도 이와 같이 적을 섬멸할 때 그 옷에 피가 묻었다고 비유한 것입니다.

말씀이신 예수님의 재림

예수님께서 재림하실 때, 세상 마지막 시대에 사람들이 아주 악해집니다. 진멸해도 아깝다고 여길 사람이 없을 정도로 악해집니다. 그때 주님께서 재림하셔서 그 사람들을 멸절시킨다는 말입니다. 어떻게 진멸시키는가 할 적에, 총이나 칼과 같은 것을 가지고 하는 것이 아닙니다. 본문을 내려가면서 읽어 보면 자세한 뜻이 나옵니다. 13절 후반절에 "그 이름은 하나님의 말씀이라 칭하더라" 그랬습니다. 재림하시는 주님의 이름을 하나님 말씀이라고 한 것은 변함없이 같은 주님이라는 뜻을 암시합니다. 그분이 그분이란 말입니다. 주님이 초림하셨을 때 역시 하나님 말씀으로 오셨습니다.

> 태초에 말씀이 계시니라 이 말씀이 하나님과 함께 계셨으니 이 말씀은 곧 하나님이시니라 그가 태초에 하나님과 함께 계셨고 만물이 그로 말미암아 지은 바 되었으니 지은 것이 하나도 그가 없이는 된 것이 없느니라 (요 1:1-3).

예수님의 이름이 말씀인 것은 태초부터 알려져 내려오는 것입니다. 지금 주님이 재림하실 때 처음으로 하나님 말씀이라는 것이 아닙니다. 오시는 그분은 엉뚱한 분도 아니고 전혀 생소한 분도 아닙니다. 영원 전부터 계속 오셨고 또 역사에, 세계에 자기를 나타내셔서 자신이 하나님 말씀이라고 알려주셨습니다. 그분을 하나님 말씀이라고 하는 이유는 그분이 하나님 아버지를 사람들에게 알려주신다는 뜻입니다. 그분이 하나님의 말씀이니까 하나님 아버지를 알려줌에 있어서 조금도 부족함이 없지요. 하나님 말씀이신 그분이 하나님 아버지를 알려주니까 친히 자기를 누구라고 하는 거와 마찬가지 아니겠습니까. 예수님이 이 세상에 초림하신 목적, 즉 도성인신(道成人身)해서 세상에 오신 목적은 하나님 아버지를 인류에게 알리려는 것입니다. 그렇게 그분은 말씀으로 오신 것입니다.

요한복음 1장 14절에 말씀한 것처럼 말씀이 오신 것입니다. 이 세상에 "말씀이 육신이 되어", 즉 사람이 되셨다는 말입니다. 말씀이시면서 겸하여 사람이 되셔서, 친히 하나님 말씀 사역을 하시면서 그 자신이 바로 하나님 말씀입니다. 그를 본 자는 하나님을 본 자입니다. 요한복음 14장을 읽어 내려가노라면, 하나님을 보여 달라는 빌립의 질문에 "나를 본 자는 아버지를 보았거늘 어찌하여 아버지를 보이라 하느냐"(요 14:9)라 답하시는 장면이 나옵니다. 그가 영원 전에도 말씀이시고 이 세상에 오셔서도 말씀이시고 재림하실 때도 역시 말씀입니다.

우리 인류가 걱정할 만한 다른 어떤 분이 오시는 것이 아닙니다. 모르던 분이 오면 어떤 새로운 방법으로 인류를 구원하겠구나, 하는 생각이 날 만도 하지요. 그가 하나님 아버지를 말씀으로 알려주었습니다. 자신의 존재부터가 하나님 말씀으로써, 완전하게 하나님을 알려주는 사역을 해오셨습니다. 오실 때도 그분으로 오신다는 것이 사도행전 1장 11절 말씀이지 않았습니까? "너희 가운데서 하늘로 올려지신 이 예수는 하늘로 가심을 본 그대로 오시리라 하였느니라"(행 1:11). 이 예수가 장차 이와 같은 형편으로 오신다고 약속하셨습니다.

그래서 그때 인류 중에 한 부류의 무리는 그분이 오실 때 기뻐할 것입니다. 그분은 영원 전부터 언약의 말씀으로 우리에게 말씀해 오신 분이고 또 육신이 되어 이 세상에 오셔서도 말씀해 오신 바로 그분이 오시기 때문입니다. 그러니 우리의 심혼골수까지도 그분을 반가워해야 할 입장입니다. 그분이 오신다고 무서워할 일이 아닙니다. 싫어할 일이 아니에요. 구약에도 없었고 신약에도 없었던 이상한 분이 오는구나, 할 일이 아니지요. 이렇게 인류 중에 한 무리는 기뻐할 일이고, 나머지 무리는 통곡할 것입니다.

볼지어다 그가 구름을 타고 오시리라 각 사람의 눈이 그를 보겠고 그를 찌른 자들도 볼 것이요 땅에 있는 모든 족속이 그로 말미암아 애곡하리니 그러하리라 아멘(1:7).

통곡하며 무서워하는 의미에서 놀라는 것이지요. 그들은 그분이 일찍이 오셔서 하신 말씀을 순종하지도 않았고 배척하였습니다. 그러니 이제 오시는 그분이 그들에게는 백 퍼센트 생소한 분입니다. 그분을 믿고 순종했어야 성령으로 말미암아 친밀해지고 성령으로 말미암아 일체가 되다시피 가까워졌을 텐데, 배척하고 믿지 않았으니 전혀 그분과 통하는 바 없었고 당연히 그분을 전혀 모르지요. 그러니 애곡하는 것입니다.

세마포 옷을 입은 백성

하늘에 있는 군대들이 희고 깨끗한 세마포 옷을 입고 백마를 타고 그를 따르더라(19:14).

이것도 다 비유입니다. "하늘에 있는 군대들"은 누구입니까? 아래에 있는 말씀을 보면 알 수 있습니다. 그들이 "희고 깨끗한 세마포 옷을 입"었다고 했습니다. 여기서 '깨끗한 세마포 옷'은 무엇을 의미하는 것입니까? 위로 올라가서 8절을 보면 "그에게 빛나고 깨끗한 세마포 옷을 입도록 허락하셨으니 이 세마포 옷은 성도들의 옳은 행실이로다 하더라"고 했습니다. 그러니까 비유입니다. "세마포 옷은 성도들의 옳은 행실"이라 그랬습니다.

그런데 이 말씀은 우리에게 부담을 주는 말씀이 아니고 기쁨을 주는 말씀입니다. 다시 한 번 8절 초두를 봅니다. "그에게 ... 입도록 허락하셨으니" 하지 않았습니까? 헬라 원문에서는 '그에게 주셔서'라는 말씀이 있습니다. 그에게 주셔서, 즉 이 세마포 옷은 하나님이 주신 것입니다. 사람이 제 힘으로 짜서 만든 것이 아닙니다. 하나님이 주셔서 빛나고 깨끗한 세마포 옷을 입게 하셨습니다. 전에도 말씀했지만 우리는 부족하고 연약하고 패역하고 때로는 참 한심합니다. 그러다가도 하나님의 은혜로 정신 차리는 때가 있습니다. 믿음의 씨앗을 받았으니까 그렇지요. 그 씨앗은 살아 있는 씨앗입니다. 그것은

"하나님의 씨"라고 요한일서 3장 9절이 말하고 있습니다. 왜 씨라고 했나요? 성결의 출발이니까 그렇습니다. 이것으로 이제 되어가니까 그렇습니다. 새로운 삶을 받은 것입니다. 이것이 죽지를 않고 계속 자라가기 때문에 그렇습니다.

자라나는 동안에 때로는 병이 들기도 합니다. 병이 든다는 것이 무엇인가 하니 어떠한 유혹이나 위협이나 어려움을 당할 때 좀 외축하고 좀 쭈그러들고 좀 약해지는 것을 말합니다. 어려움을 당할 때 전진해야 하는데, 전진하면 힘을 더 받는데 전진하지 아니하고 움츠러드니까 마귀가 침입해서 모처럼 받았던 새로운 삶이 병든 것처럼 약해지는 때가 있다 그 말입니다. 그렇지만 한 번 씨앗을 받은 자는 영원히 멸망하지 않는다고 성경이 말씀합니다. 요한복음 6장에도 몇 차례 말씀하고 요한복음 10장에도 그러한 말씀이 나옵니다. 즉 하나님의 손에서 빼앗을 자가 없다 그랬습니다. 한 번 거듭났으면 영원히 사는 것입니다. 이렇게 살아가는 동안에 이 모양 저 모양으로 어떤 시험에 빠져들고 그만 조금 움츠러듦에 따라 약해지기도 하지만 결국에는 하나님이 힘을 주셔서 뻗어나갑니다.

하나님이 힘을 주신 것인 만큼 결코 망하지 않습니다. 살아가는 가운데 이렇게 연약한 때도 있을 수 있겠으나 지나고 나서 뒤를 돌아보면, 아 그때 내가 한 것이 있는데, 그것은 아무리 생각해도 내 힘으로 한 게 아니야, 그것 참 이상했어, 하는 생각을 하게 됩니다. 그것을 회상함으로 은혜를 더 받습니다. 하나님이 돌봐주어서 그때 그렇게 참된 선을, 참된 의를 행한 바 있다고 알게 된단 말입니다. 또 한평생을 돌아볼 적에 컴컴하게 살았던 것, 부족하게 살았던 것, 허물된 것들이 다 생각나지요. 그렇지만 이 은혜라는 것이 얼마나 귀합니까? 그때그때 하나님이 은혜를 주어서 회개를 했단 말입니다. 회개한 것은 하나님이 기억하시지 않습니다. 회개하는 것도 하나님이 은혜를 주어야 할 수 있습니다. 그러니까 한평생 하나님이 주셔서 의를 이룬 것, 또 회개한 것 등이 바로 신자에게 있어서 하나님 앞에서 감사할 조건이 되는 것입니다.

이렇게 하나님이 주셔서 우리가 의를 이루는 것을 성경이 세마포 옷이라고 합니다. 다음에 "백마를 타고 그를 따르더라" 그랬는데, 백마를 타는 것도 역시 비유입니다. 흰빛이라는 것은 성결을 의미합니다. 깨끗한 것을 의미하지요. 또 때로는 승리를 의미하기도 합니다. 그러나 주로 성결을 의미합니다. 주님이 오실 때 하늘에 있는 군대들이 따라갔다고 하는데, 희고 깨끗한 세마포 옷을 입었다고 하니 이들은 바로 8절의 성도들이란 말입니다. 그 성도들이 언제 하늘에 갔기에 예수님이 오실 때 그들이 따라오겠습니까? 데살로니가전서 4장 16-17절에서 알 수 있습니다.

주께서 호령과 천사장의 소리와 하나님의 나팔 소리로 친히 하늘로부터 강림하시리니 그리스도 안에서 죽은 자들이 먼저 일어나고 그 후에 우리 살아남은 자들도 그들과 함께 구름 속으로 끌어 올려 공중에서 주를 영접하게 하시리니 그리하여 우리가 항상 주와 함께 있으리라(살전 4:16-17).

예수님이 공중에 오실 때 땅에서는 큰일이 일어납니다. 예수를 진실히 믿고 죽은 사람들이 살아 일어납니다. 부활하는 것입니다. 그리고 그때까지 살아남은 신자들은 또 변화를 받습니다. 그래서 끌려 올라갑니다. 마치 자석이 쇠를 끌어들이는 것처럼 그곳에 생명이 오시니까 그 생명과 관계되어 죽었던 신자들이 다시 살아난 몸을 가지고 올라간단 말입니다. 올라가는데 올라가서 거기에 머물러 있는 것은 아닙니다. 데살로니가전서 4장 16-17절을 읽어 보면, 거기에 머물러 있는 것이 아니라 이제 다시 내려옵니다. 그러니까 머물기 위해 올라가는 것이 아니라 예수님을 영접하러 간 것입니다. 끌려 올라간 것은 영접하러 간 것입니다. 그때 몸은 다시 살아난 몸이므로 땀이 나고 종처가 나고 병이 나는 이전 몸과는 다른 것입니다. 주님이 오실 때 다시 살아났으니까 올라가고 싶다 그러면 올라가는 것입니다. 끌어올려집니다. 그래 가지고 이제 다시 내려옵니다. 오시는 그분을 따라오는 것입니다.

적그리스도의 섬멸

> 그의 입에서 예리한 검이 나오니 그것으로 만국을 치겠고 친히 그들을 철장으로 다스리며 또 친히 하나님 곧 전능하신 이의 맹렬한 진노의 포도주 틀을 밟겠고(19:15).

이것도 역시 비유입니다. "예리한 검"은 에베소서 6장 17절을 보면, 하나님의 말씀입니다. "성령의 검 곧 하나님의 말씀을 가지라." 이 성령의 검 곧 하나님의 말씀이 그 입에서 나온다고 합니다. 또 "만국을 치겠고" 그랬는데, 그때 있던 나라들, 주님 오실 때 있을 그 나라들을 만국이라는 명칭으로 불렀습니다. 이미 언급했지만 그때는 인류가 극히 악해집니다. 말할 수 없이 악해집니다. 그래서 여기 만국은 적그리스도의 무리들입니다. 세상 끝 날이 바로 이런 적그리스도의 무리인 만국을 치는 심판이 옵니다. 이렇게 극악해질 때 심판이 온다는 말입니다.

옛날 노아 시대의 홍수도 역시 인류가 극도로 악해졌을 때 왔습니다. 창세기 6장을 보면 "사람의 죄악이 세상에 가득함과 그의 마음으로 생각하는 모든 계획이 항상 악할 뿐"이라고 했습니다(창 6:5). 얼마나 악했습니까? 노아가 방주를 지으면서 전도했지만 믿은 사람이 하나도 없었으니 그만하면 알 수 있지요. 노아의 여덟 식구밖에 구원받지 못했다면 다른 사람들은 아무도 믿지 않았다는 것 아닙니까? 그 노아 때에 된 것같이 인자의 날에도 그러하리라고 말씀하셨습니다. 세상 끝날 예수님이 오실 때 인류는 극도로 악해집니다. 멸절당해도 아까워할 것이 전혀 없는 인생들이 됩니다. 하나님의 자비와 긍휼을 가지고도 용납 못할 사람들입니다. 사람이 긍휼이 많습니까, 하나님이 긍휼이 많습니까? 사람의 긍휼이 겨자씨 정도의 크기라면 하나님의 긍휼은 천하보다 큽니다. 그런 하나님의 긍휼을 가지고도 용납할 수 없을 만큼 악한 것입니다. 그러니까 예수님이 오시면서 이제 그 모든 나라들을 진멸하십니다. 그 말씀으로 만국을 멸절시키십니다.

"친히 그들을 철장으로 다스리며." 여기에서 다스린다고 했는데, 여기에서 다스리는 것은 살리기 위해 다스리는 것이 아니라 죽이는 것입니다. 철장으로 다스린다고 할 때 그것은 살리는 것이 아니라 깨뜨리는 것입니다. 철장으로 질그릇을 깨뜨리는 것같이 하신다는 말입니다. 철장으로 질그릇을 깨뜨리면 어떻게 되겠습니까? 철장을 질그릇에 대자마자 팍삭 하고 깨지지 않겠습니까? 예수님께서 재림하셔서 악한 사람들을 멸절시킬 때 그렇게 쉽게 한다는 얘기입니다. 악전고투해 가면서 겨우겨우 하는 것이 아니란 말입니다.

데살로니가후서 2장 9절에 "그때에 불법한 자가 나타나리니 주 예수께서 그 입의 기운으로 그를 죽이시고"라 했습니다. 입의 기운으로 훅 하여 다 멸망시킨다는 것이지요. 이것은 말씀으로 멸망시킨다는 말인데, 아주 쉽게 한다는 의미도 됩니다. 철장을 가지고 질그릇을 깨뜨리는 것처럼 그저 뭐 대자마자 팍삭 부서뜨린다는 표현을 한 것입니다. 이게 다 비유적으로 표현하는 것입니다. 그분은 모든 것을 말씀 한 마디로 지으신 분입니다. 없던 가운데 있게 하실 때도 말씀으로 다 하셨는데, 이제 그것을 처리하는데 말씀으로 하는 것이 뭐가 어려운 일이 되겠습니까? 어려운 일이 아닙니다.

이 말씀을 우리가 늘 비유로 알고 읽어야 합니다. 예수님이 검을 가지고 어떻게 하시는 것이 아닙니다. 이사야 37장을 보면 하나님께서 앗수르 군대 185,000명을 섬멸하실 때 삽시간에 섬멸하셨다고 했습니다. 천사가 나가서 역사한 것입니다. 천사가 나가서 185,000명을 섬멸했습니다. 언제 그렇게 되었는지 알지 못할 정도로 아침에 나가보니 그렇게 되었더라고 했습니다. 다음에 나오는 "또 친히 하나님 곧 전능하신 이의 맹렬한 진노의 포도주 틀을 밟겠고" 하신 말씀도 역시 비유입니다. 포도주 틀을 발로 밟을 때 포도즙이 거기서 나오는데 피와 같다 그 말입니다. 그 포도주 틀을 밟듯이 최후의 적을 섬멸한다는 비유입니다.

우리가 이 말씀을 읽을 때 비유로 큰 뜻만 알아야지, 비유가 보여줄 수 있는 모든 것이 응한다고 생각하지는 말아야 합니다. 말씀을 검이라고 하니까, 그 검으로 사람들을 진멸하는 것처럼 진멸하는 것만 생각해야지, 실제로 검과 같은 것이 그때 어떻게 나타나서 어떻게 일을 했다는 식의 인상을 받으면 안 됩니다. 여기서 이 말씀을 읽을 때는 주님이 재림하셔서 최후의 적그리스도 무리들을 멸하실 때 아주 쉽게 멸망시킨다는 것만 기억하면 됩니다.

• 소망을 찾아 피하여 가는 백성

> 또 내가 보니 한 천사가 태양 안에 서서 공중에 나는 모든 새를 향하여 큰 음성으로 외쳐 이르되 와서 하나님의 큰 잔치에 모여 왕들의 살과 장군들의 살과 장사들의 살과 말들과 그것을 탄자들의 살과 자유인들이나 종들이나 작은 자나 큰 자나 모든 자의 살을 먹으라 하더라 또 내가 보매 그 짐승과 땅의 임금들과 그들의 군대들이 모여 그 말 탄 자와 그의 군대와 더불어 전쟁을 일으키다가 짐승이 잡히고 그 앞에서 표적을 행하던 거짓 선지자도 함께 잡혔으니 이는 짐승의 표를 받고 그의 우상에게 경배하던 자들을 표적으로 미혹하던 자라 이 둘이 산 채로 유황불 붙는 못에 던져지고 그 나머지는 말 탄 자의 입으로부터 나오는 검에 죽으매 모든 새가 그들의 살로 배불리더라(19:17-21).

이제 17-21절을 보면, 사람들이 수없이 죽었는데 새들이 와서 다 뜯어먹는다고 합니다. 사람의 고기를, 사람의 몸을 새들이 와서 뜯어먹는 것입니다. 17절 마지막에 "하나님의 큰 잔치에 모여"라고 했습니다. 새들을 위한 잔치가 되었다는 말입니다. 모든 죽은 사람의 육체들이 새들에게 잔치가 되는 것입니다. 와서 먹으라고 천사가 새를 향하여 외친다는 말입니다. 지금 우리 사람이 말하는 방법으로 표현하는 것입니다. 그때 무슨 소리가 공중에서 난다는 것입니까? "새들아, 오너라" 그러는 것입니까? 이 말씀은 그때 실제로 되는 일에 대해서, 사람이 말하는 방법으로 표현을 한 것입니다. 그러면 여기서는 그저 무수한 사람이 죽었다고 하는 그 한 마디만 기억하면 됩니다.

그때 우리가 이 세상이라는 것을 한번 총결산하는 것입니다. 세상 끝날 될 일이 이 세상으로서는 죽음이라는 말입니다. 이제 예수님께서 새 세상을 건설하시면서 주를 믿은 사람들을 다 새 세상에서 살도록 하는 것은 차원이 다른 일입니다. 이 세상 차원에서 생각할 때 이 세상이라는 것은 죽음이로구나 하고 결론을 내리는 것입니다. 이 세상이라는 것은 죽음이라, 그렇게 봐야 한다는 말입니다.

이 세상은 하나님의 원수라고 야고보서 4장 4절이 말했습니다. 하나님이 지으신 이 땅과 이 만물들이 원수라는 말이 아니고 바로 이 세상에서 살고 있었던 사람들의 행동이, 정신이 하나님의 원수란 말입니다. 마귀와 짝했다 그 말입니다. 이 세상에 속한 사람들은 마귀와 짝했기 때문에 야고보서 4장 4절은 말하기를 "간음하는 여인들"이라 그랬습니다. 이 세상을 사랑하고, 이 세상을 소망으로 삼고, 이 세상 재미가 제일이라고 생각하고, 거기에 묻혀 살고 거기에 끌려 사는 생활을 간음하는 생활로 비유했습니다. 그러한 생활과 그 생활을 시종일관하는 사람들은 하나님의 원수라, 그 말입니다. 그 결국이 무엇이냐? 죽음이라고 말합니다.

이 세상에 속한 자들은 다 죽음이란 말로 결론지을 수 있는 길을 가는 것입니다. 이 세상의 결론은 바로 죽음입니다. 무수한 죽음입니다. 비참하기 짝이 없고 가증스럽기 짝이 없고 황폐하기 그지없는 것이 바로 이 세상이 받을 분깃입니다. 우리는 여기에서 이 세상의 결론은 죽음이라는 것을 볼 수 있습니다. 하나님께서 그 마지막에 아깝게 여길 만한 것이 하나도 없어서 전부 진멸하고 다 죽이신단 말이에요. 오직 그리스도 안에 있는 자들만이 구원을 받아서 그리스도와 함께 영원히 새 나라에서, 영광의 세계에서 무궁한 생명을 누리게 됩니다. 그러면 이제 우리가 이 세상에 살면서 늘 생각해야 할 것은 우리는 피하여 가는 사람이라는 점입니다. 히브리서 6장 18절에 무슨 말씀이 있습니까?

이는 하나님이 거짓말을 하실 수 없는 이 두 가지 변하지 못할 사실로 말

미암아 앞에 있는 소망을 얻으려고 피난처를 찾은 우리에게 큰 안위를 받게 하려 하심이라(히 6:18).

우리는 그 소망을 인하여 피하여 가는 자들이라는 뜻으로 말씀했습니다. 즉 예수님이 이루어 놓으신 그 소망, 또 예수님 자신을 유일한 소망으로 알고 피하여 가는, 이 세상을 피하여 가는 것은 결코 염세주의가 아니란 말입니다. 사람들이 많이 사는 거리에서 살지 말고 산으로 도피해 조용히 살라는 의미가 아닙니다. 아까 이 세상이라는 것을 자세히 설명했는데, 그러한 것을 우리가 피하는 것입니다. 그런 것은 늘 피하는 것입니다. 그러기 때문에 이 세상에서 마음 놓고 산다, 누린다, 이 세상이 제일이다, 하는 생각으로 산다면 그것은 삐뚤어진 삶입니다. 정신 차리고 피하여 가는 심리로 늘 살아가야 되겠습니다.

히브리서 6장 18절 하반절 다같이 읽겠습니다. "앞에 있는 소망을 얻으려고 피난처를 찾은 우리에게 큰 안위를 받게 하려 하심이라."

44
천년 시대

계 20:1-6

계시록 20장 1-6절은 예수님 재림 이후의 세계에 대해서 말씀하십니다. 19장 11-21절에서는 예수님의 재림 광경을 묘사했습니다. 20장에 와서는 재림하신 이후의 세계에 대해서 말씀합니다.

무저갱의 뜻

또 내가 보매 천사가 무저갱의 열쇠와 큰 쇠사슬을 그의 손에 가지고 하늘로부터 내려와서(20:1).

"또 내가 보매." 사도 요한이 계시를 받았다는 말씀이지요. 사도 요한에게 계시로 보여주는 것은 천사가 마귀를 처치해 버리는 내용입니다. "무저갱"은 밑이 없는 구멍이라는 뜻입니다. 없을 무(無), 밑 저(底), 구덩이 갱(坑)입니다. 밑이 없기 때문에 거기에 떨어지면, 한없이 떨어져 내립니다. 한없이 계속 떨어져 내려갑니다. 무저갱, 참으로 무서운 표현입니다.

옛날에는 실제로 땅 속에 그러한 구덩이가 있다고 생각했습니다. 땅속에 그런 밑이 없는 구덩이가 있다고 생각해 왔어요. 그런데 하나님이 여기에서 그것을 말씀하시는 것은 아니지요. 여기 나온 "무저갱"을 땅속에 있는 어떤 구덩이로 생각할 수는 없습니다. 우리가 성경에도 나오고 또 세상에서도 똑같이 쓰는 술어가 있는데, 그때 명칭은 같더라도 그 내용은 성경대로 씁니다.

우리나라에 선교사들이 처음 들어와서 복음을 전할 때, 성경에 경(經)자를 붙이기가 조금 어려웠을 것입니다. 우리가 '경'(經)이라고 하면, 도덕경도 경이고 유교의 사서삼경도 경이고 또 불경도 경인데, 하나님 말씀을 경이라 하려니 좀 꺼림칙하지요. 사람들 생각으로는 책 중에서 제일 귀하게 취급되는 책을 경이라 합니다. 불경, 도덕경, 사서삼경 등이 그런 것이지요. 성경이 영어로는 스크립처(Scripture), 헬라어로는 그라페(γραφή)니까, 우리말로는 '기록'이라고 할 수 있을 것입니다. 그런데 그 기록 내용이 하나님의 말씀이니 얼마나 고귀한 말씀입니까? 그래서 그것의 이름을 지을 때 '경'(經)을 붙여서 성경이라고 한 것입니다. 그러나 그 이름에 '경'이 붙었다고 해도 보통의 경전과는 내용이 다릅니다. 성경의 내용은 도덕경과도 다르고 유교의 사서삼경과도 다릅니다. 다른 내용인데도 '경'자 이름을 쓸 수밖에 없는 것은 우리 민족이 쓰는 말이 '경'이라는 말밖에 없기 때문입니다. 그렇게 말은 이 말을 쓰면서도 내용은 달리하는 일이 있습니다.

그와 같이 사람들은 구덩이 즉 무저갱, 밑이 없는 구멍은 땅 속에 있다는 관념을 가지고 있어 왔습니다. 그 이름을 가지고 하나님이 이제 말씀하시는 것입니다. 하나님이 그 이름을 가지고 말씀하시지만 그 내용은 똑같다고 할 수 없습니다. 마귀를 가두는 곳이 땅 속 어느 구덩이라고 생각할 수 없다는 말입니다. 왜냐하면 마귀는 영이기 때문입니다. 영을 어떤 물리적인 장소에 가둘 수는 없는 것입니다. 어떤 물리적인 것으로 막아서 못 가게 한다든지 할 수 없습니다. 그러기 때문에 마귀로 하여금 못 나가게 하는 방법과 장소를 우리는 생각해 봐야 하는 것입니다.

'지옥'이라는 말도 마찬가지입니다. 지옥이라는 말이 헬라어로는 '게헨나'(γέεννα)인데, 힌놈의 골짜기라는 뜻입니다. 힌놈의 골짜기는 예루살렘 성

밖에 있는 어떤 골짜기를 말하는데, 거기는 모든 불결한 것들을 내다버리는 곳이기도 했고, 가장 악한 우상을 섬기는 곳이기도 했습니다. 거기는 불이 계속 타오르는 곳이었습니다. 사람이 거주하는 땅 위에서 제일 나쁜 곳입니다. 힌놈의 골짜기. 이런 힌놈의 골짜기, '게헨나'를 우리나라 말로 지옥이라고 번역했습니다. 땅 지(地), 옥 옥(獄). 이 말 역시 땅속에 있는 감옥을 생각한 것입니다. 땅속에 깊은 구렁이 있다는 생각으로 지은 이름입니다. 그런데 이 지옥이라는 것은 힌놈의 골짜기, '게헨나'란 말을 번역한 것입니다. 회개하지 않고 세상 뜬 자들이 간 곳을 힌놈의 골짜기라고 한 것은 유대인이나 그 후에 헬라인들이 깨달을 수 있는 술어로 표현한 것입니다. 그것 외에는 방법이 없으니까 그렇게 표현한 것입니다. 하지만 그 내용은 다릅니다.

우리는 여기서 하나님의 뜻이 있었다는 것을 늘 생각해야 합니다. 무저갱을 밑이 없는 구멍이라고 할 때, 거기에 던져지면 끝없이 계속 떨어진다는 말 아닙니까? 그러면 그렇게 계속 떨어져 내려간다는 것이 무엇입니까? 첫째는 소망이 없다는 것입니다. 소망이라는 것은 위로 향하는 것입니다. '머리를 든다' 그러면 소망이 있다는 뜻이고, '머리를 수그렸다' 그러면 소망이 없다는 뜻입니다. 밑이라는 것은 늘 소망이 없다는 것을 생각하게 하는 것이고, 위를 앙모하고 위를 향하는 것은 소망을 생각하게 하는 것입니다. 그렇다면 밑이 없는 구멍에 가둔다는 것은 구속당하여 기쁨이 없고 불행하고 아무런 소망이 없는 장소에 가둔다는 뜻입니다.

사로잡힌 마귀

> 용을 잡으니 곧 옛 뱀이요 마귀요 사탄이라 잡아서 천 년 동안 결박하여 (20:2).

이 용은 계시록 12장에 이미 나왔던 뱀입니다. 12장 9절에 보면 "큰 용이 내쫓기니 옛 뱀 곧 마귀라고도 하고 사탄이라고도 하며" 그랬습니다. 여기에서 용은 마귀를 비유하는데, 왜 마귀를 용으로 비유했나요? 창세기 3장 1절부터 읽어 보면, 뱀이 들짐승 중에서 제일 지혜가 있다고 말합니다. 그래서 마귀가, 우리 눈에 보이지 아니하는 영으로 있는 마귀가 뱀을 이용해서, 뱀으로 하여금 하와를 시험하게 했습니다. 그때 뱀이 어떤 모양으로 있었는가에 대해서는 사람들이 잘 알지 못합니다. 어떤 사람은 그때 뱀이 서서 다녔다고 합니다. 왜 그렇게 생각하는가 하면 뱀이 저주를 받아서 배로 다니게 되었다고 했기 때문입니다. 뱀이 배로 다니게 된 것이 저주받은 결과란 말이에요.

그렇지만 그 말을 꼭 그렇게 해석하기도 어렵습니다. 왜 그런가 하니 그때도 배로 다녔지만 계속 그렇게 배로 다닐 거라고 할 수도 있지 않겠습니까. 그렇게 다니면서 또 흙을 먹을 거라고 했습니다. 그런데 흙을 먹는다는 말이 또 이해하기 어렵습니다. 실제로 뱀은 흙을 잘 안 먹는다고 합니다. 그러나 뱀이 배로 다니니까, 기어서 깨끗하지 못한 데로 다니고 풀 속으로 다니고 하니까 입으로 흙이 들어간다는 겁니다. 이렇게 낮아진 상태에서 납작 엎드려서 다니니까 그 입에 흙이 들어가지 않겠습니까. 그러니까 흙을 먹으리라고 한 것은 흙을 먹을 정도로 낮아져서 다닌다, 늘 이렇게 엎드려져 사니까 흙이 입으로 들어갈 정도가 된다, 그러한 낮은 신세가 된다고 보는 해석이 있습니다. 본래 배로 다녔는데 그렇게 그저 계속 그러한 생활을 할 것이라는 해석입니다.

좌우간 뱀이 처음에 얼굴을 쳐들고 걸어 다니다가 저주를 받아 기어 다녔는지 아니면 아예 처음부터 기어 다녔는지 분별하는 것은 어렵습니다.

마귀는 뱀을 특별히 사용했는데, 이 뱀이 지혜롭게 역사하더라는 것입니다. 꾀가 있습니다. 성경에서도 마귀의 궤계란 말이 고린도후서에 나옵니다. 마귀의 궤계 즉 속이는 계획입니다. 또 요한복음 8장에 보면 마귀는 거짓말할 때 제 것으로 한다고 했습니다(44절). 그것은 밖으로부터 오는 유혹을 받아서 거짓말하는 것이 아니라, 그 바탕이 거짓이란 말입니다. 본질적으로 그 바탕이 거짓말을 하는 존재란 말입니다. 거짓말하기 싫은데 거짓말하는 것이 아니라 자기 의지로, 자기가 원해서, 자기의 것으로 거짓말하는 것입니다. 그래서 마귀가 사람을 유혹할 때 자기의 사상을 사람에게 주입시킵니다. 마귀의 생각을 주입시켜요. 그때 유혹 받은 사람이 마귀의 생각을 자기 생각이라고 여기게 될 만큼 아주 간교하게 역사합니다. 그 생각이 마귀로 말미암아 들어오는데, 사람은 자기가 생각하는 것처럼 느끼게 된단 말입니다. 그렇게 완벽하게 사람을 속입니다. 그래서 사람은 마귀의 사상을 자기의 사상으로 알고 그대로 힘껏 활동하고 역사하니까 결국 망하는 것입니다.

본문 2절을 보면 "용을 잡으니"라고 했습니다. 바로 이 마귀를 잡았다는 말입니다. 이 용이 바로 "옛 뱀이요 마귀요 사탄"입니다. 왜 옛 뱀이라고 했습니까? 바로 아담 때 속이는 역사를 했기 때문에 옛 뱀이라고 한 것입니다. "잡아서 천 년 동안 결박하여." 천사가 용을 잡아서 일천 년 동안 결박합니다. 쇠사슬을 가지고 왔으니까, 그것으로 결박하는 것입니다.

죄가 없는 천년 시대

무저갱에 던져 넣어 잠그고 그 위에 인봉하여 천 년이 차도록 다시는 만국을 미혹하지 못하게 하였는데 그 후에는 반드시 잠깐 놓이리라(20:3).

"무저갱에 던져 넣어 잠그고"라 했는데, 이것도 다 비유입니다. 1절에 나온 열쇠니 쇠사슬이니 하는 것도 다 쇠로 만든 열쇠가 아니고 쇠로 만든 쇠사슬이 아닙니다. 그런데 이것들을 가지고 하나님께서 영적으로 마귀를 결박하고 우리 눈에 보이지 않는 방법으로 마귀를 제재했다는 것을 가르치는 것입니다. 이렇게 마귀를 무저갱 즉 밑이 없는 구렁에 넣고 잠갔다는 것입니다.

"그 위에 인봉하여 천 년이 차도록 다시는 만국을 미혹하지 못하게 하였는데 그 후에는 반드시 잠깐 놓이리라." 이 말씀을 보면 천년 시대는 마귀의 유혹이 없는 안전한 시대라고 말할 수 있습니다. 어떤 사람들은 이 천년 시대를 신약 시대라고 해석합니다. 예수님이 오시고 또 죽었다가 다시 살아나사 승천하시고 하늘에 계시다가 재림하실 그때까지라고 말합니다. 그리고 여기에서 천 년 또한 꼭 문자적으로 천 년이 아니고 비유라고 합니다. 천 년이란 말은 많은 세월, 오랜 세월을 의미하는 것뿐이지 문자적으로 백 년씩 열 번이 아니라고 해석하는 사람들이 있습니다. 하지만 이것은 잘못입니다.

본문을 볼 때 이 시대는 마귀의 유혹이 없는 시대라고 했는데, 신약 시대에 마귀의 미혹이 없습니까? 마귀의 미혹이 계속 있습니다. 전쟁도 계속 있습니다. 마귀의 미혹으로 큰 전쟁들이 일어나는 것으로 계시록 16장은 말했습니다. 용의 입과 짐승의 입과 거짓 선지자의 입에서 나오는 악령들로 말미암아 온 세상에 전쟁이 일어났다고 했는데, 마귀의 유혹이 없는 세상에는 전쟁이 있을 수 없는 것입니다. 그러나 신약 시대도 역시나 이 땅 위에 전쟁이 끊이지 않습니다. 하지만 본문의 천년왕국은 이 땅에서 이루어지는 세상인데도 마귀의 유혹이 없는 세상이란 말입니다. 그러므로 그 세계에는 죄가 없습니다. 주님이 재림하여 주님이 친히 왕 노릇 하시는 때는 이 죄악이 없습니다. 천년 세계는 이 땅 위에 있는 시대이면서도 죄 없는 시대라고 그렇게 아는 것이 본문을 왜곡하지 않고 그대로 살려가면서 해석하는 것이라고 압니다.

"그 후에는 반드시 잠깐 놓이리라." 그러면 예수님이 오시고 천년왕국의 죄 없는 시대가 있다가, 그 뒤에 마귀가 잠깐 놓여납니다. 그리고 마귀는 곡과 마곡이라는 족속을 통해서 큰 전쟁을 일으킵니다. 그것이 이제 마지막입니다. 이제 4절에 있는 말씀을 보면서 천년 시대에 무슨 일들이 있는지 보겠습니다.

> 또 내가 보좌들을 보니 거기에 앉은 자들이 있어 심판하는 권세를 받았더라 또 내가 보니 예수를 증언함과 하나님의 말씀 때문에 목 베임을 당한 자들의 영혼들과 또 짐승과 그의 우상에게 경배하지 아니하고 그들의 이마와 손에 그의 표를 받지 아니한 자들이 살아서 그리스도와 더불어 천 년 동안 왕 노릇 하니(20:4).

"보좌"는 왕 노릇 하는 사람들이 앉는 좌석입니다. 그 보좌에 앉은 자들은 누구입니까? 그 밑에 설명이 다시 나옵니다. "또 내가 보니 예수를 증언함과 하나님의 말씀을 인하여." 인한다는 것은 예수를 증언하고, 또 하나님의 말씀을 증거하며 그 말씀대로 살아가기 '때문'이라는 것입니다. "목 베임을 당한 자들의 영혼들과." 순교한 사람들의 영혼입니다. 그들은 진실로 용감하게 예수를 증언하였습니다. 죽기까지 증언하였습니다. 하나님의 말씀을 끝까지 증언하다 목이 잘려 죽기에 이르렀습니다. 그런데 그들은 영웅들이 아니었습니다. 그것은 세상의 영웅들이 할 수 있는 것이 아닙니다. 이 세상에는 영웅들이 많이 있습니다. 예를 들어 당나라 시대에 장흥(張興)이라는 사람은 안녹산(安祿山)의 군대와 싸우다가 잡혀서 톱에 켜 죽게 되었습니다(張興鋸死). 그때도 그는 안녹산 군대를 끝까지 꾸짖으면서 죽었다고 합니다. 세상 영웅이지요. 선천적으로 그렇게 기질이 강하고 굳센 사람들이 이 세상에 있습니다.

• 의지하는 자에게 임하는 은혜

그러면 이 순교자들이 그런 영웅들입니까? 그렇지 않습니다. 영웅들은 예수를 잘 안 믿습니다. 왜냐하면 그들은 자기 자신을 믿기 때문입니다. 영웅들은 예수를 위하여 죽지 않습니다. 자기를 위하여 죽든지 이 세상 무엇을 위하여 죽지 예수를 위하여 죽지는 않습니다. 예수를 위하여 죽는 사람은 의지하기 좋아하는 사람들입니다. 의지하기 좋아하는 사람들은 누구냐? 선천적으로 강한 기질을 타고난 사람들이 아니라 비교적 그와 반대되는 사람들입니다. 무서워하기도 잘하고 겁도 많고 그러한 사람들이 의지하기 좋아합니다. 그런 사람들이 예수를 의지한단 말입니다.

예수는 누구에게 은혜를 줍니까? 의지하는 자에게 줍니다. 예수를 잘 모실 사람이 누구입니까? 예수를 잘 모실 사람은 의지하기 잘하는 사람입니다. 의지하기 잘하는 사람이 의지할 대상을 바로 만나서 의지하게 되었을 때, 그 의지하는 성품 때문에 끝까지 의지하면서 재미를 봅니다. 의지한즉 하나님의 은혜가 그에게 온다 그 말이에요. 의지한즉 귀한 역사가 나타난다 그 말입니다. 의지한즉 하나님이 통해 주시고 붙들어 주시더라, 그 말입니다. 이런 재미를 보니까 힘을 얻습니다. 그래서 이제 하나님의 말씀을 증언하다가 핍박을 당한 경우에도 하나님을 의지하니까 하나님이 힘주셔서, 그야말로 목을 벤다고 해도, 이거 뭐 내가 내놓을 수 있다, 이렇게 되는 것입니다. 그러면서 참아냅니다.

또한 이렇게 의지하는 사람이 어려움을 당할 때 특별히 하나님이 역사해 주십니다. 목 베이는 것이 참 영광이로구나, 그렇게 깨닫게 된단 말입니다. 순교자 중 어떤 분은 수갑을 차고 다니면서 쨍강 소리나는 것을 기쁜 노래로 들었다고 하지 않습니까? 어떤 순교자들은 도끼로 찍어 죽였는데 그 도끼에다 입을 맞추었다고 하지 않습니까? 다 이상한 사람같이 되는 거지요. 사람이라는 것이 은혜 체험을 하면 인생관이 달라지고, 자기가 숨 쉬고 있는 생명에 대해서 인식이 달라지고, 전적으로 하나님밖에 모르는 지경의 사람이 됩니다. 다 의지하지 못해서 제대로 신앙생활을 못 하는 것이지 의지하기만 하면 다 되는 것입니다.

"또 짐승과 그의 우상에게 경배하지 아니하고." 여기 "짐승"이라는 것은 옛날에 예수 믿는 사람들을 잡아 죽이고 예수 믿는 사람들을 박해한 나라들을 비유한 것입니다. 로마를 위시해서 예수를 핍박하는 나라들입니다. "짐승과 그의 우상에게"라고 했는데, 짐승이 최고로 높아지면 결국 우상을 만들어 냅니다. 우상을 만들어서 그 나라를 제일로 생각하도록 모든 제도를 만듭니다. 신을 섬기라고 해요. 로마 시대에는 로마 황제를 숭배하도록 종교를 만들었습니다. 이렇게 우상에게 경배하도록 만듭니다. 그랬는데 경배하지 않는 자들이 있었습니다.

"그들의 이마와 손에 그의 표를 받지 아니한 자들이." 이마라는 것은 신분을 나타내는 것 아닙니까? 얼굴이라는 것도 신분입니다. 또 손이라는 것은 무엇입니까? 활동하는 것, 일하는 것 아닙니까? 통제주의 시대를 말하는 것입니다. 누가 누군지 문서에 다 올라가 있습니다. 블랙리스트가 있습니다. 순종하지 않는 자가 누군지 요시찰 대상으로 리스트에 올라 있습니다. 사람들의 신분을 다 이렇게 단속해 놓는 것입니다. 그런 시대에 사람들이 표를 받습니다. 짐승의 표를 받는다는 것은 짐승의 증명을 받아야 된다는 말입니다. 손에도 역시 표를 받습니다. 허락 없이는 어떤 활동도 하지 못하게 하는 것은 옛날이나 지금이나 마찬가지입니다. 짐승이 옛날이나 지금이나 마찬가지니까 그렇습니다.

그런 시대에 이렇게 표를 받지도 않은 사람들이 살았다고 하면, 이들은 다 영웅들입니까? 우리가 이것을 알고 가야 합니다. 영웅들, 예수 믿기 전이라도 기질이 아주 강한 사람들이 있었습니다. 그런 사람들이 다 이렇게 했습니까? 아닙니다. 이제 이렇게 짐승의 표를 받지 않고 살게 된 것은 하나님을 의지하기 때문이고 예수 그리스도를 의지하기 때문입니다. 은혜를 받아서 강해졌고 은혜를 받아서 마음이 변화되었습니다. 죽을지언정 예수를 배반할 수는 없다고 마음이 변화되었습니다.

혹 위협을 못 견뎌서 타협하고, 위협을 못 견뎌서 굴하게 된 그런 일이 있었다고 하더라도 옛날 순교자 크랜머(Thomas Cranmer, 1489-1556)와 같이 아프게 회개하고 하나님이 기뻐하시는 길로 가야 합니다. 크랜머는 설령 굴복한 일이 있더라도 죽을 지경의 아픔으로 회개했습니다. 그는 처음에 원수에게 잡혀 협박을 받았을 때 원수와 타협하여 시말서를 쓰고 나갔습니다. 그렇지만 그의 양심이 시켜 또 복음을 전하다가 또 잡혀서 시말서를 또 쓰고 또 잡히고 그렇게 하기를 무려 세 번을 하고, 또 원수와 타협하고 살기 위해 나갔습니다. 하지만 그는 양심이 괴로워서 계속 복음을 전했습니다. 네 번째 잡혀와 가지고는 지조를 굽히지 아니하고 뼈아프게 회개하는 열매를 맺었습니다. 그가 화형을 당할 때 그는 시말서를 쓴 자기 오른손을 펴서 "이 가치 없는 오른손"이라고 말하고는 불에 타 죽었습니다.

왕 노릇은 섬기는 생활

"살아서 그리스도와 더불어 천 년 동안 왕 노릇 하니." 여기에서 "살아서"라는 것은 다시 살았다는 말입니다. 영혼들이 살았다고 했으니 이것은 다시 살았다는 말 아니겠습니까? 그렇게 살아난 이들이 이제 그리스도와 더불어 천 년 동안 왕 노릇 하는 시대입니다. 주님이 재림한 다음에 전개될 세상은 주님으로 더불어 왕 노릇 하는 복된 시대입니다.

왕 노릇이 무엇이냐 할 때 이것을 우리가 세상의 사고방식으로 이해하면 안 됩니다. 하나님이 구속하셔서 새롭게 만든 세상은 사람의 사욕을 채우는 세상이 아닙니다. 왕 노릇 한다고 할 적에는 개인이 영광 받는다고 생각하기 쉽고 개인이 섬김을 받는다고 생각하기도 쉽습니다. 그러나 성경이 가르치는 '높다'는 것은 섬김을 받는 것이 아니고 섬기는 것입니다. 대표적으로 예수님이 이 세상에 오신 것은 섬김을 받으러 오신 것이 아니라 섬기려 오신 것이라고 하지 않았습니까? 섬기려고 자기의 생명을 대속물로 내어주셨다고 하셨습니다(막 10:45).

예수님은 왕이십니다. 진짜 왕이십니다. 나면서부터 왕이십니다. 죽어서도 왕입니다. 왕의 생활 원리는 섬기는 원리입니다. 누구든지 왕이 될 기회가 있을 때 다른 사람으로 왕이 되게 한다면, 그렇게 그만둔 사람이 더욱 높아지는 것입니다. 자신이 왕이 될 기회가 확실히 있는데도 다른 사람으로 왕이 되게 할 때 그 사람의 높음이라는 것은 영구히 사라지지 않는 높음이 됩니다.

그 높음이 얼마나 높은 것인지, 이 세상에서 조금씩 깨달을 수 있습니다. 왕이 된다는 것이 무엇입니까? 섬기는 거란 말입니다. 예수님이 오셔서 가르치시기를, 섬기는 것이 왕이라고 하셨습니다. 이 세상 사람들로서는 참 이해하기 어렵습니다. 그런데 우리 주님께서 오셔서 특별히 자기의 생활로써 알려주셨습니다. 남을 유익하게 하는 것이 왕의 생활이라고 가르쳐 주었습니다. 여기 말씀에서 "그리스도와 더불어 천 년 동안 왕 노릇 하니"라고 했습니다. 그러니 그 세계에서는 성도들이 얼마나 풍성히 의를 행하는지를 생각하게 합니다. 그 세계에서는 의(義)밖에 다른 것이 없다는 것을 생각하게 합니다.

"그리스도와 더불어 천 년 동안 왕 노릇 하니." 그러니까 그 시대에도 결국은 그리스도께서 원천적인 왕이시고, 원천적인 왕의 삶을 소유하셨습니다. 그리스도와 연합하여 그리스도를 믿어서 그리스도 안에 피신하고 그리스도 안에서 영원히 사는 이 신자들은 그 원천적인 힘과 영향을 받아서 그리스도와 더욱 밀접한 관계 속에 같은 왕 노릇을 한다 그 말입니다. 섬기는 생활이 승리의 생활입니다. 철장으로 질그릇을 깨뜨리는 것같이 죄악을 이기고 사망을 이기고 마귀를 이기는 이 승리자로서의 왕, 이것이 천년 시대에 성도들이 누리는 분깃입니다.

(그 나머지 죽은 자들은 그 천 년이 차기까지 살지 못하더라) **이는 첫째 부활이라 이 첫째 부활에 참여하는 자들은 복이 있고 거룩하도다 둘째 사망이 그들을 다스리는 권세가 없고 도리어 그들이 하나님과 그리스도의 제사장이 되어 천 년 동안 그리스도와 더불어 왕 노릇 하리라**(20:5-6).

"그 나머지 죽은 자들"은 누구를 말합니까? 이 사람들은 구원 못 받는 사람들입니다. 살지 못하는 사람들입니다. 11장에 심판이 기록되어 있는데, 그들이 다시 살아나긴 합니다만 심판대에서 구원받지는 못합니다. "이는 첫째 부활이라" 믿음을 지킨 사람들은 다시 사는데, 그것이 첫째 부활이라는 말입니다. 그리고 "둘째 사망"은 지옥을 말합니다.

45
그리스도와 더불어 왕 노릇

계 20:4-6

계시록 20장 4절 마지막 부분을 보면 "살아서 그리스도와 더불어 천 년 동안 왕 노릇 하니"라고 했습니다. 왕 노릇 한다는 말이 있습니다. 그 밑에 6절 하반절에도 "그들이 하나님과 그리스도의 제사장이 되어 천 년 동안 그리스도와 더불어 왕 노릇 하리라" 그랬습니다. 이것은 다 내세에 될 일을 우리에게 알려주는 것입니다.

우리는 눈에 보이는 대로 근시안적으로 행할 것이 아니라 보이지 않는 미래를 표준해서 살아가야 합니다. 미래의 소망을 위하여 우리의 일동일정(一動一靜)이 잘 정비되어 나가야 한다는 말입니다. 우리 믿는 사람들은 현실 세계, 즉 우리가 지금 살고 있는 이 현재에 총 집중하고 있어서는 안 됩니다. 사람은 짐승과 달리 미래를 내다봅니다. 하나님께서는 인생을 위하여, 특별히 신자들을 위하여 미래를 잘 준비하고 계십니다. 내세를 준비하고 계십니다.

대제사장 여호수아(슥 3:1-5)

그러면 우리가 왕 노릇 한다는 의미를 우리가 어떻게 풀이해야겠습니까? 스가랴 3장 1-5절을 한번 보겠습니다.

> 대제사장 여호수아는 여호와의 천사 앞에 섰고 사탄은 그의 오른쪽에 서서 그를 대적하는 것을 여호와께서 내게 보이시니라(슥 3:1).

"여호와께서 내게 보이시니라." 스가랴 선지자에게 이때 하나님이 보여주신 것이 있다는 것입니다. 본 내용이 무엇인가 하면, 여호수아라는 사람이 여호와의 사자 앞에 섰습니다. 여기에 나오는 여호수아는 가나안 쳐들어갈 때의 장군 여호수아가 아니라 대제사장 여호수아입니다. 즉 여호수아가 천사 앞에 섰을 때, 사탄이 그의 오른쪽에 서서 여호수아를 대적하는 모습을 여호와께서 스가랴 선지자에게 보여주었습니다.

> 여호와께서 사탄에게 이르시되 사탄아 여호와께서 너를 책망하노라 예루살렘을 택한 여호와께서 너를 책망하노라 이는 불에서 꺼낸 그슬린 나무가 아니냐 하실 때에(슥 3:2).

하나님의 백성을 택한 여호와가 사탄을 책망한다는 말입니다. 하나님이 택한 백성의 대표가 되는 여호수아를 사탄이 대적하니까 여호와가 책망하고 있습니다. 뭐라고 책망합니까? "불에서 꺼낸 그슬린 나무." 타다가 남은 끄트머리라는 말입니다. 여호수아를 그렇게 비유했습니다. 하나님께서 여호수아를 볼 때, 타고 남은 끄트머리로 본단 말입니다. 즉 아무것도 아닌 사람이라는 말이지요. 자랑할 아무것도 없고 타다 만 시꺼먼 끄트머리, 그 숯과 같이 되어버린 존재라는 말입니다. 의도 없고 빛도 없는 아무것도 아닌 존재라는 것입니다.

> 여호수아가 더러운 옷을 입고 천사 앞에 서 있는지라(슥 3:3).

그때 스가랴가 보니까 여호수아가 더러운 옷을 입고 천사 앞에 섰습니다. 그슬린 나무와 같이 더러운 옷을 입은 사람이란 말입니다. 이것은 다 의가 없고 자랑할 것이 없고 부끄러운 것뿐이라는 말입니다.

> 여호와께서 자기 앞에 선자들에게 명령하사 그 더러운 옷을 벗기라 하시고 또 여호수아에게 이르시되 내가 네 죄악을 제거하여 버렸으니 네게 아름다운 옷을 입히리라 하시기로(슥 3:4).

여호와께서 자기 앞에 선자들에게 "그 더러운 옷을 벗기라" 명령하셨습니다. 여호수아가 입고 있던 더러운 옷을 벗기라고 하신 것입니다. 더러운 옷을 벗긴다는 것은 죄를 용서해준다는 것을 비유로 나타내는 것입니다. 더러운 옷을 벗겨버리고는 "내가 네 죄악을 제거하여 버렸으니 네게 아름다운 옷을 입히리라" 말씀하셨습니다. 즉 죄를 사하여 주고 의를 입혀준다는 것입니다. 이것은 믿는 자에게 예수 그리스도의 의를 입혀주는 것을 구약에서 미리 말해준 것입니다. 택한 백성을 주님이 이렇게 사랑하십니다. 주님의 사랑을, 더러운 옷을 벗기고 아름다운 옷을 입혀 주는 것으로 비유합니다.

> 내가 말하되 정결한 관을 그의 머리에 씌우소서 하매 곧 정결한 관을 그 머리에 씌우며 옷을 입히고 여호와의 천사는 곁에 섰더라(슥 3:5).

스가랴가 여호수아의 머리에 정결한 관, 깨끗한 관을 씌워달라고 하자, 여호와의 천사가 그 말대로 정결한 관을 그 머리에 씌우고 또 정결한 옷을 입히고 곁에 섰습니다. 하나님이 택한 백성의 대표가 여호수아인데, 그가 불타다 남은 그슬린 나무와 같고, 죄만 보일 뿐이지 깨끗한 것이라고는 전혀 보이지 않는 더러운 옷을 입은 사람과 같은 사람이란 말입니다. 하지만 그는 택한 사람이므로 하나님께서는, 그 더러운 옷을 벗겨라, 아름다운 옷을 입혀라, 이렇게 말씀했단 말입니다. 이것은, 하나님이 그리스도 안에서 택한 백성에게 그리스도의 의를 입혀서 하늘나라에 가서도 전혀 부끄러움이 없도록 해주시는 것을 말합니다. 아름다운 옷을 입혔습니다. 이것은 그리스도를 옷 입듯이 입혀주는 것을 비유합니다.

영광을 하나님께만 돌리는 심리

그러면 왕이 된다는 것, 저 나라에 들어가서 왕이 된다는 것은 무엇을 의미합니까? 거기에 가서 권력을 휘두른다는 것이 아닙니다. 그렇다고 호의호식한다는 것도 아니고 섬김을 받고 편안하게 산다는 것도 아닙니다. 우리는 성경에 나온 이 말씀을 분명히 바로 알아야겠습니다. 그럼 왕 노릇 한다는 것이 과연 무엇인가? 불에 그슬린 나무와 같이 시꺼멓고 더러운 옷을 입은 자에게 아름다운 옷을 입힌 것과 같이 되는 것입니다.

보통 세상 사람들 생각으로 아름다운 옷을 입으면 자랑할 만하지 않겠습니까? 자랑해서는 안 되겠지만 인간의 심리라는 것이 보통은 자랑하고 싶지 않겠습니까? 어딜 가든지 아주 위풍당당하단 말이지요. 그것이 왕입니다. 그것을 왕이라고 합니다. 그러나 여기 말씀을 기준으로 해서 왕의 자격이 무엇인지, 왕의 내용이 무엇인지 좀 더 풀어 보겠습니다.

첫째는 영광을 받지 않고 영광을 하나님께만 돌리는 심리, 그것이 왕의 심리입니다. 이 세상과는 아주 반대입니다. 이 세상에서는 왕이라고 하면 자기가 영광 받는 자라는 말입니다. 사서삼경이라고 하면 중국 민족이 수천 년 동안 표준으로 삼아 오는 사상 아닙니까? 거기에 따르면 그들은 입신양명(立身揚名)을 주장합니다. 입신양명이 유교의 사상입니다. 그 뜻은 신분을 높이 세워서 이름을 알린다는 뜻이지요. 양명이라 할 때, 양(揚)자는 쳐든다는 뜻입니다. 자기 이름을 높이 든다는 말입니다. 유교라는 것은 저 세상은 모르고 이 세상만 아는 것입니다. 그러니 이 세상에서 한번 이름을 내고 사는 것, 이 세상에서 자기가 높아지는 것이 중요하단 말입니다. 그런 사상으로 지금까지 수천 년 동안 동양 사람들이 살아왔습니다.

그런데 하늘나라는 그와 정반대란 말입니다. 영광을 내가 받지 않고 하나님께 돌리는 것입니다. 계시록 4장 마지막 부분에 보면 이십 사 장로가 면류관을 벗어서 하나님 보좌에 던지는 장면이 나옵니다. 그것이 무슨 뜻입니까? 이 영광은 우리가 받을 것이 아니라 하나님이 받아 마땅합니다, 하는 생각의 표현이지요. 우리가 기독자들로서 세상에 살면서 이름이 날 수도 있습니다. 혹시 영광이 자기에게 돌아올 수도 있다는 말입니다. 그렇지만 그럴 때마다 속으로는 이것은 내가 받을 것이 아니라 하나님께서 받아야 한다는 생각을 해야 올바른 것입니다. 그것이 진리입니다. 바로 그러한 사상이 오는 세상에서의 왕의 사상입니다.

섬기는 심리

둘째로 섬기는 것입니다. 이것 역시 반대로 생각하는 것이 좋습니다. 세상의 왕은 섬김을 받으려고 생각합니다. 남을 부리려고 합니다. 남을 이용해 자기가 좋게 되려는 것이 자기를 높이는 사람의 사상이고 세상 왕의 자리를 탐하는 사람들의 사상입니다. 하지만 내세의 왕들은 그렇지 않습니다. 남을 위해서 희생하고 도우려는 사상입니다. 그것이 내세에 왕 노릇 하는 것입니다. 그것은 우리 주님께서 많이 가르쳐 주는 것입니다. 내세의 왕이 어떠한 사상을 가지는지 마태복음 23장 11절에 분명히 나와 있습니다. "너희 중에 큰 자는 너희를 섬기는 자가 되어야 하리라 누구든지 자기를 높이는 자는 낮아지고 누구든지 자기를 낮추는 자는 높아지리라"(마 23:11-12). 참 이상한 사상이지요. 왜 이상하다고 합니까? 이 세상과 다르기 때문입니다. 저 세상에 가서 왕으로 있는 자들은 섬기는 자가 됩니다. 다시 말하면 남을 도와주려는 사상으로 꽉 찼다 그 말입니다.

그렇다면 봉사의 사상이 왜 그렇게 고상하고 훌륭한 것이고, 봉사의 사상이 왜 왕적인 사상입니까? 그것은 바로 봉사의 사상이 하나님의 사상이기 때문입니다. 요한일서 4장에 하나님은 사랑이라 했습니다(8절). 사랑이 무엇입니까? 희생하고 봉사하는 것입니다. 사랑에 대해서 다른 정의가 있겠습니까? 사랑이 이기주의입니까? 사랑이 섬김을 받는 정신입니까? 아닙니다. 사랑은 희생하고 봉사하는 정신입니다.

일반적으로 사람들은 봉사를 낮은 사람들이나 하는 것이라고 생각합니다. 심부름하는 사람들, 방을 청소하는 사람들을 그렇게 생각하기 쉽습니다. 그와 반대로 높은 의자에 앉아서 호화롭게 사는 사람들이 높은 사람이라고 그렇게 생각하는 것이지요. 하지만 봉사하는 사람들의 정신은, 높은 사람들이라고 여기는 사람들이 보기에는 낮은 일이라도 남을 유익하게 하는 일이라면 서슴지 않고 한다는 정신입니다.

그렇다면 그들은 왜 그렇게 고생을 합니까? 그것은 봉사의 사상이 하나님의 사상이기 때문입니다. 봉사는 고용 당한 사람의 사상이 아닙니다. 봉사는 그야말로 여유 만만한 사상입니다. 풍성함을 느낍니다. 자기를 잊어버리고 남을 도와줄 만큼 그렇게 삶의 여유가 있는 사람이 가지는 사상입니다. 자기가 죽는 한이 있더라도 혹은 자기가 죽더라도 남을 도와주려는 사상, 이것이 얼마나 넓은 사상이며 높은 사상이며 힘있는 사상입니까? 이것이 하나님의 사상입니다.

하나님은 희생자가 아닙니까? 억만 성도를 돕기 위하여 자기의 독생자를 희생하신 분 아닙니까? 봉사란 표현이 조금은 다른 사람 밑에서 심부름하는 것을 생각하게 합니다. 그러나 바로 그 봉사, 서브, 돕는 것, 남을 위해 일을 하는 것 등이 바로 하나님의 사상입니다. 독생자를 희생해서라도 인류를 구원하시려는 그런 사상입니다. 하나님은 우리가 알지 못하는 사이에도 계속 우리를 돕고 있습니다. 어디 편안한 자리에 가만히 앉아 계시면서 자기의 평안이나 도모하는 것으로 생각하면 안 됩니다. 참으로 묘합니다. 다른 사람들을 돕는 사상이 왜 그렇게 고귀합니까? 그것이 저 세상에서 왕의 사상이고 하나님의 사상이기 때문입니다. 하나님은 사랑이라고 했습니다. 그 생활 표준이, 그 수준이 다릅니다. 생각하는 방식이 보통 사람들의 생각과는 다르단 말입니다.

그야말로 왕이 될 사람은 이 세상에서도 남들이 생각하지 못하는 것을 생각합니다. 남들이 인정하지 않아도 자기를 희생해가면서 남을 돕습니다. 남들이 무슨 칭찬도 안 하는데 자기에게 무슨 이익이 있다고 그러는지 그렇게 남을 돕는 데 열심을 냅니다. 그것이 왕이 될 사람의 사상이에요. 왕의 사상입니다. 저 세상에 들어가서 왕은 무엇을 하느냐? 남을 돕는 일을 합니다.

그런고로 저 세상에 들어가서 왕 노릇 한다는 것은 무엇입니까? 그것은 영광을 자기가 받지 않고 하나님께만 돌린다는 것입니다. 자기에게 집중하기보다는 남들에게 집중해 남을 돕는다는 것입니다. 저 세상에 들어가서 돕는 일이 무엇인지는 우리가 지금 말하지 못합니다. 태중에 있는 아이가 바깥세상의 일들을 말할 수 있겠습니까? 말할 수 없지요. 나비가 되기 전 유충이 나비가 된 후의 일들을 말할 수 있겠습니까? 역시 말할 수 없지요. 이와 마찬가지입니다. 우리는 성경에서 말한 대로 알아야 합니다. 성경이 이렇게 왕이라고 하면 왕이 다 되는 줄 알아야 합니다. 너희 중에 우두머리는 섬기는 자라고 성경이 말하지 않았습니까.

진리의 왕, 예수로 옷 입는 심리

셋째로는 진리의 왕입니다. 요한복음 18장 37절을 보겠습니다. "빌라도가 이르되 그러면 네가 왕이 아니냐 예수께서 대답하시되 네 말과 같이 내가 왕이니라 내가 이를 위하여 태어났으며 이를 위하여 세상에 왔나니 곧 진리에 대하여 증언하려 함이로라." 바로 진리의 왕입니다. 말하자면 저 세상에 들어가서 마땅히 알아야 할 것을 환하게 알고 있는 것입니다.

사람이 무언가를 모르면 그것을 아는 사람 앞에 머리를 숙입니다. 당당하지 못합니다. 예를 들어 이제 막 시험을 치러야 하는 학생은 시험관 앞에서 머리를 숙이게 됩니다. 시험문제로 무엇이 나오겠나, 해서 전전긍긍합니다. 그러다가 배우지 않은 것을 내면 꼼짝 못합니다. 어안이 벙벙해 가지고 앉아 있지요. 당당하지 못하고 위축되어 있습니다. 그러나 시험문제를 환하게 다 안다면 위축될 리 없습니다. 그야말로 당당하지요. 채점하는 선생님 앞에서도 두려울 것이 없습니다. 마음에 조금도 겁나는 것이 없지요. 당당합니다. 이 비유로 말하는 것입니다.

우리는 인생으로서 이 세상에서 알아야 할 것을 모르는 게 너무 많습니다. 우리가 과학적으로 뭘 안다고 할 때 아는 만큼 무지의 면적이 더 커진다고 했습니다. 즉 하나를 알면 하나만큼 무지가 생겨납니다. 모르는 것이 생겨납니다. 둘을 알면 둘만큼 무지가 또 생깁니다. 무지의 면적이 그만큼 더 넓어집니다. 요만큼 알면 그 무지의 면적이 요만한 정도로 접촉되어 있습니다. 그러나 이만큼 알면 그 무지의 면적이 또 이만큼 접촉되는 것입니다. 이만큼 알았다고 해도 다 안다고 할 수 없습니다. 또 다른 문제가 나옵니다. 끝이 없습니다. 그러니 이 세상에서 이만큼 안다는 것은, 그것을 플러스 마이너스 해보면 사실상 아는 것이 없는 것입니다. 얼마만큼 알게 되면 또 그 얼마만큼 무지가 협박을 하는 것입니다. 그러므로 이 세상에 사는 사람들이 무엇을 좀 안다고 해서 머리를 쳐들고 당당할 입장이 못 됩니다.

그러면 예수님이 세상에 오신 것은 왕으로 오셨는데 어떤 왕으로 오셨습니까? 우리는 방금 예수님이 빌라도 앞에서 증언하신 말씀을 들었는데, 그는 "진리에 대하여 증언하려 함이로라" 말씀하셨습니다. 예수님은 진리십니다. 모르시는 것이 없는 분이기 때문에 진리입니다. 그런데 우리 예수 믿는 사람들은 이 세상에서 모르는 것이 많습니다. 그러나 저 세상에 들어간 다음에는 아는 것이 상당히 많아집니다. 예수님이 그 배경이 되어 주십니다.

예수님이 죽으신 것이 우리의 죽음이 되고 예수님이 다시 사신 것이 우리의 삶이 됩니다. 성경이 가르치는 것 아닙니까? 예수님이 우리를 위하여 대신 속죄해 주신 것이 분명하지 않습니까? 신구약이 가르치는 것이 그것 아닙니까? 그뿐 아니라 그것을 다시 삶으로 사는 것 아닙니까? 그분의 생명이 우리 생명의 근원이 됩니다. 그분의 죽음의 혜택을 우리가 그대로 다 받고 그분의 생명의 근원을 우리가 다 받습니다. 예수님이 바로 우리 예수입니다. 그것이 성경이 가르치는 말씀입니다.

그러니까 우리가 왕이 된다는 것은 우리가 잘나서 왕이 된다는 것이 아닙니다. 여호수아에게 아름다운 옷을 입혀 주었으니 아름다워진 것처럼 하나님께서 우리에게 아름다운 예수를 입혀주는 것입니다. 이것은 조금도 과장해서 하는 말이 아닙니다. 이것이 우리가 믿는 구원의 도리입니다. 우리 신자들 중에 그 누구도 잘나서 왕이 된다는 것이 절대 아닙니다. 왕이 된다는 것이 바로 구원받는다는 말과 같아요. 왕은 구원이라는 말과 같습니다. 어떤 사람들은 말하기를 저 세상에 들어가면 왕이 되는 신자가 있고 그렇지 않은 신자가 있다고 합니다. 하지만 그것은 성경적이지 않습니다. 성경이 그렇게 가르치지 않아요.

그러면 여호수아가 어떤 사람이라고 했지요? 더러운 옷을 입은 사람이요, 불에 그슬린 나무라 그랬습니다. 불타다 남은 끄트머리, 시꺼먼 숯덩이와 같이 볼품없고 자랑할 것이 없고 부끄럽기까지 한 존재라 그랬습니다. 그런 존재에다가 아름다운 옷을 입혔다는 것이 바로 이 예수의 의를 대신 입혀준 것입니다. 로마서 13장 14절이 말한 것처럼 예수를 옷 입듯이 입는 것입니다. 주 예수를 옷 입듯이 입는 그 심리가 신앙입니다. 다들 그렇게 되지 못하는 것이 참 유감입니다. 그래도 내게 뭐가 있다, 그래도 내게 어떤 가능성이 있다고 생각하는 것이 망하는 사상입니다. 그것이 어둠의 사상입니다. 우리가 어떻게 하면 예수를 옷 입게 되겠습니까? 우리가 옷을 입지 않고는 밖에 나서지 않습니다. 밖에 나설 때 우리는 될 수 있는 대로 옷을 잘 차려입으려고 합니다. 우리가 옷을 잘 입고 밖을 나서려 하듯이 예수를 잘 입고 나서려고 하는 심리가 우리에게 절대로 필요합니다.

우리는 지금 왕의 사상 중 세 번째 것을 말하고 있는데, 예수님을 옷 입듯하는 것 때문에 예수님이 아시는 그 진리와 그 진리의 혜택을 우리가 다 받는 다는 말입니다. 예수님이 아시는 것 말입니다. 그러나 우리가 다 알지는 못하지요. 우린 인생이고 예수님은 하나님인데, 예수님이 아시는 것을 우리가 어찌 다 안다고 할 수 있겠습니까? 그럴지라도 그분을 옷 입듯이 입어서 그분이 나의 대리자가 되는 것인 만큼 그분이 아시는 진리를, 진리의 혜택을 다 받는다는 말입니다. 마치 자식이 아버지의 사상은 모르지만, 그 아버지가 가지고 있는 지식이라든지 재산이라든지 하는 것들의 혜택을 받는다고 할 경우, 그 재산이 아버지의 것이지만 다 자기 것처럼 혜택을 받는 것 아닙니까?

예수님이 누굽니까? 우리의 대리자입니다. 우리 대리자이기 때문에 성경에는 그리스도 안에서 산다는 말이 참 많습니다. 그리스도 안에서 산다는 것이 무엇입니까? 자, 여기 이 컵 안에 지금 주스가 있습니다. 우리가 그리스도 안에 있다고 할 때 우리는 이 주스와 같은 존재들입니다. 예수님이 우리를 다 떠받들어주시고, 예수님이 우리를 다 둘러싸주시고, 예수님이 우리를 유지해주시고, 예수님이 우리에게 전부가 되시는 것입니다. 그래서 왕인 것입니다. 그렇지 않으면 예수님을 떠나서 무슨 왕이 있습니까? 무슨 왕이겠습니까? 내가 무엇입니까? 예수님을 떠나면 우리는 그야말로 불탄 끄트머리에 그슬린 존재란 말입니다.

부끄러운 구원은 없다

누구든지 그 공적이 불타면 해를 받으리니 그러나 자신은 구원을 받되 불 가운데서 받은 것 같으리라(고전 3:15).

고린도전서 3장 15절입니다. 불 가운데서 사람이 뛰어나올 때 무엇을 가지고 나오겠습니까? 집에 불이 붙어 뛰어나올 때 보물 상자라도 들고 나오지 않겠습니까? 그러나 여기서는 보물 상자를 들고 나오는 경우를 말하는 것이 아닙니다. 몽땅 알몸뚱이로 뛰어나오는 경우를 말하는 것입니다. "누구든지 공적이 불타면" 했는데, 이것은 자기가 한 일이 불탄다는 말입니다. 분명한 말입니다. 업적을 남기지 못하였습니다. 업적이라는 말을 나쁘게 쓸 수도 있지만 좋게 쓸 수도 있습니다. 한 일이 없게 되었습니다. "공적이 불타면 해를 받으리니" 그랬는데 그만큼 손해가 있는 것입니다.

"그러나 자신은 구원을 받되 불 가운데서 받은 것 같으리라"고 했습니다. 이런 사람도 왕이 될까요? 일견 근근이 구원받았구나, 하는 생각이 듭니다. 그러나 여기에서는 근근이 구원받았다는 말이 합당치 않습니다. 하나님이 택한 백성이 어떻게 근근이 구원받겠습니까? 불 가운데서도 당연히 구원받는 것 아니겠습니까? 근근이 구원받는다는 말은 가당치 않습니다. 그럼 무슨 말을 써야 하지요? 당당하게 구원받았다고 해야지요. 부끄러운 구원이 아닙니다. 부끄러운 구원이 어디 있습니까? 구원 하면 바로 예수고, 구원받을 때는 예수밖에 없습니다. 내 것이 거기 하나라도 들어갔습니까?

예레미야 17장 9절에서는 "만물보다 거짓되고 심히 부패한 것은 마음이라"고 했고, 로마서 3장 10절에서는 "의인은 없나니 하나도 없"다고 했습니다. 그 마음조차도 썩어지고 냄새나는 것인데 내 것으로 구원의 공로가 되는 것이 과연 무엇이 있겠습니까? 하나도 없지요. 하나도 없습니다. 도리어 구원을 이루는 데 반작용하게 하고 못 받게 만드는 것이 나의 존재란 말입니다. 그것을 알아야 합니다. 그만큼 부패하고 구원받는 일에 아무런 효과를 못 내는 것이 나의 존재 전체입니다. 그러면 무엇으로 구원받습니까? 전적으로 예수로만 받습니다. 그러기 때문에 그리스도 안에 있다, 그러지 않습니까? 바울서신을 보면 '그리스도 안에'란 말이 얼마나 자주 나옵니까.

앞서 본 스가랴 3장 초두에 보면, 더러운 옷을 벗기고 아름다운 옷을 입혔다고 하니, 그것은 예수 그리스도를 입혔다는 말과 같습니다. 그래서 이제는 부끄럽지도 않고 당당히 구원받은 사람인 것이지요. 여기 고린도전서 3장 15절에서 "불 가운데서 받은 것 같으리라" 할 때도 근근이 구원받은 것이 아니요 당당하게 구원받은 것을 말하는 것입니다. 왜 당당하게 구원받았다고 합니까? 택한 백성으로 구원받았기 때문이지요. 택한 백성이라면 불 가운데서도 당연히 구원받지요. 이것은 세상 사는 동안 주님 앞에 내놓을 만한 일이 없으니 그 방면에 영적 손해는 있겠지만 구원은 그대로 받는다는 것 아닙니까?

구원이 무엇입니까? 예수지요. 예수밖에 구원이 없습니다. 그러면 이 사람이 왕이 됩니까, 안 됩니까? 내세에 들어가서 왕이 됩니다. 왜 그렇습니까? 그가 예수와 합해서 구원받았기 때문입니다. 예수와 합하지 않고는 구원받지 못합니다. 예수 그리스도 안에 있기에 구원받았지 예수 그리스도 밖에 있는 자는 구원 못 받아요. 아무리 잘난 사람도 구원 못 받습니다. 그러면 사람으로서 저 세상에 가서 내놓을 것이 무엇입니까? 예수입니다. 무엇을 의지하고 삽니까? 예수를 의지하고 삽니다. 예수가 왕입니까? 왕이지요. 그러면 불 가운데서 구원받은 것 같은 그 성도가 왕이 됩니까? 왕이 됩니다.

십사만 사천은 믿는 사람 전부

계시록 14장 3-4절을 보면 십사만 사천이 새 노래를 부르는데 십사만 사천에 든 사람만이 그 노래를 안다 그랬습니다. 십사만 사천에 든 사람만 그 노래를 부를 줄 안다, 그랬습니다. 새 노래가 무엇입니까? 구원의 노래예요. 예수의 피로 속죄 받은 노래입니다. 십사만 사천밖에는 이 노래를 부를 자가 없다고 했습니다. 그렇다면 십사만 사천은 누구입니까? 믿는 사람입니다. 믿는 사람 전부를 십사만 사천이라고 한 것입니다.

어떤 사람들은 십사만 사천이 믿는 자의 대표요 믿는 자의 표상이라는 말을 깨닫지 못해서, 별도의 사람들이라고 생각합니다. 지금까지 예수를 믿은 사람들이 아니라 주님 오실 때, 즉 세상 끝이 가까울 때 일어나는 소위 사명자라고 가르칩니다. 십사만 사천은 사명자들인데, 그 사명자들만이 왕이 되고 그 외의 신자들은 다 백성이라고 합니다. 이건 구원론에서 잘못된 사상입니다. 십사만 사천은 모든 믿는 자들의 표상입니다. 계시록의 숫자는 많은 것들이 상징적으로 사용되었습니다. 하나님의 일곱 영이라고 할 때 일곱 영은 성령을 의미합니다만 성령이 어디 일곱 분입니까? 아니지요. 한 분입니다. 그러면 왜 일곱 영이라고 했습니까? 영들이라고 복수로 표기했습니다. 왜 그랬을까요? 같은 시간에 여기서도 일하시고 저기서도 일하시고 서양에서도 일하시고 동양에서도 일하시고 그 많은 영들이 같은 능력자니까 일곱 영이라고 한 것입니다. 비유입니다. 일곱이라는 수가 비유란 말입니다.

어떤 이단자는 무엇이라고 잘못 가르쳤는가 하니 십사만 사천은 주님이 오실 때 나타날 사명자들인데, 그들만이 왕이고 그들만이 저 세상에 들어가서 왕 노릇 하고 다른 신자들은 다 백성 노릇 한다고 가르쳤습니다. 그래 가지고는 새 수도원을 만들어 사람들을 모집하고 사명자를 지금 양성한다고 했습니다. 사명자를 양성한다, 즉 예수님이 오시기 직전에 전도할 사람들을 가르쳐 훈련시키는 것입니다. 자기는 십사만 사천에 이미 들었고 그 사람들을 가르쳐서 십사만 사천 가운데 가담하는 자들로 대기시킨다는 것입니다. 자기에게 훈련 받으면 결국에는 십사만 사천에 들어간다고 하는 바람에 많은 사람들이 거기에 가서 훈련 받았다고 합니다.

그 이단자는 자기가 죽은 다음 사흘 만에 다시 산다는 소리를 했답니다. 진짜로 그가 물에 빠져서 죽었는데, 그를 따르던 사람들이 그 이단자를 장사 지내지 않았단 말이에요. 여러 날 장사를 안 지냈습니다. 경찰이 와서 간섭해 가지고야 비로소 장사지내도록 했습니다. 그제서야 시체를 가져다가 묻도록 한 것입니다. 그 이단자들은 자기들이 특별한 자들이라고 생각한 것입니다. 자기들이 보통 사람이 아니므로 자기들을 따르면 어떠어떠하게 된다, 하는 것이지요. 그 이단자는 자기가 십사만 사천에 이미 들어갔다고 생각하고 자기가 십사만 사천에 들게 해주는 사람이니 자기에게 훈련을 받으라고 속였던 것입니다.

이 사상이 왜 위험합니까? 이는 구원론에서 잘못되었기 때문입니다. 구원받는 사람이라면 모두 다 그리스도와 연합해서 구원을 받는데, 그리스도와 연합했다는 것은 바로 그리스도의 모든 혜택을 받는다는 것입니다. 그리스도가 그의 배경이 되고 옷과 같이 되어 주십니다. 은혜로 이렇게 됩니다. 예수님이 우리 옷과 같이 되어 주신다는 것은 말하기도 참 황송하지요. 그러나 성경에 그리스도를 옷 입으라고 쓰여 있지 않습니까? 구원받은 사람이라면 누구를 막론하고 예수를 받았다는 것이고, 예수 안에 사는 사람이라는 것인데, 그것이 바로 왕입니다. 그런데 구원론에서 계급을 두어 어떤 사람은 왕이 되고 어떤 사람은 백성 노릇을 한다고 한 것입니다. 이렇게 속이는 사람이 많이 일어납니다. 예레미야 17장 9절에 무슨 말씀이 있습니까? 만물보다 거짓되고 심히 부패한 것이 사람의 마음이라고 하지 않았습니까.

사람이라는 것이 조금만 대접해 주면 좋아합니다. 사람이라는 것이 영광을 주기만 하면 자기가 영광을 받는단 말입니다. 그래 가지고 살짝 속이기도 합니다. 나는 왕이다, 난 지금부터 왕으로 안다, 그러나 당신들은 아직 왕이 아니야, 그러니 내게 훈련 받아라, 이런 식으로 생각하기 쉽습니다. 다른 신자들을 볼 때, 이 사람들이 다 어떻게 될지 모르겠다, 지금 내가 보기엔 왕 같지 않다, 나는 왕인데, 뭐 이런 식으로 잘못 생각을 한다는 말입니다. 그런데 그런 생각을 하는 자체가 남만 못한 자라는 것 아닙니까? 그 사상이 남들만 못한 사상 아니에요? 왜 그렇습니까? 교만한 자니까 그렇습니다. 이렇게 교리를 비틀어서 가지게 되면 스스로 쉽게 속고, 또 남들을 속이기 쉬운 것입니다. 구원론에 있어서 잘못되기까지 계시록을 잘못 가르치는 것은 위험합니다.

이제 정리하겠습니다. 왕의 사상 첫째는, 영광을 자기가 안 받는 것입니다. 다른 사람들이 칭찬해도 이것은 하나님이 받을 것이라고 생각하고 자기가 받지를 않는 것입니다. 둘째는, 섬기는 자가 되는 것입니다. 섬기는 것이 바로 희생하고 남을 돕는 정신인데 그것이 바로 하나님의 사상이란 말입니다. 셋째는, 예수님이 바로 진리의 왕이라는 것입니다. 그가 바로 왕이신데, 내가 진리에 대하여 증언하려 하노라 그랬습니다. 진리에 대하여 증언하려 하노라 말씀했는데, 예수님은 모르시는 것이 없으신 분입니다.

예수님은 진리에 대해서 다 환합니다. 금생내세 천상천하에 다 환합니다.

그분은 빛입니다. 빛이 올 때 어둠은 슬그머니 물러납니다. 자취도 없습니다. 물러간다는 소리도 없이 물러납니다. 빛이 왕이란 말입니다. 빛이란 것이 그만큼 승리의 존재입니다. 그 무엇도 지지 않겠다고 발버둥 쳐 보지도 못해요. 빛이 오면 어둠은 살짝 물러갑니다. 언제 물러가는지도 모릅니다. 예수님은 빛입니다. 모르시는 것이 없습니다.

그러면 이제 예수님을 믿는 사람은 어떻게 되느냐? 예수님의 죽으심이 나의 죽음이 되고 예수님의 부활이 나의 부활이 됩니다. 예수님에게 있는 모든 것이 내 것이 된다는 말입니다. 너무도 황송한 말씀이지요. 그러나 이것이 성경의 말씀입니다. 그러기 때문에 예수님이 아시는 진리, 지식의 혜택이 믿는 자에게 그대로 다 미칩니다. 믿는 자가 예수님 속에 있는 그 진리를 다 알지는 못해도, 모르는 가운데서도 그 혜택을 다 받는단 말입니다. 예수님이 빛이시기 때문에 우리 믿는 사람들도 빛입니다. 듣기에 따라 외람된 말이라 생각할 수 있지만 주님이 그렇게 되도록 하셨으니까 말해야 옳지요. 예수 그리스도 때문에 우리도 빛이라 그 말입니다. 따라서 예수 그리스도 때문에 우리도 왕입니다.

46
불 심판

계 20:7-10

- ### 곡과 마곡의 전쟁

천 년이 차매 사탄이 그 옥에서 놓여 나와서 땅의 사방 백성 곧 곡과 마곡을 미혹하고 모아 싸움을 붙이리니 그 수가 바다의 모래 같으리라 (20:7-8).

여기에 나오는 싸움은 이 세상을 마감하는, 이 세상을 아주 치워버리는 전쟁입니다. 그 이후에는 영원히 전쟁이 없습니다. 곡과 마곡이 일어나서 일으키는 참으로 무서운 전쟁입니다. 그런데 여기서 곡과 마곡이 무엇을 의미하는지 그 뜻을 알아보겠습니다.

성경에 기록된 모든 말씀은 예언 성취입니다. 하나님께서 미리 말씀했다가 그 후 수백 년, 수천 년이 지나서 그대로 이루시는 사건들입니다. 다른 종교에는 이런 것이 없습니다. 미리 말하고서 나중에 그대로 이루는 일이 없습니다. 전혀 없습니다. 유교에도 예언이란 것이 없습니다. 불교에도 없습니다. 이 세상 다른 종교에 예언이라고 할 만한, 가치 있는 예언이 없습니다. 그만큼 다른 종교들은 사람이 만든 것입니다. 어둠의 산물입니다. 하지만 성경에 기록된 사건들은 예수님 당시를 표준으로 수백 년 전, 혹은 수천 년 전에 예언했던 것이 그대로 이루어진 것입니다. 그래서 기독교는 믿음을 주장합니다. 믿기가 쉽단 말입니다. 엉터리를 가지고 믿으라고 하면 못 믿겠는데, 너무도 믿기 쉽게 하나님이 이루어 놓으신 참 종교입니다. 이 신구약성경에 꽉 찬 이 사건들이 예언 성취입니다. 그것도 하루 이틀 전에 예언한 것이 아니라 수백 년 혹은 수천 년 전에 예언했던 것이 그대로 이루어진 것입니다.

이 곡과 마곡의 이 전쟁은 에스겔 38, 39장, 두 장에 기록된 것입니다. 에스겔이 예언한 것입니다. 잠깐 그 예언을 들여다보겠습니다. 에스겔 선지자는 예수님이 탄생하시기 400여 년 내지 500년 전 사람입니다. 에스겔은 예수님이 오시기 한참 전에 선지자로 예언한 것입니다. 에스겔 38장 1절입니다.

> **여호와의 말씀이 내게 임하여 이르시되 인자야 너는 마곡 땅에 있는 로스와 메섹과 두발 왕 곧 곡에게로 얼굴을 향하고 그에게 예언하여**(겔 38:1-2).

여기를 보니까 계시록 20장 7절에서 곡과 마곡을 처음 말한 것이 아니었습니다. 이천사백여 년 전에 이미 말했습니다. 마곡 땅에 있는 곡, 그러니까 마곡은 땅 이름이고 곡은 민족 이름이지요. "로스"라는 말을 기억합시다. "곡"이라는 민족이 곧 "로스"라는 민족과 같단 말이지요. 그러기 때문에 이 마지막 전쟁을 일으킬 민족이 러시아(Russia)라는 것입니다. 로스, 그 로스는 분명히 그 러시아와 관계가 있습니다. 그 어근이 러시아와 관계가 있습니다.

로스, 메섹, 두발, 이것이 다 지방 이름들입니다. 마곡이 중심이 되고 이런 땅들이 거기에 포함되어 있는 것입니다. 현재 러시아에 토볼스크(Tobolsk)라는 지명이 있습니다. 두발과 토볼스크, 그러니까 러시아와 인연이 있는 이름들입니다. 에스겔은 예언하기를 "로스와 메섹과 두발 왕 곧 곡에게로 얼굴을 향하고 그에게 예언"한다 그랬습니다. 선지자가 얼굴을 향한다는 것은 그 민족을 향하여 예언한다, 그 민족에 관하여 예언한다는 말 아니겠습니까.

이르기를 주 여호와께서 이같이 말씀하시기를 로스와 메섹과 두발 왕 곡 아 내가 너를 대적하여(겔 38:3).

곡은 그 민족의 이름인 동시에 또한 그 왕을 말합니다. 그 왕의 이름을 그 민족 이름으로 부릅니다. 민족 이름으로 대표하는 것이지요.

너를 돌이켜 갈고리로 네 아가리를 꿰고 너와 말과 기마병 곧 네 온 군대를 끌어내되 완전한 갑옷을 입고 큰 방패와 작은 방패를 가지며 칼을 잡은 큰 무리와 그들과 함께 한 방패와 투구를 갖춘 바사와 구스와 붓과 고멜과 그 모든 떼와 북쪽 끝의 도갈마 족속과 그 모든 떼 곧 많은 백성의 무리를 너와 함께 끌어내리라(겔 38:4-6).

여기에도 지명 이름이 많이 나옵니다. 바사, 구스, 붓, 고멜 등입니다. 바사는 오늘날의 페르시아지요. 구스와 붓은 아프리카에 있는 나라들입니다. "고멜과 그 모든 떼"는 고멜과 여러 위성국가들이 동원되었다는 것을 보여 줍니다. 이들을 왜 끌어냅니까? 전쟁을 하기 위해서입니다. 하나님이 전쟁하기 위해서 이들을 다 끌어낸단 말입니다. 그러니까 이러한 세계 종말을 일으키는 사건이 하나님 모르게 되겠습니까? 하나님이 허락해야 하기 때문에 하나님이 이러한 나라들을 끌어낸다고까지 말씀하시는 것입니다. 하나님이 허락해서 이 전쟁이 일어나는 것입니다. 이 아래 말씀들을 읽어 보면 로스와 그 위성국가들, 즉 주위에 사상이 같은 그런 나라들이 총동원되어서 이스라엘을 공격한다는 내용입니다.

그 뒤에 이스라엘이라는 말이 나옵니다. 이스라엘을 공격하는데 이스라엘은 아무 전쟁 준비도 하지 않습니다. 그런데 하나님께서 간섭을 하셔서 그 군대들이 저희끼리 싸우고 죽인다는 것입니다. 저희끼리 죽이고 또 불이 내려온다고 그랬습니다. 하늘에서 불이 내려와서 그 군대들을 섬멸시키는 내용이 기록되어 있습니다. 38장을 읽어 내려가면 그 내용입니다. 또한 39장에서는 죽은 무리의 시체가 너무 많기 때문에 그 시체를 장사하는 데 오랜 세월이 걸린다는 것을 말합니다. 숱한 사람이 죽었다는 것입니다. 시체를 장사하는 데만 오랜 세월이 걸린다는 것이 바로 요점이에요. 에스겔이 그런 예언을 한 것입니다.

그러면 여기에 등장하는 이스라엘은 누구인가? 성경에서 이스라엘이 꼭 유대인을 의미하지는 않습니다. 예수를 믿는 사람을 이스라엘이라고 합니다. 갈라디아서 6장 마지막 부분에 보면 "하나님의 이스라엘"이라는 표현이 있습니다(16절). 신자들을 말합니다. 그야말로 참 이스라엘, 영적 이스라엘을 말합니다. 육적으로 아브라함의 자손이니까 이스라엘이라고 하는 것이 아니고 아브라함의 신앙의 자취를 따라가는 사람들이기에 이스라엘이라고 하는 것입니다. 로마서 4장에서는 아브라함의 신앙을 따라가는 사람이 모두 다 아브라함의 자손이라고 했습니다. 우리가 한국 사람이지만 아브라함의 신앙과 같이 믿을 때 우리는 아브라함의 자손이 되는 것입니다. 이것이 영적 이스라엘입니다.

예언자들이 예언할 때 자기가 속한 환경의 용어들을 가지고 예언하는 경향이 있습니다. 그러기 때문에 이스라엘이라고만 말한 것인데, 그것은 에스겔에게 알려진 유대 민족의 이름입니다. 그러나 하나님이 생각하시는 이스라엘은 영적 이스라엘을 말하는 것입니다. 육적으로 아브라함의 자손이라고 해서 다 이스라엘이 아니라고 로마서 9장이 말하고 있습니다. 하나님이 생각하시는 이스라엘은 하나님의 말씀을 믿는 사람들, 하나님이 보내신 메시아 즉 그리스도를 믿는 사람들이 다 이스라엘인 것입니다.

장차 어느 때인지는 모르겠지만 이제 마지막 때, 곡과 마곡이 일어나서 이스라엘을 공격합니다. 예수를 믿는 사람들을 상대로 전쟁을 일으킵니다. 그 전쟁을 인간 편에서 일으키는 자를 곡과 마곡이라고 했습니다. 이 곡을 에스겔서에서 로스라고 했으니 이것이 러시아가 아닌가 그렇게 생각해 볼만은 합니다. 그렇지만 언제나 우리는 결론을 아주 못 박듯이 내릴 수는 없습니다. 왜 그런가 하니 여기 계시록의 말씀이 대부분 비유로 나오기 때문입니다. 로스라 할 적에, 로스는 사실상 적그리스도 나라 중 하나입니다. 많은 박해 운동을 했습니다. 지금도 예수를 믿는 사람들을 박해하고 있지요.

하지만 로스가 믿는 자들을 핍박하니까, 로스가 핍박하는 자의 대명사가 될 수도 있습니다. 그래서 로스가 아닌 다른 민족이 예수 믿는 사람을 핍박해도, 저거 로스다, 그럴 수 있다는 말입니다. 다른 민족 가운데서 그런 일이 일어난다 하더라도 저거 로스다, 그렇게 말하는 일이 있지 않겠습니까? 그 의미는 로스와 같은 자라는 뜻입니다. 그러한 생각에서 이런 술어를 썼을 수도 있다는 것입니다. 그러니까 여기 로스를 꼭 북방에 있는 러시아 민족이라고 못 박아 말할 필요는 없다는 말입니다. 다만 그것이 아니겠는가 늘 그렇게 생각하는 것이 좋습니다. 다른 민족이 박해운동을 해도 저거 곡과 마곡과 같은 자라, 이렇게 할 수도 있다는 말입니다. 그러므로 우리가 여기서 곡과 마곡을 생각할 때 이것은 지구상에서 끝을 내는 전쟁이라, 이젠 새 하늘과 새 땅이 임하는 때가 된 거라 말입니다.

하늘에서 불이 내려와

> 나와서 땅의 사방 백성 곧 곡과 마곡을 미혹하고 모아 싸움을 붙이리니 그 수가 바다의 모래 같으리라. 그들이 지면에 널리 퍼져 성도들의 진과 사랑하시는 성을 두르매 하늘에서 불이 내려와 그들을 태워버리고 (20:8-9).

다시 계시록 8절 이하를 보겠습니다. 8절에서 이 곡과 마곡의 수효가 바다 모래같이 많겠다고 합니다. 그리고 9절에서 곡과 마곡의 군대가 널리 퍼져서 성도들의 진과 사랑하시는 성을 두른다고 했습니다. "성도들의 진"은 진실하게 예수를 믿는 사람들의 단체입니다. 진실하게 예수를 믿는 사람들의 단체, 곧 교회입니다. 교회라 할 적에 건물을 생각하지 마세요. 건물을 생각하지 마시고 단체를 염두에 두세요. 교회가 있다고 할 때 사람들이 모일 수 있는 회당이 교회가 아닙니다. 회당만 있으면 교회라고 하겠습니까? 아니지요. 그것은 건물이고, 사람이 모이는 회당입니다. 교회는 특별한 명칭입니다. 이것은 선택된 사람들의 단체예요. 여기 "성도들의 진"은 바로 지면에 널리 퍼져 있는 기독신자들의 단체를 가리키는 것입니다.

하나님이 "사랑하시는 성"이라고 했는데, 이것은 방어를 하기 위해 쌓은 성을 의미하는 것이 아니라 도시를 말하는 것입니다. 번역을 바로 하면 도시란 말인데, 성으로 번역해서 석벽으로 쌓은 만리장성 같은 성인 듯한 인상을 받습니다. 하나님이 사랑하는 백성, 곧 진실한 기독자들의 단체를 포위했다는 말이에요.

사방 백성이 기독신자를 포위한 상태인데, 그들이 대항하지 않았습니다. 그런데 하늘에서 불이 내려와 그들을 태워버렸다고 합니다. 하늘에서 불이 내려와서 이 곡과 마곡의 군대들을 태워버린다는 말입니다. 하늘을 쳐다볼 때 불이 없는데 어떻게 불이 내려오나 의아하지요. 우리가 생각하기에 그 불이라는 것이 하나님이 만들어서 내린 불이 아닐까 생각도 하겠지요. 그러나 하나님께서 그때 없는 불을 새로 만들기까지 할 필요가 없습니다. 이미 만들어 놓은 불이 많습니다. 우리가 지금 사용하는 불도 하나님이 만든 것입니다.

그러면 이 불은 어떠한 불인가요? 하나님이 벌써 만들어 놓은 불일 수도 있습니다. 우리 태양을 한번 생각해 봅시다. 태양이 얼마나 뜨겁습니까? 태양이 지구보다 130만 배나 큽니다. 130배만 크다고 해도 큰데 자그마치 130만 배란 말이에요. 태양이 그렇게 큽니다. 또한 저 태양이 얼마나 뜨겁습니까? 빛을 낼 만큼 뜨겁지요. 뜨겁다고 해도 빛을 발하지 못하는 뜨거움도 있습니다. 가령 밥을 지을 때 아궁이에 불을 땝니다. 그럴 때 그 가마가 뜨거워지지 않습니까? 그렇지만 가마가 빛을 낼 정도로 뜨겁지는 않습니다.

뜨거운 것이 다 불의 종류입니다. 그런데 이 뜨거운 것이 어디에나 있습니다. 부싯돌을 쇠에다가 치거나 혹은 쇠로 돌을 치면 불이 납니다. 돌에도 불이 있습니다. 그것을 불이라고 할지 모르겠지만, 좌우간 어디에나 뜨거움이 있습니다. 이 공기 속에도 뜨거움이 있습니다. 어떤 물체가 공기와 강하게 마찰하면 열이 납니다. 그러기 때문에 인공위성이 공기가 없는 곳에 갔다가 공기가 있는 곳으로 내려올 때 문제가 생깁니다. 내려올 때는 아주 빠른 속도로 내려오기 때문에 공기와의 마찰로 인해 얼마든지 인공위성에 불이 날 수 있습니다. 그것을 막기 위해 인공위성에다 타일을 붙였습니다.

우리가 손을 막 비비면 따뜻해집니다. 열이 나지요. 뜨거움이 생깁니다. 그러니까 뜨거움은 태양에만 있는 것이 아니라 어디에나 있는 것입니다. 그런 에너지가 어디에나 다 저장되어 있습니다. 하나님께서 불을 일으키려고 할 때 아주 새롭게 창조할 수도 있겠지만, 그보다도 단추 하나만 누르면 온 우주에 불이 날 수도 있습니다. 물론 비유로 하는 말입니다. 하나님이 단추를 누르시겠습니까. 지금 내가 하는 말은 조금만 이렇게 방향을 바꿔도 우주의 내용이 상당히 달라질 수 있다는 얘깁니다. 지금 지구가 돌아가는 궤도가 태양으로부터 조금만 더 멀어져도 이 우주의 모든 기후라든지 그런 것이 달라질 수 있습니다. 불은 어디에나 있습니다. 우리가 불 가운데서 살아요. 그런데 사람이 살 수 있는 정도로 알맞게 뜨거운 것이지요. 이제 우리가 9절과 같은 말씀을 읽을 때, 올려다보니 불이 없는데 어떻게 불이 내려오나 이렇게 생각해서는 안되겠습니다.

마귀화된 사람들

"하늘에서 불이 내려와 그들을 태워버리고." 그 모래와 같이 많은 사람들이 다 죽는단 말입니다. 이 말씀을 보고 하나님이 너무 잔인하지 않으신가 생각할지도 모릅니다. 그러나 그것은 잘못된 생각입니다. 세상에는 죽어 마땅한 사람이 있습니다. 어느 모로 보나 살아서는 안 될 그런 사람도 있다 말입니다. 곡과 마곡, 즉 이 지구 역사상 맨 나중에 올 적그리스도들은 살아야 할 필요가 없는 존재라고 할 수도 있다는 말입니다. 악한 자를 멸하지 않는 하나님이라면 그 하나님은 공의가 없는 하나님입니다. 따라서 그 하나님에게는 우리의 소망이 있다고 할 수 없지요.

여기 말씀의 내용은 에스겔 39장에 있는 내용과 일치합니다. 수다한 사람들이 다 죽는다는 것입니다. 이렇게 극악한 사람은 하나님이 오래 참으시다가도 멸망시킵니다. 사람이 극도로 악해져서 마귀화될 때 그것을 영어로는 '데모나이즈'(demonize)라고 합니다. 또한 이와 비슷한 말로 비인간화를 영어로는 '디휴머나이즈'(dehumanize)라고 합니다. 디휴머나이즈는 비인간화, 데모나이즈는 마귀화를 말합니다. 디휴머나이즈 혹은 데모나이즈와 같이 사람이 그렇게 불행해지는 일이 있다는 말입니다. 살려보려고 해도 살려지지도 않거니와 악을 향해서 극도로 기울어지고 극도로 악화되어 가니까 그 모양만 사람이지 속은 마귀와 같이 된다는 말입니다. 그러한 사람들이 인류 역사에 있을 수 있다는 것을 우리가 성경을 통해 보는 것입니다.

그러한 사람들을 하나님께서 멸망시킵니다. 하나님께서 그렇게 멸망시키는 것을 볼 때 소망이 있습니다. 악이 끝까지 인류와 함께 한다고 하면 참 소망이 없는 것이겠지요. 인류를 악에서 구원하시는 하나님이시기 때문에 때가 이르면 그 악을 전부 소탕하고 악이 붙을 데 없는 세상을 만드신다는 것이 바로 여기 있는 말씀의 내용입니다.

또 그들을 미혹하는 마귀가 불과 유황 못에 던져지니 거기는 그 짐승과 거짓 선지자도 있어 세세토록 밤낮 괴로움을 받으리라(20:10).

불과 유황 못에 마귀를 던졌다는 것은 이제는 마귀가 전혀 활동하지 못하게 되었다는 것입니다. 그런고로 이것은 세상 끝날, 마지막 심판을 할 때에 될 일입니다. "거기는 그 짐승과 거짓 선지자도 있어." 짐승은 마지막 적그리스도입니다. 거짓 선지자는 19장에 나왔습니다. 마지막 적그리스도 앞에서 활동하던 거짓 선지자를 말합니다. 그런데 이들은 이미 거기, 유황 못에 던져졌습니다. 그것은 19장 마지막 부분에 기록됐습니다. 요한계시록 19장 20절에 "짐승이 잡히고 그 앞에서 표적을 행하던 거짓 선지자도 함께 잡혔으니 … 이 둘이 산 채로 유황불 붙는 못에 던져지고"라 하지 않았습니까. 예수님이 재림하시면서 이들을 이렇게 처리하셨습니다. 이미 처리된 사건입니다. 그런데 지금 마귀를 유황불 못에 처리하면서 다시 이 말이 나온 것입니다. 다시 20장 10절로 돌아와서, 거기에 이미 짐승과 거짓 선지자가 있더라는 말입니다. 이들은 벌써 천년왕국 전에 던져진 자들입니다.

이 말씀과 일치되는 말씀이 베드로후서 3장 8절 이하에 있습니다. 우리가 성경을 펴서 10절부터 보겠습니다. "그러나 주의 날이 도둑같이 오리니 그 날에는 하늘이 큰 소리로 떠나가고"(벧후 3:10a). 하늘이 큰 소리로 떠나간다는 것은 별들이, 천체들이 큰 소리를 내면서 떠나간다는 것입니다. 제 위치에 있지 않고 다 이렇게 어디론가 떨어져 버린다는 것입니다. "물질이 뜨거운 불에 풀어지고"(벧후 3:10b). 여기에서 "물질"이란 말은 별들을 의미합니다. "땅과 그 중에 있는 모든 일이 드러나리로다 이 모든 것이 이렇게 풀어지리니 너희가 어떠한 사람이 되어야 마땅하냐 거룩한 행실과 경건함으로 하나님의 날이 임하기를 바라보고 간절히 사모하라 그 날에 하늘이 불에 타서 풀어지고 물질이 뜨거운 불에 녹아지려니와"(벧후 3:10c-12). 다시 반복하는 말입니다. 하늘이라는 것이 별들을 의미하는 것입니다. 별들에 대한 총칭입니다. "우리는 그의 약속대로 의가 있는 곳인 새 하늘과 새 땅을 바라보도다"(벧후 3:13). 이것이 마지막 구원의 역사입니다. 성도들을 구원할 뿐만 아니라 성도들이 사는 환경까지도 하나님께서 친히 전부 새롭게 다시 세우십니다.

47
마지막 심판

계 20:11-15

　여기 본문의 제목을 '마지막 심판'이라고 하였는데, 마지막 심판이라고 하면 그전에도 심판이 있었다는 말이 됩니다. 또한 그 심판 다음에는 다른 어떤 심판도 없다는 말도 되는 것이지요. 마지막 심판이 되기 전에 어떤 심판들이 있습니까? 마지막이라고 했으니 그전에 분명히 심판이 있다는 것 아닙니까?
　먼저 주님이 재림하실 때 나라들을 심판하는 것이 있지 않았습니까? 계시록 19장 11절 이하를 보면 재림하시는 주님을 백마 타고 오시는 분으로 비유하였습니다. 예수님을 백마 타고 오시는 것으로 나타낸 것은 전쟁하는 분으로 상징한 것이 분명합니다. 그렇게 오셔서 모든 적그리스도 나라들을 파괴시킵니다. 힘들게 파괴시키는 것이 아니라 단지 입 기운 만으로 파괴시킵니다. 그저 "후" 불기만 하면 다 없어져 버립니다. 주님이 재림하실 때 있는 심판입니다. 땅 위에서 심판하시는 것이지요.
　그리고 또 그다음 심판이 있습니다. 주님이 재림하셔서 천년왕국을 세우신 다음에 천년왕국에 들어간 사람들은 과연 어떤 사람들입니까? 곡과 마곡이 천 년이 지난 다음에 또 일어나니 거기에 들어간 모든 사람이 다 신자라고 그럴 수는 없는 것 아닙니까. 주님이 재림하실 때 다시 살아서, 또는 살고 있던 그 몸이 변화되어서 공중에 올라가 주님을 영접하고 오는 이들이 성도입니다. 그들은 예수님과 함께 왕 노릇 합니다. 그런데 지난 시간 본문에서 보았듯이 곡과 마곡 족속을 불로 멸하셨다고 말씀하셨습니다. 심판이지요. 계시록 20장 9절 하반절에 "하늘에서 불이 내려와 그들을 태워버리고"라 했습니다. 이것도 심판입니다.

그리고 이제 마지막 심판을 말씀하는 데, 그것이 계시록 20장 11-15절입니다. 그다음에는 심판이 없습니다.

장래 일을 실감 못함

> 또 내가 크고 흰 보좌와 그 위에 앉으신 이를 보니 땅과 하늘이 그 앞에서 피하여 간 데 없더라(20:11).

계시록 20장 11-15절을 읽어 보면, 흰 보좌와 그 위에 앉으신 이를 본다고 합니다. 무엇을 봅니까? 11절에 "땅과 하늘이 그 앞에서 피하여 간 데 없더라"고 했습니다. 이것이 마지막 심판입니다. 언제 이 심판이 임할지 우리는 모릅니다. 주님이 재림하시는 날도 하나님 아버지께서만 아신다고 했습니다. 천사도 그날을 모르고 심지어 주님 자신도 모른다고 하셨습니다. 하물며 우리가 어떻게 이 세상이 망한 뒤 천년왕국이 임하고, 또 천년왕국 끝에 곡과 마곡이 망하고, 곡과 마곡이 망한 끝에 닥칠 흰 보좌 위에 앉으신 이의 심판 날짜를 알 수 있습니까? 알 수 없습니다. 그러니만큼 우리가 실감이 안 납니다.

사람이라는 것은 먼 장래에 대해서는 실감을 못 합니다. 아무리 좋은 일이 있다고 해도 그 마음에 뜨거움으로 받아들이는 것이 없단 말입니다. 사람의 마음은 한정이 있습니다. 한정이 있기 때문에 시간적으로 먼 장래의 일을 제대로 느끼지 못합니다. 사람의 인생이 그렇게 짧습니다. 그러므로 우리가 이런 말씀을 읽으면서도 제대로 실감하지 못하는 것을 우리의 약점이라고 생각해야 합니다. 실감이 안 나니 참되지 않다고 생각한다면, 그것은 어리석은 생각입니다. 우리의 생각은 너무도 짧고 둔하구나, 이렇게 생각해야 합니다. 당장 오늘 저녁에 무슨 일이 일어난다고 하면 그야말로 긴장되고 마음이 뜨거워지고 실감이 나기 시작합니다. 그러나 먼 장래에 될 일에 대해서는 실감을 못 하는 것이 우리의 단점입니다.

이른 비와 늦은 비

하나님이 우리 신자들을 경성시키는 방법은 언제나 꼭 같습니다. 도무지 눈으로 볼 수 없는, 멀고 먼 장래에 이 우주의 끄트머리에서 일어나는 일을 실감나게 깨달을 수 있는 방법이 있습니다. 참으로 실감나서 놀라고 깨닫는 하나님의 방법이 있습니다. 그것은 은혜 생활을 그때그때 잘 해 나가는 것입니다. 야고보서 5장 7절에 무슨 말이 있습니까?

> 그러므로 형제들아 주께서 강림하시기까지 길이 참으라 보라 농부가 땅에서 나는 귀한 열매를 바라고 길이 참아 이른 비와 늦은 비를 기다리나니(약 5:7).

이 말씀이 재림과 기타 심판에 관하여 우리 신자들이 은혜 받는 방법을 가르친 것입니다. 다름이 아니라 농부의 비유로 말씀하셨습니다. 농부가 땅에서 나는 아름다운 열매를 바라보는 것이지요. 바라보는 것, 그것이 소망입니다. 우리는 예수의 재림을 바라봅니다. 소망을 가지는 것입니다. 그런데 아직 언제 될지는 모릅니다. 다만 미래에 될 것입니다. 농부가 땅에서 나는 아름다운 열매를 기다리는데 그것은 몇 달 있어야 되는 것이지요. 성급하게 생각할 수는 없습니다.

그러면 농부가 아름다운 열매를 기다리는 방법이 무엇입니까? 말씀하신 대로 오래 참는 것인데, 참는 방법은 무엇입니까? 이른 비와 늦은 비를 기다리는 것입니다. 속히 가을날이 오기를 기다리는 것이 아니란 말입니다. 가을날에 아름다운 열매 맺는 것을 바라기는 하지만 그것이 지금 실감은 안 납니다. 당장 내일 되는 일이 아니라, 그 말이에요. 열매를 전혀 바라보는 것이 없어도 물론 안 되지만, 먼저 이른 비와 늦은 비를 기다리라는 것입니다. 길이 참아 이른 비와 늦은 비를 기다린다는 말입니다. 이른 비는 곡식이 잘 나게 하는 비이고요 늦은 비는 가을이 되기 전에 곡식이 잘 여물게 하는 비입니다. 농부는 아름다운 열매를 기다리기 전에 먼저 이른 비와 늦은 비를 기다린다는 말입니다. 그렇게 해야 실감나는 일이 됩니다.

그와 같이 우리 믿는 사람들이 예수의 재림과 재림 이후 천년왕국과 천년왕국 끝의 마지막 심판을 생각할 때 우리 생각은 너무도 짧고 둔해서 실감하지 못합니다. 비록 그것들이 영원히 변하지 않는 불변의 법칙이라 할지라도 실감하지 못한단 말입니다. 이때 우리 주님께서 우리에게 가르치는 방법이 농부의 방법입니다. "그러므로 형제들아 주께서 강림하시기까지 길이 참으라." 그러고는 농부의 비유를 가져다 대십니다.

우리의 심령은 짧고 둔합니다. 그런 심령에 어떤 자극에 의한 실감이 나도록 애쓰기보다는 그때그때 신앙생활을 실감 있게 해야 합니다. 신앙생활을 실감 있게 해야 해요. 신앙생활을 하면서 체험이 전혀 없고, 신앙생활을 하면서 소망을 전혀 느끼지 못하고, 신앙생활 하면서 진보도 없다면, 그야말로 자기가 지금 영적으로 잘돼 나가는지 그렇지 않은지 점검해 볼 생각도 하지 않고 그저 멍청한 채로 지낸다면 그 신앙생활이 어찌 재미있을 수 있으며 그 신앙생활이 어찌 잘되겠습니까? 우리가 신앙생활 하면서 해야 할 일은 그날그날 그때그때 현실 세계에서 영적 체험을 하도록 힘쓰는 것입니다. 우리 신자들이 지금 현재 기도하고 은혜를 받으며 기도 응답을 받으며 겸손한 마음으로 설교를 듣고 은혜 받는 것 등이 그야말로 농부가 이른 비와 늦은 비를 기다리는 것과 같은 것입니다.

우리가 신앙생활을 잘 해 나가는 것이 바로 먼 미래를 바라보는 올바른 행동입니다. 우리 심령은 본래 생겨먹기를 부패하고 둔하고 모자라므로 저 영구하고 장원하고 위대한 내세에 대해서는 어떻게 느껴볼 수가 없는 것입니다. 그러므로 농부가 이른 비와 늦은 비를 기다리는 것처럼 김매고 애를 쓰면서 가꾸어 나가야 합니다. 경작해야 합니다. 그래야 재미를 느끼게 됩니다. 이제 곡식이 점점 자라게 됨에 따라 비를 기다리는 이러한 농부의 생활을 해야 한다는 말입니다.

참 좋은 때가 반드시 온다

다시 계시록 20장 11절로 가 보면, 흰 보좌에 앉으신 분을 보았다고 했는데 여기에서 희다는 것은 성결을 의미합니다. 그분은 죄가 전혀 없으시고 의(義)만 소유하신 하나님이란 말입니다. 의(義) 없이 불의(不義)를 책망할 수는 없습니다. 그러니만큼 우주의 심판자는 전적으로 의로우시고 털끝만치도 더러운 것이 없으신 분이십니다. 흰빛으로 상징되는 그러한 분이, 왕적인 처사로써 이제 심판을 하는 것입니다. 그 보좌는 심판하는 장소인데, 거기에 앉으셨다는 것은 전적으로 순결하고 의로우신 처사를 하시기 때문입니다.

"땅과 하늘이 그 앞에서 피하여 간 데 없더라"(20:11b). 계시록에서 하늘이란 것은 별들을 포함해서 말하는 것입니다. 별들, 천체들, 특별히 여기에서는 별들을 생각합니다. 그 별들이 다 피하여 간 데 없다고 했습니다. 땅도 피하여 간 데 없다고 했습니다. 이것은 저 별들이 떨어져서 다 어디로 갔다는 것이 아니에요. 우리가 딛고 있는 이 땅이 부스러져서 어디로 간 데 없다는 것이 아닙니다. 무슨 말인가 하니 저 천체들도 옛 모습이 아니더라는 말입니다. 예전의 별들이 아니라 그 말입니다. 또한 이 땅도 예전의 땅이 아니라는 말입니다. 별들도 변화되었고 땅들도 변화되었다 그 말입니다. 그런데 이것을 우리가 상상해 볼 수 있겠습니까? 실감이 안 나지요. 우리가 실감한다고 하면 잘못된 것입니다. 예를 들면 우리는 지구가 굴러가는 것을 실감하지 못합니다. 그런데 조그마한 공이 굴러가는 것은 실감합니다. 그런 원리입니다.

우리는 장래 일에 대해서는 실감을 못 합니다. 장래 일에 대해서는 사실 유익한 걱정을 해야 하는데 그렇지 않습니다. 그러면 유익한 걱정이란 무엇입니까? 유익한 걱정이란 불신앙으로 걱정하는 것이 아닙니다. 유익한 걱정이란 신앙적으로, 영적으로 근심하는 것입니다. 내가 신앙적으로 잘돼야 하겠다, 내일이나 모레나 가까운 장래에도 내가 신앙적으로 잘못되면 안 되겠다, 그러한 것을 계산하는 것이 유익한 걱정입니다. 그런데 우리 인생이 그것도 안 한다는 말입니다. 그만큼 둔해졌습니다. 그런데 하나님이 방법을 주셨습니다. 그것은 농부가 살아가는 것처럼 살아가라는 것입니다. 현실에서 신앙생활을 해가면서 걸음걸음 기다리는 생활을 하라, 그 말입니다. 이거 잘돼야 하겠다, 전도해서 잘돼야 하겠다, 내가 몇 명을 써냈는데 이 사람들이 그대로 와야 되겠다, 이것들이 다 이른 비와 늦은 비를 기다리는 사고방식이고 행동원리라, 그 말입니다.

여기서 우리가 명심할 것은 참 좋은 때가 오긴 온다는 것입니다. 별들이 영원무궁한 안식 세계에서는 지금의 이 별들이 아니라는 것입니다. 별들도 변화를 받고 땅도 변화를 받은 새 하늘과 새 땅이란 말입니다. 우리가 이것을 내다봐야 하겠습니다. 왜 옛 하늘과 옛 땅은 간 데 없습니까? 성경은 만물이 죄 때문에 저주를 받았다고 말합니다. 저주를 받았다, 이렇게 직접 말로 표현하지는 않았다 하더라도 일종의 저주지요. 아담과 하와가 범죄한 이후 땅이 가시와 엉겅퀴를 낸다고 했습니다. 가시와 엉겅퀴가 난다는 표현만으로 땅이 못쓰게 됐다는 의미는 아닙니다. 그런데 이 표현은 대표적으로 표현한 것입니다. 이를테면 가시와 엉겅퀴가 가득한 땅처럼, 이 세상이 허무한 데 속하게 된다는 의미입니다.

로마서 8장 20절에 "피조물이 허무한 데 굴복"한다 그랬습니다. 지금도 허무한 데 속해 있습니다. 헛되단 말입니다. 만물을 다 가져봤자 좋을 것이 없다는 말입니다. 여전히 죄를 짓고 더 많이 지을 수도 있다는 말입니다. 별거 없더라, 그 말이에요. 피조물이 허무한 데 굴복했다, 그럽니다. 또한 로마서 8장 21절에서는 피조물이 썩어질 것에 사로잡혔다고 합니다. 썩어질 것에 사로잡혔다 그래요. 종노릇 한다고 합니다. 다시 말하면 만물이 다 썩어지는 것입니다. 인생이 범죄한 후에 피조물들이 못쓰게 됐습니다. 별들도 못 쓰게 됐고 이 땅도 못 쓰게 되었지요. 못 쓰게 된 데서 우리가 근근이 살아가고 있습니다만, 본래 그렇게 지어지지는 않았지요. 그러나 앞으로 구원받은 후에는 이것들이 다 변화를 받습니다. 그러니까 옛적 피조물이 아니고 옛적 하늘과 옛적 땅이 아니라는 것이 분명합니다. 분명해요. 로마서가 그렇게 가르치지 않습니까? 만물이 헛된 데 속했고 만물이 썩어질 것에 종노릇 하는데 이제 주님 오실 때는 다 변화를 받는다고 가르치지 않습니까. 지금 우리는 그 소망을 가지고 살아가는 것입니다.

하나님이 아는 사람만 구원받음

> 또 내가 보니 죽은 자들이 큰 자나 작은 자나 그 보좌 앞에 서 있는데 책들이 펴 있고 또 다른 책이 펴졌으니 곧 생명책이라 죽은 자들이 자기 행위를 따라 책들에 기록된 대로 심판을 받으니(20:12).

죽은 자들이 그 보좌 앞에서 이제 심판을 받게 된다는 말입니다. 죽은 자들은 아무 느낌도 없고 깨달음도 없는데 무슨 심판을 받습니까? 우리는 여기서 성경의 인생관이 우리의 짧고 둔한 인생관과는 다르다는 것을 봅니다. 죽은 자들이 그 보좌 앞에 섰다는 것은 죽은 자들의 영혼이 그 보좌 앞에 섰다 그 말입니다. 사람은 어두워져서 뭘 모르지요. 죽으면 다인 줄 알아요. 그러나 성경은 사람이 죽는 것으로 끝이 아니라고 합니다. 죽은 자들이 심판 받는다고 한 것은 죽은 자들의 영혼이 흰 보좌 앞에서 심판 받는다는 뜻 아닙니까? 우리는 사람이 죽으면 끝이 아니라는 것을 성경으로 설명해야 합니다. 그 영혼이 구원받은 사람은 하나님 계신 데로 갔다가 주님 재림할 때 부활하는 것입니다. 고린도전서 15장 36-38절에서는 씨를 심는 비유로 말했습니다. 거기 보면 무슨 말이 있습니까? "어리석은 자여 네가 뿌리는 씨가 죽지 않으면 살아나지 못하겠고" 그러지 않았습니까? 씨로 비유를 했습니다. 씨가 죽어야 자라서 살아난단 말입니다. 씨를 땅에 묻어 겉껍질이 썩고 어느 정도 씨의 형태가 없어져야 그 속에 있던 생명이 살아납니다. 사람이 껍데기는 죽지만은, 다시 말해 몸뚱이는 죽지만은 영혼은 그대로 살아 있습니다. 그래서 갈 데로 갑니다.

바울 사도께서 여기 '뿌리는 씨'로 분명하게 가르쳤습니다. "어리석은 자여 네가 뿌리는 씨가 죽지 않으면 살아나지 못하겠고" 그러지 않았습니까? 분명히 그랬지요. 그러고는 37절에서 뿌리는 것은 무엇이라 그랬습니까? "또 네가 뿌리는 것은 장래의 형체를 뿌리는 것이 아니요 다만 밀이나 다른 것의 알갱이뿐이로되" 그랬지요. 그러면 심을 때 어떤 것을 심었다는 것입니까? 장래에 어떻게 되어 나오는 것을 심었다는 것이 아니고, 무슨 줄거리나 이파리나 가지를 심었다는 것도 아니고 다만 알갱이만 심었다는 것입니다. 그런데 하나님께서 그 뜻대로 각 종자에게 형체를 주신다는 말입니다. 심어 놓으면 이것이 흙을 뚫고 나오는데 이것은 알갱이와 다르게 생겼습니다. 알갱이와 형태가 다릅니다.

부활도 그렇다는 뜻입니다. 사람이 죽는다는 것은 존재의 형태가 달라지는 것뿐이지 그 존재 자체가 없어지는 것은 아니란 말입니다. 형태가 달라져서 영원히 하늘나라로 가는 것입니다. 믿는 사람의 영혼이 하늘나라로 가고, 주님 오실 때는 자신의 썩어진 육체를 다시 찾아 다시 살아나고, 뭐 이렇게 형태가 달라진다는 것입니다. 이것이 장래 형태예요. 사람이 죽는 것은 다른 형태로 존재한다는 것이지 없어지는 것이 아닙니다. 그러니까 성경이 사람을 보는 방법이 우리가 사람을 보는 사상과는 다르더라, 그 말입니다.

그러면 12절을 다시 보면, "책들이 펴 있고 또 다른 책이 펴졌으니 곧 생명책이라" 그랬습니다. 여기 나온 "생명책"이 어떤 종이인지에 대해서는 신경

쓸 필요가 없습니다. 그런 것을 모른다고 문제될 것이 없습니다. 책이라고 하면 그냥 책이라고 알면 되지 우리가 사용하는 종이에 쓴 책이라고 해야 납득이 된다고 할 필요는 없습니다. 거기에서 큰 뜻만 취하면 됩니다.

그런데 그 책에 무엇이 있습니까? 이름들이 있습니다. 책들이 있고 또 다른 책이 있는데 생명책이라고 하였습니다. 생명책이 하나 있고 다른 책들, 즉 사람들의 행위를 기록한 책들이 여럿 있습니다. 그러면 순전히 구원받지 못한 사람들은 이 행위 책에 의해서만 심판 받습니다. 이 행위 책들에도 역시 이름들이 있습니다. 우리가 여기서 깨달을 것은 하나님이 그 이름들을 다 아신다는 것입니다. 그것을 명심해야겠습니다. 특별히 구원받도록 알아주시는 것은 생명책에 기록된 이름들입니다. 구원받도록 알아주시는 책이 생명책인데, 구원받을 사람들은 하나님께서 미리부터 다 알고 계신다는 것입니다. 이것을 명심해야겠습니다. 하늘나라는 하나님이 모르는 사람은 못 들어갑니다. 마태복음 7장 22절에서서 예수님이 분명히 가르치지 않았습니까?

> **그 날에 많은 사람이 나더러 이르되 주여 주여 우리가 주의 이름으로 선지자 노릇 하며 주의 이름으로 귀신을 쫓아내며 주의 이름으로 많은 권능을 행하지 아니하였나이까 하리니 그때에 내가 그들에게 밝히 말하되 내가 너희를 도무지 알지 못하니 불법을 행하는 자들아 내게서 떠나가라 하리라**(마 7:22-23).

모른다는 것은 구원받을 사람으로는 알아주지 않는다는 말이지요. 하나님 앞에 구원받을 사람으로 알려져 있는 사람만이 천국에 들어갑니다. 그러기 때문에 하나님이 영원 전부터 나를 알아주신다, 구원받을 자로 알아 구원을 주시기로 예정하셨다 하는 것을 생각할 때, 이 얼마나 기쁜 일입니까?

예수님께서 칠십 인이 전도하고 돌아와 귀신을 내쫓은 것을 기뻐할 때 무슨 말씀을 했습니까? "귀신들이 너희에게 항복하는 것으로 기뻐하지 말고 너희 이름이 하늘에 기록된 것으로 기뻐하라"(눅 10:20)고 했습니다. 우리가 무엇보다도 기뻐해야 하는 것은 바로 우리가 구원받은 사실이라고 생각해야겠습니다. 그리고 이 구원에 참여하도록 하나님이 계획하셨고 그 구원을 이루려고 오늘날도 역사하고 계시다는 것을 알아야 합니다. 우리 믿는 사람들은 혼자 있어도 나 혼자 있는 것이 아니라고 생각해야 합니다. 하나님이 나를 아신다는 생각을 늘 가지고 살아가야 합니다.

이것이 마지막 심판에 대한 요점입니다. 한 가지 더 알아야 할 것은 구원받지 못하는 사람도 다시 살아난다는 것입니다. 다시 살아나서 심판의 부활을 받고 멸망으로 들어갑니다. 그 말이 여기 기록되어 있습니다. 몸까지도 멸망한다는 것을 예수님이 이미 말씀하셨습니다. "몸은 죽여도 영혼은 능히 죽이지 못하는 자들을 두려워하지 말고 오직 몸과 영혼을 능히 지옥에 멸하실 수 있는 이를 두려워하라"(마 10:28). 우리가 구원받는 것은 영혼만 구원받는 것이 아니라 몸도 구원받는 것입니다. 또한 멸망 받는 사람들도 영혼만 멸망하는 것이 아니라 그 몸도 멸망하는 것입니다. 그것을 여기에서 말씀합니다. 어디서 죽었던지 그 몸을 내준다는 말씀이 나옵니다.

바다가 그 가운데에서 죽은 자들을 내주고 또 사망과 음부도 그 가운데에서 죽은 자들을 내주매 각 사람이 자기의 행위대로 심판을 받고 사망과 음부도 불 못에 던져지니 이것은 둘째 사망 곧 불 못이라 누구든지 생명책에 기록되지 못한 자는 불 못에 던져지더라(20:13-15).

48
구원이 완성된 세상

계 21:1-8

계시록 21장 말씀을 '구원이 완성된 세상'이라는 제목으로 같이 생각해 보겠습니다. 여기 세상이야말로 하나님이 이루신 최후의 완전한 세상입니다.

또 내가 새 하늘과 새 땅을 보니 처음 하늘과 처음 땅이 없어졌고 바다도 다시 있지 않더라(21:1).

이제 새 하늘과 새 땅을 보게 됩니다. 계시록 20장 11-15절을 읽으면서 우리는 최후의 심판을 보았습니다. 최후의 심판이 있은 다음에 하나님이 이루어 주시는 새 하늘과 새 땅의 세계가 이 세상에 생깁니다. 여기 새 땅이라는 것이 우리가 지금 살고 있는 이 땅은 없어져 버리고 하나님이 아주 다른 새 땅을 지었다는 것이 아닙니다. 새 하늘 역시 지금의 하늘은 다 없애 버리고 새롭게 하늘을 창조한다는 말이 아닙니다. 그야말로 새롭게 했다는 말입니다.

정체성은 그대로

여기 강대상을 오랫동안 방치해 두었더니 먼지가 쌓이고 더러워졌다고 해 봅시다. 그런 경우에 잘 닦고 또 파상된 데를 잘 수리하고 페인트를 새로 칠해서 새롭게 내놓으면 새 강대상이 되겠지요. 그러나 본문에서 말하는 새 하늘과 새 땅은 그렇게 수리하는 정도를 말하는 것이 아닙니다. 하나님의 지혜와 능력이 역사한 결과, 재료는 그대로 사용하면서도 전보다 더 나은 새것이 되었다는 것입니다. 전보다 더 좋아진 것입니다. 파상된 강단을, 모난 부분은 어떻게 좀 깎아버리고 페인트칠을 해서 근근이 전과 같은 모양을 보여주는 것이 아니란 말입니다. 구원과 관계된 세상이기 때문에 낡은 옛 하늘과 옛 땅을 팽개쳐 버리는 게 아니에요. 구원이라는 것은 옛것을 그것이 빠졌던 구덩이에서 건져내는 것입니다.

하나님께서 우리 인생을 구원하시는 것도 그렇습니다. 갑이라는 사람을 몽땅 없애 버리고 새로 창조하는 것이 아니에요. 갑이라는 사람을 구원할 때는 그 갑이라는 사람을 새롭게 개조해 주는 것입니다. 갑이라는 사람의 자리가 폐지되는 것이 아닙니다. 그 사람의 자리는 그대로 있습니다. 그 사람의 정체성은 그대로 있습니다. 다만 그 사람을 좋은 쪽으로 새롭게 만들어서 그대로 건져내는 것입니다. 죄 가운데 빠져서 잘못되고 파상되고 못 쓰게 된 것을 개조해서 그 사람 그대로 내놓는 것입니다. 이때도 역시 그 사람의 정체성은 갑이라는 사람 그대로입니다. 그런데 예전의 갑이라는 사람보다 훨씬 좋은 사람 갑으로 구원되는 것입니다. 그것을 새사람이라고 합니다. 구원이란 그런 것입니다. 갑이라는 사람을 없애 버리고 나서 아주 새로운 사람을 창조해 가지고 갑이라는 사람이라고 해주는 것이 아닙니다. 이것이 구원론입니다.

성경은 체계가 정연합니다. 하나님이 본래 창조한 것은 다 뜻이 있어서 창조한 것입니다. 잘못되었을 적에 내팽개치려고 창조하신 것이 아닙니다. 하나님은 계약의 하나님이고 진실한 하나님이시지 언제는 지었다가 언제는 팽개치고 그런 하나님이 아닙니다. 하나님은 그 뜻을 시종일관하게 관철하십니다. 새 하늘과 새 땅이라고 할 때 기존의 하늘과 땅을 폐지하고 이제 새로 창조했다는 것이 아니라는 것을 우리가 알아야 합니다. 옛적의 하늘과 옛적 땅보다 더 좋아졌으니 새 하늘과 새 땅이란 말입니다. 우리가 이 원리를 깨달아야 우리의 구원의 원리도 바로 깨닫습니다. 하나님은 우리의 존재 자체를 새롭게 지어서 구원하시지는 않습니다. 우리의 존재 자체는 그대로 구원하십니다. 그러나 아담이 범죄하기 전보다 더 훌륭하게 변화시켜서 새롭게 내놓습니다. 그것이 구원입니다. 하나님의 아들의 피로 사서 새롭게 했으니 그 얼마나 놀랍겠습니까.

신구약에 예언된 새 하늘과 새 땅

> 이제 하늘과 땅은 그 동일한 말씀으로 불사르기 위하여 보호하신 바 되어 경건하지 아니한 사람들의 심판과 멸망의 날까지 보존하여 두신 것이니라(벤후 3:7).

여기에도 새 하늘과 새 땅 이야기가 나옵니다. 노아 시대에 홍수 심판이 한 번 있었고 앞으로 불 심판이 한 번 더 있습니다. 그 후 심판은 더 이상 없습니다. 여기 있는 말씀이 그것입니다. "이제 하늘과 땅은 그 동일한 말씀으로", 즉 하나님의 말씀이란 것입니다. "불사르기 위하여", 이제 하나님이 말씀하실 때는 불이 납니다. 불이 나요. 그런데 이것은 비유가 아니에요. 계시록에는 비유도 있지만 직설도 많습니다. 최후의 심판은 불로 합니다. 지금의 하늘과 땅은 이제 그때를 위해서 보존하여 두신 것이라는 말입니다. 그때가 오기 전에는 하늘과 땅이 그 모습 그대로 보존된다는 것입니다.

"경건하지 아니한 사람들에 대한 심판." 즉 경건하지 않은 사람들을 심판할 일을 말하지요. "멸망의 날까지." 경건하지 않은 사람들이 심판을 받아 멸망하겠는데, 바로 그 멸망의 날까지란 말입니다. 그것이 마지막 심판 날입니다. "보존하여 두신 것이라." 지금까지 보존되어 옵니다. 우리가 언제 하늘과 땅이 불에 타서 하나님의 권능으로 새롭게 되는 날이 오는지 측정하기 어렵습니다. 그때까지 보존해 둔다고 했습니다. 그 날과 그 시는 천사도 모르고 인자 즉 예수님도 모른다고 했습니다.

이 새 하늘과 새 땅에 관한 말씀은 베드로후서 3장 12절에도 나옵니다. "하늘이 불에 타서 풀어지고 물질이 뜨거운 불에 녹아"진다고 했습니다. 그리고 히브리서 12장 27절도 '불'이라는 말은 없지만 같은 뜻입니다. 즉 "만드신 것들이 변동될 것"이 온다고 했습니다. 하나님이 만들어 두신 천지가 변동될 날이 온다는 말입니다. 이 역시 마지막 심판에 관한 것입니다. 하늘과 땅이 새로워지는 때입니다. 구약에도 있습니다. 이사야 65장 17절을 보면 하나님께서 새 하늘과 새 땅을 창조하신다고 말씀했습니다. 이미 말씀드렸지만 여기에서 창조는 없는 데서 새롭게 창조한다는 것이 아닙니다. 예수님은 마태복음 19장 28절에서 세상이 새롭게 되는 때가 온다고 말씀했습니다. 새 하늘과 새 땅에 관한 말씀은 구약에도 있고 신약에도 여러 차례 나옵니다.

하늘이 새로워지고 하늘의 별들이 새로워지고 땅이 새로워지는 그 역사가 자연적인 것은 아닙니다. 이 자연이라는 것은 계속 파괴됩니다. 태양도 계속 에너지를 방출해서 점점 소모되고 있습니다. 우리가 10년 전에 가봤던 언덕이 오늘날 가보면 많이 달라져 있습니다. 낮아지거나 해서 지형이 상당히 달라져 있습니다. 이 세상은 계속 소멸해 갑니다. 그런데 새 하늘과 새 땅이 생겨난다는 것은 하나님의 권능이요 하나님의 이적입니다. 하나님의 이적이 아니고는 우리에게 소망이 없습니다. 하나님의 이적으로라야 인류의 참 소망이 이루어집니다. 그것은 새 하늘과 새 땅의 세계입니다.

큰 이적을 행하신 이유

오늘날까지 천지를 흔드는 큰 이적이 두 번 있었습니다. 한 번은 창세기 1장의 이적으로 아무것도 없는 가운데서 하늘과 땅을 창조해 낸 이적입니다. 없는 것을 있게 하는 것은 큰 이적입니다. 그리고 또 한 번은 우리 인생들에게 예수 그리스도께서 찾아오신 것입니다. 하나님의 아들이 세상에 온다는 것이 큰 이적 아닙니까? 천지가 흔들리는 이적입니다. 그의 모든 행적이 천지를 진동시킨 것입니다. 동정녀 탄생으로 이 세상에 오셨으니 큰 이적이지요. 죽었다가 다시 살아났으니 또한 큰 이적이지요. 그 뒤에 성령이 강림하셨으니 큰 이적입니다. 이것은 천지를 진동시키는 또 하나의 이적입니다. 아무것도 없던 가운데서 천지를 창조하신 것보다 더 큰 이적입니다. 멸망 받을 수밖에 없는 인류를, 특별히 하나님의 백성을 구원하시는 이적입니다. 천지를 지을 때는 말씀 한마디로 하셨지요. 그렇게 큰 노력 없이 지었습니다.

그렇지만 주님이 이 세상에 오신 것은 하나님이 친히 낮아진 일입니다. 오셨을 뿐만 아니라 죽기까지 하셨습니다. 하나님이 죽기까지 하셨단 말입니다. 그뿐만 아니라 하나님이 다시 살아나셨습니다. 범죄하여 영원히 멸망 받을 수밖에 없는 인류를 구원하시려고 이렇게 하신 것입니다. 말씀 한마디로 없던 것을 있게 하는 일은 이것보다 훨씬 쉬운 일입니다. 하나님께서 친히, 형용할 수 없는 고난을 담당하시면서 일을 이루었으니 하나님으로서도 여간 공력을 들인 것이 아닙니다. 정말 크고도 위대한 일입니다. 이것이 둘째로 큰일입니다.

이제 셋째로 큰일이 남았습니다. 그것은 새 하늘과 새 땅을 만드는 일입니다. 없던 가운데서 천지를 창조하신 능력을 가지고 장차 새 하늘과 새 땅을 만들어내지 못하겠습니까? 하나님이 창조하신 것들을 발로 밟고 있으면서도 이적을 못 느끼겠습니까? 그런데 사람들이 잘못 생각하는 경향이 있습니다. 날마다 그런 일이 생겼으면 좋겠다고 생각하는 경향입니다. 날마다 이적을 보고 싶어 합니다. 그것은 욕심입니다. 허욕이고 진리를 거스르는 것입니다.

하나님이 큰일을 이루셨습니다. 없던 가운데서 천지만물을 창조하시고 친히 오셔서 피 흘려 죽으셔서 인류의 죄를 담당하시고 도말하시고 인류를 구원하셨습니다. 하나님이 이렇게 큰일을 이루었단 말입니다.

그런데 무엇 때문에 이것을 이루어 놓았습니까? 우리로 하여금 거기서 살라고 하는 것입니다. 하나님이 이렇게 천지만물을 만들어 놓은 까닭은 거기서 살라고 하는 것입니다. 날마다 천지만물을 만드는 것을 구경시키려고 하는 것이 아니란 말입니다. 거기서 사는 것이 순종입니다. 그저 자꾸 이적을 사모하면서, 하나님이 그런 이적을 내게 보여주면 좋겠다, 내일도 보여주면 좋겠다, 하는 것은 욕심입니다. 그저 이적을 구하는 것, 무더기로 이적을 구하는 것은 인간의 허욕이지 진리가 아닙니다. 예수님이 죽었다가 다시 살아난 것과 같은 큰 이적을 믿고 살라는 것이지 그런 일을 날마다 해주었으면 좋겠다, 이렇게 생각하는 것은 허욕입니다. 진리가 아니에요. 큰일을 이루어 주었으니 거기에서 살아라, 하는 것이 하나님의 뜻입니다.

오늘날에도 예수를 믿는 사람들 중에는 그저 날마다 무더기로 이적을 보았으면 좋겠다고 하는 욕심을 가진 자들이 있습니다. 그 욕심이 잘못이란 말입니다. 하나님의 경륜은 그렇게 무더기 이적으로 매일같이 신자들로 하여금 이적 투성이 속에서 살도록 하는 것이 아닙니다. 그것이 하나님의 목적이 아니란 말이에요. 예수 그리스도를 다시 살려내신 목적도 그런 이적을 나타내려고 하신 것이 아닙니다. 이 놀라운 이적을 성취한 것은 천하 사람들, 그 중에서도 특별히 택한 백성이 그 가운데서 살라고 하는 것입니다. 그것을 누리면서 살아라, 그런 놀라운 일을 이루신 하나님을 찬송하면서 살아라, 하는 것입니다. 그 놀라운 일을 가지고 구원을 착착 베풀어 가시는 것을 감사하게 생각하면서 살아라, 하는 것입니다.

그러므로 너희는 감사하며 적은 일에 충성할 줄 알아야 한다는 것입니다. 하나님의 경륜은 이적을 얼마든지 보여주겠다는 것이 아닙니다. 큰 이적들을 이렇게 두 차례 이루시고 하나님이 원하는 것은 너희가 여기서 살면서 평범한 일들을 잘 하라는 것입니다. 먹고 마시는 것도 똑바로 하고, 하나님 중심하고, 하나님을 영화롭게 하고 살아가라는 것입니다. 그것이 큰일입니다. 적은 일, 보통 일에 충성하는 것, 자기 책임을 끝까지 다하는 것을 하나님은 원하십니다.

우리가 힘쓸 큰일

새 하늘과 새 땅을 이루는 큰일을 앞에 놓고 우리 기독자들이 할 일은 우리의 책임을 피가 나도록 다하는 것입니다. 새 하늘과 새 땅이 이루어지는 것을 보면 좋겠다, 하는 식의 사고방식은 허영심입니다. 기독자로서 가질 것이 못 됩니다. 앞으로 한 번 더 이런 큰일이 있겠는데 경건하게 살아라, 그 말입니다. 이상한 것을 찾아보려고 하는 것은 허영심입니다. 유대인들이 그랬습니다. 이적을 보는 것보다 우리 영혼이 거듭나는 것이 더 귀합니다. 사람이 되어 거듭난 사람으로서 합당하게 매일매일 회개하며 바르게 살아가는 것이 무엇보다도 귀한 일입니다. 하나님은 그것을 보시기 원하시고, 그래서 오늘날 우리에게 합당한 간섭을 해주십니다.

우리에게 합당한 간섭은 반드시 이적을 가지고 하는 것은 아닙니다. 이적이라는 것은 눈에 보이는 형태적인 요소들이 보통으로는 이해할 수 없게 나타나는 것을 말하는데, 그것보다 더 중요한 것은 보이지 않는 영혼이 잘돼 가는 것입니다. 이것이 더 중요합니다. 이것은 사실 귀한 일 중에서도 귀한 일입니다. 날마다 한 가지씩 행실을 고쳐 나가는 것이 장차 있을 또 하나의 큰일을 소망하면서 살아가는 사람이 적은 일에 충성하는 것입니다. 현실에서 우리의 책임을 피가 나도록 충성하는 것이 이적보다 귀한 것입니다. 그것이 하나님이 원하시는 일입니다.

베드로후서 3장 8절 이하를 읽어 보면, 하늘이 불에 타고 물질이 녹아지면 땅에 있는 모든 것이 다 드러나리라 하는 내용이 나옵니다. 그러고는 11절에 "너희가 어떠한 사람이 되어야 마땅하냐" 하십니다. 그런 다음에 "거룩한 행실과 경건함으로 하나님의 날이 임하기를 바라보고 간절히 사모하라"고 말씀하십니다. 우리는 지금 형태적으로 이루어지는 어떠한 이적을 구하기보다는 이러한 위대한 구원 체제 아래에서 우리가 할 책임을 다해야 합니다. 우리를 위해 만들어 놓은 세상과 구원 체제 아래에서 우리가 은혜를 누리고 살아야 합니다. 다시 말하면 우리는 이 체제에 합당하게 살아야 한다는 것입니다. 우리 심령이 날마다 변화를 받아야 합니다. 어제 못 고쳤던 것을 오늘은 고쳐야 합니다. 그것이 바로 큰일이에요.

목사는 강단에서 죽을힘을 다해서 설교해야 합니다. 똑바로 설교해야 합니다. 그것이 놀라운 이적을 기대하는 것보다 더 귀한 일입니다. 책임입니다. 목사는 정치 운동을 해서는 안 됩니다. 복음을 위해서 벌써 생명을 바친 자로 일해야 합니다. 교인들이 교회의 이름으로 사회에 나가서 무슨 예수 믿는 사람이요, 할 것 없이 그저 자기 자리에서 묵묵히 소금과 빛이 되는 것, 그것이 기독자들이 할 일입니다. 기독자들이 사회참여를 등한히 해서는 안 됩니다. 믿지 않는 이들보다 사회참여에 더 열심이어야 합니다. 거기 책임이 있으니까 그렇습니다.

기독자의 사회참여

그러나 한 가지 주의할 것은 예수의 이름을 내걸고 해서는 안 됩니다. 교회의 이름을 내걸고 해선 안 되지요. 왜 그렇습니까? 예수의 이름이나 교회의 이름을 내걸고 나는 기독자요 하면서 사회참여 할 때 일이 잘못 되면 예수에게 욕이 돌아갑니다. 일이 잘되면 어떤 사람인가 알아보려고 합니다. 그래서 예수 믿는 사람 좋다, 예수 좋다, 그럴 것입니다. 그러나 반대로 일이 잘못 되면 예수께 욕이 돌아갑니다. 교회에 욕이 돌아가요. 그뿐만이 아니라 까딱 잘못하면 당파가 일어납니다. 예수당들 또 저런다, 우린 그렇게 안 할란다, 이렇게 되기 쉬워요. 기독자들은 불신자들보다 사회참여에 더 깊이 활동해야겠지만 소금과 빛과 같이 조용히 해야 합니다.

왜 참여해야 합니까? 폭력을 사용할 때 그 폭력을 말릴 사람들이 예수 믿는 사람들인 것입니다. 나는 그런 거 몰라, 상관 안 해, 하면 그야말로 될 대로 되라는 거 아닙니까? 그래서는 안 되지요. 예수 믿는 사람들이 빛과 소금이 되어야 합니다. 영국 사회에는 'ㅇㅇ케어'라는 단체들이 있습니다. '케어'는 보호라는 말이지요. 예수 믿는 사람들이 단체를 이루어 가지고 옳은 일을 하는 것입니다. 예수의 이름도 교회의 이름도 내걸지 않고 옳은 일을 하는 것입니다. 그저 위아래도 모르고 기존의 질서를 마구 무너뜨리는 이런 위태로운 일이 있을 때에 이들이 나서서 생명 걸고 막는단 말입니다.

이제 교우들은 시민의 자격으로 어디든지 가야 합니다. 가서 빛과 소금 노릇을 해야 합니다. 사회를 외면한다는 것은 기독교의 본질이 아니에요. 종교와 도덕 문제에 대해서는 그것을 기독교의 본질로 생각해야 합니다. 우리는 도덕도 상관하지 않는다, 하는 것은 안 됩니다. 그것은 잘못이에요. 하나님의 종교는 하나님 섬기는 것을 제일 첫째로 생각하는 동시에 윤리 도덕을 본질로 생각한다 그 말입니다. 십계명을 보면 처음 네 계명은 하나님 자신을 어떻게 섬기라는 계명들이고 다섯 번째 계명부터는 사람에게 봉사하라는 계명들 아닙니까? 그러니까 종교적 요소뿐만 아니라 윤리적 요소에도 얼마나 철저한지 그것을 알아야 합니다.

마태복음 22장 15-22절을 보면 "가이사의 것은 가이사에게, 하나님의 것은 하나님께"란 말이 나옵니다. 이 말은 바리새인들이 예수를 말의 올무에 걸리게 하기 위해 가이사에게 세금을 바치는 것이 옳으냐고 물었을 때 예수께서 세금 낼 돈을 내게 보이라고 하시며 하신 말씀입니다. 가져온 데나리온을 보시고서 하는 말이 거기 누구의 형상이 있느냐 묻지요. 그러자 그들이 가이사의 형상이라고 합니다. 그렇다면 가이사에게 줄 것이라고 하시고는 "가이사의 것은 가이사에게, 하나님의 것은 하나님께"라는 말씀을 하십니다. 여기에는 숨겨진 뜻이 있습니다. 여러분, 하나님의 형상이 찍혀있는 것이 무엇입니까? 무엇입니까? 바로 사람입니다. 사람은 하나님의 형상으로 지음 받았습니다. 그러므로 사람은 하나님께 바쳐져야 됩니다.

교회는 사람들이 하나님께 바쳐지는 것을 목적으로 합니다. 사람들에게 설교하고 권면하고 여러 가지로 봉사해서 어떡하든지 이 사람들이 하나님께 바쳐지는 걸 목적한단 말입니다. 그 일을 하는 것이 교회입니다. 교회가 어느 정당에 대한 선전을 한다든지 하는 것은 안 됩니다. 교회는 어느 한 정당의 단체가 아닙니다. 만약 그렇게 한다면 여러 가지 불안한 상황이 발생할 것입니다. 교회는 차원이 다른 곳입니다. 차원이 높은 곳입니다. 사람을 하나님께 바치는 곳입니다. 그러기 때문에 목사는 죽어나는 것입니다. 죽어 가지고야 하는 일입니다. 목사가 이런 높은 차원의 일을 맡았는데도 자기는 죽지 않고, 교인들에게만 소금이 되라 빛이 되라 그럴 수 없는 것 아닙니까? 목사가 편안한 게 아니란 말입니다.

오늘 우리 사회는 매우 걱정스러운 때를 당했습니다. 소금과 빛이 되는 이런 시민들이 얼마나 귀한지 모릅니다. 내가 이 말을 하는 것은 새 하늘과 새 땅을 그렇게 그리워할진대 벌써 이루어진 이 체제, 우리 주님께서 죽기까지 하셔서 이루어놓으신 구원 체제 하에서 은혜를 누리면서, 벌써 주어진 은혜를 누리면서 할 일이 있다 그 말입니다. 그것이 무엇이냐 하면 우리가 살고 있는 이 현실 세계에서 내 할 책임을 다해 나가는 것이란 말입니다. 죽기까지 하는 거란 말입니다. 우리는 무엇을 하려고 삽니까? 밥 먹으려고 사는 거 아니에요. 주님이 원하는바 옳은 대로 살려고 사는 것이지요.

새 하늘과 새 땅을 바라보면서 우리가 어떠한 사람이 돼야 하느냐 하는 질문에 사도 베드로의 대답이 무엇입니까? 거룩한 행실과 경건함으로 그 날이 이르기를 사모하며 바라라는 것입니다. 가만히 앉아서 바라보는 것이 아닙니다. 우리 각자의 본분대로, 맡은 책임대로 거룩하게 살라는 것입니다. 거룩한 것은 다른 것이 아닙니다. 하나님이 나를 세워놓은 그 자리에서 내가 할 일을 분명하게 잘해 나가는 것이고, 나 한 사람의 좋지 않은 행실을 계속 고치고 새로워지는 것입니다. 하나님이 이미 이루어 놓으신 창조의 이적과 구원의 이적, 그 세계 속에서 살아가며 그 은총을 누리는 구체적인 걸음걸이라, 그 말입니다. 꾸준한 진실성과, 죽을지언정 거짓말하지 않겠다는 결심 하에서 진실을 지켜나가는 것과, 행실을 날마다 새롭게 해 나가는 것과, 맡은 바 책임에 대해서 피눈물 흘리면서 실천해서 십자가를 지면서도 이것을 실천해 가면서 뼈가 빠지는 노력으로 이루어 나가는 것이 우리의 할 일입니다. 적은 일일지는 몰라도 하나님이 우리에게 기대하시는 일입니다. 베드로후서 3장 11절부터 읽겠습니다

> 이 모든 것이 이렇게 풀어지리니 너희가 어떠한 사람이 되어야 마땅하냐 거룩한 행실과 경건함으로 하나님의 날이 임하기를 바라보고 간절히 사모하라 그 날에 하늘이 불에 타서 풀어지고 물질이 뜨거운 불에 녹아지려니와 우리는 그의 약속대로 의가 있는 곳인 새 하늘과 새 땅을 바라보도다(벧후 3:11-13).

49
새 예루살렘의 진상

계 21:1-14

• **울타리와 같은 3대 이적**

계시록 21장 1절에서는 새 하늘과 새 땅에 대해서 말씀했습니다. 세상 끝날 우리 주님께서 재림하셔서 심판하신 뒤에 영원히 변치 않는 완전한 곳이 새 하늘과 새 땅이라고 했습니다. 완전해서 더 이상 손볼 것이 없는 곳입니다. 지금 우리가 살고 있는 환경, 즉 하늘과 땅과 만물을 하나님이 지으실 때, 권능으로 하셨다고 말했습니다. 주님이 이 세상에 오셔서 모든 놀라운 사역을 다하시고 죽었다가 다시 살아나신 것 역시 큰 권능으로 나타난 하나님의 역사라고 말했습니다. 그리고 세 번째로 이제 마지막 완전한 세상을 이루실 때도 역시 하나님의 권능으로 이루십니다. 우리가 세 가지 권능만 잘 믿으면 다른 권능은 못 믿었다 하더라도 구원을 받습니다. 이 세 가지 권능의 역사가 우리의 영원한 삶을 이루는 하나님의 대역사입니다. 이 3대 권능이야말로 천지가 막 움직이는 권능입니다.

그런데 일반적인 이적을 이렇게 본질적으로 이 3대 권능과 같이 생각해서는 안 됩니다. 3대 권능은 하나님께서 울타리를 쳐놓은 것이라고 할 수 있습니다. 일반적인 이적과는 구분을 해야 합니다. 하나님께서는 이적을 그렇게 무더기로 행하시지 않습니다. 그분이 행하신 이 3대 권능이 그분의 이적으로 나타납니다. 이것으로 근본을 삼는 것입니다. 그런데 우리는 이런 세계 안에서 우리도 모르게 살고 있습니다.

하나님의 권능 속에서 살면서 어떤 일반적 이적들, 특별섭리와 같은 소소한 일반적 이적들이 있을 수 있습니다. 병자를 위하여 기도했더니 나을 수 있습니다. 그런데 그것은 이적이라고 하지 않고 하지만 특별섭리라고 합니다. 그것은 하나님께서 우주적인 권능으로 큰 울타리를 쳐놓은 가운데 부수적으로 생기는 것들입니다. 말하자면 이렇게 집에 울타리를 친 다음 그 안에 들어가 앉으면 느끼는 온도가 달라집니다. 그 말과 같아요. 그렇게 기본적이고 근원적이고 본질적인 권능의 표현이 있었기에 우리에게 모든 좋은 것들이 생기게 되는 것입니다.

이제 새 하늘과 새 땅의 세계에 이루어진 새 예루살렘에 대해서 21장이 말합니다. 새 예루살렘이라는 것은 구원받은 성도들이 구원의 완전한 혜택을 누리는 세계입니다. 새 예루살렘입니다.

하나님이 원하시는 대로

> 또 내가 보매 거룩한 성 새 예루살렘이 하나님께로부터 하늘에서 내려오니 그 준비한 것이 신부가 남편을 위하여 단장한 것 같더라(21:2).

이것은 지금 성도들의 공동체의 주소입니다. 이것이 하늘에서부터 내려왔다고 했는데, 이 말씀 역시 그 표현 방식을 알아야 합니다. 이것은 다 하나님이 만들었다는 뜻입니다. 하나님이 만드신 새 예루살렘이라는 말과 같습니다. 하나님이 하늘에서 만들어 이렇게 달아 내렸다 하는 식으로 해석하기보다 하늘에서 이렇게 만들어 가지고 내놓은 것과 같은 작품이라고 해야 합니다. 즉 '달아 내렸다'가 중요한 것이 아니라 '하나님이 하늘에서 만들었다'가 중요한 것입니다.

　이 말씀은 다 비유입니다. 문장 마지막에 "같더라" 그랬습니다. 하나님께서 전부 만들어 놓은 세상이니까 그 모든 것이 하나님의 솜씨를 보여 줍니다. 하나님은 당신님의 작품을 기뻐합니다. 마귀의 작품을 기뻐하시지 아니하고, 사람이 하나님을 무시하고 만들어 놓은 작품을 기뻐하시지 않습니다. 하나님이 기뻐하시는 것은 하나님이 만드신 것입니다. 그것은 우리가 창세기 1장에서부터 이미 미루어 생각할 수 있는 것 아닙니까. 하나님께서 모든 것을 만들어 놓은 후에는 좋다고 그랬습니다. 모든 참된 좋은 것은 하나님께만 있습니다. 사람이 소유한 좋은 것이 있다면 그것은 아직 하나님이 만든 그대로 보존되어 있다는 말입니다.

　그러면 여기서 우리가 생각해 봅시다. 신자들이 하나님을 기쁘게 하려면 어떻게 해야 합니까? 하나님이 원하시는 대로 하면 됩니다. 우리 신자들은 하나님이 하라는 대로 해야 합니다. '하나님이 하라는 대로'가 어디에 나와 있습니까? 하나님 말씀에 있습니다. 하나님의 말씀대로 행할 때 하나님이 기뻐하십니다. 그저 외식으로 하지 않고 진짜 마음속 깊은 곳으로부터 원해서 행할 때 하나님이 기뻐하십니다. 여기 새 예루살렘에는 그런 사람들이, 온통 그런 사람들만 삽니다. 그뿐 아니라 그러한 환경은 세 번째 대 권능으로 역사해 만든 것이기에, 환경이 그렇게 된 것도 하나님을 기쁘시게 하는 것이 됩니다.

　손님을 영접하려 할 때 무엇을 어떻게 준비합니까? 그 손님이 좋아하는 음식을 미리 준비하겠지요. 손님이 좋아하는 방이 어떤 방인가 알아보고 마련할 수 있으면 그 방도 마련하겠지요. 그 손님이 쾌적하게 느끼는 온도가 몇 도 정도인가도 생각하려면 할 수가 있겠지요. 우리가 어떻게 하면 하나님을 기쁘게 할 수 있습니까? 하나님 말씀대로 살아가면 됩니다. 강단 하나를 만들 때도 하나님이 이런 것을 가지고도 기뻐하신다고 생각하면, 이것을 어떻게 만들어야겠나 생각하고 만드는 것입니다. 그런 생각을 하지도 않고 만들었다고 해서 죄가 되는 것은 아니지만 하나님을 기쁘게 하려는 사람의 마음은 사사건건 모든 것에 신경을 쓴다는 말입니다. 그야말로 하나님을 기쁘게 하려는 것입니다. 하나님이 새 예루살렘이라는 그 환경을 만들어 주었으니 이것을 망가뜨리면 안 되겠다, 생각하는 것입니다. 거기 사는 사람들이 그렇게 생각하는 것입니다. 그러나 사람들은 처음 창조, 천지만물을 창조할 때 지어놓은 좋은 환경을 못 쓰게 만들었습니다. 하나님에게 기쁨이 되도록 지어놓은 환경인데 인간이 죄를 범해가지고 못 쓰게 만들었단 말입니다.

완전한 변화

내가 들으니 보좌에서 큰 음성이 나서 이르되 보라 하나님의 장막이 사람들과 함께 있으매 하나님이 그들과 함께 계시리니 그들은 하나님의 백성이 되고 하나님은 친히 그들과 함께 계셔서 모든 눈물을 그 눈에서 닦아 주시니 다시는 사망이 없고 애통하는 것이나 곡하는 것이나 아픈 것이 다시 있지 아니하리니 처음 것들이 다 지나갔음이러라(21:3-4).

이것은 새 하늘과 새 땅에서의 새 예루살렘을 가지고 말하는 것입니다. 거기에는 하나님이 함께 계십니다. 당분간 함께 계시는 것이 아니라 영원토록 함께 계십니다. 그러니까 그 안에서 우리는 하나님의 백성이 되고 하나님은 친히 우리와 함께 계셔서 모든 눈물을 그 눈에서 씻기십니다. 이제는 슬픔이 없는 세상입니다. 그러니까 지금 있는 이 세상이 아닙니다. 그뿐 아니라 다시 사망이 없다 그랬으니 이것도 이 세상이 아니지요. 애통하는 것이나 곡하는 것이나 아픈 것이 다시 있지 아니하겠다고 했으니 이 역시 이 세상이 아니란 말입니다.

어떤 분은 대학자임에도 계시록 21장을 잘못 풀었습니다. 그가 뭐라고 했는고 하니, 21장의 내용은 이 세상 교회를 가지고 말하는 것이라고 했습니다. 여러분, 이 세상 교회가 이렇게 완전할 수 있습니까? 여기 21장은 사사건건 부분 부분이 전부 완전한 것으로 계속 이루어 나갑니다. 여러분, 이 세상 변화가 완전합니까? 이 세상에서는 종종 눈물도 있고 부조리도 있습니다. 사람들이 사는 세상의 교회는 이렇게 완전하지 못합니다. 이 세상 풍파를 받고 잘못하는 일들이 많이 있습니다. 그런데 그분은 여기의 4절을 제대로 못 본 사람입니다. 모든 눈물을 그 눈에서 씻긴다고 했는데, 어떻게 완전하지 않은 세상이 이렇게 되겠습니까? 또한 사망이 없다고 그랬는데, 분명히 사망이 없다고 그랬는데 예수 믿는 사람들조차도 이 세상에서는 죽지 않습니까? 물론 죽음이 저 영광 세계에 들어가는 관문이기는 하지만 좌우간 죽기는 죽는 것 아닙니까?

"처음 것들이 다 지나갔음이러라." 처음 것들이란 맨 처음 하나님이 천지 만물을 창조해서 된 일들을 말합니다. 즉 거기서 인간이 잘못해 가지고 모든 불행이 초래된 것과 같은 것들이 다 여기 포함됩니다.

보좌에 앉으신 이가 이르시되 보라 내가 만물을 새롭게 하노라 하시고 또 이르시되 이 말은 신실하고 참되니 기록하라 하시고(21:5).

여기 21장에 진술되는 모든 일들은 다 새롭게 하신 결과입니다. 사망, 슬픔, 죄악, 전부 다 치워 없앴으니까 새롭게 한 것이지요.

또 내게 말씀하시되 이루었도다 나는 알파와 오메가요 처음과 마지막이라 내가 생명수 샘물을 목마른 자에게 값없이 주리니(21:6).

즉 이제는 완성됐다 그 말입니다. 우리가 바라보는 세상이 지금 이루어졌다는 말입니다. 알파와 오메가는 헬라어에서 처음 글자와 마지막 글자입니다. 헬라어 알파벳의 첫째 글자가 알파이고 마지막 글자가 오메가입니다. 그러니까 "나는 알파와 오메가요" 하는 이 말은, 나는 창조자요 나는 심판자라는 것입니다. 처음에 친히 이 만물을 지으셨으니까 창조자시고, 이제 또 만물을 새롭게 해서 끝을 내니까 심판자입니다. 나는 알파와 오메가라 하는 말씀은 그것을 생각나게 하는 것입니다. "처음과 마지막이라." 이 역시 알파와 오메가의 뜻과 비슷합니다. 처음이라는 것은 천지만물을 창조한 주님의 역사를 말함이고 마지막이라는 것은 심판하고 이렇게 만물을 새롭게 할 것을 의미합니다.

"내가 생명수 샘물을 목마른 자에게 값없이 주리니." 이것은 상징적인 표현입니다. 그저 문자적으로 읽을 것이 아니란 말입니다. 비유적 표현입니다. 즉 물을 먹으면, 샘물을 먹으면 목마름이 해갈되고 시원한 것처럼 성령의 은혜를 받아 영혼의 기갈을 면하라는 것입니다. 성령의 은혜를 샘물로 비유한 것입니다. 요한복음 4장에서도 예수님께서 사마리아 여자에게 전도하면서 말씀하지 않았습니까? 내가 주는 물을 마시는 자는 영원토록 살리라, 영원토록 갈함이 없으리라, 하는 바로 그 말씀, 바로 영적으로 하는 말씀입니다. 예수님께서 주시는 물이 바로 생명수 샘물입니다.

믿고 노력하는 자와 두려워하는 자

> 이기는 자는 이것들을 상속으로 받으리라 나는 그의 하나님이 되고 그는 내 아들이 되리라(21:7).

여기서 이기는 자가 누굽니까? 요한복음 16장 33절은 "세상에서는 너희가 환난을 당하나 담대하라 내가 세상을 이기었노라" 말씀하셨습니다. 우리 주님이 이기신 것입니다. 주님이 이겼기 때문에 우리는 그 혜택을 누립니다. 그래서 여기 "이기는 자"라고 한 것입니다. 우리의 행실은 부족합니다. 하지만 살아가다가 자신의 부족을 느낄 때 회개하면 이김을 누리는 것입니다. 회개하면 이김의 줄을 다시 붙잡는 것이지요. 그러니까 회개가 얼마나 귀합니까? 참 귀해요. 회개하면 됩니다. 그런데 회개는 성령의 은혜로만 됩니다. 성령이 은혜를 주어서 하니까 귀한 것입니다. 천하에 그렇게 귀한 것이 흔치 않습니다. 성령이 이루시는 일이니까 회개가 그렇다는 말입니다.

그런데 이기는 자가 "이것들을 상속으로 받으리라" 했는데, "이것들"이 무엇입니까? 생명수의 샘물과 기타 새로워진 만물을 상속으로 누린다는 것입니다. 상속이라는 것은 기업이라는 말과 같은 것인데, 이 말도 세상에서 부모 자식간의 일로 비유한 것입니다. 부모와 자식 관계에서 부모는 대개 자식에게 유산을 물려주지 않습니까? 그것을 돈 받고 주는 것입니까? 아닙니다. 거저 주는 것입니다. 유업이란 것이 그와 같이 거저 주는 것입니다. 하나님께서 우리를 아들 딸 삼았습니다. 그러고는 상속으로 영생을 주고 상속으로 새 예루살렘을 줍니다. 우리의 어떤 공로 때문이 아닙니다.

"나는 그의 하나님이 되고 그는 내 아들이 되리라." 우리는 하나님이 계십니다. 이 세상에 하나님이 안 계시다고 말할 수 있습니까? 하나님이 안 계시다고 말하는 것만으로도 참 죽는 것 같아요. 그렇지 않습니까? 하나님이 안 계시다, 그러니까 이 세상 모든 것이 다 우연히 된다, 우연히 넘어지기도 하고 우연히 떨어지기도 하고 우연히 죽기도 한다고 모든 것을 우연에 붙인다면 이건 뭐 어떻게 솟아날 길이 없는 것입니다. 그러나 천지만물을 지으신 이가 하나님이시고 이 세상을 주관하시는 이가 하나님이시라는 것을 믿을 때는 아무리 어려움이 있다 해도 다시 소망을 가질 수 있습니다. 좀 더 연단을 받으면 어려움이 올 때 오히려 기쁨을 얻을 수 있습니다.

나는 그의 하나님이 되고 그는 내 아들이 된다고 했는데, 우리를 아들로 삼아주신 것이 얼마나 감사합니까? 아들이라고 할 때는 하나님과 나 사이에 간격이 없다는 것입니다. 무엇을 막 달라고 할 수도 있습니다. 예수님을 믿기만 하면, 하나님 앞에서 그저 다 달라고 할 수도 있고 기쁨으로 살아갈 수도 있습니다. 우리는 우리 아버지가 하늘에 계시다는 것을 늘 기억해야 합니다. 이 세상 과학이 아무리 발달해도 과학을 아버지라 하는 사람이 없습니다. 과학이 아무리 발달해서 사람들이 그 혜택을 누려도 과학을 아버지라 하지 않습니다. 왜 그렇습니까? 아버지가 아니니까 그렇습니다. 그러나 하나님은 우리의 아버지가 되도록 당신님이 당신님을 제공하셨습니다. 얼마나 우리를 사랑한 것입니까?

그런데 이것을 언제 깨달을 수 있습니까? 간절히 사모하고 노력하며 예수를 믿을 때 깨닫게 됩니다. 그저 아무 노력도 안 하고 아무 생각 없이 예수 믿는 사람이 있을 리 없겠지만, 그런 사람은 하나님이 아버지인 것을 깨닫지 못합니다. 그렇다고 노력을 공로로 삼는 것은 아닙니다. 그렇지만 사람이 너무 못돼 먹었기 때문에 노력해야 제정신 차리고 노력해야 사람다운 마음 자세가 됩니다. 노력하지 않고 살아가는 사람은 정신 차리지 못한 사람입니다. 무엇을 진지하게 하질 않아요. 심각해지질 않습니다. 정신 나간 사람처럼 그저 이럭저럭 살아가고 맙니다. 그래선 안 됩니다. 깨달아야 합니다. 내가 이래서 되겠나, 도대체 산다는 것이 무엇인가, 좀 이렇게 심각하게 캐내어 들어가야 합니다. 그리고 노력하고 찾아야 합니다. 이것이 인생으로서 진리 앞에 진실한 것입니다. 노력은 진실의 증표입니다. 진실을 이루기 위해서는 노력을 해야 해요. 자기를 쳐 복종시키면서 노력을 해야 합니다. 우리가 하나님을 아버지라 할 때, 고생하고 애쓰면서 믿을 때는 하나님의 은혜를 받아서 감격하게 됩니다. 그것이 성령의 역사로 되는 것입니다.

> 그러나 두려워하는 자들과 믿지 아니하는 자들과 흉악한 자들과 살인자들과 음행하는 자들과 점술가들과 우상 숭배자들과 거짓말하는 모든 자들은 불과 유황으로 타는 못에 던져지리니 이것이 둘째 사망이라(21:8).

"두려워하는 자들"이라는 것은 불신앙의 한 방면입니다. 두려워한다는 것은 걱정하는 것인데 이것은 신앙이 없기 때문입니다. 사실 하나님을 두려워하는 것은 옳은 일입니다. 하나님을 두려워할 때는 기쁨이 용솟음칩니다. 하나님을 두려워하는 것은 사실 노예적인 공포는 아니에요. 하나님을 두려워하는 것은 당연히 해야 하는 것이고 진리입니다. 그러기 때문에 하나님을 두려워하면 오히려 기쁨이 올라옵니다. 그런데 여기서 "두려워하는 자들"의 두려움은 불신앙의 두려움입니다. "흉악한 자들"은 다른 사람을 미워하는 자들을 말합니다. 흉악해요. 그래서 이 사람들이 다 어디로 갑니까? "불과 유황으로 타는 못에 던져지리니 이것이 둘째 사망이라." 둘째 사망은 지옥입니다.

• 하나님의 영광이 있는 곳

> 일곱 대접을 가지고 마지막 일곱 재앙을 담은 일곱 천사 중 하나가 나아와서 내게 말하여 이르되 이리 오라 내가 신부 곧 어린양의 아내를 네게 보이리라 하고(21:9).

여기 "신부"라는 것은 비유입니다. 이는 새 예루살렘입니다. 즉 완전해진 교회입니다. 교회를 예수님의 아내라고 비유하는 것입니다. 교회가 예수와 일체란 뜻입니다. 예수의 죽음이 믿는 나의 죽음이 되고 예수의 다시 사심이 믿는 나의 삶이 됩니다. 즉 예수의 부활을 믿는 자는 성령을 받아서 장차 부활할 생명을 받는 것입니다. 예수로 다 됩니다. 그러니까 일체입니다.

> 성령으로 나를 데리고 크고 높은 산으로 올라가 하나님께로부터 하늘에서 내려오는 거룩한 성 예루살렘을 보이니 하나님의 영광이 있어 그 성의 빛이 지극히 귀한 보석 같고 벽옥과 수정같이 맑더라(21:10-11).

여기 "그 성"은 성벽을 의미하는 것이 아니라 도시를 말합니다. 도시를 이렇게 성으로 번역했습니다. 우리나라의 큰 도시에서 예전에 성을 쌓는 일이 있었는지는 모르겠습니다. 그래서 이 단어를 '성'으로 번역했는지는 몰라도, 도시라고 번역하는 것이 옳습니다.

10절에서 "거룩한 성 예루살렘을 보이니 하나님의 영광이 있어" 그랬는데, 이것이 새 예루살렘에 대한 간단명료한 표현입니다. 이 한 마디 표현으로도 되겠지만 우리가 더 잘 깨닫도록 하기 위해 그 아래에 계속 써 내려가면서 풀이를 해줍니다. 하지만 사실은 하나님의 영광이란 말입니다. 새 예루살렘은 하나님의 영광이 있는 도시입니다. 사람이 많이 사니까 도시라고 한 것입니다. 시골 무슨 동리라 하면 집이 많지 않아요. 그런데 여기에서는 많은 사람이 구원받아서 들어왔으니까 이렇게 도시로 표현한 것입니다.

"하나님의 영광이 있어"라고 했는데 그것이 전부예요. 하나님의 영광이라고 하는 것은 하나님이 함께 계시니까 하나님의 영광이 거기 나타나 있다 그 말입니다. 짐승들이 잔뜩 모여 있는 자리에 사람이 한 명 가서 서 있으면, 그 사람이 확 구별되지 않습니까? 그와 같이 하나님께서 새 예루살렘에 구원받아 들어온 무수한 무리와 함께 계시니까 그분의 성결의 영광, 거룩하신 그분의 영광, 그 거룩하신 광채가 나타납니다. 태양빛이나 전기 빛 같지 않은 광채, 그 거룩함의 영향력이 충만하게 됩니다. 그러니까 새 예루살렘은 어떤 세계인가 할 때 하나님의 영광이 있는 세계라, 그러면 모든 것입니다.

그러고는 이제부터 새 예루살렘을 또 설명합니다. 무엇으로 설명하는가 하니 보석으로 설명합니다. 벽옥, 진주, 금 등 여러 가지 보석 이름들이 여기 많이 기록되어 있습니다. 보석이 어떠한 것입니까? 보석은 귀한 것이지요. 그런데 여기서 보석은 천국을 비유합니다. 마태복음 13장에서 천국을 진주에 비유하지 않습니까? 45-46절에 "또 천국은 마치 좋은 진주를 구하는 장사와 같으니 극히 값진 진주 하나를 발견하매 가서 자기의 소유를 다 팔아 그 진주를 사느니라" 했습니다. 진주가 보배지요. 그 위에 있는 44절에는 "천국은 마치 밭에 감추인 보화와 같으니 사람이 이를 발견한 후 숨겨 두고 기뻐하며 돌아가서 자기의 소유를 다 팔아 그 밭을 사느니라"고 했습니다.

보화니 보석이니 진주니 이런 것들은 아주 귀한 것들입니다. 무엇과도 바꾸지 않을 그런 보배들입니다. 대만 박물관에 가면 큰 병풍이 있는데, 그 병풍에 아주 큰 보석들을 펴 놓았습니다. 그래서 그 병풍을 주면 그 박물관과 같은 건물 세 개를 지어주겠다고 해도 바꾸지 않았답니다. 그만큼 사람들이 보석을 귀하게 여깁니다. 그러니까 보석은 귀한 것을 의미합니다. 천국을 보석으로 비유했습니다. 진주로 비유했습니다. 이것은 분명히 비유입니다. 천국에 가면 전부 보석으로 깔려 있고 보석으로 단장해 놓았다고 생각할 것 같으면 비유를 제대로 읽고 있는 것이 아닙니다. 같더라, 그러지 않았습니까? "같더라"라는 글자가 나오지 않습니까? "하나님의 영광이 있어 그 성의 빛이 지극히 귀한 보석 같고"라 했습니다. 비유입니다. "벽옥과 수정같이 맑더라." 맑은 것은 티가 없는 것입니다. 티가 없는 것은 성결하고 깨끗하고 죄와 허물이 전혀 없는 것을 의미합니다.

사도적 전도 위에 세워진 교회

> 크고 높은 성곽이 있고 열두 문이 있는데 문에 열두 천사가 있고 그 문들 위에 이름을 썼으니 이스라엘 자손 열두 지파의 이름들이라(21:12).

이 성(도시)의 성곽은 장벽입니다. 성곽이라는 것 역시 비유입니다. 성곽은 성 안에 있는 것들을 보호하기 위한 것입니다. 스가랴 2장 5절을 보면 "여호와의 말씀에 내가 불로 둘러싼 성곽이 되며"라고 했습니다. 불성곽이라는 것이 비유 아닙니까? 여호와께서 불성곽이 된다는 것은 여호와께서 예루살렘 거민들을, 그 백성들을 그렇게 보호하겠다는 말입니다. 죄와 마귀를 물리치며 죄와 마귀를 막는 데 있어서 성곽이라는 것이 기록되었습니다.

사실 이것은 위에서 말했지만 새 예루살렘 환경의 어느 것을 보아도 하나님 생각이 나도록 했다 그 말입니다. 다시 말하면 그 전부가 하나님이 만들어 놓은 것이고 하나님이 사실상 일을 하고 계십니다. 하나님이 그 전부가 되십니다. 이 모든 보석과 진주와 정금으로써 새 예루살렘의 모든 구조를 말한 것은 모든 것이 다 하나님의 역사로 된다는 의미입니다. 그것을 비유하는 것입니다. 왜 성벽으로 비유했습니까? 그것은 하나님이 만든 성벽을 무너뜨리고 죄가 들어오겠습니까, 원수가 들어오겠습니까? 아니지요. 죄도 원수도 아무것도 들어올 수 없지요. 오직 하나님만이 할 수 있습니다. 스가랴 2장 5절이 말한 것과 같이 하나님이 불 성곽과 같이 역사하셔서 죄가 거기 전혀 들어오지 못하는 것입니다.

여기 보석으로 비유하는 이런 표현이 나올 때 우리는 하나님의 역사가 이렇단 말이구나, 이렇게 읽어야 합니다. 보석을 가지고 영원한 나라를 이룹니까? 결국 하나님이 하시는 일을 말해 보려는데 최고의 표현이 이 보석밖에 없는 것입니다. 귀하다, 천국이다, 그러지 않았습니까? 보배나 보화는 천국을 비유하는 것 아닙니까? 천국은 하나님이 다스리는 나라예요. 그러니까 이런 표현들을 읽을 때 아주 많은 귀한 광물들로 이루어졌구나, 그저 그렇게 생각하면 안 됩니다. 그렇게 생각하지 말고 하나님이 계속 일하시고 그 광채가 계속 빛이 나고 그 영광이 계속 드러난다고 알아야 합니다. 천국은 그런 나라구나, 하고 읽어야 합니다. 그렇게 읽어야 바르게 읽는 것입니다.

"이스라엘 자손 열두 지파의 이름들이라." 열두 지파는 택한 백성을 대표하는 의미에서 사용됐습니다. 귀한 이름들이지요. 열두 지파. 하나님이 인도하셨고 하나님이 양육하셨고 하나님이 세운 지파들의 이름입니다. 그 이름을 이제 이스라엘에서 구원받은 사람들에게만이 아니라 이방에서 구원받은 사람들에게도 이렇게 다 사용하도록 하신 것입니다. 열두 지파라 할 적에는 천하만국에서 구원받은 모든 사람들을 말하는 것입니다. 갈라디아서 6장 16절에 무슨 말이 나옵니까? "하나님의 이스라엘"이라는 말씀이 나옵니다. 이방 신자들을 하나님의 이스라엘이라고 말했습니다.

동쪽에 세 문, 북쪽에 세 문, 남쪽에 세 문, 서쪽에 세 문이니(21:13).

다시 본문으로 돌아와서, 13절을 보면 동서남북에 문들이 셋씩 있다고 했으니 열두 문이지요. "그 성의 성곽에는 열두 기초석이 있고"(21:14). 그리고 내려가다가 21절에 보면 "그 열두 문은 열두 진주니 각 문마다 한 개의 진주로 되어 있고"라 했습니다. 한 방위에 문이 셋씩 사방 열두 문인데, 그 문마다 한 진주라고 했습니다. 문마다 하나의 진주로 되어있다고 했습니다. 이 표현 역시 아주 귀한 문이다 그 말입니다. 천국에 들어가는 문인데 아주 귀한 문이라는 말입니다. 이것은 누가 관할합니까? 이 문이 의미하는 것은 무엇입니까? 예수님이 바로 문이라고 할 수 있습니다. 하나님께서 다 들어가도록 하시는 것입니다. 사람이 자기가 가진 것으로 못 들어갑니다. 요한복음 10장에서 예수님이 "나는 양의 문이라" 그랬습니다(7절).

그 성의 성곽에는 열두 기초석이 있고 그 위에는 어린양의 열두 사도의 열두 이름이 있더라(21:14).

성곽에 기초석이 열두 개가 있다는 말은 열두 사도를 비유하는 것입니다. 열두 사도의 이름이 그 기초석에 기록됐다고 했습니다. 새 예루살렘 즉 구원 받아 들어간 하나님의 이스라엘, 신령한 공동체, 이 새 예루살렘을 성립시키는 기초석들, 이것은 사도들의 전도를 말합니다. 사도들의 전도를 적은 것이 바로 이 신비한 신구약성경입니다. 구약은 선지자들이 기록했고 신약은 사도들이 기록했는데, 바로 이 사도적 전도를 말합니다. 선지자적 전도, 사도적 전도. 오늘날의 교회도 이 전도에 기초하여 세워져 나가는 것입니다. 다른 어느 누구의 말 가지고 세워지는 것이 아닙니다. 앞으로도 계속 사도들의 전도로 교회가 세워져 나갑니다.

사도적 전도는 성경

그런데 오늘날에도 천국에 갔다 왔다는 사람이 있습니다. 그 사람이 글도 쓰고 간증도 하고 합니다. 그런데 그것에 대해서 우리가 어떻게 생각해야 합니까? 우리가 성경은 제쳐두고 그 사람들이 쓴 책을 가지고 설교를 해도 되는 것일까요? 그 책을 가지고 이것이 낫다, 더 명확하다, 그러니까 이것을 가지고 설교하자, 이것을 읽자 이렇게 해도 되는 것입니까? 혹은 성경보다 낫지는 못해도 성경과 동등하다, 그러니까 성경도 교회에서 읽고 이런 사람들의 간증문도 읽어서 받아들이자, 그래야 되는 것입니까? 그 책이 성경보다 우수하다고 할 수 있습니까? 혹은 그 책이 성경과 동등하니 함께 사용하자, 그럴 수 있습니까? 안 될 일입니다.

그런 책은 옛날에도 있었습니다. 예를 들면 『베드로묵시록』 같은 책들입니다. 그러나 옛날부터 교회에서 그러한 책을 성경보다 낫다든지 혹은 성경과 같다든지 하지는 않았습니다. 절대 그렇게 하지 않았고 사용하지도 않았습니다. 성경보다 우수하다면 당연히 사용하지 않았겠습니까? 성경과 동등하다 해도 썼겠지요. 그러나 안 썼습니다. 왜 안 썼습니까? 그런 체험을 말한 사람들의 말에 오류가 있기 때문입니다. 하지만 성경은 오류가 없는 책입니다. 성령의 특수한 감동으로 된 책이기 때문에 그렇습니다.

우리 한번 그러한 글을 읽어 보기로 하겠습니다. 여러분 한번 느껴보고 생각해 보세요. 퍼시 콜렛(Percy Collett) 박사가 간증한 것이 우리 한국에서도 지금 상당히 유행하고 있습니다. 그분이 지금 82세인데 50년 동안 남아메리카 아마존 원주민들 가운데 살면서 의료 사업을 했습니다. 그런데 30년 전부터 주의 영광 보기를 기도했다고 합니다. 주님의 영광을 보여 달라고 기도했대요. 그렇게 기도하던 중 1982년 3월에 천사의 인도로 닷새 동안 삼위일체를 만나 보았답니다. 성부, 성자, 성신을 만나 보았답니다. 그리고 6시간 정도 여행 끝에 천국에 갔답니다. 천국에 가보니 그곳은 200만 평방마일의 넓이인데 거기 들어가 보니까 성도들이 의복 공장에서 일을 하더랍니다. 그래서 그 옷을 누구에게 입히려고 하느냐고 했더니 천국 백성에게 입힐 옷이라고 하더랍니다. 계속적으로 세상 떠서 들어오기 때문에 천국 백성이 많아지는데 그들에게 입힐 옷이라는 것입니다. 성경 어디에 그런 말이 있습니까? 하지만 그는 증언하기를 의복 공장에서 옷을 만든다 그랬습니다. 예수를 믿는 사람이 거짓말한 것을 기록해 두는 기록실이 있답니다. 성도들이 있을 처소는 건축 중이라고 그래요. 계속 짓는다 그래요. 다 이상합니다. 천국에서 교통수단으로 수레를 쓴답니다. 자동차도 아니고 수레를 많이 봤다고 합니다. 하나님은 매우 넓은 발을 가지고 있는데 그 발이 홍수를 막고 있다고 합니다. 홍수가 천당에서 내려오는지, 내 생각에는 그렇지 않은데 그렇게 말합니다. 천당에 계신 하나님께서 발로 홍수가 못 내려가도록 막는다고 해요. 참 이해할 수 없는 말들입니다. 그리고 계시를 보고 돌아오는 길에 두 소녀의 신령한 몸이 천국으로 가는 것을 만났다고 합니다. 천국으로 가는 두 소녀를 만났다고 해요. 그 두 소녀는 캘리포니아의 고속도로에서 교통사고로 죽은 아이들이라고 말을 했습니다.

우리가 이런 것을 읽어 보면 성경과 다른 말들이 대부분입니다. 그러면 어찌해야 됩니까? 성경 말고 다른 말이 있는데 더 자세하구나, 그러니 이건 성경보다 위에 있고 성경보다 높다, 우리가 강단에서 이걸 쓰자, 설교할 때도 이걸 인용하면서 성도들을 깨우치자 그래야겠습니까? 혹은 성경보다 우수하지는 못해도 뭐 비등하구나, 그러니까 이것을 우리가 성경과 같이 쓰자, 뭐 그렇게 할 것입니까? 아닙니다. 성경에 없는 말이 여기 있고 성경과 맞지 않는 말이 여기 있습니다. 그러니까 우리가 이런 글을 읽으라고 권장한다든지 이것을 교회 안에서 인용하면서 말한다든지 하면 안 됩니다. 그러면 이런 책을 어떻게 취급해야 합니까? 성경보다 우수하지 않고 성경만 못한 책이다, 그 내용이 정확한지에 의문이 생긴다, 내 신앙생활이 복잡해지기만 한다, 성경과 다른 말이 있고 성경과 충돌하는 말이 있으니 이걸 따를까 성경을 따를까 복잡해진다, 이때까지 믿던 신앙이 오히려 약해진다, 그러니 이 책은 필요 없는 책이다, 그래야지요. 필요 없다는 생각을 해야 합니다.

그러면 사도적 전도라는 것은 무엇입니까? 그것은 성경입니다. 목사님들은 죽자 살자 성경을 연구하고 파고들어 가야 합니다. 거기서 꿀을 캐 가지고, 꿀을 얻어 가지고 나오는 것입니다. 이 성경을 파고들어 가지고 생명의 단맛을 거기서 끌어내야 한단 말이에요. 그 깊은 곳에 들어가면 반드시 꿀과 같은 단것이 있어요. 그것을 캐내려면 힘이 듭니다. 기도 많이 해야 하고 성경을 많이 연구해야 합니다. 애를 써야 합니다. 이것은 하지 않고 강단에서 자꾸 딴소리만 할 것 같으면 어디 되겠습니까? 안 되지요. 그건 사도적 전도로 설교하는 것이 아니에요. 사도적 전도가 구원받은 세계, 새 예루살렘 세계의 기초석과 같이 중요하다, 이 말입니다.

50
구원 완성의 결론

계 22:1-7

이 부분은 계시록의 최종 결론입니다. 즉 구원 완성의 결론입니다. 구원이 완성된 다음에는 어떠하냐, 그 세계가 어떠하냐, 또한 거기서 사는 사람들이 무엇을 하느냐, 그것을 보여 줍니다.

• 구원이 완성된 세상

또 그가 수정같이 맑은 생명수의 강을 내게 보이니 하나님과 및 어린양의 보좌로부터 나와서 길 가운데로 흐르더라 강 좌우에 생명나무가 있어 열두 가지 열매를 맺되 달마다 그 열매를 맺고 그 나무 잎사귀들은 만국을 치료하기 위하여 있더라(22:1-2).

계시록 22장 1-2절이 바로 그 세계의 완전성, 구원의 완전성을 말합니다. 그 후에는 다시 손볼 일이 없습니다. 그 구원에 대해서 다시 무엇을 보충하거나 더할 것이 없습니다. 그야말로 완전무결합니다. 그리고 3절은 거기서 사는 사람들의 형편을 보여줍니다. 그 사람들이 어떻게 사는지 일일이 다 자세히 말하기보다 집중적으로 중요한 두 가지를 말했습니다.

> **다시 저주가 없으며 하나님과 그 어린양의 보좌가 그 가운데에 있으리니 그의 종들이 그를 섬기며**(22:3).

먼저, 다시 저주가 없다고 했습니다. 우리는 아직까지 저주받은 세계에서 살고 있습니다. 비록 우리 심령은 은혜를 받아서 저주를 떠나게 됐지만, 실상은 그렇단 말입니다. 아들을 믿는 자에게는 영생이 있고 아들을 순종하지 아니하는 자에게는 하나님의 진노가 그 위에 머문다고 했습니다(요 3:36). 우리 믿는 사람들의 삶의 위치는 저주를 면한 자리입니다. 그러나 우리 주위는 저주를 받은 채 있습니다. 만물이 탄식한다고 그랬습니다. 로마서 8장 22절에 "피조물이 다 이제까지 함께 탄식하며" 그랬습니다. 주님이 재림한 다음, 구원이 완성된 다음에야 만물이 받고 있는 저주도 벗겨집니다. 저주가 다시 없다고 했으니까 그때부터는 영원토록 변하는 것도 잘못 되는 일도 없다고 생각할 것입니다. 그런데 이것은 이 세상에 있는 교회를 가지고 하는 말이 아닙니다.

다시 저주가 없다고 했는데, 그러면 거기에 사는 사람들이 무엇을 합니까? 다른 일들도 있겠지만 본문은 중요한 것만 말하고 있습니다. "하나님과 그 어린양의 보좌가 그 가운데에 있으리니 그의 종들이 그를 섬기며." 여기서 그의 종들은 예수를 믿는 사람들 모두를 말합니다. 하나님의 종들 즉 모든 믿는 사람들이 하나님을 섬기도록 예수님께서 이 땅에 오셔서 피 흘리시고 구원을 이루셨습니다. 우리가 구원받는 목적이 하나님을 섬기기 위함이란 말이에요. 구원받기 전에는 하나님을 섬기기는커녕 늘 거스르는 위치에 있었지요. 그렇지만 이제 구원받은 후에는, 더욱이 구원이 완성된 내세에 들어가서는 섬기는 것이 전부란 말입니다.

하나님이 사람을 지을 때 하나님을 섬기게 하려고 지었습니다. 인생은 유한합니다. 무한한 것이 아니에요. 한정이 있습니다. 하나님은 무한하시지만 우리 인생은 한정이 있습니다. 자기가 할 일도 한정이 있습니다. 자기 스스로 나는 무한하다 생각하지 않습니다. 모든 부분에서 한계가 있다는 것을 알게 됩니다. 그런 것을 보면서 사람이란 자신을 어딘가에 의지해야만 되는 자라는 것을 깨닫게 됩니다. 여러분, 그것을 부인합니까? 그렇지 않을 것입니다. 그렇다면 의지하는 동시에 그 의지하는 것을 섬겨야 하지 않겠습니까? 나는 유한하므로 무한하신 분을 사모하는 것입니다. 무한하신 분을 의지합니다. 무한하신 분을 섬깁니다. 우리 인생은 섬겨야 하는 존재이지 섬김을 받는 자가 아닙니다. 섬김을 받고 있다면 늘 미안하게 생각해야 합니다. 나는 이러한 대접을 받을 자격이 없다고 생각해야 옳지 않습니까? 섬김을 받을 분은 하나님밖에 없습니다.

"그의 종들이 그를 섬기며." 다른 구체적인 표현이 없이 이것이 다입니다. "그의 종들이" 그러고 다른 말이 없습니다. 어떤 사람들은 어떤 일을 한다, 이런 것이 없습니다. 그저 거기 들어가는 사람들은 모두 다 종들입니다. 물론 이 세상에 있는 동안에도 신자들이 다 종이지만 저 무궁한 세상에 살 때는 종들로서 책임을 다합니다. 거기에서는 종들이 섬깁니다. 종들이 그를 섬긴다는 말로 이 책은 끝납니다. 결론이란 말입니다. 창세기 1장 1절에서부터 성경의 모든 책들이 말해 내려온 것이 이것을 보려고 한 것입니다. 그 종들이 그를 섬기는 것을 보려고 한 것입니다.

그의 얼굴을 볼 터이요 그의 이름도 그들의 이마에 있으리라(22:4).

이 말씀은 종들이 그를 섬긴다는 그 말씀에 속한 말씀들입니다. "그의 종들이 그를 섬기며" 한 것으로 일은 다 된 것입니다. 그런데 거기에 몇 마디 더 보태는 것은 그들의 신분이 어떠한 신분인지를 말합니다. 인생의 목적은 이루어졌는데, 그 인생이 어떠한 위치에서 사는가를 보여 줍니다. 그의 얼굴을 본다는 것은 하나님의 얼굴을 본다는 말입니다. "그의 이름"은 하나님의 이름입니다. 그의 이름이 그들의 이마에 있다고 했는데, 이마는 신분이란 뜻입니다. 그 이마에 하나님의 이름을 썼다는 것은 이 사람은 바로 하나님의 소유라, 그런 말입니다.

다시 밤이 없겠고 등불과 햇빛이 쓸 데 없으니 이는 주 하나님이 그들에게 비치심이라 그들이 세세토록 왕 노릇 하리로다(22:5).

밤낮이 바뀌는 것은 이 세상입니다. 구원이 완성된 저 세상에서는 밤낮이라는 것이 없습니다. 늘 밝음이 있습니다. 혹은 늘 밝으면 피곤하지 않겠나 생각할 수 있습니다. 세상에서는 어두움이 옴으로 유익한 것이 있지 않습니까? 우선 잠자는 데 편하지요. 잠잘 때는 편히 자기 위해서 등을 끄지 않습니까? 그런데 저 세상에는 늘 빛이 있다고 하면 피곤하지 않겠습니까? 그러나 피곤하지 않고 불편함이 없습니다. 왜 그렇습니까? 거기에 있는 밝음은 하나님 자신의 빛이기 때문입니다. 사람이 하나님 자신의 빛을 받으면 늘 평안하고 늘 만족하고 늘 위로가 되고 늘 유쾌한 것입니다.

또 세세토록 왕 노릇 한다고 했습니다. 왕 노릇이라는 말은 다스린다는 말입니다. 우리나라 말로 왕의 일을 본다는 뜻인데, 노릇 한다는 것은 좋지 못한 말입니다. 왕 노릇 한다는 말은 왕들이 그저 편안한 생활을 하면서 일락을 위주하는 데서 나온 말입니다. 그러나 사실 이 낱말의 뜻은 다스린다는 동사입니다. 다시 말해 '저희가 세세토록 다스리리로다'라는 의미입니다. 다스린다, 즉 늘 이기고 늘 정복하고 늘 승리하는 것입니다. 죄를 늘 이기고, 마귀를 늘 이기는 것입니다. 마귀는 이제 범접도 못하는 환경입니다. 늘 이기는 자로 사는 것입니다. 또한 의가 풍성해서 늘 섬기는 것입니다.

그런데 이것이 자신들의 자율적인 능력으로 되는 것이 아니라 예수 그리스도와 연합했기 때문에, 예수 그리스도의 죽으심이 나의 죽음이 됐고 예수 그리스도의 다시 사심이 나를 다시 살리는 힘이 돼서 그분의 것이 내 것이 되는 이러한 연합, 영원 전부터 된 그 놀라운 연합 때문에 그 혜택을 누리는 것입니다. 다스리는 혜택을 누리는 것입니다. 내게 무슨 이기는 힘이 있습니까? 없습니다. 오직 주님께서 영원토록 지탱해 주시는 것입니다.

신실하고 참된 말씀

이제 6절부터는 부록입니다. 이 계시록 전편에 대한 결론적인 부록입니다. 부록이라는 것은 본론이 아니고 본론에 대하여 부수적인 말을 붙이는 것입니다. 그것도 필요하기 때문에 붙이는 것이지요. 이 책에 대해서 말하는 것입니다.

> **또 그가 내게 말하기를 이 말은 신실하고 참된지라 주 곧 선지자들의 영의 하나님이 그의 종들에게 반드시 속히 될 일을 보이시려고 그의 천사를 보내셨도다**(22:6).

"그가 내게 말하기를", 그가 누구십니까? 천사예요. 이때까지 천사가 사도 요한을 인도하면서 이 모든 것을 보여주었는데 바로 그 천사가 계속해서 말하는 것입니다. 이때까지는 구원 완성에 대해서 보여주고 말씀했는데, 이제는 이 책의 중요성에 대해 말합니다. 무슨 말을 했습니까?

천사가 요한에게 말하기를 "이 말은 신실하고 참된지라"고 했습니다. 여기서 "이 말"이라는 것은 계시록에 나오는 말씀들을 말합니다. 신실하다는 것은 무엇입니까? 또한 참되다는 것은 무엇입니까? 때로는 같은 말을 중복하기도 하지만, 여기서는 같은 말을 중복한 것이 아닙니다. 신실이라는 것은 이 말이 앞으로도 그대로 맞을 것이라는 말입니다. 여기 계시록에 있는 말이 그대로 맞을 것이라는 거예요. 신실하다는 말은 계시록에 있는 내용들이 그대로 이루어진다는 점을 말하는 것입니다. 계시록에 있는 말씀들이 어떻게 이루어지는가 할 때 그대로 다 되더라, 그 말입니다.

여기 참되다는 것은 또 무엇입니까? 그것은 그 말씀의 형태를 가리키는 술어입니다. 그 말씀의 형태가 무엇입니까? 하나님의 말씀이 그대로 전달됐다 그 말입니다. 원본 그대로란 말입니다. 가령 여기 이 벨을 원본이라고 할 때 이 벨을 그렸다고 하면 그 그림은 원본이 아니지요. 이 벨이 소리는 어떻고 크기는 어떻다, 이렇게 여기 다 써놓고 그림도 그려 놓았어도 원본이 아닙니다. 원본이 아니고 원본에 대한 그림입니다. 복사한 거라 말입니다. 그런데 여기 참되다는 뜻은 원본을 두고 그림 그리듯이 알려주는 게 아니라 하나님이 말씀한 그대로를 옮겨놓은 것이라는 말입니다.

그러니까 신실이란 말을 들었을 때는 그대로 맞겠구나, 앞으로 일들이 그대로 되겠구나 하는 생각을 해야 되고, 참되다고 하는 말을 들었을 때는 이 계시록이 바로 하나님이 말씀한 그대로의 형태로구나 생각하면서 이 말씀의 권위를 생각해야 합니다. 말씀의 권위를 생각해야 해요. 그대로란 말입니다. 베끼거나 한 것이 아니란 말입니다. 그러니까 이 말씀이 얼마나 중요합니까?

"주 곧 선지자들의 영의 하나님이." 여기서 주는 주인이란 말이지요. 그러면 주인이 하나님이란 말입니다. 선지자들의 하나님, 우리 인생들의 주인이 하나님입니다. 그가 지었으며 그가 이때까지 살게 하셨고 그가 장차 구원하신다 그 말입니다. 그 하나님이 바로 우리 주인입니다. "선지자들의 영"이라는 것은 선지자들의 영혼이라는 말이 아니라 선지자들이 받을 성령이란 말입니다. 선지자들이 받을 성령 하나님, 그러니까 하나님의 영이란 말입니다. 그리고 "영의 하나님"이라 했는데 그 영을 하나님이 보냈단 말이지요. 선지자들이 성령을 받아서 사람으로서는 도무지 알아낼 수 없는 일들을 알아냈습니다. 그것이 선지자들이 받은 영의 권위이고, 그러기 때문에 선지자들이 받은 성령의 역사는 성경을 기록할 수가 있었습니다.

"그의 종들에게 반드시 속히 되어질 일을 보이시려고." "속히 되어질 일"은 주님 오실 일을 말합니다. 속히 되어질 일이라고 하였지 가까운 장래에 되어질 일이라 하지 않았습니다. 속히 된다는 것은 가까운 장래에 된다는 말과는 다릅니다. 가령 미국에서 친구가 올 때, 내가 속히 가겠습니다 하는 것은 몇 시까지 가겠습니다 하는 것과는 다릅니다. 그런데 속히 가겠습니다 할 때 '속히'는 그 사람의 열심을 말하는 것입니다. 거기에는 뜨거움이 있습니다. 거기에는 열렬함이 있습니다. 빨리 만나야 되겠다는 것이지요. 그러기 때문에 우리가 이 성경을 읽을 때 말귀를 똑바로 알아들어야 합니다. 여기 속히 온다는 것은 하나님의 열심이 얼마나 큰지를 보여 줍니다. 하나님이 얼마나 이 땅에 있는 신자들을 사랑하는가를 보여 줍니다. 그 중심이, 이 땅에 있는 신자들을 향한 그 사랑이 얼마나 큰지를 알 수가 있습니다.

보라 내가 속히 오리니 이 두루마리의 예언의 말씀을 지키는 자는 복이 있으리라 하더라(22:7).

51
영원한 생명 세계에 들어가는 자

계 22:14-15

자기 두루마기를 빠는 자들은 복이 있으니 이는 그들이 생명나무에 나아가며 문들을 통하여 성에 들어갈 권세를 받으려 함이로다(22:14).

두루마기라는 것은 예수 그리스도로 말미암아 받은 새로운 인격이라고 할 수 있습니다. 믿는 사람들은 예수 그리스도로 말미암아 예수님의 의를 입었습니다. 믿는 사람들이 예수님의 의를 입었지만, 자기 개인적으로 행하는 것도 있습니다. 예수님이 입혀주신 하나님의 의가 있는 동시에 그것을 근본으로 삼고, 그것을 배경으로 삼고, 이제 새로워진 사람의 총 밑천으로 삼아서 자기 자신이 행하는 것도 있습니다. 물론 예수님이 입혀주신 의에서 다 나오는 것입니다. 다시 말해 주님이 주신 의에서 나 자신의 생활도 새로워진다 그 말입니다.

그러나 그 생활은 차츰차츰 되어 가는 것이지 단번에 완전해지는 것은 아닙니다. 예수님의 의는 언제나 무궁하고 절대로 완전하며 우리 믿는 자들은 그것을 받았습니다. 우리 개인이 행하는 의는 예수님의 의 때문에 생긴 것입니다. 예수님의 의로 인해 생긴 것인데도 아직도 '나'라는 '나'가 완전하지 못하기 때문에 결점이 있습니다. 그 결점을 늘 세탁해야 합니다. 자신의 부패성과 근성 때문에 새로워진 생활에도 결점이 있다는 말입니다.

여기서 명심할 것은 우리의 결점 때문에 우리가 받은 예수 그리스도의 의가 결점이 있다고 생각해서는 안 된다는 것입니다. 예수 그리스도의 의는 결점이 전혀 없습니다. 우리의 결점과 예수 그리스도의 의는 별도로 생각해야 합니다. 그렇지만 우리 구원의 총 밑천이라고 할 수 있는 예수의 의(義) 아래에서 나 스스로 이루어 가는 것이 있다는 말입니다. 그런데 거기에는 결점이 있습니다. 아직도 우리의 근성이 살아있고 아직도 부패성이 살아있기 때문에 결점이 있습니다. 그 결점을 이제 날마다 시마다 세탁해야 한다는 말입니다. 우리가 늘 명심해야 할 것입니다. 그러면 무엇으로 세탁을 합니까?

● 두루마기를 빠는 방법

첫째로는 하나님의 말씀으로 빨아야 합니다. 우리가 성경 말씀을 읽는 가운데 그 뜻을 바르게 깨달으면 곧 성령의 역사로 자신의 죄를 깨닫게 됩니다. 그런 동시에 그 죄를 심히 아프게 여기고 하나님 앞에 도움을 청할 때, 심령으로 도움을 청할 때 하나님께서 그 죄를 용서해 주시고 우리 심령에는 평안이 올 수 있는 것입니다. 에베소서 5장 26절에서는 "이는 곧 물로 씻어 말씀으로 깨끗하게 하사 거룩하게 하시고"라 했습니다. 물로 씻고 말씀으로 깨끗하게 한다고 성경이 분명히 말씀했으니 두루마기를 빠는 방법을 아시겠지요? 여러분이 수시로 성경을 들여다보시고 연구도 하시는데, 그것이 바로 두루마기를 빠는 작업입니다.

우리가 다 세탁을 해야 하는데 그 작업을 어떻게 하는가, 그것을 알아야 하지요. 그런데 여기에 대해서 에베소서 5장 26절에 분명히 말씀해 놓았습니다. "이는 곧 물로 씻어 말씀으로 깨끗하게 하사." 하나님의 말씀을 읽음으로 혹은 설교하시는 분이 하나님의 말씀을 가지고 설교할 때 우리 죄가 씻어질 수 있다는 말입니다. 지금까지 잘못 해온 것에 변화를 일으킬 수가 있습니다. 하나님 말씀과 접촉하는 가운데 죄가 떨어져 나갈 수 있습니다.

그리고 또 한 가지 있습니다. 세탁하는 방법입니다. 에베소서 5장 26절을 보면 "이는 곧 물로 씻어" 그랬습니다. 물로 씻는다는 것이 우리 죄를 마시는 물로 씻는다는 말이 아닙니다. 성경에는 비유가 많아요. 우리 죄를 실제로 물로 씻는 것이 아니라 물로 씻는 것과 같이 씻는다는 말입니다. 무엇을 가지고 씻는다는 것입니까, 비누를 가지고 씻습니까? 그것은 바로 예수의 피로 씻는다는 말입니다. 그러면 피라고 직접 쓰지 왜 물이라고 했습니까? 이것이 비유라는 것입니다. 깨끗한 물로 씻는 것과 같이 깨끗해진다는 말입니다.

우리들이 다 자기의 단점이나 잘못을 가슴 아파하고 문제를 느껴서 그것을 어떻게 해결하려는 마음이 있을 때 그 방법이 무엇입니까? 예수의 피를 가지고 그 마음을 씻어야 합니다. 그러면 물로 씻는 것처럼 깨끗해진다는 말입니다. 성경 어디에 그러한 내용이 있습니까? 계시록 1장 5절에 있습니다. "우리를 사랑하사 그의 피로 우리 죄에서 우리를 해방하시고"라 했습니다. 여기 "해방"이라는 말이 헬라 원문에서는 세탁한다는 뜻을 가지고 있습니다.

또 예수의 피가 우리를 죄에서 해방시켜 준다, 씻긴다 하는 말이 직접 나오진 않았어도 간접적으로 이야기하는 구절도 있습니다. 요한일서 1장 7절 하반절에서 "그 아들 예수의 피가 우리를 모든 죄에서 깨끗하게 하실 것이요"라 했습니다. 물을 가지고 세탁하듯이 예수의 피가 우리의 죄를 씻어준다 그 말입니다. 그런데 어느 때 그렇게 됩니까? 요한일서 1장 8-9절입니다. "만일 우리가 죄가 없다고 말하면 스스로 속이고 또 진리가 우리 속에 있지 아니할 것이요 만일 우리가 우리 죄를 자백하면 그는 미쁘시고 의로우사 우리 죄를 사하시며 우리를 모든 불의에서 깨끗하게 하실 것이요." 말하자면 죄를 사해 주시는데 세탁한 것처럼 깨끗하게 사해 주신다 그 말입니다.

깨끗하게 한다고 그랬는데, 어떠한 방법으로 깨끗하게 합니까? 예수의 피로, 예수의 피를 사용해서 깨끗하게 합니다. 그러면 우리 죄와 예수의 피를 연락시키는 구체적인 방법이 무엇입니까? 그것은 우리가 죄를 하나님 앞에 자백하는 것입니다. 죄를 자백하는 것을 쉽게 생각하면 안 됩니다. 언제나 입술로만 하는 것은 참된 것이 아닙니다. 좋은 일을 할 때도 그저 입술로만 쉽게 하는 때가 많이 있습니다. 그만큼 우리의 인격이 늘 부족합니다. 우리의 인격은 늘 외식으로 나오기를 좋아합니다.

자백한다는 것은, 마음이 매우 괴로워서 자백하는 것입니다. 죄 문제가 아니더라도 사람이 마음이 너무 괴로우면 누군가에게 말하지 않습니까? 누군가를 찾아가서 나 이거 큰일 났다, 이러이러한 일이 있는데 마음이 참 괴롭다 하고 다른 사람에게 말하지 않습니까? 어려운 문제가 생겼을 때 다른 사람을 찾아가서 나 이러이러한 일이 있어서 큰일 났다고 말만 해도 좀 낫지 않습니까? 그 사람이 해결은 해주지 못하더라도, 그저 다른 사람에게 말만 좀 하더라도 낫지 않습니까? 다른 사람에게 자신의 어려움을 고백하는 것입니다. 마음이 아프고 무겁고 못 견디겠거든 그렇게 말하는 것입니다.

죄악 문제에 대해서는 어떻게 해야 합니까? 죄악 문제라는 것이 다른 사람을 찾아가서 나 이런 일이 있었는데 내 마음이 참 괴로워서 털어놓는다고 해결되는 것입니까? 그렇지 않지요. 죄를 사하시는 분은 오직 하나님밖에 없습니다. 죄를 해결해 주실 수 있는 분에게 가서 얘기를 해야 합니다. 하나님에게 가서 얘기를 하는 것입니다. 이것이 자백입니다. 자신의 잘못에 대해서 마음에 참 아픔을 느껴야 됩니다. 그 마음이 너무 괴롭고 아프기 때문에 도와줄 분만 있다면 말할 마음이 있단 말입니다. 그런데 죄 문제를 도와줄 분은 예수님과 하나님과 성령님밖에 안 계십니다. 그래서 하나님께 자백하는 것입니다. 우리는 죄를 자백하고 자신의 죄 때문에 그 마음이 괴로워 보는 과정이 있어야 합니다.

그 과정이 없이도 물론 말할 수는 있지요. 하지만 자기가 잘못한 것에 대해서 눈물이 날 정도로, 가슴이 아플 정도로 그 죄를 분명히 알아야 합니다. 자기 죄를 분명히 알고서 하나님 앞에 나아가고 싶은 마음이 있어야 합니다. 그렇게 하나님 앞에 나아가 말할 때야 진정 자기의 문제를 알고 말하는 것입니다. 그저 기계적으로 형식적으로, 그저 뭐 이렇게 하면 된다더라, 해서 기도

할 때 입술로만 말하는 정도로는 성경적으로 되는 자백이 아니란 말입니다. 요한일서 1장 7절 하반절부터 9절까지를 읽어 보면 두루마기를 빠는 구체적인 방법으로, 예수의 피를 내 인격에 접촉시키는 방법을 말합니다. 그 첫째는 말씀에 접촉해서 두루마기를 빨고, 둘째는 하나님 앞에 자백하는 것입니다.

생명나무는 예수님

자기 두루마기를 빠는 자들은 복이 있으니 이는 그들이 생명나무에 나아가며 문들을 통하여 성에 들어갈 권세를 받으려 함이로다(22:14).

두루마기를 빠는 사람들은 생명나무에 나아간다고 했는데 이 생명나무는 예수 그리스도를 비유합니다. 그러면 생명나무라는 실물은 없습니까? 나는 그런 실물이 있다고 생각합니다. 그러나 이 말씀의 요점은 생명나무의 실물이 있었느냐가 아니라 이 생명나무가 예수를 비유한다는 데 있습니다. 즉 그들이 생명나무에 나아간다는 말은 예수님께 나아간다는 말입니다. 즉 예수님으로 살게 된다는 말입니다. 생명을 주시는 나무, 생명나무와 같은 예수님의 생명을 받는다 그 말입니다.

그러면 두루마기를 빠는 사람이 저 세상에 들어갈 수 있다 그 말이지요. 그런데 중요한 것은 저 세상에 들어가서 어떻게 사느냐 하는 것입니다. 생명나무로 삽니다. 생명나무로 산다는 말뜻이 무엇입니까? 예수님으로 산다 그 말입니다. 예수님으로 살아요. 예수님은 우리에게 자기 자신을 내어주었습니다. 우리의 죗값을 담당하시기 위해서 자기 자신을 내어주었습니다. 누구든지 원하는 사람들은 그분을 받을 수 있게 됐습니다. 그분이 우리를 살리기 위하여 얼마나 낮아지셨습니까? 마치 물건처럼 취급당하셨습니다.

요한복음 6장 53절 이하를 보면 그의 살과 피를 먹는 자는 영생이 있다는 뜻으로 말씀했는데, 여기에서 예수님은 마치 무슨 물건처럼 취급을 당합니다. 예수님이 우리를 위해서 그만큼 지극히 낮아지셨습니다. 물건처럼 되셨습니다. 물건은 아니시지만 물건 취급을 당하듯이 되었습니다. 그런 정도로 우리를 위합니다. 그러므로 우리 쪽에서 그분을 받을 준비만 되어 있으면, 마치 우리가 물건을 소유하듯이 그분을 받습니다. 이것이 얼마나 놀라운 은혜입니까? 그분이 물건이라니 말이 됩니까? 천지를 창조하신 유일하신 참 하나님이신 그분이 물건이라니, 이것은 말이 안 되는 것이지요. 그러나 그분이 어느 정도로나 우리를 위했는지를 말하는 데는 그렇게 표현할 수 있도록 성경에 기록되었습니다. 요한복음 6장 54절에 "내 살을 먹고 내 피를 마시는 자는 영생을 가졌고"라 했습니다. 가만히 생각하면 눈물이 안 납니까? 여러분, 우리 주님이 그렇게까지 낮아지셨습니다.

생명나무에 나아간다고 하는 것은 우리가 내세에 들어가서 예수 그리스도를 마치 식량을 먹듯이, 물 마시고 밥 먹듯이 그분의 생명을 받아서 산다는 말입니다. 우리 인생은 결코 자존자(自存者)가 아닙니다. 자기 스스로 있고 제 힘으로 존재하고 제 힘으로 살아가는 자가 아닙니다. 내세에 들어가서 영원토록 사는 그 힘이 어디에서 옵니까? 우리 자신을 가만히 살펴보고 또 연구해 볼 때 우리 자신에게 특별한 게 있습니까? 영원토록 복되게 사는 데 바탕이 되는 무엇인가가 있습니까? 없습니다. 자신을 가만히 생각해 보면 누구나 다 알 수 있는 일입니다. 우리는 영원토록 예수님으로 삽니다. 그러기 때문에 문들을 통과하여 생명나무에 나아가면 영원히 복되게 사는 것입니다.

이 문들은 새 예루살렘 세계 즉 영원하고 무궁한 생명 세계, 그 생명 세계의 도시라고 그랬습니다. 문들을 통과한다는 말입니다. 문이 사방에 있습니다. 동서남북 합해서 열두 문이 있습니다. 한 쪽에 셋씩 있지 않습니까? 계시록 21장 12-13절을 보면 "크고 높은 성곽이 있고 열두 문이 있는데 문에 열두 천사가 있고 그 문들 위에 이름을 썼으니 이스라엘 자손 열두 지파의 이름들이라 동쪽에 세 문, 북쪽에 세 문, 남쪽에 세 문, 서쪽에 세 문이니"라 했습니다. 그 영원하고 무궁한 생명 세계에 들어갈 사람은 두루마기를 빠는 사람입니다.

성결을 모르는 사람

> 개들과 점술가들과 음행하는 자들과 살인자들과 우상 숭배자들과 및 거 짓말을 좋아하며 지어내는 자는 다 성 밖에 있으리라(22:15).

"성 밖"은 구원받지 못하고 떨어진 자들이 있는 곳입니다. 그들은 성 안에 들어가지 못합니다. "개들"은 무엇입니까? 이것도 비유입니다. "개들"이라는 표현을 문자적으로 읽으면 의미가 없습니다. 사람 얘기하면서 왜 개라는 말을 합니까? 밑에 보면 사람 얘기 아닙니까? "점술가들과 음행하는 자들과 살인자들과 우상 숭배자들과 및 거짓말을 좋아하며 지어내는 자"는 모두 사람 아닙니까. 여기서 "개들"이란 말은 성결을 모르는 사람을 비유합니다.

무슨 근거로 그렇게 해석합니까? 마태복음 7장 6절을 보면 "거룩한 것을 개에게 주지 말며 너희 진주를 돼지 앞에 던지지 말라 그들이 그것을 발로 밟고 돌이켜 너희를 찢어 상하게 할까 염려하라" 그랬습니다. 거룩한 것이라는 말은 거룩한 교회 직분을 의미합니다. 교회 직분 즉 주님을 위하여 일하는 그 직분을 거룩한 것이라고 했습니다. "개에게 주지 말며", 개를 비유로 말합니다. 거룩한 것을 개에게 주지 말라는 말은, 개는 거룩한 것을 모른다는 말 아닙니까? 거룩을 소유할 수도 없거니와 거룩을 모릅니다. 도무지 거기에 대한 느낌이 없습니다. 거룩이 무엇인지에 대한 의식이 전혀 없습니다. 통하질 않아요. 거룩한 것이 개에게는 통하질 않습니다. 여기서 개라는 것은 거룩한 것이 통하지 않는 사람입니다. 따라서 자신이 거룩해지겠다는 생각이 없습니다. 내가 점점 깨끗해지고 올바르게 되고 의로워져서 하나님을 가까이 하겠다 하는 생각이 없습니다. 교회는 3년, 10년, 20년 다니면서도 바로 살아보려는 결심도 없고 노력도 없습니다. 그런 사람들은 세계 어디를 가보나 다 있습니다. 교회 안에 섞여 있습니다.

그러면 "거룩한 것"이란 무엇인가? 거룩하다는 것은 하나님과 관계된 것을 말합니다. 하나님은 거룩하시고 사람은 거룩하지 않습니다. 사람 그대로는 거룩하질 않아요. 거듭나야만 조금씩 거룩한 게 뭔지 느끼기도 하고 깨닫기도 하고 차츰 그렇게 되어가기도 합니다. 그러나 성령을 받기 전에는 거룩한 것이 무엇인지 모릅니다. 거룩하다는 것은 하나님께 속한 것입니다. 이 거룩함이 다소간이라도 있어야 하나님이 좋은 줄을 조금이라도 압니다. 거룩한 것이 좋은 줄을 압니다. 거룩한 것은 하나님에게 관계된 것입니다. 행실이 깨끗함, 마음이 깨끗함, 이 세상만 아는 사람이 아니라 이 세상을 초월하여 하나님을 사모하고 좋아하고 하나님 계신 데 가고 싶어 하는 모든 생각과 모습이 거룩한 것입니다. 그런데 거룩한 것을 의식하지 못하고 사모하지도 않고 거룩해지려고 노력하지도 않는 사람들이 세상에는 있습니다. 교회 안에도 그런 사람들이 있을 수 있습니다. 여기서 "개들"은 거룩을 의식하지 못하는 사람들을 비유한 것입니다. 또한 거룩하게 되려고 노력도 안 하는 사람들을 비유합니다.

그러면 사람이 무엇을 해야 거룩을 의식하고 또 거룩을 소유하도록 노력하게 되고 또 조금씩 거룩해집니까? 사람 자신에게는 거룩함이 없는데 어떻게 그렇게 됩니까? 그것은 성령으로 거듭난 사람이어야 그렇게 되는데, 성령으로 거듭난 사람은 죄를 자복합니다. 늘 자기 자신에 대해서 불만족함을 느낍니다. 남에 대해서보다 자기 자신에 대해서 불만을 느낍니다. 자기 자신에 대해서 걱정을 합니다. 거듭난 사람은 자기 자신을 쳐서 복종시키려고 합니다. 하나님 말씀에 복종시키려고 합니다. 사도 바울이 고린도전서 9장 27절에 말한 것처럼 말입니다.

사람이 거룩해지는 구체적 방법이 무엇이고 우리는 무엇을 해야 합니까? 우리 자신 안의 어떤 것을 조금 사용합니까? 우리 속에 거룩이라는 것이 있는데 그걸 조금 계발합니까? 아닙니다. 만물보다 거짓된 것이 마음이라고 했습니다. 우리 인생은 깊이 들어가 볼수록 캄캄하고 깊이 들어가 볼수록 더럽습니다. 거룩이 없습니다. 거룩은 오직 하나님께만 있습니다. 택한 백성을 거룩하게 하기 위해 성령을 보내셔서 거듭나게 하는 것이 거룩의 출발이 됩니다. 거듭난 사람은 이제 무슨 일을 합니까? 자기 속에서 어떤 것을 계발해 내는 것이 아니라 죄를 자복해야 합니다. 자기의 잘못에 대해서 계속 지적을 합니다. 이것도 나쁘고 저것도 나쁘구나, 이거 온통 썩었구나 하면서 회개를 합니다. 회개하는데 혼자 중얼거리지 않고 하나님 앞에 가서 고합니다. 그것이 거룩해지는 방법입니다. 개들로 비유된 사람들은 그것을 안 합니다. 죄를 자복하지 않는다 그 말입니다.

베드로후서 2장 22절입니다. "참된 속담에 이르기를 개가 그 토하였던 것에 돌아가고 돼지가 씻었다가 더러운 구덩이에 도로 누웠다 하는 말이 그들에게 응하였도다." 개는 자기가 토하였던 곳에 돌아간다고 말합니다. 개가 토했다는 것은 무엇인가 먹지 말아야 할 것을 먹고 속이 좋지 않아서 토했다는 것 아닙니까? 그걸 토했는데, 그것이 더러운 것 아닙니까? 그런데 개는 다른 시간에 거기에 또 가서 냄새 풀풀 맡으면서 그 더러운 것을 또 먹습니다.

개로 비유된 사람도 그 마음에 불편함이 있으므로 자신의 죄를, 그 범죄 행위를 잠시 멈춥니다. 그렇지만 얼마 안 가 다시 그 짓을 또 한다는 것입니다. 이것은 회개가 아닙니다. 이것은 그 더러운 짓을 계속 그대로 하는 것입니다. 허물을 고치겠다고 말로 하고 또 일시적으로 그만두기도 하지만 결국은 또 합니다. 이것이 개로 비유되는 성질입니다. 거듭나지 못했습니다. 성결의 씨를 받지 못했습니다. 개로 비유된 사람은 거듭나지 못한 사람이고 성결해지는 도상에 오르지 못한 사람입니다. 성결이라는 것은 의식해 보지도 못하고 느껴 보지도 못하고 귀한 줄도 모릅니다. 그러니 계속 그 죄를 짓고 있는 것입니다. 말로는 그만두는 것같이 태도를 취했지만 또 그럽니다. 개가 그 토하였던 데 다시 돌아가는 것입니다. 거듭나지 못한 사람입니다.

회개하지 않는 사람

"점술가들과" 했는데 점술가는 어떠한 사람입니까? 술수를 부리는 사람들입니다. 가짜 기적을 행하는 짓을 합니다. 얀네와 얌브레가 모세를 대적하지 않았습니까? 모세가 지팡이로 뱀을 만드니까 그들도 지팡이로 뱀을 만들었지요. 모세가 지팡이로 강물을 쳐서 그 강물을 다 피가 되게 만드니까 그들도 그렇게 했습니다. 출애굽기 7장 19-20절입니다. "여호와께서 또 모세에게 이르시되 아론에게 명령하기를 네 지팡이를 잡고 네 팔을 애굽의 물들과 강들과 운하와 못과 모든 호수 위에 내밀라 하라 그것들이 피가 되리니 애굽 온 땅과 나무 그릇과 돌 그릇 안에 모두 피가 있으리라 모세와 아론이 여호와께서 명령하신 대로 행하여 바로와 그의 신하의 목전에서 지팡이를 들어 나일 강을 치니 그 물이 다 피로 변하고." 그런데 애굽의 점술가들은 그 뒤에 나오는 다른 이적들은 따라하지 못했습니다. 좌우간 모세를 대적하는 그러한 존재들이 점술가들입니다. 그들은 궁극적으로 말해서 하나님을 대적하는 그러한 존재들입니다.

여기 음행하는 자들이라는 것은 계시록의 필법으로 보아 비유입니다. 계시록 17장에 보면 많은 물 위에 앉은 큰 음녀가 나옵니다. 붉은 색 짐승을 탄 여자가 나옵니다. 그건 바벨론을 비유합니다. 이 세상을 비유합니다. 이 세상과 이 세상 정신을 비유합니다. 야고보서 4장 4절에서는 이 세상을 사랑하는 자는 하나님과 원수 되는 줄을 모르느냐 말씀했습니다. "간음한 여인들아 세상과 벗된 것이 하나님과 원수 됨을 알지 못하느냐" 그랬단 말입니다. 그러니까 이 세상을 사랑하는 것을 음행으로 비유한 것을 알 수 있습니다. 하나님을 사랑해야 되는데 이 세상을 사랑하는 것입니다. 그런고로 여기 음행하는 자들이라는 것 역시 이 세상을 사랑하는 자들입니다.

말씀을 보시면, "점술가들과 음행하는 자들과"라 했습니다. 술수를 부렸던 자들이라고 하지 않고 점술가들이라고 한 것은 끝까지 그런 짓을 한다는 것입니다. 또 음행했던 사람들이라고 하지 않고 음행하는 자들이라고 그랬습니다. 그 뒤에서도 "살인자들과 우상 숭배자들과 및 거짓말을 좋아하며 지어내는 자"라고 했습니다. 살인했던 자들, 우상숭배했던 자들, 거짓말을 좋아하며 지어냈던 자들이라고 하지 않았습니다. 계속 죄를 범하며 그대로 가는 자들입니다. 계속하는 것입니다. 회개하지 않는 자들입니다.

처음에 나온 "개들"이란 말은 회개하지 않는 자들을 비유한다고 말했는데, 이것이 첫머리에 나온 것은 잘된 것이지요. 첫머리에 나와서 그 밑에 나오는 모든 죄들이 어떤 성질의 죄인지 밝혀 놓았습니다. 그 밑에 있는 죄인들이 어떤 죄인들인지 밝혀 놓았단 말입니다. 즉 회개하지 않는 자들이라, 그 말입니다. 그러니까 첫머리에 나오는 "개들"이란 말은 그 밑에 나오는 다섯 가지 죄인의 성격을 알려주는 거예요. 이것은 죄를 지으면서 회개하지 않는 사람들은 영원하고 무궁한 생명 세계에 못 들어간다는 말입니다.

52
예수님의 자증과 교회의 초청

계 22:16-17

● **예수님의 자증**

나 예수는 교회들을 위하여 내 사자를 보내어 이것들을 너희에게 증언하게 하였노라 나는 다윗의 뿌리요 자손이니 곧 광명한 새벽 별이라 하시더라(22:16).

본문 16절 말씀을 보면 이 계시록에 있는 말씀이 누구의 말씀인지 밝혀 놓았습니다. 성경에 "증언"이란 말이 꽤 많이 나옵니다. 특별히 신약에 이 증언한다는 말씀이 많이 나옵니다. 증언이라는 것은 법정 술어입니다. 왜 성경을 기록할 때 법정 술어를 채택했는가? 그것은 법정에서 증인이 증언할 때 사실을 과장한다든가 사실 아닌 것을 말해서는 안 되게 되어 있기 때문입니다. 누구나 다 증인이 되는 것이 아닙니다. 법정에서 위증하면 증인 자신이 형을 당하게 됩니다. 그만큼 법정에서 증언한다는 것은 거짓말을 못 하도록 되어있는 것이지요. 그러니만큼 증언한다는 말을 성경 저작자들이 채택할 만하지요. 이것은 이만큼 확실한 말씀이란 것입니다. 하나님께서 증언하는, 하나님 자신이 증언하는 높은 차원의 진리입니다.

자증이라는 것은 자기가 자기 자신을 증언하는 것입니다. 보통은 증언할 때 다른 사람이 증언하지요. 사람 사회에서 증언이 필요하다고 할 적에 본인이 증언하면 안 됩니다. 다른 사람을 증인으로 세웁니다. 그런데 이것은 사람들이 사는 사회에서 그런 것입니다. 하나님은 자기가 자기를 증언하십니다. 왜 그런가 하니 하나님을 아는 사람들이 세상에 없기 때문입니다. 하나님이 증언해주셔서 알게 되는 것이지 하나님이 증언하시지 않으면 이 세상에서 하나님을 알 사람은 한 사람도 없습니다. 왜 그런가요? 그것은 사람이 범죄해서 어두워졌기 때문이지요. 사람이 범죄해서 하나님을 모르도록 어두워졌습니다. 그러기 때문에 하나님 자신에 대해서는 하나님이 증언해야만 사람들이 알 수 있습니다. 가령 문학 분야에 아주 조예가 깊은 문학가가 있다고 합시다. 그는 문학 분야에서는 뛰어넘을 사람이 없을 정도로 최고봉의 위치에 있는 사람입니다. 그런 경우, 그 사람이 깨달은 것은 그 자신이 말해야지 다른 누구도 말하지 못합니다. 하나님 세계의 진리, 하나님 자신에 대한 진리는 다른 사람들이 증인이 될 수 없는 것입니다.

그런데 이 세상에서 하나님을 증언하는 자들이 있지요. 하지만 그들도 자기들이 하는 것이 아닙니다. 하나님이 가르쳐 준 것을 전하는 것뿐입니다. 이 성경이 바로 하나님의 자증(自證)입니다. 성령이 깨닫게 해주신 것, 하나님 자신이 자신에 대해서 그리고 자신이 하는 일에 대해서 알려준 것이 성경입니다. 성경은 자증 문서입니다. 우리가 그것을 알아야 합니다. 그러니만큼 이 진리는 차원이 높습니다. 이 진리는 이 세상에 속한 사람은 알지도 못하는 높은 수준의 진리란 말입니다.

"나 예수는 교회들을 위하여 내 사자를 보내어 이것들을 너희에게 증언하게 하였노라." 예수님은 천사를 통해서 전하시고, 천사는 성령을 통하여 사도 요한에게 전하고, 사도 요한이 이것을 각 교회에 전한 것입니다. 그걸 알아야겠습니다. 증언한다고 할 때 무엇을 증언하고 있느냐가 중요합니다. 성경을 볼 때 이 말씀이 무엇을 증언하고 있는가를 아는 것이 중요하다는 말입니다.

성경 말씀의 뜻을 아는 것이 중요합니다. 뜻을 알면 재미도 있고, 뜻을 알면 깊은 것을 받아 가지게 됩니다. 뜻을 알도록 힘써야겠습니다.

예수님은 누구신가

본문 말씀을 계속 읽어가면 예수님이 증언한다고 말씀하는 동시에 예수님이 누구인 것을 말씀합니다. "나는 다윗의 뿌리요 자손이니 곧 광명한 새벽별이라 하시더라." 이러한 분이 증언했으니 우리는 받을 수밖에 없고 우리는 믿을 수밖에 없고 또한 믿어지는 것입니다. 여기 말씀을 자세히 보세요. 예수님이 누구라고 했습니까? "다윗의 뿌리요 자손이니" 그랬습니다. 나무의 뿌리라고 할 때 나무는 뿌리를 모체로 합니다. 뿌리에서 나무가 나는 것이지요. "나는 다윗의 뿌리"라고 하면 다윗은 예수에게서 났다 그 말입니다. 좀 이상해 보입니다. 다윗은 예수에게서 났는데 또 다윗의 자손이라고 하니 모순되는 것 같습니다.

다시 정리해 보면 다윗은 예수에게서 나고 예수는 다윗의 자손이란 말입니다. 참 이상한 말 같습니다. 그렇지만 이것은 마치 요한복음 8장 58절에서 예수님이 "아브라함이 나기 전부터 내가 있느니라" 말씀하신 것과 같습니다. 예수님은 아브라함의 자손입니다. 그러나 아브라함보다 예수님이 먼저 있었다고 말씀합니다. 여기에서 예수님을 다윗의 뿌리라고 하는 것은, 예수님이 다윗을 이 세상에 내시고 다윗이 할 일을 정해 주셨다는 것입니다. 다윗의 존재 원리, 다윗이 세상에 나게 된 그 원리가 예수님에게 있다는 말입니다. 예수님이 다윗보다 먼저 계십니다.

시편 110편 1절을 읽어 보면 "여호와께서 내 주에게"라는 표현이 있습니다. 시편 110편을 잠깐 보겠습니다. "여호와께서 내 주에게 말씀하시기를"이라고 했습니다. "여호와"는 하나님이시지요. "내 주"라는 것은 다윗의 주님입니다. 시편 110편은 다윗이 썼고 이 말씀은 다윗이 쓰면서 하는 말입니다.

"여호와께서 내 주에게" 했는데 내 주라는 것은 예수님입니다. 다윗이 이 세상에 나기 전에 계신 주님, 예수님입니다. 그렇다면 다윗이 이 세상에 난 것과 다윗이 이 세상에서 한 일 가운데 중요한 일들, 참된 일들은 예수님이 경영하신 것입니다. 예수님이 다윗보다 먼저 계셨고 하나님이시니까, 하나님의 아들이시니까 다 경영하신 것입니다. 다윗의 뿌리라고 한 것은 그러한 뜻입니다.

본문 말씀은 또 "나는 다윗의 … 자손이니" 그랬습니다. 다윗의 자손이라는 것은 다윗 계통에서 나신 분이라는 말입니다. 뿌리라고 할 때는 나시기 전에 존재하신 주님의 신성, 즉 하나님의 성품을 생각한 것입니다. 다윗은 이스라엘의 왕이십니다. 그러므로 예수님은 이스라엘 왕의 조상이라고 할 수 있단 말입니다. 그러나 자손이라 하는 것은 이 세상에 오신 그분의 형편을 생각해서 하는 말입니다. 그러니 얼마나 놀라우신 분입니까? 말씀했다는 이분이 증언했다는 말입니다.

온 우주의 왕

"곧 광명한 새벽 별이라." 이것은 민수기 24장 발람의 예언에 나오는 내용입니다. 민수기 24장 17절입니다. "내가 그를 보아도 이때의 일이 아니며 내가 그를 바라보아도 가까운 일이 아니로다." 메시아가 먼 장래에 오실 분이란 그 말이지요. "한 별이 야곱에게서 나오며 한 규가 이스라엘에게서 일어나서." 여기 "별"을 비유로 하는 말씀인데 이스라엘의 왕을 의미합니다. 한 별이 야곱에게서 난다고 했는데 야곱은 이스라엘의 조상 아닙니까? 이스라엘의 임금이 이 다음에 오신다는 예언입니다. 발람은 거짓 선지자였지만 하나님이 간섭하는 가운데서 모압 왕 발락의 소원대로 이스라엘을 저주하려고 하자 도리어 축복했습니다.

그때 하나님이 얼마나 간섭하셨는지를 알게 됩니다. 그는 거짓 선지자니까 말하자면 하나님의 원수입니다. 하지만 하나님은 필요에 의하여 놀랄 만한 일을 하십니다. 원수가 찬송하도록 만드신 사건도 있습니다. 늘 그러는 것은 아니지만 특별히 어떤 때 그런 일을 하십니다. 발람이 이스라엘의 왕이 날 것을 예언했습니다. 이것은 주님의 간섭 가운데서 된 것입니다. 본문 말씀에 "광명한 새벽별"이라는 것은 역시 왕이란 말입니다. 이스라엘의 왕 혹은 유대인의 왕이란 말입니다. 발람은 모세 때의 사람인데 그의 예언은 그때부터 1,500년 후에야 이루어집니다. 다시 말해 예수님은 모세 당시보다 1500년 후에 나신 분입니다. 이렇게 놀라운 예언이 있다는 것을 우리가 알아야 합니다.

광명한 새벽별이라는 말은 유대인의 왕이란 말입니다. 예수님이 유대인의 왕이라 할 때 그것은 유대 사람만을 위한 왕이라는 의미가 아닙니다. 천하만국을 위하여 나신 왕인데 유대인 중에서 났다는 말입니다. 요한복음 4장 22절을 읽어 보면, "구원이 유대인에게서 남이라" 말씀했습니다. 사마리아 여자에게 주신 말씀입니다. 유대인 위주로 말씀하는 것이 아닙니다. 천하만국을 위하여 유대인에게서 구주가 난다는 뜻으로 말씀하신 것입니다. 사마리아 여자에게 복음을 전하며 말씀하신 것입니다. 유대인들은 사마리아 사람들을 좋아하지 않습니다. 앗수르가 식민 통치 할 때 각처에 외국 사람들을 귀양살이 보내듯이 흩어 보냈습니다. 사마리아 지방에도 외국 사람들을 보냈습니다. 거기다가 식민을 했단 말입니다. 그러기 때문에 유대 민족은 사마리아 사람을 이방인으로 여겼습니다. 그 족속이 이방에서 온 족속이기 때문이지요. 사마리아 사람, 즉 이방인에게 복음을 전하면서 이 말씀을 한 것으로 봐서 우리가 알 수 있지 않습니까? 유대인에게서 구원이 난다, 유대인의 왕이라는 것이 귀한 말입니다.

유대인들이 예수를 죽이기 위해 잡아다가 빌라도 총독 앞에 세웠을 때 빌라도가 예수님을 심문했습니다. 어떤 것을 초점으로 심문했는고 하니 '네가 왕이냐'가 초점이었습니다. 그때 예수님께서 당당하게 "네 말과 같이 내가 왕이니라" 그랬습니다(요 18:37). 또 "내가 이를 위하여 태어났으며 이를 위하여 세상에 왔나니 곧 진리에 대하여 증언하려 함이로라" 그랬습니다. 진리에 대해서 증언하러 왔다고 했습니다. 계속해서 "무릇 진리에 속한 자는 내 음성을 듣느니라"고 말씀하셨습니다. 그러니까 육적으로 유대인이냐 아니냐가 중요한 것이 아니고 그가 어느 나라 사람이든지 진리에 속한 사람인가가 중요한 것인데 진리에 속한 사람은 예수님의 말씀에 순종한다는 것입니다. 그것은 민족을 초월한 것 아닙니까? 유대인의 왕이라고 하면서도 민족을 초월해서 말씀하신 것입니다.

유대인들이 예수님을 잡아 죽이려고 할 때 유대인의 왕이라는 것을 빙자해서 죽이려고 했습니다. 그들이 예수님을 유대인의 왕이라고 하면 로마 왕 가이사에게 반역하는 것처럼 보이기 때문에 빌라도에게 그렇게 고소한 것입니다. 빌라도가 예수님께 네가 유대인의 왕이냐, 사실 그러하냐 하고 물을 때 예수님께서는 당당히 그렇다고 말하셨습니다. 그러니까 유대인의 왕이라는 것이 얼마나 중요한지 모릅니다. 그 믿지 않는 유대인들이 마지막 꼬투리 하나를 잡는 것인데도 거기에 대해서 숨기지 아니하고 끝까지 당당하게 말씀하셨습니다.

이것은 구약 초기에서부터 하나님께서 계시로 알려주는 중요한 복음입니다. 말하자면 인류의 영혼을 구원하며 인류를 구원하시는 만왕의 왕이 이스라엘을 통해 계시되어 왔으며 마침내 이스라엘 가운데서 나셨습니다. 유대인의 왕이 난다는 그 계시, 수천 년 내려온 하나님의 그 귀한 계시를 그대로 끝까지 세우시고 증언하신 것입니다. 그러니까 예수님이 다윗의 뿌리요 다윗의 자손이라고 한 계시록의 이 말씀은, 예수님이 유대인의 왕이라는 뜻입니다. 광명의 새벽별 역시 유대인의 왕이라는 뜻입니다. 이러한 권위로 이 계시록 말씀을 주셨다 그 말입니다. 다윗이 나기 전부터, 아브라함이 나기 전부터, 영원 전부터 계셔 오신 그분입니다. 온 우주의 왕이시고 만물의 왕이신, 특별히 이스라엘에게 계시되고 알려지신 그분이 하신 말씀이라 그 말입니다.

예수님을 초청

둘째로 생각할 것은 초청입니다.

성령과 신부가 말씀하시기를 오라 하시는도다 듣는 자도 오라 할 것이요 목마른 자도 올 것이요 또 원하는 자는 값없이 생명수를 받으라 하시더라(22:17).

17절에 "성령과 신부가 말씀하시기를 오라 하시는도다" 했습니다. 성령이라는 말은 잘 아시지요? 그러면 신부는 무엇입니까? 신부란 말이 여기 왜 나옵니까? 예수님의 신부가 누구예요? 교회지요. 교회를 비유하는 말씀입니다. 성령은 교회에 역사하시고 교회를 통하여 증언하십니다. 교회 역사가 시작된 이후 오늘날까지 성령님은 교회를 통해서 역사하십니다. 성령과 신부가 말씀한다고 할 때는 예수님의 증거를 받은 단체가 증거한다는 말입니다.

여기 "오라 하시는도다" 했는데, 이것은 특별히 예수님을 오시라고 하는 것입니다. 계시록 22장 7절과 12절에서도 "보라 내가 속히 오리니"라 말씀하십니다. 계속해서 속히 온다고 말씀하시는데, 바로 이 말씀을 받아 가지고 성령과 신부가 예수님께 오시라고 말씀하는 것입니다. "오라 하시는도다" 그랬는데, '오시옵소서'라고 번역하면 깨닫기에 더욱 쉬울 것입니다. 그런데 이 말씀에 대한 다른 해석에 기준해서 이렇게 번역이 된 것 같습니다. 여기 '오라'는 말을 전도하는 표현으로 본 것입니다. 사람들을 상대로 하나님께로 나오라고 하는 말이라고 보고, 그에 따라 번역한 줄로 생각합니다. 그러나 유력한 해석가들은 이 말이 주님께 하는 말로 해석합니다. 성령과 신부가 말씀하기를 '오시옵소서' 하는 것은 예수님께서 내가 속히 오리라고 말씀한 것에 대한 응답입니다.

"듣는 자도 오라 할 것이요." 여기에서 듣는 자는 장차 예수님이 재림하신다는 말을 들은 사람들을 말합니다. 계시록을 가르칠 때 가르침을 받는 사람들을 말해요. 귀로 들은 사람들입니다. 그들도 예수님이 속히 오시기를 바라는 뜻이 있어야 된다 그 말입니다. 예수님을 초청하는 형식의 말씀입니다. 우리 신자들은 다 그러한 마음의 자세가 준비되어 있습니다. 아직 준비되지 않았으니 나중에 오십시오, 할 사람은 없을 것입니다. 준비라는 것은 순간에도 할 수 있는 것입니다. 시간을 연장할수록 도리어 어렵습니다. 이 다음에 보자, 하면 도리어 보기 어렵습니다. 당장이라도 준비가 되니 주님 오시옵소서, 하는 생각이 옳습니다. 듣는 자도 오시옵소서, 하라 그 말입니다. 다 예수님의 재림을 원하고 예수님의 재림을 독촉하는 그런 신앙을 가져야 하는 것입니다.

이것은 염세주의가 아닙니다. 이 세상에서 살기 싫다, 그것이 아닙니다. 인류의 소망은 예수님의 재림에 있습니다. 예수님이 재림하셔야 인류의 목적과 만물의 목적이 이루어집니다. 그러하기 때문에 믿는 사람들은 교회적으로라도 주님 오시옵소서, 해야 되고, 교회에서 주님의 재림에 대한 메시지를 듣는 우리 개인들도 주님 오시옵소서, 하는 생각이 있을 때 준비가 되는 것입니다. 회개할 것은 회개하고 동시에 이때까지 빛이 되지 못했지만 이제라도 되고자 하면 될 수 있다고 생각해야 합니다. 너무 늦어서 안 된다 하는 생각은 진리에 합당하지 않습니다.

주님의 재림을 맞이하는 준비는 시간을 길게 잡을수록 어렵습니다. 결단성이 있어야 하는 일이기에 그 즉시 마음 자세를 바로 가지면 되는 것이 아니겠습니까? 그렇게 될 때 그것은 현실을 무시한다든가 세상을 싫어한다든가 하는 그런 것이 아닙니다. 이 세상에서 나그네 된 신자로서 할 일을 하고 가겠다는 생각을 가지게 되는 것입니다. 모르는 사람들에게 알리겠다는 생각을 가지게 되는 것, 그것이 예수 믿는 사람의 사명이지요.

필리핀 선교사로 가신 분이 제게 편지를 한 통 보냈는데 참으로 낙심되는 때가 많다고 썼습니다. 왜 낙심이 된다고 했는고 하니 어느 지역 사람들은 아무리 도와줘도 전혀 반응이 없다고 해요. 도와주고 유익하게 해줘도 마음에 감사하는 것이 안 보인다고 그래요. 그러니만큼 전혀 반응하지 않는 사람들에게 어떻게 이 일을 계속할까 하는 생각이 들어서 그만둘 마음이 생겼다고 합니다. 그런데 갑자기 다른 생각이 들더라는 거예요. 내가 바로 이 일을 하러 여기 온 것이 아닌가, 갑갑하고 답답하고 전혀 반응이 없는 이러한 분들을 위해 이 일을 하러 온 것이 아닌가 하는 생각이 들고는, 마음을 다잡았다는 편지를 했습니다. 우리는 이 세상이 우리의 영원한 거처가 아닌 줄은 압니다. 하지만 우리가 이 세상에서 할 일을 하고 가야겠다, 하는 이것이 있어야 합니다. 이 세상이 좋지 않다고 해서 자신의 책임도 다하지 않고, 또 할 일을 생각하지도 않고 낙심만 하는 것은 인간의 올바른 태도가 아닙니다. 특별히 신자의 마음 자세는 더더욱 아니지 않습니까? "듣는 자도 오라 할 것이요." 듣는 자도 예수님을 향해서 오시옵소서, 해야 한다는 말입니다.

● 인류를 초청

"목마른 자도 올 것이요." 이것은 예수님에게 오라고 말하는 것이 아니라 목마른 자, 즉 영적으로 갈급한 자들에게 예수님 앞으로 오라고 하는 말입니다. 여기 이후 말씀은 사람들이 복음을 향해서 와야 한다는 것입니다. "또 원하는 자는 값없이 생명수를 받으라 하시더라." 이것은 전도와 관계된 말씀입니다. 영생은 누가 받는가? 영생을 생수로 비유해서 이 말을 하고 있습니다. 목마른 사람이 샘물을 한번 마시면 시원하고 만족하는 것과 같이 우리 영혼은 예수님이 보내주신 성령을 받을 때 기쁘고 즐겁고 만족한다 그 말입니다. 그런데 그러한 일이 원하기만 하면 되는 것입니다. 성령이 제공하는 이 영생을 원하기만 하면 받습니다.

원하는 것이 무엇이며 영생에 대한 소원이 어느 정도입니까? 그것은 목마른 사람이 물을 사모하는 것과 같은 그러한 심리란 말입니다. 성경은 계속 그렇게 표현합니다. 이사야 55장에서도 역시 목마른 자는 값없이 포도주와 젖을 사라고 했습니다. 값없이 사는 것입니다. 목마른 것같이 원하는 마음이 있습니다. 간절하게 원하는 마음입니다. 다들 원한다고는 하지만 진짜 그런지는 잘 모르겠습니다. 정말로 원하면 되는데, 거저 주는데, 원하는 것을 어느 정도로 소원하는가를 생각해 봐야 됩니다. 성경이 여러 차례 말씀한 대로 우리가 뜻을 붙잡아야 합니다. 목마른 것같이 원해야 합니다. 목마른 것같이 갈급한 심정으로 원하는 사람이 구원 못 받는 경우는 없다고 생각합니다.

이것은 초청의 말씀입니다. 17절 상반절은 주님 오시옵소서 하는 말씀이고 나머지 하반절은 인류를 초청하는 말씀입니다. 마침내 예수님이 재림하실 때인데 이제 다들 와서 복음을 받아 만족함을 얻으라는 말씀입니다.